Ullstein

ÜBER DAS BUCH:

Sein erstes Buch, *Rheinsberg*, bezauberte eine ganze Generation. Er besang die Liebe und wurde für die Zartheit des Gefühls, in dem immer auch ein bißchen Wehmut mitschwang, oft mit Heine verglichen. Rund dreihundert Gedichte, Lieder, Couplets und Chansons voll sprühender Einfälle beweisen die große poetische Begabung. Aber was für ein Mensch stand hinter diesen Texten, wer hinter den vier Pseudonymen Peter Panter, Theobald Tiger, Ignaz Wrobel, Kaspar Hauser? Ein Verspielter, ein Satiriker, ein Reporter, ein Kabarettist, ein politischer Schriftsteller? Was veranlaßte den Sohn aus gutbürgerlichem Hause, Doktor der Rechtswissenschaft, neben seiner Liebe für die »kleine Form«, neben seinem sommerlich leichten, verliebten *Schloß Gripsholm* die Satire als politische Waffe gegen den Nationalsozialismus, Militarismus und die Klassenjustiz der Weimarer Republik einzusetzen? 1933 wurden seine Schriften öffentlich verbrannt, im schwedischen Exil nahm er sich 1935 das Leben.

DIE AUTORIN:

Helga Bemmann, geboren 1933, studierte an der Universität Leipzig und arbeitete 1954–1969 als Redakteurin und Verlagslektorin in Berlin. Heute lebt sie als freischaffende Autorin in Prieros bei Königs Wusterhausen in der Mark Brandenburg. Sie veröffentlichte zahlreiche Bücher über Otto Reutter, Ringelnatz, Erich Kästner, Claire Waldoff, Marlene Dietrich und viele andere Künstler und Kabarettisten.
Jahrelange Recherchen gehen diesem Buch voraus, Gespräche mit Tucholskys Frau Mary Gerold-Tucholsky, die die Arbeit der Autorin in besonderer Weise unterstützte, Gespräche mit vielen Zeitgenossen sowie eine akribische Archivarbeit.

Helga Bemmann

KURT TUCHOLSKY

Ein Lebensbild

Ullstein

Biographie
Ullstein Buch Nr. 35375
im Verlag Ullstein GmbH,
Frankfurt/M–Berlin

Ungekürzte Ausgabe

Umschlagentwurf:
Jutta Schneider
Foto: Archiv für Kunst und
Geschichte, Berlin

Printed in Germany 1994
Druck und Verarbeitung:
Clausen & Bosse, Leck
ISBN 3 548 35375 4

März 1994
Gedruckt auf alterungsbeständigem Papier
mit chlorfrei gebleichtem Zellstoff

Die Deutsche Bibliothek –
CIP-Einheitsaufnahme

Bemmann, Helga:
Kurt Tucholsky: ein Lebensbild /
Helga Bemmann. – Ungekürzte Ausg. –
Frankfurt/M; Berlin:
Ullstein, 1994
(Ullstein-Buch; Nr. 35375: Biographie)
ISBN 3-548-35375-4
NE: GT

Inhalt

I
Die Stätten der Kindheit: Berlin und Stettin

Frühe Jahre 11
Erste poetische Versuche 21
Wieder in Berlin 26
Auf dem Gymnasium in Berlin 27
Auf dem Gymnasium 34
Schwierigkeiten zu Hause 41
Zum erstenmal gedruckt 48
»Fang nie was mit Verwandtschaft an!« 51

II
Der Jurastudent wird Schriftsteller

An der Universität 59
Arbeit für den »Vorwärts« 66
»Pan«, »Simplicissimus«, »März«
und »Jugend« – neue Anregungen
und Begegnungen 71
Von »Rheinsberg« zur Bücherbar 79
»Die Schaubühne« 88
Die Pseudonyme 99
»Der Zeitsparer«:
Ignaz Wrobel schreibt Grotesken 104
Sein Leben bis zum Kriege 107

III
Vom Schipper zum Chefredakteur

Einberufung als Schipper in den Krieg 119
Erlebnisse als Kompanieschreiber 125
An der Fliegerschule Alt Autz in Kurland . . . 131
Mary Gerold – der Beginn einer neuen Liebe . 141
Auf Urlaub in Berlin 146
Die literarische Arbeit geht weiter 151
In Rumänien 154

IV
Die Berliner Jahre

Als Chef des »Ulk« 169
Im Feuilleton des »Berliner Tageblatts« 182
An der »Berliner Volkszeitung« 185
Als Journalist der USPD 191
Theobald Tiger am Kabarett 205
»Die Weltbühne«: Der Feind steht rechts! ... 216
Unter Beschuß der Reaktion 228
Es spricht Ignatz Wrobel 234
Lesungen und neue Bücher 243
Eine nichtgeliebte Liebe 248
Im neuen Beruf als Bankgeselle 253

V
Arbeitsort Paris

Für deutsch-französische Verständigung 265
Erste Impressionen 269
Die Arbeit für Siegfried Jacobsohn 278
Kaspar Hausers »Wendriner«- und
»Nachher«-Geschichten 288
Als Autor bei Ullstein 295
Peter Panter in der »Voss« 306
Eine geplatzte Revue und neue Chansons ... 312

VI
Weiter mit 5 PS

Als Herausgeber der »Weltbühne« 323
Das »Pyrenäenbuch« 337
Der Kampf geht weiter 345
Der erste Sammelband 354
Lebenskonflikte 360

VII
»Ich will weitergehen«

Das Leben – ein Terminkalender 369
Das letzte Jahr in Paris 376
Warum lacht die Mona Lisa? 385
Die Arbeit für die AIZ 393
Wohin und wie weiter? 403
Das Deutschland-Buch –
eine abschließende Bilanz 412
»Mit 5 PS« und »Mona Lisa« auf Tournee . . 424

VIII
Auf dem Weg nach Schweden

Mit fünf PS weiter für die »Weltbühne« 435
Gruß aus Paris 440
Der Mann vor dem Spiegel 441
Kampf gegen Faschismus 445
Auf dem Nachttisch 453
Ein Sommer in Gripsholm 458
Schluß mit Ullstein und mit »Lottchen« 467
Die Fäden der Organisation 475
In England entsteht ein Film 481
Literarische Ernte 486
Sorgen um die »Weltbühne« 492

IX
Ein Heimatloser

»Kolumbus« und »Casanova« –
Stücke ohne Perspektive 497
Das letzte »Weltbühnen«-Jahr 504
In Zürich bei Nuuna 519
Wieder in Schweden 534
Einwohner von Hindås 542
Die Q-Tagebücher und letzte Briefe 551

Anhang

Editorische Notiz 571
Dank 571
Die Werke
Einzelausgaben 1912–1932 573
Weitere Werk- und Einzelausgaben 574
Literaturverzeichnis 576
Personenverzeichnis 581
Abbildungsnachweis 590

Kapitel I

DIE STÄTTEN DER KINDHEIT: BERLIN UND STETTIN

Frühe Jahre

Die Berliner Zeitungen und die Literaturwelt der alten Preußenmetropole feierten am 30. Dezember 1889 Theodor Fontanes siebzigsten Geburtstag. Für den 4. Januar 1890 war eine größere Feierlichkeit zu Ehren des Jubilars im Englischen Haus in der Mohrenstraße angesagt. In der Wohnung des Bankbeamten Tucholsky nahm man nur am Rande davon Notiz, denn die Familie war mit einem eigenen großen Ereignis beschäftigt: der bevorstehenden Geburt des ersten Kindes. Mutter Doris hatte zu Hause in Moabit, Lübecker Straße 13, alles sorgfältig vorbereitet. Kinderausstattung war gekauft worden, das Kinderbett hergerichtet, und das Dienstmädchen, in diesen Tagen ohne Ausgang, wartete darauf, Arzt und Hebamme zu rufen. Das Berliner Mietshaus mit der schönen Stuckfassade erlebte das »freudige Ereignis« am 9. Januar 1890. Die Großeltern in Greifswald, durch Telegramm unterrichtet, dürften als gläubige Juden das Dankgebet an jenem Tage besonders innig gesprochen haben, glücklich darüber, daß dem tüchtigen Sohn Alexander in Berlin, beschäftigt als Beamter bei einer der größten deutschen Banken, ein Stammhalter geboren worden war.

Bei der Geburt seines ersten Kindes war Alexander Tucholsky fünfunddreißig Jahre alt, seine Frau neunundzwanzig. Der Vater, am 11. Juli 1855 geboren, kam aus der alten Universitäts- und Hafenstadt Greifswald und war der Sohn des Neumann Tucholsky, eines Kaufmanns, der hier seit 1854 ansässig war. Er besaß ein Geschäft für Putz- und Seidenwaren und übernahm später in der Steinbeckstraße 21 eine Pfandleihanstalt. Dieser Neumann Tucholsky, Kurts Großvater väterlicherseits, erlegte, als er aus dem Warthestädtchen Obersitzko zuzog, für seine Aufnahme in den Bürgerstand und die Kaufmannschaft von Greifswald achtundzwanzig Reichstaler, eine für damalige Verhältnisse beachtliche Summe, dafür führte er freilich auch die Bezeichnung »Kaufmann im ersten Stand«. Seine Söhne Louis und Alexander, die in Greifswald geboren waren und auch hier zur Schule gingen, ließ er ebenfalls Kaufmann werden. Eine gute Erziehung bekamen auch die drei Töchter Berta, Flora und Agnes.

1

Das Geburtshaus Berlin-Moabit, Lübecker Straße 13

Mit Neumann Tucholsky erhielt die kleine jüdische Gemeinde von Greifswald wieder Zuwachs. Jüdische Bürger erlangten im ehemaligen Schwedisch-Pommern erst seit 1847 ihre formale Gleichstellung. Jahrhundertelang waren in diesen norddeutschen Gebieten nach den mittelalterlichen Verfolgungen so gut wie keine jüdischen Bürger mehr anzutreffen. Die meisten der Verfolgten waren in die baltischen Gebiete des russischen Reiches, nach Weißrußland und Polen ausgewandert. Die Familiengeschichte der Tucholskys, wäre sie aufgezeichnet worden, würde belegen, daß die Familie des Vaters wie die der Mutter das gleiche Schicksal erlitten hat.

Tucholsky ist ein eindeutig polnischer Name, wahrscheinlich der Landschaft um das Städtchen Tuchola, nördlich von Bromberg, entlehnt, die auf dem Atlas als »Bore tucholskie« eingezeichnet ist, und Tucholsky bestätigt, daß seine Vorfahren von alters her in den Gebieten zwischen Posen und Bromberg ansässig waren.

Die Familie der Mutter stammte aus Posen. Doris Tucholski, am 21. September 1861 dort geboren, war eine Cousine ihres Mannes. Ihr Mädchenname unterschied sich von seinem Namen lediglich dadurch, daß er mit einem »i« geschrieben wurde. Doris war das fünfte von neun Kindern. Ihr Vater, Salomon Tucholski, Inhaber eines großen Schuhgeschäfts am damaligen Kaiser-Wilhelm-Platz, soll der Bruder Neumann Tucholskys gewesen sein. Doris und Alexander entstammen demnach zwei verschiedenen Zweigen derselben Familie. Als Doris um die Mitte der achtziger Jahre in Berlin den gutaussehenden, musisch begabten, mit seinem Klavierspiel faszinierenden Alexander Tucholsky kennenlernte, hatte sie ihre Ausbildung am Königlichen Lehrerseminar in Berlin in der Schützenstraße bereits abgeschlossen. Am 13. Oktober 1887 wurden sie von einem Berliner Standesamt getraut. Und wenn der jungen Frau, die wie jede andere vom Leben Glück und Geborgenheit im Kreis der Familie erwartete, in diesem Moment jemand prophezeit hätte: »Du wirst dein Leben einmal als Greisin hinter Stacheldraht in einer Todesbaracke beschließen, du wirst deinen letzten Gruß aus Theresienstadt einer fremden, schreibungewohnten Hand ansagen und allen ›herzliche Grüße‹ bestellen, die dich gekannt und geliebt haben, verbunden mit der letzten Bitte ›Gedenket mein‹«, sie hätte es nicht geglaubt. Judenstern und Konzentrationslager als Symbole nationalsozialistischer Terror- und Schreckensherrschaft waren im Jahre 1887, als sich Alexander und Doris die Hand fürs Leben reichten, noch unvorstellbar. Für die Jungvermählten, eingetragen im Heiratsregister unter der Nummer 1077 des Jahres 1887, hieß das Nächstliegende jetzt Wohnungssuche und Möbelkauf.

Alexander Tucholsky ist im Berliner Adreßbuch von 1888 noch als Buchhalter eingetragen. 1890, als sein Sohn Kurt geboren wurde, führte er die Bezeichnung Kaufmann – Kauf-

2

*Vater Alexander Tucholsky,
Bankkaufmann und einer der Direktoren
in der Berliner Handelsgesellschaft,
der Bank Carl Fürstenbergs*

mann nicht im Sinne eines Geschäftsinhabers, sondern des erlernten Berufs. Schon als Dreißigjähriger galt er in seinem Fach als eine außergewöhnliche Begabung. Seit einigen Jahren bereits bei der Berliner Handelsgesellschaft, der Bank Carl Fürstenbergs, tätig, hatte er sich den Ruf eines disponiblen, umsichtigen Bankfachmanns erworben. Mit der Bezeichnung Kaufmann war angedeutet, daß er im Bankgeschäft gegenüber Beamten und Buchhaltern eine selbständige Tätigkeit übernommen hatte. Die Berliner Handelsgesellschaft, eine der sechs größten deutschen Banken, mit weitreichenden internationalen Verbindungen, Finanzierungsprogrammen und Tranksaktionen, bedurfte fähiger Leute. Die Möglichkeit zum sozialen Aufstieg war damit gegeben. Bei einer Bank zu arbeiten, das hieß gut bis sehr gut zu verdienen. Der Wohlstand der Familie Tucholsky konnte somit als gesichert gelten. Die Wohnung in dem Mietshaus Lübecker Straße 13 mit den kleinen Kellerläden für Gemüse, Obst und Milch in der Nachbarschaft wurde bald aufgegeben. Die Eltern zogen mit dem zweijährigen Kurt über die Spree hinüber an das Holsteiner Ufer mit Blick auf die Meierei Bolle und die Villa Borsig. Moabit war zu dieser Zeit längst nicht mehr das von Glaßbrenner gerühmte »kleine Land mit kleinen Eichen, grünen Wiesen, sandigen Wegen und zahllosen Wirtshäusern«, wo sich das Arbeitsvolk von Berlin an den Sonntagen vergnügte. Schon damals bezeichnete man es als grauen Fleck im grünen Tiergarten. Das Grau bezog sich auf die dort konzentrierten Maschinen- und Elektrowerke von AEG und Borsig sowie die Exerzierplätze und Kasernen. Von Moabit aus fuhren Kurts Eltern, wenn sie einkaufen wollten, noch mit der Pferdebahn zur Leipziger Straße, der damals modernsten Geschäftsstraße des kaiserlichen Berlin.

Kaum waren die Möbel in der neuen Wohnung am Holsteiner Ufer an ihrem Platz, drohte erneut ein Umzug, diesmal nach Stettin. Carl Fürstenberg hatte Alexander Tucholsky eine für die Bank wichtige Aufgabe zugewiesen. Die Berliner Handelsgesellschaft wollte die Ertrags- und Kapitallage der Stettiner Vulcanwerft, deren Hauptaktionär sie war, verbessern und Neuinvestitionen vornehmen. Das erforderte einen versierten Bankfachmann mit entsprechenden

Vollmachten vor Ort. Die Vulcanwerft baute außer Schiffen in großem Umfang auch Lokomotiven für die Eisenbahnbaugesellschaft Lenz & Co., die gleichfalls ein wichtiges Tochterunternehmen der Bank war. Für beide Unternehmen sollte Alexander Tucholsky die Geschäfte an der Börse von Stettin direkt in die Hand nehmen. Für Fürstenberg hing viel davon ab. Lenz & Co. waren vor allem durch ihre Eisenbahnbauprojekte in den deutschen Kolonialgebieten von China bis zum damaligen Deutsch-Südwestafrika einer der profitträchtigsten Zweige im Kapitalanlagegeschäft der Berliner Handelsgesellschaft; die Vulcanwerft wiederum bemühte sich um die Großaufträge der Kaiserlichen Kriegsmarine. Die Möglichkeit, in Stettin die Interessen der Bank zu vertreten, würde Alexander Tucholsky – das stand außer Zweifel – den Weg zu weiterem Berufsaufstieg ebnen.

Der kleine Kurt, den Politik und Geschäft noch wenig berührten, saß indessen in der Leipziger Straße im Atelier von Becker & Maaß artig, aber teilnahmslos auf dem Fotografierstühlchen. Sein linker Arm umklammert ein Holzpferd, in der rechten Hand hält er eine Peitsche, wie es der Fotograf arrangiert hat. Die teuren Galoschen und das reichbestickte Kleid zeigen ein Kind aus gutem Hause, das aufmerksam, aber nicht fröhlich in die Kamera blickt. Man wird diese hübsche Fotografie mit dem Bild des Filius, auf den man stolz sein kann, noch vor der Abreise nach Stettin an die Großeltern und die vielen Onkel und Tanten verschicken. Mit Gruß von Doris und Alex.

Mehr Interesse zeigte der Drei- und Vierjährige für das Klavierspiel des Vaters. Für den sensiblen Jungen mit dem hochempfindlichen Gehör wurde die Musik sehr früh schon zu einem Teil seines Lebens. Seine musischen Neigungen haben hier ihre Wurzeln, nicht weniger das guttrainierte Gedächtnis für Melodien, das ihm in späteren Jahren bei der Vertonung seiner Chansons und in der Zusammenarbeit mit seinen Komponisten zustatten kam. Das schöne Klavierspiel, das er mehrfach in seinen Werken erwähnt, verband den Jungen auf besondere Weise mit dem Vater, der sich, wann immer es ging, für seinen Ältesten Zeit nahm. Er erzog den Jungen zum aufmerksamen Hinhören und Zuhören, eine seiner wertvollen Eigenschaften. Zwischen beiden entstand so eine liebevolle Zuneigung. »Wir verstanden uns ganz«, sagte Tucholsky, rückblickend auf seine Kindheit.

Stillsitzen und Zuhören beim Klavierspiel des Vaters und die ersten eigenen Versuche auf dem Piano gefielen ihm in jedem Falle besser als das tägliche Herumwirtschaften der Mutter und des Dienstmädchens im Haushalt. An dieses Ritual von Großreinemachen mit Fensterputz und Türenknallen entsann er sich auch später nur mit Grauen. »Hurr – wie sauste da ... jemand durch die Stube! Laut knallten die Türen, und wir hörten einen schrillen Sopran. ›Marie! Marie! Habe ich Ihnen nicht schon tausendmal gesagt, daß die Staublappen nicht in die rechte Schublade gehören? Marie! Wo ist mein Schlüsselkorb? Marie! Der Korb! Wo ist Bubi? Marie! Wo ist das Kind? Das Kind! Der Korb! –‹ Und aus einer Ecke kroch, mit totentraurigen Augen, ein kleines, verwahrlost aussehendes Geschöpf: ein Kind. Nein, ein Opfer.«

Wenn auch die hier gewählte Bezeichnung für das arme »Opfer Kind« nicht so wörtlich zu nehmen ist, so ist doch die Abneigung gegen Lärm, Geschrei und äußere Betriebsamkeit, die daraus spricht, unüberhörbar. Der kleine Kurt war ein in hohem Maße liebes- und zuneigungsbedürftiger Junge. Er hatte kein Verständnis dafür, daß die mit der Führung eines Haushalts und der gesellschaftlichen Repräsentation der Familie verbundenen Pflichten wichtiger sein sollten als er. Er fühlte sich als Kind zurückgesetzt, konnte nicht verstehen, daß die gesamte Last mit der Verantwortung für Familie und Haushalt ausschließlich auf den Schultern der Mutter lag, die stets zu Hause war, während ihr Mann häufig durch Reisen und Geschäftsbesuche von der Familie ferngehalten wurde. Jedenfalls fühlte sich der Junge zu dem sehr weichen, verständnisvollen und nachgiebigen Vater mehr hingezogen als zu der impulsiven, weitaus strengeren und autoritären Mutter.

Ende 1893 siedeln die Eltern nach Stettin über. Die Familie wohnte, wie das Adreß- und Geschäftshandbuch für Stettin ausweist, zunächst in der König-Albert-Straße 12 und ab 1898 in der Kronprinzenstraße 29. Die Fotos fürs Familienalbum wurden jetzt in Coeslin am Markt und in Stettin gemacht. Der sechsjährige Kurt steht nunmehr auf eigenen Füßen, trägt einen aus gutem Tuch gefertigten Matrosenanzug,

Lackschnürstiefel und einen Sweater mit eingesticktem Schiffsanker. An die schöne alte Ostseestadt bewahrte er sich eine gute Erinnerung. Die Küstenlandschaft Pommerns, die Hafenstadt Stettin an der Oder mit ihrem weit nach Südosten reichenden Hinterland, das Plattdeutsche, das sein Vater und dessen Eltern noch sprachen, waren prägende Kind-

3

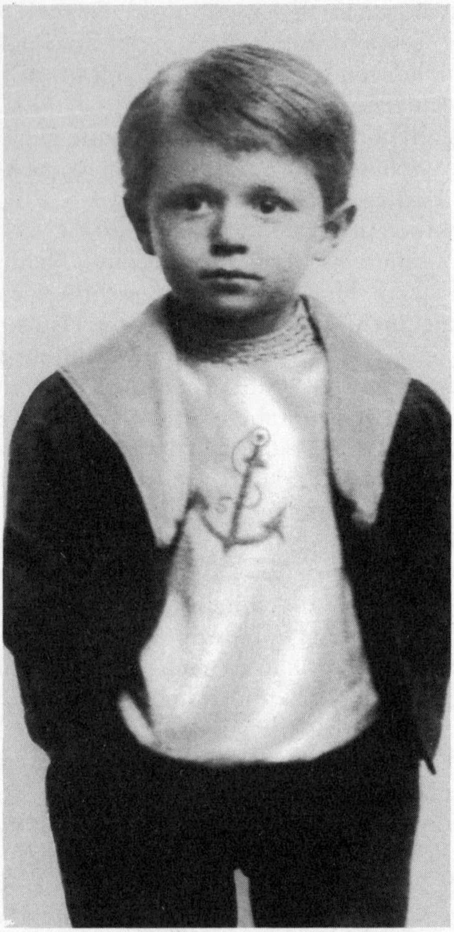

Kurts erste Hosen.
In Coeslin am Markt stand der Fünfjährige
Modell beim Fotografen

heitserlebnisse des Heranwachsenden und weckten in ihm das Heimatgefühl für den Norden. Er hat sich die innige Zuneigung zu dieser Landschaft, den »Buchenwäldern seiner Jugend«, bis in die letzten Tage seines Lebens bewahrt. Die Stille und Weite entsprachen seiner Natur. Hier war für ihn »das Land, das ländlicher war. Es roch richtig nach Land, die Wälder blauten am Horizont, aber so weit sahen wir wohl gar nicht: wir hatten so viel mit dem Nahliegenden zu tun! Teich und Plankenwagen und Misthaufen steckten voller Wunder – der Bach war unendlich lang, nie ging man bis an das Ende, das gab es gar nicht.«

Reizvoll waren auch die anderthalbstündigen Bahnfahrten nach Greifswald, der Geburtsstadt des Vaters, mit der alten Universität und den Renaissancegiebelhäusern. Das große Abenteuer seiner Kindheit aber dürften die Sonntagsausflüge mit dem Dampfer nach Rügen und Stralsund und die Ferien in den Ostseebädern gewesen sein.

Stettin, ehemals preußische Festungsstadt und Hauptstadt der Provinz Pommern mit damals 157000 Einwohnern, bot mit den mittelalterlichen Kirchen, dem alten Rathaus aus dem frühen 15. Jahrhundert und dem im 16./17. Jahrhundert erbauten Schloß manche Sehenswürdigkeit. Sonntagsspaziergänge mit den Eltern führten bei schönem Wetter gelegentlich den mit breiten Anlagen ausgestatteten Lindenboulevard entlang, den der Pariser Architekt Hausmann neu angelegt hatte, hinunter bis zum Berliner Tor, einem freigelegten Festungstor des 18. Jahrhunderts, mit Reliefs und Trophäen verziert, malerisch von wildem Wein umrankt und mit einem Brunnen in der Tornische. Manchmal ging es auch zum Königsplatz, den das von Schadow geschaffene Standbild Friedrichs des Großen schmückte, oder zur Synagoge an der Grünen Schanze. Als Stettiner Schuljunge und Sohn eines Bankkaufmanns war Kurt natürlich auch die Börse in der Frauenstraße ein Begriff, an der Vater täglich zu tun hatte. Sie befand sich zwischen Heumarkt und Neuem Markt, unmittelbar daneben das Gebäude der Stettiner Bank, mit der die Berliner Handelsgesellschaft enge Geschäftskontakte unterhielt.

Die Wirtschaftskraft Stettins war recht beachtlich. Eindrücke davon konnte man schon rein optisch gewinnen,

4

Der Stettiner Hafen mit dem Ausflugsdampfer nach Swinemünde

wenn man eine Dampferfahrt von Stettin nach Swinemünde unternahm. Das Küstenpassagierschiff »Swinemünde«, das die Sonntagsausflügler, so auch die Tucholsky-Familie, an ihr Ziel brachte, ließ Werften, Hafenkräne, ein- und auslaufende Schiffe und rauchende Fabrikschlote nur allmählich hinter sich. Erst passierte man die auf Hügeln liegende Vorstadt Grabow mit den Werftarbeitersiedlungen, anschließend Bredow mit der gigantischen Anlage der Vulcanwerft, auf der Passagier- und Handelsschiffe für den Norddeutschen Lloyd, die Hamburg-Amerika-Linie, in großem Umfang auch Kriegsschiffe für die deutsche Flotte, für die Türkei sowie für Rußland gebaut wurden. Im Jahr liefen hier – der Vater wußte das alles – vierzehn bis fünfzehn Schiffe vom Stapel. Auf der Vulcanwerft wurden im Jahr außerdem noch Lokomotiven gebaut, überwiegend für Lenz & Co. Von Bord des Schiffes zeigte dann Vater Tucholsky auf die in Sicht kommenden Häuser von Züllchow. Eigentlich sah man gar keine Häuser, sondern riesige Brennöfen der dortigen Zementwerke und die großen Speicher der »Stettiner Dampfmühlen«. Dann wechselte das Bild: statt der Industrieanlagen eine schöne Landschaft mit ausgedehnten Wiesen, Feldern,

Wäldern. Nur hin und wieder wurden einzelne Häuser noch sichtbar. Frauendorf war jetzt zu erkennen. Links kamen Glienken und Stolzenhagen in Sicht, während sich rechts die dreizehn Kilometer lange waldumgrenzte Wasserfläche des Dammschen Sees zu dehnen begann.

Nach etwa zweistündiger Fahrt war das Große Haff erreicht, wo Fischkutter und Frachtdampfer den Ausflüglern entgegenkamen. Die Küste von Usedom und Wollin und in der Ferne Swinemünde, erkennbar am Leuchtturm, rückten näher. Nach zweieinhalbstündiger Dampferfahrt bei frischer Seeluft ging es an Land, um in einem Restaurant, vielleicht gleich im Hotel Frauenhof neben der Dampferanlegestelle, gepflegt zu speisen.

Erste poetische Versuche

Eine soziale Schule des Lebens waren die Jahre, die Tucholsky mit seinen Eltern in Stettin verbrachte, gewiß nicht. Das Leben an der Küste weckte aber schon früh in ihm das Gefühl für Heimat. Den Wäldern, den Dünen, der See und der Natur gehörte seine Liebe. »Diese Landschaft im Norden ist eben meine«, konnte er später mit Recht sagen. Das Plattdeutsche war für ihn nicht nur die »Sprache des Meeres«, es war ihm zugleich die Sprache seines Vaters und Erinnerung an eine behütete Kindheit.

Ostern 1896 begann für den sechsjährigen Kurt Tucholsky in Stettin die Schulzeit. Mit Ranzen, umgehängter Brottasche, in Knöpfelstiefeln, Matrosenjacke und modischer Kniehose fing ein neuer Lebensabschnitt an. Bald war er auch nicht mehr das einzige Kind der Familie. Am 8. Mai 1896 wurde sein Bruder Fritz geboren, im Jahr darauf seine Schwester Ellen, von Bruder Kurt mit dem Spitznamen »Hippel« bedacht. Kindermädchen und Köchin im Haushalt der Familie Tucholsky waren voll ausgelastet.

Im Gegensatz zu den musischen und lebenspraktischen Unterweisungen durch das Elternhaus verlief der landesübliche Schulunterricht im Geist der patriotischen Schullesebücher mit Fridericus Rex, Sedan-Tag und Preußens Gloria. An Vorbildern dafür fehlte es in Stettin wahrhaftig nicht. Und welches Kindergemüt wäre vom klingenden Spielmannszug der Garnisonstruppen des in Stettin liegenden Grenadierregiments »König Friedrich Wilhelm IV. Nr. 2« in den preußischblauen Uniformen und den goldbeschlagenen Helmen, dem Herre Hauptmann hoch zu Roß, nicht beeindruckt gewesen! Manchmal rollten auch von sechs Pferden gezogene Geschütze an der staunenden Schuljugend vorbei. Soldaten, Kanonen, Offiziere und Generäle gab es in der Stadt genug zu sehen, denn hier waren die Stäbe der 5. und 6. Infanteriebrigade und das Generalkommando des II. Preußischen Armeekorps stationiert. Das Vaterland brauchte nach Meinung Seiner Majestät tüchtige Soldaten, und wer ein Held auf den künftigen Schlachtfeldern werden wollte, konnte nicht früh genug damit beginnen, sich dafür zu begeistern.

Spiel und Klang, Uniform und Marschtritt haben auch auf das Schulkind Kurt Tucholsky ihre Anziehungskraft gehabt. Er sagt es selbst in einem Gedicht, in dem er Rückschau auf seine Kinderjahre hält:

Einstmals, als ich ein kleiner Junge
und mit dem Ranzen zur Schule ging,
schrie ich mächtig, aus voller Lunge,
hört ich von fern das Tschingderingdsching.
Lief wohl mitten über den Damm,
stand vor dem Herrn Hauptmann stramm.

Es gibt von ihm außerdem eine kleine Geschichte, die er etwa in seinem dritten Schuljahr zu Papier brachte, sehr komisch in ihrer sprachlichen und gedanklichen Unbeholfenheit und charakteristisch für die der Schuljugend anerzogenen Begriffe von Ehre, Vaterland und Heldentod. Die Geschichte heißt *Der echte Deutsche*: »Nahe der Wartburg lebte ein Mann. Als die Schlacht bei Sedan ausbrach, hatte das Dorf viel zu leiden und mußte fliehen. Auch der Mann floh. Er wollte aber nachsehen, wie die Schlacht ging. Er nahm sich eine Laterne, legte sich hinter einen Busch, der wohl gegen fünfzig Schritt weit vom Schlachtfeld stand. Dort sang er ein Lied, welches wohl herrlicher als alle Schlachtlieder war, und das hatte er Gott geschworen, diesem Lied wollte er treu sein bis zum letzten Atemzug. Und nun sang er:

Am Abend, am Abend in dunkler Nacht
vernehm ich im Wald eine dunkle Schlacht,
die Schwerter klingen und Feldgeschrei
erhör ich ohn Unterlaß.

Was ist denn das für eine blutige Schlacht,
das ist die liebe Rheinstromschlacht.
Mit Gott für König und Vaterland,
so klingts durch das ganze Heer.

Es singt Gemeiner und Unteroffizier,
es singt der Leutnant und Oberst ja hier.
Mit Gott für König und Vaterland,
so klingts durchs ganze Heer.
Nun hat er den Feind,
er flieht ja schon.

Er hielt plötzlich inne, denn ihn traf eine Kugel. Zum Tode verwundet, sang er die letzten Strophen mit immer mehr entschwindender Kraft weiter. Ade, ach – oh Welt – ich scheide ja schon... Ach Gott in deine Hän – de – befehl – ich – meinen Geist... So lang ich hab gelebt, bist Du mir gnädig gewesen, ade, ade, ade – Dann starb er.«

Den Aufsatz schließt er mit der Belehrung: »Das ist ein echter Deutscher, der, wenn er etwas Gott schwört, hält, und nicht vergißt, bis er sanft entschlafen ist.«

Wie diese Reimerei vom tapferen Deutschen mit der Laterne hinter dem Busch, so lesen sich auch andere Kinderarbeiten von ihm, in denen er das Deutsche Reich mit Kaiser und Fürsten, Volk und Land sowie den alten Blücher hochleben läßt. Keiner in der Familie oder der Verwandtschaft hätte in diesen gereimten oder ungereimten Geschichten mehr gesehen als das, was sie waren: aufgeschnapptes Vokabular und Eindrücke offizieller Feiern und Reden der Honoratioren in Schulstube und Öffentlichkeit.

Von seinem Vater, der politisch niemals tätig war, hatte Kurt Tucholsky solche Gedankengänge nicht. Er zitierte später einmal in der *Weltbühne* einen Brief von ihm, den er 1894, als er noch in Stettin für seine Bank tätig war, geschrieben hat. An wen und in welchem Zusammenhang, ist unbekannt: »Mir tut heute schon unser Junge leid, wenn ich daran denke, daß er mal als Vaterlandsverteidiger figurieren soll. Wenn ich Schriftsteller wäre, würde ich die Suttner noch übersuttnern. Krieg heißt doch schließlich auf deutsch privilegierter Mord; wenn die Leute an der Spitze in Verlegenheit sind und nicht mehr aus noch ein mit der Politik und ihren Finanzen wissen, dann wird aus der Rumpelkammer die Puppe Patriotismus herausgeholt ... und schließlich haben die dummen Männer und Weiber, Eltern und Kinder die Zeche zu bezahlen, der Generalfeldmarschall kriegt sieben Orden und ein Rittergut, und die armen Hinterbliebenen holt der Teufel, wenn sie nicht 3 M Pension für den verlorenen Vater monatlich bekommen; Söhne werden nicht bezahlt, die gibt es zu.«

Alex Tucholsky, obwohl an Parteipolitik nicht weiter interessiert, vertrat einen kritischen Standpunkt gegenüber den Kriegs- und Machtinteressen der Herrschenden. Er war ein liberal denkender, humanistisch empfindender Mann, sehr belesen, insbesondere liebte er Heine, den er gern zitierte. Neben der Musik spielte auch die Literatur im Hause Tucholsky eine große Rolle. Bücher, die Kinder gern hatten, lagen zu Weihnachten oder zu Geburtstagen auf dem Tisch, nicht nur Hauffs Märchen und die der Brüder Grimm oder die damals so beliebten *Träumereien an französischen Kaminen* von dem preußischen Generalarzt Volkmann-Leander. Für Kurt waren Hauffs Märchen »eigentlich das schönste Buch«. Als er es 1903 von Tante Bianka geschenkt bekam, schrieb er stolz seinen Namen hinein und die Jahreszahl.

Eines Tages wollte er ausprobieren, ob er auch ein so schönes Märchen schreiben könne wie Wilhelm Hauff. Er setzte sich hin und erfand die Geschichte von einer »wunderbaren Rettung«, in der Bruder Fritz und Schwester Ellen vorkommen. »Bei Wilkes herrschte große Trauer. Die jüngste Schwester Ella war verschwunden, doch die Rettung kam. Einmal gingen Fritz und Lieschen an den See zu einem zerfallenen Häuschen. Da hörten sie von fern Geschrei. Sie dachten, es sei ihre Schwester, weil es sich so anhörte. Das Geschrei kam immer näher, und jetzt jauchzte das Schwesterchen, das in einem Waschkorb lag, wo man es sonst immer hineinlegte. Vorgespannt war ein weißer Schwan, ein roter Wollfaden war die Leine. Sie holten sofort ihre Eltern, und das Kind wurde ins Bett getragen, der Schwan losgebunden, und die Eltern freuten sich sehr.« Auch dieses Kindermärchen schließt er wieder mit einem moralisierenden Spruch, der die Redensarten von Erwachsenen kopiert, wie sie bei Wilhelm Busch zu finden sind: »Die Rettung kommt zur rechten Zeit, drum ist so schön die Dankbarkeit.«

Haben die Eltern über die frühen Schreibversuche ihres Ältesten gelacht, haben sie sich gefreut? Waren es den Verwandten gegenüber willkommene Beweise für die Tüchtigkeit und geistige Regsamkeit des eigenen Kindes, oder hat Kurt sich die Geschichten nur als Gute-Nacht-Erzählungen für seine beiden Geschwister ausgedacht? Was auch immer – wir müssen dankbar sein, daß die so anrührenden Kinderpoesien erhalten geblieben sind. Die Mutter hat sie aufbewahrt und vor ihrer Deportation der Frau ihres Sohnes Fritz zu treuen Händen gegeben.

Das freundliche Leben in Stettin mit Landpartien, Dampferfahrten und Ferienaufenthalten in den Seebädern neigte sich allmählich dem Ende zu. Im Frühjahr 1899 kam der Tag, an dem die Familie nach Berlin zurückkehrte. Carl Fürstenberg brauchte Alexander Tucholsky wieder dringend in der Bank.

5

Urlaubsbild aus dem Ostseebad Misdroy.
Im Boot Kurt mit Mutter und Geschwistern.
Vorn Alex Tucholsky mit seiner Mutter

Wieder in Berlin

In den Jahren, da die Tucholskys in Stettin wohnten, hatte die Berliner Handelsgesellschaft erheblich prosperiert. Ihr Reingewinn hatte sich in fünf Jahren mehr als verdoppelt. Als der Vater seinen Posten antrat, zahlte die Vulcanwerft nur sechs Prozent Zinsen auf die Wertpapiere, 1897 waren es schon vierzehn Prozent. Auch sonst hatte sich einiges verändert. Als die Familie nach Berlin zurückkam, war das neue Gebäude der Bank in der Behrenstraße, errichtet von dem für seine Geschäftsbauten bekannten Architekten Alfred Messel, gerade fertig geworden. Drei neue Mitgeschäftsinhaber an der Seite Carl Fürstenbergs, der bereits dreißig Aufsichtsräten großer Gesellschaften angehörte, traten in die Bank ein, darunter Walther Rathenau, der Sohn des Begründers der AEG Emil Rathenau. Geschäftliche Transaktionen größeren Umfangs standen auf der Tagesordnung, unter anderem mit Krupp und Haniel, mit Thyssen und der neugegründeten Deutsch-Überseeischen Elektrizitätsgesellschaft. Im Zuge der personellen Veränderungen wurde Alexander Tucholsky zum Direktor in der Berliner Handelsgesellschaft berufen und bezog nach der Rückkehr aus Stettin mit der Familie eine Dienstwohnung im Hause Dorotheenstraße 11, dicht an der Friedrichstraße. Die Berliner Handelsgesellschaft hatte hier mehrere Halbetagen gemietet mit Räumen, in denen Berliner Firmenniederlassungen von Gesellschaften untergebracht waren, die zu den Tochterunternehmen der Bank zählten. Die repräsentative Etagenwohnung des mit Tag- und Nachtpförtner besetzten Hauses hatte selbstverständlich Telefon und war günstig gelegen. Der Vater brauchte zum Bankhaus in der Behrenstraße kaum drei Minuten zu Fuß.

Die Nachbarn der Familie Tucholsky waren ein Gastwirt, ein Zigarrenhändler, ein Friseur und ein Herrenschneider. Das Haus, ein heute nicht mehr vorhandenes großes, repräsentatives Gebäude, hatte um die Ecke einen weiteren Eingang, der bereits zur Prinz-Louis-Ferdinand-Straße 1 gehörte.

Mit dem Aufstieg Alexander Tucholskys zu einem der Direktoren der Bank erhöhten sich auch die Jahreseinkünfte.

Hinzu kamen noch beträchtliche Jahresgratifikationen sowie die Möglichkeit, eigene, wenn auch vorerst kleinere Kapitalien im Börsengeschäft gewinnbringend anzulegen. Ein Einkommen von wenigstens zwanzigtausend Mark – das entsprach etwa den Bezügen eines Kommandierenden Generals der preußischen Armee – sicherte der Familie bis in die Kriegsjahre hinein eine sorgenfreie Existenz. Als der Vater 1905 starb, hinterließ er rund zweihundertfünfzigtausend Goldmark, ein für damalige Verhältnisse beträchtliches Vermögen.

Auf dem Gymnasium in Berlin

In Berlin schickten die Eltern den Jungen auf das Französische Gymnasium, eine Bildungsstätte, die als liberal galt und wegen ihres vorzüglichen Sprachunterrichts allgemein geschätzt wurde. Das Französische Gymnasium erschien nicht zuletzt deshalb angemessen, weil hier auch der Sohn des Geschäftsinhabers Carl Fürstenberg sowie die Söhne einflußreicher Familien der Berliner Finanz- und Geschäftswelt zur Schule gingen. Die Lehranstalt hatte eine traditionsreiche Geschichte. Sie wurde 1689 als Hugenottenschule unter dem Nachfolger des Großen Kurfürsten gegründet und anfangs nur von den Kindern der eingewanderten Franzosen besucht. Zu Tucholskys Zeit kamen die Schüler vielfach aus jüdischen Familien mit Namen wie Heimann, Liebmann, Herz, Levy, Oppenheim und Goldmann. In der langen Geschichte der Schule hatte ihr Standort mehrfach gewechselt. Bei der Gründung befand sich das Französische Gymnasium in der Paddengasse, ab 1873 am nördlichen Reichstagsufer, knapp zehn Minuten Fußweg von der Dorotheenstraße entfernt.

Tucholsky besuchte das Collège Française von 1899 bis zur Obertertia, aus der er 1903 abging. Es waren die Jahre, in denen der Vater bei einem vielstündigen Arbeitstag und häufigen Geschäftsreisen sowie einer sich ankündigenden Krankheit nicht mehr soviel Zeit für seinen Ältesten aufbringen konnte wie noch in Stettin. Damals hatte er manchen Sonntagnachmittag zu Hause auf dem Balkon gesessen, gemütlich Pfeife geraucht und das Treiben der hastigen Ausflügler beobachtet, das er mit den Worten zu kommentieren pflegte: »Wie sie rennen! Wie sie rennen!« Ein Ausspruch, den der Sohn nach eigenem Bekenntnis vom Vater übernommen hat, mit der unausgesprochenen Mahnung, daß es nicht darauf ankommt zu rennen, sondern zu leben.

Blieb jetzt mal Zeit und Muße, setzte sich sein Vater mit ihm ans Klavier, ansonsten erhielt Kurt Stunden bei einem Klavierlehrer. Was er ebenfalls dem Vater abguckte, waren dessen gereimte poetische Versuche zu Geburtstagen oder sonstigen Familienfeiern. Schließlich war Kurt auch Papas bester Schüler bei der Erlernung der Stenografie, der Geschäftsschrift des Kaufmanns, die auch dem schriftstellernden Sohn später von Nutzen war. Üblich war damals das System Neu-Stolze. Die Karten, die der Vater von seinen Reisen und Kuraufenthalten nach Hause sandte, sind eng beschrieben mit solchen Stenokürzeln, die heute nur noch von Spezialisten gelesen und entschlüsselt werden können.

Im Mai 1900 erhielt Kurt eine Karte aus Frankfurt am Main mit der Wiedergabe einer Radierung vom alten Opernplatz und der Bemerkung, er solle sich von Onkel Max erklären lassen, was eine Radierung ist. Onkel Max war ein Bruder der Mutter, Rechtsanwalt in Berlin. Vier Wochen später folgte aus dem Holland-Hotel in Baden-Baden eine Karte mit Blick von der Schloßterrasse, adressiert an »Herrn Kurt Tucholsky, Unterquintaner und Schmierpeter«. Der Vater machte sich einen Spaß daraus, für seinen Jungen jedesmal eine andere Anrede zu erfinden. Die Rückseiten, ausschließlich für die Anschrift gedacht, waren damals auf den Postkarten noch nicht geteilt, so daß persönliche Mitteilungen vorn auf die Ansichtsseite geschrieben werden mußten, unter das Bild oder an die Ränder. Bei längeren Mitteilungen benutzte Alex Tucholsky daher stets Stenoschrift. Solch eine mit Kürzeln eng beschriebene Karte kam einmal aus dem Kurort Göggingen, datiert vom 18. Juni 1899. Die Anschrift war wohl an »Untersextaner, Hochwohlgeboren Kurt Tucholsky« gerichtet, der Inhalt der Mitteilungen aber, so scherzhaft nicht, für die Mutter bestimmt. Für den Sohn war lediglich eine Bemerkung in Kurrentschrift beigefügt: »Kurtchen, wann schreibst Du mir?«

Das Vorbild des Vaters beflügelte den Sohn auch in diesem

Fing schon früh zu dichten an:
»Und verzweiflungsvoll stehe ich an der Küste,
wenn ich doch bloß eine Pointe wüßte«

Punkt. Einmal, das Jahr ist nicht genau zu bestimmen, verbrachte er einen Ferienaufenthalt im Harz. Von dort schrieb er einen längeren Urlaubsbrief an Papa und Mama: »Liebe Eltern! Zum Sonntag sollt Ihr nun den ersten langen Brief haben. Ich sitze in unserer Großen Veranda und schreibe. Vor uns liegen die großen Berge des Harzes. Unser Haus liegt überhaupt wunderbar. Dicht beim Haus ist eine Wiese, die den ganzen Tag im Sonnenschein liegt, ein sehr, sehr schöner Anblick. Gegenüber befindet sich ein Eichenwald, unser täglicher Spielplatz.« Unversehens geriet er ins Schwärmen und malte poetische Bilder von schönen Erlebnissen, die er hatte. »Dienstag nachmittags sind wir die Ilsefälle entlanggegangen, es war wunderbar. Überall kommen kleine Bächlein in die Ilse, fast überall bildet sie Fälle, es ist überhaupt großartig. Dann teilt sie sich, um sich nachher wieder rauschend zu schließen. Nun denke Dir einmal solche Szene. Die Ilse plätschert, die Vögel zwitschern, und die Sonne scheint noch gerade vor ihrem Untergange in die Bäume hinein... Hier ist jetzt sehr schönes Wetter. Hoffentlich bleibt es so. Mit Gruß und Kuß verbleibe ich – Euer Sohn Kurt.«

Auch mit seinen Spielkameraden zu Hause korrespondierte der Elf- und Zwölfjährige gelegentlich. Als er einmal mit Masern im Bett lag, tauschte er mit seinem Schulfreund Kurt Riess Krankenberichte aus. Der andere Kurt hatte ihm auf Zettelpost geschrieben: »Daß Du, Freund Kurt, jetzt krank bist, / das ist doch gar zu dumm. / Und lauf ich nun nachmittags / verlassen stets herum.« Patient Kurt antwortete vom Krankenbett zurück wie ein alter Weinkenner, der nun wegen der Masern auf gewohnte Genüsse verzichten müsse: »Es ist gewiß sehr schlecht, so krank zu sein / und dann noch trinken Wasser mit Wein.« Er habe ja ziemlich gute Nächte, nur die Langeweile sei eben das Schlechte. Ihm wäre es auch lieber, wenn sie Soldaten spielen könnten, er bekäme aber, weil er krank sei, sehr viel geschenkt und sei »auch darum gar nicht so gekränkt«.

Was bekam er geschenkt? Natürlich das übliche Spielzeug für Jungen, wie eine Eisenbahn, an die sich Hans Schönlank, ein Mitschüler vom Französischen Gymnasium, später Journalist in Berlin, noch genau erinnerte, da sie viele Nachmittage zusammen spielten. Aber nicht nur teures mechanisches Spielzeug bekam er von den Eltern, Onkeln und Tanten, sondern auch gute Bücher. Unter seinen Weihnachtsgeschenken war 1901 das Buch *Heroen der Nordpolforschung*. Auf dem Titelblatt kann man in blasser Tinte noch gut die Widmung lesen: »Ihrem lieben Kurt – seine Eltern Weihnachten 1901.« Er selbst erinnert sich, daß sein Papa mit dem Rufe »Julklapp« Weihnachten »ein Geschenk nach dem anderen durch die Tür feuerte... Und kamen dann die Tage des Beschenkens, dann war bestimmt ein richtiges, dickes Jungenbuch dabei. So eins, das vor Neuheit klebte, wenn man vorsichtig die bunten Drucke mit den edlen Indianern und kolorierten Generalen von den Textseiten zu lösen versuchte ... das hieß ›Die Skalpjäger‹ oder ›Der gute Kamerad‹.« In seiner kleinen Bibliothek standen Bücher unterschiedlicher Art: Glaßbrenners *Buntes Berlin*, ein Pappbändchen aus dem Jahre 1852, das er sich nach seiner handschriftlichen Eintragung 1902 selbst zulegte; *Die Schönsten Sagen des klassischen Altertums*, die Onkel Max dem Neffen zum zehnten Geburtstag verehrt hatte, und Shakespeares Werke in zwei Bänden, ein Geschenk der Eltern zum dreizehnten Geburtstag. War der eigene Lesestoff einmal ausgegangen, was auch vorkam, suchte er sich in Mutters Schrank unter ihren Bänden aus der Leihbibliothek etwas aus.

Zu seiner Lektüre gehörten selbstverständlich auch die Zeitungen. Als Kaufmann war der Vater genötigt, Morgen-, Mittags- und Abendzeitungen zu halten, nicht nur wegen der Börsenberichte. Kurt war das *Berliner Tageblatt* mit der *Ulk*-Beilage ebenso vertraut wie die *Berliner Illustrirte* und andere Familienzeitschriften, die die Mutter las und in denen auch er sowie Köchin und Dienstmädchen interessiert blätterten. Mit Sicherheit las man auch den Münchener *Simplicissimus*, das Witzblatt aller gebildeten Familien. Von den Unterhaltungsmagazinen beschäftigten Kurt vor allem die Seiten mit Lyrik, er guckte hier manches ab, wie man richtig »dichten« muß, um zum Beispiel einen Abend an der Küste zu beschreiben:

Über die Felder weht zitternd die Luft,
am grünlichen Himmel weiße Sterne,
der kraftvollen, schwarzbraunen Erde Duft,
ein verhallender Glockenschlag in der Ferne.
Weit hinten glitzert gespenstisch das Meer,
mir ist, als lockt es, um mich zu fangen,
eine Möwe fliegt kreischend hin und her –
mehr kann man doch wirklich nicht verlangen.
Und verzweiflungsvoll stehe ich an der Küste,
wenn ich doch bloß eine Pointe wüßte.

Die Eltern förderten die Lesefreude des Ältesten wie auch seine musische Ausbildung. Außer dem Klavierlehrer erschien wöchentlich einmal »Meister Griebel«, der Gitarrenlehrer. Vaters Schwestern, unverheiratet, die den Neffen sehr mochten und die er oft besuchte, haben an dessen geistigem Fortkommen sicher keinen geringen Anteil. Besonders Tante Flora, wie die Mutter als Lehrerin ausgebildet, konnte sehr gut Klavier spielen und unterrichtete ihn in Französisch.

In Stettin schon hatten ihn die Eltern zu den Märchen- und Kindervorstellungen ins Theater mitgenommen. Berlin bot in dieser Hinsicht um die Jahrhundertwende noch weitaus mehr. Die Welt aus Kulissen, Kostümen, Lichterglanz und Musik hat ebenfalls nachhaltige Eindrücke bei ihm hinterlassen. Allerdings regten ihn solche Theaterbesuche als Kind immer »furchtbar auf«, wie er eingestand. Tagelang weinte er hinterher, weil er regelmäßig in eine der Schauspielerinnen verliebt war, jenes holde Wesen Colombine, für ihn »das Zauberding zwischen Junge und Mädchen, das nicht ißt, nicht schläft, nicht lebt, sondern das nur singt, Kußhände wirft und vom lieben Gott eigens dazu geschaffen ist, uns armen jungen Leuten Trost einzuflößen, den wir durch unsere Familie wohl verdient haben«.

Diese Feststellung über sein Verhältnis zur Familie traf er viele Jahre später, als er schon Student war und für das Jahrbuch der Dichtkunst *Arkadia*, herausgegeben von Max Brod, die Skizze *Kindertheater* verfaßte. Darin kommt er beiläufig auf seine Eltern zu sprechen, erwähnt die »sparende Mutter« und den »ruhigen, ordentlichen Vater« und die »ganze gräßliche Regelmäßigkeit des Hauses«. Was er am Theater so bewunderte, war das unbegrenzte Reich der Schönheit, Freiheit und Unabhängigkeit, wo Gängelei und Normierung, überhaupt alles Kleinliche, aufgehoben schienen. Sehnsucht hieß das frühe Zauberwort, das sein Denken und Dichten inspirierte. Wenn er nach einem Theaterabend – er mag dreizehn Jahre alt gewesen sein – die begehrte anonyme Mädchenfee, deren Strahlen ihn getroffen hatten, andichtete, träumte er davon, wie es wäre, ihr Pierrot zu sein. In Schönschrift, die seine Schulhefte nie aufzuweisen hatten, brachte er seine Huldigung *An eine kleine Schauspielerin* zu Papier. Leider fiel ein dicker Tintenklecks auf das Poem.

Colombinchen streicht die Löckchen,
rasch den Puder, dort die Schminke –
leise, leise pang ti plinke
tönt ein Glöckchen.

Greller Glanz der weißen Lampen,
tausend Hände, Stimmgebrause,
und sie knixt dem vollen Hause
vor den Rampen.

Singt. Und denkt, was sie nicht wissen.
Pierrot kann sie nicht entwischen,
und er wird sie küssen: »Liebste!« gerade zwischen
zwei Koulissen.

Der tägliche Schulweg zum Französischen Gymnasium führte dicht am Bahnhof Friedrichstraße oder, wenn er wollte, am Haupteingang des Wintergartens in der Dorotheenstraße vorbei. Dieses für das wilhelminische Berlin und die internationale Artistik führende Varieté war ihm längst ein Begriff, bevor er mit zweiundzwanzig Jahren für Siegfried Jacobsohns *Schaubühne* Rezensionen darüber schrieb. Vater, Mutter, Onkel und Tanten gingen abends in den Wintergarten, um die berühmten Sisters, Artisten und Humoristen zu sehen. Jeden Monat wechselte das Programm. Otto Reutter, der charmante Lockenkopf, kreierte hier seine neuesten Couplets, deren witzige Refrains jedes Schulkind kannte. Littke-Carlsen, ein Tanzkarikateur, sang um jene Zeit zum erstenmal den populären *Rixdorfer*, indem er in urkomischen Verrenkungen mit einer Puppe über die Bühne schwofte. Berlin anno 1900 war die Stadt der Schlager und Gassenhauer. 1899 erklang aus Salons und Küchenfenstern, auch bei Frau Direktor Doris Tucholsky, der neueste Schlager *Schlösser, die im Monde liegen*, und 1902 hörte Tucholsky junior auf Familienfeiern, wenn Onkel Max am Klavier saß, die *Holzauktion im Grunewald*, die *Kirschen in Nachbars Garten* und die schmissige *Berliner Luft*.

Die Dorotheenstraße lag überhaupt günstig, um sich die Berliner City mit Metropol- und Apollotheater zu erschließen. Die Passage mit dem Linden-Cabaret und dem vornehmen »Chat noir« war ebenfalls bequem zu erreichen. Wenige Minuten Fußweg, und man war am Schloß oder in entgegengesetzter Richtung am Brandenburger Tor mit dem Pariser Platz und dem Hotel Adlon.

Auf dem Gymnasium

Zusammenhängende Erinnerungen über seine Kinder- und Jugendjahre hat Tucholsky nicht hinterlassen. Wir sind auf die spärlichen Bemerkungen angewiesen, die er in seinen Büchern oder Briefen macht, und dies oft nur am Rande. Doch das wenige, was er mitteilt, sind Begebenheiten, die sich seinem Gedächtnis tief eingegraben haben, wie die von ihm erwähnte Messerstecherei in der Dorotheenstraße, die er eines Tages vom Fenster der Wohnung eines Schulfreundes miterlebte. Ein andermal sah er als Vierzehnjähriger etwas ratlos zu, wie aus der Alexanderkaserne Soldaten ausrückten, die sich für den Kolonialkrieg in Deutsch-Südwestafrika gemeldet hatten. Auch wenn diese Begebnisse zusammenhanglos scheinen, hinterließen sie doch einen starken Eindruck und hatten so oder so ihre Bedeutung. Die politischen Ereignisse berührten seine Interessen noch wenig. Sein Vater, sagt er, habe sich mit ihm nicht über politische Fragen unterhalten, jedenfalls sei ihm von Gesprächen solcher Art nichts im Gedächtnis geblieben. Wer sonst in ihm das Interesse für die bewegenden sozialen Fragen der Zeit geweckt hat, bleibt offen. Daß er allein aus Opposition gegen die Schule während des Unterrichts linke Zeitungen wie die *Welt am Montag* las, das radikal pazifistische Blatt Hellmut von Gerlachs, ein rotes Tuch für Lehrer und Vorgesetzte, scheint unwahrscheinlich. Wenn er es dennoch aus sich heraus getan hätte, spräche das für ein sehr früh erwachtes Interesse für öffentliche und politische Angelegenheiten.

Kurt Tucholsky war auf dem Französischen Gymnasium ein durchschnittlicher Schüler, begabt, doch ohne Ehrgeiz, mit ebenso durchschnittlich gutem Betragen, aufnahmefreudig, doch ohne genügende intellektuelle Anregungen durch den Schulunterricht selbst. Man weiß, daß er niemals einen Preis dieser Lehranstalt bekommen hat und daß auch in den betreffenden Jahresberichten der Schule sein Name nicht vorkommt, weder im positiven noch im negativen Sinne. Zwei Mitschüler, die mit ihm in dem wenig ansehnlichen Steinkasten am Spreeufer die Schulbank drückten, konnten sich an ihn noch erinnern. Der eine war der Berliner Bankierssohn Hans Fürstenberg, der sich nur darauf besann, daß ihm der Gymnasiast Tucholsky damals dünn, nicht gerade sehr gepflegt erschien, die Haare habe er sehr kurz getragen, und sein Humor hätte hauptsächlich »in der märchenhaften Kunst, sich herauszulügen«, bestanden. Demgegenüber steht die Mitteilung eines anderen, namentlich nicht bekannten Mitschülers, daß er durchaus nicht etwa ein griesgrämiger Einzelgänger, sondern vielmehr ein fröhlicher Draufgänger war, der immer die Lacher auf seiner Seite hatte.

1903 ging Tucholsky vom Französischen Gymnasium ab und wurde vom Vater im Königlichen Wilhelms-Gymnasium in der Bellevuestraße im Tiergartenviertel angemeldet. Auch diese Zeit beklagte er später als »verlorene Jahre«. Was er der Schule vorwarf, war die Durchschnittlichkeit des Unterrichts und der Lehrer. Zwar räumte er ein, sie selbst seien auch nicht die Besten gewesen, aber »Was hat man uns denn gelehrt? Was hat man uns beigebracht? Nichts. Nicht einmal richtig denken, nicht einmal richtig sehen, richtig gehen, richtig arbeiten – nichts, nichts, nichts. Wir sind keine guten Humanisten geworden und keine guten Praktiker – nichts.« Er denke nicht mit Haß an seine Schulzeit zurück, bekannte er als Fünfunddreißigjähriger, sie sei ihm völlig gleichgültig geworden, romantisch sei es nicht gewesen, gehauen worden seien sie nicht, Schultragödien habe es keine gegeben, furchtbare Mißstände auch nicht, niemand habe sich totgeschossen, wenn er einmal sitzenblieb – »aber um unsere Zeit haben sie uns bestohlen, das Schulgeld war verloren«.

Auch auf dem Wilhelms-Gymnasium hat Tucholsky bei den Lehrern nicht zu den beliebten Schülern gehört. In ihm witterten sie einen Oppositionellen, einen geistig Selbständigen, der über den Paukstoff, ohne ihn zu beherrschen, schon hinaus war und für den Kipling unter der Bank oder die *Welt am Montag* viel interessanter waren als die drei Punischen Kriege, der Tacitus und sämtliche lateinischen Konjugationen.

In dem Gedicht *Die Schule* von 1919 und der biographischen Skizze *Ein Kind aus meiner Klasse* von 1925 finden sich durchgängig harte Kritiken an den »alten Scholarchen« und ihren Unterrichtsmethoden.

»Deutsch: lächerliches Zerpflücken der Klassiker; törichte Aufsätze, schludrig und unverständig korrigiert; mittelhochdeutsche Gedichte wurden auswendig gelernt. Niemand hatte einen Schimmer von ihrer Schönheit.

Geschichte: eine sinn- und zusammenhanglose Zusammenstellung von dynastischen Zahlen. Wir haben niemals Geschichtsunterricht gehabt.

Geographie: die Nebenflüsse. Die Regierungsbezirke. Die Städtenamen.

Latein: es wurde gepaukt. Ich habe nie einen lateinischen Schriftsteller lesen können.

Griechisch: siehe Latein.

Französisch: undiskutierbar.«

Dabei war der Besuch eines Gymnasiums eine teure Angelegenheit. Die Eltern mußten pro Monat zwanzig Goldmark Schulgeld an den Fiskus entrichten, wenn auch bei Tucholskys nie von Geld gesprochen wurde.

Ihn hat vor allem erbittert, daß das Gymnasium die Individualität im Menschen ignorierte, nicht auf vorhandene Begabungen einging, vielmehr alles auf die zu erreichende Norm eingeschliffen wurde. Der Streber, der »Primus«, war des Lehrers liebstes Kind, das war überall so und auch hier am »Lackstiefelgymnasium«, wie das Wilhelmsche genannt wurde.

»Da waren aber auch andere in der Klasse, die wurden niemals Primus. Das waren Jungens mit Phantasie ... Jungen, die eine fast intuitive Auffassungsgabe hatten, aber nicht seine Leistungsfähigkeit, Jungen mit ungleicher Arbeitskraft, schwankende, ewig ein wenig suspekte Gestalten. Sie verstanden ihre Dichter und ihre Physik oder ihr Englisch viel besser als die andern, besser als der ewig gleich arbeitsame Primus und mitunter besser als der Lehrer. Aber sie brachten es zu nichts. Sie mußten froh sein, wenn man sie überhaupt versetzte.«

Seine Schuljahre absolvierte Tucholsky als durchschnittlicher Schüler, weder auffallend durch überragende Leistungen noch durch besonders schlechte Zensuren. Den Eltern legte er Zeugnisse zur Unterschrift vor, die keinen Anlaß zur Befürchtung gaben, daß er sitzenbleiben könnte. Die Zensu-

7

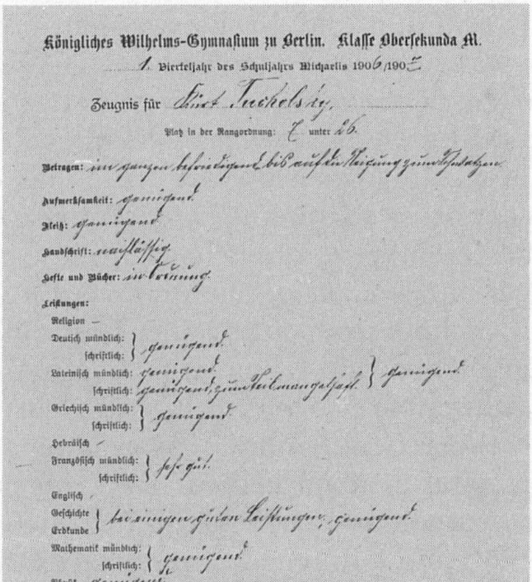
Königliches Wilhelms-Gymnasium zu Berlin. Klasse Obersekunda M.

1. Vierteljahr des Schuljahrs Michaelis 1906/1907

Zeugnis für Kurt Tucholsky.

Platz in der Rangordnung: 7 unter 26.

Betragen: im ganzen befriedigend bis auf die Neigung zum Schwatzen

Aufmerksamkeit: genügend

Fleiß: genügend

Handschrift: nachlässig

Hefte und Bücher: in Ordnung

Leistungen:

Religion –

Deutsch mündlich: / schriftlich: genügend

Lateinisch mündlich: genügend / schriftlich: genügend, zum Teil mangelhaft – genügend

Griechisch mündlich: / schriftlich: genügend

Hebräisch –

Französisch mündlich: / schriftlich: sehr gut.

Englisch –

Geschichte / Erdkunde: bei einigen guten Leistungen genügend

Mathematik mündlich: / schriftlich: genügend

Physik genügend

Zeichnen

Gesang

Turnen –

Er hat 2 St. versäumt, ist 3 mal zu spät gekommen, im Klassenbuche – mal getadelt, mit – St. Arrest bestraft.

Besondere Bemerkungen:

Direktor [illegible] Ordinarius [illegible]

Kenntnisnahme bescheinigt [illegible]

Dieses Zeugnis ist, von dem Vater des Schülers unterschrieben, am 1. Januar 1907 dem Ordinarius vorzuzeigen.
(Zeugnisprädikate: sehr gut, gut, genügend, mangelhaft, ungenügend.)

Schulzeugnis des Wilhelms-Gymnasium zu Berlin.
Im Ganzen befriedigend,
bis auf die Neigung zum Schwatzen

ren bewegten sich gleichbleibend zwischen »befriedigend« und »genügend«. Eine Neigung zum Schwatzen wurde ihm bescheinigt, eine nachlässige Handschrift, andererseits aber ordentlich geführte Hefte. Obwohl schreibfreudig und formulierungsgewandt, erhielt er in Deutsch meist nur eine durchschnittliche Drei.

Von seinen Hausarbeiten ist noch ein Schulaufsatz vom Mai 1906 über das Thema *Frühling in Berlin* erhalten. Vom Lehrer wurde diese Arbeit nicht zensiert, weil sie »Ideen enthält, die offenbar nicht Eigentum des Verfassers sind«. Was hatte er geschrieben? Ein philosophisch eingefärbtes Pamphlet, das Ideen aus den Büchern von Arno Holz und Rousseau sowie Gedankengut der Sozialdemokratie vorbringt, in einer Sprache, die für einen Sechzehnjährigen etwas ungewöhnlich ist. Frühling und Großstadt sieht er unglücklich miteinander verkettet, weil »der Kampfesruf eines französischen Gelehrten, der Sehnsuchtsschrei eines verlorenen Kindes nach der Mutter, das Wort Jean-Jacques Rousseaus: retournons à la nature« – jenes Wort also, »das einst den in jeder Menschenbrust schlummernden Funken, das Sehnen nach einer besseren Welt, zur hellen Flamme emporlodern ließ« – mit Rousseau gestorben und verdorben sei. Der Mensch als Geschöpf der Natur baue, statt auf den großen französischen Dichter und Kämpfer zu hören, sich selbst ein steinernes Grab, sitze wachend hinterm Schreibtisch und treibe rußgeschwärzten Antlitzes Maschinen. Obwohl es Frühling sei, gäbe es doch keinen. Der aufgeklärte Großstädter übe vornehme Zurückhaltung; sich angesichts blauen Himmels und sonnigen Frühlings zu exaltieren, käme ihm nicht in den Sinn. »Shocking! Wie unmodern!«

Bemerkenswert an diesem Hausaufsatz ist, daß der sechzehnjährige Tucholsky als Gymnasiast Gedanken aufgreift, die außerhalb der Schulstube lagen. Es ist hier im unvollkommenen Aufsatz im Keim schon der ethische Antrieb seines künftigen Lebens und Schreibens formuliert, der auch dadurch nicht verkleinert wird, daß er in ein blumig-pathetisches Sprachgewand eingekleidet ist. Dem Schreiber war es durchaus ernst damit. Die beiden Formulierungen »der Sehnsuchtsschrei eines verlorenen Kindes nach der Mutter« und »das Sehnen nach einer besseren Welt« sind für ihn höchst aufschlußreich. Dem zensierenden Lehrer hingegen schien es zunächst wichtiger, darauf hinzuweisen, »daß Buchstaben, die ein Wort bilden, unbedingt miteinander zusammenhängen müssen«. Bei Tucholsky standen die Buchstaben auseinander, und »Löcher« durften nach Meinung der Schule nicht sein.

Wie sahen andere Mitschüler von damals den Gymnasiasten mit dem kurzgeschorenen Haar? Der ehemalige »Wilhelmianer« Emanuel Roer fand, Tucholsky hätte keinen rechten Kontakt zu den Mitschülern gehabt, erschien älter und sei sich seiner geistigen Überlegenheit allzu bewußt gewesen. »Ihm paßten die Aufsatzthemen, die wir bekamen, nicht. Er schrieb einmal nur zwei Seiten Hausaufsatz! Mit Deutsch ›mangelhaft‹ blieb er sitzen und verließ, wenn ich nicht irre, das Wilhelms-Gymnasium.«

Kurz vor dem Abschluß des Schuljahres Ostern 1906 kamen Tucholsky Bedenken, daß er vielleicht sitzenbleiben würde. Diese Geschichte erzählt er selbst. »Vierzehn Tage vor der Versetzung in die Obersekunda wankte ich herum und gab Mamachen zu, daß es schiefgegangen sei... Mamachen war nicht beglückt, und ich bekam ein paar hinter die Ohren.« Um sich die Blamage vor der Klasse zu ersparen, spielte er, nach eigenen Worten, den eingebildeten Kranken. Am Tage der Zeugnisverteilung in der Aula fehlte Kurt Tucholsky. Erst zwei Tage später »kroch« er, wie er den Canossagang umschreibt, zum Schulgebäude in die Bellevuestraße, um sich dort das Zeugnis beim Schuldiener abzuholen. Doch welche Überraschung – als er es in der Hand hielt, sah er, daß er doch versetzt worden war.

Damit hatte er nun das »Einjährig Freiwillige« in der Tasche, das Examen der sogenannten mittleren Reife, das zum verkürzten einjährigen Militärdienst berechtigte. Mit den schreib- und reimgewandtesten Schülern seiner Klasse konnte er sich nun unbeschwert an die Arbeit für die Schülerzeitung machen, um das bstandene Examen frei nach Schiller zu feiern.

> Wohlauf, Kameraden, die Schule ist aus,
> die Ferien, sie haben begonnen.
> Die Schule, sie bleibt für zwei Wochen ein Haus,
> das streng wir zu meiden gesonnen.

Da tritt für zwei Wochen kein anderer ein
als der Hausdiener, der die Klassen macht rein.

Die Zeitung, zu der er originelle Einfälle und Texte beisteuerte, ist eine muntere Parodie auf die Lehrer und die am Gymnasium traktierten Klassiker, nennt sich *Einjährige Rundschau, Nachtausgabe* und hat den Vermerk: »Preis unbezahlbar. Verantwortlicher Redakteur ausgekniffen. Erscheint täglich geistreicher, je öfter man sie liest.« Tucholsky wird darin mit einem Vierzeiler gehörig veräppelt:

O Kurt, von allen der Schönste Du bist,
und auch sonst Du anders als andere bist,
und die gepflegten Hände vor allem
sind es, die immer besonders gefallen.

Die kleine Schülerzeitung bringt auf der letzten Seite noch als Ulk eine alphabetische Namenliste. Jeder der Klasse ist darin mit einem lateinischen Spitznamen bedacht; je nachdem, was an einem besonders auffiel, hieß er Longus Nervosus, Nobilis oder Amator. Tucholsky bekommt – warum wohl? – den Namen »Corruptor«, zu deutsch Verderber, Verführer, Bestecher. Das Beste an der Zeitung, fast ein Stück Literatur, ist eine Satire auf den Primus, so elegant und beißend im Spott, daß nur einer aus der Klasse als Verfasser in Frage kommen kann, und zwar der Corruptor. »Der Primus kann alles und weiß alles. Sport treibt er natürlich nicht, da dieser nur für geistig Untergeordnete ist. Dagegen spielt er unübertrefflich Schach und kommt zur Turnstunde, auch wenn er dispensiert ist. Über seine sittliche Reife weiß kein Mensch etwas, da er sich unpassende Witze nur erzählen läßt. Er spielt gern den Leutseligen und mischt sich gern, aber selten, wenn ihm sein Amt als Klassenbuchverschmierer Zeit läßt, unter das Volk. Er ißt Butterbrote mit Ei, das heißt, er bekommt solche mit und läßt das Ei in der Schule hinfallen. Er besitzt ein unheimliches Redetalent, sowohl in sehr gutem als auch im schlechten Sinne, und trägt Gedichte mit viel Pathos und scharfer Akzentuierung vor, was für die Nachbarn immer mit einer gründlichen Reinigung verbunden ist.« In Summa: »Seine Herren Eltern haben die Ehre, ihn erhalten, die Unterschüler, ihn täglich sehen, die Lehrer, ihn täglich unterrichten zu dürfen. Er verteilt jedoch diese Gnaden mit Freigebigkeit und Anmut, denn er weiß, er wird ein großer Mann.«

Der Schüler, der über eine derart ausgeprägte Beobachtungs- und Formulierungsgabe verfügt, der ausgerechnet mußte wegen mangelnder Leistungen im deutschen Aufsatz 1907 sitzenbleiben! War er das Jahr zuvor um das befürchtete Malheur noch einmal herumgekommen, so setzte nun, »als es gar zu schlimm wurde mit den deutschen Aufsätzen, eine dicke Vier meinem Streben einen Riegel vor. Ich blieb nun wirklich sitzen.«

Als das passierte, lebte Kurt Tucholskys Vater nicht mehr.

Schwierigkeiten zu Hause

Anfang 1907 ging er aus der Obersekunda vom Wilhelms-Gymnasium ab. Der reguläre Schulbesuch war für ihn damit beendet. Der entscheidende Grund, daß ihn seine Mutter von der Schule nahm, war aber nicht der deutsche Aufsatz, auch nicht die Tatsache, daß er sitzenblieb, wenn es in ihren Augen als Lehrerin auch ein Malheur war, sondern die Folge einer tiefgehenden Krise im Elternhaus während der letzten Lebensjahre des Vaters, die sich auf alle drei Tucholsky-Kinder, aber ganz besonders auf den übersensiblen, nachdenklichen und sehr kritischen Kurt auswirkte. Es gab Spannungen in den Beziehungen zwischen den Eltern, die nicht vorübergehender Natur waren. Das geht aus einer Briefstelle bei Tucholsky hervor, wo er davon spricht, daß er damals entschlossen gewesen sei, mit Volljährigkeit aus dem Haus zu gehen, falls sich Papa nicht scheiden ließe.

Das mangelnde Einvernehmen zwischen den Ehegatten zerstörte allmählich die Harmonie der Familie. Mit der fortschreitenden Krankheit des Vaters wurde die Situation noch komplizierter. Ellen und Fritz klammerten sich immer mehr an den Bruder, der ihnen in Hinsicht auf Wärme und Geborgenheit die Eltern ersetzen mußte, selbst aber noch auf Hilfe und Zuneigung angewiesen war. In der Schule stand es mit ihm kritisch, zu Hause fehlte ihm der erforderliche Halt und, wie er glaubte, das richtige Verständnis von seiten der Mut-

8

Kurt mit Schwester Ellen und Bruder Fritz.
Aufnahme von 1904

ter. Woher sollte da Leistungsbereitschaft bei ihm kommen? Im letzten Jahr der Krankheit war der Vater durch sein Rükkenleiden an den Rollstuhl gefesselt, bedurfte der häuslichen Pflege, die viele Einschränkungen und Belastungen für die Familie mit sich brachte. Ein Erlebnis zumal hat sich tief in Kurt Tucholskys Seele gegraben. Er hat es, wie er Mary Tucholsky später sagte, niemals vergessen können: daß sein Vater, gepeinigt von Schmerzen, in seiner Qual immer wieder nach Morphium schrie und die Mutter es ihm verweigern mußte.

Am 1. November 1905 wurde für den geliebten Vater das Totenlicht angezündet. Dann folgte für die Hinterbliebenen der Gang hinaus zum Jüdischen Friedhof nach Weißensee. Als der Rabbiner an seines Vaters Grab das Kaddisch sprach – »Erhoben und geheiligt werde sein großer Name in der Welt, die nach seinem Willen erschaffen ...« – und die Erde dumpf auf den Sarg hinabpolterte, erfaßte den Fünfzehnjährigen das Gefühl einer großen Leere.

Über die Art der Krankheit des Vaters gibt es bislang nur Spekulationen. Tucholsky selbst hat sich niemals in irgendeiner Weise darüber geäußert. Da Alex Tucholsky 1904 noch

Bankgeschäfte leitete, kann er nicht, wie in einigen Büchern behauptet, jahrelang an den Rollstuhl gefesselt gewesen sein. Das einzige, was exakt belegt werden kann, ist die Tatsache, daß er sich wiederholt zur Behandlung sowie zu Kuraufenthalten in Wiesbaden und Göggingen befunden hat. Aus dem bei Augsburg gelegenen Kurort Göggingen, bekannt für seine orthopädischen Heilstätten, schrieb er im Juni 1899 nach Hause an seine Frau – Anrede: »Liebe Schnute!« –, daß für ihn ein Korsett angefertigt würde. »So ein Opfergang dauert immer 3–4 Wochen! Inzwischen muß man die Schmerzen weiter aushalten. Der Arzt meint, daß man einen Erfolg erst nach 4–5 Monaten spürt. Da kann also noch Zeit vergehen, bis man Mensch wird.«

Kurznachrichten von einer Kurbehandlung kommen auf Postkarte an seine Frau am 23. Mai 1902 aus Wiesbaden, wiederum mit der Anrede »Liebe Schnute!«. Er überlegt, ob er sich, wie der Sanitätsrat ihm geraten habe, »ein Mittel machen lassen soll gegen das Spritzen«. Von der Behandlung selbst spüre er noch keinen Erfolg, wenn er auch weniger Schmerzen habe. »Nimm 1000 Grüße und Küsse für Dich und die Kinder von Deinem Alex«, lautet der in Steno an den Rand geschriebene Satz.

Die letzten sechs Jahre mußte der Vater ein Korsett tragen. Daß er sich in Göggingen zur ärztlichen Behandlung aufhielt, läßt ein Leiden der Wirbelsäule vermuten. Die Ärzte machten ihm wohl Aussicht auf Heilung, er selbst jedoch stand solchen Diagnosen skeptisch gegenüber und kommentierte sie recht spöttisch mit niederdeutscher Gelassenheit: »Selbstverständlich (!!) hat Herr Dr. Weil die besten Hoffnungen, ja die vollkommenste Sicherheit, nein, den unbedingt richtigen Glauben, daß es besser wird, etc. pp. und dergleichen Sachen. Lat' em man! Wennt wat, denn wat't!«

Aus den wenigen hier zitierten Äußerungen, die von Alex Tucholsky überkommen sind, formt sich das Bild eines sympathischen Mannes, der den Seinen in herzlicher Art zugetan war, ein Mensch von innerer Wärme und Güte. Und so zeigt ihn auch die kleine Zeichnung, die der Sohn einer befreundeten Familie von Vater Alex drei Monate vor dessen Tode anfertigte.

Nicht so sympathisch ist das Wesen der Mutter überlie-

9

Vater Alex Tucholsky, gezeichnet 1905 von Hans Richter, dem Sohn einer befreundeten Familie

fert. Hier stützen sich bisherige Darstellungen auf das Porträt, das Kurt Tucholsky selbst in seiner Rezension einer Strindberg-Aufführung von der Schauspielerin Rosa Bertens gegeben hat, von der er sagt, das sei nicht allein die Figur von Strindberg, auch nicht die der Bertens, sondern seine Mutter gewesen. Es ist eine Charakterisierung, die sicherlich für die Strindberg-Figur zutrifft, für die eigene Mutter mit großer Wahrscheinlichkeit nicht: »Und es war nicht das Mogeln, die Nachlässigkeit in der Erziehung und der Geiz – es war nicht das. Es war die unbändige Herrschsucht der Familienglucke, die auf Kücken und Hahn gleichmäßig hackte. Früher hatte die Geliebte dem Mann die Augen zugeküßt, so daß er nichts mehr zu sehen vermochte – nun errichtete sie die heiligen Schranken der heimatlichen Hütte, worin sie regierte. Hier war ihr Reich; und der weite Horizont war verbaut. Hier herrschte sie, herrschte sie mit allen Mitteln. Mit Gewalt, mit Schlägen, mit der Lüge...«

Möglicherweise sind hier einige Charakterzüge der Mutter überbetont subjektiv formuliert, vielleicht aus der Verletzlichkeit eines hochsensiblen jungen Menschen heraus,

10

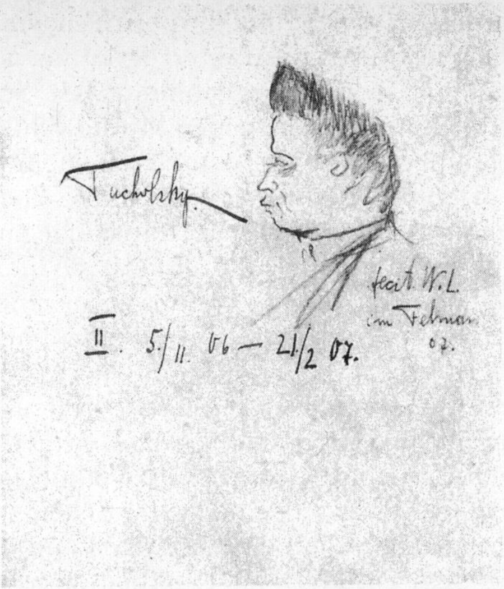

Der Gymnasiast Tucholsky,
von einem Klassenkameraden gezeichnet 1907

der mehr Liebe erwartet hatte, als er bekam. Daß der äußere Schein darauf hindeutete, daß Doris Tucholsky bei der Erziehung ihrer Kinder mit zu großer Strenge und Härte regierte, mag auch auf Überforderung zurückzuführen sein. Auch Scheidungsabsichten der Eltern in den letzten Ehejahren, wovon aus Briefen von Kurt Tucholskys Schwester Ellen zu erfahren ist, könnten manches erklären. Doris Tucholsky war ohne Zweifel eine Frau von gesellschaftlicher Repräsentanz, gebildet, humorvoll und von gewandter Konversation, die anderen mit Güte, ja Liebenswürdigkeit entgegenkam. So empfanden es jedenfalls Menschen, die sie näher gekannt haben. Was aber eben die Kinder betraf, so konnte die mangelnde Geborgenheit und Nestwärme auch durch einen noch so tadellos geführten bürgerlichen Haushalt nicht ersetzt werden. Kurt Tucholsky empfand bis zuletzt, daß ihm das Schicksal, was mütterliche Liebe betraf, etwas schuldig geblieben war.

Bei dem Vergleich mit der Schauspielerin Rosa Bertens von 1914 entsteht indessen ein fragmentarisches, wenn nicht gar fragwürdiges Bild, weil es nur die negativen Eigenschaften der Mutter hervorhebt und die positiven, vielleicht sogar charmant-liebenswerten Charakterzüge außer acht läßt, nur weil der Junge sie nicht wahrgenommen hat. Schreibt nicht auch Theodor Fontane von seiner Mutter Ähnliches – daß ihm vieles an ihrer Haltung, besonders seinem Vater gegenüber, »zu hart und zu herbe« vorgekommen sei, daß ihm aber im Alter der Sinn für ihre »Superiorität« aufgegangen sei und wie richtig alles war, was sie tat und was sie nicht tat? Wäre es nicht denkbar, daß auch Tucholsky zu einem späteren Zeitpunkt zu einem gerechteren Urteil gekommen wäre? Wie dem auch sei – keineswegs ist Kurt Tucholsky seiner Mutter zu irgendeiner Zeit mit Haß entgegengetreten. Er hielt die Verbindung mit ihr, zumindest in den Berliner Jahren, aufrecht, besuchte sie, telefonierte mit ihr, widmete ihr seine Bücher. Das ist die eine Seite. Die andere Seite ist, daß die Erfahrungen seiner Kindheit ihn belasteten und daß Kurt Tucholsky, aus dem Paradies der Kindheit zu früh verstoßen, sein Leben lang auf der Suche nach Wärme, Bindung und Geborgenheit war. Mit seiner Jugend, sagt er, sei er im großen und ganzen nicht zufrieden gewesen. »Wir fühlten uns nicht verstanden.«

Nach dem Tode des Vaters nahmen die Spannungen zwischen Sohn und Mutter zu. Er erkannte ihren Anspruch, über ihn zu entscheiden, nicht an. In der Schule kam es zu den erwähnten ernsten Schwierigkeiten, so daß der Mutter nichts weiter übrigblieb, als den Ältesten vom Gymnasium zu nehmen und in Privatunterricht zu geben. In bisherigen Biographien wird auch diese Maßnahme als unpädagogische Härte und psychologisch unkluger Schritt der Mutter gewertet, was aber hätte sie in ihrer Lage anderes tun sollen? Sie fühlte die große Verantwortung, die auf ihr lastete, und wollte dem gerecht werden. Von der Familie war der halbwüchsige Kurt so gut wie nicht mehr zu beeinflussen, da konnten auch seine vielen Onkel und Tanten nichts machen. So kam er in Pension zu Studienrat Krassmöller in der Pariser Straße 49. Vorher zog die Mutter mit den Kindern in die am Nollendorfplatz gelegene Motzstraße um. Die alte Wohnung in der Dorotheenstraße war für einen anderen Bankdirektor frei zu machen.

Dr. phil. Willi Krassmöller hatte eine vorzügliche Art, mit

schwierigen Schülern umzugehen und sie mit Erfolg auf das Abitur vorzubereiten. Es gelang ihm, seinen Schützlingen das verlorengegangene Verständnis für schulische Pflichten und Leistungen, frei von Gängelei und Subordination, wiederzugeben. Die Schüler, die von ihm unterrichtet wurden, lobten an ihm, er sei eine Seele von Mensch gewesen, der seine Gutmütigkeit hinter etwas polterndem Wesen verbarg. Tucholsky gewann in ihm einen väterlichen Freund, auf dessen Meinung er etwas gab. So ging er auch auf den Ratschlag ein, das Einjährige noch einmal zu machen, um mehr Sicherheit für das Abitur zu gewinnen. Vor einer Militärkommission am Lehrter Bahnhof legte er Ostern 1908 »vor schneidigen Offizieren und traurigen Zivilisten« diese Prüfung ein zweites Mal ab und bestand sie. Er war nun der »Mann mit den zwei Einjährigen«.

Tucholsky besuchte seinen Lehrer auch dann noch, als er das Abitur schon gemacht hatte – aus Anhänglichkeit und weil er eine Zeitlang jüngeren Schülern bei Dr. Krassmöller Nachhilfeunterricht gab. Er nannte das »Knaben in den Wissenschaften unterrichten«. Damit konnte er sich etwas Geld verdienen. Als Nachhilfelehrer sah er auf eiserne Disziplin, wie Heinz Ullstein in seiner Autobiographie berichtet. Seine Schüler, die er mit dem Rohrstock behandelte, hatten mit gefalteten Händen dazusitzen, durften sich nicht mucksen und nicht ungefragt reden.

Krassmöller bewährte sich Tucholsky gegenüber als »wunderherrlicher Einpauker«, mit dem Abitur konnte darum nichts schiefgehen. Im Frühjahr 1909 wurde der gutpräparierte Schüler beim Königlichen Provinzialschulkollegium zur Reifeprüfung angemeldet und von dort als Externer dem Königlichen Luisen-Gymnasium zugewiesen. Für einige Wochen nahm er nochmals am Schulunterricht teil. Dann kamen die Prüfungen. Die Examina bestand er, wie das Reifezeugnis ausweist, mit »gut« und »genügend«. In den einzelnen Fächern erhielt er folgende Zensuren: Latein – genügend, Griechisch – gut, Französisch – gut, Geschichte und Erdkunde – genügend, Physik – gut. In Mathematik genügte die schriftliche Arbeit nicht, die mündlichen Leistungen aber waren gut. Note insgesamt: genügend. In der Spalte Religionslehre ist ein Strich. Es war das einzige Fach, das auf dem Reifezeugnis unbewertet blieb. Er brauchte es nicht zu absolvieren, da Kinder jüdischer Familien zu Hause auf die Religionsmündigkeit vorbereitet wurden. Auffallend ist, daß auch diesmal wieder tadelnd darauf hingewiesen wird, daß seine schriftliche Arbeit im Deutschen den Anforderungen nur knapp genügt habe.

Mit dem bestandenen Abitur vom 21. September 1909, bescheinigt von der Königlichen Prüfungskommission, vertreten durch Kommissarius Lambeck und Direktor Dr. Paetzolt, ist Kurt Tucholsky aus der Schule entlassen worden. Die Familie konnte aufatmen.

Zum erstenmal gedruckt

Es ist kaum anzunehmen, daß die Note »genügend« im Fach Deutsch den Prüfling sonderlich beeindruckt hat, denn bereits zwei Jahre zuvor war seine erste Arbeit im *Ulk*, der Beilage des *Berliner Tageblatts*, erschienen. Die Abonnenten des Blatts konnten in der Nummer vom 22. November 1907 unter dem Titel *Märchen* mit Schmunzeln eine kleine Glosse lesen, ungezeichnet und wahrscheinlich vom leitenden Redakteur sprachlich etwas überarbeitet und gekürzt: »Es war einmal ein Kaiser, der über ein unermeßlich großes, reiches und schönes Land herrschte. Und er besaß wie jeder andere Kaiser auch eine Schatzkammer, in der inmitten all der glänzenden und glitzernden Juwelen auch eine Flöte lag. Das war aber ein ganz merkwürdiges Instrument. Wenn man nämlich durch eins der vier Löcher in die Flöte hineinsah – oh! was gab es da alles zu sehen! Da war eine Landschaft darin, klein, aber voll Leben: eine Thomasche Landschaft mit Böcklinschen Wolken und Leistikowschen Seen. Reznicekschc Dämchen rümpften die Nasen über Zillesche Gestalten, und eine Bauerndirne Meuniers trug einen Arm voll Blumen Orliks – kurz, die ganze moderne Richtung war in der Flöte. Und was machte der Kaiser damit? Er pfiff drauf.«

Niemand hätte geglaubt, daß diese so trefflich pointierte Glosse von einem in der Schule recht wacklig stehenden Schüler stammte. Wem so etwas einfiel, der mußte sich in der zeitgenössischen Kunst schon ein bißchen auskennen, mußte wissen, was es mit den Reden Wilhelms II. gegen die »Rinnsteinkunst« oder der neuen Richtung der Sezession auf sich hatte. Diesbezügliche Kenntnisse erwarb sich Tucholsky schon während seiner Schulzeit durch den Besuch von Kunstausstellungen mit seinen Eltern, Onkeln oder Tanten, mit denen er auch regelmäßig ins Konzert und ins Theater ging. Die Familie Tucholsky, in der es Lehrerinnen, vermögende Kaufleute, Direktoren, Fabrikanten und einen Justizrat gab, nahm am gesellschaftlichen und kulturellen Leben Berlins regen Anteil, wodurch die geistigen und musischen Interessen des Jungen in hohem Maße gefördert wurden.

In der Nummer des *Ulk*, in der sein *Märchen* erschien, war noch eine andere, nicht weniger amüsante Jugendarbeit von ihm. Es ging darin um »Vorsätze«, die einen Siebzehnjährigen beschäftigen. Er »will den Gänsekiel in die schwarze Flut tauchen und einen Roman schreiben. Schöne, wahre Menschen sollen darin vorkommen, die auf den Höhen des Lebens wandeln«. Er verwirft den Plan jedoch wieder und beschließt, seine Seele lyrisch »auf sammetgrünem Flanell zu betten, und meine Sorgen werden kreischend von dannen ziehen«. Aber auch dieser Vorsatz scheint ihm nicht das Richtige. Besser wäre vielleicht, eine Ballade zu dichten von einem Helden, der »auf blumiger Au mit den Riesen kämpft, und wenn die Strahlen des Mondes auf seine schöne Prinzessin fallen, dann ...«. Ja, und das einzige, was dem jungen Mann in diesem Moment einfällt: »Ich will den Gänsekiel in die schwarze Flut tauchen. Ich werde meinem Onkel schreiben, daß ich Geld brauche.«

Das Jahr 1907, in dem Tucholskys Mitarbeit für die Zeitung begann, war gekennzeichnet von turbulenten Ereignissen. Aufstände, Streiks und Wirtschaftskrisen in vielen Ländern der Welt signalisierten tiefgreifende soziale Auseinandersetzungen. Die zweite Haager Friedenskonferenz tagte; die Sozialistische Internationale beschloß, alles gegen den Ausbruch eines Krieges zu tun, falls das nicht gelinge, die politische Krise zum Sturz des Kapitalismus zu nutzen. Die herausragenden literarischen Ereignisse des Jahres waren die Verleihung des Nobelpreises an Rudyard Kipling und das Erscheinen des Romans *Die Mutter* von Maxim Gorki. Im Gespräch waren die Bücher des nordischen Erzählers Knut Hamsun, die Bühnenstücke Wedekinds, Strindbergs, Ibsens und Hauptmanns sowie der neueste satirische Roman von Heinrich Mann *Zwischen den Rassen* und Ludwig Thoma's *Kleinstadtgeschichten*.

Freunde der leichten Muse schwärmten 1907 von den Premierenabenden mit der *Dollarprinzessin*, der *Försterchristel* und dem Strausschen *Walzertraum*. Für Berlin war schließlich noch Tagesgespräch die Eröffnung des ersten großen Kinos, das sich Oskar Meßters Biophon nannte. Die Zeitungen berichteten aber auch von Streiks der Berliner Bauarbeiter zur Durchsetzung eines zeitlich gesicherten Zehnstunden-Arbeitstages und davon, daß in Berlin über achttausend Kinder wegen »ungenügenden Kräftezustandes, Tuberkulose und Skrofulose« für das Schuljahr 1906/07 zurückgestellt werden mußten.

Nach dem Abitur 1909 wohnte Tucholsky wieder bei seiner Mutter in der Motzstraße 42 in Wilmersdorf. Die Mutter, im Adreßbuch jetzt als »Rentiere« angegeben, bezog etwa alle zwei Jahre in Berlin eine neue Wohnung. Offensichtlich litt sie unter Veränderungszwang. Von der Motzstraße zog sie 1910 in die Helmstedter, von dort in die Barbarossastraße 38. Drei Jahre später wechselte sie im gleichen Haus aus der vierten in die dritte Etage. Solange Kurt zu Hause wohnte, mußte er diese Umzieherei mitmachen. Die Situation änderte sich für ihn erst, als er 1911 mit erreichter Volljährigkeit das von seinem Vater ererbte Vermögen ausgezahlt bekam und eine eigene Wohnung in der Nachodstraße bezog. Damit stand er als Student bereits auf eigenen Füßen und war von der Familie materiell unabhängig.

Die beiden literarischen Winzlinge von 1907, so sehr er sich darüber gefreut haben mag, beeinflußten die vor ihm stehende Berufswahl nicht. Materiell abgesichert, konnte er sich frei für eine Laufbahn entscheiden. Er wählte das Studium der Rechtswissenschaften. Ob hier Onkel Max, der Rechtsanwalt, oder der Familienrat seinen Einfluß auf Mutter und Sohn geltend gemacht hat, muß offenbleiben. Vater Alex wäre es sicher recht gewesen, daß sein Ältester sich an der Universität für dieses Fach immatrikulierte, da man mit einem Jurastudium auch im Bankwesen eine Menge anfangen konnte. Zwischen Reifezeugnis und Hörsaal lagen nur knapp drei Wochen Ferien. Am 21. September 1909 bestand er das Abitur, und am 7. Oktober nahm er in Berlin das Studium auf.

»Fang nie was mit Verwandtschaft an!«

Der angehende Student dürfte sich über eines heimlich gefreut haben: daß es ihm nun endlich möglich war, seine Sonntage mehr nach eigenen Vorstellungen zu gestalten als nach den Wünschen der Familic.

Die Familie besuchte sich oft. Da Kurt Tucholskys Großeltern und die Geschwister seiner Eltern alle in Berlin wohnten, waren keine längeren Reisen zueinander erforderlich, ein Vorteil, der wohl auch ein Nachteil war. Die Verwandtschaft machte, um Traditionen und Pflichten nicht zu verletzen, Besuche nahezu jede Woche notwendig. Man war ständig unterwegs am Wochenende. Da hatte Onkel Georg Geburtstag und Tante Flora die Familie zum Monatsende

 11

Auf Sonntagsausflug mit Onkel und Tanten.
Kurt (rechts), bereits auf Distanz zur Verwandtschaft

eingeladen, zum jüdischen Neujahrsfest erwarteten die Großeltern den Besuch der Kinder und Enkel, und so ging es das ganze Jahr über. Das meinte Kurt Tucholsky, wenn er seufzend von den »Sonntagen seiner Jugend« sprach.

Die Familie der Mutter war groß und dürfte schon auf Grund ihrer Majorität und gesellschaftlichen Stellung mehr Einfluß auf den Tucholskyschen Haushalt gehabt haben als die Familie des Vaters. Alex Tucholsky mit seinen drei Schwestern Agnes, Berta und Flora sowie Bruder Louis bildeten die Minderheit. Mutter Doris besaß acht Geschwister, die es – bis auf zwei – alle »zu etwas gebracht« hatten, seitdem sie mit den Eltern, die ihr Schuhgeschäft 1870 in Posen aufgaben, nach Berlin gezogen waren. Nur der älteste Bruder Alexander durfte von keinem in der Familie erwähnt werden, er taugte nichts und wurde in jungen Jahren schon nach Amerika abgeschoben. Von dort hat man nie wieder etwas von ihm gehört. Er taucht ein einziges Mal in Kurt Tucholskys Werken in freier literarischer Verarbeitung als »Onkel Edgar« auf, »der schon als junger Mann nach Madagaskar gegangen ist, weil er sich zu viel auf den Rennplätzen herumgetrieben hat«.

Onkel Max hingegen mit dem kleinen Schnurrbärtchen und den großen beweglichen Augen aller Tucholskis war schon von seiner Statur her eine Respektsperson, wenn er zum Gericht ging oder im Salon am Flügel saß. Sein Ruf als Rechtsanwalt mit großer Praxis machte ihn zu einer einflußreichen Persönlichkeit im Berliner Leben. Für die Familie war er die anerkannte juristische Autorität. Er beriet die Mutter in allen Rechts- und Geldangelegenheiten und war Kurts Vormund. Daß Justizrat Max Tucholski Hausmusikabende gab, bei den Familienfeiern beeindruckend Klavier spielte und auch mit eigenen, im Bloch-Verlag gedruckten Kompositionen brillieren konnte, hat den Neffen Kurt fast damit versöhnt, daß die Onkel allesamt dagegen waren, als ihm 1911 das von Vaters Seite ererbte Vermögen ausgezahlt werden sollte.

Bei Onkel Max in Charlottenburg gab es für die Tucholsky-Geschwister nichts Interessantes, wenn Besuch anstand, keine Gleichaltrigen zum Spielen oder Unterhalten, da die Ehe kinderlos war. Nur die Musik war schön. Und bei

Justizrat Onkel Max Tucholski,
ein Bruder der Mutter,
die musikalische und juristische Autorität
der Familie

Onkel Georg, der in Alt-Moabit wohnte und Vorstandsmitglied der Bode-Panzer Aktiengesellschaft, der großen Firma für Stahlschränke, war, unterhielt man sich meist über Börse und Büro, was für Kinder im höchsten Grade langweilig war, ausgenommen, der Onkel lud Kurt mit Eltern und Geschwistern bei schönem Wetter zu einer Fahrt in seiner luxuriösen Yacht über den Wannsee und die Gewässer der Havel ein. Das war dann fast so schön wie die Dampferausflüge in Stettiner Tagen.

Die Liste der Verwandtschaftsbesuche war damit keineswegs erschöpft. Es gab noch Onkel Paul Tucholski, den Geschäftsführer der Vereinigten Lederwarenfabrik mit Sitz in der Michaelkirchstraße 6, dann den Onkel Sigmund Tucholski mit seinem Geschäft für Reklameartikel in der Friedrichstraße 224 und schließlich Onkel Louis Tucholsky, den Bruder des Vaters, der im Zentrum, am Hohen Steinweg, ein Geschäft für französische Seidenwaren, Schals und Halstücher führte. »Spez. Cachnez« war die kaufmännische Bezeichnung dafür.

Kurt Tucholsky hat, wie man weiß, mit der Familie als »Institution« nie viel im Sinn gehabt, doch hat ihm seine große Verwandtschaft dutzendfach Anregungen für heitere, komische und satirisch-spöttische Betrachtungen gegeben. Was er über die Familie sagte, hat er am eigenen Leibe erfahren, wenn ein junger Mensch auch oft übersieht, wo er Dank schuldig gewesen wäre. Bei ihm liest es sich so: »Der Mensch in der Familie ist gar kein Mensch, sondern nur Gruppenteil, Partikel einer Kollektivität und Glied in der Kette, die ihn sanft und unnachgiebig umschlingt, und das eint.«

Am besten kommen in seinen Betrachtungen zu Verwandtschaft und Familie die Großeltern weg, Rosalie und Salomon Tucholski, die im Südosten Berlins in der Ohmgasse wohnten. Großpapa, schon hochbetagt, war Lederfabrikant und führte sein Unternehmen zusammen mit seinem Schwiegersohn Elias Goldschmidt. »Sonntags gingen wir immer zu Großpapachen«, schreibt Tucholsky, »und jeden Sonntag, den Gott werden ließ, wurde uns Kindern vorher eingeschärft: ›Daß mir keiner was von Tod und solchen Sachen sagt!‹«

Großpapa verschenkte klebrige Malzbonbons, die nach nichts schmeckten, trug einen langen Bart und roch immer nach Tabak, nicht nach Leder, obwohl Großmama immer »Ledermann« zu ihm sagte. »Einfach Ledermann – wie beim Militär.«

Großmama, »bei der es immer nach sauren Zitronen roch«, konnte kein Gewitter ertragen und hatte drei große Sorgen im Leben. »Die eine war, daß sich Lottchen nicht erkältete, daher mußte Lottchen auch im Hochsommer immer im Jackett zu ihr gehen; die zweite war, ob auch die Gasrechnung richtig bezahlt sei, denn auf dem Nebenflur war einmal jemand wegen einer unbezahlten Gasrechnung gepfändet worden; und die dritte, allerschrecklichste war: Warum hat Onkel Richard ›die Person‹ geheiratet!«

1906, als der Großvater noch lebte, trafen sich alle Familienangehörigen zur goldenen Hochzeit. Es wurde ein Bild aufgenommen, auf dem Großeltern, Eltern, Kinder und Kindeskinder zu sehen waren. Eine Cousine von Kurt erinnerte sich noch an Einzelheiten. »Tante Doris, Kurts Mutter, war in Schwarz gekleidet, Kurt stand auf der letzten Reihe hinten rechts und mit einem unmöglichen, seinerzeit modernen Stehkragen. Sein Gesichtsausdruck besagte: Wenn es absolut nicht anders geht, na schön!« Es ist der gleiche Ausdruck, den Tucholsky auf sehr vielen Fotos erkennen läßt, ob nun vertraute oder fremde Menschen neben ihm stehen.

Manchen freien Sonntag verbrachte er, als er schon die Tanzstunde und das Gymnasium hinter sich hatte, bei seinen Lieblingstanten Berta und Flora, den Schwestern des Vaters. Beide waren Lehrerinnen, unverheiratet, und führten einen ruhigen Haushalt. Neffe Kurt war gern gesehen, er konnte mit ihnen französisch parlieren. Seine Sorgen und Ansichten fanden hier aufmerksames Gehör, mehr als zu Hause. »Ich hatte sie sehr gern – sie waren so grundanständig. Da ist viel Plattdeutsches drin – meine ganze Liebe.« Zeichen der gegenseitigen Sympathie sind die Fotos, die Neffe und Tanten auf dem guten Sofa zeigen, und das Bild, das Kurt seiner Tante Berta mit Widmung verehrte, kurz bevor er sein Studium begann.

Außen jüdisch und genialisch,
innen etwas unmoralisch,
nie allein, stets à deux: –
der neveu!

Sonst war es so, wie er in seinen köstlichen Satiren das Dasein in und mit der Familie beschrieb. Die Familie, auch seine, erblickte ihre Hauptaufgabe darin, »ihre Nasen in deine Angelegenheiten zu stecken. Die Familie weiß alles, mißbilligt es aber grundsätzlich. Was der jüngste Neffe in seinen freien Stunden treibt, ist ihr bekannt, aber wehe, wenn es dem jungen Mann einfiele, eine Fremde zu heiraten! Kein Feiertag, der nicht der Familie gehört! Alle fluchen, keiner tuts gern – aber Gnade Gott, wenn einer fehlte! Und seufzend beugt sich alles unter das bittere Joch.«

Eine Möglichkeit, sich der Familie zu entziehen, gibt es nach seiner Erfahrung nicht. Seine Großfamilie hat denn auch dazu geführt, daß er zeit seines Lebens eine starke Abneigung gegen Familienbetrieb und Verwandtschaft empfand. Ein bekanntes Chanson von ihm heißt *Fang nie was mit Verwandtschaft an!* Als er es 1921 in Druck gab, setzte er den Vermerk hinzu: »Zur Erinnerung an die Sonntage meiner Jugend.«

Fang nie was mit Verwandtschaft an,
denn das geht schief, denn das geht schief!
Sieh lieber dir 'ne fremde Landschaft an,
denn die Familie wird gleich so massiv.
Und seist du auch ein Landesfürst,
du sollst mal sehn, mein Sohn, wie klein du wirst.

Kapitel II

DER JURASTUDENT WIRD SCHRIFTSTELLER

An der Universität

Es war der 7. Oktober 1909, ein ruhiger Herbsttag, als sich Kurt Tucholsky unter der Nummer 5743 für das Studium der Rechtswissenschaft in die Matrikel der Berliner Universität eintrug. Für die Universitätsbeamten war es ein belebter Tag, es kamen viele junge Leute, die sich mit schwungvoller Handschrift in den großen Folianten einschrieben, überwiegend Söhne von Bankiers, Fabrik- und Rittergutsbesitzern, Ärzten, Universitätsprofessoren, Militärs und Kaufleuten. Nur vereinzelt fanden sich 1909 unter den Eingetragenen Namen von weiblichen Studenten, da an der Berliner Universität Frauen erst ein Jahr zuvor zum Studium zugelassen worden waren. Sie schrieben sich hauptsächlich für Medizin und Philosophie ein, ganz selten für Jura, und dann handelte es sich um Studentinnen von ausländischen Universitäten, die in Berlin ihre Studien fortsetzen wollten. Alle erhielten in lila Stempelfarbe ein »F« hinter ihren Namen, um sie – wohl aus Gründen der Statistik – besonders zu kennzeichnen.

Die Friedrich-Wilhelm-Universität war mit nahezu zehntausend Studenten die größte deutsche Universität, eine wissenschaftliche Institution von internationalem Ruf, was die klassische Philologie, die Altertumswissenschaft, die Physik, Chemie, Medizin und die Nationalökonomie betraf. Repräsentiert wurde der Geist der wissenschaftlichen Lehre und Forschung durch Namen wie Max Planck für die theoretische Physik, Walter Nernst für die physikalische Chemie sowie Adolph Wagner, Gustav Schmoller und Werner Sombart für die Nationalökonomie und Soziologie.

1909 begann sich die Universität auf die hundertste Wiederkehr ihrer Gründung vorzubereiten. Wenn Tucholsky nicht gewußt hätte, wo er studierte, 1910 wurde es ihm deutlich demonstriert. Die Jubiläumsfeiern standen vollauf im Zeichen wilhelminischer Pracht- und Machtentfaltung. Die Professorenschaft, in der Mehrheit deutschnational eingestellt, fühlte sich durch Titel und Orden erhoben »als erstes Garderegiment Wissenschaft«. Gelehrte jüdischer Abstammung oder sozialdemokratischer Gesinnung hatten allerdings keinen Anspruch auf einen Lehrstuhl. Unter der Studentenschaft beherrschten die Korporationen das Bild, während die freie Studentenschaft, die die Mehrheit ausmachte, eine Haltung der »freudigen Mitarbeit« einnahm, wie es offiziell hieß, und die Staffage bildete. Die Burschenschaften in Wichs und mit prächtigen Bannern erweckten den Eindruck, sie seien die Alleinvertreter der deutschen Intelligenz. Diesen Typus des arroganten, privilegierten, in seinen Exzessen und Übergriffen von der herrschenden Justiz geschützten Akademikers, Stütze der feudal-monarchistischen Reaktion, hat sich Tucholsky in der Folgezeit sehr genau betrachtet. Aber auch über die sogenannten freien Studenten, die sich stets vor den Korporierten duckten, bildete er sich schnell ein Urteil: »Sie sind feige. Von jedem Arbeiter könnten sie lernen.«

Fünf Monate lang besuchte er, mehr zum Eingewöhnen, die Vorlesungen der Juristischen Fakultät, deren Hörsäle und Übungsräume sich in der »Kommode«, dem alten Gebäude der Staatsbibliothek am Opernplatz, befanden. Sechs Vorlesungen hatte er belegt: Deutsche Rechtsgeschichte, Einführung in die Rechtswissenschaft, System des römischen Privatrechts, Geschichte des römischen Rechts, Gerichtliche Medizin für Juristen und Einführung in die Natio-

13

Berlin Unter den Linden mit der Universität.
Am 7. Oktober 1909 immatrikulierte sich Kurt Tucholsky
für das Studium der Rechtswissenschaften

nalökonomie. Im März 1910 meldete er sich ab, um das Sommersemester an der Universität Genf zu verbringen, denn es gehörte zur akademischen Tradition, wenigstens ein Semester an einer auswärtigen Universität studiert zu haben. Bis auf die Reise nach Genf, wo ihm im Zug das Malheur passierte, eine Fensterscheibe zu zerbrechen, was ihn sieben Francs kostete, scheint sich nichts Bemerkenswertes ereignet zu haben. Sein gutes Französisch machte Verständigung und Lehrbetrieb für ihn problemlos, und überanstrengen mußte sich ein Student anno 1910 nicht. So blieb ihm ausreichend Zeit, sich seinen literarischen und amourösen Interessen zu widmen und die angenehmen Seiten des Lebens zu genießen, über die er 1914 schreibt: »Ich, zum Beispiel, kenne Genf. Das Semester, das ich dort verlebte, wird immer schöner, je weiter es fortrückt. Der rothaarige Puck, der in seinem zerkauten Deutsch sagte: ›Isch werde nie Schunge bekommen‹; die vermaledeite Russin; die Polin, die mich vor dem Seziersaal, wo sie ein Kolleg hören sollte, fragte: ›Est-ce qu'il y a des morts dedans?‹* (und sie war ganz grün vor Angst); die Treppen, die wir an warmen Sommernachmittagen herunterschlenderten, die großen Freitreppen an der Universität; der See; das wunderschön teure Essen im Hotel; die alte Stadt, hügelig, mit kleinen Gassen; und immer wieder die Rhônebrücke!«

Mit Semesterschluß Ende Juli verließ Tucholsky die Stadt Calvins und Rousseaus, um sich am 25. Oktober 1910 wieder an der Berliner Universität anzumelden mit den obligaten Vorlesungen in Handelsrecht, Familienrecht, Erbrecht, Strafrecht und Übungen im Bürgerlichen Gesetzbuch. Bei Professor Wagner hörte er zusätzlich Allgemeine und theoretische Nationalökonomie. Vier Semester hatte er jetzt noch hinter sich zu bringen, ehe er sich das Abgangszeugnis ausstellen lassen konnte. Weitergehen würde es in den folgenden Semestern mit Privat- und Wechselrecht, Allgemeiner Staatslehre, Recht der Reichsverwaltung, Kirchen-, Konsular- und Völkerrecht. Von den Vorlesungen, die er besuchte, dürfte die von Professor von Schmöller über »Die Lage der arbeitenden Klassen« die einzige gewesen sein, die über den

* frz.: Sind da Tote drin?

Horizont der Paragraphen hinaus Anstöße zum selbständigen Denken und Weiterdenken gab, sofern man sich für die sozialen Probleme der Zeit interessierte.

Während des Studiums freundete sich Tucholsky mit Heinz Ullstein an, einem Sproß der Ullstein-Verlegerfamilie, der Schauspieler werden wollte. Als sich die beiden jungen Leute bei Dr. Krassmöller zum erstenmal begegneten, bimste der drei Jahre jüngere Ullstein noch für das Abitur. In Tucholsky fand er einen Gleichgesinnten, was ihre literarischen Interessen betraf wie auch ihre Verachtung für die Kreise, »die ausschließlich dem Mammon nachjagten«. Was Ullstein über die politischen Auffassungen seines Freundes sagt, deckt sich absolut mit der kritischen Tendenz der ersten Zeitungsartikel, die Tucholsky zu dieser Zeit veröffentlichte. »Wir wußten, daß die Arbeiterklasse unterdrückt war«, schreibt Ullstein, »und wir fanden vieles reformbedürftig. Tucholsky war bereit, für die Interessen aller Unterdrückten einzutreten. Für ihn, den vollendeten Gentleman, gab es nichts Schlimmeres als Nichtachtung denen zu erweisen, die zu den Schwachen und Schwächsten gehören. Er haßte den Staat, der solch unsoziale Verhältnisse schuf und zuließ.«

Den zweiundzwanzigjährigen Tucholsky beschreibt Ullstein als »Menschen von eigenartigem Reiz mit leicht heiserer Stimme. Mit seinem Hals war etwas nicht in Ordnung. Er räusperte sich fortgesetzt, während er sprach.« Er habe ungewöhnlich gute Manieren gehabt. Er trug nur solide englische Stoffe. Seine Kleidung war bewußt und mit Sorgfalt zusammengestellt. »Seine ganze Erscheinung strahlte eine Sauberkeit aus, die nicht nur äußerlich war. Der ganze Mann war sauber.« In seinen Ansichten sei er durch und durch Realist gewesen, alles, was er sagte, habe klug, zwingend und überzeugend geklungen – nur: obwohl er das Preußentum, den preußischen Kommiß und den Drill haßte, sei ihm der junge Tucholsky in seiner Tätigkeit als Nachhilfelehrer im Krassmöllerschen Pensionat mit dem Rohrstock in der Hand als »einer der preußischsten Preußen« vorgekommen, die ihm je begegnet seien.

Tucholsky hörte Vorlesungen, erschien zu den Seminaren, kritzelte in seine Kolleghefte, aber großen Spaß schien ihm

14

Das Siegel der juristischen Fakultät der Friedrich-Wilhelm-Universität

dieses Studium nicht zu machen. Die Scholastik der dozierenden Professoren, fast ein jeder führte den Titel Geheimrat oder Geheimer Justizrat, vermochte bei ihm nur bedingt Interesse an der spröden Materie der Rechtswissenschaft zu wecken. Zu vieles erschien ihm an ihrer Lehrmethode lebensfern, praxisfremd, vor allem der Ablauf der Prüfungen, wenn die Herren Professoren mit ihren Fragen über den Prüfling herfielen. »Begriffe wünschten sie definiert zu sehen, Theorien erörtert, Gesetze geschichtlich entwickelt«, mit einem Wort: »Grund genug, auch in der Ausbildung unserer Juristen die Baisse einer Strafjustiz zu sehen.« So schilderte er 1912 aus eigener Erfahrung den Universitätsbetrieb.

Schon dem jungen Tucholsky fiel auf, daß im preußischen Staat ein krasser Widerspruch zwischen Recht und Politik, zwischen der vom Katheder aus vermittelten Theorie und der geübten Praxis der Rechtsprechung bestand. Wen wundert es da, daß sich seine ersten Gedichte recht oft mit der Justiz befaßten. Der Knittelvers erschien ihm zur Verspottung gerade richtig.

Unsre Justiz steht jetzt auf dem ersten
Platz in der Welt: es ist erreicht!

Die kompliziertesten und die schwersten
Rechtsfälle lösen wir spielend leicht.

Wir haben die allerdicksten Bände,
voll von Gesetzen und Ministerial-
verordnungsbestimmungen ohne Ende.
Wir haben Verbote ohne Zahl!

Wir haben tausend und abertausend
Verordnungen unserer Polizei –
auf weiße Tafeln gemalt – und grausend
gehen die Fremden daran vorbei.

Wir haben in Heften, Broschüren und Bänden
Entscheidungen unseres Reichsgerichts –
Ich will nicht behaupten, daß wir sie verständen,
doch klingen sie hübsch, und da macht das
nichts.

Wir haben weißbärtige Professoren,
von denen der eine den andern auszischt.
Wir haben unzählige Kommentatoren –
na also! Wie? Was? Ist das immer noch nischt?

Wir haben mannigfaltige Strafen,
voll schneidiger Schärfe, nach altem Brauch,
Gesetze, Vorschriften, Paragraphen – – –
Richter?! – Ja! Richter haben wir auch …

Es sprach für Tucholskys frühgereiftes Urteilsvermögen wie für sein Temperament, daß er sich im *Vorwärts* öffentlich mit seinem Professor, dem liberalen Staats- und Verwaltungsrechtler Anschütz, anlegte, weil es ihm absolut sinnlos vorkam, daß dieser Professor im Glauben an »sauberes Recht« in Preußen-Deutschland redliche Gutachten schrieb und mit Paragraphen argumentierte, die gegen die Übergriffe von Amtsstellen nicht das geringste nützten. Wem er eigentlich predigen würde und mit welchen Erwartungen? Wenn man die Kompetenz der Justiz generell verkleinere oder ignoriere, meinte Tucholsky, dann wäre es offener gehandelt, »wenn man an Ihre Stelle, statt eines tüchtigen Dozenten, gleich einen Polizeiwachtmeister aufs Katheder stellte«.

Als er diese Zeilen in der Zeitung drucken ließen, war er dreiundzwanzig und gerade fertig mit dem Studium.

Aber nicht nur der Rechtswissenschaft baumelte der alte akademische Zopf im Genick. Im Wintersemester 1911/12 wollte sich Tucholsky nebenher an der Philosophischen Fakultät bei den Literaturwissenschaftlern etwas umtun, da ihn auch die journalistische Tätigkeit als mögliches Berufsziel interessierte. Er suchte eine Vorlesung, die seinen literarischen Neigungen entgegenkam, fand aber nichts. Das Blättern im Vorlesungsverzeichnis war alles andere als ermutigend. Auf der Suche nach »Deutscher Literatur« bot sich ihm zunächst »Gotisch für Anfänger« und »Interpretation von Braunes Althochdeutschem Lesebuch«, dann – »trübe wird der Blick, traurig der Sinn« – Germanische Heldensagen, Erklärung des Nibelungenliedes, Mittelhochdeutsche Übungen im Seminar, Erläuterungen zu Ibsens Peer Gynt, Klopstock, etwas Goethe und so fort. Er konnte sich denken, wie diese Vorlesungen abliefen, denn er kannte die Professoren, »ihr Ersaufen in Tatsachen, ihr dünkelhaftes Urteil über Künstler, die sie nie begriffen ... dies papaliche Verstehen der ›menschlichen Schwächen‹ der Dichter, das Herausklauben von Daten – widerlich! widerlich!«. Für ihre Konstruktionen sollte man sie einbalsamieren. »Bleibt das einzig nutzbare, ehrliche Kolleg«, spottet er: »Byzantinische Übungen, Mittwochs 6–8 abends. Gratis.«

Literatur als akademische Konserve, womöglich noch als Pauk- und Prüfungsstoff, war inhaltslos für jemanden, der sich in den Zeitschriften bereits zu Kunst und Zensur, zu Wedekind, Heinrich Mann und den Aufgaben der Satire äußerte. Statt in Vorlesungen besoldeter Lehrbeamter zu sitzen, konnte er die Zeit lieber für sich zum Lesen und Schreiben nutzen. Er mußte ohnehin sehen, wie er weiterkam. Er sagte später selbst einmal, das bißchen, was er wisse, habe er in seinen Studienjahren zusammengesammelt.

Nach sechs Semestern Jura schloß Kurt Tucholsky am 10. August 1912 sein Studium ab. Unter diesem Datum erhielt er von der Universitätsverwaltung das Abgangszeugnis ausgehändigt. Im Mai 1914 wird er sich noch einmal für ein Semester an der Universität immatrikulieren, aber nicht bei den Juristen.

Arbeit für den »Vorwärts«

In dem Maße, wie Tucholskys Interesse für Kunst, Politik und soziale Fragen zunahm, fesselte ihn auch immer stärker der schöpferische Prozeß des Schreibens. Was mit dem kleinen Märchen im *Ulk* 1907 begonnen hatte, nahm der Student wieder auf. Im Frühjahr 1911 schickte er an den sozialdemokratischen *Vorwärts* seine ersten Manuskripte. Dieses Blatt war mit einer Auflage von hundertdreißigtausend Exemplaren gegenüber der breitgefächerten, auflagenstarken liberalen, nationalen und erzkonservativen Presse die einzige große zentrale Zeitung für die Arbeiter. Was der junge Mann einsandte, hat der Redaktion offensichtlich zugesagt, es erschienen im Feuilletonteil 1911 etwa ein Dutzend Arbeiten von ihm, signiert mit »K. T.« oder »Kurt«, manche mit »k.«, einige anonym, später auch mit »Ignaz«. Er begann mit kleinen Artikeln und Kommentaren, Zeitungsgedichten und Glossen. Besonders mit seinen gereimten Satiren dürfte er sich bei der Leserschaft wie in der Redaktion Sympathien erworben haben. Sie attackierten bissig den almosenspendenden Spießer – »Das Auge tropft. Der dicke Bauch schlägt Wellen« – und das Verhältnis zwischen Fürsten und Volk in Mecklenburg – »Was sollen wir mit Wahlen? Wir herrschen und die zahlen!« Bevorzugt befassen sich seine Kommentare zum Tage mit den preußischen Zuständen.

Es gibt so gewisse Dinge in Preußen,
davon wird nicht gerne gesprochen.
Ein jeder weiß zwar, wie bei Namen sie heißen,
doch nie wird das Schweigen gebrochen.

Er nennt in diesem Gedicht unter der Überschrift *Pst! Pst!* Dinge beim Namen, über die man in Deutschland gern den Mantel des Schweigens hängte, so die Skandalaffären bei Hofe, die Ermordung von Arbeitern durch Polizisten und die massenhaften Soldatenmißhandlungen in der Armee.

Die Anspielungen dieser Verse zielten mitten in das politische Tagesgespräch. Wer das las, wußte, daß der Publizist Maximilian Harden den Kaiserintimus Fürst Eulenberg vor dem Reichsgericht des Meineids überführt hatte, worauf dieser »erkrankte« und nie wieder gesundete; daß Polizeipräsident Traugott von Jagow die beiden Polizisten, die den Arbeitermord begangen hatten, deckte; daß sich zu dieser Zeit Karl Liebknecht in Reden und Aufsätzen mit den Zuständen beim Preußischen Militär befaßte. Jährlich gab es unter den Soldaten etwa zweihundertfünfzig Selbstmorde und einhundertsechzig Unfalltote. Aber von Rekrutenschinderei, Affären der Hofkamarilla, Gesetzesverletzungen der Blauuniformierten mit der Pickelhaube durfte nichts in die Öffentlichkeit dringen. Kritik am wilhelminischen System war tabu, gemäß dem von Alfred Kerr geprägten Spottvers auf *Wilhelms Presse*:

Wer durch Zufall für die Blätter schreibt,
tut am besten, wenn er glimpflich bleibt.
Färbt! Vertuscht! Und laßt euch nie was tiefgehn!
Ruft »Hurraah!« Die Sache wird schon schiefgehn.

In so brillanter Kürze wie Kerr hätte Kurt Tucholsky auch gern gedichtet. Noch steht er aber am Anfang, und wenn seine Manuskripte für den *Vorwärts* in ihrer Qualität auch alles andre als Arbeiten eines Volontärs sind, so weiß er doch, daß die kleine Form in der politischen Publizistik viel Arbeit verlangt, sorgfältig formuliert und redigiert sein muß, um Wirkung zu haben. »Kunst, Niveau, Anständigkeit, Gesinnung – es ist nicht leicht!« Und er machte es sich auch nicht leicht. Was er schrieb, fügte sich von Anfang an in das Profil des *Vorwärts* ein. Mitunter war er in der Formulierung so souverän, im Ton so prinzipiell, daß man meinen konnte, hier spräche ein gestandener Redakteur oder ein »Alter« aus der praktischen Parteiarbeit der SPD.

In polemisch knapper Form befaßte sich »Kurt« mit den sogenannten zahlenden Dichtern, jener ins Kraut schießenden Sorte geltungssüchtiger Kleinbürger, die ihre »literarischen Produktionen« auf eigene Kosten drucken ließen, wobei sie sich um ihre paar Ersparnisse brachten und die unsägliche Flut von Pseudo- und Kitschliteratur, für die schon der Scherl-Verlag hinreichend sorgte, zum Verdruß Tucholskys um weitere Überflüssigkeiten vermehrten. Berlins Polizeipräsident wird als Harun al-Raschid auf die Straße geschickt, um zu erfahren, wie das Volk über die neue preußische »Droschkenfahrpolizeiordnung« denkt, ob es überhaupt jemanden gibt, der die unsinnigen bürokratischen Bestimmungen versteht. Die lakonische Antwort des befragten Kutschers lautet: »Die Pferde.«

Straff und dicht sind diese Beiträge geschrieben, in allen steckt das souveräne Lachen eines freien Geistes, der Zorn einer polemischen Natur, die mit ihrer Haltung auch bereits ihren Stil gefunden hat. Zwar sprach Tucholsky später bezüglich seiner Mitarbeit am *Vorwärts* nur von »einigen Glossen«, die eigene Leistung herunterspielend, in Wahrheit begann hier sein publizistisches Werk. Viele der für sein späteres Werk so charakteristischen satirischen und feuilletonistischen Formen sind hier bereits vorgeprägt. An den etwa hundert Veröffentlichungen, die im sozialdemokratischen *Vorwärts* von 1911 bis 1914 erschienen sind, kann die hohe literarische Substanz seiner Tagessatire nachgeprüft werden.

Schon früh beginnt er sich Gedanken über das Wesen und die Kunstmittel der Satire zu machen. Manchen Aufsatz hat er in seinem Leben darüber geschrieben. Den ersten Artikel zu diesem Thema veröffentlichte 1912 die *Dresdner Volkszeitung*, in der, vermittelt durch den sozialdemokratischen Pressedienst, mehrmals Beiträge von ihm erschienen. Aus seiner Betrachtung über *Die moderne politische Satire in der Literatur* erfahren wir, mit welchen Autoren des Genres sich Tucholsky vor dem ersten Weltkrieg beschäftigte. Zur modernen politischen Satire rechnet er Ludwig Thoma und Dr. Owlglass vom *Simplicissimus*. Als Meister der Sprache und der Pointe lobt er auch Roda Roda, Erich Mühsam, Gustav Meyrink und den Berliner Alfred Kerr, an dessen satirischen Gedichten ihm gefällt, daß sie »einhauen wie ein gut sitzender Säbelhieb«. Zum Studium empfiehlt er ferner den Schriftsteller und Sozialdemokraten Eduard Fuchs, einen Freund Franz Mehrings, der lange Zeit den *Süddeutschen Postillon* herausgab. Für gute politische Satire stellte Tucholsky in seinem Dresdner Aufsatz drei Regeln auf: daß man, bevor man karikiert, verstanden haben muß und überhaupt nur das satirisch behandeln kann, was man im tiefsten Kern begriffen hat; daß gute politische Satire »ein Vorrecht der Opposition ist« und daß in der politischen Satire die Form gar nicht hoch genug geschätzt werden kann, weil es bei vielen Ideen nur auf die Formulierung ankomme.

15

Nr. 183.

28. Jahrg.

Vorwärts

Berliner Volksblatt.

Zentralorgan der sozialdemokratischen Partei Deutschlands.

Redaktion: SW. 68, Lindenstrasse 69. Fernsprecher: Amt IV, Nr. 1983.

Dienstag, den 8. August 1911.

Expedition: SW. 68, Lindenstrasse 69. Fernsprecher: Amt IV, Nr. 1984.

Der Vorwärts *veröffentlichte seine ersten Glossen und Satiren gegen die preußische Zensur, die Justiz, das Corpsstudententum sowie gegen nationalistische Besoffenheit und Kriegshetzer-Generale*

Wenn der *Simplicissimus* in den Jahren vor 1914 für Tucholsky die wichtigste Orientierung in Hinblick auf die künstlerische Substanz der Satire war, so war der *Vorwärts* dasjenige Organ, aus dem er seine politischen Erkenntnisse gewann. Die Übereinstimmung ging so weit, daß er sich mit dem Gedanken trug, beim *Vorwärts* fest anzufangen. Aber trotz guter persönlicher Kontakte zur Redaktion gab es keine Bemühungen, ihn stärker an das Blatt zu binden. Der *Vorwärts*, den er täglich las, berichtete ausführlich über die sozialen Kämpfe, die Streiks und Aussperrungen in Deutschland und besonders in Berlin und Preußen, über die Reichstagsdebatten, die scharfen Angriffe Karl Liebknechts, der Abgeordneter des Kreises Potsdam–Spandau–Osthavelland war, auf die Großindustrie und den Militarismus. Manche der aktuellen Glossen von Tucholsky sind ein direktes Echo darauf, wie der Artikel *Kriegshetze* vom 9. März 1912. Anlaß war die Schrift eines Generals, aus der das *Berliner Tageblatt* Vorabdrucke gebracht hatte. Tucholsky wertete das als alarmierendes Syptom, das ihn nicht gleichgültig lassen konnte. »Die Zahl der politisierenden, inaktiven Offiziere wächst von Tag zu Tag. Aufsätze, Broschüren, Reden, Vereine – das Resultat ist stets dasselbe: der Krieg! Der unvermeidliche, frische, fröhliche Krieg! Mit wem – das wird dem Ermessen der vorgesetzten Behörde überlassen.« Vielleicht könne man diesen Herren, meinte er, »die übrigens wegen ihrer Klapprigkeit nicht mitschießen, mit wirklicher Macht und festem Willen auch Maul und Feder pensionieren«.

Auch zu einem anderen Vorkommnis äußert sich »K. T.«

in sehr entschiedenem Ton. Im September 1912 griff ein bürgerlicher Zeitungskorrespondent Karl Liebknecht an, der kurz zuvor in Chemnitz auf einer Jugendversammlung zu den Zielen und Aufgaben der sozialdemokratischen Jugendarbeit gesprochen hatte. Der Journalist forderte die deutsche Studentenschaft auf, ihrerseits nationale Erziehungsarbeit unter der Arbeiterjugend zu leisten. Dabei sprach er von »verstaubten Altären der Sozialdemokratie« und: »Jeder fünfte von euch Studenten besorgt das besser.« Tucholsky, herausgefordert, griff den Tonfall dieses Erziehers auf, um ihm dann in zehn Zeilen das Nötige betreffs Studenten und Arbeiterjugend mitzuteilen. »Die Studenten – ihr neues Semester beginnt jetzt, und wer gerade einmal vorüberkommt, sehe sich die neuen Jugenderzieher an. Hier in Berlin zum Beispiel eine Majorität von akademischem Proletariat (Philologen, Theologen), das zu einem Preis Privatstunden verzapft, den ein Maurer seinem Bauherrn vor die Füße werfen würde. Oder Leute, die das ›Volk‹ als etwas Unbekanntes, Unangenehmes verabscheuen. Bleiben: Ausnahmen und nationale Schreier. Und wenn die Jungens, Korrespondent, zwanzigjährigen Arbeitern etwas erzählen wollen, wenn sie Gleichaltrige ›erziehen‹ wollen – dann: Burschen *heraus*!«

Das sind Formulierungen, die deutlich machen, daß der politische Publizist Tucholsky nicht erst mit der *Weltbühne* beginnt. Bereits beim *Vorwärts* hat er die Tribüne der öffentlichen Auseinandersetzung betreten. So jung er noch ist – er hat bereits jetzt ein beachtliches Stehvermögen in der Auseinandersetzung, ein gefestigtes Urteil und eine konsequente Haltung. Er schreibt mit Witz und Schwung, seine Logik und Argumentation sind bestechend. Beiträge von ihm sind im Durchschnitt zwei- bis dreimal im Monat im Blatt zu finden. Die vielen Buchkritiken, Gedichte, Glossen, Satiren und Feuilletons aneinandergereiht, hätten schon damals ein eigenes kleines Heftchen ergeben. Es ist zu vermuten, daß eine Reihe nicht gezeichneter Beiträge ebenfalls von ihm stammt. Er hat sie nicht systematisch gesammelt. Als er in den zwanziger Jahren doch einmal einen Überblick über seine frühen Zeitungsarbeiten benötigte, mußte er an einen Mitschüler vom Französischen Gymnasium, Hans Schönlank, schreiben und ihn bitten, beim Heraussuchen und Zusammenstellen seiner Beiträge behilflich zu sein.

Eine Überlegung wäre zum Schluß noch anzufügen: Zu vermuten, daß ein begüterter Student wie Tucholsky, seit seiner Volljährigkeit mit voller Verfügungsgewalt über das väterliche Erbteil in Höhe von sechzigtausend Mark, in seiner Publizistik nur einen zusätzlichen Nebenerwerb gesehen hätte, ist abwegig. Der *Vorwärts* zahlte etwa zwei oder drei Mark für Gedichte, Glossen, Satiren und kleinere Aufsätze, die gedruckte Zeile zu acht und zehn Pfennigen – mehr Anerkennungshonorar denn Leistungsvergütung für Journalisten. Es waren ausschließlich soziales Engagement und Interesse an der schriftstellerischen Betätigung, die sich eine Möglichkeit zur Entfaltung suchten.

Die Mitarbeit am *Vorwärts* währte vom April 1911 bis zum Juli 1914. Parallel dazu schrieb er für die *Schaubühne*, den *Pan*, den *Simplicissimus* und das *Prager Tagblatt*. Ohne die Arbeiten dieser Jahre wäre sein Werk unvollständig und sein Weg in die Literatur und die Politik nicht zu verstehen.

»Pan«, »Simplicissimus«, »März« und »Jugend« – neue Anregungen und Begegnungen

Hinwendung zum Journalismus und zur Literatur sind kennzeichnend für Tucholskys Studienzeit. Obwohl er für den *Vorwärts* schon recht produktiv war, begann in den letzten beiden Semestern seine Mitarbeit für den *Pan*, eine von dem Berliner Kunsthändler Paul Cassirer gegründete anspruchsvolle Literatur- und Kunstzeitschrift, in der Heinrich Mann, Frank Wedekind, Alfred Kerr, Robert Walser, René Schickele und Franz Blei publizierten. 1911 hatte der *Pan* gerade wegen seiner vehementen Attacken auf den Berliner Polizeipräsidenten Traugott von Jagow für Schlagzeilen gesorgt. Kurz danach ging die Zeitschrift in die alleinigen Hände von Kerr über. Den Mann, den Tucholsky neben Ludwig Thoma als den »bedeutendsten politischen Satiriker« schätzte, konnte er nun persönlich kennenlernen.

Dr. Alfred Kerr, wortmächtiger, streitbarer Theaterkriti-

16

Neffe Kurt mit seinen Tanten Flora und Agnes.
Um diese Zeit erschienen von ihm schon Beiträge im Simplicissimus, *im* März *und im* Pan

ker am *Tag*, galt seinerzeit für die jüngere Generation der Künstler und Schriftsteller in Deutschland als einer, der Mut machte und zu dem man aufblickte. Das meinte auch Tucholsky, wenn er später davon sprach, daß Kerr damals »uns Jungen mächtig die Augen aufgemacht« habe.

Sein Opfer in der Glossenspalte des *Pan* wird im Mai 1912 der Film, damals noch reiner Kintopp, für den der schreibfreudige Reinhardt-Dramaturg Felix Hollaender gerade wieder Romanstoff für ein unüberbietbar rührseliges Drehbuch geliefert hatte. »Mord, Gerichtsszenen, Polizei, Eifersucht, ein blutiger Kragen, Pulsadern – es war so schön! Die Damen sagten: sch – ha! Ist das schrecklich! und hatten, als das Licht wieder anging, so merkwürdig rote Köpfe und feuchte Augen, und der Kinobesitzer äußerte zu einem Stammkunden: ›Den Film? Den seh ich mir jeden Tag viermal an!‹ – Nu?« Mit einer aus dem Ärmel geschüttelten bissig-eleganten Pointe entläßt »tu« sein Opfer, den armen Felix Hollaender, wieder nach Hause an den Schreibtisch, auf daß er seine Mitmenschen mit neuen Kintoppdramen beglücke.

Kerr war zufrieden; solche aktuellen Guckkastenbilder paßten ausgezeichnet in die Rubrik »Vive la bagatelle« auf den letzten Seiten seines *Pan*, dort, wo die satirischen Randbemerkungen zu Kunst- und Theaterereignissen der Reichshauptstadt zu finden waren. Hatten die Beiträge größeren Umfang, nahm er sie vor als Lesestücke. Tucholskys Satire, wie an der Universität bei den Juristen die Refendarexamen ablaufen, gab er sogar drei Seiten. Insgesamt aber waren es nur wenige Arbeiten, die von ihm im *Pan* erschienen. Für die Zukunft nicht ausreichend. Er mußte nachdenken, wie er sich neue Kontakte außerhalb Berlins erschließen konnte.

Das Jahr 1911 brachte in dieser Hinsicht einige interessante Begegnungen und neue Anregungen. Der Sommer jenes Jahres war mit Temperaturen um fünfunddreißig Grad ungewöhnlich heiß. »Kurt« glossierte die matten Politiker mit einem Spottgedicht im *Vorwärts*; Ludwig Thoma, unter der Sonnenglut Bayerns stöhnend, schickte statt seiner gewohnten gepfefferten Satiren nur ein Hitzegedicht an den *Simplicissimus*. Bevor das neue Semester an der Universität wieder begann und nachdem der Asphalt zu kochen aufgehört hatte, unternahm Tucholsky mit dem befreundeten Kurt Szafranski, damals noch Kunststudent, eine Reise nach Prag. Sie wollten die Stadt kennenlernen und hatten sich vorgenommen, den Schriftsteller Max Brod zu besuchen.

Brod, befreundet mit Franz Werfel und Franz Kafka, war mit seinen Romanen und Erzählungen zu dieser Zeit schon eine literarische Autorität. Der Verlag Axel Juncker in Berlin kündigte seinen Roman *Jüdinnen* bereits in der fünften Auflage an. Viel gelesen wurde auch *Ein tschechisches Dienstmädchen*, geschätzt wegen seines frohen, jugendlichen Optimismus und seiner Erzählweise, die das *Prager Tagblatt* sogar mit Flaubert und Dostojewski verglich.

Im Spätsommer 1911 klopften die beiden jungen Männer, die wie zwei reisende Handwerksburschen aussahen, an die Tür von Max Brod und überreichten dem überraschten Dichter ihr originelles selbstgebasteltes Geschenk, eine Riesenschachtel. »Öffnete man die, so sah man einen Karton, auf dem winzige Hütten aus Papier aufgeklebt standen, dito Baumalleen und allerlei Tiere, wie Kühe, Schweinchen, Gänse nebst einigen Männern, Bäuerinnen, Kindern. Ein tschechisches Dorf, wie es sich in der Phantasie der beiden Berliner Handwerksvagabunden darstellte.« Es war das Dorf aus Brods *Dienstmädchen*-Novelle, und inspiriert hatte sie das dort zitierte »erotische Liedchen von der schönen Andulka, der Schafferstochter und Gänsehüterin, die nachts so gut küssen kann«.

Für den Autor war es eine nicht alltägliche Huldigung und eine gelungene Überraschung. Diese persönliche Begegnung brachte Tucholsky über Jahre hinweg die freundschaftliche Zuneigung des sechs Jahre älteren Max Brod ein. Über ihn führte der Weg einige Monate später zu Axel Juncker, der *Rheinsberg* annahm und druckte. Zunächst aber bummelten sie noch durch Prag bei Tag und Nacht, besuchten Freunde und saßen in den Cafés der Altstadt. Über Max Brod lernten sie den blinden Dichter Oskar Baum kennen, desgleichen Franz Werfel und Franz Kafka. Für die zugereisten Berliner waren es »leuchtende Tage« mit neuen Eindrücken, literarischen Gesprächen und Plänen für die Zukunft. Ehe sie zur Abreise rüsteten, besprach man noch einige Projekte und Möglichkeiten der Mitarbeit. Tucholsky sollte geeignete Artikel, Rezensionen oder Aufsätze an das *Prager Tagblatt* senden, an dem Brod Theater- und Musikkritiker war. Szafranski bekam den Auftrag, das Titelblatt für einen Gedichtband Franz Werfels zu entwerfen. So konnten beide zufrieden mit ihrem Prager Ausflug nach Hause fahren.

Aus der neugewonnenen Verbindung zum Prager Dichterkreis ergab sich für Tucholsky auch die Möglichkeit der Mitarbeit an einem literarischen Almanach, genannt *Arkadia*, den Max Brod 1913 bei Kurt Wolff in Leipzig herausgab. Der Band war als reines Jahrbuch für Dichtkunst konzipiert – frei von Politik und wissenschaftlicher Betrachtung – und vereinigte bedeutende Namen der erzählenden, dramatischen und lyrischen Dichtung vor dem ersten Weltkrieg; durchweg Schriftsteller, die Brod schätzte und zu seinen engeren Freunden zählte. Tucholsky stellte für den Band eine Skizze mit dem Titel *Kindertheater* zur Verfügung, in der er von seiner erwachenden, knabenhaft schwärmerischen Liebe für die Mädchenfee der Theaterbühne erzählt, jenes Zauberwesen, das ihn als Heranwachsenden glücklich und unglücklich zugleich gemacht hatte. Die sprachlich subtile, zurückhaltend erzählte Geschichte ist Franz Werfel gewidmet. Im Almanach steht sie neben Erzählungen von Max Brod, Robert Walser, Alfred Wolfenstein, Heinrich Eduard Jacob, Moritz Heimann, Max Mell und Willy Speier sowie Gedichten von Franz Blei, Heinrich Lautensack und Franz Janowitz. Der literarisch bedeutendste Beitrag dieser Anthologie war aber Kafkas Novelle *Das Urteil* – das erste größere Werk, das von ihm im Druck erschien.

Die Nachbarschaft Tucholskys zu Autoren der expressionistischen, ekstatisch-lyrischen oder verinnerlichten Dichtkunst in diesem *Arkadia*-Almanach war zufällig und blieb eine Episode. Demgegenüber hielt die große Verehrung, die Tucholsky Kafka entgegenbrachte, sein ganzes Leben lang an. Von ihm bekannte er später, daß er den »langen, mageren, braunen Menschen, dunkel und sehr schweigsam, sehr schüchtern und zurückhaltend«, vom ersten Augenblick an geliebt habe, »ohne eine Zeile von ihm zu kennen«. Diese Zuneigung sollte fortdauern. Als Tucholsky 1921 im Winter in Berlin einen Vortragsabend Ludwig Hardts besuchte, der auch Prosa von Kafka las, steigerte sich seine Bewunderung für diesen Dichter zu dem Urteil: »Er ist ein Großsohn von Kleist – aber doch ganz selbständig. Er schreibt die klarste und schönste Prosa, die zur Zeit in deutscher Sprache geschaffen wird.«

Umgekehrt scheint auch der elegante Berliner mit seinem Spazierstock dem stillen Dichter gefallen zu haben, zumal »das gehauchte Berlinerisch, in dem die Stimme Ruhepausen braucht, die von ›nich‹ gebildet werden«. Über Tucholsky trägt er unter dem 30. September 1911 in sein Tagebuch ein: »Ein ganz einheitlicher Mensch von einundzwanzig Jahren. Vom gemäßigten und starken Schwingen des Spazierstocks, das die Schulter jugendlich hebt, angefangen bis zum überlegten Vergnügen und Mißachten seiner eigenen schriftstellerischen Arbeiten. Will Verteidiger werden, sieht nur wenige Hindernisse gleichzeitig mit der Möglichkeit ihrer Beseitigung: seine helle Stimme, die nach dem männlichen Klang der ersten durchredeten halben Stunde angeblich mädchenhaft wird – Zweifel an der eigenen Fähigkeit zur Pose, die er sich aber von größerer Welterfahrung erhofft – endlich Angst vor einer Verwandlung ins Welt-

17
18

Sie begegneten sich in Prag.
Kafka (links) notiert in sein Tagebuch über den jungen Berliner:
»Ein ganz einheitlicher Mensch von einundzwanzig Jahren.«

schmerzliche, wie er es an ältern Berliner Juden seiner Richtung bemerkt hat, allerdings spürt er vorläufig gar nichts davon. Er wird bald heiraten.«

Das mit dem »Verteidiger« stimmte zu diesem Zeitpunkt vielleicht noch, obwohl die Pläne schon in die literarische Richtung liefen. Aber das mit der Heirat kann kaum sein Ernst gewesen sein. Die Verlobung mit Kitty bestand über ein Jahr, Claire kannte er schon – und wie die Familie wußte, auch noch andere. Aber das war damals in Prag unwichtig.

Nachdem Tucholsky sein Studium abgeschlossen hatte, begab er sich auf eine Reise zu dem bei München gelegenen Ort Fürstenfeldbruck, damals noch Bruck geheißen. Auch diesmal war der Grund literarischer Natur. In Bruck wohnte der Arzt und Schriftsteller Dr. Hans Erich Blaich, jener Mann, der unter den Pseudonymen Dr. Owlglass und Ratatöskr zu den prominenten Mitarbeitern des *Simplicissimus* gehörte. Tucholsky schätzte ihn, ohne ihm bisher begegnet zu sein. Er wollte wissen, wer hinter den so leisen und weisen satirischen Versen des Dr. Owlglass steckte. Über den neununddreißigjährigen Dr. Blaich wußte er bis dahin auch nur, was in den Literaturlexika stand: daß er aus dem Allgäu stammte, in München, Tübingen und Heidelberg Medizin studiert hatte, einige Jahre Assistenzarzt war und sich dann als Lungenspezialist in Bruck niedergelassen hatte. Beim *Simplicissimus* arbeitete er nun schon das sechzehnte Jahr mit. Auch Gedichte, in Buchform gesammelt, waren von ihm erschienen. Dieser vorzügliche Doktor der satirischen Feder hatte in den Augen Kurt Tucholskys schon die Höhen des Olymp erklommen in der Art, was und wie er über die Menschen schrieb – »niederträchtig und bitter, überlegt und weise«.

Bei Dr. Owlglass fand der junge Mann aus Berlin freundliche Aufnahme. Die Freundschaft, die zwischen beiden Männern entstand, hielt an über die Jahre des ersten Weltkriegs, erst 1920, als Tucholsky eine kritische Bemerkung zur politischen Haltung des *Simplicissimus* in der *Weltbühne* machte, brach Owlglass die Verbindung zu ihm ab.

Die Eindrücke von seinem Besuch in Bruck sind in einer Geschichte wiederzufinden, die Tucholsky in sein Bändchen *Der Zeitsparer* aufnahm. Dort erzählt er von dem »Menschendoktor Dr. Bruck«, der in einem sauberen stillen Ort wohnt mit breiten Straßen, niedrigen Häusern und einem Wirtshaus mit einem achteckigen Türmchen. Auch ein deutscher Professor kommt vor, der eine Erfindung gemacht hat, die eiligen Leuten die Möglichkeit eröffnet, Zeit zu sparen, die sie ohnehin nicht haben. Dr. Bruck läßt sich von solcher Erfindung und dem, was in der Welt vor sich geht, nicht beeindrucken. Behaglich pafft er seine lange Pfeife mit Porzellankopf, bemalt mit Engeln und Blumengewinden. Er für seine Person pfeift auf alle Zeitsparer, weil er weiß, »wie schön doch das bißchen Leben sei und wie man nur einmal auf die Welt gesetzt werde«.

Dr. Owlglass als der Mann, der in der Ruhe leben und aus der Ruhe dichten konnte! Tucholsky beneidet ihn um die vermeintliche Idylle, die er als Großstädter – das ahnte er damals schon – niemals finden würde.

Dr. Blaich ermutigte seinen Besucher zum Schreiben und öffnete ihm mit Hinweisen Verbindungen zu den Münchner Zeitschriften *März*, *Jugend* und *Simplicissimus*. Diese Blätter waren ebenso wie Siegfried Jacobsohns *Schaubühne* Zeitschriften, die sich dem Neuen in Literatur und Kunst, aber auch in der Gesellschaft auf die eine oder andere Art verpflichtet fühlten und in denen Tucholsky daher mögliche Abnehmer für seine literarischen Produktionen sah. An sie schickte er 1913 und 1914 verschiedene Arbeiten.

Eine übermütige Humoreske, eigentlich mehr ein Jux, in dem er sich über seinen Freund Szafranski lustig macht, der mit Hilfe eines Synonymlexikons zu dichten versucht, wurde von der *Jugend* angenommen. Es blieb der einzige Beitrag. Für die Münchner *Jugend*, eine Mischung aus Witzblatt, politischer Satire und seriösem Kunstblatt, das von der dekorativen und erotischen Zeichenkunst der Jugendstil-Avantgarde lebte, war wohl der Humor aus Preußen nicht das Richtige.

Etwas mehr von Tucholsky druckte der *März*, der zwischen Dezember 1913 und Juni 1914 etwa acht Beiträge abnahm. In diese von Albert Langen, Ludwig Thoma und Hermann Hesse gegründete Zeitschrift, die ein kritischer Spiegel des geistig-kulturellen Lebens sein wollte, paßten Tucholskys Betrachtungen gut hinein. Was er schrieb, waren noch keine literarisch selbständigen Feuilletons, eher Aufsätze mit kultur- und gesellschaftskritischen Aspekten – warum das Niveau der Operetten so schlimm sein muß, ob man Kriminalprozesse so beschreiben und darstellen dürfe, wie Maximilian Harden es tat –, oder er geht der Frage nach, wie und wer Paganini wirklich war und aus welchen gesellschaftlichen Verhältnissen heraus der Kult um diesen Teufelsgeiger entstehen konnte.

Gern nahmen die Zeitschriften von ihm auch Eingesandtes in Versform. Für den *Simplicissimus* schrieb er 1914 ein sehr ernstes, nachdenkliches Gedicht, für das Frank Wedekind mit seinem *Lied vom Taler* Pate gestanden hat.

> Kind, die Sonne ist nur für reiche Leute,
> unsereinen sengt sie, bis der Buckel schwitzt –
> heller Himmel macht dich traurig so wie heute,
> wenn du müde im Fabriksaal sitzt.

»Bietet denn das Leben nicht uns allen Wonne?«
spricht der bürgerliche Philosoph. –
»Da ist euer Frühling, da ist eure Sonne!«
Euer Frühling... Quergebäude, vierter Hof!

Zwischen diesen Furchen wächst ein fahles Pflänzchen,
Leierkasten spielt, und eine Schelle klirrt.
Kinder juchzen, und sie drehn ein Tänzchen – –
unser Frühling... ob das jemals anders wird?

Über soviel weite Straßen möcht ich wandern,
soviel Felder liegen still im warmen Wind –
einmal möcht ich glücklich sein wie jene andern,
die jetzt an der See und in den Bergen sind.

Du und ich und alle kommen doch nicht weiter,
selbst der Enkel plackt sich noch als Arbeitsmann –
jenen scheint die Sonne, und sie denken heiter:
Preußen, Kind, und Deutschland in der Welt voran!

Von »Rheinsberg« zur Bücherbar

Das Abenteuer begann, als Wolfgang und Claire in der Kleinbahn saßen, die Landschaft aus dem Zugfenster betrachteten, herumalberten und sich neckend darüber stritten, ob der Baum ein Akazie sei oder eine Magnolie. Nachdem sie aus der rumpligen Kutsche gestiegen waren, mit der der Hausknecht des Hotels sie vom Bahnhof abgeholt hatte, standen sie auf dem Marktplatz von Rheinsberg. Unter dessen alten, sehr niedrigen Bäumen war es schattig und still, für sie ganz ungewohnt, denn »noch brausten und dröhnten in ihnen die Geräusche der großen Stadt, der Straßenbahnen, der Lärm ihres täglichen Lebens, den sie nicht mehr hörten, den die Nerven aber doch zu überwinden hatten, der eine bestimmte Menge Lebensenergien wegnahm, ohne daß man es merkte... Aber hier war es nun still«.

Vielleicht wäre Tucholsky gar nicht auf die Idee gekommen, nach Rheinsberg zu fahren, wenn er nicht ein paar Monate zuvor ein Buch in der Hand gehabt hätte, das ihn nachhaltig in diese Richtung wies und möglicherweise den Anstoß dazu gegeben hat, gerade dieses idyllisch gelegene märkische Städtchen zum Ort der Handlung seines literarischen Erstlings zu machen. Wir wissen es nicht schlüssig, können es aber mit einem gewissen Recht vermuten. Er kaufte sich im Frühjahr 1912 das gerade erschienene Werk *Die Mark Brandenburg in Farbenphotographie*, das er so gut fand, daß er sofort für den *Vorwärts* eine Rezension dazu schrieb. Sein kleiner Artikel erschien am 22. März. Er lobte das »wunderschöne Werk« als Pioniertat der Fotografie, da es nunmehr möglich war, Naturaufnahmen in Farbe in etwa gleich guter Qualität auch im Druck wiederzugeben. Die prachtvollen Aufnahmen begeisterten ihn: Kloster Chorin, Baumblüte in Werder, das Jagdschloß Königs Wusterhausen, Lychen und Potsdam, der Havelberger Dom, Bad Freienwalde, Sanssouci – und Rheinsberg. Er mag gelächelt haben, daß die Herren Professoren an den Schluß ihres Vorworts den altmärkischen Spruch setzten, der karg und verschwiegen war wie diese Landschaft:

> Wiese, Wasser, Sand,
> das ist des Märkers Land –
> und die grüne Heide,
> das ist seine Freude.

Eines von den vierzig Tafelbildern auf gutem Karton beflügelte seine Phantasie ganz besonders. Das war das Schloß Rheinsberg im Spiegelbild des Wassers seines Sees. »Wolken siehst Du, weiße wattige Sonnenwolken, kurzes Gras und immer wieder diese unendlich schöne, stille, geschwungene Uferlinie des Sees. Und Rheinsberg … Du *mußt*, wenn Du das Bild siehst, weiter denken, an den lauen Sommerwind, an ein Rascheln, es ist reichlich warm, das Sonnenlicht zwinkerte durch alte Bäume – aber ferne, auf den Hügeln, lag es ausgegossen – und neben Dir stand die, die Du nie vergessen wirst. So lassen Dich diese Bilder schwer atmen: Heraus aus der Stadt! Heraus!«

So stand es mit Frühlingsbeginn 1912 im *Vorwärts*, und in einigen Wochen war mit dem sechsten Semester an der Universität Schluß. Zweifellos der richtige Zeitpunkt, ein Buch zu schreiben, wenn er mit dem schriftstellerischen Beruf Ernst machen wollte. Doch was für ein Buch? Ein Reisebuch? Eine Liebesgeschichte? Vielleicht beides. Zum Ort der

Handlung brauchte er noch die handelnden Personen. Hatte er nicht ein geeignetes weibliches Modell – die Claire, die in ihrer Verliebtheit so herrlich kindlich-verspielt daherreden konnte? Als literarisches Modell für eine amouröse Geschichte war sie viel besser geeignet als seine Verlobte Kitty, deretwegen er in seinen Gymnasiumsjahren, als er noch nicht über eigenes Geld verfügte, einmal eine wertvolle Lichtenbergausgabe zum Antiquar getragen hatte, um ihr die gewünschte goldene Armbanduhr kaufen zu können. Das war vorbei. Jetzt war er fast nur mit Else zusammen – seiner Claire. Er nannte sie spitzbübisch Pimbusch – so stellte er sie auch seinen Freunden vor. Ein nicht sehr schmeichelhafter Name für die liebenswerte Claire, denn für Belesene verbarg sich dahinter die Frau des Schnapsfabrikanten aus Heinrich Manns satirischem Roman *Im Schlaraffenland*. Dort ist sie weniger charmant beschrieben: »Eine scharfe Falte schloß die knochige Ecke des Kinnes ein, und darunter bauschte sich die schlaffe Haut des Doppelkinns über den engen, langen Halskragen. Der Kopf saß wie eine farbenprächtige gedunsene Giftblume auf einem zu dünnen Stengel.«

Tucholsky stellt Claire auf den ersten Seiten seines Buches als Medizinerin vor, was mit der Wahrheit übereinstimmte. Seine Claire, mit richtigem Namen Else Weil, wurde am 19. Juni 1889 in Berlin geboren, besuchte die Höhere Töchterschule und machte 1910 das Abitur am Hohenzollern-Gymnasium in Schöneberg. Im Oktober 1910, als Tucholsky vom Studium aus Genf zurückkam, trug sie sich in die Matrikel der Berliner Universität ein. Zunächst für ein Studium an der Philosophischen Fakultät, wechselte dann aber mit dem zweiten Semester zur Medizin über.

Heinz Ullstein, der Else Weil kannte, schildert sie als »nicht hübsch, aber anziehend«. Auffällig seien ihre außergewöhnlich schönen Hände gewesen, die wiederholt modelliert worden wären. Auch Tucholsky beschreibt sie im letzten Kapitel seines *Rheinsberg*, als sie über den See rudern und Claire ihre Hände auf den Bootsrand legt.

Mit der Pimbusch zusammen fährt er im Spätsommer 1912 nach Rheinsberg. Wohl hatte Fontane den Ort »mit seinen Sehenswürdigkeiten ersten Ranges« in seinen *Wanderungen durch die Mark Brandenburg* beschrieben, doch als Kurort war er für die vermögenden Schichten nicht standesgemäß. Mit den noblen Seebädern konnte er nicht konkurrieren. So fuhren auch nicht die feinen Leute hierher, sondern die weniger bemittelten Schichten wie Postbeamte, Kolonialwarenhändler und Oberlehrer, die solo oder mit Familie hier zu erschwinglichen Preisen in Pensionen und Gasthäusern Erholung suchten. Beliebt war Rheinsberg besonders bei Studenten und Wandervereinen, da es von Berlin aus per Bahn bequem zu erreichen war – »einer der herrlichsten Kurorte der schönen Mark in einem weiten Gebiet von Seen, Koniferen- und Buchenwaldungen, völlig sumpffrei und reich an Ozon und kräftiger Seeluft«, wie die Rheinsberger Badeverwaltung in einem Prospekt die Vorteile der heimatlichen Landschaft pries.

Der Ort, der mit seinem Schloß, den Kunstschätzen und dem wahrhaft königlichen Park dem Auge etwas bot, begann zu der Zeit, da Tucholsky sein Buch plante, als Ausflugsziel in der Meinung der Öffentlichkeit gerade an Bedeutung zu gewinnen. Als Kulisse für den Liebesausflug eines Studentenpärchens, das noch frei von Verpflichtungen und Sorgen war, wie sie Verheiratete mit sich herumschleppen, war Rheinsberg geradezu ideal. Claire hat denn auch nur ein einziges Mal Bedenken, daß sie hier unter den uralten, schattigen Bäumen beim Frühstück oder Mittagessen jemand aus Berlin entdecken könnte. Denn eigentlich war es in ihrer Sicht ja eine Frechheit, »zu zweit hierher zu fahren, während Papa und Mama im Kontor sitzen und ihr Töchterchen wohlgeborgen im Schoße der treusorgenden Freundin« wähnen. – »Na, ja, treusorgen sorgst du ja für mich...«

Das *Rheinsberg*-Buch von 1912 war Tucholskys literarischer Erstling, für ihn der entscheidende Schritt vom Publizisten zum Schriftsteller. Die Illustrationen dazu fertigte Kurt Szafranski, und damit man es nicht für eine kommunale Festschrift oder etwas Ähnliches hielt, hat Freund »ski« auf den Einbanddeckel in gezeichneten Lettern einen Untertitel hinzugefügt: »Ein Bilderbuch für Verliebte.« Mit dieser zutreffenden, zugleich auch vagen Unterzeile kam Tucholsky um eine exakte Bezeichnung seines Buches herum, die sich schwer hätte finden lassen, da *Rheinsberg* mit seinen hundert Seiten weder ein Roman noch eine Erzählung ist, was dem

19

Eine der Originalradierungen, die Kurt Szafranski 1921 für die Jubiläumsausgabe fertigte. Das fünfzigste Tausend erschien als einmaliger Sonderdruck auf Bütten gedruckt, einmal in rotem Leder und einmal in grüner japanischer Seide gebunden

Leser gleichgültig sein dürfte, wenn nur von Rheinsberg und zwei Verliebten auch wirklich die Rede ist. Und das war es ja wohl.

Tucholsky wählte für seinen Miniroman die Technik des Kinos und daher vielleicht auch die Bezeichnung »Bilderbuch«. Er reiht Bild an Bild mit kaum merklichen Übergängen, beschwingt, graziös und voller Ironie wird erzählt. *Rheinsberg*, mit der Schere zerschnitten, ergibt hübsche einzelne bunte Bilder: Schloßbesichtigung, Kutschfahrt über Land, Bummel durch den Park, Bootsfahrt, Kinobesuch, Einkauf im Knopfladen bei den beiden alten Jungfern, Spaziergang im Wind durch die Felder und Tanz zu nächtlicher Stunde bei Walzermusik, die zwei glückliche Menschen noch einmal vereint, ehe sie zurückfahren »in die große Stadt, in der es wieder Mühen für sie gab, graue Tage und sehnsüchtige Telefongespräche, verschwiegene Nachmittage, Arbeit und das ganze Glück ihrer großen Liebe«.

Als sie nach Berlin zurückgekehrt waren, wurde aus Claire wieder Else, für die bald die Vorlesungen begannen, und aus Wolfgang Kurt, der sich in den Zug setzte, um an die Ostsee zu fahren und dort an dem Buch zu arbeiten. Nach eigenem Geständnis ist ihm das Schreiben schwergefallen. Er sagt, was in den drei Tagen leicht und grün vorübergeglitten sei, wäre an der See in ebensoviel Wochen »würgend langsam« in kleine Notizbücher geschrieben worden. Er hätte es viel lustiger gefunden, zu Claire ins Nebenzimmer zu gehen, ihr ein paar alte Socken um den Hals zu binden und ein bißchen »Arzt und krankes Kind« zu spielen.

Von dem Stoff und der literarischen Qualität des Buches versprach sich sein Verleger Axel Juncker Erfolg. Er machte daraus ein Geschenkbändchen in seiner Reihe *Orplid*, in der in einheitlicher Ausstattung und zum Preis von einer Mark schon Erzählungen von Max Brod, Gustav Wied und einigen damals für Deutschland gerade interessant werdenden nordischen Autoren erschienen waren. Der Verlag bestand gerade zehn Jahre und hatte sich in dieser Zeit als Förderer von Rilke, Werfel, Else Lasker-Schüler, Dauthendey und Schikkele einen Namen gemacht. Der Verfasser von *Rheinsberg* befand sich in bester Gesellschaft. Nur in Geschäftsdingen war er völlig unerfahren. Er trat seinem Verleger gegen eine einmalige Summe von einhundertfünfundzwanzig Mark die Rechte an seinem Werk ab. Während der Verleger laufend druckte und, wie sein Autor scherzhaft anmerkte, »ständig zusetzte«, verblieben dem Verfasser von *Rheinsberg* der literarische Ruhm sowie die Anrufe und Briefe neugieriger Leserinnen, die gerne erfahren wollten, was in dem Paket gewesen sei, das die beiden in Rheinsberg im Hotel vergessen hatten.

Ein Jahr nach Erscheinen von *Rheinsberg* kündigte Axel Juncker bereits das dritte Tausend an. 1921 war das fünfzigste Tausend erreicht, 1931 das hundertste Tausend. Tucholsky gab den Jubiläumsausgaben jedesmal eine besondere Vorrede in Prosa oder Versform mit auf den Weg.

Natürlich kommt das nie mehr wieder,
allein: es war einmal.
Ich war ein Star und pfiff die bunten Lieder.
Ich war Johann, der muntre Seifensieder –
und Claire war real.

Das Buch mit seinen rasch folgenden Nachauflagen wurde für Tucholsky ein beachtlicher literarischer Erfolg. Dazu verhalfen auch zwei Rezensenten, deren Wort Gewicht hatte. Der eine war Dr. Owlglass, der *Rheinsberg* durch seine Rezension in der Zeitschrift *März* für Süddeutschland vorstellte, der andere Jacobsohns Vertrauter Julius Bab, der sich in der *Schaubühne* zum Fürsprecher des Buches im Berliner Raum machte.

Owlglass benennt vier Vorzüge: jugendliche Frische, Grazie, Humor und Ironie, wundert sich allerdings ein bißchen, »daß so etwas bloß ein paar Kilometer von Deutschlands Radauzentrum weg die zarten Flügel regen, die lustigen Augen aufschlagen konnte«.

Julius Bab beurteilt das Buch als »ein ganz entzückendes kleines Stück Dichtung« und lobt den Autor. »Als ein ganzer ausgewachsener Mensch und Dichter gibt er eine volle, eine gleichmäßig erfüllte, eine nirgends hypertrophische Wirklichkeit. Eine gute, gewürzte, reine Luft weht um den Ausflug der beiden jungen Berliner in die harte Kiefern- und Seenschönheit der Mark.« Das Lustigste und Beste sei die Sprache der beiden, und das künstlerische Verdienst Tucholskys bestehe darin, daß er mit dieser Privatsprache, die Verliebte sich schaffen, »ein wirkliches Stück Leben in die Literatur« eingebracht habe.

Rheinsberg war im Nu das Buchgeschenk aller Verliebten und Verlobten, eine Lieblingslektüre der jungen Leute, die sich darin wiederfanden. Nicht ohne Grund sagte Tucholsky, nach diesem Buch sei »später generationsweise vom Blatt geliebt« worden. Die Mädchen sprachen wie Claire und ahmten mit »Rheinsberger Sprache« auch »Rheinsberger Liebe« nach; einzelne Formulierungen und Ausdrücke des Buches kamen in Mode. *Rheinsberg* war, wie Gabriele Tergit, Berliner Journalistin der zwanziger Jahre, schrieb, das Lieblingsbuch ihrer Generation. »Das war eine neue Welt. Da wurde eine Tür geöffnet.« Hans Schönlank, nach dem Studium Verlagsbuchhändler, erinnert sich in Israel fünfzig Jahre später: »Das damalige Berlin sah in dem Verfasser so etwas wie einen Klassiker sachlich-moderner Liebesromantik.«

Der Autor war dazu nicht nach Japan, Ägypten oder Amerika gereist, wie es in jenen Jahren vornehme, prominente Dichter taten, sondern ihm genügte eine Fahrt mit dem Zug, pro Person vier Mark sechzig ab Stettiner Bahnhof, in ein stilles märkisches Städtchen mit einem kleinen Hotel, das »Kronprinz« hieß, zwölf Zimmer hatte zum Preis von einer Mark fünfzig und wo die Waschgelegenheit noch aus Porzellanschüssel mit Krug bestand.

Weil das Buch eben so gar nichts von der »rührend-lächerlichen Pathetik bemondeter Maiabende an sich hat und noch weniger von der parfümbelasteten Salondämonie der ›großen‹ Welt«, konnte es, wie Julius Bab schrieb, ein so großer Erfolg werden. Und nicht zuletzt liebte man das kleine Buch deshalb, weil durch seine Seiten kräftig der Zeitgeist wehte, die Botschaft Knut Hamsuns, dessen Welt der Sommer und dessen Gott die Jugend war. Tucholsky nahm diese Botschaft auf. *Rheinsberg* hieß für ihn und seine Generation: frei sein, jung sein, stark sein und eins sein mit der Natur. »Das Feuer nie auslöschen lassen, nie, nie!«

Tucholsky und Szafranski, stets voller Pläne, hatten den Absatz ihres Werkes mit im Auge, als sie in der Vorweihnachtszeit des Jahres 1912 eine »Bücherbar« eröffneten. Der Schnapsbuchladen – das war die neue Idee – befand sich am Kurfürstendamm in den ehemaligen Räumen von »Mampes

Guter Stube«. Anzubieten hatten sie neben Getränken zeitgenössische Romanliteratur, moderne Drucke, Kunstblätter und eine Menge großer und kleiner Bücher, im Laden hübsch arrangiert. Auch Moritaten und alte Polizeiverordnungen konnten Liebhaber mit nach Hause nehmen. Alles zu verbilligten Preisen. Die beiden »Jungbuchhändler« hatten auch für genügend *Rheinsberg*-Exemplare gesorgt. Um die Kauflust zu heben, erhielt der Kunde beim Betreten des Ladens von einer attraktiven jungen Dame gratis ein Glas Mampe-Likör. Es gab auch stärkere Getränke; je nachdem, was der Kunde erstand, erhielt er, falls er einen Oscar Wilde kaufte, einen Whisky mit Soda oder, wenn er einen Ibsen wählte, einen nordischen Korn. Was es zu *Rheinsberg* gab, ist nicht bekannt. Tucholsky teilt nur mit, daß für prominente Gäste ein Goldenes Buch auslag, in das sie sich eintragen mußten, was sie auch taten, darunter Schriftsteller, »die überhaupt nicht schreiben konnten und sich doch eintrugen«.

Die interessanten Auslagen hinter den vielen kleinen Fensterscheiben der vormaligen Likörstube lockten so manchen Passanten an. Innen empfing ihn eine angenehme Atmosphäre. Auf dem Fußboden nach englischer Art ein dicker, weicher Teppich, der die Schritte dämpfte und Wohlbehagen erzeugte. In der Mitte des Raumes ein zierlicher runder Tisch mit prächtigen Büchern und Kupferstichen und darum herum bequeme Sessel, in denen man in Ruhe schmökern, blättern oder miteinander parlieren konnte.

Auch Axel Junckers Hauszeitschrift *Orplid*, halb Almanach, halb Werbemittel, lag aus. In der neuesten Nummer fand man die amüsante *Selbstanzeige* zu *Rheinsberg*, dazu noch einige andere Beiträge, die die Mitwirkung von Tucholsky und Szafranski an diesem Heft erkennen ließen.

Für Berlins Journalisten war die Bücherbar genau das, was sie suchten; der lustige Weihnachts- oder Neujahrsgag. Die passende Überschrift war schnell gefunden: »Wer Bücher kauft, kriegt auch Likör.« Einige mokierten sich über die Bücherbar, stichelten, daß die Schnapskneipe von einst nunmehr künstlerisch gehoben sei, es fehle zur Vollendung der snobistischen Idee nur noch das Versatzamt, ferner Kintöppe, Orchestervorführungen, Reitpferde, Badezimmer und sonst noch einiges, was zu einer soliden Buchhandlung gehöre. Denn: Berlin, bisher vorbildlich in allen Dingen weltstädtischer Entwicklung, könne schließlich mehr verlangen als bloß eine Schale Fusel, wenn einer einen Band Hauptmann kaufe. Andere dagegen hielten die neue Form von Buchgeschäft für eine ernstzunehmende, glänzende Idee und riefen zur allseitigen Nachahmung auf: »Die Zukunft wird und muß der Bücherbar gehören!«

Für Tucholsky hatte das Unternehmen, das schon im Januar 1913 wieder schloß, keine weitere Bedeutung, bis auf eine wichtige Begegnung. Er lernte hier seinen späteren Verleger Ernst Rowohlt kennen, damals gerade neu als Prokurist im Samuel-Fischer-Verlag. Rowohlt erinnerte sich noch Jahrzehnte später an die fröhlichen Gespräche, die sie in der Bücherbar miteinander geführt hatten, »befeuert vom Geist der Bücher und vom Geist des Alkohols«.

»Die Schaubühne«

Etwa zur gleichen Zeit, als die Bücherbar ihre Türen öffnete, entschloß sich Kurt Tucholsky, einen Beitrag an die *Schaubühne* Siegfried Jacobsohns zu senden. Nach eigenem Eingeständnis hatte er lange damit gezögert, weil er diese Zeitschrift mit dem roten Umschlag über die Maßen bewunderte und wie viele seiner Altersgenossen, die sich für Theater, Kunst und Literatur interessierten, geradezu verschlungen hatte. Manchmal mag er davon geträumt haben, daß in diesem Theaterblatt, für das Christian Morgenstern, Erich Mühsam, Alfred Polgar, Peter Altenberg, Kurt Pinthus und Max Brod schrieben, auch sein Name stünde. Doch dann müßte es sicher etwas Originelles, persönlich Empfundenes und Geformtes aus der Welt des Theaters sein, das vor den Augen eines Siegfried Jacobsohn bestehen konnte. Er schickte eine Impression von einem Abend im Herrnfeld-Theater, »in dem er sich krank und wieder gesund gelacht« hatte.

Die beiden Brüder Anton und Donat Herrnfeld gehörten damals zu den populärsten Komikern Berlins, ihre jiddischen Possen und Volksstücke waren ein Begriff, Redensarten und Witze daraus wanderten als Bonmots um die ganze Welt. Tucholsky schrieb über diese Komik so heiter gelaunt und amüsant, daß sein Manuskript angenommen wurde. Es war genau zu seinem dreiundzwanzigsten Geburtstag, daß sein Aufsatz *Die beiden Brüder H.* im zweiten Januarheft 1913 erschien, und zwar an dritter Stelle, gleich nach Julius Bab und Siegfried Jacobsohn plaziert, was für einen Neuen sehr ungewöhnlich war. Zuvor aber ließ ihn Jacobsohn in die Redaktion in der Dernburgstraße kommen. Er empfing ihn in seinem Arbeitszimmer, das einem Bücherkäfig glich. »Ich platzte vor Stolz«, bekannte Tucholsky Jahre später. Nun konnte er den vielbewunderten Mann selber sprechen, der mit seinen zweiunddreißig Jahren schon eine Institution war, sah in dessen schwarze, blitzende Augen, wurde aufgefordert, von sich und seiner bisherigen Arbeit zu erzählen. Zwei Menschen saßen sich gegenüber, die schnell ihre Sympathie füreinander entdeckten und – was für ihre künftige Zusammenarbeit ein Glücksfall war – ihre gemeinsame Liebe zu Büchern und zur Musik, zu Heine, Mozart und Schopenhauer. Von dieser Stunde an hat ihn der »kleine Mann«, den die Publizisten und Theaterleute nur »S. J.« nannten, »nie mehr losgelassen«. »Kämpfen – aber mit Freuden! Dreinhauen – aber mit Lachen!« So hatte Tucholsky seine Lebensmaxime in *Rheinsberg* verkündet, und so sah auch Jacobsohn seine Arbeit.

Die *Schaubühne*, 1905 gegründet, war eine Wochenschrift, die sich zu der Zeit, da Tucholsky mitzuarbeiten begann, über den Rahmen der Bühne hinaus auch zu politischen und literarischen Themen äußerte und sich besonders dem Feuilleton in allen Spielarten zuwandte. Das einzelne Heft, maximal sechsunddreißig Seiten, brachte neben Kritiken, Essays und Betrachtungen auch Gedichte, Buchbesprechungen, einen zweispaltig gesetzten Teil »Rundschau« und eine besonders amüsante Spalte »Antworten«, die oftmals Kabinettstücke geistvoller Journalistik waren. Als rechte Hand des Herausgebers wurde Tucholsky nun in die Redaktionsarbeit einbezogen. Es bereitete ihm Spaß, neue Autoren heranzuholen, Leserpost zu bearbeiten, Antworten zu formulieren und in jedem Heft mit eigenen Arbeiten vertreten zu sein, zumal er schreiben konnte, wozu er Lust hatte – von Arno

Holz bis zu den Sunshine-Girls des Wintergartens, von Georg Büchner bis zu den großen Schauspielerpersönlichkeiten der Berliner Bühne.

Jacobsohn sah mit Vergnügen, daß sein Blatt durch das Talent und Temperament seines Mitarbeiters an Lebendigkeit gewann. Vor allem wünschte S.J. mehr Verse; warum Tucholsky bei seinem Talent so zurückhaltend sei, im Heft sei doch Platz. »S.J. kommandierte die Poesie«, mit dem Resultat, daß neben der sehr ernsten, strengen Lyrik von Paul Zech und René Schickele Tigers freche Gesänge in die *Schaubühne* einzogen. Das waren leichte, im melodischen Rhythmus dahinfließende Reimgebilde, die die Sachverhalte der Liebe und des Lebens realistisch und komisch zugleich zur Sprache brachten, nicht ohne kritische Spitzen, selbst wenn es nur um den Amüsierbetrieb Berlins ging. Solch ein *Schaubühnen*-Gedicht von 1913 hieß *Sexuelle Aufklärung*, es spielt im Tingeltangel, wo zum Sohn der Vater spricht:

Sieh jenes Mädchen! Erster Jugendblüte
leichtrosa Schimmer ziert das reizende Gesicht.
So war sie schon, als ich mich noch um sie bemühte,
und wahrlich: ich blamiert mich nicht!

Sei mir gegrüßt, du meine Tugendlilie,
du altes Flitterkleid, du Tamburin!
Nimm du sie hin, mein Sohn – es bleibt in der Familie –,
und lern bei ihr: Es gibt nur ein Berlin!

Schon im ersten Jahr seiner Mitarbeit stellte Tucholsky sich den *Schaubühne*-Lesern als Autor mit Urteilsvermögen, hoher Sprachkultur und impressionistischer Gestaltungskraft vor.

Mit seinen Aufsätzen zu Schriftstellern und zum klassischen Erbe der Literatur wandte sich Tucholsky einem Genre der Kunstbetrachtung zu, das innerhalb seines Schaffens einen hohen Rang einnimmt. Es sind Feuilletons mit Bekenntnischarakter, in die er seine eigene Persönlichkeit einbringt, mit denen er aber gleichzeitig Akzente für die Beurteilung der Dichter und ihrer Werke setzt. In dieser Form würdigt er 1913 Georg Büchner anläßlich seines hundertsten Geburtstags und Arno Holz zu dessen fünfzigstem. Er

20

Siegfried Jacobsohn,
Gründer, Besitzer und Herausgeber der Schaubühne.
Seit Januar 1913 arbeitete Kurt Tucholsky bei ihm mit.
Zu seinem dreiunddreißigsten Geburtstag
bekam er von seinem Brotherrn dieses Foto mit Widmung

spricht von dem, was er der Kunst dieser beiden Dichter verdankt und was ihm lieb daran geworden ist. Bei Büchner sind es Tonfall und Melodie der Sprache, der Reiz der Rede und Gegenrede, die leise Ironie und jene »Passagen, die singen und tönen und nie mehr loslassen«. Und so bittet er am Schluß seines Essays den *Schaubühne*-Herausgeber: »Lieber S.J., sagen Sie doch den Theaterdirektoren, sie möchten Georg Büchner aufführen.«

Bei Arno Holz bekennt er geradeheraus, daß er von allen Werken dieses streitbaren Naturalisten *Des Dafnis Freß-, Sauf- und Venuslieder* am höchsten schätzt, »weil das wahrhafte Lyrik ist. Wie von einem Wirtshaustisch heruntergefallen, welch versoffne, blankpolierte Courtoisie! Wieviel Witz, wieviel Melodie, welch Rhythmus! Arbeit, aber keine Mathematik; Bewegung, aber kein Prusten des arbeitenden Motors; Kunst, aber keine Berechnung... Und nun lassen Sie sich von uns, den Jungen, herzlichst gratulieren: von den Mädeln, denen ihre Liebsten den Dafnis schenkten, von der kleinen Mucki, die von Kunst einen Deubel verstand und die alle Seligkeiten in diesen Liedern fand«.

Tucholsky hatte nicht den Ehrgeiz, stets auf den ersten Seiten zu stehen, wo das Grundsätzliche des Metiers abgehandelt wurde; er ließ dort die Koryphäen das Ihre über Wagner, Ibsen und Flaubert, die Wiener Oper oder die Paragraphen des Reichstheatergesetzes schreiben und zog sich lieber auf die Spalten des »Tagebuchs« zurück. Anregungen dafür bot ihm das Berliner Theaterleben jener Jahre ausreichend. Mit seiner Claire ging er abends nach dem Theater ins Linden-Cabaret, um sich an der anderen Claire und deren Schlager *Hermann heeßt er* zu erfreuen; den Wintergarten lobte er für seine gute Varietékunst, der Kintopp hingegen war Zielscheibe seines permanenten Spotts. Wo es in den Gefilden der Kunst etwas zu tadeln gab, tat er es nonchalant, ohne Emphase, doch mitunter auch sarkastisch. Nie aber kehrte er den Berufskritiker heraus, denn er wußte, daß es dem wahren Künstler unter den Kritikern »auf die Luft und den Lärm und die Environs aller Ereignisse ankommt«. Er wollte mit dem, was er schrieb, »ein Mittelding zwischen Kunst und Briefboten geben: das Feuilleton«. Damit setzte er Maßstäbe, an die später, in den zwanziger Jahren, Max Herrmann-Neiße im *Berliner Tageblatt* oder Hans Siemens in der *Weltbühne* anknüpfen konnten.

Es gibt in der *Schaubühne* auch manch originelle Alberei von ihm. In einer Aprilnummer 1913 läßt er als neuen Autor »Die Claire« mit einem Theaterbrief in »Rheinsbergisch« zu Wort kommen. Sie hat ein neues Stück gesehen, das sie den Abonnenten des Blattes nicht vorenthalten durfte: »Tje, mein lieber Junge, und denn war ich auf'n Sonntag zu ›Frauen‹ von Beyerlein. Die pure Literatur (de la littérature!). Mit Problemen – ich sage Dir!... Also, wo doch die anschtengen Frauen immer so anschteng sind... Und der Problem? Ja, der wird gelöst! Die Lösung, nich wa, die liegt meist in den Aktschlüssen. Wie das nu so is.«

Späße dieser Art treibt er auch mit seiner »Frau Knautschke«, Aufwartefrau bei ihm, die er mit Freikarten der Redaktion in die neue Kinopremiere schickt, wo sie einen Schmarren über sich ergehen lassen muß, von dem sie hochbeeindruckt erzählt. Weitere Opfer seiner satirischen Feder sind zwei Filmvorführer, die sich während des Dienstes aus Eifersucht in die Haare geraten, sich in bestem Berlinisch beschimpfen, schließlich gegeneinander tätlich werden und die Vorstellung schmeißen und nun bei Jacobsohn anfragen, ob sie vom Besitzer des Kinos zu Recht entlassen worden seien oder nicht.

Das »Tagebuch« der *Schaubühne* wurde zur Wiege des Tucholsky-Feuilletons. Für fast jede neue Nummer dachte er sich etwas Besonderes aus – und die Leser der roten Hefte freuten sich darüber. Es war für ihn eine bewegte und »freundliche Zeit«, in der Rückschau gesehen: »Was hatten wir für Sorgen, was hatten wir alles zu tun.« Bei soviel Überschwang blieb es nicht aus, daß manchmal auch Beschwerden ins Haus kamen wie von der Wirtin des Linden-Cabarets, die darüber empört war, daß ihr gutes Restaurant ein Nepplokal sein solle, und mit dem Anwalt drohte, falls diese Beleidigung in der *Schaubühne* nicht sofort zurückgenommen würde. Manchmal ließ Tucholsky auch die notwendige Objektivität des Kritikers vermissen, wie in seinem Aufsatz über die Schauspielerin Tilla Durieux. Das rief dann die Kollegen aus anderen Zeitschriften auf den Plan. Die prominente Schauspielerin hatte er eine »Duse des dritten Ranges« genannt, die in »Haß«, »Hingebung« und »Müdigkeit« mache, ohne wirkliche Liebe geben zu können. Ein Frauentyp, der nur regieren wolle, in deren Nähe es stickig, heiß und drükkend sei, mit einem Wort: Decadence, teuflische Friseurcircen, bei denen nicht einmal die Knute sich verlohne. Das war nun der *Aktion* Franz Pfemferts zuviel, die nur auf einen solchen Anlaß gewartet zu haben schien, um Tucholsky und seinem Protektor Jacobsohn einen Denkzettel zu geben. Für die »skribifaxische Vergewaltigung« einer so großen Künstlerin, die dem momentanen Theater um ein halbes Jahrhundert voraus sei, wetterte Hugo Ball in der *Aktion*, »verdiene der Verfasser nur eins: Stockprügel«.

Gelobte Künstler reagierten da ganz anders. Der Komiker Richard Alexander zum Beispiel verehrte für ein Feuilleton dem Autor als Dank einen ganzen Karton Künstlerpostkarten von sich.

Mit dem Eintritt Tucholskys in die *Schaubühne* erhielt Jacobsohn auch eine tatkräftige Assistenz für seine Leserspalte. Diese »Antworten« füllten zwei, manchmal auch drei Seiten des Heftes und waren ein Forum geistvoll zugespitzter Meinungsäußerung der Redaktion, die, je nach dem Anlaß der tatsächlichen oder erfundenen Leserbriefe, amüsant, spaßig, ironisch oder gallig im Ton ausfiel. Widersacher des Blattes wurden in die Schranken gewiesen, die Ewig-Gestrigen mit ihren Ansichten dem Gelächter preisgegeben. Von der Bagatelle bis zur belangvollen Information war in den Spalten für alle Themen und Formen der Leserkorrespondenz Platz.

Aus Briefen Tucholskys weiß man, daß viele dieser Antworten von ihm geschrieben worden sind, doch Jacobsohn legte Wert darauf, daß dieses Privatgeheimnis zwischen ihnen nicht nach außen hin publik gemacht wurde. Daß Tucholsky an diesem Teil der *Schaubühne* starken Anteil hat, geht allein schon aus den verwendeten Namen hervor. Wer von den Verwandten, Freunden und Bekannten ihm gerade einfiel, kam ins Blatt. »Antwort« von ihm erhalten: die Verlobte »Kitty F.«, die Freundin »Else W.«, Kurt Szafranski als »K. S.«, Heinz Ullstein mit vollem Namen, die Mutter unter »Doris T.« und mitunter er selbst als »Dr. T.«, der darauf hingewiesen wird, wenn er sich für die deutsche Sprache interessiere, solle er sich die Schrift *Vom papiernen Stil* von Otto

Schröder kaufen, da stünde viel über die Beziehungen zwischen »Rede und Schreibe« drin. Mit Christian Morgenstern treiben sie Scherz, indem sie ihm melden, in Sprachwissenschaften gebe es nichts Neues. Das letzte Axiom sei von Professor Daubenspeck aufgestellt, aber noch nicht bewiesen worden. »Vielleicht bemühen Sie sich einmal. Es lautet: ›Batik verhält sich zu Batist wie Statik zu Statist‹.«

Auch andere ungezeichnete Beiträge der *Schaubühne* waren Gemeinschaftswerk. »Es gibt viele Dinge in der alten ›Schaubühne‹«, meinte Tucholsky später, »von denen ich heute nicht mehr sagen kann, wer sie eigentlich gemacht hat, er oder ich oder wir beide.« Tucholsky respektierte dabei stets Jacobsohns »absolute Überlegenheit«; er war der Stärkere, er wußte mehr, beherrschte das Handwerk. Manchen Anpfiff habe er von ihm bekommen, daß er zu Hause in seinen vier Wänden wie ein Rohrspatz auf ihn geschimpft habe. »Vormachen konnte man ihm nichts. Er merkte alles. Tadelte unerbittlich, aber man lernte etwas dabei. Ganze Sprachlehren wiegt mir das auf, was er ›ins Deutsche übersetzen‹ nannte.« Und das Wertvollste für den Jüngeren, der hier Redaktionsarbeit lernte, war eben, daß der »feinste Aufnahmeapparat, den dieser Mann darstellte, zu höchster Leistung aufmunterte«. Dazu kam noch das Helfende, die Freundschaft, denn: »Annehmen und zurückschicken kann schließlich jeder Redakteur – aber einen Baum begießen, daß er wächst, oder ein wildes Tigertier aufziehn, das kann nicht jeder.« So konnte er schon nach seinem »Einjährigen« bei Jacobsohn als dessen geliebtes »Pantervieh« aus ehrlichem Herzen Dank für den schönen Käfig sagen, weil er sich so wohl darin fühlte.

Tucholsky machte es sichtlich Spaß, für ein kulturinteressiertes, kritisches und antiwilhelminisch eingestelltes Publikum zu schreiben, Leute mit unabhängigen Meinungen und kämpferischen liberalen Positionen. Das Theaterblatt »hatte ihn«, zumal es zwischen ihm und Jacobsohn auch volle Übereinstimmung in ihren demokratischen Positionen gab.

Tucholsky bekam mit Eintritt in die Redaktion die Aufgabe zugeteilt, neue Autoren heranzuziehen. So fragte er wegen Mitarbeit bei Dr. Blaich an, und seinen juristischen Repetitor Martin Friedländer, den er vom Studium her kannte, vermittelte er als wirtschaftspolitischen Autor. Dessen Aufsätze über die amerikanischen Tabakmonopole und die berlinischen Bodenspekulationen erweiterten in diesen Jahren das wirtschaftspolitische Blickfeld der *Schaubühne* spürbar.

Auch zur Redakteursarbeit zog ihn Jacobsohn heran. Als Tucholskys Freund, Heinz Ullstein, Beiträge an die *Schaubühne* schickte, entschied S.J., daß Tucholsky sie mit dem Autor gemeinsam durchgehen und überarbeiten solle, wobei der junge Ullstein Tucholskys Arbeitsweise kennenlernen konnte. »Als ich zu ihm kam, schrieb er gerade ein Gedicht, das er verfaßt hatte, zum dritten Male um. Und zwar er selbst auf der Schreibmaschine. Das war damals nicht so selbstverständlich. Die meisten Autoren schrieben ihre Sachen mit der Hand. Tucholsky sah meine Arbeit durch. Dann spannte er eine Seite ein und ging mit mir Satz für

21

Heinz Ullstein,
ein Sproß der Ullstein-Dynastie,
mit Tucholsky in den frühen
Berliner Jahren eng befreundet

Satz, besser gesagt Wort für Wort durch. Als wir fertig waren, sagte er: ›So, nun wollen wir wirklich anfangen.‹ Wir schrieben die Arbeit noch vier- oder fünfmal um. ›So‹, erklärte er, ›gut ist sie noch immer nicht, aber mehr ist wohl im Augenblick nicht zu machen!‹ Das war die Arbeitsweise Tucholskys. Und bei der ist er vermutlich sein Leben lang geblieben. Diszipliniert, überlegt, vom Wert des Arbeitens durchdrungen. Er hat sich damals nicht und wohl auch später nicht für genial gehalten. Obwohl er es war.«

Das breite Spektrum der *Schaubühne*, das weit über die abgegrenzte Welt der Bühne hinausreichte, mag mit dazu beigetragen haben, daß man die Zeitschrift in München, Dresden, Hamburg, Wien und Zürich las, sie »wirkte ins Land«. Der Name Tucholsky wurde damit rasch über Berlin hinaus bekannt, und was die materielle Seite betraf, so erhielt er als Autor zum erstenmal für seine Beiträge von drei Seiten ein Honorar von zwanzig bis fünfundzwanzig Mark. Ein für damalige Zeit gutes Honorar.

Die literarische Ernte der *Schaubühne* ergab für Tucholsky am Jahresende 1913 eine beachtliche Zahl von Beiträgen, insgesamt vierundsiebzig Essays, Kritiken, Porträts, Gedichte, kleine Aufsätze und Glossen; Antworten und ungezeichnete Arbeiten nicht mitgerechnet. Bis Juni 1914 wurden es einhundertdreizehn Beiträge. Er mußte fleißig sein, S.J. wartete auf Manuskripte. Manchmal wäre er lieber nach Rheinsberg oder an die See gefahren, statt in der Großstadt an der Schreibmaschine zu sitzen. Dieser Zwiespalt zwischen Lust und Pflicht sollte ihn in seinem Dasein noch oft heimsuchen. Im September 1913 machte er aus dieser Stimmung ein kleines Gedicht, es hieß *Schöner Herbst*.

Das ist ein sündhaft blauer Tag!
Die Luft ist klar und kalt und windig,
weiß Gott: ein Vormittag, so find ich,
wie man ihn oft erleben mag.

Das ist ein sündhaft blauer Tag!
Jetzt schlägt das Meer mit voller Welle
gewiß an eben diese Stelle,
wo dunnemals der Kurgast lag.

Ich hocke in der großen Stadt:
und siehe, durchs Mansardenfenster
bedräuen mich die Luftgespenster...
Und ich bin müde, satt und matt.

Dumpf stöhnend lieg ich auf dem Bett.
Am Strand wär es im Herbst viel schöner...
Ein Stimmungsbild, zwei Fölljetöner
und eine alte Operett!

Wenn ich nun aber nicht mehr mag!
Schon kratzt die Feder auf dem Bogen –
das Geld hat manches schon verbogen...
Das ist ein sündhaft blauer Tag.

Tucholsky hat mehrfach davon gesprochen, wieviel er Jacobsohn verdanke, daß er nur durch *ihn* etwas geworden sei. Aus solchen Äußerungen könnte man schließen, daß Tucholsky bei ihm als »Schüler« begonnen habe und, gefördert von ihm, jenen schriftstellerischen Ruhm erlangte, den man mit seinem Namen zu verknüpfen gewohnt ist, wird doch allzu häufig die Wirkung Tucholskys nur im Zusammenhang mit seiner Arbeit bei der *Schaubühne* beziehungsweise *Weltbühne* gesehen. Schüler war Tucholsky wohl, was die Kunst der Redaktionsführung, den Sorgfältigkeitsfanatismus, das Handwerkliche des Metiers betraf, nicht aber, was das Schreiben selbst anging. Immerhin hatte Tucholsky schon mehr als drei Jahre fürs Feuilleton anderer Zeitungen und Zeitschriften gearbeitet, Bücher rezensiert, Gedichte geschrieben, Artikel, Glossen und Satiren verfertigt. Und nicht zu vergessen: Als er zu S.J. kam, war er bereits der bekannte Autor von *Rheinsberg*.

Jacobsohn war damals mit seinen zweiunddreißig Jahren durchaus kein alter Herr, doch über den größeren Schwung wie auch die stärkere künstlerische Begabung verfügte Tucholsky. Im Vergleich zu ihm war Jacobsohn wiederum der geborene Redakteur, der Mann mit der größeren redaktorischen Leidenschaft.

In einem Zeitraum von fast zwanzig Jahren sind Hunderte Arbeiten für die roten Hefte aus Tucholskys Feder erschienen. Sein Tagewerk wurde sein Kunstwerk. Er, der Mann mit den 5 PS, war es, der über diesen Zeitraum hinweg den Heften Glanz, Farbe und Witz verlieh und der in den zwanziger Jahren das Wort des radikalen Demokraten und Pazifisten einbrachte.

Die Pseudonyme

Wer für die Ausgabe einer Zeitung oder Zeitschrift mehrere Beiträge schreibt, muß, so will es der Brauch und auch der Leser, für den zweiten und die weiteren Pseudonyme wählen. Bislang hatte für Tucholsky dafür keine zwingende Notwendigkeit bestanden. Für den *Vorwärts* und den *Pan* benutzte er meist die Anfangsbuchstaben seines Namens, gelegentlich zeichnete er mit »Kurt«, vereinzelt mit »Ignaz«. Nun mußte er sich entscheiden, wie er es für die *Schaubühne* halten wollte. Ignaz erhielt jetzt einen Nachnamen und hieß Wrobel, genau wie der Herausgeber der Arithmetiklehrbücher, nach denen an den königlich-preußischen Gymnasien unterrichtet wurde. Herr Wrobel entpuppte sich allmählich als ernster Mann mit Brille, der keinen Spaß verstand und sich zu Wort meldete, wenn etwas prinzipiell gesagt werden mußte, vorwiegend in großen politischen Auseinandersetzungen. Die eigentliche Zeit für Ignaz Wrobel kam nach dem ersten Weltkrieg, als für Tucholsky die aktuelle politische Publizistik an Bedeutung gewann und er als Versammlungsredner benötigt wurde. Walter Mehring sagte zur Charakterisierung dieses Pseudonyms: »Mit Wrobel kennzeichnete Tucholsky, was ihm gegen den Strich ging: die Oberlehrergemeinheit aller Klassen des ›Feste druff‹, Militarismus und Chauvinismus aller Länder.« Tucholsky selbst nannte seinen Wrobel »einen essigsauren, bebrillten, blaurasierten Kerl, in der Nähe eines Buckels und roter Haare«.

Das war freilich schon der ausgewachsene Ignaz Wrobel. In seinem Anfängerjahr hat er sogar manchmal noch Gedichte geschrieben, beispielsweise zu den »Säckschen Festspielen«, als die Völkerschlacht bei Leipzig ihr Hundertjähriges hatte und die Freilichtbühnen ihr großes Spektakulum: »Zweihundert Pferde machen Staub und andre Sachen –/– ein Böller kracht... –/und nachher kloppt der Zar dem Friedrich Wilhelm auf die Schulter: / ›Das hammer ganz fermost gemacht!‹« Später hat sich Wrobel ins Poetische nicht mehr eingemischt und überließ dies Metier ausschließlich seinem Kollegen Tiger.

Theobald Tiger kam wie Peter Panter aus der juristischen Zoologie jenes Repetitors, der zur Darlegung von Rechtsfällen entsprechende Namen erfand – Verbrecher, Zeugen, Erbschaftsgegner, sagt Tucholsky, die er dann hin und her schob. »Mir hat er diese zwei Namen hinterlassen, und ich bin nur traurig, daß er nicht mehr erlebt hat, wie ich diese Erbschaft zu treuen Händen verwalte.« Um des Tigers Gunst wetteiferten in den kommenden Jahren Zeitungsverleger, Kabarettdirektoren und berühmte Diseusen wegen »Schangsongs«, die sie so berlinisch und individuell gefertigt von keinem anderen bekommen konnten.

Als er bei Jacobsohn seine Dichterwerkstatt eröffnete, bevorzugte er die Form des Zeitungsgedichts, das Parodieverfahren, den Knittelvers und andere an einfache Metrik gebundene Gebilde, wie sie seit den frühesten Tagen der Publizistik üblich waren und wie sie auch im *Kladderadatsch* oder im *Simplicissimus* standen. Reimfreudig liefert Tiger das Gedicht zum Zehnjährigen der *Schaubühne*, er greift auch in die Saiten seiner Harfe, wenn es Frühling wird, der Fasching naht oder der schöne Herbst ins Land zieht. Welche Jahreszeit ihn inspiriert – sein kritischer Blick wendet sich allemal den Verhältnissen im Staat seiner lieben Deutschen zu, für den er keine großen Sympathien empfindet. Tigers Poesien sind von Anfang an eine Absage an die Welt des deutschen Spießbürgers und bleiben es auch.

Peter Panter, der etwas behäbige, gemütliche Herr mit furchtbar feinem Humor, der Mitte der zwanziger Jahre Korrespondent der *Vossischen*, Berlins ältester Zeitung, werden sollte, war das fleißigste und fröhlichste Pseudonym der Gruppe. Er beherrschte nach und nach die Spalten der »Rundschau«, des unterhaltenden Teils der *Schaubühne*, die bald ohne die spaßigen Plaudereien von Panter nicht mehr zu denken war. Wer die Zeitschrift kaufte, blätterte zuerst hinten auf, gespannt, mit welchem Spaß Peter Panter seine Leser wohl diesmal amüsieren würde. Peter-Panter-Geschichten erfand Tucholsky für fast jede Nummer der *Schaubühne*. Seine Beobachtungsgabe, sein Sinn für Humor, die

Fähigkeit zur leisen Ironie und ein feines, überscharfes Gehör für das gesprochene Wort kündigen bereits den Klassiker der kleinen Form an.

Ein Nachzügler unter den vier Pseudonymen war Kaspar Hauser, der erst nach dem ersten Weltkrieg in Erscheinung trat. Er wurde damals in der *Weltbühne* als Ersatz für den im *Ulk* tätigen Tiger benötigt. Hauser ist erst Dichter, betätigt sich danach als Autor von stillen Betrachtungen sowie als Lebensphilosoph.

1913 hatten sie alle ihre Zukunft noch vor sich; alle vier wurden sogar Buchautoren: Wrobel veröffentlichte den *Zeitsparer,* Tiger seine *Frommen Gesänge,* Peter Panter die *Träumereien an preußischen Kaminen* und das *Pyrenäenbuch.* Kaspar Hauser gab seinen Namen für *Die verkehrte Welt,* eine Agitationsschrift im Verlag der USPD.

Daß sich Tucholsky Pseudonyme zulegte, erfolgte sicher nicht allein aus altem journalistischem Brauch. Es war für ihn auch eine Notwendigkeit der deutschen Lesermentalität gegenüber, denn, so argumentierte er richtig, »wer glaubt in Deutschland einem politischen Schriftsteller Humor? Dem Satiriker Ernst? Dem Verspielten Kenntnis des Strafgesetzbuches? Dem Stadtschilderer lustige Verse? Humor diskreditiert. Wir wollten uns nicht diskreditieren lassen und taten jeder seins.«

Aus seinen Pseudonymen erwuchsen allmählich, über die Jahre hinweg, »eigene kleine Menschen«, selbständige Autoren, »die sich gedruckt sahen, sich zurechtsetzten und peu à peu sicherer und sicherer wurden«. Wo die Leserpost auch einging, bei der *Berliner Volkszeitung* oder der *Weltbühne,* man schrieb an Herrn Ignaz Wrobel, Herrn Theobald Tiger oder Herrn Peter Panter, dessen Vorzugsstellung darin bestand, daß er besonders viele Briefe von Damen bekam. Auf Plakaten und Einladungen zu politischen Veranstaltungen dagegen war stets Ignaz Wrobel als Redner angekündigt. Theobald Tiger wiederum war der Geschäftspartner großer Musikverlage, und Peter Panter unterzeichnete Filmverträge. In diesem Sinne lebten Tucholsky und seine Pseudonyme tatsächlich als selbständige Wesen, aber als »fünf Finger an einer Hand«, und so stehen sie auch gemeinsam in Kürschners Literaturkalender. Mit seinen Pseudonymen wollte er

22

Der vierblättrige Tucholsky

Ignaz Wrobel, wie ihn sich die reaktionäre Presse vorstellt

Wie er in Wirklichkeit aussieht

Theobald Tiger
mit seinem Konkubinat

Peter Panter
mit seinen ersten Veröffentlichungen

Der vierblättrige Tucholsky stellt sich vor.
Dieser Spaß mit den Pseudonymen erschien 1926 in der Zeitschrift
Stachelschwein

sich nicht verstecken, nicht von seinem eigenen Ich distanzieren, vielmehr sich die Möglichkeit schaffen, sein großes literarisches Talent in allen Richtungen frei entfalten zu können, viel und Gegensätzliches zu gleicher Zeit und im gleichen Blatt zu veröffentlichen, Humorist und politischer Publizist zu sein, ohne zu langweilen. Andererseits waren auch Leser gern geneigt, auf derlei Spaß einzugehen und das Spiel der Pseudonyme mitzumachen. 1922 ging bei der *Weltbühne* ein Brief ein, unterzeichnet von einem Herrn Alf Tranner-Kleemann, der eine kleine Satire einschickte, in der er den fünfgestaltigen Tucholsky in die Tagespolitik hineinstellte, was seiner Meinung nach so aussähe: »Und der Reichstag besteht nicht aus 12 oder 22 Parteien, sondern aus einer, darin einer aufsteht und spricht: Meine Damen und Herren, für die Ministerliste schlage ich vor:

Inneres	Ignaz Wrobel
Reichswehr	Theo Tiger
Kultus	Peter Panter
Finanzen	Kaspar Hauser
Äußeres und Reichskanzler .	Dr. Kurt Tucholsky

Großer Jubel.«

Auf der anderen Seite gab es auch Leser, die für Spaß und Spiel in der Publizistik nichts übrig hatten. Sie reagierten mißtrauisch und ungehalten. Ein Herr Louis Karfiol aus Eberfeld erkundigte sich bei Siegfried Jacobsohn, ob es stimme, »daß Ihr Mitarbeiter unter verschiedenen Namen nicht nur in Ihrer Zeitschrift, sondern in vielen Zeitungen sich publiziert«. Er schreibt: »Da ich diesem Gerücht nicht gern Glauben schenken möchte, andererseits ich es aber für möglich halte, daß auf diese Weise an Mitarbeitern gespart wird, wäre ich der Redaktion für Aufklärung sehr dankbar.«

Ein promovierter Berliner Journalist, der herausbekommen hatte, wer Tiger, Panter & Co. waren, stellte den »Kollegen« Dr. Tucholsky zur Rede: »Unter wieviel verschiedenen Flaggen verfrachten Sie Ihre literarischen Erzeugnisse?« Besonders ärgerte ihn Wrobels »unschön und undeutsch klingender Name«, der slawischen Ursprungs sei und in deutscher Übersetzung »Sperling« heiße.

Solche Vorhaltungen werden Tucholsky kaum sonderlich

beeindruckt haben. Er zog dem tierischen Ernst stets den Spaß vor – auch bei dem Umgang mit den eigenen Pseudonymen, indem er den Leser gelegentlich mit Glossen des einen Pseudonyms auf Kosten des anderen unterhielt. 1924 informierte Peter Panter, daß der »berüchtigte Kommunistenführer Ignaz Wrobel« nach Paris verschwunden sei und dort, ausgehalten von Frankreichs Regierung, ein gotteslästerliches Leben führe, Apachenkostüm trage und sich Pierre Pantin nenne.

Sind auch die literarischen Formen, die sie vertreten, unterschiedlich, die Zeitungen und Zeitschriften, in denen sie zu finden sind, in Haltung und Aufmachung voneinander verschieden, so gilt doch für die vier Pseudonyme und ihre Position immer, was Tucholsky von ihnen sagt: daß sie von einem Vater abstammen und in dem, was sie schreiben, nicht den Familienzug verleugnen. »Wir lieben vereint, wir hassen vereint – wir marschieren getrennt, aber wir schlagen alle auf denselben Sturmhut.«

»Der Zeitsparer«: Ignaz Wrobel schreibt Grotesken

Von dem Zeitpunkt an, da die Pseudonyme auf der Welt waren, mußte ihr Erfinder darauf sehen, sie genügend zu beschäftigen, ihre Kompetenzen richtig abzugrenzen und sie in ihrer vorgegebenen Bestimmung allmählich so zu profilieren, daß sie ernst genommen wurden. Das war anfangs nicht ganz leicht. Wrobel rezensierte die *Gesammelten Theaterstücke* von Ferdinand Bonn, machte kritische Bemerkungen zur Kinoplakatreklame, publizierte ein andermal ein tief lotendes, sprachlich sehr subtiles Porträt des Schauspielers Giampietro, und in seiner Freizeit verfaßte er Grotesken. Ende 1913 erschienen sie im Druck, die *Schaubühne* wies mit einem Vorabdruck auf das neue Buch ihres Mitarbeiters hin.

Buch ist für die dreiundzwanzig Seiten sicher zuviel gesagt, doch das Genre, nicht allzu häufig in der deutschen Literatur, rechtfertigte wohl eine Veröffentlichung. Kurt Szafranski, er hieß diesmal Thomas Theobald Tomate, zeichnete wieder das Titelbild dazu. Tucholsky nannte sein Büchlein nach einer darin enthaltenen Geschichte *Der Zeitsparer*.

23

Als Einbandzeichner für Tucholskys Zeitsparer
nannte sich Szafranski 1913 Theobald Tomate

Es erschien fast zur gleichen Zeit wie *Rosa, die schöne Schutzmannsfrau* des Berliner Groteskendichters Mynona, das Tucholsky im Dezember 1913 in der *Schaubühne* vorstellte.

Mynona war ein Pseudonym. Dahinter verbarg sich Dr. Salomo Friedlaender, in Berlin eine bekannte Persönlichkeit in den Kreisen des Cafés Größenwahn, wo man seine Schrullen und seinen Dichterruhm bewunderte, weniger sein philosophisches Schrifttum, das er als Privatdozent zu Kant und Schopenhauer veröffentlichte. Tucholsky kannte die Geschichten von Mynona. Ihm gefiel daran die »anmutige Mischung von schärfster Logik mit der ansprechendsten Art von Verrücktheit«.

Ein bißchen verrückt geht es auch im *Zeitsparer* zu, wo eine Maschine erfunden wird, mit der man Zeit einsparen kann, und wo jener juristische Repetitor, der für seine Studenten die fremden Personen erschaffen hat, von seinen eigenen Geschöpfen nachts um den Schlaf gebracht wird. Panter kann das Leben, das man ihm zumutet, nicht mehr aushalten, er ist mit seinem Verstand am Ende und stürzt sich aus dem Fenster.

Tucholsky versuchte sich hier in einem Genre, das das Komische und Grausige in paradoxem Phantasiespiel miteinander verkettet. Schwarzen Humor verwendete er nur ein einziges Mal, offensichtlich hatte er kein ästhetisches Vergnügen daran, und was den philosophischen Gehalt, Lebenserkenntnis oder Zeitdeutung angeht, die die dichterische Groteske bei Meyrink, Kubin oder Scheerbart auszeichnen, so geht Wrobel einer tieferen Bedeutung aus dem Wege und gibt mehr dem Ulk den Vorzug. Er will weiter nichts, so die Vorrede, als den allzu ernsten Wrobel, der es brauchen kann, ein bißchen aufheitern, in der Überzeugung, »daß man sich vom Schwergewicht, vom Satz vom Grunde und wie alle die dummen Sachen heißen, sehr wohl befreien kann, wenn man nur den Mut hat. Denn das, was danach kommt, ist das Himmelreich.« Der letzte Satz seiner Vorrede zum Buch lautet demgemäß: »Bleib äußerlich der ernste reputierliche Mann mit dem Bart, als den sie Dich kennen und schätzen. Innerlich aber, mein Junge, innerlich: Lache!«

Der *Zeitsparer,* Tucholskys zweites Buch, war das erste, das er unter einem Pseudonym drucken ließ. Von dem kuriosen

Bändchen wurden wieder besondere, numerierte Exemplare gedruckt, die an Familie, Freunde und Bekannte gingen. Das erste fand sich im Nachlaß von Tucholskys Schwester Ellen Milo. Als besonderer Buchschmuck gehört dazu ein von Tucholsky eingeklebtes originales Kinderfoto – nicht seins – mit dem Vermerk: »Ignaz Wrobel in seinem 2. Lebensjahr.«

Die Späße mit der Groteske, so scheint es, haben dem dreiundzwanzigjährigen Autor Vergnügen gemacht, waren sie doch Talentprobe und Spielwiese seiner Phantasie.

Sein Leben bis zum Kriege

Als sich Tucholsky 1913 entschloß, seine Studienjahre mit einer Promotion abzuschließen, lagen drei Jahre Arbeit in der Journalistik hinter ihm, mit anstrengenden, aber auch fröhlichen Stunden. Er besaß eine eigene, für seine Arbeit günstig gelegene Wohnung in der Nachodstraße 12, war familiär und materiell unabhängig, was er zu schätzen wußte. Einige Häuser weiter wohnte seine Tante Berta, die ihm beim Wohnungsuchen und Einrichten geholfen hatte und auch sonst für ihn da war – diskret, gütig und grundanständig. Seine Wohnung besaß Telefonanschluß. Bei der Eintragung ins Berliner Hauptadreßbuch machten sich die Behörden einen Spaß mit ihm und registrierten ihn als »Curt Tucholsky, Techniker«. Es mußte berichtigt werden; im Nachtragsband 1912 ist er wieder stimmig »cand.jur.«.

Eine Schwierigkeit hatte es im Zusammenhang mit der Volljährigkeit und dem Umzug in die eigene Wohnung noch gegeben, als es darum ging, der Familie gegenüber die Forderung nach Auszahlung seines Erbteils von sechzigtausend Mark durchzusetzen. Er nannte den Vorgang »eine Zangengeburt«, weil sich seine Onkel, besonders wahrscheinlich Justizrat Max Tucholski und Direktor Georg Tucholski, zusammen mit der Mutter gegen die dadurch notwendig gewordene Veräußerung der gutverzinsten Wertpapiere wandten. Die Auszahlung des Geldes kam trotz aller Bedenken und Widerstände der »Phalanx von Onkeln« zustande. Am Abend nach dem errungenen Sieg steckte Kurt sich »in einem Anfall von Größenwahn« einen Hunderter ein und lud den Dicken und den Kleinen, gemeint waren Kurt Szafranski und Heinz Ullstein, ein, um auf die »Berliner Kirchweih« zu gehen, zuerst ins Residenztheater, wo ihr Idol Richard Alexander auftrat, dann zu Claire Waldoff ins Linden-Cabaret. Die ganze Nacht tanzten sie Tango, verjubelten ihr Geld und »schwelgten in Kunstgenüssen«.

Tucholsky war, wenn er ausging, zwar meist »à deux«, aber er führte alles andere als das Leben eines Bohemiens, wozu sein Erbteil ihn vielleicht hätte verführen können. Er saß weder im Romanischen Café noch im Café Größenwahn, jetzt nicht und auch nicht in den zwanziger Jahren. Natürlich folgte er gern persönlichen und privaten Einladungen, aber seine literarische Arbeit ging vor, war für ihn – und so blieb es – gewissenhaft auszuführende Berufsarbeit, unvereinbar mit Kaffeehaus oder allnächtlichem Bummelleben.

Vom Anwaltsberuf ist seit seinem zweiundzwanzigsten Lebensjahr keine Rede mehr. Von einer Berufsvorstellung, die mit seinem Jurastudium in Verbindung steht, hat er sich endgültig gelöst. Mit Krassmöller gemeinsam präpariert er jetzt zurückgebliebene Schüler fürs Abitur. Diese Tätigkeit erfolgte neben dem Studium und der Zeitungsarbeit und schwebte ihm vielleicht auch als eine Sache für die Zukunft vor, denn Anfang September 1913 schreibt er an Dr. Blaich: »Es hat sich gezeigt, daß es mit der Juristerei nichts ist – und wannen er den Dr. juris utriusque gebaut hat, so will er Geld mit einer Presse verdienen. Maßen die Trottel und Adligen nie alle werden.«

Im Sommer 1913, nachdem die Bücherbar längst Geschichte war, planten Kurt Tucholsky und Kurt Szafranski ein neues ungewöhnliches Unternehmen, diesmal keine Neueröffnung eines Ladens, sondern etwas Anspruchsvolles, das der Pflege des Geistes und der persönlichen Briefkultur dienen sollte. »Wir dachten, man müsse einmal etwas anderes machen.« Ihr Projekt hieß »Orion«, es sollte interessierten Abonnenten dreimal monatlich bei Entrichtung von einhundertachtzig Goldmark Jahresbeitrag einen faksimilierten Brief eines bedeutenden Schriftstellers oder eine erlesene Grafik von Künstlerhand ins Haus bringen, »stille Dinge«, für die Zeitschriften und erst recht Zeitungen nicht geeignet waren. Der Verleger Kurt Wolff in Leipzig war bereit, die anspruchsvolle Idee »Orion – ein Jahrkreis in Büchern« zu übernehmen, und ließ einen entsprechenden Prospekt drukken. Gedacht war an einen festen Kreis von zweihundertsechzig Subskribenten, die sich »in einen Freundeskreis von vierzig feinen Menschen hineingestellt sehen würden, die sich in der persönlichsten und reizvollsten Form äußern«.

Im September hatten viele von den vorgesehenen Schriftstellern schon zugesagt, darunter Rilke, Hesse, Thomas Mann, Roda Roda, Wilhelm Schäfer und Gustav Meyrink. Von den Grafikern waren Käthe Kollwitz, Emil Orlik und Olaf Gulbransson vorgesehen. Die Liste nannte ferner in der Spalte Politik den Namen Franz Mehrings; die Wirtschaft repräsentierten der Inhaber der Berliner Handelsgesellschaft, Carl Fürstenberg, sowie Albert Ballin, der vermögendste Reeder Deutschlands und Chef der HAPAG. Mehr als vierzig prominente Namen sollten das Unternehmen für zahlungswillige und bildungsbewußte Bürger attraktiv machen. Doch war der Griff nach den Sternen wohl zu kühn. Im Juni 1914 mußten die beiden Urheber des Projekts all denen, die schon zugesagt hatten, wieder abschreiben, da sich nicht die erforderliche Zahl von Abnehmern gemeldet hatte. »Wir müssen Ihnen also als Mensch und Mitarbeiter weinend mitteilen, daß der ›Orion‹ das ist, was er vorher war: ein Sternbild, fern und unerreichbar.«

Vorher hatte es noch eine kleine Panne gegeben: Rilke, anfänglich begeistert von dem Unternehmen und im Prospekt schon genannt, trat unerwartet von seiner Zusage zurück und hinterließ die beiden »ski«, wie er sie nannte, samt ihrem Verleger in etwas peinlicher Ratlosigkeit. Kurt Tucholsky und Kurt Wolff mußten Einschreibebriefe wechseln, wie sie in dieser Angelegenheit – »diffizil und schwierig« – verfahren wollten. Ihre Sorge, wie man sich gegenüber einem Mann wie Rilke verhalten solle, erledigte sich aber von selbst in dem Moment, da der so verheißungsvoll strahlende Stern »Orion« jäh verlosch und mit ihm das elitäre Sonntagsunternehmen, das obendrein noch von Franz Pfemfert in der *Aktion* eine strenge Rüge erhielt. Alles, was man da angekündigt habe, sei »zwar etwas blöde, aber reichlich belanglos«, und ob Herr Tucholsky der geeignete Freundschaftsvermittler sei, das mögen die Kommerzienrätinnen, die auf den

»Orion« abonnieren werden, unter sich ausmachen. Und was die vierzig alten Herren beträfe, die einen Namen haben, »so sollen sie ihr Maul auch aufmachen, wenn sie sonst zur Öffentlichkeit reden, oder sie mögen sich aufhängen, wenn sie den Schutz einer (zahlungsfähigen) Exklusivität brauchen«.

Kurt Tucholsky, Liebhaber schöner Bücher, hätte trotzdem gern etwas für die Kunst, das Bibliophile oder eine ausgefallene verlegerische Idee getan, offensichtlich aber war die Zeit solchen Unternehmungen nicht mehr günstig, immer mehr politischer Zündstoff ballte sich zusammen. Es sah nach Krieg aus, man mußte sich sputen, um mit der geplanten Promotion noch zum Abschluß zu kommen.

Am 2. August 1913 richtete Tucholsky ein Schreiben an den Dekan der Juristischen Fakultät der Universität Jena mit der Bitte um Zulassung zur Promotion. Zur Begründung schrieb er, daß er nach Abschluß seines Studiums ursprünglich beabsichtigt habe, die juristische Laufbahn einzuschlagen. Er habe sich in Berlin zur Ablegung der ersten juristischen Prüfung gemeldet. In der Zeit, da er mit der schriftlichen Arbeit beschäftigt war, sei ihm aber ein Angebot zum Eintritt in einen Zeitschriftenverlag gemacht worden. Er habe das angenommen und sei freiwillig von der Prüfung zurückgetreten. Er möchte seinen Studien nun gern einen Abschluß geben und bitte um Zulassung zur Promotion. Seine Arbeit »Die Vormerkung aus § 1179 BGB und ihre Wirkungen« fügte er bei. Die Arbeit betraf die Auslegung eines Paragraphen aus dem Hypothekenrecht.

In Jena war man zunächst etwas mißtrauisch, daß ein Berliner, der nicht am Ort studiert hatte, mit solch einem Gesuch kam. Für die Rückantwort war schon eine Bemerkung an den Rand seines Gesuchs geschrieben: »Sie wollen sich umgehend dahin erklären, ob das Ref.examen als nicht bestanden bezeichnet wurde, und eventuell eine Bescheinigung darüber einreichen.« Da sich dieser Punkt aber durch das beigefügte Berliner Abgangszeugnis erledigte, wurde sein Gesuch an Professor Lehmann, den Dekan der Juristen, »mit der Bitte um gefällige Begutachtung« weitergereicht.

Mit dem Paragraphen 1179 hatte sich Tucholsky ein Thema gewählt, auf das er bei der Abfassung der Referendarsarbeit gestoßen war und das ihn »wegen der wichtigen Streitfragen fesselte«. Der Gutachter war kritisch, er bemängelte das Fehlen der förderlichen und eigenen Note und schlug die Abweisung vor, »weil die Dissertation«, wie es in den Universitätsakten heißt, »nicht hinreichend wissenschaftlich beachtenswert ist«.

Es blieb dem Kandidaten, dem berühmten Autor von *Rheinsberg*, der wieder einmal als schwarzes Schaf der Familie dastand, nichts weiter übrig, als sich hinzusetzen und die Dissertation gründlich zu überarbeiten. Onkel Max mit seinen guten Beziehungen zu den Berliner Universitätsdozenten dürfte dabei dem Neffen durch Vermittlung nötiger Konsultationen hilfreich unter die Arme gegriffen haben. Bei seinem zweiten Gesuch, das am 9. Juni 1914 nach Jena abging, konnte Tucholsky sicher mit der Annahme der neu eingereichten Arbeit rechnen. Und so war es auch. Mit der mündlichen Prüfung vom 19. November 1914 wurde er von den Jenensern »cum laude« zum Doktor der Rechte promoviert.

Eigentlich hätte Tucholsky erst ein Semester an der Universität Jena studieren müssen, um dort promovieren zu können. Man erließ es ihm aber, da er ein Schriftstück vorlegte, wonach er bei der Haude & Spenerschen Buchhandlung in Berlin beschäftigt war, einem Verlagsunternehmen, das sich hauptsächlich mit juristischen und nationalökonomischen Werken befaßte. Da er diese Stelle, wie er schrieb, nur mit Mühe habe erhalten können und nicht ein ganzes Semester fortbleiben könne, ohne das Interesse seines Chefs zu zerstören, erreichte er, daß man ihm die Immatrikulation in Jena erließ. Ob er wirklich jemals in diesem Verlagsunternehmen tätig war, oder ob eine freie nur gelegentliche Mitarbeit bestand, muß offenbleiben.

Im Mai 1914 schrieb er sich nochmals an der Berliner Universität ein. Bis Schluß des Sommersemesters war er Student an der Philosophischen Fakultät und hatte einige Vorlesungen belegt, die ihn beruflich aus bestimmten Gründen interessierten. Im Geographischen Institut in der Georgenstraße hörte er bei Professor Penck Allgemeine Erdkunde, bei Professor Erdmann Psychologie und bei Dr. Spethmann Vorlesungen zur Länderkunde Asiens – alles Stoffe, die einem angehenden Publizisten bedeutend näherstanden als einem

Juristische Fakultät.

Protokoll

über die mündliche Doktorprüfung

des Herrn cand. jur. Tucholsky aus Berlin

d. 19 Novbr 1914 5 Uhr.

Anwesend die nachbenannten Mitglieder der Fakultät

Es prüften:

Herr Kollege	Lehmann	in	röm. u. bürgerl. Recht.
der unterzeichnete Dekan		in	Strafrecht, Strafprozeß u. Kirchenrecht
Herr Kollege	Rauch	in	Handelsrecht u. deutschem Privatrecht
Herr Kollege	Rosenthal	in	Staatsrecht u. deutscher Rechtsgeschichte und Verwaltungsrecht.

Hierauf beschloß die Fakultät den Kandidaten cum laude

zu promovieren.

Das Ergebnis wurde dem Kandidaten mitgeteilt und ihm seine Abhandlung und die von ihm eingereichten Original-Zeugnisse zurückgegeben.

Die Druckgenehmigung wurde noch nicht erteilt.

JENA, den 19 November 1914

[Unterschrift]

d. Z. Dekan.

Die Druckerlaubnis wird erteilt
Jena, den 14. I. 1915
der Dekan.
Rr.

19

Doktorprüfung cum laude bestanden am 19. November 1914

25

Studium beendet.
Der neue Lebensabschnitt heißt Krieg

Juristen. Am 8. August 1914, acht Tage nach dem Ausbruch des Weltkriegs, trug er sich aus den Matrikeln wieder aus und bekam das Abgangszeugnis ausgehändigt, mit dem üblichen Vermerk der Universität, daß hinsichtlich seines Verhaltens nichts Nachteiliges zu bemerken sei.

Trotz Vorlesungen und Arbeit an der Dissertationsschrift blieb die aktuelle Politik in seinem Blickfeld. In der *Schaubühne* nahm er die Verurteilung von Rosa Luxemburg sowie der politischen Publizisten Hans Leuß und Hermann Meyer wegen sogenannter Preßvergehen zum Anlaß, auf die Brutalität »der herrschenden Kaste« in Deutschland hinzuweisen und insbesondere auf die unzulängliche Opposition der Sozialdemokratie. Der Artikel hieß *Vormärz* und erschien in der ersten Aprilnummer 1914. Vom Inhalt her ist es eigentlich schon ein *Weltbühnen*-Aufsatz. »Macht und Geist«, resümiert er, seien zwei Faktoren, »die einander ferner sind denn je. Vom Vormärz haben wir die Idylle verloren, aber die Reaktion behalten.«

1919 wird er auf diesen geschichtlichen Zwiespalt in der deutschen Politik erneut zurückkommen. Und 1927 heißt es bei ihm in der Rückschau auf seine politische Publizistik der *Vorwärts*- und *Schaubühnen*-Zeit: »Vieles, was im Jahre 1914 entstanden ist, würde ich heute anders formulieren, aber nicht anders denken.«

Daß der Krieg von 1914 »eine natürliche Folge des kapitalistischen Weltsystems« war, wie er 1922 schrieb, war ihm nicht erst nach den leidvollen vier Jahren klar. Den allgemeinen Kriegstaumel hat er nie verstehen können. Dem patriotischen Wandel des *Vorwärts* und des *Simplicissimus*, die nun ihren Lesern versicherten, daß »die große Zeit« angebrochen sei, stand er mit Unverständnis gegenüber. Das war Verrat an den Ideen August Bebels und Wilhelm Liebknechts.

Im Juli 1914, dem entscheidenden Monat vor Ausbruch des Krieges, erschienen von ihm noch einmal zwei Veröffentlichungen, die seinen unveränderten Standpunkt zum preußischen Militarismus und zum säbelrasselnden Scheinpatriotismus dokumentierten. Mit Entschiedenheit wandte er sich am 6. Juli im *Vorwärts* gegen die Hetzschrift eines ehemaligen Stabsarztes der Landwehr, der die Leiden und Grausamkeiten des Schlachtfeldes verherrlichte und die rigorose

Erziehung zum Haß als der einzig wahren Leidenschaft predigte. Ihm entgegnete Tucholsky, daß tierische Instinkte mit Zivilisation nichts zu tun haben, »daß moderne Kriege wesentlich auf kapitalistischen Gründen beruhen und daß alles andre ein wohl angelegter Schwindel ist: die Volksbegeisterung und die flatternden Fahnen und die Orden und alles das«.

Gegen die Verherrlichung der »Nationalbesoffenheit« ist noch einmal im *Vorwärts*, vier Tage vor der Mobilmachung, eine bissige Satire gerichtet, die Tucholsky *Demonstrantenbriefe* nennt. Typen von Studenten und Schülern läßt er sich über ihre Kriegsbegeisterung Luft machen, mit Phrasen, die ebenso dumm wie gefährlich waren. Emil, Landsturm ohne Waffe: »Wer sollte zögern, wenn die Stunde der Entscheidung schlägt? Frisch auf, mein Volk, die Flammenzeichen rauchen! Vorwärts immer, rückwärts nimmer!« Der Gymnasiast Kurt: »Das Vaterland ruft, da kann es nur eine Losung geben: Leb wohl, Emmi!«

Am Tag der Mobilmachung erlebte Kurt Tucholsky in Ber-

26

Mobilmachung 1914. Jubelnde Menge vor dem Schloß.
Tucholsky schreibt im Vorwärts *die satirischen* Demonstrantenbriefe *gegen die Nationalbesoffenheit*

lins Straßen die »patriotische Besoffenheit« der Spießer, das Drängeln nach den marktschreierischen Extrablättern. Vor einem Gemüseladen sah er einen älteren Mann, neben ihm seine Frau und drei Kinder. »Sie standen da, in einer Reihe und weinten … In dem Augenblick war mir gar nicht zum Lachen. Die Straße stand auf dem Kopf – dieser eine wußte, was ihm bevorstand.«

Mit Ausbruch des Krieges war Tucholskys kritische und satirische Mitarbeit für die Presse vorerst beendet. Es herrschte Kriegsrecht. Eine publizistische Betätigung vom Standpunkt seiner Gesinnung war durch die Zensur unmöglich gemacht. Nicht nur das. Er mußte mit der baldigen Einberufung rechnen und konzentrierte sich deshalb auf die Überarbeitung seiner Dissertation. An diese letzten Monate des Jahres 1914 hatte er nur eine Erinnerung: »Eklige, leere Zeit.«

Kapitel III

VOM SCHIPPER ZUM CHEFREDAKTEUR

Einberufung als Schipper in den Krieg

Ein Vierteljahr vor Kriegsbeginn, im Mai 1914, hatte Tucholsky noch in sein Büchlein für Einfälle und Gedankensplitter notiert: »Was wäre, wenn...?« Drei Worte für ein Thema, zu dem er eine kleine Zukunftsvision schreiben wollte, »wie es aussähe, wenn ein Krieg ausbräche«. Das war nach dem 1. August nicht mehr nötig, die Wirklichkeit hatte jede Phantasie überholt. Sein Gedankengang sei reiner Zufall gewesen, meinte er; wenn man wolle, könne man es auch Ahnung nennen. Politische Voraussicht war es nicht. Die kleine Skizze, die er vorhatte, blieb ungeschrieben, und noch war kein Jahr vergangen, da mußte er selbst an diesem Krieg teilnehmen.

Anfang März 1915 brachte der blauuniformierte Postbote seiner Straße die amtliche Aufforderung, sich »zwecks Feststellung der Militärtauglichkeit« in einem zu diesem Zweck provisorisch hergerichteten Lokal einzufinden. In einem Saal, wo sich sonst Dienstmädchen sonnabends mit ihren Verehrern beim Tanz vergnügten, saßen an zusammengeschobenen Tischen graubärtige Landsturmfeldwebel, einige altgediente Offiziere und weißbekittelte Militärärzte, ihnen gegenüber und draußen wartend vor dem Lokal ein paar hundert jüngere und ältere Männer. Unter ihnen traf Kurt Tucholsky seinen Schulkameraden vom Französischen Gymnasium wieder, Hans Schönlank, inzwischen Redakteur beim *8-Uhr-Abendblatt*. Das letztemal hatten sie sich als Studenten gesehen. Jetzt, als zukünftige Vaterlandsverteidiger, gestanden sie sich etwas aufgeregt, wie sich Hans Schönlank erinnerte, daß sie »mit diesem Krieg innerlich nichts zu tun hatten und ihm deshalb auch äußerlich so lange wie möglich fernbleiben wollten«. Beide hatten sich mehrere Sorten schwerer Zigaretten eingesteckt, rauchten Kette, um Herz und Kreislauf ordentlich zu belasten und sich entsprechend präpariert den Militärärzten vorzustellen. Das Ketterauchen hatte jedoch keinen Einfluß auf das Ergebnis der Musterung. Die Richtlinien sahen sowieso vor, daß Ungediente den vor dem Krieg kaum ausgebauten rückwärtigen Diensten zuzuführen seien. Bei Schönlank lautete der Bescheid:

Militärkrankenwärter, und Tucholsky wurde zum diensttauglichen Landsturm ohne Waffe erklärt. Wenige Tage später hielt er seinen Gestellungsbefehl für den 10. April 1915 in den Händen.

Vom Schlesischen Bahnhof ging es dann, noch in Zivil, in Waggons auf eine sechs Tage lange Fahrt weit hinein in die russisch-polnische Tiefebene. In Suwalki war endgültig Halt. Aussteigen, langes Herumstehen, dann Abrücken in eine verlauste Kaserne. Dort mußten sich die durch die Bahnfahrt erschöpften Männer zum Schlafen auf kalte Fliesen legen. Man hatte kein Stroh besorgen lassen. Die Stimmung war miserabel. »Die freien deutschen Männer hockten hinter verschlossenen Türen« und kamen sich vor wie einst die deutschen Gefangenen in Frankreich. Wie anders war das Bild noch vor sechs Monaten in Berlin mit Musik und Blumen und begeisterten Jubelrufen. Wie anders 1904, als aus der Alexanderkaserne im neuen Feldgrau Freiwillige zur Niederschlagung der Aufstände in der Kolonie Deutsch-Süd-

27

Ankunft auf dem Bahnhof Suwalki nahe der litauischen Grenze – die erste Station des zum Militär einberufenen Tucholsky

28

Schipper Tucholsky:
»Sehe ich nicht aus
wie ein beleidigter Clown?
Bin ich auch.«

westafrika ausrückten. Musikkapellen spielten, man winkte und sang.

In Suwalki, wo keine Kapelle zum Empfang spielte, wurde die 3. Kompanie des Armierungsbataillons 26 formiert. Dr. jur. Kurt Tucholsky, 1,66 Meter groß, Stiefelmaß Länge 29,5, Weite 5, mit Befähigungszeugnis zum einjährig-freiwilligen Dienst, Dissident, wurde eingekleidet. Er erhielt wie auch die anderen fünfhundert Soldaten seiner Kompanie etwas von dem, was gerade greifbar und für die »Schipper« gut genug war: blaue oder weiße Drillichhosen, Lodenjoppen, grün, braun oder blau eingefärbt, blaue Röcke der Infanterie oder Ulanenlitewkas. Das einzige einheitliche Uniformstück für alle war das Krätzchen, die randlose Feldmütze mit schwarz-weißer Kokarde. Eine geradezu zigeunerhafte Vielfalt der Bekleidung. Selbst das Schuhwerk war unterschiedlich, Schnürstiefel, Knobelbecher und ausgediente Kavalleriestiefel wurden zugeteilt. Das erste Foto aus dem Krieg zeigt den Schipper Kurt Tucholsky vor einer Bretterwand in Drillichjacke mit Krätzchen, mehr verkleidet als uniformiert, mit dem selbstironischen Kommentar: »Ach Gottchen – Panter.«

Bei der 8. deutschen Armee, die damals noch vom Generalobersten von Hindenburg befehligt wurde, begann nun für Tucholsky der Alltag des Soldaten. Die Armierungsleute hatten im Sommer 1915 vor allem die Stellungen zu befestigen, die die deutschen Truppen nach dem Zurückdrängen der russischen Heeresverbände eingenommen hatten, Batteriestellungen im feindlichen Feuer anzulegen, Wege und Straßen zu bauen, mit den Eisenbahnpionieren gemeinsam Streckenabschnitte wiederherzustellen. Auf den Postkarten, die er seiner Schwester nach Hause schrieb, bagatellisierte er, berlinernd, das Soldatendasein: »Wir laufen hier immer herum und fangen Streit an mit die Russen und die Flöhe.« In Wirklichkeit war die Schipperkolonne in diesen Sommermonaten schweren Belastungen ausgesetzt. Die Armierungseinheiten folgten zügig den Kampftruppen, die von Kurland bis Warschau mit Angriffen gegen die russischen Stellungen begonnen hatten. Die Eindrücke auf diesem Vormarsch im Umgang mit den Vorgesetzten waren nicht die besten. »Als wir«, so erinnert sich Tucholsky, »auf dem Marsch in die Stellungen von Suwalki waren, der tropenkollrige Offiziersstellvertreter umjagte die gehorsame Herde auf seinem Gefechtsesel, der Hauptmann kollerte, und die Unteroffiziere taten ihr Menschenmöglichstes, um sich wichtig und die Mannschaft madig zu machen – als wir auf diesem Marsch verschwitzt, müde und dreckig einherkrochen, hörte ich meinen Nebenmann vor sich hin murmeln: ›Wenn ich hier wieder rauskomme…!‹ Ich sehe noch die grimmige Bewegung, mit der er sich den Tornister hochzog.«

Für einen Mann wie Tucholsky sind die ersten Wochen gewiß nicht ohne Anpassungsschwierigkeiten verlaufen. Die bedrückenden Lebensumstände, die im Vergleich zu den regulären Armeeeinheiten schlechteren Quartiere, die weniger gute Verpflegung und obendrein noch die Tatsache, unter dem Befehl ausrangierter Vorgesetzter zu stehen, gaben ihm das Gefühl der Deklassierung.

Stellungskrieg und Vormarsch wechselten miteinander ab. Ende September 1915 gab Kurt, der nach seinen Worten den Krieg im Umherziehen ausübte, seiner Schwester Ellen wieder Nachricht, kindliche Orthographie imitierend: »Mir get es gut. Ich sitze augenblicklich in einer Küche, aber nicht so mit Kacheln, sondern schmutzig-grünen Steinwänden, und weil ein Telephon drinsteht, heißt die Küche Fernsprechstelle. Es sind darinnen 8 Mann, ein Männerchen (ich) und 1074 Fliegen, klapps (...) jetzt sind es nur noch 1073. Läuse... pfui, aber das ist nichts für junge Mädchen. Manchmal schießen sie hier. Dann ist Krieg, und zwar, wie ich Dir aus sicherer Quelle mitteilen kann, mit den Russen!«

Als er diesen Brief schrieb, war er aber schon nicht mehr Schipper, sondern Schreiber beim Kompaniestab. Man hatte für den Dr. jur. mit der schwer lesbaren Handschrift, der sich anbot, dem militärischen Bürobetrieb die eigene Maschine zur Verfügung zu stellen, in der Schreibstube gute Verwendungsmöglichkeiten. Bei einer Kompaniestärke von über fünfhundert Mann fiel Arbeit genug an. Auf diesen Posten zu gelangen, dürfte ihm nicht allzu schwergefallen sein, zumal er sich trotz innerer Abneigung in dem Milieu, in das er hineingestellt war, zurechtfand, gesellig und freundlich war. Die Kameraden schätzten seine Schlagfertigkeit und seinen Witz und daß er auf der Gitarre, die er sich mit der Schreibmaschine hatte nachschicken lassen, zur Unterhaltung beitrug, wenn die Truppe gelegentlich in der Etappe Kontakt mit der Zivilbevölkerung hatte und sie sich einen lustigen Abend machen wollten.

Wie der Alltag für ihn aussah, schilderte er in einer kleinen Skizze, *Unterwegs* 1915, für die *Schaubühne*. Im Sommer jenes Jahres werden sie in Tilsit auf Kähne verladen, die Pferde, Wagen und Mannschaften ins Litauische, weiter nach Nordosten bringen. Auf dem Kahn, auf dem Tucholsky und sein Kutscher fahren, kommen sie mit der Frau ins Gespräch, die dort Dienst macht und mit einem hübschen Jungen, einer Gans und einer Ziege unten in der Schifferkabuse haust. »Eine entsetzliche knochige und hagere Person, die für uns kochen will.« Tucholsky holt sich, während die Frau in dem Quadratmeter Küche mit den Töpfen klappert, von der Kommode Bibel und Gesangbuch und hört sich an, was die Hagere redet. Zweimal wacht er in der Nacht auf, weil sie einem Soldaten auseinandersetzt, daß der Krieg durch den Zorn Gottes gekommen sei.

So fahren sie mit weiteren fünf Kähnen im Schlepptau eines Dampfers. Am nächsten Morgen liegen die Soldaten verdreckt und verschlafen auf den Wagen, so wie sie am Vorabend an Deck verladen wurden. »Das Ganze sieht aus wie eine Blumenfahrt junger Venezianer. Ohne Mädchen, sozusagen.« Es gibt warmen Kaffee, manche trinken Schnaps.

Nach der Ankunft ist sein Nachtquartier ein Heuwagen, und am nächsten Morgen geht es weiter: Marsch, Quartier und wieder Abmarsch, bis sie vor dem litauischen Ort Rossijeny angekommen sind. Sie machen sich die Sache bequem, keiner trägt sein Gepäck, und auch er läßt sich auf dem Wagen fahren. In Rossijeny hat er Quartier bei einer jüdischen Bäckerfamilie, spricht mit den Einwohnern, sieht sich ein altes Kloster und die Buchläden in der Stadt an, ohne etwas Nennenswertes zu entdecken. Der Abend wird höchst fidel dank des Organisationstalents seines Feldwebels, mit dem er sich gut steht. Tucholsky sorgt für die musikalische Einstimmung auf der Gitarre. An den Wänden sitzen die Mädchen des Ortes mit den jungen Männern und summen einen hübschen russischen Walzer. Der stellvertretende Kompanieführer und der Feldwebel tanzen einen schönen Krakowiak, angefeuert von Tucholskys Gitarrenmusik, zu der die anderen kräftig pfeifen. Zuletzt singen sie noch das Lied von den zehn Nonnen.

Das ganze Jahr 1915 befand sich die Truppe auf dem Marsch. Selten genug trafen sie Einheimische, manchmal wurde ein bißchen gehandelt, einmal lernte Tucholsky ein jüdisches Mädchen kennen, freundlich, sanft und weich, mit schlanken Händen und guter Figur; er versprach zu schreiben. Sie kamen durch Orte, an denen hart gekämpft worden war, gezeichnet von Brandgeruch und Ruinen. So erlebten sie den Krieg zunächst im Umherziehen, bis schließlich, der Militärpaß weist es aus, die Einheit an Stellungskämpfen vor

Augustow, Mariampol und Pillwiski teilzunehmen hatte. Sie bauten Unterstände und Schützengräben, Feldbefestigungen und Stabsquartiere, oft im feindlichen Feuer und meist nachts.

Erlebnisse als Kompanieschreiber

Im Sommer 1915, als nach dem Abflauen der Kämpfe eine verhältnismäßig ruhige Zeit eingetreten war, geschah es, daß Generalmajor von Heidborn, dessen aktiver 6. Kavalleriedivision das Armierungsbataillon zugeteilt war, bei der Truppe einen Inspektionsbesuch machte, der recht merkwürdig verlief. Tucholskys Schreibstubenvorgesetzter, Dr. Ludwig Pinner, studierter Volkswirtschaftler, hat diese Begebenheit aufgeschrieben, wie der alte Herr, der es liebte, seine Leute im Stil Friedrichs II. anzusprechen, gefolgt von seinem Adjutanten, auf einem Vollblutpferd angeritten kam, vor der Schreibstube, die in einem der Bauernhäuser untergebracht war, haltmachte, abstieg und sein Verhör begann. Ordonnanz Pinner machte die vorschriftsmäßige Meldung, anwesend waren drei Mann, wie sie auch auf einem Foto zu sehen sind: Kurt Tucholsky, Ludwig Pinner und der Komponist Gruner, vordem Professor an der Musikhochschule Berlin-Charlottenburg. Der General wollte zuerst von Pinner wissen, was er von Beruf sei. Pinner antwortete: »Landwirt, Herr General!«, was offenbar seinen Beifall fand, wenn er den Gefragten auch etwas zweifelnd ansah. Dann kam die Reihe an Tucholsky, Kompanieschreiber, ziemlich beleibt, in eine Litewka gepreßt. Was er von Beruf sei? »Schriftsteller.« Wo er schreibe? »Im ›Vorwärts‹, Herr General!« Herr von Heidborn schluckte ein wenig, äußerte sich aber nicht weiter. Schließlich kam der Musikprofessor dran, der bis auf die Arbeitsjoppe des Armierungsbataillons vollkommen zivil gekleidet war und sich schwerfällig hinter seinem Schreibtisch erhob.

»Wie heißen Sie?«
»Gruner, Herr General!«
»Was sind Sie von Beruf?«
»Komponist, Herr General!«
Das setzte den General sichtlich in Erstaunen, einen Kom-

ponisten hatte er anscheinend noch nie in seinem Leben gesehen. Schnell fand er jedoch die Fassung wieder.

»Wat ... eh ... wat komponieren Se denn?«

»Opern, Herr General!«

»Ach, na habn Se denn schon mal sone Oper komponiert?«

»Jawohl, Herr General!«

»Wie heißt denn die Oper?«

»›Maja‹, Herr General!«

»Wat, Meier?«

Er wendete sich zum Adjutanten, ob er die Oper »Meier« kenne.

Der Adjutant kannte keine Oper »Meier«.

Nach kurzer Pause: »Na, ist denn die Oper schon mal uffjeführt worden?«

»Jawoll, Herr General, im Hoftheater Darmstadt!«

»Na, sehn Se mal an.« Nach einer weiteren Pause: »Wie oft denn?«

»Dreimal, Herr General!«

Der General daraufhin: »Und von die Oper wolln Se leben???«

Tucholsky hat diese Szene so belustigt, daß er sie auch aufzeichnete und nach dem Krieg in der Witzecke seiner Zeitschrift *Ulk* drucken ließ.

Im ersten Jahr des Krieges waren kleine Aufzeichnungen und die persönliche Korrespondenz das einzige, was er neben dem dienstlichen Schreibkram für sich auf der Maschine tippen konnte. Einmal vergaß er angesichts der Strapazen den Geburtstag der Schwester, entschuldigte sich bei ihr mit dem Weltkrieg, den Reisevorbereitungen zu einem fast monatlichen Umherirren. »Hippel« versorgte ihn weiterhin mit den gesammelten Familiennachrichten aus Berlin und teilte ihm mit, was Bruder Fritz, ebenfalls als Schipper an der Ostfront eingesetzt, nach Hause geschrieben habe. Seine Schwester erfuhr auch, daß Kurt jetzt mit einer Pistole ausgerüstet war. Das Gewehr, das er zuvor besessen hatte, lehnte er eines Tages an eine Hütte und ließ es dort stehen. »Ein Gewehr? Und im Kriege? Nie, dachte ich mir.« Eine Pistole als Bewaffnung war leichter wegzuwerfen und auch leichter zu tragen. Er hatte nicht die Absicht, den Krieg durch Schießen gewin-

Schwester Ellen, »Hippel« genannt,
bekam regelmäßig Post von »Armierungsbruder Kurt«

nen zu helfen, und sagte, soweit es sich unter der bestehenden Kriegszensur in Briefen aus dem Felde formulieren ließ, in betont naiven, albernden Bemerkungen, was ihn und sein Verhältnis zur Waffe betraf: »Aberst ich schieß lieber nicht. Nachher erschrickt so ein Russe und wird krank... Nein, nein.«

Als die Schreibmaschine auf einem der Märsche einmal nicht nachkam, flog er für einige Wochen »wegen menschenunähnlicher Handschrift« aus der Schreibstube und wurde Fourier. Das war im September 1915. Diese Tätigkeit wurde nach dem Krieg, als Tucholsky mit seiner Kritik am deutschen Militarismus und seiner Offizierskaste größtes öffentliches Aufsehen erregte, zu einem Argument gegen ihn gemacht. Von einem »ehemaligen Schipperkameraden R.« erschien damals, anfänglich in lokalen Kriegervereinsblättchen, dann in rechtsstehenden Zeitungen, ein Artikel, der Tucholskys Person in übelster Weise verleumdete. Er habe seine Kameraden nur »Kerls« tituliert, habe ihnen das Essen weggefressen und sei vorzugsweise auf dem Train- und Fouragewagen mitgefahren.

Den Anfang mit diesen Verunglimpfungen machten im Dezember 1922 die *Bremer Nachrichten*. Der »Schipperkamerad«, ein Werkzeug der nationalistischen Rechten und antisemitisch eingestellt, schrieb von angeblicher Schreibstuben- und Küchenmißwirtschaft, die er Tucholsky anlastete. Zuletzt liefen die Beschimpfungen auf »Fettwanst«, »Drükkeberger« und »Landesverräter« hinaus, dem die Legitimation zu jedweder Kritik an Deutschland, seinem Heer und seinen Offizieren abgesprochen wurde.

Tucholsky antwortete auf diesen »Kompanieklatsch, verlogen und maßlos kindlich«, öffentlich in der sozialdemokratischen *Bremer Volkszeitung*, indem er das Prinzipielle der Sache betonte, daß es nicht um ihn und seine Person ginge, »sondern um jenen Militarismus, der das Volk bis ins Mark vergiftet hat«. Dieser sei angeklagt. »Meine Person ist nicht wichtig. Meine Sache ist es sehr.«

Die Kampagne gegen ihn wurde immer neu entfacht. Noch 1932 kolportierte ein nationalistisches Berliner Winkelblatt, das sich *Die Wahrheit* nannte, den Hetzartikel von 1922 mit der Behauptung, Tucholsky sei ein Mann gewesen, der im Krieg alles zu »drehen« verstanden hätte und dessen außergewöhnliche Beziehungen sogar ausreichten, einen vorbildlichen Kompaniechef, der Ordnung in den von ihm tyrannisierten Laden bringen wollte, zu versetzen. Selbst der Koch der Kompanie hätte es wegen seiner Hochnäsigkeit nicht mehr ausgehalten mit ihm und »Ignaz mit einer Bratpfanne zum Tempel hinausgejagt«.

Abgeschrieben war diese »Enthüllung« aus einer Feldzugsschilderung, *Unterwegs 1915*, die Tucholsky in der *Schaubühne* veröffentlicht hatte. »Dann kam wieder ein Marschtag mit gelehrten Unterhaltungen«, heißt es bei Tucholsky. »Dann ein Rastort, an dem scharf gekämpft worden war. Es stank daselbst heftig. Abends prügelte ich mich mit dem Koch des Kompanieführers: ich haute ihm ein paar hinter die Ohren, und er gießt mir etwas warmen, aromatischen Tee auf den Kopf. Und dann gehen wir schlafen. – Wieder weiter. Auf dem Hinterkopf habe ich eine Beule von gestern abend. Der Koch ist ein kleiner verwunschener Zwerg aus Tausendundeine Nacht, mit gackerndem Gelächter, kleinen listigen Äuglein und ein bißchen diebisch veranlagt. Wir haben uns schon wieder vertragen.«

Natürlich hatte Tucholsky als Kompanieschreiber eine halbwegs erträgliche, in mancher Hinsicht auch begünstigte Stellung; er wurde von seinen Vorgesetzten wahrscheinlich mehr benötigt als umgekehrt. Im übrigen gab er offen zu, daß er den Krieg überwiegend in der Schreibstube überlebt hat. Nicht nur das. Er sagte später: »Ich habe mich dreieinhalb Jahre im Krieg gedrückt, wo ich nur konnte – und ich bedaure, daß ich nicht, wie der große Karl Liebknecht, den Mut aufgebracht habe, nein zu sagen und den Heeresdienst zu verweigern. Dessen schäme ich mich.«

Im Herbst 1915 wurde Tucholskys Einheit wieder zum direkten Einsatz an der Front herangezogen. »Stellungskampf gegen Jakobstadt« ist im Wehrpaß vermerkt. Elf Monate blieb seine Truppe ununterbrochen im Einsatz. Die Deutschen mußten sich schwerer russischer Angriffe erwehren. Verschlüsselt, mit Rücksicht auf die verschärfte Zensur, heißt es in einem Brief an Dr. Blaich nach München: »Hier ist zu jedermanns Verdruß Krieg, und zwar, wie das in den lokalen Verhältnissen begründet liegt, mit den Russen...«

Als er dies an den amtierenden Chefredakteur des *Simplicissimus* schrieb, saß er als »Befehlsempfänger« in einer Fernsprechstelle des Bataillons, also noch immer bei der Einheit, zu der man ihn einberufen hatte, während sich der bessere Teil der Armierungssoldateska seinen Worten nach längst gedrückt hatte, und als Schreiber mußte er das ja wissen. »Die gesamte Intelljenz ist zur Feldpolizei entwichen, in die Bekleidungsämter, zur Zivilverwaltung – nur ich harre aus. (Welche Tugend man auch anders benamsen kann; aber jener schmale Pfad führt durch die Kehrseiten so mancher Vorgesetzten, und ihn zu wandeln ist nicht jedem gegeben.)«

So sagenhaft gute Verbindungen, wie jener Schipperkamerad in seinem Hetzartikel behauptete, kann der Schreibstubensoldat Tucholsky also nicht gehabt haben. Aber wer von seinen gewiß nicht zur edlen Auslese gehörenden Vorgesetzten hätte auch einen Mann wie ihn abgegeben – einen Juristen von hoher Bildung und Intelligenz, der den Mangel an der eigenen Klugheit auszugleichen geeignet war, Meldungen vorzüglich formulieren konnte, Geselligkeit liebte, Witze zum besten gab, mit den Kameraden zur Gitarre Lieder einübte und sich nicht zu schade war, selbst mitzumachen, wenn die anderen ihn aufforderten: »Mensch, du bist doch Schriftsteller, steig doch mal uffn Tisch und mach mal einen.«

Das Jahr 1916 brachte eine Wendung in seinem Dasein. Er wurde im Herbst mit seiner Kompanie nach Alt Autz in Kurland abkommandiert. Hier sollten sie für die im Aufbau begriffene Artillerie-Fliegerschule Ost einen großen Flugplatz anlegen. Die Truppe war anfangs im Schloß Groß Autz untergebracht. Als sich hier ein Armierungssoldat erschoß, erschien ein vom Stab der Fliegerschule beauftragter Offizier, um die Umstände dieses Selbstmords aufzuklären und zu Protokoll zu nehmen. Tucholsky meldete sich, als nach einem Mann gefragt wurde, der Stenografie und Schreibmaschine könne. In stundenlanger Arbeit klärten beide die näheren Umstände des tragischen Falls auf. Oberleutnant Bode – Dr. jur. et rer. pol., später Hüttendirektor – erinnerte sich an die ersten Stunden ihrer Bekanntschaft: »Tucholsky fiel mir dabei nicht nur durch sein tüchtiges Schreiben, sondern auch vor allem durch seine Intelligenz und sein menschliches Mitfühlen auf.« Gefragt nach Beruf und Ausbildung, gab er zur Antwort, er sei freier Schriftsteller, bislang aber noch nicht besonders hervorgetreten. Das Vertrauensverhältnis zwischen beiden bewirkte, daß Oberleutnant Bode Tucholsky kurz danach als Schreiber zum Stab der Fliegerschule Alt Autz abkommandieren ließ.

Die ordnungsgemäße Versetzung zur Fliegertruppe dauerte aber auf dem vorgeschriebenen Dienstweg noch fast volle vier Monate, ehe der zuständige General die reguläre Überstellung bestätigte. Kurz vorm Ausscheiden aus den Reihen der Armierungssoldaten war Tucholsky mit Wirkung vom 8. April 1917 zum überzähligen Gefreiten befördert worden. Er hatte Glück: Die Fliegertruppe, 1914 mit viertausendzweihundert Mann ins Feld gerückt, entwickelte sich rasch, so daß sich Kommandierungen leicht erreichen ließen. 1917 hatte sie bereits mehr als das Zehnfache ihrer Stärke von 1914.

An der Fliegerschule Alt Autz in Kurland

Was erwartete Tucholsky an der Fliegerschule? Hier war man zunächst zufrieden, einen tüchtigen Schreiber zu haben. Zuerst beim Stabschef der Schule tätig, avancierte er alsbald zum Bürochef beim Stab. Infolge seiner Fähigkeiten rückte er in kurzer Zeit zum Unteroffizier auf, nebenher war er mit der Verwaltung der Leihbibliothek beauftragt und verantwortlich für den Betrieb einer kleinen Druckerei. Schließlich, er hatte seinen Schreibtisch gerade eingeräumt, erhielt er den Auftrag, sich Gedanken über die Konzeption einer Zeitung zu machen, die von der Schule herausgegeben werden sollte.

Als er den Dienst an der Schule antrat, war es schon fast ein kleiner Umzug mit Schreibmaschine, Gitarre, Büchern sowie einer Reihe von Mappen und Manuskripten. Er arbeitete auch wieder für Siegfried Jacobsohn, wie er es im Juli 1916 auf einem Urlaub mit ihm besprochen hatte. Auch einige neue Arbeiten, Märchen, waren entstanden, die für den *Simplicissimus* gedacht waren. Er schickte die ersten beiden Märchen im Spätsommer per Feldpost an die Redaktion

30

Als Stabsschreiber an der Fliegerschule in Alt-Autz

nach München, wo sie vorläufig im Regal ruhten. Für weitere zwei Geschichten hatte er noch Ideen, er wollte sie, wie er an Dr. Blaich schrieb, gern zu einem Büchlein zusammenbinden, damit sein »Name nicht ganz vom Markt verschwindet«. Als Titel schwebte ihm »Preußische Phantasien« vor. Blaich sollte ihm sagen, was er davon hielt. Lohnte es, diese Geschichten überhaupt zu sammeln?

Neben Überlegungen, die seine schriftstellerische Arbeit betrafen, tauschte der Sechsundzwanzigjährige in seiner Korrespondenz mit Hans Erich Blaich auch Gedanken aus, wie es nach diesem Krieg in Deutschland weitergehen sollte. Von einem Berlin-Urlaub war er mit deprimierenden Eindrücken zurückgekommen; scherzhaft ließ er in seine Briefe die Bemerkung einfließen, daß er sich steinalt fühle, und wenn er über sein Leben ernsthaft nachdenke, komme er zu dem Schluß, daß er immer der Dumme sei. »Die Zeit zerkrümelt einem unter den Fingern ... sie hauen einem die besten Jahre zusammen – und nachher? Und wenn es auch noch keine Eile hat, greinend der neuen Zeit nachzukeifen, bin ich doch nachdenklich wie nie. Junge, Junge ... ist das eine (guß)-eiserne Zeit! – Wenn man sieht, wies gemacht wird, dieses große Maul, diese wolkige Umschreibung der Notwendigkeiten und Trivialitäten, die angewandte Metaphysik, die Gründung eines Schützengrabenliebengottes – ich weiß doch nicht so recht ...«, grübelt er am Heiligen Abend 1916 in seinem Brief an Blaich. Im Februar darauf hat er bei der Erschießung einiger wegen Spionage verurteilter Russen mit den Gerichtsakten zu assistieren. Er sieht in das grausame Gesicht des Krieges, einen Sinn kann er im Töten von Menschen nicht erkennen. »Es war eigentlich nur jämmerlich. Die Menschheit hackt sich durch Fleisch und Blut einen Weg der ›Idee‹ durch lebendige Menschen – in den Fibeln liest sich das nachher recht hübsch, man darf nur nicht dabeisein.«

Die Eindrücke, die er in diesen Monaten und Jahren sammelt, werden sich erst später in seinem Denken und Handeln kritisch niederschlagen. Jetzt reflektiert er sie nur sporadisch, es sind Äußerungen mehr aus Resignation und Hilflosigkeit gegenüber den Geschehnissen, die aber eine klare innere Abwehr auslösen.

31

Hans Erich Blaich,
Korrespondenzpartner Tucholskys während des Krieges

Aus seinen Briefen läßt sich deutlich auch seine tiefe Zukunftsangst vor einem politisch unveränderten Nachkriegsdeutschland ablesen. Wie soll das einmal weitergehen? Das ist eine immer wiederkehrende Frage. »Sie haben ein bodenständiges Haus (mit Garten und Teppichklopfstange) – ich nicht«, meint er gegenüber Blaich. »Ich wüßte nicht, was mich dann noch in Deutschland hält.« Ob er ihm nicht gelegentlich zur Aufmunterung »1 kg ff. prima Weltanschauung« schicken könne. Ansonsten, sobald die Friedensglocken läuten: »Ich nach Hause, den Rock bzw. das Ehrenkleid des Kaisers ausgezogen, den Pfeffer- und Salzanzug an. Zylinder auf, Koffer gepackt und raus – das ist alles eins. Wärs erst soweit!« Auf den Zuspruch Blaichs, doch gelassen zu bleiben, reagiert er in unbeirrbarer Haltung: »... dieser Stiefel paßt mir gar nicht – ausziehen wird da wohl das beste sein. Seit zwei Jahren habe ich Schweden im Kopf – was halten Sie davon?«

Es läßt sich nicht sagen, ob solche Äußerungen bereits ernsthafte Überlegungen waren oder nur emotionale Reaktionen auf das Kriegserlebnis und die durch den Krieg auch für ihn eingetretene Zerstörung seiner beruflichen Zukunft, die er gerade aufzubauen begonnen hatte. Gedanken solcher Art konnte Tucholsky aber nur nach Dienstschluß nachhängen. Er hatte in Alt Autz ein beträchtliches Pensum an Arbeit zu bewältigen, weit höher als in der ehemaligen Kompanieschreibstube bei den Armierern mit dem sich loyal und fidel gebenden Feldwebel, der seinen Lebensinhalt im Organisieren sah und das Denken seinen Vorgesetzten überließ. Noch vor Jahresende 1916 soll *Der Flieger* erscheinen. Der Kommandeur der Schule, Hauptmann Zimmermann, ausgestattet mit den Befugnissen eines Regimentskommandeurs, dem etwa viertausend Leute unterstanden, setzte seinen Ehrgeiz in dieses Unternehmen. Mit der Verwirklichung des Projekts war Oberleutnant Milch beauftragt, derselbe, der in der Luftwaffe Görings im zweiten Weltkrieg Generalfeldmarschall wurde. Für ihn hatte der unkriegerische Tucholsky die Arbeit am Blatt zu machen, das mit acht bis zehn Seiten Umfang auf einer kleinen Steindruckpresse hergestellt werden sollte. Ende November 1916 erschien die erste Nummer, Preis zehn Pfennige, in einer Auflage von zweihundert Stück und laut Aufdruck »nur für den Dienstbereich der Artillerie-Fliegerschule Ost bestimmt«. Zum Dienstbereich gehörten das fliegende Personal, abkommandierte Batterien der schweren Artillerie des Feldheeres, Nachrichtenleute, Armierungssoldaten, Werkstätten für die Flugzeugreparatur, außerdem ein eigenes Sägewerk, das Schnittholz für den Bau von Feldflugplätzen bis hin an die Westfront lieferte. Als die Deutschen Riga erobert hatten, kamen noch zweihundert kriegsdienstverpflichtete Mädchen aus der ansässigen deutschen Bevölkerung, seit Jahrhunderten russische Untertanen, hinzu.

Feldzeitungen in der Art, wie sie Tucholsky zu betreuen hatte, gab es während des ersten Weltkrieges auch bei anderen Armeekorps, so an der Westfront und in großen Etappenorten. Sie hatten die Aufgabe, etwas Unterhaltung in die Schützengräben zu bringen, frontnah, soldatengemäß, um die angesichts der riesigen Verluste beträchtlich gesunkene Truppenstimmung zu heben. Die Verluste der Deutschen betrugen bis zum Spätherbst 1916 bereits über eine Million Soldaten, die Lazarette in der Heimat und an der Front waren mit Verwundeten überfüllt, die Sorge um die oft nur mit kärglichster Unterstützung lebenden Angehörigen drückte Stimmung und Moral.

Wie Tucholsky waren auch andere Schriftsteller im Krieg zur Zeitungsarbeit kommandiert. Beim Oberkommando der Ostfront, Oberost genannt, gab Leutnant Dr. Ernst Wallenberg, vordem Geschäftsführer des Ullstein-Verlags, für Soldaten und die Zivilbevölkerung in den besetzten russischen Gebieten die *Wilnaer Zeitung* heraus. Zu seinem Redaktionsstab gehörten Leutnant Monty Jacobs, ehedem Kulturredakteur in Berlin, Gefreiter Herbert Eulenberg sowie Armierungssoldat Arnold Zweig, beide Schriftsteller und vor der Einberufung Mitarbeiter der *Schaubühne*.

Die erste Seite des *Fliegers* war meist eine Illustration, ein Landschafts- oder Gebäudemotiv, gezeichnet von Unteroffizier Lunkebein, der Tucholskys Mitarbeiter wurde. Die vorherrschenden Themen auf den Innenseiten waren Erlebnisse von Fliegern bei Fronteinsätzen, die militärische Wichtigkeit der Aufklärungsfotografie vom Flugzeug aus sowie Schilderungen des Dienstbetriebs auf Funkstationen, alles anschaulich und lebendig aufbereitet, ganz wie es in dem Gedicht zum Geleit in der ersten Nummer hieß:

Es soll belehren, unterhalten,
euch Antwort geben, wenn ihr fragt.
Es wird den Jungen und den Alten
im Scherz und Ernst manch Ding gesagt.

Was allwöchentlich im *Flieger* als Lektüre angeboten wurde – im Mai 1918 hatte das Blatt immerhin eine Auflage von tausend Exemplaren –, war natürlich nicht nur Unterhaltung, sondern zum Teil recht handfeste chauvinistische Propaganda. Einen Teil seiner Materialien erhielt der *Flieger*, wie die anderen Soldatenzeitungen auch, vom Pressedienst der Obersten Heeresleitung, die Nachrichten kamen vom offiziösen Wolffschen Telegraphenbüro. In der »großen Politik« bestimmten der Kommandeur und seine Beauftragten, die auch namentlich im Impressum genannt waren, die Richtung. Nach Oberleutnant Milch übernahm Oberleutnant Bode den *Flieger*, und zuletzt arbeitete Kurt Tucholsky mit Oberleutnant Hartmann zusammen.

Tucholsky blieb die Aufgabe, den Feuilletonteil der Zeitung zu gestalten mit »Buchbriefkasten«, Rezensionen, manchmal auch Auszügen aus der klassischen Literatur. Er suchte Geeignetes aus von Goethe, Glaßbrenner, Matthias Claudius, Mörike, Liliencron, Storm, Kopisch, Kleist, Richard Dehmel und Hesse. Viele Gedichte waren dabei, Mundartliches, Humoristisches, berücksichtigt waren auch Autoren, die Tucholsky schätzte, wie Kerr und Dr. Owlglass.

In der »Vergnügten Ecke« der Zeitschrift war Theobald Tiger hin und wieder mit einem gezeichneten Gedicht zu finden. Er besang, wie ehedem in der *Schaubühne*, mit Blick auf die Politik die Jahreszeiten, was sich, obwohl der Aufgabe der patriotischen Stimmungsmache der Frontzeitungen angepaßt, im Winter 1917 aus seiner Feder doch betont gemäßigt, um nicht zu sagen friedlich liest:

Jetzt blasen bald die kalten Winterstürme,
der Rabe kolkt, die schwarzen Krähen schrein;
es zieht fatal um alle Kirchentürme,
der Posten wickelt sich in seinen Pelz hinein.

Der Ofen knackt. Im bunten Weltgetümmel
wird eingeheizt von Riga bis zur Spree –
Sieh da – nun fällt vom weißen Winterhimmel
der erste Schnee.

Und auch der Frontsoldat, der gute Junge,
packt sich in seine Wintersachen ein;
er hat den Rumgeschmack schon auf der Zunge
und freut sich auf den braven Glühewein.
Elvira glaubt, es wird dem Knaben frommen
die warme Hülle für den großen Zeh –
Sie strickt.
Wir sind bereit. Nun kann er kommen
der erste Schnee!

In anderen Fällen ist Tiger wiederum genötigt, sich anzupassen und moralhebende Gedichte zu verfertigen. So fehlt auch in seiner Gebrauchslyrik für die Mannschaften jener Typ Soldat nicht, der immer und überall schimpft

über seine alten Hosen,
über seinen Korporal,
über die Sardinendosen,
über jedes Mittagsmahl;
ferner darf er nicht vergessen:
Er hat noch nicht seine Tressen!
Und so schimpft der Feldsoldat
morgens früh und abends spat.

Sein selbstkritischer Kommentar von 1927 zu diesen Versen: »Vor meinen ›Flieger‹-Gedichten habe ich mich einigermaßen geschämt, sie sind dof, und es ist nur gut, daß sie nicht noch kompromittierender sind.«

Ansonsten war die Mitarbeit Tucholskys am *Flieger* anonym. Einiges wurde unmißverständlich von ihm verlangt, speziell Propaganda für die ständigen Kriegsanleihen. Deutschland verfügte längst über kein Geld mehr, um die hohen Rüstungsausgaben zu bezahlen. Die Spareinlagen der Bevölkerung waren vom Staat zur Ausgabendeckung bereits herangezogen, sogar die Schulkinder hatten Klebekarten zu führen, und die Soldaten mußten Kriegsanleihe zeichnen. Sogenannte Überzeugungsarbeit der Vorgesetzten ging da-

32

Titelseite der von Tucholsky redigierten Zeitung der Artillerie-Fliegerschule Ost

bei Hand in Hand mit massivem Druck bis zur Androhung von Urlaubssperre. Dementsprechend heißt es auch im *Flieger* in der Antwortspalte: »Kleiner Zeichner. Doch, gerade diese paar Mark nützen. Bei den bisherigen Anleihen haben die kleinen Zeichner, also die nicht mehr als 2000 Mark gezeichnet haben, insgesamt acht Milliarden Mark aufgebracht. Viele Wenig machen ein Viel.«

Tucholsky war sich bewußt, daß er an einer Feldzeitung mitarbeitete und Kompromisse zu machen hatte. Die schlimmsten Sachen dürfte er in Abstimmung mit seinen Vorgesetzten, besonders mit seinem Protektor Bode, abgewimmelt haben. »Wenn ichs so anständig machen darf, wie es nur geht«, dann bestünde das Schwierige darin, »vieles *nicht* zu bringen«, schrieb er an Blaich und ergänzte das einige Monate später: »Ich tue das Menschenmögliche im *Nicht*-Hereindrucken, aber Sie wissen doch... (Unter uns: neulich habe ich eine halbe Nase bekommen, weil ich ein Gedicht von Hochstetter aus den ›Lustigen Blättern‹ partuh nicht bringen wollte – die Nase kam von sehr, sehr hoch oben.)«

Seinem Briefpartner sagte er ehrlich, daß er sich nur aus Opportunitätsgründen in den Betrieb einfüge und mit immer größerem Widerwillen arbeite, da es nicht möglich sei, »mit Behörden etwas Gescheites zu machen«, und er keine Lust verspüre, sich etwa zum Märtyrer einer Sache aufzuwerfen, die ihn nichts angehe. »Nostra res non agitur.* Schon lange nicht mehr.« Auf der anderen Seite wiederum gewährte ihm das Blatt ein beachtliches Maß an Freizügigkeit, er konnte umherreisen und über seine Zeit disponieren, was ihm im Rahmen der Verhältnisse eine gewisse Unabhängigkeit verschaffte. Es war auch nicht zu befürchten, daß er bei einer Ausmusterung noch an die Front kommen würde. In seiner Stellung war er unabkömmlich. Er hatte die Gewißheit, daß er diesen Krieg, wie lange er auch noch dauern und welches Ende er nehmen mochte, überstehen würde. Von seiner einst so entschiedenen Haltung ist jetzt, im dritten Kriegsjahr, wenig erkennbar. Tucholsky hat sich dem Militärbetrieb nolens volens angepaßt. Sein ausgezeichnetes Ver-

* lat.: Um unsere Sache geht es nicht.

hältnis zu Oberleutnant Bode scheint es ihm besonders erleichtert zu haben. In Alt Autz findet er auch einen neuen Freund fürs Leben. Es war Erich Danehl, im Zivilberuf Gerichtsassessor, jenes »Karlchen«, dem Tucholsky seine *Frommen Gesänge* widmete und dem er in *Schloß Gripsholm* ein so nobles Denkmal der Freundschaft setzte.

Im September 1917 wurde Tucholsky zum Unteroffizier befördert. In einer Eigentumsuniform, Berliner Maßarbeit, saß er weit hinter der Front, an der im Osten nicht mehr besonders heftig gekämpft wurde, am Schreibtisch, aber das Gefühl, »daß der Kommiß doch nicht ganz das Richtige für unsereinen ist und daß sie einem das Leben kaputtschlagen«, war geblieben – »Resultat: merde«.

Durch den befreundeten Danehl dürfte Tucholsky die Anregung bekommen haben, seine Etappenposition in Richtung Feldpolizeidienst auszubauen. Praktisch hieß das für ihn ein Gesuch schreiben, um als Offiziersaspirant in den Heeresdienst aufgenommen zu werden. Damit war die Aussicht auf eine dauernde Verwendung hinter der Front in einer Beamtenstellung im Offiziersrang gegeben. Zum anderen bestand damit aber eine gute Chance, nach dem Kriege, entsprechend seiner juristischen Ausbildung, eine Stellung im Zivildienst als Beamter zu finden. Danehl hatte ein solches Gesuch schon längst auf dem Dienstweg, als er in Autz eintraf. Nur etwa vier Wochen blieb er hier, dann rückte er in den höheren Polizeidienst auf und wurde nach Rumänien kommandiert. Er war ein Mann mit hervorragenden Verbindungen, die auch Tucholsky zustatten kamen. Als Danehl abreiste, versprach er, sobald Tucholskys Gesuch bewilligt worden sei, ihn für seine neue Dienststelle in der rumänischen Etappe anzufordern.

Noch aber war Tucholsky in Autz, und trotz gelegentlicher depressiver Stimmungen mußte sein Betrieb weitergehen. Er veranlaßte, daß die Druckerei des *Fliegers* eine Ansichtskartenserie von Alt Autz herstellte, kümmerte sich um den Erwerb von neuen Büchern für die Bibliothek und forderte die Benutzer der Leihbücherei auf, die Bücher pünktlich – spätestens nach acht Tagen – zurückzugeben, sonst würden von ihm Verzugsgebühren »eingezogen«.

In dem Briefwechsel mit Hans Erich Blaich tauchte im Oktober 1917 eine Neuigkeit auf, die Tucholskys Stimmung offensichtlich hob. Er teilte mit, daß zweihundert junge Mädchen aus Riga als Helferinnen an der Schule eingetroffen seien. Das Theater könne man sich wohl vorstellen, wie in Heinrich Manns *Kleiner Stadt* gehe es zu. Die Rigaerinnen arbeiteten in Büros, Flugzeughallen, Küchen und Kasinos, wo sie zum Teil auch ihre Ausbildung erhielten. Es wurde auf einmal lockerer im Alltagsbetrieb der Schule. Selbst der Kommandeur inspizierte plötzlich Einrichtungen und Stabsabteilungen, die sein Fuß bis dahin niemals betreten hatte.

Mary Gerold – der Beginn einer neuen Liebe

Unter den Mädchen aus Riga war eine temperamentvolle, blonde junge Frau – sehr selbstsicher und sehr zurückhaltend –, die vom ersten Moment an auf Tucholsky Eindruck machte. Sie hieß Mary Gerold. Tätig war sie in der Kassenverwaltung des Stabs, im gleichen Gebäude, wo auch er arbeitete, und vom 12. November 1917 an datieren jene Zettelbotschaften, mit denen eine große Liebe begann und der gemeinsame, an Gefährdungen, Glück und Bitternissen reiche Weg zweier außergewöhnlicher Menschen: »Man ist begierig, die Stimme noch einmal länger und ausführlicher zu hören, und bittet um Benachrichtigung, ob man Sie heute abend um 7 Uhr zu ein klein wenig Sekt erwarten darf. – Ein kurzer Besuch im Geschäftszimmer der Leihbibliothek – am besten um 12 Uhr – ist willkommen. Mit einem schönen Gruß in ein Paar lustiger Augen.«

Er wartete vergebens. Statt lustiger Augen bekam er am nächsten Tag einen strafenden Blick und mußte sich erneut an die Schreibmaschine setzen, um zu einer gewundenen Rechtfertigung seines Annäherungsversuchs, der nicht ganz comme il faut war, auszuholen. »Ich weiß sehr wohl, daß der kleine Zettel für geordnete Verhältnisse eine Unmöglichkeit war – daß es nicht angeht, einer Dame zu winken, so wie der Großsultan seiner Favoritin das seidene Taschentuch zuwirft, was dann soviel bedeutet wie: ›Komm!‹ – Aber Sie wollen bitte bedenken, daß Autz kein Salon ist und die hiesigen Verhältnisse nicht mit denen in einer großen Friedensstadt verglichen werden können. Der Zettel war ein bißchen gradeaus – aber er war der einzig denkbare Ausweg im Augenblick.«

Soweit seine Entschuldigung, mit der er sich nicht lange aufhielt. Schon im nächsten Satz ging er mit galanten Argumenten zum Angriff über: »Sie sagen, es liege kein Grund für dergleichen Geschichten vor. Ich weiß doch nicht. (Sie auch nicht.) Sie sagen, ich kenne Sie nicht. Das ist ein Fehler, der behoben werden kann. – Und erlauben Sie mir, Ihnen zu sagen, daß es noch keine Herabsetzung für ein junges Mädchen ist, wenn man ihr sagt, es liege einem daran, sie kennenzulernen. Und ich will hiermit feierlich und ein wenig reumütig (mit dem bewußten Spitzbubengesicht) die ganze Einladung zurücknehmen. Bis auf die ›lustigen Augen‹ – davon kann ich nichts ablassen – das steht einmal geschrieben und ist schon so.«

Seinem Kompliment fügt er eine neue Einladung zu einem kleinen Gang auf dem östlichen Kriegsschauplatz bei, um manches wiedergutzumachen, »was in einer unbedachten, aber fröhlichen Minute geschrieben wurde«. Mit einer formvollendeten Verbeugung, »die auch vor den Augen der strengsten Großtante bestehen würde«, verabschiedet sich »der bekannte Unbekannte« zunächst und wartet.

Diesmal nicht umsonst. Mary Gerold nahm die Entschuldigung und die Einladung an.

Über dem kleinen Spaziergang jenes Novemberabends lag ein feines Nebelgespinst, das beide als angenehm empfanden, weil es so hübsch zu ihren Gesprächen paßte und die Konturen der Dinge etwas verwischte. Es war nur die Landschaft da, die Stille und die Weite. Am gleichen Abend noch setzte er sich nach dem Spaziergang an die Maschine, um ihr die Dinge zu sagen, die ihm wichtig waren. »Ich habe, soweit das in der Dunkelheit möglich war, erkannt: Temperament, kein Blut in den Adern, sondern Gott sei Dank und endlich einmal Champagner, kribbelnde Nerven, Gefühl für Rhythmus – Sie tanzen gut – und im ganzen jemand, der nicht den üblichen Liebhaber verdient. Resultat: nein, ›ich liebe Sie‹ – das sind nicht die richtigen Worte. Aber: ich möchte gern lernen, Sie zu lieben... Ich bin mir genau bewußt, am Anfang eines sehr steilen, sehr schwierigen Weges zu stehen. Weil ich

Dienstverpflichtete Mädchen aus Riga.
Mary (rechts) war die Schönste

aber weiß, daß am Ende etwas sehr Hübsches liegt – allons! Ich will ihn gehen, und Sie erlauben es sicherlich Ihrem ganz ergebenen Tucholsky.«

Da ihm nun dieser Weg zu gehen erlaubt war, folgte zwei Tage später ein Gedicht, zwei Tage darauf ein neues, dazu die »erlaubten« Zettel und Briefe, durch die er das permanente Gespräch herstellte und Mary Gerold in seine Existenz einband, halb überzeugt, daß er sie für sich gewinnen würde, halb besorgt, daß es ihm in diesem Falle vielleicht nicht gelingen könnte. Er fühlte sich etwas herausgefordert durch die reservierte Haltung der jungen Baltin, ihren Stolz und Unabhängigkeitssinn, den sie Tucholsky gegenüber nicht ohne weiteres aufgeben konnte. Er akzeptierte das, auch wenn er dagegenargumentierte. »Wir sind wohl nicht so verschiedener Ansicht, wie Sie immer betonen ... Sie dürfen mein Tempo nicht übereilt finden.« Manchmal versuchte er auch auf lustige Art, sie auf ihren charakterlichen Eigensinn zu seinen Gunsten aufmerksam zu machen.

»Nein, ich will nicht – grade nicht!«
Kind, und deine Augen lachen –
Dickkopf, was sind das für Sachen?
Pust nicht aus das Liebeslicht!
Denn ich weiß aus jungen Tagen:
es ist so schwer, ja zu sagen –
schmilzt einmal der eisige Block,
stößt dich nimmermehr der Bock.

Ob es nun immer so bleiben wird, daß er etwas für sie aufschreibt, wenn sie zusammengewesen sind, weiß er nicht, aber danken möchte er ihr, daß sie dagewesen ist. An manchem Morgen, wenn Mary Gerold an dem Wachposten vorbei zur Arbeit ins Büro der Kassenverwaltung ging, fand sie ein Gedicht, einen Zettel oder einen Brief vor. »Wie ist es zum Beispiel mit heute abend? (Antwort: ›ja-a- vielleicht... vielleicht auch nicht...‹) Ich bin für ja.« Die Anrede war bald nicht mehr »gnädiges Fräulein«, sondern »lieber Schatz«, und »liebe Blonde«. Aus seiner kleinen Privatbibliothek wechselte manch geliebtes Buch in ihren Besitz, so konnten sie sich unterhalten über das neue Gedichtbuch von Dr. Owlglass, *Das Herz* von Heinrich Mann, *Das Graue Haus*

34

Das Stabsgebäude Alt-Autz.
Kurt Tucholsky arbeitete im linken,
Mary Gerold im rechten Flügel des Gebäudes

von Hermann Bang oder über Tschechow. Die Gespräche über Literatur und das Leben verbanden, schafften Nähe, brachten Licht in den feldgrauen Alltag von Alt Autz. Es entstanden in jenen Monaten auch kleine poetische Tagebuchblätter, nur für Mary, die allesamt Parabeln für die Sehnsucht Tucholskys waren, sich dieses schlanke junge Mädchen mit den blauen Augen zu erobern.

Mary Gerold war und blieb zunächst zurückhaltend. Ihr fiel es auch schwer, Tucholsky gegenüber das allzu persönliche Du zu gebrauchen, das die Distanz verringerte, wenn nicht aufhob. Es war Scheu und Respekt vor dem acht Jahre älteren Mann, der promoviert hatte und Schriftsteller war. Tucholsky stellte sich auf die Situation sofort ein und sprach von Mary Gerold in seinen Briefen fast nur noch in der dritten Person, was etwas merkwürdig Friderizianisch-Preußisches, zugleich etwas Verspieltes an sich hatte, wie er es liebte.

In Kurland war es im März 1918 allmählich Zeit, an einen vorläufigen Abschied zu denken. Zum Karfreitag bekam Mary Gerold noch das obligate Ostergedichtchen: »Wir haben leider keine Kirchenglocken. / Und ohne sichtbar-güldenen Heiligenschein / läut ich mir froh in blonden Locken /

mein ganz privates Ostern ein!« Am zweiten Apriltag hatte er sich in vorschriftsmäßiger Uniform beim Kommandeur der Schule zu melden, wo ihm seine Ernennung zum Offiziersaspiranten mitgeteilt wurde. Wenige Tage später mußte er den gleichen Gang, nun mit Säbel und silbernem Offiziersportepee, noch einmal antreten. Es erfolgte die Beförderung zum Vizefeldwebel und Abkommandierung zur Feldpolizei nach Rumänien. Mit dem Chef der Stabskompanie regelte es Tucholsky so, daß er noch einen Urlaub in Berlin dazwischenschieben konnte, um von dort nach Rumänien zu fahren, wo sein Freund Erich Danehl ihn bereits erwartete.

Ein wichtiger Abschnitt seines Soldatendaseins war damit zu Ende. Er hatte ihm die Möglichkeit gegeben, wie er später sagte, »in den inneren Betrieb des Militarismus hineinzusehen« und mit der eigenen Erfahrung auch jene Sachkenntnis zu erwerben, die er nach 1918 für seine Kritik am deutschen Militarismus benötigte. Er war dabeigewesen, niemand konnte ihm etwas vormachen.

Auf Urlaub in Berlin

Mit Kommandierung und Urlaubsschein fuhr der frischgebackene Vizefeldwebel nach Berlin. Am 27. April 1918 ging das erste Brieflein aus der Nachodstraße nach Autz, mit einem nur kurzen Gruß an das »liebe Matzlein« und dem Versprechen, bald ausführlich zu schreiben. Da Mary Gerold als Hilfsdienstkraft ausländischer Staatszugehörigkeit keine Post direkt empfangen durfte, lief die Korrespondenz über den Zeichner des *Fliegers*, Unteroffizier Lunkebein. Um zu kontrollieren, ob die Briefe auch alle ankamen, wurden sie numeriert.

Die gehobene Stimmung, die Tucholsky bei der Einfahrt des Zuges in Berlin bei seinem letzten Urlaub im Juni 1917 hatte, wollte sich diesmal nicht einstellen. 1918 hatte sich das Gesicht Berlins durch den Verlauf des Krieges auffällig verändert. Die deutsche Offensive im Westen war gescheitert. Im Innern versuchte man nach den großen Januarstreiks der Berliner Arbeiter durch Einsatz von Militär und Masseneinberufungen der Lage Herr zu werden. Die linken

Sozialdemokraten, die sich jetzt Unabhängige Sozialdemokraten nannten, hatten mit ihrer Losung »Hoch der allgemeine Friede! Hoch die Republik in Deutschland!« beträchtlichen Einfluß auf die Berliner Arbeiterschaft. Es kursierten die »Spartakusbriefe«. In den Zeitungen war zu lesen, daß es auf Abschnitt 36 der Eierkarte pro Person ein Ei gebe, zugleich wurden die wöchentlichen Lebensmittelzuteilungen von zwanzig Gramm Butter und siebzig Gramm Fleisch aufgerufen. Von Güterbahnhöfen versuchten Kinder, in Säckchen ein paar geklaute Kohlenbrocken nach Hause zu schleppen. Abends brannten in den Straßen kaum Gaslaternen. Überall Hunger, Not, Entbehrung und grauer Alltag, während gutgekleidete Protzen mit ihren Damen dank ihrer florierenden Schiebergeschäfte in den Cafés und Hotels der Innenstadt praßten. Berlin sei ja niemals eine mondäne Großstadt gewesen, meinte Tucholsky in seinen Briefen, aber jetzt sei es »durch Materialknappheit aller Art, Aufeinanderplatzen der Gegensätze zwischen Knallprotzen und Hungerleidern widerlich«.

Tucholsky beeilte sich, alle Besuche zu machen, die er für den kurzen Berlinaufenthalt geplant hatte. Zuerst bei Siegfried Jacobsohn, der seine *Schaubühne* seit dem 4. April in *Die Weltbühne* umbenannt hatte mit dem Untertitel »Wochenschrift für Politik, Kunst, Wirtschaft«. Tucholsky war davon informiert, von Autz hatte er bereits das bei ihm in Auftrag gegebene Gedicht dazu geliefert. In Jacobsohns Zimmer hielt er nun das rote Heftchen mit seinen Versen *Auf die Weltbühne* in den Händen, die für den Leser die einzige, mehr wehmütige als aktivierende Äußerung im Heft zur Neufirmierung waren:

Mein gutes Blatt! Wie hast du dich verändert!
Den Musentempel schließt du beinah zu;
mit Politik, Kunst, Wirtschaft dicht bebändert,
so geht dein Vorhang auf: auch du, mein Kind, auch du?
Du willst dich gleichfalls in den Strudel stürzen?
Randstaaten? Westfront? Die Veränderungswahl?
Nur eines kann mir meinen Kummer würzen:
    Es war einmal...

Beide werden in diesen Tagen nicht nur über die weitere Mitarbeit Tucholskys fürs »Blättchen« gesprochen haben. Jacobsohn bewegten in Anbetracht des absehbaren Kriegsendes auch die persönlichen Sorgen Tucholskys hinsichtlich einer künftigen bürgerlich gesicherten Existenz. Das Heft konnte kaum einen zweiten Redakteur tragen, einmal wegen der Teuerung, und zum anderen bestand vorläufig wenig Aussicht, den Leserkreis auszuweiten. Tucholsky war aber genötigt, mit dem Tag, da er die Uniform auszog, einer Beschäftigung nachzugehen, denn das ihm von seinem ererbten Vermögen jetzt noch verbliebene Geld war gerade noch ein Drittel seiner Kaufkraft wert. Eine Chance glaubte er zu haben, als er sich auf eine Anzeige beim Mosse-Verlag, der einen Chefredakteur für ein »Witzblatt« suchte, bewarb. Auf seine Bewerbung antwortete Theodor Wolff, der Chef des *Berliner Tageblatts*, dem unter anderem auch das Beilagen-Witzblatt *Ulk* unterstand.

Die Annonce hatte Anfang 1917 auch im *Simplicissimus* gestanden: »Großes politisches Witzblatt sucht zum baldigen Eintritt erfahrenen Redakteur und Mitarbeiter. Verlangt wird: selbständiges literarisches Schaffen auf humoristischem Gebiet und Beherrschung der redaktionellen Technik, auch die Befähigung, originelle Anregungen zu geben und selbst schlagkräftige Beiträge zu liefern. Es wollen sich nur solche Bewerber melden, die diesen Anforderungen vollkommen gewachsen sind. Einsendungen von kurzen Probearbeiten erwünscht.« Das ausgeschriebene Gehalt betrug sechstausend Mark; das verstand sich aufs Jahr.

Tucholsky hatte sich beworben und mit dem Verlag einen Gesprächstermin für den nächsten anstehenden Urlaub vereinbart. Der Bewerbung dürfte wahrscheinlich Siegfried Jacobsohn, der ein guter Bekannter von Theodor Wolff war, mit einer Empfehlung nachgeholfen haben. Der nächste Weg, in Zivil, war also jetzt das Verlagsgebäude von Mosse in der Jerusalemer Straße. Hier saßen sich die beiden Männer zum erstenmal gegenüber: Theodor Wolff, mit der weißen Nelke im Knopfloch, einer der einflußreichsten Zeitungsmänner Deutschlands, ein Mann mit literarischen Ambitionen und politischem Ehrgeiz, und Kurt Tucholsky, Schriftsteller mit Interesse für Zeitungsarbeit und speziell

Humor und Satire, in redaktionellen Dingen hinlänglich erfahren, literarisch profiliert.

Es gab eine gewisse Übereinstimmung in den Auffassungen, die Tucholsky eine Mitarbeit real erscheinen ließ. Theodor Wolffs Artikel bestanden schon in den zurückliegenden Jahren stets auf Ablehnung der Kriegsziele und der Forderungen der Alldeutschen. Auch jetzt trat er für eine rasche Beendigung des Krieges ein und war mit anderen Persönlichkeiten im Bund Neues Vaterland mit der Ausarbeitung von Friedensplänen beschäftigt. Er war ein Mann mit Sinn für Ironie und geschultem Blick für die Realitäten, der recht gut wußte, daß er den *Ulk*, dessen Witze und Bildchen in den vier Kriegsjahren unter der Zensur und Selbstzensur genauso müde und schal geworden waren wie der übrige Inhalt, wieder lesernah gestalten mußte.

Die neueste Nummer, die auf dem Tisch lag, war geradezu typisch für einen witzelnden Stil, wie er dem Leserkreis des *Berliner Tageblatts* auf Dauer nicht zugemutet werden konnte. Kriegshumor anno 1918 sah im *Ulk* so aus: »Braucht man, um ein Amt zu bekleiden, auch einen Bezugsschein?« oder: »Mutter, seh mal, der eene dort hat sone große Jeije! Det is jewiß 'n Kriegsjewinner!« Auf der zweiten Innenseite des Blatts verdiente sich Heinrich Zille das zum Leben notwendige Geld mit seiner zweckoptimistischen Serie *Vadding im Kriege*. Ein anderer Zeichner ließ auf einen französischen Kaffeehaustisch einen Apfel fallen mit der Bemerkung: »Mein Gott, die Fernkanone« – eine Anspielung auf die gelegentliche Beschießung der Wohngebiete von Paris durch weittragende deutsche Eisenbahngeschütze.

Hier war tatsächlich ein Neuanfang erforderlich. Da sich für Tucholsky außer einer im Ungewissen liegenden Beamtenkarriere, von der er selbst immer weniger überzeugt war, daß er sich dafür eignete, keine Tätigkeit mit festem Einkommen bot, sagte er Theodor Wolff zu. Dieser versprach, bei den Militärbehörden den Antrag auf Reklamierung zu stellen, und notierte dazu in seinem Kalender Namen und Geburtsdatum des künftigen Mitarbeiters.

Die wichtigsten Dinge, die seine Arbeit betrafen, waren damit erledigt. Privat blieb noch eine weniger angenehme Sache. Er mußte sich mit Kitty Frankfurter, der es längst klar war, daß sie den Namen Tucholsky nicht tragen würde, noch einmal treffen, um die Verlobung endgültig zu lösen. Else Weil hatte inzwischen in Berlin promoviert und war an der Charité bei Professor Bonhoeffer als Assistenzärztin in der Psychiatrie tätig.

War Berlin auch nicht mehr die Lichterstadt wie vor dem Krieg, so wollte Tucholsky doch nicht die Abende nur in seiner Wohnung verbringen. Er genoß die zehn Tage ohne Uniform, ging ins Theater und in den Wintergarten, traf alte Freunde und Bekannte. Nach Autz an Mary Gerold berichtete er von einem Leseabend, den Karl Kraus in Berlin gab und den er »fabelhaft« fand. »Ein Büchermensch, etwas verwachsen, altmodisch, im schwarzen Rock – aber Blut, Temperament, Sturm und Feuer. Er las am Schluß einen Aufsatz gegen die Lyriker, die hinten sitzen und den Krieg verherrlichen... er ist klar und schreibt ein herrliches Deutsch.«

Mit Hilfe Jacobsohnscher Beziehungen organisierte sich Tucholsky von Berlin aus noch ein Empfehlungsschreiben an die deutsche Gesandtschaft. Am 7. Mai schließlich wurde eingepackt, und am 8. Mai begann die Reise nach Rumänien, wo er zwei Tage später eintraf, zu einem Zeitpunkt, da man sich weniger Sorgen um die auf dem Balkan erneut aufflackernde Kampftätigkeit machte als vielmehr darum, wie die bisherigen Militärverwaltungsbehörden unter dem neuen Oberbefehl des Feldmarschalls Mackensen, der zum Oberkommandierenden der gesamten Balkanfront ernannt worden war, vereinigt werden können.

Tucholskys Gedanken waren weit weg von diesem Krieg. Sie wanderten nach Kurland, wo eine auf ihn wartete. »Verlassen?« Nein, dieses Wort sollte sie nicht gebrauchen, denn die Trennung sei doch nur auf eine Spanne Zeit. Sein Bekenntnis zu ihr war unverändert: »Liebe kleine Mély, Liebende, die sich eeewige Treue schwören, sind eine etwas lächerliche Angelegenheit. Denn die Zeit ist mächtiger, als man ahnt. Aber wenn nicht alles täuscht: wollen wir dabei bleiben, zusammenzugehören? Ich meine ja.«

Die literarische Arbeit geht weiter

Die *Schaubühne* in Berlin erschien auch während des Krieges. Jacobsohn war als reklamierter Landsturmmann nur zweimal kurzzeitig eingezogen; die Militärbehörden hatten ihm gestattet, die Zeitschrift, seine Erwerbsgrundlage, zu erhalten. Am 3. Oktober 1916 begann auch Tucholskys Mitarbeit an der *Schaubühne* wieder.

Viele seiner Prosaarbeiten und Gedichte befaßten sich im engeren oder weiteren Sinne mit dem Soldatenmilieu, in das er hineingestellt war, und mit den Zuständen, wie sie der Krieg geschaffen hatte. Dabei blickte er gelegentlich auf Berlin, wenn er als Theobald Tiger auf Urlaub kam, im Rucksack »für Kind und Mutter/ kurländisch wasserreiche Panje-Butter«, oder er spielte die Rolle des für Ordnung zuständigen, um die Familie und die Politik besorgten Papas, der den Seinen die Leviten liest zu dem ständigen Refrain: »Laß Vatern bloß nach Hause komm'!« Auch einzelne Gedichte von ihm aus dem *Flieger* sind in der *Schaubühne* nachgedruckt. Gelegentlich, wenn es die Zeit erlaubte, rezensierte er für Jacobsohn wieder Bücher. Betrachtend und künstlerisch urteilend vertiefte er sich in Mynonas Grotesken und Meyrinks Geschichten, spielte auch ein bißchen Detektiv, indem er eine himmlisch kitschige französische Kriminalgeschichte vorstellt, die ihm als Bibliotheksverantwortlichen in Autz in die Hände fiel und die er an einem Vormittag verschlang.

So entstand manches kleine Stück Literatur, Beleg dafür, daß er im Krieg durchaus nicht »verstummt« ist, wie er selbst zu seiner schriftstellerischen Tätigkeit meinte. Soweit es unter den geltenden Militärgesetzen möglich war, schrieb er auch Kritisches, speziell gegen die Heimatschieber sowie die dienstuntauglichen Dichter und deren chauvinistische Haßgesänge, die ihn anwiderten. In seinen literarischen Äußerungen – das betrifft sowohl die *Schaubühne* wie den *Simplicissimus* – blieb er distanziert zum Kriegsgeschehen und zu der offiziellen Propagandaphrase von der »nationalen Wiedergeburt«.

Im Alltagsgetriebe seines Militärdienstes gab es dennoch

Situationen, in denen Tucholsky glaubte, eine vaterländische Haltung herauskehren zu müssen, die er innerlich gar nicht hatte. Später erinnerte er sich an solch einen »patriotischen Anfall«, als er im Kriege, gemäß dem Aufruf der Obersten Heeresleitung, zwei Goldstücke abgab, die er bislang für Notfälle bei sich geführt hatte. Er nahm zwei Zwanzigmarkscheine dafür in Empfang samt einer Bescheinigung des Reichsbankdirektoriums, daß der Ablieferer damit »den Goldschatz der Reichsbank und damit die finanzielle Wehrkraft unseres deutschen Vaterlandes gestärkt hat«. Er war so ehrlich, zuzugeben, daß er nicht wisse, warum er das getan habe, ließ aber durchblicken, daß ihm ein solches Verhalten wohl zur Absicherung seines relativ ungefährdeten Etappendaseins angebracht erschien. Wahrscheinlich resultierte aus dieser Taktik auch, daß er über die amtliche Kriegsbejahung im *Flieger* hinaus im September 1918 ein Gedicht an die *Frankfurter Zeitung* sandte, das von der Redaktion im Rahmen eines Wettbewerbs zur Veröffentlichung angekauft wurde. Es ging um die Zeichnung der neunten Kriegsanleihe, zu der damals alle Zeitungen und Zeitschriften, die *Weltbühne* einbegriffen, in großen Anzeigen und Artikeln aufriefen.

Und trotzdem –!
Laß dichs nicht verdrießen.
Die *Neunte* ruft! Zieh kein Gesicht!
Solange jene andern schießen,
solange hilft das alles nicht.

Seis eine Mark, seis der gebräunte
und heitere Schein – bemüh dich mal!
Bei Beethoven war's auch die Neunte.
Trotzalledem –!
Sei klug und zahl!

Er schrieb diesen Reklametext, als er schon Anwärter auf eine Offiziersstellung und bereits in die Feldpolizei übernommen worden war, und in dieser Verbindung ist wahrscheinlich der Grund zu finden, warum er es für ratsam hielt, etwas »Positives« in Form eines solchen gereimten Aufrufs erscheinen zu lassen. Tucholsky verbuchte es unter dem selbstformulierten Satz von »dicke Kompromisse machen müssen«,

35

Im Unteroffiziers-Kasino von Alt-Autz.
Das Milieu lernte er hier gründlich kennen

Kompromisse, die man verständlich finden oder verurteilen kann. Karl Kraus warf ihm später, empört über dieses Gedicht, vor, chauvinistische Propaganda betrieben zu haben. War das wirklich so? Um sachlich urteilen zu können, muß man Tucholskys Veröffentlichungen dieser Zeit in der *Schaubühne* ebenso wie den im Vergleich mit anderen Frontblättern nachgerade milde redigierten *Flieger* heranziehen. Bei Tucholsky finden sich keine hurrapatriotischen Verse, wie sie Kerr, Ludwig Thoma und viele andere in dieser Zeit verfaßten, auch keine Beschimpfung anderer Völker und Länder. Was man unter dem Begriff chauvinistische Propaganda zu verstehen hat, dafür sind Verse wie Lissauers Haßgesang gegen England, für den der Verfasser von Wilhelm II. den Schwarzen Adlerorden bekam, oder Durchhaltereimereien, wie sie noch drei Monate vor Kriegsende in den *Fliegenden Blättern* zu lesen waren, das markante Beispiel:

> Den Stahlhelm stolz auf ungebeugtem Haupte,
> steht ruhig heut wie einst die Wacht am Rhein.
> Wie gern der Feind uns auch die Heimat raubte,
> wir lassen seine Horden nicht herein.

Tucholskys Verse, die während des Krieges erschienen, lesen sich da anders, so, wenn er den »Heimat«-Dichtern in der *Schaubühne* vom 21. Juni 1917 eine Lektion erteilt:

> Du schlägst die kriegerisch-verstimmte Leier,
> du singst von Haß und Blut und Pulverrauch –
> und heißt vielleicht nur Gottlob Emil Meier,
> sanft wölbt sich dir der Zwei-Terrassen-Bauch...
> Du singst vom Sturmangriff, von roten Hosen,
> von England-Haß, von Not und Schlachtengraus,
> vom Panjefeind und von den Erzfranzosen –
> Komm raus!

Man kann ihm manches vorwerfen: opportunistisches Taktieren und publizistische Konzessionen – aber hurrapatriotische Töne finden sich bei ihm nicht. In manchen Versen, die er im nunmehr vierten Jahr des Krieges an Jacobsohn schickte, reflektiert er unübersehbar die Friedenssehnsucht der Menschen, so in dem Gedicht *Zum ersten August*; andere Gedichte, wie *Freundliche Aufforderung* und *Worte*, sind eine klare Absage an die chauvinistische Phrase, daß am deutschen Wesen die Welt genesen müsse.

In Rumänien

Tucholskys erste Station war Bukarest, wo er nach der Meldung seinen Sold in Empfang nahm – eine Lei-Währung aus wertlosen Papierscheinen – und den Marschbefehl nach Turn-Severin erhielt, einer Stadt an der Grenze zum damaligen Serbien. Hier begann er seinen Dienst bei der Politischen Abteilung der Feldpolizei.

Zu dem Zeitpunkt, da er im Mai 1918 in Rumänien eintraf, befanden sich dort dreihunderttausend deutsche Soldaten, die die Kontrolle über das Land auszuüben hatten, um die wirtschaftliche Ausplünderung des an Nahrungs- und Futtermitteln sowie Erdöl reichen Landes sicherzustellen. Rumänien hatte 1916 den Mittelmächten den Krieg erklärt und war nach schweren Kämpfen von deutschen, bulgarischen und österreichisch-ungarischen Truppen fast vollständig besetzt worden.

Obgleich in Rumänien kaum von bewaffnetem Widerstand gegen die Besatzung die Rede sein konnte, waren von der Militärverwaltung in fast jedem größeren Ort Polizeistellen eingerichtet worden, um Bevölkerung und Heeresangehörige unter Kontrolle zu halten, Plünderungen und Sabotage sowie Spionage zu verhindern.

Für Tucholsky war auch jetzt wieder das Wichtigste die Schreibmaschine und das Verfassen von Berichten. Den kommenden Dingen sah er mit Gelassenheit entgegen. Der Dienst war nicht sonderlich strapaziös. Er arbeitete bei seinem Bekannten Erich Danehl, der die Stelle leitete, hatte seine Ruhe, trug Zivil, was er als Wohltat empfand. Jetzt mußte er auch nicht mehr unter preußischen Offizieren essen; seine Tischnachbarn in einem Kasino der bayerischen Truppen waren freundliche, gemütliche Herren, die ihm zusagten.

In Turn-Severin bei »Karlchen« lernte er einen weiteren Kameraden von der Feldpolizei kennen, von ihm »Jakopp« genannt. Es war der Kommissar Hans Fritzsch, vordem Beamter in Hamburg, mit dem er lange Rotweinabende verplauderte, wenn er nicht am Schreibtisch saß, Briefe schrieb oder las.

Seine private Bibliothek, die er bei sich im Quartier hatte, war mittlerweile angewachsen, denn Lesen war neben den gemeinsamen Plauderstunden und Spaziergängen am Donauufer entlang der eigentliche Inhalt der Freizeit von »Fritzchen«, wie ihn seine Freunde nannten. »Gestern und vorgestern und die ganzen Abende Storm. Na, den muß Er lesen, wenn Er ihn noch nicht kennt... ganz groß in den Gedichten«, schwärmte er Mary Gerold gegenüber, die jeden zweiten Tag Post von ihm erhielt, oft lange Briefe, denen mal ein Gedicht, mal eine Betrachtung oder eine Buchrezension beilag. Die *Weltbühne* schickte ihm auch nach Rumänien wieder Pakete mit Büchern, damit er beruflich auf dem laufenden blieb und die Neuheiten für sich und die Redaktion durchsehen konnte.

Das Leben mit den Büchern ließ ihn zuweilen vergessen, wo er sich befand und daß Krieg war. Und was er auch las – ob Morgenstern, Barbusse, Courteline, Hermann Löns oder Tolstoi –, er setzte es in seinen Briefen immer in Beziehung zu der Frau, zu der er redete, weil er wollte, daß es einen Zweiklang gab. So sind diese Briefe Kurt Tucholskys alles in einem: Plauderei, Reflexion, Geständnis, Alberei, Spaß und ernste Lebensbetrachtung. Mit seinen Gedanken und Wünschen, die er dem Papier anvertraute, eilte er der Zeit voraus, er wollte – das war der Sinn und der Inhalt dieses Briefwechsels – mit Mary Gerold ein gemeinsames Leben führen, für immer mit ihr zusammenbleiben, das war sein Wunsch.

Nach langer Zeit schrieb er zum erstenmal wieder ein ernstes Gedicht. Jacobsohn, dem er es schickte, riet ihm, unter allen Umständen seinen Namen darunterzusetzen. Er zögerte, weil dieses Gedicht *Auf ein Kind* nur ihn und Mary Gerold anging. Erst nach dem Krieg, im September 1920, erschienen die Verse in der *Weltbühne* unter seinem Namen.

Du lebst noch nicht.
Ich seh dich so lebendig:
ein kleiner gelber Schopf, die Augen blau;
ich seh dich an und such beständig
die Züge einer lieben Frau.

Du kreischst und jauchzt schon laut in deinen Kissen;
du bist so frisch und klar und erdenhaft.
Du brauchst es nicht wie ich zu wissen,
was Zwiespalt ist, der Leiden schafft.

Der ist dahin. Schrei du aus voller Lunge
und schüttle deine runde, kleine Faust!
Sei froh! Sieh auf die Mutter, Junge –
sie ist so hell, auch wenn ein Sturmwind braust.

Hör ihre Stimme nur: gleich wehts gelinder.
Setz du sie fort. Was bin ich denn allein?
Wir Menschen sind doch stets die alten Kinder:
ich war es nicht – mein Sohn, der soll es sein.

Du sollst es sein!
Und kommst du einst zum Leben:
Du sollst es sein! Ich hab es nicht gekonnt.
Gib du, was deiner Mutter Arme geben:
Leucht uns voran!
Du bist so blond.

Die Monate in Rumänien boten ihm auch die notwendige Ruhe und Muße, sich ausführlich der Lektüre Schopenhauers zuzuwenden. Berührung mit dem Werk dieses Philosophen hatte Tucholsky schon in seiner Studentenzeit, mit dem Schriftsteller und dem philosophischen Gesamtwerk konnte er sich aber erst jetzt befassen. Ihn faszinierten vor allem der Bilder- und Bildungsreichtum der Sprache, der Stil und die Gründlichkeit des Denkens, wie sie sich in den *Aphorismen zur Lebensweisheit* offenbaren. Er fand manche seiner eigenen Auffassungen mit den Gedanken über Glück und Genuß, Leben und Tod, Individuum und Freiheit bei Schopenhauer bestätigt, und so sind auch einzelne Züge der Lebensphilosophie Schopenhauers in bestimmten Gedankengängen Tucholskys wiederzuerkennen. Er hat sich aber niemals unter Berufung auf diese Philosophie zu einer Welthaltung des Pessimismus bekannt.

»Ich habe mich – immer mal wieder – vor allem Schönen zu Schopenhauer geflüchtet, woselbst man trefflich aufgehoben ist«, schrieb er aus Rumänien an Dr. Blaich. In den Briefen an Mary Gerold im Oktober 1918 äußerte er sich etwas näher dazu, was ihm an Schopenhauer gefällt. »Es ist ein deutscher Philosoph, aber ein Kerl. Nicht so einer, der trübe, grau und trocken mit lehrhafter Eindringlichkeit langweilt, sondern ein Mensch, der so tief in die Dinge hinuntergesehen hat, wie nur ganz, ganz selten einer vor ihm und nach ihm... Unsere tiefsten und größten Humoristen waren seine begeistertsten Anhänger – denn das ist Humor: durch die Dinge durchsehen, wie wenn sie aus Glas wären.«

Damit wollte er keineswegs über den Wert oder Unwert der Schopenhauerschen Philosophie für die Gesellschaft befinden, wofür er sich gar nicht zuständig fühlte, eher einige Anregungen, die er durch sie erhielt, benennen. Daß es sich so verhielt, bestätigt eine Briefstelle aus späterer Zeit: »Was an dem System wahr ist, ob es wahr ist und ob nicht... das kann ich nicht beurteilen. Aber es fällt eine solche Fülle von klugen und genialen Bemerkungen dabei ab.«

Da Tucholsky, wie bereits gesagt, mit dem Gedanken spielte, nach dem Kriege eventuell in ein Beamtenverhältnis zu wechseln, ließ er sich im Frühsommer 1918 in Rumänien taufen. Dieser Schritt stand in direktem Zusammenhang mit seinem Avancement zum Offizier. Wie einst Heine und Börne, so nahm auch Tucholsky – weniger aus religiöser Überzeugung als aus pragmatischen Erwägungen heraus – den christlichen Glauben an. Er wechselte nicht vom Judentum zur christlichen Religion, denn er war Dissident. Die jüdische Religionsgemeinschaft hatte er bereits im Juli 1914 verlassen, wie es die Austrittskartei der Jüdischen Gemeinde von Großberlin sowie das *Jüdische Gemeindeblatt* vom Juli 1914 bestätigen.* Gemeinsam mit ihm vollzog auch sein Bruder Fritz diesen Schritt. Dissident war in den Augen der Militärbürokratie aber fast noch schlimmer als Jude, gleichbedeutend schon mit Sozialdemokrat. Tucholskys Akten bedurften in diesem Punkt einer Korrektur, sonst hätten eine Beförderung zum Beamten im Offiziersrang und eine Übernahme in den Zivildienst kaum Aussicht gehabt. Der Einfluß seines Freundes Danehl, der den Taufvorgang bestätigt hat, dürfte ein übriges getan haben, ihn zu bewegen, sich der schlichten Prozedur vor dem Feldgeistlichen im Standort Craiova zu unterziehen. Damit waren seine Akten, wie es die ungeschriebene Regel und preußische Tradition verlangten, »in Ordnung«.

An Tucholskys Haltung zur Religion und zur Kirche hat sich damit nichts geändert. Wirklicher religiöser Glaube wurde von ihm stets respektiert, wobei er zum Glaubensbekenntnis auch die konsequente Ethik im Verhalten forderte. Er verurteilte die kirchlichen Institutionen, die im ersten Weltkrieg das Morden und Sterben segneten, und hat auch später streng differenziert zwischen der Kirche als Hort des Glaubens und der Kirche als politischer Institution im Staat. Mit letzterer hat er sich vom Standpunkt des radikalen Demokraten und Pazifisten wiederholt öffentlich sehr entschieden und kritisch auseinandergesetzt.

Für die Kunst waren die Jahre zwischen 1914 und 1918 keine gute Zeit. Tucholsky betrachtete sie als verloren. Weder die inneren noch die äußeren Lebensumstände waren danach, um etwas Größeres oder »Einheitliches« zu schaffen. Es langte immer nur für die Kleinigkeiten. Wenn man die

* Das von ihm selbst angegebene und in der bisherigen Tucholsky-Literatur genannte Datum 1911 ist falsch.

Briefe an Mary Gerold mit den vielen Betrachtungen über das Leben, über Bücher und Schriftsteller nicht als Literatur gelten lassen will, bleiben ein paar Dutzend Gedichte, wie er sie für sich oder die *Weltbühne* schrieb – vom Stil her gegenüber den Vorkriegsjahren nichts generell Neues. Freude machten ihm nach wie vor aktuelle Verse mit satirischer Note, wie sie Jacobsohn fürs Blatt brauchte, und Gedichte mit erotisch-verspielter Pointe, die dafür sorgen mußten, daß Theobald Tigers Name nicht gänzlich in Vergessenheit geriet.

Für die junge *Weltbühne* erfand Tucholsky ab Juni 1918 die Rubrik »Briefbeilagen«, ein Mittelding zwischen Brief und Literatur. Anregung dazu gab die Korrespondenz mit Mary Gerold. Es ist die ihm gemäße individuelle Form des Gedankenaustauschs mit dem Leser, die ihm die Freiheit ließ, das Thema selbst zu bestimmen und es so zu betrachten, wie er es für richtig hielt. Politik, Literatur und Theater lieferten ihm dafür den Stoff. Jacobsohn erhielt von ihm eine kritische Betrachtung über die französische nationalistische Propaganda und was man von ihr lernen konnte; Auburtins neues Buch *Was ich in Frankreich erlebte* regte ihn zu einer Plauderei an, der geistige Zustand der deutschen Witzpresse dagegen zu einem Verdikt. Nicht vergessen waren Berlins Schauspieler des komödiantischen Fachs und der elften Muse, wie Max Pallenberg, den Tucholsky während seines Urlaubs in der Posse *Familie Schimeck* sah, oder Fritzi Massary und Claire Waldoff, denen er mit liebevollen und subtilen Porträts für zwei amüsante Theaterabende dankte.

In Anbetracht solcher Plaudereien und der allzu persönlichen Steckenpferde, die er ritt, mußte sich Peter Panter im Juli 1918 in der *Weltbühne* öffentlich von Theobald Tiger fragen lassen, ob es nicht angebrachter sei, statt von der Liebe, seinen Damen und seinen Büchern zu reden, dem Aktuellen den Vorzug zu geben.

> Du mußt aktueller schwätzen,
> und man wird dich höher schätzen!
> Lerne du im Hurraschrein:
> man darf nicht beschaulich sein.

Nein, nein, sagt Peter Panter im nächsten Heft darauf, wenn mit dem »Leben«, der Politik und dem lauten Ganzen auch der Krieg gemeint ist, so habe er zum Märtyrer nicht das Zeug. In den ersten Jahren des Krieges sei er stumm gewesen, aber warum solle er jetzt von seinen kleinen Liebhabereien lassen?

»Ich habe einen dicken Bauch und bringe das Pathos nicht auf, das nötig ist. Und, sehen Sie, es gibt doch für einen anständigen Kerl nur ein Entweder-Oder bei diesen Dingen: entweder er widersetzt sich, das kann man auch schweigend; oder er macht mit, er, der sich vorher niemals um den Staat bekümmert hat, fällt mit rhythmischem oder epischem Geprassel um, reimt das Blut der andern auf sein eigenes Gut – was einen sehr schönen Klang gibt – und begründet die Notwendigkeit dieses Krieges kosmogenetisch... Und das Blut fließt, fließt ...« Herr Tiger werde also begreifen, daß es von Panter »nicht Weltabgewandtheit oder Snobismus war, im Kriege dauernd von allem zu ›plaudern‹, nur von dem einen nicht«.

Als diese Zeilen erschienen, hatte sich die Lage auf dem Kriegsschauplatz entscheidend verändert. Die Situation für das kriegführende Deutschland war so gut wie aussichtslos. Die letzten Hoffnungen auf einen Siegfrieden mit phantastischen Gebietsgewinnen waren nach dem Scheitern der Offensive an der Westfront geschwunden; der türkische Partner stand vor dem Zusammenbruch, Österreich-Ungarn ebenfalls. In Deutschland wurde überall gestreikt, und die Forderung der Massen nach Beendigung des Krieges war nicht mehr zu unterdrücken.

Das gleiche in Rumänien. Auch hier unter der roten Fahne der Oktoberrevolution Streiks, Aufstände, Bildung illegaler Komitees in Bukarest, Braila, Turn-Severin, Craiova und anderen Städten, die den sofortigen Abzug der Besatzungstruppen forderten und zum Sturz der Regierung der Gutsbesitzer und des Großbürgertums aufriefen.

Tucholsky fehlte es an der Übersicht, an ausreichenden Informationen, um einschätzen zu können, welche Wege zur schnellen Beendigung des Krieges beschritten werden müßten, doch daß Deutschland »auf das schwerste und in seinen Grundfesten erschüttert ist«, wußte er, ebenso, daß das Gefährlichste in dieser Situation jenes Maulheldentum war, das die andern, immer die andern in den Tod schickt. Er sagte das in einem *Weltbühnen*-Gedicht im Oktober 1918, *Das Volk steht auf*.

> Der Friede kommt. Und ist er hier,
> dann kommt das Heimwärtswandern.
> Die Zeit ist aus. Jetzt kommen wir:
> Die andern! Die andern!

In diesem Gedicht gab er seiner Überzeugung Ausdruck, daß mit dem Krieg auch die Zeit derer vorbei war, die ihn vom Zaun gebrochen hatten, und daß das neu zu ordnende Deutschland ein Land der andern, der wirklichen Demokraten, werden müsse. Was Staat und Politik anbelangt, hatte er eine feste Vorstellung. Nur, was für eine Tätigkeit er selbst nach dem Krieg ausüben sollte, war noch offen. Soviel war ihm klar: Sein Traum von einem Häuschen an der See, in dem man unabhängig leben und Bücher schreiben könne, würde eine Illusion bleiben. Schön wäre es schon, meinte er zu Mary Gerold, aber dazu müsse man das nötige Geld haben. »Also seien wir schlau, packen wir andere Dinge am Wickel.«

Er rechnete fest damit, daß eine Anstellung ihm wenigstens so viel einbringe, daß er einen bürgerlichen Hausstand, »gesichert und vernünftig«, begründen könne. Für den Fall, daß die von Theodor Wolff in die Wege geleitete Reklamierung nicht genehmigt würde, wollte er versuchen, in den Beamtendienst hinüberzuwechseln. Im Oktober traf die Reklamierung ein, der die Feldpolizei aber nicht stattgab; gleichzeitig erhielt er seine ordentliche Urkunde als Hilfsfeldpolizeikommissar. Damit war für ihn der Beamtenstatus im Offiziersrang erreicht.

Mittlerweile war auch in Rumänien zu spüren, daß sich der Druck der alliierten Truppen an der Balkanfront verstärkt hatte. Serbische, französische und englische Verbände drangen gegen die deutschen und österreichisch-ungarischen Stellungen vor. Tucholsky gab Mary Gerold jetzt den Rat, nicht in das unruhige Deutschland zu gehen, falls sie so etwas vorhabe, sondern vorläufig in der Heimat zu bleiben, und erbat ihre Rigaer Adresse. Er selbst wurde am 30. Oktober vom Feldpolizeidirektor weiter südlich nach Calafat

36

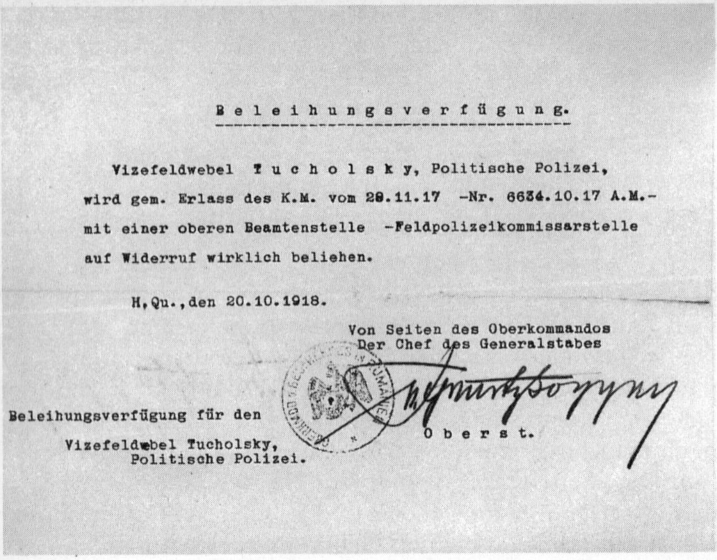

B e l e i h u n g s v e r f ü g u n g.

Vizefeldwebel T u c h o l s k y, Politische Polizei, wird gem. Erlass des K.M. vom 28.11.17 -Nr. 6634.10.17 A.M.- mit einer oberen Beamtenstelle -Feldpolizeikommissarstelle auf Widerruf wirklich beliehen.

H.Qu.,den 20.10.1918.

Von Seiten des Oberkommandos
Der Chef des Generalstabes

O b e r s t.

Beleihungsverfügung für den
Vizefeldwebel Tucholsky,
Politische Polizei.

kommandiert, einem Grenzort an der Donau gegenüber der bulgarischen Festung Vidin, um den dortigen Polizeiposten, bestehend aus fünf Mann, zu übernehmen. Sein Vorgänger war »abhanden« gekommen.

Die neue Dienststelle hatte er nicht einmal drei Wochen, als aus Berlin die Nachricht eintraf, daß die Reichsregierung am 12. Oktober die vierzehn Punkte Wilsons angenommen habe. Das hieß unter anderem Räumung der besetzten Gebiete. Zwar gingen bei den Kommandierenden Generälen an allen Fronten noch Hindenburg-Durchhalte-Telegramme ein, aber das große Packen hatte überall begonnen.

Kurt Tucholsky wußte, daß es lange dauern konnte, bis er Mary wiedersah. »Also wir machen das so: Du kannst immer – schlimmstenfalls offen – an S. Jacobsohn, Charlottenburg, Dernbergstr. 25, schreiben – das kommt an. Und ich schreibe, wenn wirklich geräumt wird, an Deine Rigaer Adresse. Und das Weitere werden wir eben abwarten.«

Am 2. November 1918, einen Tag, bevor in Kiel die Matrosen die rote Flagge hißten, ging der letzte Brief aus Calafat nach Autz. Danach war die Postverbindung für mehrere Wochen unterbrochen. Mary Gerold kehrte im Dezember 1918

Im Amt bei der Geheimen Feldpolizei in Rumänien.
Man trug Zivil

zu ihrer Mutter nach Riga zurück. Der nächste Brief, den sie von Kurt Tucholsky erhielt, kam schon aus Berlin.

In Rumänien hieß es schnell packen. Er bekam den Befehl, als letzte Dienststelle mit der Truppe abzurücken. Am 18. November verließ er Rumänien, fuhr mit zwei anderen Kommissaren von Hermannstadt über Budapest, Wien und München nach Hause. Sie nahmen sich Zeit und blieben in den Städten meist ein paar Tage. Er nutzte die Gelegenheit, Dr. Owlglass in München wiederzusehen.

Ende November traf er in Berlin ein, wo die Straßen noch immer von den revolutionären Arbeitern und Soldaten beherrscht wurden, die die Errichtung einer sozialistischen deutschen Republik forderten. In diesen Tagen und Wochen,

38

Alter rumänischer Bauer. Tucholsky brachte diese Postkarte aus dem Krieg mit nach Hause. Der Alte gefiel ihm

das zeigen seine ersten Arbeiten für den *Ulk*, das *Berliner Tageblatt* und die *Weltbühne*, nimmt er von den aktuellen Ereignissen so gut wie keine Notiz. Er ist hauptsächlich mit der Regelung seiner persönlichen Angelegenheiten befaßt. Sein erster Weg führte ihn zu den Militärdienststellen zwecks Demobilisierung, sein zweiter Weg zur Redaktion des *Berliner Tageblatts*. Die Stellung beim *Ulk* fand er noch offen und nahm sie an. Sein Berlin bot ein graues, trostloses Bild, »wie ein Wartesaal vierter Klasse«. Auf den Straßen begegnete er heimgekehrten Soldaten in abgerissenen, schmutzigen Uniformen, manche mit der roten Kokarde und bewaffnet. Gegrüßt wurde nicht mehr. An einzelnen Litfaßsäulen hingen noch Fetzen von der Extraausgabe des *Vorwärts* mit der Schlagzeile »Der Kaiser hat abgedankt«. Tucholsky ging zu Jacobsohn, traf sich mit Else Weil, telefonierte, gewöhnte sich wieder an das zivile Leben. Es gab ein Wiedersehen mit seiner Mutter, die ihn in seiner Wohnung besuchte und ihn bat, wieder zu ihr zurückzukehren. Er lehnte jedoch ab. In der Nachodstraße packte er seine inzwischen eingetroffenen Sachen aus und betrat am 13. Dezember 1918 das Mosse-Verlagshaus, um als Chefredakteur seine Arbeit aufzunehmen.

Kapitel **IV**

DIE BERLINER JAHRE

Tucholskys täglicher Weg zur Arbeit führte Richtung Dönhoffplatz ins Berliner Zeitungsviertel, wo sich das Mossehaus befand, ein wuchtiges, vierstöckiges Gebäude, das zusammen mit dem Scherl- und Ullstein-Verlag der Gegend das Gepräge gab. Die Redaktionen waren noch so eingerichtet, wie es Gustav Freytag in seinem Roman *Soll und Haben* beschrieb. Man fand es bei Mosse stilvoll, an Stehpulten zu arbeiten, den Augenschirm auf der Stirn. Die Redaktionen repräsentierten vom Interieur her noch jenen altväterischen Stil, wie er in den siebziger Jahren, als das *Berliner Tageblatt* von Rudolf Mosse gegründet wurde, als modern galt. Von außen imponierte das Mossehaus durch seine massive, gründerzeitlich-barocke Fassade, innen wanden sich weitläufige Barocktreppen um den verschnörkelten Fahrstuhl.

Tucholsky bezog ein Zimmer im dritten Stock. Auf seinem Schreibtisch plazierte er wieder jene kleinen, ihm liebgewordenen Dinge, die er schon in seinen Dienststuben in Autz und Rumänien um sich hatte – eine Fotografie der Hände Mary Gerolds, ein Porträt des Dr. Blaich und einen Briefbeschwerer aus dem Besitz seines Vaters; dazu die schön gespitzten Bleistifte, auf die er allezeit Wert legte.

Der Mosse-Verlag war einer der drei Großen, die das Berliner Pressewesen beherrschten. Er galt als bürgerlich liberal und war kritischen Ansichten gegenüber weit offener als der Ullstein-Verlag, vom reaktionären Scherl-Verlag gar nicht zu reden. Das jüdische Bürgertum der Hauptstadt erblickte im Mosse-Verlag »seinen« Verlag.

Als Chefredakteur einer der Beilagen hatte Tucholsky eine weitgehend selbständige Stellung. Theodor Wolff führte die Redaktion großzügig und tolerant, es gab keine regulären Redaktionssitzungen, zu terminlich notwendigen Besprechungen rief er die betreffenden Leiter einzeln zu sich. Die Beilage, für die Tucholsky verantwortlich war, war dennoch nicht problemlos, weil sie sowohl dem liberalen, großbürgerlichen *Berliner Tageblatt* beilag wie auch der *Berliner Volkszeitung*, die ihre Tradition auf den »Urwähler« der Revolution von 1848 zurückführte. *Tageblatt* und *Volkszeitung* hatten schon vor 1914 je eine Viertelmillion Leser; die Abonnentenzahl war im Kriege nicht zurückgegangen, so daß beide Blätter 1919 zusammen fast sechshunderttausend Auflage hatten, und in dieser Stückzahl wurde auch der *Ulk* gedruckt. Das politische Profil des Verlags wurde von den Anschauungen Theodor Wolffs geprägt, der das *Berliner Tageblatt* seit 1906 leitete. Das *BT*, ein Weltblatt, galt als das maßgebende, auch im Ausland weitverbreitete Organ des liberalen Bürgertums in Deutschland, Wolff selbst, 1868 in Berlin geboren, als ein einflußreicher Publizist mit weitreichenden Verbindungen und künstlerischen Interessen. 1889 gründete er mit Maximilian Harden die Freie Bühne und machte in den Fußstapfen seines Onkels Rudolf Mosse auch als Kunstförderer und -sammler von sich reden. Als er die Chefredaktion des *Tageblatts* übernahm, war er bereits lange Jahre als Korrespondent des *BT* in Paris tätig gewesen. Charakteristisch für ihn waren sein Realitätssinn und sein Vernunftdenken in der Beurteilung politischer Vorgänge. Schon vor 1914 wandte er sich gegen den chauvinistischen Kurs der deutschen Politik und die maßlosen Eroberungspläne der Alldeutschen. 1915 unterzeichnete er mit Albert Einstein, Hans Delbrück, Max Weber und anderen eine Petition an den Reichskanzler, in der sie »mit aller Entschiedenheit« den Annexionsbestrebungen entgegentraten. Zur Sammlung der demokratischen Kräfte des deutschen Bürgertums beteiligte er sich 1914 an der Gründung des Bundes Neues Vaterland und 1918 mit Hellmut von Gerlach, Otto Nuschke und Harry Graf Kessler an der Gründung der Deutschen Demokratischen Partei, deren Mitglieder nach den Worten Gerlachs »zwar keine Sozialisten, aber noch weniger Feinde des Sozialismus« waren, die den inneren Feind nicht links, sondern rechts erblickten.

Tucholsky, seit 1914 von der Sozialdemokratie, die mit den Augusttagen kriegs- und staatsbejahend geworden war, enttäuscht, hatte sich im Krieg diesen Ansichten angenähert. In den demokratischen Grundpositionen und der Entschlossenheit, den Kampf gegen das Alte zu führen und mitzuhelfen, eine soziale Republik zu etablieren, was das im einzelnen auch immer bedeuten mochte, hat es zu dieser Zeit zwischen dem fünfzigjährigen Wolff und dem achtundzwanzigjährigen Tucholsky grundsätzliche Übereinstimmung gegeben. Tucholsky bekräftigte das selbst, als er im Oktober

1918, noch bei der Feldpolizei in Rumänien, an Mary Gerold schrieb: »Was er will, will ich auch – man könnte sich mal richtig austoben. Er will ein anständiges und politisch bedeutendes Witzblatt haben – na, das kann er ja kriegen.«

Dennoch scheinen ihm erste Zweifel an der neuen Stellung gekommen zu sein, als er in Berlin an Ort und Stelle war. Vierzehn Tage nachdem er seine Arbeit angetreten hatte, schrieb er schon nach Fürstenfeldbruck an Dr. Blaich, daß er keinen Spaß daran habe, »nur halbe Satire« zu machen. Daß seine Meinung auch nicht uneingeschränkt den Losungen des von Ebert und Scheidemann gelenkten Vollzugsrats und der sich neu formierenden bürgerlichen Parteien nach Ruhe und Ordnung entsprach, geht aus seiner Korrespondenz ebenfalls hervor. Unter dem Eindruck der berechtigten Forderungen der Arbeiter zur Sicherung ihrer sozialen Rechte und zur Beseitigung des Hungers und des Massenelends schrieb er Ende November 1918 an Blaich: »Die Leute sollten nicht immer sagen, hier tobe die große Berliner Schnauze und der Bolschewismus. Die Schnauze hat nichts zu essen ...

39

Novemberrevolution 1918.
Angehörige der Volksmarinedivision und revolutionäre Soldaten sichern den Innenhof des Berliner Schlosses

Und mit dem Liebknecht scheint es halb so schlimm zu sein.« Skeptisch setzte er hinzu: »Zu fürchten ist eben nur, daß das ganze Bürgertum, um amal sei Ruh zu haben, der dümmsten Reaktion in die Finger laufen kann.«

Als am 16. Dezember 1918 der Rätekongreß begann, der mit vierhundert gegen fünfzig Stimmen beschloß, eine Nationalversammlung auf der Grundlage allgemeiner Wahlen einzuberufen, war die neue Nummer des *Ulk* noch druckfrisch. Gerade anderthalb Wochen hatte Tucholsky Zeit gehabt, seine erste Ausgabe fertigzustellen. Er übernahm des Blättchen in einem heruntergewirtschafteten Zustand. Die Kriegszeit hatte dem blutarmen Erzeugnis den Rest gegeben, so daß Fritz Engel, der Vorgänger, mit seinem hurrapatriotischen »Herumgeulke« selbst zum Gespött des Durchhalte-*Vorwärts* geworden war: »Ach könnte ich wie Fritze Engel reimen. / Es wär so schön, allwöchentlich im Ulke / dem sogenannten liberalen Vulke / das Oberstübchen gründlich zu verschleimen!«

Mit Kriegswitzen und Durchhaltehumor war nun Schluß. Der Ruf des »jüdisch-demokratischen Ulk«, wie er von der *Neuen Preußischen Zeitung* tituliert wurde, sollte wiederhergestellt und dem Blatt ein literarisches, zugleich auch ein kritisch-liberales Profil gegeben werden. Aber womit? In den Regalen und Schränken brauchte Tucholsky nicht nach Material zu suchen. Außer verstaubten Manuskripten, zum Teil noch von Sigmar Mehring her, der vor dem Kriege das Blatt redigiert hatte, und aussortierten Zeichnungen fand sich nichts. Alles war neu zu konzipieren, zu beschaffen und zu schreiben. Dabei war sich Tucholsky bewußt – wie weit und wie lange, würde man sehen –, daß er sich in seiner Tendenz zur scharfen Satire Beschränkungen würde auferlegen müssen. Dies glaubte er jedoch ertragen zu können, weil seine Arbeit für die *Weltbühne* weiterlief. Lediglich sein Pseudonym Theobald Tiger war jetzt vollständig an den Mosse-Verlag gebunden.

Die Nummer 50 vom 13. Dezember 1918 war die erste Ausgabe, für die er verantwortlich zeichnete. Sie erschien schon vom Äußeren her verändert. Tucholsky hatte einen typographisch modernen Kopf zeichnen lassen; der verschnörkelte alte Titel samt der Eule, die über dem Buchstaben L hockte, war verschwunden. In den nächsten Monaten verschwand aus den Spalten des *Ulk* jene humorfremde Pathetik, von der das Blatt nie ganz frei gewesen war. Noch am 29. November 1918 lautete die Unterschrift zu einer Zeichnung, die die Dichter des Vormärz, Heine, Herwegh, Freiligrath und Uhland darstellen sollte: »Deutschland hat ewigen Bestand, es kann nicht untergehen.« Jetzt wird der *Ulk* respektlos vor den sogenannten ewigen Werten. Mit dem Berliner Ausdruck *Bruch* überschreibt Theobald Tiger sein erstes Gedicht, in dem er die Frage stellt, was nun aus der preußischen Siegesallee werden soll. Soll man sie »abfahren in den Neuen See«, den Puppen neue Köpfe geben oder den schönen weißen Marmor einwecken?

Er spottet: »Vor langen Jahren, damals im Examen, wußte ich, wie alle nach der Reihe kamen ... Soll das umsonst gewesen sein?«

> Und sie ist schön! – Laßt uns vorübergehen
> und lächeln – denn wir wissen ja Bescheid.
> Ich glaub, wir lassen still die Puppen stehen
> als Dokumente einer großen Zeit.

Das war Witz, der gefiel, er traf den nüchternen Sinn der Berliner und ihre lächelnde Nachsicht. Was die lockere Gestaltung und die Abwechslung im Blatt betraf, so orientierte sich Tucholsky an den satirischen Zeitschriften der Zeit, wie dem *Simplicissimus*, dem *Kladderadatsch*, den *Fliegenden Blättern* und dem *Wahren Jacob*, mit denen er seit seiner Jugend vertraut war. Mit dem neuen Chef kam auch eine neue Mannschaft, darunter die Zeichner Fritz Wolff, Hermann Wilke, Georg Mühlen-Schulte und Willibald Krain. Für Witz und Humor in gediegener Qualität sorgten Hans Reimann, Hans Heinrich von Twardowski und Roda Roda.

Obwohl die journalistische Qualität der Beilage in den ersten Monaten recht unterschiedlich ausfiel, da es an Vorlauf fehlte, waren die inhaltlichen Schwerpunkte stabil: Karikierung des revolutionsfernen Spießers, Bloßstellung des Militarismus preußisch-deutscher Prägung und seines Versagens in der gerade zu Ende gegangenen »großen Zeit«, Kritik an den neuformierten bürgerlichen Parteien und deren Palaver,

Mary Tucholsky

Nr. 50 47. Jahrgang 13. Dezember 1918

ULK

Wochenbeilage zum Berliner Tageblatt

Arbeiter, seht nach dem Rhein!

Der würde aufatmen – wenn der einzieht!

Die erste Nummer des Ulk
unter dem neuen Chefredakteur Dr. Kurt Tucholsky

aber auch Mahnung, sich bei Massenaktionen, Streiks und Aufmärschen möglichst zu mäßigen.

Die Kritik des *Ulk* an den revolutionären Massenaktionen, die man als störend und schädigend für die Ordnung im Staat und den Wiederaufbau ansah, war ein Teil der offiziellen Pressepolitik. Tucholsky übernahm die Grundtendenz des *Berliner Tageblatts* für den *Ulk*. In diesem ersten Nachkriegsjahr mußte er sich erst allmählich mit den Fronten vertraut machen. Wie viele andere radikale Demokraten vermochte auch er in den Losungen der eben gegründeten Kommunistischen Partei Deutschlands zur Errichtung der Rätemacht in Deutschland keine konstruktiven Ansätze für eine wirklich demokratische Republik zu erkennen. So findet sich im *Ulk* oft ziemlich übergangslos nebeneinander Kritik an rechts wie an links. Ein Beispiel dafür: In der ersten Januarnummer 1919 erschien als Titelseite eine Karikatur auf eine Stammtischrunde bejahrter Männer, die nach ihren Zipfelmützen greifen, dazu die Unterschrift: »Hier ziehts! Wir wollen unsere guten alten Zipfelmützen wieder aufsetzen.« Ein Hieb auf die erneuerungsfeindliche Haltung des deutschen Bürgertums. In der nächsten Nummer, eine Woche darauf, erschien auf der Titelseite der Tod, behaglich im Lehnstuhl sitzend, mit dem Text: »Nach vier Jahren Krieg war ich schon beinahe auf Hungerration gesetzt. Aber keine Furcht, alter Junge, unter Spartakus hat der Tod ein gutes Leben.«

In den fünfzehn Monaten, die er dem *Ulk* vorstand, versuchte Tucholsky, das Tagesgeschehen mit witzigen Kommentaren zu versehen, mal mehr und mal weniger ernst, Anlässe gab es genug. Sein Humor ging über den Rahmen der allgemeinen Forderungen der republikanisch-bürgerlichen Parteien vor und nach der Einberufung der Nationalversammlung nicht hinaus. Tucholsky stellte fest, daß nach dem verlorenen Krieg alles im alten Trott weitergeht: »Spartakus packt die Geschichte beim Schopf. / Der Bürger wackelt empört mit dem Kopf.« Er sagte aber auch, den Revolutionären gerecht werdend: »Ist Ruhe die erste Bürgerpflicht, / die von Empörern ist es nicht.«

Außer dem Leitgedicht der Woche erschienen im *Ulk* in großem Umfang auch anonyme Arbeiten von ihm, hauptsächlich satirische Kurztexte, aber auch Witze und Verse, die dem Blatt Farbe und Leben gaben. Für die Witz- und Humorspalten dachte er sich immmer wieder Neues aus. Er schrieb Guckkastenbilder frei nach Glaßbrenner und ließ Berliner Schüler im Stil Ludwig Thomas Aufsätze über das Thema Revolution schreiben, manchmal waren es auch Bildgeschichten, die er zu Zeichnungen von Fritz Wolff erfand, mit denen er das Kino, das Berliner Nachtleben, die Bürokratie und den Spießbürger glossierte, oder es erhielten erfundene und tatsächliche Personen ulkende »Antworten« von ihm, wie es Brauch von der *Schaubühne* her war. Auf die Stützen der Monarchie hatte er es besonders abgesehen; Generalstäbler, Großagrarier, Deutschnationale und die Alldeutschen bekamen kräftige Hiebe. Die Schiebungen der höchsten Militärbürokratie sind satirisch-humoristisch in *Vier Aktenstücken* demonstriert, wie der General von Heidborn über den Chef des Stabes, von Biberfeld, seinen Schwiegersohn vom Militärdienst freibekommt. Auch die Geschichte von Heidborn und der »Oper Maja«, die sich auf der Schreibstube in Autz zugetragen hatte, ist in den Spalten des *Ulk* wiederzufinden.

Sicher hätte er in diesem Stil manches noch anders angepackt, aber je mehr sich sein Blick schärfte, desto mehr fühlte er sich in seiner Stellung eingeengt. Wegen der »Ri-Ra-Rücksichten«, die er als Angestellter des Mossehauses zu nehmen hatte, fielen alle Themen, die ihn zur Satire reizten, aus.

Wie stark er von den Fesseln seines Verlages in der politischen Betrachtungsweise eingezwängt war, zeigten die Ereignisse vom Januar 1920, als vor dem Reichstag Hunderttausende aufmarschierten, um dagegen zu protestieren, daß im geplanten Betriebsrätegesetz den Arbeitern wesentliche, im November 1918 errungene Rechte der Mitbestimmung wieder genommen werden sollten. Auf die Demonstranten wurde das Feuer eröffnet, es gab Tote und Verletzte. Die nationale Presse verbreitete am nächsten Tag die Version vom »Sturm auf den Reichstag«, eine Argumentation, die offiziell auch der *Ulk* übernahm. In Tigers Gedicht *Absage* heißt es dazu in belehrendem Ton: »Noch einmal? Ich dächte, wir hätten jetzt Frieden / Über Gesetze wird friedlich entschieden … / Ein Straßensturm auf ein Parlament / ist kein Argument.«

Das war Anpassung unter dem Zwang der von Mosse betriebenen Verlagspolitik. Doch so schwach und unscharf manche der Theobald-Tiger-Verse auch sein mögen, die Stoßrichtung gegen den Feind von rechts überwiegt. Zu den bedeutendsten Gedichten des *Ulk* gehört sein Aufruf *Krieg dem Kriege*, der die prophetischen Zeilen enthielt:

Und nach abermals zwanzig Jahren
kommen neue Kanonen gefahren –
Das wäre kein Friede.
Das wäre Wahn.
Der alte Tanz auf dem alten Vulkan.

Deshalb forderte Tucholsky: »Krieg dem Kriege und Friede auf Erden!«

Über die politischen Verhältnisse in der Provinz nach der Novemberrevolution gibt er ein treffendes satirisches Bild in dem Gedicht *Klein-Piepeneichen*. Es erschien in der Nummer vom 26. September 1919.

In Klein-Piepeneichen ist Vater und Kind
Gott sei Dank stramm monarchisch gesinnt.
Da weiß man noch nichts von der Schuld am Kriege,
da feiert man noch die erträumten Siege,
lobt sich die gußeisernen Generale,
sonnt sich am alten Ruhmesstrahle,
glaubt noch immer die alten Lügen,
schlürft beseligt in vollen Zügen
den altwilhelminischen süßen Brei,
schimpft auf das Neue und denkt nichts dabei.

Revolution in Klein-Piepeneichen:
werden wir die in Deutschland erreichen?

Kritische Verse, Witze und Karikaturen dieser Art brachten Tucholsky Ärger ein. Schon nach Erscheinen der ersten Nummer gab es empörte Reaktionen. Er schrieb darüber an Mary Gerold: »Die Deutschen sind unbelehrbar. Ich habe auf die Nr. 50 des ›Ulk‹ eine Fülle von Beschimpfungen erhalten – sowohl in der Presse wie privat. Sie wollen das nicht hören, sie wollen die Wahrheit nicht hören und sehen alle nur ihren Geldbeutel und haben das Domestikenblut in den

Adern.« Einige Monate später hieß es: »Die meisten Leute schimpfen furchtbar auf das Blatt und mich; sie wollen ›zur Selbsthilfe greifen‹ – bis jetzt war noch keiner da.«

Die Angriffe kamen von mehreren Seiten, nicht nur aus den Kreisen, die in der Monarchie die Deutschland gemäße, historisch gewachsene, einzig legitime, ja gottgewollte Ordnung sahen. Für das Straßenblatt der Rechtsextremen, *Die Wahrheit*, war er »der neue Leiter des ›Ulk‹, der den sanften Siegschwärmer Fritz Engel nach der Revolution abgelöst und den rohen Ton eingeführt hat«. In der *Deutschen Zeitung* wurde er als »jüdischer Zersetzer« des deutschen Volkes beschimpft und in einem offiziellen Pressematerial der Deutschen Volkspartei, das in mehreren Zeitungen nachgedruckt wurde, als ein Beispiel dafür angeführt, wie »die Juden den Antisemitismus selbst provozieren«. Anlaß der Beschimpfungen waren die in einer Septembernummer 1919 karikierten Porträts des Kaisers und der Kaiserin, »über die ein Lausejunge mit einem Kretingesicht das lorbeerbekränzte Bild des Fürsten Eulenburg hängt«. Von dieser Anspielung auf den meineidigen Hofintriganten und dessen Einfluß auf Wilhelm II. fühlte sich die Deutsche Volkspartei provoziert: »Man braucht kein Monarchist zu sein, um eine derartige Gemeinheit als solche zu empfinden, und man braucht sich über den Haß gegen das Judentum nicht zu wundern, wenn das Empfinden der monarchisch und christlich denkenden Teile unseres Volkes in derartiger empörender Weise verhöhnt wird.« Auch die Raffkes meldeten sich zu Wort, um einer Kritik an ihrer Person in der Öffentlichkeit zu begegnen. So ließen die Gebrüder Sklarz, stadtbekannte Kriegsschieber mit einträglichen Beziehungen zur Spitze der Sozialdemokratie, gegen den *Ulk* und dessen Chefredakteur Anzeige erstatten, weil am 5. Dezember 1919 in einem Gedicht – es war von Tucholsky – die Zeilen gestanden hatten: »Es klebt die Konnexion wie Harz / (Es reimt sich hierauf Brüder Sklarz).«

Im Verlag des *Berliner Tageblatts* sah man weder derartige Prozesse gern noch liebte man den allzu freien Ton des jungen Chefredakteurs. Mosse hatte auf die potentiellen Wähler der Deutschen Demokratischen Partei Rücksicht zu nehmen und auf die Regierung, denn Finanzminister Eugen Schiffer, Mitglied im Kabinett Scheidemann, gehörte der DDP an. Tucholsky fand immer weniger Spaß daran, jede Woche ein Heft mit amputierter Satire zu produzieren, das weder künstlerisch noch sonst auf Dauer befriedigend für ihn sein konnte. Er machte in privaten Mitteilungen kein Hehl daraus, daß ihm der »Laden wenig gefällt«, daß er ihm politisch und auch sonst nicht zusagt. Wie sich die Dinge weitergestalten würden, war abzusehen. Am 10. Oktober 1919 erschien, wahrscheinlich von Tucholsky verfaßt, aber anonym abgedruckt, im *Ulk* ein polemisches Gedicht unter der Überschrift *Der Alldeutsche singt* mit den folgenden Strophen:

Einen Adler ohne Krone
bringt dem Reich die neue Zeit.
Mit dem Zepter, mit dem Throne
schwand die alte Herrlichkeit.

Doch ob man im deutschen Walde
Stamm auf Stamm auch frech entlaubt –
unser Vogel bleibt der alte
mit der Krone auf dem Haupt.

Dir allein gilt unser Sehnen!
Fern tönts wie Parademarsch.
Laß dich küssen unter Tränen,
edler Hohenzollernaar!

Fünf Tage später hatte Tucholsky auf Kopfbogen der Chefredaktion des *Berliner Tageblatts* ein Handschreiben von Theodor Wolff auf dem Tisch. »Verehrter Herr Doktor! Ich bin in der unangenehmen Lage, Ihnen sagen zu müssen, daß ich die Art, wie der ›Ulk‹ heute redigiert wird, nicht zu billigen vermag.« Er habe eben erst den Briefsturm abwehren müssen, der sich infolge des Eulenbergbildes erhob, und jetzt erhalte er von allen Seiten Proteste gegen das Gedicht *Der Alldeutsche singt*, dessen Schlußwitz ihm völlig entgangen sei. Das erwähnte Bild, das Gedicht und vieles andere mißbillige er genauso wie die Protestler. Es ginge ihm wider den Geschmack. »Ihre Gedichte finde ich, wie ich wiederholen möchte, fast immer ausgezeichnet, und ich möchte sie nicht missen. Drumherum steht allzu vieles, was ich nicht decken

41

Theodor Wolff,
Chefredakteur des Berliner Tageblatts

kann und will und was ich, nicht der ›Richtung‹, sondern des Tones wegen, für schädlich halte.« Wolff meinte, es gebe einen freien, anklagenden Witz, der der Sache der Demokratie nützlich sein könne – der gegenwärtige Grundton des *Ulk* aber nütze nur den Gegnern der Demokratie, und daher müsse »unbedingt eine Änderung eintreten«.

Als Tucholsky im Frühjahr 1920 genügend politische Einsichten gewonnen hat, um die Manöver der regierenden Parteien und ihre Pressepolitik zu durchschauen, und er sich an der Politik der Unabhängigen Sozialdemokraten zu orientieren begann, erfolgte allmählich die Loslösung vom Mosse-Verlag. Für die letzten Nummern hatte er schon keine rechte Lust mehr, Neues zu schreiben. Für die Ausgabe vom 12. März gab er, statt der fälligen gereimten Wochensatire, einfach das Foxtrott-Chanson *Die Dame mit 'n Avec*, das er für eine Nelson-Revue gefertigt hatte, in Druck und füllte damit den Platz. Zum 31. März 1920 schließlich kündigte er, verzichtete auf eine Stellung, die ihm eine Zeitlang wirtschaftliche Sicherheit geboten und seinem Pseudonym Theobald Tiger zu einer großen Popularität verholfen hatte. »Wir sind in aller Freundlichkeit geschieden – aber innerlich bin ich recht froh«, schrieb er an Dr. Blaich. Und in seinem Kündigungsschreiben an seinen Chef hieß es: »Sehr verehrter Herr Wolff, ich habe den Eindruck, daß meine Tätigkeit im Hause nicht so ersprießlich für beide Teile ist, wie das wohl nötig wäre. Ich bitte Sie daher, aus meiner Stellung zum nächsten zulässigen Termin – das wäre der 31. März d. J. – ausscheiden zu dürfen.«

Dem wurde stattgegeben. Und trotzdem wußte Theodor Wolff, mit dem er sich persönlich gut verstand, daß die Tiger-Verse und das moderne künstlerisch-journalistische Arrangement des Witzblattes ungeachtet vieler Proteste bei der Masse der Leser beider Zeitungen gut ankam. Aus dieser Überlegung heraus machte er ihm das Angebot, das Leitgedicht für die Beilage auch weiterhin zu schreiben. Das lehnte Tucholsky ab. In einem Blatt, an dem er gekündigt hatte, die textlich wichtigste Stelle nach wie vor auszufüllen, erschien ihm ein Widerspruch.

Nach dem Ausscheiden Tucholskys glitt der *Ulk* in seine konventionellen Bahnen zurück. Die folgenden Nummern sind wieder voll freundlicher Biederkeit, redigiert unter seinem Nachfolger Wiener-Braunsberg, der wahrhaftig als »sanfter Heinrich« reimte und glossierte. Es fehlte die Schärfe der Sprache in den Kleinmaterialien ebenso wie in den Zeichnungen und Karikaturen. Das über die Jahrzehnte konventionell geführte und redigierte Witzblatt des Mosse-Verlages hatte unter Tucholsky eine bislang nicht gekannte Beachtung gefunden; noch kaum in seiner Geschichte war es so umstritten gewesen, noch nie hatten so viele junge und engagierte Künstler an ihm mitgearbeitet, und wohl kaum in der langen Zeit seines Bestehens ist es mit mehr Leidenschaft redigiert worden. Das war nun vorbei.

Im Feuilleton des »Berliner Tageblatts«

Mit Theodor Wolff kam Tucholsky überein, nach seinem Ausscheiden aus der Redaktion des *Ulk* weiter für den Feuilletonteil des *Berliner Tageblatts* tätig zu sein. Begonnen hatte seine Mitarbeit nach der ersten Begegnung mit Wolff, im letzten Kriegsjahr, als er sich noch in Rumänien befand. Er debütierte am *Tageblatt* am 1. September 1918 mit einer aktuellen Parodie auf ein Fontane-Gedicht aus den neunziger Jahren, *Veränderungen in der Mark*. Darin beschreibt er im Versmaß Fontanes und eng angelehnt an dessen Originaltext die Verhältnisse von 1918 in Deutschland, wie er sie als Urlauber erlebte. Das Urteil lautet wie schon beim alten Fontane: »Gott, ist die Gegend runtergekommen.«

Etwa ein halbes Dutzend Arbeiten schickte er von Rumänien aus an die Redaktion des *BT*, bestimmt fürs Feuilleton. Als Verfasser zeichneten seine Pseudonyme – Ignaz Wrobel für die politischen Themen, Theobald Tiger für die Gedichte, Peter Panter für das übrige –, nur ein einziges Mal Kurt Tucholsky selbst, als er über einen Abend von Karl Kraus berichtete.

Die Aufsätze, die er dem *Tageblatt* zur Verfügung stellte, sind mit der gleichen Sorgfalt gearbeitet wie seine Beiträge für die *Weltbühne*. Sie zeigen den Schriftsteller Tucholsky, der seine Thematik und seine künstlerische Form gefunden hat. Daß er im Blatt Theodor Wolffs das literarisch kritische Feuilleton der zwanziger Jahre an ihrem Beginn repräsentierte, gleichberechtigt neben Alfred Polgar und Victor Auburtin, kam nicht zuletzt seiner literarischen Autorität in anderen Bereichen zugute, beispielsweise als Publizist der USPD-Presse oder als Chansondichter der Berliner Kabaretts. Insgesamt etwa fünfzig Beiträge lieferte er von Herbst 1918 bis Juli 1920 fürs *Tageblatt*; zu den bedeutendsten Aufsätzen zählen die Betrachtungen über die Kunst des Couplets und die Aufgaben der Satire sowie die Feuilletons mit autobiographischen Bezügen und Reflexionen. Sie versuchten Antwort zu geben auf Fragen vieler Bürgersöhne seines Jahrgangs, die sich von der Raffgier, Feigheit und Verlogenheit ihrer Klasse abgewandt hatten und eine neue Heimat für sich und ihre

Ideale suchten. Peter Panter stellt sich ihren Fragen und Existenzproblemen in den Aufsätzen *Interview mit sich selbst* und *Biographie für viele*, die vor der »Anpassung« warnen, vor Konzessionen, Genügsamkeit, die die gefährlichsten Bedrohungen des Charakters sind und letztendlich doch die einzigen Stufen zum Erfolg im sogenannten bürgerlichen Leben.

Einen nachdenklichen Ton, was die sogenannte neue Zeit betraf, hat ebenfalls sein Essay zum hundertsten Geburtstag Theodor Fontanes. Nachdem sich am 25. Dezember 1919 Thomas Mann im *Tageblatt* zu diesem Jubiläum geäußert hatte, folgte zwei Tage später Kurt Tucholsky mit einem Aufsatz, von der Redaktion mit der Vorbemerkung versehen, daß nach dem berühmten Schriftsteller nun ein Jüngerer an dieser Stelle zu Wort käme. Dieser Jüngere, nach Aussage von Kollegen und Freunden ein Kenner Fontanes, hat seine

42

Nr. 121. 48. Jahrgang
Abend-Ausgabe
Donnerstag, 20. März 1919
Berliner Tageblatt
und Handels-Zeitung

eigene Sicht auf den »märkischen Goethe«, wie er ihn bezeichnet. Die eigentliche Wirkung des Künstlers Fontane auf die Nachwelt, sagt er, gehe vom Menschen Fontane aus. Fein und still sei er gewesen, ganz ein Symbol seiner Zeit. Bezeichnend für das Lebensgefühl Tucholskys ist, daß er den Altersgedichten Fontanes, aus denen eine »weise Resignation« weht, mehr Liebe entgegenbringt als den Romanen, die er in der Technik der Linienführung und in mancher Anschauung »leicht angestaubt« fand. Dennoch bleibt die Tatsache einer Wesensverwandtschaft beider Schriftsteller; sie beruht im Menschlichen, in der Liebe zur Kunst und zur Literatur, zur Bühne und ihren Schauspielern, in der Neigung zur Causerie sowie in der Noblesse und jenem Schuß skeptischer Ironie, die zur Lebenshaltung beider Männer gehörte. Es ist Nüchternheit und Wehmut zugleich, wenn Tucholsky 1919 zu der Feststellung gelangte, daß das alte Berlin und die alte Mark endgültig dahin seien, daß der alte Fontane nicht am 20. September 1898 gestorben sei, sondern am 1. August 1914 – »gerade zu Beginn der großen Zeit«.

Mit solchen Betrachtungen entsprach Tucholsky den Erwartungen, die ein literarisch gebildetes Publikum an das Feuilleton des Blattes stellte. Sorgfältig durchdacht und formuliert, kritisch in der Haltung, sind diese Aufsätze anspruchsvolle Essayistik. Was »unter dem Strich« stand, wurde als individuelle Meinung verstanden, sozusagen als Gedankenaustausch, von dem der Leser etwas profitieren wollte. Das bestätigten die dankbaren Zuschriften, die Tucholsky erhielt.

Im Verlauf des Sommers 1920 stellte Tucholsky die Mitarbeit ein, weil sich das Hauptblatt des Mosse-Verlags wie auch Theodor Wolff von den Ausgangspositionen der No-

43

Tucholsky um 1920. Die Leser bedauerten, als von ihm keine Beiträge mehr im Tageblatt *erschienen*

vembertage 1918 immer weiter entfernten, während sich für ihn, der mit Entschiedenheit nach links ging, neue publizistische Aufgaben und Möglichkeiten ergaben. Eine betont literarische, aufs Feuilleton beschränkte Mitarbeit im *Tageblatt* ließ sich damit nicht mehr vereinbaren.

Seine Leser bedauerten das, sie vermißten ihn, es gab Anfragen an die Redaktion, sogar freundlich gereimt wie diese:

Was macht unser Pelzbruder Panter?
Warum schreibt er nich?
Bisher allwöchentlich stand er
im Feuilleton unterm Strich...

Ich seh den Stahl und den Engel,
den Victor Auburtin.
Sehr schön, doch sind's ortsfremde Bengel,
wo ist Panter, unser Cousin?

Man legt an jedem Ersten
die sieben Mark fünfzig hin.
Es wird einem schwer, am schwersten,
man tut's aus Familiensinn.

An der »Berliner Volkszeitung«

Dasjenige Blatt des Mosse-Verlags, das am ehesten den Überzeugungen Tucholskys von einer entschieden sozialen Demokratie entsprach, war die *Berliner Volkszeitung*, für die er ab März 1919 Artikel zu schreiben begonnen hatte. Chefredakteur war damals Otto Nuschke, Mitbegründer und preußischer Landtagsabgeordneter der Deutschen Demokratischen Partei. Tucholsky war diesem liberalen linken Politiker nicht erst auf der ersten Zusammenkunft der verantwortlichen Redakteure begegnet, sondern schon am Tage seines Amtsantritts beim *Ulk*, der ja die Leserinteressen der *Volkszeitung* mit zu berücksichtigen hatte.

Die *Volkszeitung* der Berliner, 1848 gegründet und seit 1904 im Besitz von Mosse, konnte auf eine Tradition von siebzig Jahren zurückblicken. Unter dem Sozialistengesetz war sie ab und zu verboten gewesen, und zu ihren Redakteuren hatten Franz Mehring, der Mitbegründer der KPD, und

Georg Ledebour, jetzt einer der Führer der USPD, gehört. Indem der Mosse-Verlag das linksbürgerliche Profil der Zeitung tolerierte, sicherte er sich eine breite Lesergemeinde unter Angestellten, kleinen Handwerkern und Kaufleuten bis hinein in die Arbeiterschaft. Das Blatt war, da auch viele Anzeigen aus diesen Kreisen einliefen, für den Verlag ein rentables Unternehmen.

Wie das *Berliner Tageblatt* erschien auch die *Volkszeitung* im sogenannten Berliner Format mit dreispaltigem Umbruch. Sie war lebendig aufgemacht, hatte einen ausgeprägt informativen Nachrichtenteil und wurde auch im Freiverkauf gern gelesen. Es gab eine Morgen- und eine Abendausgabe. Die Zeitung stand zwar links vom *Tageblatt*, folgte aber im wesentlichen der Politik der Deutschen Demokratischen Partei, was für den Zeitraum der Mitarbeit Tucholskys soviel bedeutete wie Stabilisierung der bürgerlichen Republik durch das parlamentarische System.

Die für die *Berliner Volkszeitung* tätigen Autoren vertraten ausnahmslos und eindeutig republikanische Positionen, lehnten den Militarismus und jeden Gedanken an eine Restauration der Monarchie entschieden ab. Ab 1920 arbeitete auch Carl von Ossietzky am politischen Teil der Zeitung mit; er brachte die Positionen der Deutschen Friedensgesellschaft ein, deren Sekretär er war.

Tucholskys Mitarbeit fiel hauptsächlich in die beiden Jahre 1919 und 1920. Etwa sechzig gezeichnete Artikel und Aufsätze finden sich von ihm in der *BVZ*, durchweg aktuelle, in der Sprache scharfe »Tigers« und »Wrobels«, seltener ein »Panter«-Feuilleton. Gelegentlich erschien auch etwas »von einem Berliner«, wie er sich schon im *Vorwärts* manchmal nannte, wenn er Lokales glossierte. Viele Themen, die er im *Ulk* nicht behandeln konnte oder die nicht aktuell genug in der *Weltbühne* unterzubringen waren, bot er der *Volkszeitung* an. Auffallend dabei ist die thematische Übereinstimmung mit Ossietzky: Kampf gegen die Gefahr von rechts und Warnung vor einem Putsch der Militärs, die verhängnisvolle Rolle Ludendorffs, die Aufdeckung von Offiziersverbrechen im Kriege, die Kriegsziele der Alldeutschen und die gefährliche Rolle der Reichswehr und der getarnt bestehenden militaristischen Verbände.

44

Carl von Ossietzky, Mitarbeiter an der Berliner Volks-Zeitung

Tucholsky schrieb aktuell und war in der Lage, auf Tagesereignisse sofort zu reagieren. Als der Mörder Rosa Luxemburgs, der Oberleutnant Vogel, aus der Haft »entkommen« war und diese Meldung des Wolffschen Telegraphenbüros am Nachmittag einging, setzte sich Tucholsky sofort an die Schreibmaschine, und noch rechtzeitig zum Redaktionsschluß der Abendausgabe brachte der Verlagsbote das Manuskript ins Redaktionszimmer des Feuilletonleiters Siegerist. Ein altes Volkslied gab ihm die Versmelodie vor. Über die vier Strophen setzte er die Überschrift *Ein sauberer Vogel.*

Siegerist stellte das Gedicht in den politischen Teil der Ausgabe, unmittelbar zur Schilderung des Fluchthergangs.

Fing ein Gericht ein Vögelein –
Hm, hm – So, so –
Und steckt es in 'nen Käfig 'nein –
Hm, hm – So, so!
Man sagt, man weiß es nicht genau –
Hm, hm – So, so –
Er schoß auf eine alte Frau –
Hm, hm – So, so!

So ein Kanal ist tief und naß –
Hm, hm – So, so –
Wer tut denn einem Leutnant was –
Hm, hm – So, so!

Da flog ein Vöglein aus dem Haus –
Hm, hm – So, so –
Und lacht die dummen Deutschen aus –
Hm, hm – So, so!

Tucholsky unterstützte die aktuelle politische Aussage des Blattes in vielfältiger Weise. Als Otto Nuschke die Ausgabe am 3. August 1919 unter der großaufgemachten dreispaltigen Schlagzeile »Nie wieder Krieg!« erscheinen ließ und in seinem Leitartikel die imperialistische Politik der herrschenden Kreise Deutschlands anprangerte, die mit zum Ausbruch des Krieges beitrug, nahm sich Tucholsky im Feuilletonteil die Schrift eines Offiziers vor, der sich militärstrategisch über die Gründe der Niederlage an der Westfront von 1918 verbreitete. Ein Bekannter hatte ihm die Broschüre übergeben mit der Bemerkung, so etwa müsse »positive Kritik« aussehen. Tucholsky sah das völlig anders; er verlangte, daß die Grundursachen aufgedeckt werden, denn »Salben und Quacksalbereien helfen nichts, wenn das Bein brandig ist. Messer!« Ihn verband nichts mit diesen Leuten, die für ihre Niederlage Entschuldigungsgründe anbrachten, sein Standpunkt blieb unverändert, Diskussionen darüber gab es nicht: »Wir haben den Krieg nicht gewollt, wie wir eure Welt nicht wollen.«

Am 5. Juni 1920, einen Tag vor den Reichstagswahlen, wandte er sich in ebenso entschiedenem Ton an die Generation der Frontsoldaten: »Ihr müßt selber wissen, was ihr

45

Otto Nuschke,
Chefredakteur der Berliner Volks-Zeitung,
mit dem Reichstagsabgeordneten Dr. Dernburg (links)

46

67. Jahrgang Nr. 356

Berliner

Volks-Zeitung

Morgen-Ausgabe
Sonntag, 3. August 1919

Chefredakteur: Otto Nuschke.

mit Täglichem Unterhaltungs-Blatt
Illustrierter Familien-Zeitung
und illustriertem Witzblatt ULK

Druck und Verlag: Rudolf Mosse, Berlin SW.

Nie wieder Krieg!

Nach fünf Jahren.

Von
Otto Nuschke.

Wer den 4. August 1914 im deutschen Reichstage miterlebt hat, der hat auch an den deutschen Verteidigungskrieg geglaubt. Ich habe das schärfste Mißtrauen gegen die alte Wiener Regierung gehabt. Noch vor dem Ultimatum an Serbien, Mitte Juli, befürwortete ich eine Umorientierung unserer Politik, eine Verständigung mit den Westmächten. Das Ultimatum an Serbien las ich, da es nachts nach Redaktionsschluß eingetroffen war, am Morgen des 24. Juli 1914 in der Presse. Wut und Scham erfüllten mich bei seiner Lektüre, und in den ganzen nachfolgenden Tagen steigerte sich bei allem Gefühle der Beklemmung der Widerwillen gegen den patriotischen Straßenspektakel und die törichten Siegesmeldungen von der serbischen Grenze. Am 31. Juli wurde die Nachricht bekannt, daß Rußland die Gesamtmobilisierung angeordnet habe. Das änderte die Stimmung der liberal-demokratischen Kreise, in denen ich damals stand, von Grund auf. Während Herr Poincaré in Petersburg weilte, floß in den Straßen der russischen Hauptstadt Arbeiterblut. Sollte Rußland jetzt, um der Revolution zu entgehen, den Krieg wählen? Eine furchtbare Perspektive tat sich auf. Der serbische Konflikt drohte den Weltbrand zu

Am Montag, 3. August, teilte das W. T. B. den Zeitungen mit:

„Während noch kein deutscher Soldat sich auf französischem Boden befindet, haben nach amtlichen Meldungen die Franzosen vor der Kriegserklärung kompagnieweise die deutsche Grenze überschritten und die deutschen Ortschaften Gottesthal, Metzeral und Markirch und den Schluchtpaß besetzt. Ferner ist ein Neutralitätsbruch dadurch begangen worden, daß französische Flieger in großer Zahl über Belgien und Holland nach Deutschland geflogen sind."

Am Abend des 3. August wurde durch W. T. B. den Blättern für die Morgenausgaben des 4. August die Kriegs-

Abkehr vom Krieg!

Der die Wage der Welt
in ehern ruhigen Händen hält,
hat dich gewogen und hat dich zu leicht befunden.

Durch viele tausend rote Stunden,
hinüber, herüber, nach oben, nach unten,

An die Kameraden!

Von
Karl Vetter.

Dieser Tag, Kameraden, darf nicht vergessen werden. Es ist Friede, aber die Erinnerung an ihn muß wachbleiben. Die Erinnerung an die größte Lüge, die je in das Herz eines Volkes gesenkt ward. Sie darf nicht ersterben, auch nicht im Glück kommender besserer Tage. Denn dieser Tag soll nicht noch einmal wiederkehren. Arbeiten wir daran, daß die Schmach ausgelöscht werde, die der Tag über Volk, Welt und Menschheit ausgeschüttet hat, lassen wir die Feuer der Erinnerung aber nicht verlöschen. Nicht, niemals, in alle Ewigkeit nicht. Ein Wachtfeuer muß sein mit lodernden Flammen, das die Kinder und Enkel vor dem Untier warnt, das heute vor fünf Jahren unter die Menschen sprang. Ein Wachtfeuer muß sein. Nicht stehende Heere, kein tagtäglich wachsendes Rüstungsprogramm, kein Glanz um die Häupter der Generale. Denn laßt ihr, Kameraden, die Glorie des Krieges bestehen, ihr, die ihr den Fluch belohnten Mordes mit Herzen und Seelen unter tausend Schmerzen erlebt habt, so kehrt das Grauen wieder. Ihr, Kameraden, müßt Wegweiser der Kommenden, Wachtleute der Zukunft sein. Begrabt das Bild der ersten Tage, das Bild der Blumen und Schokoladen, der fahnenleuchtenden Straßen und dem Glockengeläut über dem Marsch in den Kampf. Begrabt wählt – aber eines dürft ihr nicht wählen: das ist der, der euch den Jammer eingebrockt hat, das ist der, der ihn vier Jahre wonneschmunzelnd auskostete, indes euch vor Wut die Zähne knackten, das ist der, der euch dünne Dörrgemüsesuppe und dicke Phrasen zu fressen gab – das ist der Deutschnationale. Und sein Bruder: der deutsche Volksparteiler. Wählt, und seid ihr Soldaten gewesen: Erinnert Euch!«

Was und wie Kurt Tucholsky für die *Berliner Volkszeitung* schrieb, war diktiert von den Erfordernissen des Tages. Bekennend und argumentierend reihte er sich in die Phalanx jener Kräfte ein, für die die Erkämpfung eines Staatswesens, das »gut republikanisch, antiimperialistisch und demokratisch« ist, das klar formulierte Ziel war. Die antibolschewistische Hetze, geschürt vom deutschen Großkapital, lehnte er ebenso ab wie die Haltung Noskes, der als Reichswehrminister geäußert hatte, daß er den Revolutionären »die Knochen zerschlagen« wolle. Zwar war Tucholsky zu dieser Zeit nicht der Meinung, daß eine »uneingeschränkte Räterepublik« für Deutschland das Richtige sei, akzeptierte jedoch die Vertreter des Rätesystems als »ernsthafte Politiker«, die »das Beste wollen und erstreben«, und mit ihnen müsse es deshalb einen »ehrlichen Meinungswechsel« geben.

Für die *Volkszeitung* entstand – jenseits der Politik – auch manches Leichte, Freundliche oder Komische, wenn er sich mit der weiblichen Verehrerpost eines berühmten Filmschauspielers befaßte oder mit den Leuten, die im Theater immerzu husten müssen. Als Berliner, der die Bequemlichkeit sowie die Pünktlichkeit liebte, verdroß es ihn, daß er im Juli 1919, als die Elektrische streikte, für eine Fahrt mit der Pferdedroschke achtzehn Mark bezahlen mußte und daß dieses Vehikel zweieinhalb Stunden brauchte, um ihn von seiner Wohnung in die Innenstadt zu bringen.

Die Abonnenten des Blattes quittierten die persönliche Art seines Schreibens durch reichlich Post. Durchaus nicht alles war Zustimmung. Einer der Leser verteidigte Noske als Garanten von Ruhe und Ordnung gegen Tucholskys Aufsatz *Der Knochenzerschlager* und bezichtigte Ignaz Wrobel, vielleicht selbst Reichswehrminister werden zu wollen. Andere forderten den Autor auf, »so weiterzukämpfen wie bisher«.

An der *Berliner Volkszeitung* fand Tucholsky in Dr. Erich Marx, Carl von Ossietzky und Hauptmann a.D. Willi Meyer aus der politischen Redaktion und in Karl Vetter, dem Chef der Innenpolitik, persönliche und politische Freunde. Tucholskys Mitarbeit für die *Berliner Volkszeitung* ging allmählich zurück, als er im Verlauf des Jahres 1920 für die Partei und die Presse der Unabhängigen Sozialdemokraten zu arbeiten begann.

Als Journalist der USPD

Einen Mann wie Tucholsky, der sich zu den Linken rechnete, einen radikal-demokratischen Standpunkt vertrat und sich seit 1911 zu den ethischen Zielen des Sozialismus öffentlich bekannte, mußte es in den Jahren der revolutionären Nachkriegsentwicklung zwangsläufig zu einem erweiterten Radius seiner Wirkungsmöglichkeit drängen. Es schien ihm wichtig, mehr zu tun, als nur zu publizieren. Nur: eine Mitgliedschaft in einer bürgerlichen Partei wie der Deutschen Demokratischen Partei kam für ihn nach den Erfahrungen im Mosse-Verlag und der in dieser Partei vollzogenen Wendung hin zum Großkapital sowie in Anbetracht der unsicheren Haltung der Partei in der Bekämpfung der Reaktion nicht in Frage. Weit von sich gewiesen hätte er auch den Gedanken, der deutschen Sozialdemokratie beizutreten, deren Chauvinismus und Durchhaltepolitik ihn im Kriege ebenso abgestoßen hatte wie die Haltung vieler SPD-Führer in den Tagen der Novemberrevolution. Dem, was er sein politisches Konzept nannte, kam die Unabhängige Sozialdemokratische Partei Deutschlands am nächsten, jene Partei, die sich 1917 von der SPD gelöst hatte. Ihr waren nicht wenige bürgerliche radikale Demokraten und entschiedene Kriegsgegner beigetreten, weil sie in ihr einen Hoffnungsträger für wirklich demokratische Veränderungen in Deutschland erblickten.

Das Aktionsprogramm der USPD bekannte sich zur sozialen Revolution mit den Forderungen, die konterrevolutionären Truppen aufzulösen, Banken und Großindustrie zu verstaatlichen, desgleichen den Großgrundbesitz, das Rechtswesen und die Schule umzugestalten, mit allen Ländern freundschaftliche Beziehungen herzustellen und Bündnisse mit sozialistischen Republiken anzubahnen. Das entsprach den Auffassungen Tucholskys. Er akzeptierte gleichfalls die im USPD-Programm enthaltene Forderung nach der Diktatur des Proletariats, worunter er die »Herrschaft der Arbeitenden über die anderen« verstand. Über den Weg dorthin gab es innerhalb der Partei allerdings unterschiedliche Auffassungen.

Tucholsky trat der USPD zu einem Zeitpunkt bei, da der 1919 neugeschaffene Reichsverband der deutschen Industrie zusammen mit dem Arbeitgeberverband verstärkt Einfluß auf die Politik der Weimarer Parteien auszuüben begann, als konterrevolutionäre Freikorps zu Aktionen rüsteten und die Unzufriedenheit der Massen angesichts der drastisch absinkenden Reallöhne und der bedrohlich voranschreitenden Geldentwertung angestiegen war. Obwohl sich mit der Zuspitzung der Debatten über den richtigen Kurs in der USPD bereits eine Spaltung abzeichnete und die rechten

47

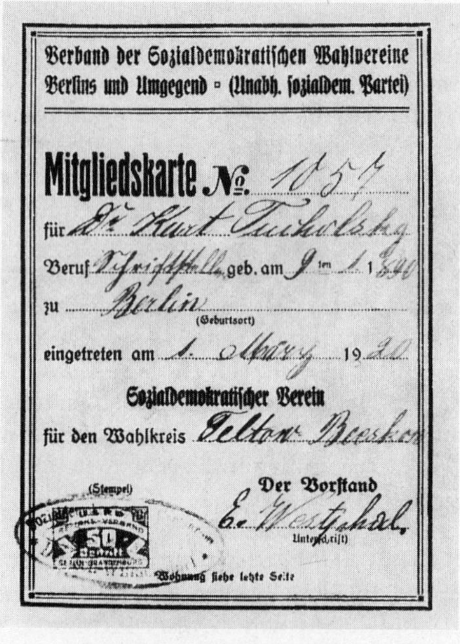

Verband der Sozialdemokratischen Wahlvereine Berlins und Umgegend ▫ (Unabh. sozialdem. Partei)

Mitgliedskarte № 1057

für Dr. Kurt Tucholsky

Beruf Schriftsteller geb. am 9. 1. 1890

zu Berlin (Geburtsort)

eingetreten am 1. März 1920

Sozialdemokratischer Verein

für den Wahlkreis Teltow Beeskow

(Stempel) Der Vorstand E. Westphal (Unterschrift)

Wohnung siehe letzte Seite

Tucholskys USPD-Mitgliedsbuch

Vertreter des Zentralkomitees auf der Reichskonferenz der USPD Anfang 1919 nochmals bekräftigt hatten, an einer ausschließlich parlamentarischen Kampfform festhalten zu wollen, erklärte Kurt Tucholsky am 1. März 1920 seinen Eintritt. Vom Vorstand des Wahlvereins Teltow-Beeskow erhielt er die Mitgliedskarte Nummer 1057.

Für den Mosse-Verlag arbeitete er nach seinem Ausscheiden aus dem *Ulk* nur noch freiberuflich. Darüber hinaus schrieb er für die *Weltbühne* und für die *Welt am Montag*. Neu hinzu kam jetzt die Parteipresse der USPD. Ab Mai 1920 gehörte er zu den ständigen Autoren der Tageszeitung *Freiheit*, des Berliner Organs der Unabhängigen Sozialdemokratie Deutschlands, dessen Auflage variierend zwischen zwei- bis dreihunderttausend betrug. Gleichzeitig schrieb er für die illustrierte Wochenzeitung *Freie Welt*, die im selben Verlag erschien. Mitarbeiter der USPD-Presse blieb er, bis die Partei sich auflöste und die *Freiheit* ihr Erscheinen einstellte.

Im Oktober 1920 trennte sich der linke Flügel der USPD und schloß sich der KPD an. Tucholsky vollzog diesen Schritt nicht mit. Er verblieb in der USPD. Auf Seite zwei seines Mitgliedsbuches ist seine ausdrückliche Erklärung festgehalten, »weiter Mitglied der Unabhängigen Sozialdemokratischen Partei Deutschlands, die durch die Vorsitzenden Crispien und Ledebour vertreten ist«, bleiben zu wollen.

Tucholsky beschränkte sich nicht auf publizistische Mitarbeit für die USPD. Er tat mehr, er besuchte Versammlungen, trat als Redner und Diskussionsredner auf und kam regelmäßig ins Verlagshaus der *Freiheit* in der Breiten Straße, wo sein Rat und seine publizistische Erfahrung gefragt waren. Seine Arbeit brachte ihn wieder in Kontakt mit Heinrich Ströbel, den er von der Zeit beim *Vorwärts* her kannte und der jetzt für die *Weltbühne* Leitartikel schrieb. Ströbel war einer der Redakteure des *Vorwärts* gewesen, die im August 1914 die Bewilligung der Kriegskredite durch die Reichstagsfraktion kritisiert hatten. Enge Beziehungen stellten sich ebenfalls zu Georg Ledebour her, dem alten Sozialisten, der den Gedanken der Einheit der Arbeiterklasse über alles stellte. Tucholsky schätzte ihn sehr, er sah in ihm ein Vorbild an Aufrichtigkeit und Überzeugungstreue. Neu lernte Tucholsky in der Redaktion der *Freiheit* Felix Stössinger kennen, der den Feuilleton-

48

Georg Ledebour,
einer der Führer der unabhängigen Sozialdemokraten,
spricht auf einer Kundgebung im Treptower Park

teil leitete, sowie Erich Baron, Mitglied der USPD, dann KPD, der 1923 die Gesellschaft der Freunde des neuen Rußland gründete. Von Bedeutung für ihn waren auch die Beziehungen, die zwischen dem Verlag und dem Bankier Hugo Simon bestanden. Simon, von November 1918 bis Januar 1920 USPD-Finanzminister in Preußen, hatte an der Gründung des Verlags entscheidenden Anteil.

Tucholsky begann seine Mitarbeit an der *Freiheit* am 9. Mai 1920, knapp zwei Monate nach dem Kapp-Putsch, mit einem großen Eröffnungsbeitrag auf Seite zwei gegen Ludendorff und schrieb: »Er säße heute als offener oder verkappter Diktator auf einem Thron, wenn die Arbeiterschaft im März dieses Jahres nicht zusammengehalten hätte.«

Ausnahmslos alle Beiträge von ihm, soweit sie sich mit Politik befassen, sind eine Abrechnung mit dem alten und dem neuen Feind – mit den Freikorps und der Reichswehr, mit Noske, der politischen Justiz, dem monarchistischen Ungeist und dem reaktionären Bürgertum. Sie heißen *Das alte Heer, Der General auf Rädern, Die Herren Veranlasser, Offiziere, Das unterbrochene Geschichtsbuchblatt* und *Wo bleiben deine Steuern?*. Der letztgenannte Beitrag ist ein höchst polemisch angelegter Leitartikel der *Freiheit* über die Vergeudung von Finanzmitteln an eine Bürgerkriegsarmee in einer Zeit bitterster sozialer Not.

Er unternahm für die Zeitung mehrmals Reisen in die Provinz. Sie brachten ihm zum Bewußtsein, was es bedeutete, in Deutschland durchgreifende Veränderungen herbeizuführen, daß dazu einzig und allein »Kampf, Kampf und härteste Energie und unablässige Mühe« notwendig waren, denn in der Provinz, so sein Resümee, regierte der Bürger in seiner übelsten Gestalt, der Offizier alten Stils, der Beamte des alten Regimes. »Und wie regieren sie! Sie sabotieren die Gesetze der Republik, wo sie können.« Die Uhr schlage in den kleinen deutschen Mittelstädten noch 1890, kein Luftzug einer neuen Zeit wehe, in den Behörden hingen die Kaiserbilder wie ehedem, es herrsche im Grunde noch Wilhelm II. und, wenn er einen gehabt hätte, sein Geist. Das Fazit: »*Unser* Deutschland hat in der Hauptsache nur einen Freund. Unsere Republik hat fast nur den einen: den Arbeiter.«

Es ist dasselbe Bild, das Heinrich Mann über den politischen Zustand Deutschlands nach dem Krieg und der Revolution in seinem großen Essay *Kaiserreich und Republik* darlegte: daß die Lügen des Kaiserreichs samt seinem Personal übernommen werden, daß überzeugter Protest ausbleibt, wenn Revolutionäre unter Qualen getötet werden, vorgeblich weil sie radikal, in Wahrheit einzig, weil sie Revolutio-

Einzelpreis 20 Pfg. · 3. Jahrgang — Dienstag, den 3. August 1920 — Nummer 311 · Abend-Ausgabe

Freiheit

Berliner Organ der Unabhängigen Sozialdemokratie Deutschlands

49

näre sind, während den schlimmsten Kriegsfurien niemand ein Haar krümmt.

Was von Tucholsky in der *Freiheit* erschien, wurde von der Rechtspresse mit höchster Aufmerksamkeit registriert. Es gab spaltenlange Entgegnungen auf seine Artikel. Am 19. Juli 1920 versuchte die *Berliner Börsen Zeitung*, inoffizielles Sprachrohr der Reichswehr, Tucholskys Kritik am Militärhaushalt zu entkräften, und die *Königsberger Allgemeine Zeitung* nahm die von der »sozialistisch-demokratischen Revolutionsregierung« angeblich vernachlässigten Offiziere energisch gegen Ignaz Wrobel in Schutz. Von gleichgesinnten Lesern der *Freiheit* kamen dagegen ausführliche Zuschriften an den »Genossen Tucholsky«, die seine Darstellungen aus eigenem Erleben bestätigten und ergänzten. »Ja, so war es«, meinte Rudolf Gothe aus Berlin zustimmend, der Tucholsky umfangreiche persönliche Notizen zur »Bekämpfung des furchtbaren militaristischen Systems« zur Verfügung stellte. Anderen Lesern genügte es, ihm auf Postkarten einfach Dank zu sagen, daß er ihnen aus dem Herzen schriebe.

Tucholsky nutzte die ihm in der *Freiheit* gegebenen Möglichkeiten voll aus. Mitarbeit hieß für ihn aber auch, die Gesamtpolitik des Blattes kritisch zu verfolgen. Mit der Richtung des Chefredakteurs Rudolf Hilferding schien er schon damals nicht einverstanden gewesen zu sein. »Es gelang ihm«, sagte er einige Jahre später bissig, »das gefährliche Blatt in zwei Jahren derart herunterzuwirtschaften, daß sowohl von einer Gefahr wie von einem Blatt nicht mehr gesprochen werden kann.«

Neue Erfahrungen konnte Tucholsky sammeln, als er 1920/21 Mitarbeiter für die Wochenillustrierte der USPD, *Die Freie Welt*, wurde. Es war das erstemal, daß er bei der Zeitung mit der Fotografie zu tun hatte. Seine Gedichte und Verssatiren waren hier direkt dem Bild zugeordnet, dadurch unmittelbar und »sprechend«. Die Umstellung auf das dokumentarische Foto machte ihm nicht die geringsten Schwierigkeiten. Schon seit 1912 hatte er wiederholt auf die politischen und künstlerischen Möglichkeiten der Fotografie hingewiesen und gefragt, warum man sie so wenig nutze. Nun bekam er Gelegenheit, seine Ideen und Vorstellungen in die publizistische Arbeit einzubringen.

Der leitende Redakteur der *Freien Welt*, Felix Stössinger, war ein erfahrener, hochgebildeter Publizist, gebürtiger Prager, nur wenige Monate älter als Tucholsky. Während der Novemberrevolution hatte er den Pressedienst des Vollzugsrats der Berliner Arbeiter- und Soldatenräte herausgegeben, lange Jahre war er auch Redakteur der *Sozialistischen Monatshefte* gewesen. Stössinger und Tucholsky verstanden sich gut; die einzelnen Nummern der Illustrierten waren in politischer Konzeption und Gestaltung ihr gemeinsames Werk. Tucholsky lieferte Artikel, Gedichte und Satiren, schrieb Texte zu Bildreportagen und redigierte auch die Bildunterschriften, soweit er sie nicht selbst verfaßte. In Sprache und Stil, Haltung und Engagement ist er – anders als am *Ulk* – dem Proletariat nahe. Vorrangiges Thema ist das soziale Elend der Kriegskrüppel, der Obdachlosen und der in feuchten Kellerwohnungen und lichtlosen Mietskasernenhinterhöfen hausenden Arbeiterfamilien. Bilder aus dem Obdachlosenasyl kommentiert er mit dem Satz: »Das monatliche Einkommen des desertierten Kaisers würde genügen, das Los dieser Armen auf Jahre zu verbessern.«

Im Herbst 1920 suchte er mit Harry Graf Kessler Arbeiterwohnungen auf. Das Massenelend, das er sah, die erbärmliche Ernährung aus Brot, Margarine und Kohl, ein Bett für drei oder vier Kinder, Rachitis, Tuberkulose und die jammervolle Bekleidung, erschütterte ihn. »Die Bilder klagen eine Welt an«, schrieb er zornig in der *Freien Welt*. »Die Kinderhölle in Berlin? Die Kinderhölle des Kapitalismus.« Er half eine Spendenaktion organisieren und unterstützte das Kuratorium der Wirtschaftshilfe für deutsche Kinder und Familien, dem unter anderen Graf Kessler, Hugo Simon, Georg Bernhard, Carl Fürstenberg und Franz von Mendelssohn angehörten.

In der *Freien Welt* verurteilte Tucholsky die Verhältnisse, die er schon 1913 im *Vorwärts* angeprangert hatte: Kriegshetze, Korpsstudententum, Monarchistenkult, preußische Justiz sowie die soziale und politische Gegensätzlichkeit der Gesellschaft, nur daß sie inzwischen eine neue Dimension angenommen hatten, größer und gefährlicher geworden waren. Für die Tagesgedichte in der *Freien Welt* benutzte er sein Pseudonym Theobald Tiger. Charakteristisch ist, daß er häufig Volkslieder und klassische Dichtungen verwendete, die er aktuell parodierte. Auf das Lied *Der Prager Studenten Wanderschaft* von Eichendorff zum Beispiel entstand *Der Marburger Studenten Wanderschaft*. Die Leser fanden es im Mai 1920 als Kommentar zu den Ereignissen von Mechterstädt, wo fünfzehn willkürlich festgenommene Arbeiter nach dem Kapp-Putsch von Marburger Studenten, sogenannten Zeitfreiwilligen, beim Abtransport hinterrücks niedergeschossen wurden. Im gleichen Zusammenhang machte Tucholsky in der übernächsten Ausgabe auf die latenten antisemitischen Ausfälle an den Universitäten aufmerksam. Die *Freie Welt* veröffentlichte dazu einen Fotobericht von gewissen »Lokalitäten« der Universität Rostock. Dort hatten die »in den Kneipgebräuchen bewanderten Studiker« die Toiletten mit Parolen beschmiert wie »Juden raus!« – »Haut die Juden tot!« und »Das ist mein Preußen« – »Hoch das Kaisertum!«. Die Bekundung für die abgedankten Hohenzollern befand sich direkt neben dem Spülkasten, was Tucholsky zu dem Kommentar veranlaßte, damit sei die monarchistische Propaganda der Rostocker Studentenschaft endlich dahin gekommen, wohin sie gehöre.

Tucholskys Artikel aus der *Freien Welt* wie auch der *Freiheit* waren über ganz Deutschland verbreitet, dafür sorgten die rund sechzig Provinzzeitungen der USPD, die aus dem Zentralorgan und der Illustrierten reichlich nachdruckten. Diese Fülle ist heute nicht mehr dokumentierbar. Daß die Wirkung aber nachhaltig war, läßt sich noch an einzelnen Beispielen ablesen. So mußte die sozialdemokratische *Münchener Post* im Juni 1922 in Kauf nehmen, vom *Miesbacher Anzeiger*, einem Vorläufer des späteren *Völkischen Beobachters*, beschimpft zu werden, weil sie Wrobel-Artikel aus der *Freiheit* nachgedruckt hatte. Die kommunistische *Bergische Arbeiterstimme* berief sich im gleichen Monat auf den Sozialdemokraten Ignaz Wrobel, der in der USPD-Presse die Zustände in der Republik für den Rathenaumord mitverantwortlich machte. Um die gleiche Zeit drohte ein Berliner Staatsanwalt in einem Prozeß gegen Weißenseer Kommunisten, daß sich die Staatsanwaltschaft bald »auch mit Persönlichkeiten, die jetzt täglich Spalten der linken Presse füllen«, beschäftigen wird.

Harry Graf Kessler, Kunstmäzen und demokratischer Politiker, in seinen Kreisen der »rote Graf« genannt

Die Tätigkeit für den USPD-Verlag *Freiheit* führte Tucholsky wieder mit dem Zeichner Karl Holtz zusammen, der schon am *Ulk* mitgearbeitet hatte. Holtz übernahm die Illustrationen für eine kleine von Tucholsky verfaßte Broschüre von etwa zwanzig Seiten. Das Heftchen, unter dem Pseudonym Kaspar Hauser erschienen, hieß *Die verkehrte Welt, in Knüttelversen dargestellt*. Literarische Ambitionen waren nicht damit verbunden, im Gegenteil, Tucholsky hat die Sprache absichtlich simplifiziert, um den Stil der volkstümlichen Flugschriften und der Berliner Straßeneckenliteratur, wie man sie aus den Tagen der Revolution von 1848 kannte, zu treffen. Leicht faßliche Argumentation für den politischen Tagesgebrauch – das war der Sinn dieses Heftes, das in einer einheitlich gestalteten Schriftenreihe des Verlags erschien. Felix Stössinger hatte die voraufgegangene Broschüre verfaßt, *Das System Noske*; sie erschien 1920, gleichfalls mit Zeichnungen von Karl Holtz, und wurde von Tucholsky in der *Weltbühne* empfehlend besprochen.

Kleine Bilderbücher oder, besser gesagt, Guckkastenbilder stellten diese Hefte dar, die eine spezifische, mit künstlerischen Mitteln gestaltete politische Tagesliteratur waren. Kaspar Hauser ging es in der *Verkehrten Welt* darum, die Unterdrückung und Ausbeutung als die falsche Weltordnung darzustellen. Was jetzt auf dem Kopf stand, mußte wieder in Ordnung gebracht werden.

In einprägsamen Bildern nach Art der Bänkelsänger schildern Versemacher und Zeichner die Institutionen, die an der Aufrechterhaltung der verkehrten Welt interessiert sind. Zunächst die Kirche, dann die Schule, die Universitäten, schließlich das Militär und die Justiz. Geschildert werden auch Krieg und Revolution, die zwar viel Elend, aber keine wirklichen Veränderungen gebracht haben:

> Denn die Empörung war nichts wert,
> es blieb die verkehrte Welt ja verkehrt!

Die siebenundzwanzig kleinen, naiv gestrichelten Zeichnungen, jeweils als Kasten eingerahmt, führen den Leser so von Erkenntnis zu Erkenntnis, bis zu dem optimistisch gestimmten Schluß:

Jedoch es kommt einmal die Stund',
da bellt der rote Hungerhund.
Not bricht Eisen! heißt schon ein Spruch,
dann ruft das Volk: Es ist genug!

Die verkehrte Welt ist in Format und Umfang das kleinste unter allen Tucholsky-Werken, eigentümlich in der Form und bemerkenswert dadurch, daß Kaspar Hauser damit versuchte, den Knüttelvers und die volkstümliche Spruchdichtung, wie man sie vor 1914 schon bei Wedekind, Erich Mühsam und Alfred Kerr findet und wie sie schon andere große Dichter vor ihm literaturfähig gemacht haben, für die Zielstellung seiner politischen Publizistik produktiv zu machen. Wichtig war ihm, die Proletarier, die er ansprechen wollte, zu erreichen.

In die Zeit der USPD-Mitgliedschaft Tucholskys fällt auch die Episode seiner Tätigkeit für den *Pieron*, die zeitweilig zu Differenzen zwischen ihm und dem Zentralorgan führte. Der *Pieron* war ein vom preußischen Innenministerium und dem sogenannten Oberschlesischen Ausschuß gesteuertes Witzblatt, das mit gezielter antipolnischer Propaganda in den Abstimmungskampf – Angliederung Oberschlesiens an Polen oder Verbleib bei Deutschland – zugunsten Deutschlands eingreifen sollte. Dafür mobilisierten die zuständigen Stellen beträchtliche Mittel. Zeichner und Karikaturisten von Rang wurden herangezogen, unter ihnen Walter Trier, Heinrich Zille, Fritz Wolff, Jo Steiner, Kurt Szafranski, Olaf Gulbransson, Wilhelm Schulz, Erich Wilke und Mühlen-Schulte. Der *Pieron* wurde in Gleiwitz gedruckt und erschien von Juli 1920 bis April 1921. Verantwortlich war ein über die lokalen Grenzen kaum hinaus bekannter schlesischer Mundartdichter und Lehrer, Hans Pilot. Die Hauptarbeit für das Blättchen aber kam aus Berlin, Kurt Tucholsky besorgte sie im Auftrag der Nachrichtenagentur Dammert, die ihrerseits mit der kommerziellen Abwicklung vom preußischen Innenministerium betraut war.

Tucholsky nahm diesen Auftrag an, offensichtlich waren für ihn zu diesem Zeitpunkt die politischen Hintergründe nicht durchschaubar. Sein Bekannter aus der Presseabteilung des Auswärtigen Amtes, der Sozialdemokrat Cohn, dürfte ihn dafür gewonnen haben, nicht zuletzt mit dem Argument, Oberschlesien und seine Zukunft seien eine Lebensfrage für Deutschland und es sei notwendig, dem bürgerlichen polnischen Nationalismus, der sich gegen alle Nachbarn richte, energisch entgegenzuwirken. Tucholskys Aufgabe bestand darin, Zeichner und Texter für die einzelnen Nummern zu beauftragen, das Material durchzusehen und an die Redaktion nach Schlesien weiterzuleiten. Er fuhr auch selbst nach Breslau, um dort mit dem Vorsitzenden des Oberschlesischen Ausschusses, Landrat Lukaschek, und der Redaktion die Arbeitsaufteilung abzustimmen.

Im Gegensatz zu den Zeichnern, die ihre Arbeiten im *Pieron* signierten, verwendeten die Textautoren, soweit sie nicht überhaupt anonym arbeiteten, obskure Pseudonyme wie »Bimbam«, »Schmock« oder »Jeremias«. Von Tucholsky ist keines seiner Pseudonyme vertreten, aus einigen Texten könnte aber auf ihn als Verfasser geschlossen werden.

Während sich die polnische Presse über die deutsche Kopie ihrer eigenen Agitation lustig machte – sie sähe aus »wie der Marmeladenfresser aus Moabit« –, fehlte es in Deutschland in den Kreisen nüchtern denkender Publizisten nicht an kritischen Stimmen gegen den *Pieron* und seinen in den Mitteln bedenkenlosen Stil. Selbst die *Vossische Zeitung* meinte am 29. November 1920, es sei an der Zeit, daß das geschmacklose Witzblatt von der Bildfläche verschwinde, weil es nicht geeignet sei, die Versöhnung zwischen den Völkern zu fördern.

Um die gleiche Zeit etwa war in der Redaktion der *Freiheit* bekanntgeworden, daß Kurt Tucholsky als Koordinator und Redakteur für dieses Blättchen tätig war, was im Spätherbst 1920 zur Suspendierung seiner Mitarbeit am USPD-Zentralorgan führte. Auch anderweitig sah sich Tucholsky ernsthaften Angriffen ausgesetzt, zumal bekannt wurde, daß das preußische Innenministerium diese Propaganda finanzierte. Er zog die Konsequenz daraus und kündigte dem Oberschlesischen Ausschuß am 18. Dezember 1920 die Mitarbeit auf, doch für die *Freiheit* durfte er vorerst nicht weiter schreiben. Er wandte sich wegen des Zerwürfnisses mit der Redaktion an das Zentralkomitee der USPD mit der Bitte um Klärung. Im Juni 1922 kam es zu einer Aussprache zwischen ihm und

51

Nummer des Pieron *vom März 1921.*
Tucholsky kündigte bereits im Dezember 1920
seine Mitarbeit an dem Blatt auf

zwei ZK-Mitgliedern, Georg Ledebour und Franz Künstler, dem späteren SPD-Vorsitzenden von Großberlin, in der man zu dem Schluß kam, daß Tucholsky als Mitarbeiter an dem in Oberschlesien publizierten Witzblatt *Pieron* keinerlei Tätigkeit ausgeübt habe, »die als antisozialistisch, antirepublikanisch oder überhaupt gegen die Bestrebungen der USPD gerichtet ausgelegt werden kann«. Bedenklich erschien in diesem Zusammenhang nur, daß die Regierung das Blatt subventionierte. Da Tucholsky selbst, sobald er Einsicht in diese Verhältnisse gewann, seine Beziehung zum *Pieron* gelöst habe, liege kein Grund vor, »den Genossen Tucholsky von der Mitarbeiterschaft für die Parteipresse fernzuhalten«. Da sich die Redaktion inzwischen schon wieder um ihn bemüht hatte, bedeutete die Empfehlung für weitere Zusammenarbeit nur eine nachträgliche Sanktionierung. Seine Mitarbeit am *Pieron* schätzte Tucholsky selbst immer wieder als eine grobe Fehlleistung ein. Diesen Irrtum – man kann es auch politische Leichtfertigkeit nennen – hat er weder verschwiegen noch beschönigt. »Meine Beteiligung an der Propaganda in Oberschlesien: die habe ich ebenso freiwillig wie klar öffentlich bereut. Denn das ist ein Fehler gewesen.«

Die Beiträge, die Tucholsky nach der *Pieron*-Affäre bis zum Herbst 1922 noch für die *Freiheit* schrieb, standen im Zeichen der Antikriegsbewegung, für die er sich um diese Zeit bereits stark engagierte. Einer der letzten Beiträge ist eine Reminiszenz an den Tag des Kriegsausbruchs, jenen 1. August 1914, an dem er die Feldgrauen in den Krieg ziehen und die Menge jubeln sah. Nach acht Jahren erinnerte er an die bleibende Verpflichtung zum Widerstand gegen den Krieg der Kanonenfabrikanten und das mutige Auftreten Liebknechts: »Ehre dem Andenken Karl Liebknechts, einer der wenigen, die im Weltenwahnsinn den Kopf mannhaft hochgetragen, ihn nicht unter den Stahlhelm beugten! Ehre dem Andenken aller derer, die mit ihm mit allen Mitteln – auch ungesetzlichen – gegen den Krieg gearbeitet haben!«

Der USPD hat Tucholsky bis Oktober 1922 angehört, als sich deren Restmitgliedschaft mit der alten SPD vereinigte. Sicher gelangte damals auch seine Karteikarte in irgendein SPD-Parteibüro – Hinweise auf eine fortgesetzte Mitgliedschaft gibt es jedoch nicht. Zwar sagt er viel später einmal – 1934, in seinem Lebenslauf für die schwedischen Behörden –, er sei Mitglied der SPD gewesen, man sollte das aber wohl als eine taktische Bemerkung gegenüber den Ämtern des sozialdemokratisch regierten Landes werten. Aktivitäten eines SPD-Mitglieds Kurt Tucholsky sind nicht nachweisbar, bei seinen Attacken auf die Haltung dieser Partei und ihre Führung wohl auch schwer vorstellbar. Auf ein solches Mitglied dürfte man kaum Wert gelegt haben.

1919 entschloß sich Tucholsky, von dem es bis dahin noch keinen Gedichtband gab, eine kleine Auswahl seiner Verssatiren in Buchform erscheinen zu lassen. Zum Dichter des idyllischen *Rheinsberg* war längst der Poet getreten, der die aktuelle Harfe schlug, und Theobald Tiger, das war unbestritten, gab den Ton in der Tagessatire an und bewies, daß er auch außerhalb der Politik – was Berlin, die Damen und die Liebe betraf – etwas mitzuteilen hatte.

Mit seinem Manuskript und einer Empfehlung von Siegfried Jacobsohn ging Tucholsky im Sommer 1919 in Charlottenburg zu dem Verleger Felix Lehmann. Ende Oktober war es dann so weit, daß der kleine Berliner Verlag sein Büchlein, einhundertsiebzehn Seiten stark, herausbrachte. Tucholsky wählte dafür einen Titel mit Augenaufschlag: *Fromme Gesänge*. Einer der Zeichner vom *Ulk*, Theodor Leiser, dachte sich für den Einband etwas Lustiges aus – das parodistische Konterfei des dicken, geplagten Theobald, der sich die schwerste aller Aufgaben gestellt hat, die ein Schriftsteller übernehmen kann: als Satiriker das Publikum zu unterhalten. Die Kummerfalten auf seiner Stirn, tief eingegraben, sprechen Bände. Das Stachelgewächs zu seiner Rechten – sollte es der Lebensbaum der satirisch eingefärbten heiteren Muse sein? – besagt, daß es diese Kunstform nicht leicht hat und auch der nicht, der damit vor den Vorhang tritt. Diesen Gedanken bestätigt auch das Vorwort, in dem es heißt, daß es für den Satiriker nicht darauf ankomme, Distanz zu halten, sondern zu kämpfen, daß der Satiriker ungerecht sein muß, aber er »trifft, wenn er ein Kerl ist, zutiefst und zuletzt doch das Wahre und ist der Gerechtesten einer«.

Der größte Teil der Gedichte war bereits in der *Schaubühne* beziehungsweise *Weltbühne* erschienen, einige im *Vorwärts*, einige andere schon im *Ulk*. Da Tucholsky sich als Tages- und Wochenbetrachter immer verschiedenen Themen zuwandte, hat er das Buch in sechs kleinere Kapitel gegliedert. Sie heißen: *Aus kleiner Zeit, Aus großer Zeit, Revolutionsersatz, Jahreszeiten, In der Stadt* und *Die blaue Blume*. Die *Frommen Gesänge* sind Tucholskys einziger Gedichtband geblieben. Er hat nie wieder einen gesonderten Band mit Lyrik herausgegeben, seine späteren großen Auswahlbände enthalten aber alle eine spezielle Tiger-Abteilung nur mit Gedichten. Die Verse unter diesem Namen waren seit 1918 ein Begriff, populär geworden war ihr Verfasser hauptsächlich durch den *Ulk*. Man las die Gedichte von ihm gern, weil sie »so saftig gesund, wie das liebe Leben selbst, so aufreizend stachlig wie der cactus vitae, neben dem er saß und dichtete, so unverschämt aufrichtig und so befreiend frech« waren, wie ein Redaktionskollege der *Berliner Volkszeitung* in seiner Rezension sagte.

Als Satiriker wurde Tucholsky unmittelbar verstanden, weil er den Volkston traf. Seine Verse waren nicht nur couragiert in der Haltung, zutreffend in der Argumentation, sie waren auch höchst witzig formuliert und ließen in der Schlagfertigkeit, der blitzartigen Schnelligkeit und dem Hieb aus der »Lamäng« den geborenen Berliner erkennen. Die Verständlichkeit und Gegenständlichkeit seiner Verssatiren ergaben sich aus ihrer Verwandtschaft mit der Volksdichtung, darauf beruht auch der Reichtum ihrer Formen. Tucholsky benutzte häufig Dichtungen der Klassiker – Goethe, Eichendorff, Hoffmann von Fallersleben, Glaßbrenner, Kopisch und Fontane sind darunter –, ebenso Volkslieder, Kommersbuchgesänge, Balladen des deutschen Schullesebuchs, ja selbst zeitgenössische Couplets und Schlagertexte, die er virtuos parodierte. Das Vergnügen an seinen Versgebilden ergab sich nicht zuletzt daraus, daß sich die Inhalte auf eine natürliche, ungezwungene Weise ihre Form suchten und diese Form, ständig wechselnd, elegant, witzig mit dem Inhalt mitging. Deshalb verglich das *Berliner Tageblatt* am 14. Dezember 1919 seine Dichtungen mit der Liedkunst der Franzosen, gewiß ein großes Kompliment. »Er kann's! Er hat die Melodie. Was den alten Béranger und auch manchen jüngeren Franzosen so angenehm macht, die flüssige Leichtigkeit des Tons, die Pointen aus dem Handgelenk, die Spitzbüberei hinter den Unschuldsmienen – Theobald Tiger kann's. Und macht's, ohne viel daraus zu machen.«

Daß es auch nörgelnde Stimmen gab wie beispielsweise die *Weser-Zeitung*, die seine »linksradikale« Satire ablehnte und von ihm »mehr Selbstkritik« verlangte, änderte nichts an der zustimmenden Aufnahme, die die sechstausend Exemplare der ersten Auflage beim Käufer fanden. Nicht nur in

Das erste Bändchen mit Verssatiren von Theobald Tiger erschien 1919

Berlin. Wenige Wochen vor Erscheinen der *Gesänge* hatte er noch in einem Brief an Erich Blaich zweifelnd gefragt, ob's auch einer kaufen würde. Diese Sorge erwies sich nun als überflüssig. Damit der Band nicht langweilig würde, hatte er auch Erotika mit ausgewählt, und auf diese Gruppe, betitelt *Die blaue Blume*, war er besonders stolz. Seine Poeme waren reichlich infam, wenn er davon erzählte, wie er seine Claire an Direktor Meyer verheiratet oder sich, der Politik überdrüssig, »zwischen den Schlachten« in die Arme seiner Venus stürzt: »Clementine, süßer Fetzen! / Laß mich mich an dir ergetzen.« Von diesen und anderen freizügigen Bekenntnissen wollte die *Allgemeine Zeitung* von Chemnitz nichts wissen. Sie schickte das Rezensionsexemplar der ihr zu unfrommen Gesänge unter Berufung auf den zu bekämpfenden Schund und Schmutz an den Verlag Felix Lehmann in Berlin-Charlottenburg zurück.

Während man sich in Chemnitz in rechten Kreisen stark machte, »daß die Verbreitung des Machwerks im Interesse der deutschen Leserwelt unterbleibt«, fanden in Güstrow bei der Zeitschrift *Die Kritik* gerade die Liebesgedichte als die lustigsten Gesänge des Bandes begeisterten Anklang. »Lest sie, ihr dicken Bürger, und eure dicken Bäuche werden wackeln. Lest sie, ihr kleinen Mädchen, und ihr werdet sie bald auswendig kennen. Und ihr Machthaber des Kabaretts, fort mit eurem alten, abgeklapperten Lehmann. Laßt Tigers fromme Gesänge erschallen, laßt den Tiger in euren Kabaretts los, und ihr werdet volle Häuser haben.«

Als diese Rezension erschien, war Tucholsky schon längst Mitarbeiter am Berliner Kabarett und sorgte dafür, daß der alte Lehmann von Otto Julius Bierbaum und mit ihm das gesamte Repertoire von dunnemals endgültig von den Brettern verschwand. Das erste Kabarett, an dem er sich als Chansondichter erprobte, war »Schall und Rauch« an der Weidendammer Brücke, ganz in der Nähe vom Bahnhof Friedrichstraße. Dort wußte man, daß Tucholsky ein Faible für die Unterhaltungskünste hatte. Als man bei ihm im Spätherbst 1919 anfragte, sagte er gern zu, schließlich war er mit den Berliner Bühnen und dem Wintergarten groß geworden, kannte alle Berühmtheiten von Claire Waldoff und Fritzi Massary bis Rudolf Nelson und Robert Steidl. Außerdem spielte er gern Klavier, und es machte ihm auch Freude, zu seinen Liedertexten selbst die Musik zu komponieren. Bei »Schall und Rauch« wurde er sogleich aktiv im künstlerischen Beirat, verfaßte Beiträge für die einzelnen Programmhefte, saß Nächte hindurch auf den Proben und schrieb für das monatlich wechselnde Programm die vereinbarten Chansons. Für ihn, bislang nur Zuschauer oder Kritiker, war es eine völlig neue Arbeit, Texte für den Vortrag zu schreiben, aber es machte ihm Spaß, bekannte er, »vor allem, wenns für Gussy Holl ist«.

Gussy Holl war die von ihm schon vor dem Kriege umschwärmte große Blondine, die 1919, als Tucholsky sie persönlich kennenlernte, auch im Kino in den Aufklärungsfilmen von Richard Oswald zu sehen war. Durch ihren Mann, den Filmschauspieler Conrad Veidt, hatte sie beste Beziehungen zur Branche. Die überschwenglichen Lobreden Tucholskys auf Gussy Holl lassen fast darauf schließen, daß er ihretwegen zum Chansondichter geworden ist. Tatsächlich hieß sein erstes Chanson *Die blonde Dame singt*. Es erschien am 10. Juli 1919 mit der Widmungszeile »Für Gussy Holl« in der *Weltbühne*. Um diese Zeit war er des öfteren Gast in ihrer Wohnung, ließ sich bei Wein oder Bowle bayerische Soldatenlieder von ihr vorsingen und amüsierte sich über ihre Parodien auf Claire Waldoff, Fritz Grünbaum oder den Typ des Damenimitators. Die Holl, das wußte man in Schauspielerkreisen längst, war der von ihm favorisierte Star am »Schall und Rauch«, sie bekam für ihre Auftritte natürlich Titel aus der obersten Schublade Theobald Tigers, maßgeschneidert, wie die Parodie auf den Entkleidungsrummel des Berliner Amüsierkabaretts:

Zieh dich aus, Petronella, zieh dich aus!
Denn du darfst nicht ennuyant* sein,
und nur so wirst du bekannt sein;
und es jubelt voller Lust das ganze Haus:
»Zieh dich aus, Petronella, zieh dich aus!«

Ausschließlich ihr zugedacht war auch das wie aus Porzellan gefertigte *Japanlied* von der Geisha und dem jungen Matrosen, mit dem Tucholsky dem erotischen Teil seiner ge-

* lat./frz.: langweilig

sammelten Werke ein Glanzstück hinzufügte. Allzu viele Chansons hat er für Gussy Holl nicht geschrieben, etwa sechs Lieder sind es gewesen, die sie im »Schall und Rauch« von ihm kreierte. Er hatte dieser Diseuse eine große Zukunft vorausgesagt und sie sogar als künftige Interpretin des neuen politischen Couplets in Deutschland gesehen, aber seine Hoffnungen erfüllten sich nicht. Gussy ging mit dem Ende des »Schall und Rauch«, noch während der Inflation, als nunmehr verheiratete Frau Jannings nach Hollywood. Von Theobald Tiger hat sie nichts mehr gesungen. Zu den anderen Berliner Schauspielern dagegen, die Chansons von ihm auf der Bühne vortrugen, wie Paul Graetz, Kate Kühl, Rosa Valetti oder Trude Hesterberg, blieben die Kontakte bestehen. Für sie arbeitete er auch später noch, als er schon in Paris wohnte.

Die künstlerische Arbeit für »Schall und Rauch« währte zwar nur anderthalb Jahre, so lange, wie dieses Kabarett bestand, sie vermittelte Tucholsky jedoch wertvolle Erfahrungen. Er kam hier in Kontakt zu Friedrich Hollaender, dem Komponisten seiner frühen Kabarettchansons, zu Walter Mehring, George Grosz und John Heartfield – alles Künstler der radikalen Satire, die das Profil des Reinhardt-Kabaretts mitbestimmten, – zu Gustav von Wangenheim, der eigene Dichtungen vortrug, sowie zu Paul Graetz, jenem vitalen, berlinbesessenen Schauspieler, der von Haus aus das Organ für das witzig-kritische, freche Tucholsky-Chanson mitbrachte. Sein Schlager war damals *Wenn der alte Motor wieder tackt*, den Polgar wegen seines mitreißenden Schwungs wunderbar fand. Tucholsky formulierte darin seine Hoffnung, daß Berlin aus seiner Krise – gegen die Schieber, Spekulanten, Kriegsgewinnler und Parasiten – wieder in geordnete Bahnen des Lebens zurückfinden möge. Graetz sang diesen Zeitschlager zusammen mit einem anderen Chanson 1920 auf Schallplatte. Diese Odeon-Aufnahmen waren die beiden ersten Schallplatten, die von Tucholsky auf den Markt kamen.

Eine Interpretin von außergewöhnlichen Fähigkeiten fand Tucholsky 1920 in der Berliner Schauspielerin Rosa Valetti, die ein eigenes Kabarett besaß, das »Cabaret Größenwahn«, wo sie ihr Engagement für die sozialen Probleme der Zeit, für

Mit Gussy Holl,
seiner Favoritin am Berliner Kabarett

die die Rollen am Theater keinen Raum ließen, öffentlich bekunden wollte. Sie sah sich als Schülerin des Pariser Montmartre und seiner Sänger, die die Solidarität der Boheme mit den Ärmsten der Proletarier bekundeten.

Bei der Valetti gingen Repertoire, Haltung und Persönlichkeit eine absolute Synthese ein, was Tucholsky faszinierte. Die »rote Rosa« war von herbem Charme, eine Frau in den mittvierziger Jahren mit zerfurchten Gesichtszügen und rötlich flammendem Haar, das absolute Gegenteil von Gussy Holl und für Tucholsky ein »herrlicher alter Kasten«. Für sie schrieb er 1920, unmittelbar nach dem Kapp-Putsch, die *Rote Melodie*, adressiert als Warnung an den General Ludendorff. Ihm gelang damit ein Chanson von polemischer Leidenschaft, künstlerisch vollendet durch die zupackende Melodie Friedrich Hollaenders und den klaren, kompromißlosen Sprechton der Valetti:

General! General!
Wag es nur nicht noch einmal!
Es schrein die Toten!
Denk an die Roten!
Sieh dich vor! Sieh dich vor!
Hör den unterirdischen Chor!
Wir rücken näher ran – du Knochenmann –
im Schritt!
Komm mit!

Der Notendruck der *Roten Melodie* erschien noch im gleichen Jahre im Drei-Masken-Verlag, der sich das Copyright dafür sicherte.

Nach dem »Schall und Rauch« und Rosa Valetti war es die junge Soubrette Trude Hesterberg, die mit ihrer »Wilden Bühne« in Berlin ein neues Brettl für das literarische Chanson eröffnete und Tucholsky zur Mitarbeit heranzog. Auch für dieses Unternehmen der satirischen Muse, dem die Inflation bald schwer zu schaffen machte, entstanden künstlerisch vollendete Chansons, von denen einige das klassische Maß haben. An der »Wilden Bühne« beflügelten Tucholsky die dort mitarbeitenden Komponisten Hollaender, Heymann und Spoliansky, der Songdichter Walter Mehring, eine Zeitlang Hausdichter und literarischer Leiter, und natürlich die beiden attraktiven Diseusen Trude Hesterberg und Kate Kühl. Die Tucholsky-Titel stellten das »Frollein Direktor« stets von neuem vor die Frage: Wer soll sie im nächsten Programm vortragen? Sie, die Prinzipalin der »Wilden Bühne«, die den Vertrag mit Dr. Tucholsky unterzeichnet hatte, oder ihr Ensemblemitglied Kate Kühl, der sie ebenso gut gelegen hätten? Man teilte sich wenigstens in einige der Chansons, die, wie das *Leibregiment* und *Die Dorfschöne*, fortan auch in zwei unterschiedlichen Versionen auf Schallplatte und Bühne zu hören waren.

Tucholsky hat diese künstlerische Arbeit Mühe und auch Freude gemacht. Angeboten von Schauspielern und Bühnen konnte er damals und auch später, als er schon manch trübe Erfahrung mit Interpreten gemacht hatte, nur schwer widerstehen. Die Liebe zum Chanson nannte er eine unglückliche Liebe. Ihn interessierte ja nicht nur der eigene Text, er half auch Schauspielern und Komikern, die sich für ihr Repertoire selber Texte schrieben, wie Graetz und dem urkomischen Wilhelm Bendow. War Hans Reimann in Berlin, saßen sie in ihrem Stammlokal bei Änne Maenz in der Augsburger Straße, wo die Prominenz von Bühne und Film verkehrte, sprachen über neue Bücher, Schallplatten und die frisch kreierten Schlager vom Berliner und Leipziger Kabarett. Einmal versuchten sich beide gemeinsam an einem Chanson, das sie das *Lied vom Achtel* nannten. Reimann nahm es mit nach Leipzig und ließ es von Hans Ludwig Kormann, dem Hauskomponisten seiner »Retorte«, vertonen. Solche Koproduktion für die heitere Muse gab es auch mit anderen Autoren.

Zu den Kabarettdirektoren, die sich Tucholskys Mitarbeit für ihr Theater sichern wollten, gehörte ab 1920 auch Rudolf Nelson. Der suchte einen Texter, der ihm die Gesangseinlagen für seine Revuen schreiben konnte. Das sollte kein Wiener oder Breslauer sein, sondern ein geborener Berliner, der in der Glossierung der Tagesmoden die leichte Hand besaß, der aktuell, originell und amüsant zugleich sein konnte, der über der erotischen nicht die politische Pointe vernachlässigte und in der witzigen Verschränkung beider Ebenen die Pointe zur Überpointe zu steigern verstand.

Tucholsky mit seiner heimlichen Liebe zum Schlager war

seit seiner Studentenzeit ein Bewunderer Nelsons, der schon vor 1914 den weltstädtischen Ton der Unterhaltungsmusik mit angab und nach 1919 mit der Revue eine moderne Form der Unterhaltung anstrebte. Die Sympathie war gegenseitig. In den Sommermonaten 1920 und 1921, wenn das Ensemble zur Saison in Heringsdorf war, verbrachte Tucholsky mit den Nelsons manchen Urlaubstag an der Ostsee, immer Papier und Bleistift bei sich, und wenn er zum Strand ging, steckte im Bademantel das Textbuch der neuen Revue.

Nelson benötigte Texte für Schlagermelodien, vor allen Dingen keine langen Sätze und keine Erörterungen! Für die drei Nelson-Revuen *Total Manoli* (1920), *Bitte zahlen!* (1921) und *Wir steh'n verkehrt* (1922) hat er Gesangseinlagen verfaßt – etwa dreißig Lieder. Die besten Titel davon sicherte sich Nelsons Frau, Käte Erlholz, Couplets und Chansons in diesen Revuen haben aber auch Willi Schaeffers, Blandine Ebinger, Robert Négrel, Trude Troll und Kurt Korff gesungen. Die Zusammenarbeit des Komponisten mit seinem Textautor war ideal. Tucholsky sagte später: »Ich habe nie wieder einen Komponisten getroffen, der so auf meine Intentionen einzugehen verstand wie Rudolf Nelson.«

54

Bei Rudolf Nelson in Heringsdorf. Vorn, von links nach rechts: Käte Erlholz, Rudolf Nelson, Kurt Tucholsky

Tucholskys Texte hatten sprachlich den gefälligen, leichten Rhythmus, der gefiel und sich voll in die Musik einschmiegte. »Mir ist heut so nach Tamerlan, nach Tamerlan zumut! / Ein kleines bißchen Tamerlan, ja Tamerlan wär gut«, sang der lächelnde Mund der Erlholz, schmachtend nach einem Liebhaber vom Format des legendären Kirgisenhäuptlings. Mit ihren graziös wegwerfenden Bewegungen kreierte sie auch Tucholskys großes Familienchanson *Fang nie was mit Verwandtschaft an!* sowie die *Dame mit 'n Avec*. Diese Dame war eigentlich ein armes Mädel aus dem Berliner Norden, die mit ihrer Figur, einem Galan und dessen Geld den Sprung in die Berliner Lebewelt geschafft hatte, ihre Herkunft aus der weniger feinen Gegend um die Ackerstraße dabei aber nie ganz verleugnen konnte:

Ich hab nu mal den Schwung ins Ordinäre,
Ick bin die richtige Berliner Beere!
Und bei der Liebe hopps ick jrade wie bei'n Zeck
nur übern Rinnstein, Rinnstein, Rinnstein
mit 'n Avec.

Ein besonderes Kabinettstück an Komik lieferte Tucholsky 1922 mit seinem Raffke-Couplet, in dem er einen sprichwörtlichen Typ der Berliner Nachkriegszeit auf der Bühne parodierte. Raffke war die Witzfigur der *Berliner Illustrierten*; Kabarettkomiker und satirische Zeitschriften attakkierten ihn, Reutter karikierte ihn in einem Lach-Couplet auf dem Varieté, und nun erschien Raffke mit einem Auftrittslied auch in der Nelson-Revue, gedichtet von Theobald Tiger: »Ick bin die allerneuste Zeiterscheinung, / Sie treffen mir an alle Orte an, / ick pfeife uff die öffentliche Meinung, / weil ick als Raffke mir det leisten kann.«

Arbeit fürs Kabarett – das hieß für Tucholsky Nachtarbeit. Stets stand ein Topf mit Kaffee auf dem Klavier. Etliche seiner Texte hat er selbst vertont, in anderen Fällen gab er den Komponisten eine Skizze, wie er sich's ausgearbeitet vorstellte. Von Chansons, ausschließlich am Schreibtisch gefertigt, hielt er nicht allzuviel, für ihn war und blieb die musikalische Sprache die Seele des Chansons.

Im Mai 1923 beteiligte sich Tucholsky wiederum an einem Unternehmen der elften Muse, als er mit dem Komponisten Hans May und dem Maler Paul Leni in der Bellevuestraße am Potsdamer Platz »Die Gondel« eröffnete, die sich als Künstlerkabarett im Sinne des »Blauen Vogels« verstand. Man wollte, wie Peter Panter im Programmheft ankündigte, Spaß und Unterhaltung im künstlerischen Gewand. Unter den vielen, vollständig nicht mehr auffindbaren Chansons, die er für die einzelnen Programme schrieb, waren ein Wanderburschenlied auf den Refrain *Auf Wiedersehn, Marie*, ein Ulklied *Tobak*, ein *Gesang der Bergleute* und ein Droschkenkutscher-Gassenhauer. Die Kritik sparte nicht mit Lob für seine Chansons, die man noch in der »Gondel« sang, als er schon längst in Paris war und von dort die fälligen Honorare für seine Arbeiten anmahnte.

Die Jahre von 1919 bis 1924 waren insgesamt erfolgreiche Jahre für den Lieder- und Chansondichter Kurt Tucholsky. Dieses literarische Genre war nunmehr fester Bestandteil seines Werkes. Seine Chansons in der Vertonung von Friedrich Hollaender, Werner Richard Heymann, Mischa Spoliansky, Rudolf Nelson und Hans May erscheinen bei führenden Theater- und Musikverlagen, bei Adolph Fürstner, dem Drei-Masken-Verlag und dem Wiener Boheme-Verlag; auch seine ersten Schallplatten verdankt er dem Kabarett. Mit nahezu hundert Arbeiten für die kleine Bühne war er Berlins produktivster Autor und – bedenkt man die zahlenmäßig nicht mehr erfaßbaren begeisterten Zustimmungen, Erwähnungen und Rezensionen – zugleich der populärste.

»Die Weltbühne«: Der Feind steht rechts!

Von allen Zeitungen und Zeitschriften, für die Tucholsky arbeitete, war die *Weltbühne* sein wichtigstes publizistisches Organ. Hier war er »zu Hause«. In ihren Spalten läßt sich deutlich verfolgen, was er in den ersten Nachkriegsjahren empfand, was ihn beunruhigte und wo seine Sympathien lagen. Bei Jacobsohn konnte er frei reden, hier mußte er keine Zugeständnisse machen wie in seiner journalistischen Brotarbeit beim *Ulk*. Es gibt sichtbare Unterschiede zwischen dem, was im Mosse-Verlag von ihm erschien – mit Ausnahme der *Ber-*

liner Volkszeitung –, und dem, was er in der *Weltbühne* veröffentlichte. Hier war es ihm – ebenso wie in den Zeitungen der USPD – möglich, den Feind, der für ihn einzig und allein rechts stand, in aller Schärfe, ohne Rücksicht auf wankelmütige Verleger- und Politikerinteressen anzugreifen. Daher arbeitete er hier gern, beflügelt und angespornt durch den Herausgeber.

In den fünf Jahren *Weltbühne* – von Anfang 1919 bis Ende 1923 – entstanden rund vierhundertfünfzig Beiträge, hauptsächlich gezeichnet mit Peter Panter und Ignaz Wrobel. Wenn man davon ausgeht, daß von den Herausgebern der Werke Tucholskys der Gesamtumfang seiner Arbeiten mit rund zweitausendfünfhundert angegeben wird, so wäre ein Fünftel davon allein in diesem Zeitraum in der *Weltbühne* erschienen. Nicht mitgerechnet sind dabei die ungezeichneten Beiträge kleineren und größeren Umfangs wie auch seine ständige Mitarbeit an den »Antworten«, ferner die anonymen Leserzuschriften in der Spalte »Liebe Weltbühne« und die zahlreichen Glossen »Aus großer Zeit«, die unverkennbar seine Handschrift tragen. Auf die einzelnen Jahre aufgeschlüsselt, ergibt sich folgendes Bild: 1919 entstanden etwa einhundertzwanzig Arbeiten, 1920 waren es fast ebenso viele, 1921 geht die Zahl auf einundsiebzig zurück, 1922 wieder hoch auf einhundertvierzehn, während es 1923 lediglich noch zwanzig sind. Die geringe Anzahl von »nur« einundsiebzig Beiträgen für 1921 schien ihren Grund nicht in mangelnder Lieferfreudigkeit Tucholskys, sondern im schleppenden Abdruck zu haben, denn im September beklagte er sich darüber beim Herausgeber. Die Reduzierung im Jahre 1923 dagegen ging ausschließlich auf ihn zurück, da er infolge der Inflation gezwungen war, seine freiberufliche Tätigkeit als Schriftsteller zu unterbrechen.

Was ihn für Jacobsohn unentbehrlich machte, war nicht nur die literarische Mitarbeit, war nicht nur der tägliche, zumeist telefonische Gedankenaustausch mit ihm. Tucholsky übernahm zusätzlich zu seinen vielen Verpflichtungen auch noch Redakteursaufgaben, wenn sich Jacobsohn in den Sommermonaten in Kampen auf Sylt aufhielt, half, die *Weltbühne* in Berlin und Potsdam organisatorisch abzuwickeln, ohne dafür immer rechten Dank zu ernten, denn S. J. war nun mal gewohnt, »alles alleine zu machen«. Für diesen Alleinvertretungsanspruch hatte Tucholsky volles Verständnis, er betrachtete sich nach sieben Jahren Mitarbeit nach wie vor als Schüler, der sich unterordnete, auch Nachsicht mit den Eigenheiten Siegfried Jacobsohns hatte, schon weil er diesen Mann verehrte und selbst frei war von Eitelkeit oder irgendwelcher Geltungssucht in bezug auf seine literarische Stellung bei der *Weltbühne*. Unverkennbar ist, daß ihm die Mitarbeit, obwohl sie wenig einbrachte, noch genausoviel Spaß machte wie vor dem Kriege, gerade auch wegen der inneren menschlichen Verbundenheit mit Jacobsohn. Tucholsky fand sogar, daß der große Leserkreis des *Tageblatts* ihm nicht soviel Echo eingetragen habe wie die paar tausend Exemplare des »Blättchens«.

In den ersten Januartagen 1919, während sich in den nachtdunklen Straßen der Berliner Außenbezirke die Abteilungen der Freikorpsverbände zur Bereitstellung langsam auf Schulen, Turnhallen und öffentliche Gebäude zubewegten, um den Kampf gegen die bewaffneten Arbeiter aufzunehmen, gab Siegfried Jacobsohn den ersten Artikel der sogenannten *Militaria*-Serie in Satz. Es war eine Woche vor der Ermordung Karl Liebknechts und Rosa Luxemburgs. Die betreffende Nummer der *Weltbühne* konnte infolge der Kämpfe erst eine Woche später ausgeliefert werden, doch setzte die Diskussion darüber sofort ein. Ignaz Wrobel, der streitbare Moralist und Zeitkritiker unter den vier Pseudonymen, hatte sie herausgefordert. Die acht Artikel, zutreffend ist wohl eher die Bezeichnung Pamphlete, erschienen über einen Zeitraum von einem Jahr, beginnend am 9. Januar 1919 und endend am 22. Januar 1920. Im einzelnen befaßten sie sich mit dem Verhältnis von Offizier und Mann, mit der Verpflegung, den Requisitionen, der Moral der Offiziere während des Krieges sowie mit dem vaterländischen Unterricht, der dazu diente, die wachsende Kriegsmüdigkeit zu überwinden.

Der Offizierskaste machte Tucholsky zum Vorwurf, daß sie das eigene Volk nur als Mittel zum Zweck ansah. Der Geist des Offizierskorps, so führte er aus, geprägt von Hochmut, Menschenverachtung und Privilegiendenken, sei schlecht, weil er keine sachliche Unterordnung, sondern Unterwerfung wollte. Geschildert wurde von ihm in weiteren Fortsetzungen die Sucht, sich zu bereichern, die kriminellen Handlungen gegenüber der Bevölkerung in den besetzten Gebieten und gegenüber den eigenen Soldaten. Von Anstand, Moral oder vorbildlichem Verhalten könne keine Rede sein, da diese Herren nur für sich sorgten, mit beispielloser Roheit requirieren ließen, Lebensmittel, die für die Soldaten gedacht waren, fürs Kasino einbehielten, verschoben oder nach Hause schickten. Was der deutsche Offizier ansonsten taktisch im Kriege geleistet habe, wolle er dahingestellt sein lassen – doch zum Volkserzieher sei sein bisheriger Typ nicht berufen. Es gebe nur eins: Schluß zu machen damit, das Übel auszurotten, den alten Militärgeist mitsamt dem verhängnisvollen Untertanengeist von der Wurzel her zu zerstören. »Wir reißen sie aus unserm Herzen – wir spielen das Spiel nicht mehr mit. Wir speien auf das Militär – aber wir lieben die neue, uralte Menschlichkeit!«

Tucholsky konnte sich in der Darstellung der Sachverhalte auf seine eigenen Beobachtungen aus dem Offiziers- und Kasinomilieu von Autz stützen, zog jedoch auch Tatsachenberichte und Kriegserinnerungen von ehemaligen Heeresangehörigen heran, die ihm das, was er in der Verallgemeinerung formulierte, im Detail bestätigten. Streng war darauf zu achten, daß seine Beiträge auch juristisch hieb- und stichfest waren. Deshalb ermahnte ihn Jacobsohn schon im Juni 1919 von seinem Sommerdomizil auf Kampen aus: »Weniger fürwitzigen Kommentar«, dafür mehr »kalte Aneinanderreihung von Fakten!« Er solle in sein Manuskript noch einen Satz einfügen, daß es auch Offiziere gegeben habe, die sich bis zum letzten Tag des Krieges anständig geführt hätten. Tucholsky respektierte diesen Hinweis, obgleich er schon im ersten Artikel der Serie eingeräumt hatte, daß es selbstverständlich Ausnahmen gab, daß es aber nicht um die einzelne Person, sondern um den Geist ginge, der das deutsche Offizierskorps beherrscht hat, »und der war schlecht«.

Daß Vorsicht angebracht war, bestätigte eine Anfrage des Deutschen Offiziersbundes an das Reichswehrministerium, ob eine Handhabe gegeben sei, gegen Herausgeber und Autor Strafantrag zu stellen. Ein pensionierter Oberstleutnant aus Magdeburg verlangte, Tucholsky solle die Namen der Betreffenden nennen. Er lehnte das ab, da einzelne Fälle gar nicht zur Debatte standen, sondern das System. Proteste und Drohungen änderten nichts daran, daß die *Militaria*-Aufsätze eine die gesamte Öffentlichkeit bewegende Diskussion in Gang brachten. Daran beteiligten sich sowohl linksstehende Zeitungen wie auch Verlage mit Broschüren, Dokumentationen, Erlebnisberichten und politischen Schriften. Die *Weltbühne* selbst führte die Auseinandersetzung mit dem deutschen Militarismus, seiner Entstehungsgeschichte und seinen Erscheinungsformen, gezielt fort. Es liefen drei Serien im Heft, eine von Persius, eine von einem Stabsoffizier und die von Tucholsky, die die radikalste war.

Lothar Persius, ehemaliger Kapitän zur See und bereits vor dem Kriege eine kritische Stimme gegen die deutsche Kolonialpolitik und die Kaiserliche Kriegsflotte, unterstützte Tucholsky weitgehend. Auch die anderen Aufsätze über das kaiserliche Heer, gezeichnet »von einem Stabsoffizier« –

55

Hindenburg und Ludendorff,
Hauptverantwortliche der politischen und militärischen Katastrophe,
verachteten und beschimpften die Republik,
die ihnen jährliche Pensionen von 150000 Mark zahlte

wahrscheinlich das Pseudonym von General a.D. von Schoenaich –, widersprachen Tucholskys vehement vorgetragener Kritik nur in Einzelheiten, im großen und ganzen bestätigten auch sie Kastengeist, Mißwirtschaft, Aufgeblasenheit und oft genug militärische Inkompetenz.

Zur *Militaria*-Serie ist vom Inhalt her auch noch jener große Aufsatz von Tucholsky zu rechnen, der am 22. April 1920, wenige Wochen nach dem Kapp-Putsch, unter dem Titel *Militärbilanz* in der *Weltbühne* stand. Die Kernsätze daraus sind: Die machtlose Regierung traue sich nicht, gegen die Hochverräter des Kapp-Putsches einzuschreiten. Die Führer, Ludendorff an der Spitze, seien entkommen oder, wie Ehrhardt, in Freiheit. Die alten Generale, unsichere Kantonisten, seien im Amt und blieben es weiterhin. Das Versprechen des zuständigen Ministers, die Reichswehr zu säubern, sehe so aus, daß man die Republikaner hinausdränge und die alten Offiziere belasse. Der nächste Putsch sei damit schon

56

Die Opfer: Zwei kriegsblinde ehemalige Soldaten, als Straßen- und Hofmusikanten. Ihre Invalidenrente betrug höchstens zwanzig Mark im Monat. Für sie führte Tucholsky seinen Kampf gegen den Militarismus

programmiert. Was soll und muß geschehen? Darauf gab er eine präzise Antwort: Auflösung der Reichswehr und statt dessen ein Heer beziehungsweise eine Polizeitruppe unter dem Kommando wirklicher Demokraten.

Tucholsky legte in seinen Artikeln immer wieder dar, daß ein wirklicher Fortschritt und eine lebensfähige Demokratie mit dem preußischen Monarchisten- und Militaristentyp niemals möglich ist, daß der Feind der Republik nicht links, sondern rechts steht, in jenem Lager, das die Mörder Karl Liebknechts, Rosa Luxemburgs, Rathenaus, Eisners, Landauers, Erzbergers, Hans Paasches hervorgebracht hatte und deckte. Er sprach aus, was für ihn und andere Demokraten historische Notwendigkeit war: »Wir wollen bis zum letzten Atemzuge dafür kämpfen, daß diese Brut nicht wieder hochkommt. Der Helm muß und wird heruntergeschlagen werden.«

Die Militarismuskritik war in ihrem Kern auch eine Kritik am deutschen Bürgertum und am wilhelminischen Untertan. Im Verlauf der Novemberrevolution war wohl die Entthronung des Monarchen erfolgt, am Wesen des bürgerlichen Staates und in den Köpfen hatte sich jedoch nichts verändert. Deshalb spricht Tucholsky ständig von einer noch zu vollziehenden »geistigen« Revolution.

Seine Monarchismus-, Militarismus- und Staatskritik ist abgestützt durch die politische Linie der *Weltbühne*. Er kann seinen Aufsatz vom März 1919, mit dem er noch einmal das Credo seines Kampfes zusammenfaßt, guten Gewissens unter die Überschrift stellen: *Wir Negativen*. Ihre politische Position definiert er folgendermaßen: Sie können nicht ja sagen zu diesem deutschen Bürgertum, das ganz und gar antidemokratisch ist, nicht zu seinem Idol, dem deutschen Offizier, nicht zu dem Beamtentyp und dem Apparat der Bürokratie, nicht zu dem Politiker, für den Politik weiter nichts sei als die Durchsetzung wirtschaftlicher Zwecke mit Hilfe der Gesetzgebung, und nicht zu einer Politik, die sich allemal gegen den Arbeiter und gegen die Geistigen wende. »Wir können noch nicht ja sagen. Wir wissen nur das eine: Es soll mit eisernem Besen jetzt, grade jetzt und heute ausgekehrt werden, was in Deutschland faul und vom Übel war und ist... Wir kämpfen allerdings mit Haß. Aber wir kämpfen aus Liebe für die Unterdrückten, die nicht immer notwendigerweise Proletarier sein müssen, und wir lieben in den Menschen den Gedanken an die Menschheit... Laßt uns auch weiterhin nein sagen, wenn es not tut!«

Innerhalb der Publizistik Tucholskys ist dieser Artikel ein Schlüsselaufsatz, der seine Position und die der *Weltbühne* im ersten Jahr der Weimarer Republik zu dieser Republik formulierte. Er zeigt ihn als Sozialisten von streitbarer, revolutionärer Haltung, der seine Unsicherheiten gegenüber den kämpfenden Massen allmählich verliert und der Diktatur der Bourgeoisie in Verwaltung, Rechtsprechung und Gesetzgebung im Interesse der Demokratie und der Republik den Kampf ansagt. Für die Ebert-Scheidemann-SPD war er damit abgestempelt als einer aus dem Lager der radikalen Roten, wie folgender Vorfall belegt: Die Scheidemann nahestehende Zeitschrift *Die Glocke* brachte am 21. Mai 1919 unter dem Signum J.W. – Tucholsky hat handschriftlich auf seinen Zeitungsausschnitt den Namen Wolfsohn vermerkt – einen »Brief an einen Journalisten«. Er bezog sich direkt auf den Artikel *Wir Negativen* und war adressiert an die *Weltbühne.* Tucholsky hasse die Fahne schwarz-rot-gold, wird ihm vorgeworfen, weil das Rot nicht genug vorherrsche und der goldene Streifen zu breit erscheine. Die von ihm kritisierten Gruppen – der alte Offizier, der reaktionäre Beamte, das Unternehmer-Bürgertum – werden in Schutz genommen. »Wir wären ja wahnsinnig, wenn wir auf all das Geschreibe hören würden, das uns und dem ganzen Volk auf dem Papier eine glückliche Zukunft verheißt und, wenn es dazu kommt, nur einigen roten Geschäftlhubern Gewinn bringt. Wir sehen ja, wie weit es im Osten Europas dadurch gekommen ist.«

Wenn sich ein offiziöses Organ wie *Die Glocke* mit Tucholskys Überlegungen beschäftigte, so ließ dies erkennen, wie ernst man diesen Schriftsteller und die Zeitschrift, in der er schrieb, nahm. Nicht zuletzt ist es der Feder des Dreißigjährigen zu danken, wenn sich die *Weltbühne* von 1919 an zum bedeutendsten und einflußreichsten Organ der linksbürgerlichen demokratischen Publizistik der Weimarer Republik entwickelte. Auf Grund ihres hohen geistigen und literarischen Niveaus nahm sie eine exponierte Stellung ein, die sich in den anerkennenden Urteilen anderer linker Zeitungen ausdrückte. Die *Berliner Volkszeitung* meinte: »Eine ebenso schneidige wie gediegene Wochenschrift«; die *Frankfurter Nachrichten* lobten: »Unter allen Zeitschriften dieser Art ist die ›Weltbühne‹ die reinlichste, die gescheiteste, die mutvollste«; das *Prager Tagblatt* kam zu dem Urteil: »Das ausgezeichnete Berliner Theaterblatt hat sich zur ersten politischen Zeitschrift Deutschlands entwickelt.«

Von allen Autoren, die sich in der *Weltbühne* mit Politik befaßten, war Tucholsky in der Diktion der populärste, der sachlich und satirisch zugleich formulierte und auch in der Auseinandersetzung sichtlich Stehvermögen bewies. Ob man ihn beschimpfte, ihm »Frechheit«, »Feigheit« oder »Anmaßung« vorwarf, er ließ sich nicht beirren, durch keine Drohung auf anonymer Postkarte, durch keinen anonymen Telefonanruf. Er liebte und brauchte diesen Kampf, der ihm die eigene Kraft bestätigte.

Zusammen mit Alfons Goldschmidt und Arthur Holitscher zählte Tucholsky in jenen Jahren zu den am weitesten links stehenden Autoren des Blattes.

Seine Artikel las man gern, weil sie sehr persönlich, temperamentvoll und witzig waren. Was er schrieb, hatte den Redestil und war auf den Zuhörer hin formuliert, oft suggestiv in der Fragestellung, wenn er bestimmte Sätze rhetorisch wiederholte: »Und dazu sollen wir ja sagen?« – »Leben wir in einer Republik oder in einem Kasernenhof?«

Die außergewöhnliche Fähigkeit Tucholskys, sich auf sein Publikum einstellen zu können, kam der Lebendigkeit und Lebhaftigkeit seiner Artikel zugute. Niemand konnte von ihm sagen, daß er langweilig sei, auch seine übelsten Kontrahenten nicht.

In diesen Jahren, da er nebeneinander für den *Ulk*, die *Berliner Volkszeitung*, das *Berliner Tageblatt*, später für die *Freiheit*, die *Freie Welt* und die *Welt am Montag* arbeitete, blieb es nicht aus, daß er aktuelle Ereignisse mehrfach behandelte. Die *Weltbühne* als literarisch profiliertes Wochenblatt, vom Platz her nicht ganz so eingeengt wie die Tageszeitung, bekam in der Regel die am intensivsten durchgearbeitete Variante. Er mußte schnell arbeiten, er wollte aber auch gut arbeiten, so variierte er die Genres. Viermal schrieb er 1920 zum Mord von Mechterstädt und fand jedesmal dafür eine andere

Form. An die *Berliner Volkszeitung* gab er ein agitatorisches Gedicht, *Die Marburger*, mit dem Aufruf: »Volk! Feg sie hinweg!« In der *Freiheit* erschien in der gleichen Woche ein politisches Feuilleton *Marburger Nachwuchs* in Form einer Gerichtsszene. Die *Freie Welt* erhielt ein Gedicht in Liedform, für das Eichendorff und das Kommersbuch das Modell abgaben. Am schärfsten in seiner Sprache war er in der *Weltbühne*; für sie schrieb er eine politische Parodie auf das alte patriotische Lied *Stimmt an mit hellem, hohem Klang*, das er jetzt *Marburger Studentenlied* nannte:

Wir fingen fuffzehn von dem Pack,
das unser Preußen schädigt.
Es war ein schöner Märzentag.
Wir haben sie erledigt.

Sie sind von uns erschossen worn.
Doch ganz in Recht und Züchten.
Zwar sitzen ihre Wunden vorn...
Man kann auch rückwärts flüchten.

Wir wissen jeden krummen Weg.
Uns kann man nicht erweichen.
Der Mediziner im Kolleg
braucht Leichen, Leichen, Leichen!

Uns tut kein deutscher Richter nichts
und auch kein Staatsanwalte.
Die Schranken unsres Kriegsgerichts
der liebe Gott erhalte!

Ein Beispiel für die literarisch abgewandelte Mehrfachbehandlung von Zeitereignissen in der Publizistik Tucholskys war 1920 auch seine Reaktion auf die Ermordung des Pazifisten Hans Paasche, der, ehemals Offizier in den Kolonien, zum aktiven Gegner der politischen und militärischen Reaktion geworden war. In den ersten Tagen der Revolution gehörte er dem Berliner Arbeiter- und Soldatenrat an, zog sich aber dann aus der Politik zurück und lebte auf seinem Gut Waldfrieden in der Neumark. Er saß am 22. Mai in Badehosen an seinem See und angelte, als das Todeskommando – zwei Offiziere und sechzig Mann –, um nach angeblichen

Waffen zu suchen, erschien. Paasche, ein verhaßter »Bolschewik«, wurde »auf der Flucht erschossen«.

Tucholsky und Hans Paasche waren persönlich miteinander gut bekannt, verbunden durch ihre Mitgliedschaft im Friedensbund der Kriegsteilnehmer. Dem ermordeten Paasche widmete er in der *Weltbühne* einen Nachruf in Form eines

57

Erich Mühsam mit seiner Frau Zenzl

Gedichts, das Trauer und Haß darüber zurückläßt, daß wieder einer, »ein Stiller und Reiner«, umgebracht worden war. Parallel dazu erschien von ihm ein Aufsatz in der *Freiheit*, dem Charakter nach ein politischer Artikel, der dazu aufrief, Schluß zu machen »mit dieser Demokratie mit doppeltem Boden«, in der linke Politiker ermordet werden, während Gewalt und Verbrechertum rechts unbeschadet ihr Unwesen gegen Arbeiter und Demokraten weitertreiben können. Ein weiteres Mal nahm er zu diesem, ihn persönlich tief bewegenden Ereignis in der USPD-Illustrierten *Freie Welt* Stellung. Dort heißt sein Beitrag *Am Grabe von Hans Paasche – Rede, gehalten von Herrn Superintendent Jachemich, mitstenographiert von Kaspar Hauser*. Diese fiktive Predigt mit den darin einbezogenen Bibelzitaten war zugleich die Aburteilung einer sich national gebärdenden christlichen Geistlichkeit, die solche Verbrechen schweigend hinnahm.

Die *Weltbühnen*-Publizistik Tucholskys beschränkte sich in diesen Jahren, obwohl sie einen ausgeprägt polemischen Akzent hat, nicht nur auf die Gegenstände der Politik. Er behielt die Gewohnheit aus der alten *Schaubühne* bei, Bücher zu rezensieren, Schauspieler zu porträtieren, über Kabarett- und Varietéabende zu plaudern, mal ein Liebesgedicht oder ein Spottgedicht zu schreiben und den zweispaltigen kurzweiligen Teil des Heftes mit Schnipseln zu füllen.

Prinzipielle Aufsätze, politische und literarische Späße – wie leicht wird darüber eine andere, ebenso wichtige Seite seiner Arbeit für die *Weltbühne* vergessen: die Solidarität mit den Opfern der Justiz. 1920 organisierte Tucholsky unter seinem Namen in der *Weltbühne* eine Hilfsaktion für die in Bayern inhaftierten politischen Gefangenen. Ein Briefwechsel mit Erich Mühsam, verurteilt zu fünfzehn Jahren Festung, ging voraus. Am 26. August druckte Jacobsohn Tucholskys *Aufruf* ab, mit dem er sich an die Leser und Abonnenten der Zeitschrift wandte: »Denkt an diese kleine Schar von Idealisten, die grade noch mit dem Leben davongekommen sind und es nun für die feige Rachsucht einer schwachen Regierung in qualvollen Jahren hergeben sollen. Der Mörder Kurt Eisners darf aus seiner Haft monarchistische Artikel schreiben – diesen Männern da geht es nicht gut. Kein Leitartikel, keine Volksversammlungsrede und keine Arbeit der Organisationen dringt unmittelbar hinter die Festungsmauern. Helft anders...«

Die Bitte war nicht vergebens. Es kamen Lebensmittel, Bücher, Zigaretten und Bargeld. Regelmäßig gingen Pakete und Geldsendungen über Ernst Toller und Erich Mühsam zu den Gefangenen. Im Dezember 1921 erneuerte Tucholsky den *Weltbühnen*-Aufruf und dehnte diese Aktion auf andere Hilfsbedürftige aus. Das Ergebnis waren neuntausendfünfhundertfünfzig Mark. Im August 1922 stellte er Ernst Toller erneut achttausend Mark zur Verfügung.

Unter Beschuß der Reaktion

In der vorletzten *Weltbühnen*-Nummer vom Januar 1920 – es war das Heft, in dem Tucholskys achter und abschließender Artikel der *Militaria*-Serie erschien – machte Siegfried Jacobsohn den Lesern die Mitteilung, daß Reichswehrminister Noske und der preußische Kriegsminister General Reinhardt gegen Tucholsky und den Herausgeber der *Weltbühne* Strafantrag wegen Beleidigung ihrer Truppen gestellt hätten. Es handelte sich um das schon im Mai 1919 in der *Weltbühne* erschienene Gedicht *Unser Militär*, das die Worte »Mörder«, »Nationalisten« und »Gesindel« enthielt. Der wahre Grund, daß man gegen Tucholsky aktiv wurde, war nicht sosehr das betreffende Gedicht als seine gesamte Aktivität gegen das militaristische System und die Verbrechen der neuformierten Nachkriegseinheiten, die eine Diskussion in Bewegung brachte, deren möglichen Auswirkungen man zuvorkommen wollte.

Das Gedicht hat drei Strophen; dreimal wird das Militär darin beleuchtet – zu Kaisers Zeiten mit Militärmusik und Parademarsch, im Kriege als »der großen Zeit« der Offiziere und 1919, da »die Herren oben/tun ihren Pater Noske loben« und den »alten, trostlosen Leutnantstyp« wieder brauchen »als Stütze für ihr Prinzip«. Geändert habe sich nichts.

> Das verhaftet, regiert und vertobakt Leute,
> damals wie heute, damals wie heute.

Nennt ihr es auch Freiwilligenverbände:
es sind die alten, schmutzigen Hände.
Wir kennen die Firma, wir kennen den Geist,
wir wissen, was ein Korpsbefehl heißt...

Jacobsohn, der in den vierzehn Jahren seiner Zeitschrift hinlänglich Erfahrung mit Gerichtsprozessen und Strafanzeigen hatte, gab in seiner »Information« den Inhalt des Tucholsky-Gedichts in emotionsloser, streng sachlicher Weise wieder. Er sagte, die darin enthaltene Behauptung, daß die Noske-Gardisten bei den Berliner Straßenkämpfen ihre Befugnisse weit überschritten und sich Übergriffe übelster Art hätten zuschulden kommen lassen, stimme, und sie würden das vor Gericht auch beweisen. Es kam aber anders. Tucholskys eigene Verteidigung und die seines Anwalts Dr. Werthauer reichten nicht aus, um bei Gericht durchzukommen. Er wurde zu einer Geldstrafe verurteilt.

Es war nicht das erste Mal, daß er sich in einen politischen Prozeß verwickelt sah. 1919 war schon einmal wegen eines Gedichts im *Ulk* ein Verfahren gegen ihn eingeleitet worden. Theodor Wolffs Einfluß verhinderte, daß es zur Anklage kam. Auch ein zweites Verfahren wegen Offiziersbeleidigung auf Grund eines *Ulk*-Titelblattes blieb im Ansatz stecken. Der Vorgang verschwand in der Registratur.

Im Jahre 1922 rechnete man sich im Reichswehrministerium und bei der Staatsanwaltschaft erneut Chancen gegen Tucholsky aus. Über zwölf Monate prüfte und erwog man die Anklage wegen des im August 1921 in der *Freiheit* veröffentlichten Aufsatzes *Offiziere*. Darin standen die Sätze: »Das deutsche Offizierskorps hat im Kriege seine Pflicht nicht erfüllt. Das deutsche Offizierskorps setzt sich aus kulturfeindlichen Schädlingen zusammen, die um ihres Postens willen bereit sind, jede Desperadopolitik mitzumachen. Der Geist des deutschen Offizierskorps taugt nichts. Ein ständig wachsender Teil der Nation lehnt diesen Ungeist und seine Träger ab. Wir brauchen sie nicht mehr. Beleidigungsklagen ändern an diesem Urteil nichts.«

Die Staatsanwaltschaft folgte dem Antrag des Militärs. Es war der erste derartige Prozeß der Reichswehr in Berlin nach dem Kapp-Putsch, der gegen einen Publizisten von Rang angestrengt wurde. Entsprechend war das Aufsehen; alle größeren Zeitungen schickten ihren Berichterstatter zur Verhandlung vor der 10. Strafkammer des Berliner Landgerichts I. Die *Berliner Volkszeitung* war durch Carl von Ossietzky vertreten. Dieser schrieb zum Sachverhalt, daß der Angeklagte Dr. Tucholsky vor Gericht erklärt habe, daß er nicht die Offiziere der Reichswehr habe beleidigen wollen. Er bekämpfe nicht Personen, sondern ein System. Er bekämpfe auch nicht, wie behauptet werde, die republikanische Reichswehr; er bekämpfe die Reichswehr, »weil sie nicht republikanisch genug sei«.

Das Urteil für Tucholsky lautete auf Freispruch. Linksstehende Zeitungen wie das *Hamburger Echo* nannten den Prozeß eine Blamage für die Reichswehrführung, während rechtsstehende Hetzblätter wie die *Wahrheit* verkündeten, Tucholsky habe seinen knappen Freispruch nur durch »talmudische Wortverdrehung« erreicht, und ansonsten bleibe es dabei: »Unnötig der Jubel in der Jerusalemer Straße. Theo *darf* die deutschen Offiziere ungestraft beleidigen; denn er *kann* sie nicht beleidigen.«

Nicht nur in den Amtsstuben der Justiz und in den Büros der Militärs, auch an den Stammtischen der Kriegervereine, der Kaisertreuen, der strammen Nationalen war Tucholsky ein gehaßter Mann. Man beschimpfte ihn in den Zeitungen, aber auch anonym in Briefen und am Telefon. Wie so etwas ablief, hat er für die *Berliner Volkszeitung* selbst aufgezeichnet:

»Hallo? Sind Sie Herr Wrobel?«

»Wer ist denn da?«

»Das ist janz nebensächlich. Sind Sie Herr Wrobel?«

»Sie müssen schon so freundlich sein, sich vorzustellen!«

»Ich will Ihnen mal was sagen: Sie sind ein französischer Lump – Sie nehmen Franken – Sie verraten die Heimat – Sie verdammter Bolschewik – wer weiß, wo Sie überhaupt herstammen – Sie Drückeberger – Sie sollen ja in Frankreich eine Villa haben – von Ihrem ergaunerten Geld – – –«

Von den anonymen Zuschriften und Drohungen, die Tucholsky erhielt, sind etliche in seinem Nachlaß erhalten, im Wortlaut alle ähnlich wie die hier zitierten:

Brief vom 26. Juni 1921: »Du dreckiger Judenlümmel ... Wenn Du mal aus Deiner Redaktion kommst, kriegst Du eine gewischt, daß Dir Hören und Sehen vergeht.« – Unterschrift: »Nebbich.«

Brief vom 23. Januar 1922: »Paß nur auf, Du Gift speiender Jude, daß wir Christen Euch nicht einen Tritt versetzen, denn Ihr seid gefährlichere Kreaturen als ein Löwe.« – Unterschrift: »Pfui Jude!«

Brief vom April 1922: »Wartet nur, es kommt schon die Zeit, wo Ihr Euch in die Löcher verkriecht.« – Unterschrift: »Ihr Geschmeiß.«

Postkarte vom 12. September 1922: »Fort mit Ihnen, lieber Ignaz, nach Moskau zu Ihren Kollegen, den Bolschewiki, wo Sie Ihrer ehrlosen, vaterlandslosen Gesinnung nach hingehören.« – Unterschrift: »Ein Deutscher.«

Von den Zeitungen des Scherl-Konzerns, den Vereinsblättern der nationalen und völkischen Verbände sowie den reaktionären und konservativen Provinzzeitungen wurde die Hetzkampagne immer wieder neu geschürt. Die *Deutsche Zeitung*, das führende Blatt der Nationalisten, denunzierte Tucholsky 1922 wegen seiner Arbeit an der Soldatenzeitung der Fliegerschule Autz als einen gewissenlosen Konjunkturritter, dessen Lieblingsbeschäftigung nun die »Verleumdung verdienter Heerführer und deutschdenkender Leute« sei. Das *Deutsche Offiziersblatt* nannte ihn im August 1922 den »Typ eines deutschen Hetzjournalisten«. Es folgte damit dem Tenor des für Pressefragen zuständigen Oberst Bauer aus dem Kriegsministerium in der Bendlerstraße, der schon am 19. Oktober 1919 im *Berliner Lokalanzeiger* von »Herrn Ignaz Wrobel« als »einem der Haupthetzer« sprach. Der Scherl-Verlag brachte im Herbst 1919 als Nummer 10 einer speziellen Flugschriftenreihe ein Heftchen von Assessor Dr. Kurt Eckhardt – im Kriege Reserveoffizier – mit dem Titel *An alle Frontsoldaten!* heraus. Wie auch in den übrigen Heften dieses preußisch-militaristischen Schrifttums hat Deutschland selbstverständlich »im Felde gesiegt«, und wer wie Ignaz Wrobel etwas anderes behauptet, solle sich vorsehen: »Weh dir, Ignaz Wrobel!«

Zur Generalabrechnung fühlte sich schließlich ein ehemaliger Oberstleutnant mit Namen G.A. Boehm-Tettelbach berufen, der 1922 in dem völkischen Verlag J.F. Lehmann in München eine umfängliche Schrift, *Die Offiziershetze als politi-*

sches Kampfmittel, erscheinen ließ. Zwar werden darin auch andere Schriftsteller – wie Meyrink, Harden, Hasenclever und Edschmidt – mit angegriffen, die Spitze richtete sich jedoch gegen Kurt Tucholsky, speziell gegen sein streitbares Pseudonym Ignaz Wrobel. Ihm ist ein eigenes Kapitel der hundertzehn Seiten umfassenden Schrift gewidmet. »Von allen Quellen, aus denen die Flut der Offiziershetze strömt, ist sein Tintenfaß unzweifelhaft die ergiebigste. Außerdem ist er, wie kaum ein anderer, kennzeichnend für das Milljöh, in dem er tätig ist.« Die Kritik am deutschen Militarismus wird bei Boehm-Tettelbach als »Offiziershetze« bezeichnet.

Tucholsky antwortete auf diese Schrift im März 1922 öffentlich in der *Weltbühne* mit dem Aufsatz *Die Erdolchten*. Darin versetzte er dem Schreiber einen satirischen Tritt und meinte, es lohne eigentlich gar keine Auseinandersetzung, weil auf der anderen Seite keine Person, sondern nur zwei Achselstücke stünden. Das ganze wilhelminische Deutschland trompete in diesem Buch.

Boehm-Tettelbach hatte in seiner Schrift auch die *Weltbühne*, die *Welt am Montag*, den *Ulk*, das *Berliner Tageblatt* und andere »jüdische« Presseorgane, die den Kampf gegen den Militarismus unterstützten, beschuldigt, weiter nichts im Sinne zu haben, als »deutschen Heldengeist herabzusetzen«. Ihr Kampf richte sich in Wirklichkeit gegen »Vaterlandsliebe, Opfermut und gegen die deutsche Kraft«.

»Wir folgten«, so heißt es an einer Stelle bei Boehm-Tettelbach, »den fliegenden Kaiseradlern der deutschen Heere.« Das sei ein Druckfehler, kommentierte Tucholsky, »es muß ›fliehenden‹ heißen. Der Rest ist Amerongen.« Amerongen war 1918 der erste Asylort des geflohenen deutschen Kaisers.

Nach dieser Auseinandersetzung mit der Boehm-Schrift in der *Weltbühne* konnte Tucholsky resümieren, daß weite Kreise der Bevölkerung, auch Kreise des Bürgertums »und fast die gesamte Arbeiterschaft den deutschen Offiziersstand heute richtig beurteilt. Wir haben das Unsere dazu getan. Das habe ich immer mit Freuden feststellen können.« Aber *wie* groß die Wirkung seiner Aufklärungsarbeit sei und »wie sehr wir ihnen geschadet haben«, das habe er erst aus diesem Buch ersehen.

Wegen des Artikels gegen Boehm versuchte das Reichswehrministerium abermals auf dem Gerichtswege gegen ihn vorzugehen. Ignaz Wrobel informierte die Leser im letzten Juliheft 1922, daß Geßler, »jene bekannte komische Figur aus Schillers ›Wilhelm Tell‹«, wieder einmal Strafantrag gestellt habe. Am 1. November 1923 – mehr als ein Jahr mahlen die Mühlen der Justiz – mußte die *Weltbühne* eine Erklärung veröffentlichen, daß sie die Offiziere der Reichswehr ausdrücklich von den im Artikel erhobenen Vorwürfen ausnimmt und diese mit dem Ausdruck des Bedauerns zurücknimmt. Zu einer härteren Verurteilung hatte es nicht gereicht.

Um einen Unliebsamen zu verleumden, gab es viele Mittel. Im Sommer 1922 begann erneut eine Kampagne; sie hatte ihren Ausgangspunkt in Paris und erstreckte sich über das ganze zweite Halbjahr 1922. Der Korrespondent des *8-Uhr-Abendblattes* hatte beim Durchblättern der Pariser Tagespresse am 27. Juli in der Zeitung *L'Eclair* einen Aufsatz Kurt Tucholskys über die Ausbildung der preußischen Schutzpolizei entdeckt, versehen mit einem Zusatz der Redaktion: »Wir erhalten von einem Berliner Publizisten folgende überzeugende Enthüllungen über die Schupo...« Der Korrespondent telegraphierte sofort an seine Zeitung nach Berlin, daß Tucholsky der französischen Presse deutschfeindliches Material übergeben habe. In Wirklichkeit handelte es sich um einen Aufsatz aus dem letzten Juniheft der *Weltbühne*, der, übersetzt und ohne Wissen des Verfassers, in der Pariser Zeitung nachgedruckt war.

Noch an demselben Tag, da das *8-Uhr-Abendblatt* mit dieser sensationellen Meldung erschien, setzte sich Tucholsky an die Schreibmaschine und tippte eine klarstellende Berichtigung, die die Kollegen des *8-Uhr-Abendblattes* sofort akzeptierten und am nächsten Tag abdruckten. Das aber war zu spät. Die reaktionäre Presse, bis in die letzten und kleinsten Provinzzeitungen hinein, griff den Vorfall auf und verleumdete Tucholsky als ehrlosen Vaterlandsverräter, der von den Feinden dicke Gelder beziehe. Eine Berichtigung des Sachverhalts brachte keines dieser Blätter. Tucholsky konnte nur achselzuckend konstatieren: »Eine Presse, die Herrn Erich Ludendorff niemals verübelt hat, daß er in den Northcliffe-

Zeitungen für ein Valutahonorar gegen die deutsche Republik hetzt, während die noch um ihr Leben kämpft, wird nicht soviel journalistischen oder politischen Anstand aufbringen, von dieser Erklärung Notiz zu nehmen.«

Es spricht Ignaz Wrobel

»Man erobert die Welt nicht mehr vom Schreibtisch aus. Auch der Schriftsteller muß heutzutage mit seiner Person eintreten«, so heißt ein bekenntnishafter Satz in Heinrich Manns Roman *Im Schlaraffenland*. Das wollte auch Tucholsky. Schon bevor er sich der USPD anschloß, begann seine politische Arbeit in der Öffentlichkeit. Verbündete dafür fand er vor allem im Mosse-Verlag. Hier, in der Redaktion der *Berliner Volkszeitung*, entstand der Kontakt zu Otto Nuschke und Carl von Ossietzky sowie zu den Redakteuren Karl Vetter und Willi Meyer. Mit den beiden letzteren gründete Tucholsky 1919 den Friedensbund der Kriegsteilnehmer, der die »Nie-wieder-Krieg«-Bewegung ins Leben rief. Engagiert war er auch in anderen Organisationen, so im Republikanischen Reichsbund, den er im März 1921 mitbegründete. Außerdem trat er wie Siegfried Jacobsohn dem Bund Neues Vaterland bei, der sich 1922 in Deutsche Liga für Menschenrechte umbenannte.

In der Wilhelmstraße 48 gehörte ein Stockwerk ausschließlich den demokratischen Friedensorganisationen. Hier tagten der Bund Neues Vaterland, der Friedensbund der Kriegsteilnehmer, hier traf sich der Sozialwissenschaftliche Club, und hier fanden auch die Beratungen des Aktionskomitees »Nie wieder Krieg« statt. In der Wilhelmstraße begegnete er vielen, mit denen er durch die *Weltbühne* und seine sonstige Redaktionsarbeit, durch seine Tätigkeit im Schutzverband der deutschen Schriftsteller sowie im Verein der Berliner Presse bekannt war: Otto Lehmann-Rußbüldt, Robert Kuczynski, Harry Graf Kessler, Hugo Simon, Hellmut von Gerlach, Georg Bernhard, Emil J. Gumbel, General a.D. Paul von Schoenaich, Heinrich Ströbel, Rudolf Hilferding, Arthur Holitscher und Kurt Hiller. Bei den Zusammenkünften sah man oft Albert Einstein, Mitglied des Bundes Neues

Vaterland, und die Rechtsanwälte Dr. Alfred Apfel und Dr. Richard Lewinsohn, die die Friedensorganisationen und die *Weltbühne* in Prozessen vertraten.

In seinen Organisationen arbeitete Tucholsky tatkräftig mit. Er war Vorstandsmitglied des Friedensbundes der Kriegsteilnehmer und in dieser Eigenschaft führendes Mitglied des Aktionsausschusses »Nie wieder Krieg«, der am 2. Oktober 1919 gegründet wurde. Außerdem arbeitete er für die von Hellmut von Gerlach geleitete Wochenzeitung *Welt am Montag*, das Leitorgan der Friedenspropaganda.

Leidenschaftlich und schlagkräftig, wie Tucholsky in seinen Aufsätzen argumentierte, so sprach er auch in der Öffentlichkeit. Als Redner war er in seinen Organisationen sehr gefragt. Als der Friedensbund der Kriegsteilnehmer am 14. Dezember 1919 in Berlin seine erste Kundgebung abhielt, stand auch Tucholsky am Rednerpult. »Nie wieder Krieg!« war die Losung. Der große Saal des Lehrervereinshauses am Alexanderplatz war überfüllt, die Atmosphäre gespannt. Schon die beiden Redner vor ihm – Redakteur Karl Vetter und Hauptmann a.D. Willi Meyer – wurden ständig von den Zwischenrufen der anwesenden Reichswehrleute und Baltikumer unterbrochen. Als Tucholsky zum Podium trat, war der Tumult schon so groß, daß er sich nur mit Mühe durchsetzen konnte. Er ging sofort in die Offensive. Zu den Schreiern gewandt, die sich um Offiziere in Zivil gruppiert hatten, rief er: »Der grünen Ecke in diesem Saal bemerke ich, daß hier nicht der Kasernenhof ist! Hier regiert nicht die größte Schnauze, sondern die beste Überzeugung! Nicht abgegebene Revolver sind keine Argumente.« Stürmischer Beifall kam dafür von der Mehrheit der Anwesenden. Thema seiner Rede war das Offizierskorps, dessen Verhalten im Kriege und die Dolchstoßlegende. Von einer zersetzenden Wirkung einer Revolution, argumentierte er, könne überhaupt keine Rede sein. Die zersetzenden Einflüsse seien allein vom Offizierskorps ausgegangen. Wegen erneut einsetzenden Tumults mußte die Versammlung für einige Zeit unterbrochen werden. Die Uniformierten setzten sich jetzt in Bewegung, man hörte brüllende Stimmen: »Wir wollen den Juden erschießen!«, und die Offiziere redeten auf ihre Leute ein, die Kundgebung sofort mit Waffengewalt zu sprengen.

Tucholsky nahm seine Rede mutig wieder auf, jetzt direkt konfrontiert mit der bewaffneten Horde, die von draußen hereindrängte. »Sagen Sie Ihren Führern, daß mehr Mut dazu gehört, nüchtern in eine solche Versammlung zu gehen, als besoffen das Kasino zu verlassen!« Wieder erhielt er für seine couragierte Bemerkung lang anhaltenden Beifall. Die Reichswehrleute begannen energisch sich den Weg nach vorn zur Rednertribüne frei zu machen. Erst als eine größere Truppe der Sicherheitswehr im Saal erschien, um sie zu entwaffnen und aus dem Saal zu drängen, konnte die Kundgebung zu Ende geführt werden. Während die Hinausgeworfenen draußen *Deutschland, Deutschland über alles* anstimmten, wurden von begeisterten Kundgebungsteilnehmern Hochrufe auf die Republik ausgebracht.

Drei Tage nach dieser Kundgebung ließ Tucholsky in der *Berliner Volkszeitung*, die ausführlich über die Vorgänge berichtet hatte, nochmals einen kleinen Artikel erscheinen, um all denen zu danken, »die meinen Freunden und mir zugestimmt haben. Es war schön, zu wissen, daß man nicht ganz allein stand... Ich habe viele Eindrücke aus der Versammlung mit nach Hause genommen – der leuchtendste und unvergeßlichste ist dies Bild: Unten stand ein lehmgrau gekleideter schwarzer Mann, er schwenkte seine Mütze, und in seinen Augen war so viel Dankbarkeit. Er hörte nicht mich – er hörte sich. Kamerad, ich grüße dich. Es ist schön, zu fühlen, daß man nicht allein steht.«

Einer der wirkungsvollsten, beliebtesten Redner war Tucholsky auch auf den Kundgebungen der Deutschen Liga für Menschenrechte. Am 26. April 1922 sprach er auf einer Großkundgebung in der Hasenheide über das Thema Justiz. Zusammen mit Hellmut von Gerlach, Kammergerichtsrat Freymuth, Dr. Emil J. Gumbel und dem Abgeordneten Erich Kuttner gab er der Diskussion die kämpferische Richtung. Tausende waren gekommen, der Saal war überfüllt. Die Zeitungen berichteten am nächsten Tag in Schlagzeilen: »Riesenkundgebung in der ›Neuen Welt‹« – »Massenkundgebung gegen die Verhöhnung der Republik durch die bestehende Rechtspflege« – »Saal überfüllt«. Viele hatten keinen Einlaß mehr gefunden. Tucholsky schilderte, von spontanem Beifall immer wieder unterbrochen, den »Betrieb« in der Justiz-

Hellmut von Gerlach

fabrik Moabit und erhob Anklage. »In Moabit und ganz Deutschland wird Klassenjustiz getrieben.« Viele Urteile in der letzten Zeit seien nicht mehr Justiz, sondern »Vergeltung, Rache an der neuen Zeit«. Als am Schluß der Kundgebung eine Resolution zur Freilassung der wegen ihrer Teilnahme an der Bayerischen Räterepublik Verurteilten angenommen wurde, verbunden mit einer Geldsammlung für die Gefangenen, die über eintausendfünfhundert Mark erbrachte, hatte auch Tucholsky mit seiner anschaulichen, freien und leidenschaftlichen Rede das Seine dazu beigetragen.

Anfang Januar 1923 führte der Republikanische Reichsbund die erste große öffentliche Versammlung in den Kammersälen in Berlin durch. Und wieder war Tucholsky als Redner dabei. Die starkbesuchte Kundgebung stand unter dem Thema: »Was fordern die deutschen Republikaner vom neuen Jahr?« Die Antwort darauf gaben der demokratische Landtagsabgeordnete Otto Nuschke, der württembergische

Gesandte in Berlin Karl Hildenbrand, Ignaz Wrobel, der Redakteur Kohler und Senatspräsident Großmann vom Kammergericht. Wrobel wandte sich den verheerenden sozialen Zuständen im Innern des Landes zu und forderte durchgreifende Demokratisierung. »Wir leben in einer Raffke-Republik, oben Öl, unten Wasser. Ein kleiner Teil dieses Landes hat so viel Geld wie nie zuvor. Die andern sind seit acht Jahren physisch und psychisch unterernährt.« Die Dollarpreispolitik führe überall dazu, daß sich die Raffkes auf Kosten der arbeitenden Bevölkerung bereichern. Mit großer rhetorischer Leidenschaft wandte er sich, wie die *Berliner Volkszeitung* am 5. Januar 1923 berichtete, an den vollbesetzten Saal: »Wir haben immer für diese Republik gekämpft; aber wir sprechen offen aus: Wir sind von dieser Republik maßlos enttäuscht! Dafür haben sich Liebknecht und Rosa Luxemburg nicht totschlagen lassen, dafür hat auch der alte Bebel nicht gekämpft... Die wirkliche Republik müssen wir uns erst schaffen!«

Viele Leute gingen damals zu den Kundgebungen der linken Organisationen nur, weil Ignaz Wrobel auf der Rednerliste stand. Ihn zu hören war ein Erlebnis. Er beherrschte die Kunst der öffentlichen Rede wie kaum jemand aus seinen Kreisen; er wußte um die Sorgen und Zweifel der Menschen, und er fühlte, ob seine Worte ankamen, reagierte auf die feinste Regung der Zuhörer, immer wissend, daß die Leute gekommen waren, nicht um einen Schreibtischmenschen zu hören, sondern einen, der das Leben, ihr Leben kannte.

Das mutige öffentliche Auftreten brachte ihm viele Zuschriften ein.

»Ich beglückwünsche Sie zu Ihrem mannhaften Auftreten, zu Ihrer von edler Leidenschaft durchglühten Rede«, schrieb ihm ein Mann namens Wilhelm Rosenhöft aus Berlin, der gleichzeitig den Wunsch äußerte, ob Tucholsky bereit wäre, auch einmal bei ihnen, vor der Gesellschaft für republikanisch-demokratische Politik, zu sprechen. Andere, die an der Kundgebung teilgenommen hatten, leiteten ihm spezielles Material zur Rechtsprechung zu, weil sie sich in ihren Interessen von Tucholsky vertreten fühlten. »Hätten wir nur viele solcher Männer, die imstande wären, viele mit sich fortzureißen, so stünde es jetzt anders!«

Im Zusammenhang mit dem Republikanischen Reichsbund taucht Tucholskys Name nicht erst im Januar 1923 auf. Er stand schon im März 1921 unter dem Aufruf, mit dem sich der Bund an die Öffentlichkeit wandte und seine Ziele darlegte: Sicherung der republikanischen Staatsform durch organisatorischen Zusammenschluß aller auf dem Boden der Republik stehenden Persönlichkeiten und Verbände, durchgreifende Aufklärungs- und Erziehungsarbeit zur geistigen Verankerung der republikanischen Staatsidee sowie Abwehr der Reaktion. Unterzeichnet war der von Weimar ausgehende Appell von fünfundsechzig namhaften Persönlichkeiten, unter ihnen der Präsident der Preußischen Akademie der Künste, Max Liebermann, Reichstagspräsident Loebe, Hauptmann a.D. Willi Meyer, Chefredakteur Nuschke, Carl von Ossietzky, Völkerrechtler Professor Schücking, Chefredakteur Stampfer, Staatsminister Karl Severing und Dr. Kurt Tucholsky.

Tucholsky war auch dabei, als das Deutsche Friedenskartell, die Dachorganisation der Friedensorganisationen, am 3. Juli 1922 ihre Rathenau-Gedenkversammlung im Lehrervereinshaus in Berlin abhielt. Den Vorsitz führte Harry Graf Kessler, einer der engeren Freunde Rathenaus, der auch die

DEUTSCHES FRIEDENSKARTELL
15 Organisationen
SITZ BERLIN SW 68 – ZIMMERSTRASSE 87

Einladung zur Rathenau-Versammlung

Montag, den 3. Juli 1922, abends 8 Uhr
im Lehrer-Vereinshaus, Alexanderplatz

Thema:

Mordhetze, Nationalismus und Erziehung

Vorsitz u. Ansprache: Harry Graf Kessler

Redner:
Prof. Oestreich, Ignaz Wrobel, Dr. Lydia Stöcker, Dr. Max Hodann, Ernst Lemmer

Die Mitglieder des Bundes entschiedener Schulreformer sind gebeten, 1/2 8 Uhr zu erscheinen * Das Erscheinen aller Mitglieder unserer Organisationen wird erwartet

Karten 3 Mark vorher bei A. Wertheim und Bote & Bock
Gewerkschaftsmitglieder 2 Mark nur an der Abendkasse

Deutsches Friedenskartell

59

Eröffnungsansprache hielt. Als weitere Redner waren auf der Einladung vermerkt: der Pädagoge Professor Paul Oestreich, Ignaz Wrobel, Dr. Lydia Stöcker, der Sexualforscher Dr. Max Hodann und Ernst Lemmer von den christlichen Gewerkschaften.

Sein bei weitem größtes Auditorium, vergleichbar mit keiner der hier geschilderten Veranstaltungen, hatte Tucholsky im Berliner Lustgarten, wo sich seit 1920 alljährlich am ersten Augustwochenende riesige Menschenmengen zur Kundgebung »Nie wieder Krieg!« zusammenfanden. Natürlich war er hier nicht der einzige Redner, denn seine Stimme allein hätte wohl kaum ausgereicht für das weitläufige Areal zwischen Zeughaus, Dom und Schloß, das überfüllt war mit Berlinern. Tucholsky stand 1920, 1921 und 1922 auf der Rednerliste des Aktionsausschusses und gehörte zusammen mit Carl von Ossietzky, Karl Vetter, E.J. Gumbel und dem Publizisten Berthold Jacob zu den Hauptinitiatoren dieser Bewegung.

Die erste der Berliner Kundgebungen von 1920 mit etwa vierzigtausend Teilnehmern, war im wesentlichen nur von den Organisationen der Friedensbewegung und einigen politischen Jugendverbänden unterstützt worden. 1921 bot sich durch die Beteiligung der Gewerkschaften und der Unabhängigen Sozialdemokraten schon ein ganz anderes Bild. Höhepunkt war aber das Jahr 1922. Bei prächtigem Sommerwetter zogen die Berliner am 30. Juli, Fahnen und Spruchbänder mit sich führend, zum Lustgarten, dem Schloßplatz und dem Marstall. Harry Graf Kessler notierte in seinem Tagebuch: »Mittag. ›Nie-wieder-Krieg‹-Demonstration im Lustgarten. Etwa 100000 Menschen mit roten und schwarz-rot-goldenen Fahnen, darunter viel Wanderjugend. Dreißig Redner. Ich sprach auf der Schloßbalustrade an der Ecke bei der Brücke.« Etwa hundert Meter weg von ihm stand Tucholsky, in seiner nächsten Nähe, ebenfalls als Redner, Professor Schücking, Felix Stössinger, Heinrich Ströbel und Pfarrer Franke.

Tucholsky schrieb wie in den voraufgegangenen Jahren auch für die Kundgebung von 1922 wieder ein Gedicht, es war das große, eindringliche Sprechgedicht *Drei Minuten Gehör!*. Es erschien am gleichen Tag in der *Freiheit*, mit dem re-

Das Lehrervereinshaus am Alexanderplatz. Hier sprach Tucholsky wiederholt als politischer Redner in den Veranstaltungen seiner Organisationen

daktionellen Vermerk, daß diese Verse von Theobald Tiger als Prolog zum Auftakt auf allen Kundgebungen des Reiches gesprochen würden und unentgeltlich auch an allen anderen Stellen öffentlich rezitiert werden können. Die *Republikanische Presse*, der Artikel- und Feuilletondienst für Tageszeitungen, brachte das Gedicht am Vortag in seiner Ausgabe vom 29. Juli, nachdem es vorher schon, hektographiert, an alle Gruppen und Verbände versandt worden war.

Es gab damals noch keine Lautsprecher, so wurde der Tucholsky-Prolog von fünfzehn Schauspielern mit eindringlicher Stimme von verschiedenen Stellen aus in die versammelte Menge gesprochen. »Drei Minuten Gehör will ich von euch, die ihr arbeitet! / Von euch, die ihr den Hammer schwingt, / von euch, die ihr auf Krücken hinkt, / von euch, die ihr die Feder führt, / von euch, die ihr die Kessel schürt.« Auf die Rezitation folgten die Referenten, die Stimme anstrengend, bemüht, soviel Zuhörer wie nur möglich zu erreichen. Tucholsky stand während seiner Rede auf der Freitreppe des Alten Museums. Franz Leschnitzer erinnerte sich

61

Die »Nie-wieder-Krieg«-Demonstration in Berlin 1921 an der Schloßfreiheit. Tucholsky stand auf der Rednertribüne

an jenen Tag: »Ich werde nie die Wirkung vergessen, die er auf Tausende alte und junge Proletarier ausübte, als er sprach. Schon als er das Wort erhielt, brach ein rasender Applaus los. Seinen linken Arm streckte der Redner zu des Exkaisers ehemaligem Schloß aus und rief: ›Dort hat noch vor vier Jahren dieser Bursche gesessen!‹«

Welche Macht sein Wort in der Agitation gegen den Krieg hatte, ist nirgendwo besser abzulesen als an den Kommentaren der bürgerlich-nationalistischen Presse jener Tage. »Wir erwarten von der Regierung, daß sie den ›Prolog‹ von Tiger verbietet.« (*Der Westen*, Berlin-Wilmersdorf) – »Herr Dr. Tucholsky, einer der Führer unter den einheimischen Giftmischern.« (*Die Wahrheit*, Berlin) – »Seit einiger Zeit hat er sich der Politik zugewandt, offenbar in der Hoffnung, durch die regierungsfähig gewordene USPD an die Staatskrippe zu kommen.« (*Ostpreußische Zeitung*, Königsberg) – »Wenn es dem schnoddrigen Maulhelden in Deutschland nicht paßt, so könnten wir uns Gegenden denken, die für ihn angemessener sind.« (*Rheinisch-Westfälische Zeitung*, Essen)

Die Freunde »Tuchos« aber und alle, die mit ihm gingen, schätzten seine Integrität, das tief mitfühlende Verständnis für das Los des Proletariers, die Vitalität und Leidenschaft, mit der er sich in den Kampf stürzte. Es war Arthur Holitscher, der das »Tribunengesicht« des Freundes und Mitstreiters später, Ende der zwanziger Jahre, in Berlin so schmerzlich vermißte. »Die rundliche, gute, kultiviert-gemütliche Erscheinung des braven Tucho, sein gutes, lachend-ernstes Mundwerk, wie selten hat man sie vor sich, wenn man in Berlin lebt... Wer Kurt Tucholsky je, wenn auch nur einmal, auf einer Berliner Tribüne stehen und sprechen hörte, weiß, daß ein Kenner und Liebhaber guter, wirkungsvoller Rede und sicheren Witzes sich schon deswegen in die Versammlung begeben muß, weil auf deren Rednerliste Tucholsky steht... Redner wie er sind spärlich gesät. Er wirkt auf die Massen, weil er ein guter und gerader Mensch ist, weil sein Witz (der die Klassen durchdringt) ein gerad abgeschossener Pfeil ist und nicht aus der neunmal gesiebten Ecke herkommt. Er kennt sein Publikum und schont es nicht.«

Lesungen und neue Bücher

Die Faszination, die vom Redner Tucholsky ausging, stellte sich auch ein, wenn er von einem Podium herab aus seinen Werken las. Das heißt, ein Podium gab es für ihn eigentlich nicht, an welchem Tisch er auch saß oder stand – er war stets mitten im Publikum, stets im Dialog mit jedem einzelnen seiner Zuhörer. Die Karten zu seinen Vortragsabenden waren immer ausverkauft. Er las im November 1920 in der Berliner Sezession, wo oft die *Weltbühnen*-Autorenabende stattfanden, und setzte die Lesungen, die der Verband der konzertierenden Künstler Deutschlands arrangierte, bis zum Januar 1921 fort. In Berlin, obwohl es hier schwer war, gegen die übermächtige Konkurrenz vom Fach zu bestehen, hatte Tucholsky sein eigentliches Publikum, eben weil er Berliner war, ein Dichter dieser Stadt, der ihre Vorzüge und Schwächen kannte, sie spöttisch und ironisch glossierte, der, wenn er wollte, aber auch beschaulich und gefühlvoll sein konnte.

Tucholsky legte Wert darauf, daß bei seinen Vortragsabenden seine vier Pseudonyme gleichberechtigt zu Wort kamen, in Versen wie in Prosa; so stellte sich, zusammengedrängt auf zwei Stunden, jene Farbigkeit und Lebhaftigkeit her, die auch seinem geschriebenen Werke eigen ist. Es gab viel Lachen und Beifall. Die *Berliner Boersen-Zeitung* schrieb, man könne sich zur politischen Überzeugung Tucholskys stellen, wie man wolle, doch dem »waschecht berlinischen Dichter des Tages für den Tag, dem den Großstadtrhythmus erfassenden Bänkelsänger Berlins von heute, dem unbekümmert ehrlichen, unprüden Zeitsatiriker« könne man Wert und Bedeutung nicht absprechen.

Herbert Ihering, der Tucholskys Vortrag in der Sezession besuchte und rezensierte, sprach von »Leidenschaft und Kühle, Pathos und Ironie, Haß und Witz. Und das Beste ist, daß seine Leidenschaft sich am unmittelbarsten im Witz, sein Pathos sich am elementarsten in der Ironie überträgt.« Bedauerlich fand er nur, daß Tucholskys erotische Bänkellieder an diesem Abend nicht den gleichen spontanen Beifall bekamen wie die politischen Satiren. Warum? Es fehlte die Musik dazu. Gerade diese Strophen, sagt Ihering, seien in ihrer präzisen Rhythmik auf die Musik angewiesen und müßten, da ursprünglich als Gesangscouplets gedichtet, auch so wiedergegeben werden. »Da Tucholsky auch diesen Vortrag meisterhaft beherrscht, möchte ich ihm raten, an seinen späteren Abenden die erotischen Couplets am Klavier zu akzentuieren.«

Sicher hätte Tucholsky damit großen Anklang gefunden. Da es aber nicht sein Ehrgeiz war, nach dem Vorbild Wedekinds etwa als Bänkelsänger auf der Bühne zu stehen, hielt er sich zurück. Es genügte ihm, wenn er gelegentlich bei Freunden, in kleiner Runde, am Klavier etwas zum besten geben konnte oder wenn er sein *Leibregiment* zur Gitarre vortrug.

Anfang Dezember 1920 erschien ein neues Buch von Tucholsky. Der gute Absatz der *Frommen Gesänge* hatte seinen Verleger Felix Lehmann bewogen, ein weiteres Buch zu übernehmen. Es waren die *Träumereien an preußischen Kaminen*, ursprünglich einmal dem Münchener Verlagshaus Albert Langen angeboten, das aber kein Interesse zeigte. Das Manuskript hatte Tucholsky aus dem Kriege mitgebracht. Fünf der sechs Geschichten – man kann sie als moderne Märchen bezeichnen – waren schon im *Simplicissimus* beziehungsweise in

62

Arthur Holitscher, Freund und Mitkämpfer Tucholskys

der *Schaubühne* erschienen. Eine tat er noch hinzu. Ursprünglich waren sie wahrscheinlich nur als Zeitschriftenserie gedacht, große Pläne verfolgte er damit nicht. »Es ist ja nur zum Spaß«, hatte er Dr. Blaich gegenüber geäußert. Aber einige Wochen darauf hatte er es sich überlegt und fragte bei seinem Münchener Literaturvater an, ob er sie nicht doch sammeln solle und ob Blaich einen Verlag wüßte. Das war im Dezember 1916.

Während seines Schreibstubendaseins im Kriege hatte Tucholsky zum Fabulieren Zeit und Muße gehabt, was man den lustigen Geschichten mit ihren ironischen Spitzen gegen Zeit und Zeitgenossen anmerkte. Hier stand nichts unter Termindruck, ein angefangenes Manuskript konnte in Ruhe zu Ende geschrieben oder in den Schreibtisch zurückgelegt werden, bis bessere Ideen kamen. Die Muse all dieser erträumten Geschichten war eigentlich Mary Gerold; sie bekam sie als erste zu lesen, und ihr ist das Büchlein auch gewidmet: »Einer jungen Schrumpelhexe aus Kurland in altem Gedenken.«

Auf das Buch gab es ein freundliches Echo. Das *Prager Tagblatt* sprach von einem »keß gewordenen E. T. A. Hoffmann« und resümierte: »Man kratzt sich hinterher die Kopfhaut, und das tut gut, wie die Lektüre.« Auch anderen gefiel das Buch, denn hier zeigte sich der bissige Wrobel im geschmeidigen Fell Panters von einer anderen Seite. »Ein quellendes Übermaß an Phantasie«, hieß es in der *Berliner Morgenzeitung*, die die Flüssigkeit und Prägnanz des Stils lobte und die Geschichten selbst als eine »gelungene Kreuzung von Schnurre und Märchen«. »Gewiß steckt in diesen Geschichten Tendenz«, meinte die *Neue Badische Landeszeitung*, »aber, wenn auch kein Dichter spricht, so vergnügt uns doch ein Schriftsteller, der, wie nicht viele in unserer Zeit, das Mittel der Satire so gut beherrscht, daß wir schon an der Leichtigkeit des Stoßes, der sich gegen die militarisierte Welt richtet, Gefallen finden.«

Tucholskys Bestseller aber war und blieb in den Nachkriegsjahren *Rheinsberg*. Schon während des Krieges waren davon immer wieder neue Auflagen erschienen, und im Sommer 1921 kündigte der Axel-Juncker-Verlag den Druck des fünfzigsten Tausend an. Anlaß für Tucholsky, für die Jubiläumsausgabe eine Vorrede zu verfassen. Er tat es mit einem tiefen Seufzer. Rheinsberg – das war eine Zeit, die nie wiederkehren würde, mehr noch, die an »eine gewisse sorglose Atmosphäre« erinnere, so eingeengt auch manches war. Und so konnte der nunmehr Einunddreißigjährige im Rückblick auf sein Leben sagen, das Buch bedeute für ihn »eine bessere Zeit und meine ganze Jugend«.

Ein Jahr darauf schrieb er nochmals eine Betrachtung zu *Rheinsberg*, die sich wie eine Parodie auf jene Vorrede von 1921 ausnahm. Nur Ulk und Übermut führten ihm jetzt die Feder. Er teilte mit, daß Claire noch existiere. Sie lebe als eine wacklige, etwas tropfnasige Alte in Ducherow, unweit Pasewalks, wo sie den neugierigen Fremden vom Rathauskastellan gegen ein Entgelt von fünfundzwanzig Pfennigen gezeigt werde. Und was den armen Verleger betreffe, der setze natürlich bei dem Buch wie ehedem »immer nur zu«.

Im Jahr 1920 kamen die ersten Anfragen an Tucholsky mit der Bitte, Arbeiten von sich für Anthologien zur Verfügung zu stellen. Er hatte jetzt einen Namen, und wer als Herausgeber Wert auf Qualität legte, kam nicht um ihn herum.

Die Sammelbände, in denen Texte von ihm erschienen, waren unterschiedlicher Art. Einer hieß *Zirkus Berlin*, konzipiert als literarisch bunter Bilderbogen aus dem Berlin der ersten beiden Nachkriegsjahre, ein anderer Band nannte sich *Das schiefe Podium*, das ein Repertoirebuch für den Brettlvortrag sein sollte. Von Bedeutung für Tucholsky selbst waren nur zwei dieser Anthologien: Eric Singers *Bänkelbuch* von 1920, die erste Sammlung moderner Lyrik im Bänkelton, und der *Deutsche Reaktionsalmanach für das Jahr 1920* aus dem Hamburger Verlag Hoffmann & Campe, der sich als Dokumentation gegen die Reaktion verstand.

Bei Eric Singer ist Tucholsky in die Traditionslinie der im Volksliedton dichtenden Poeten eingeordnet, in der Nachbarschaft zu Frank Wedekind, Alfred Lichtenstein, Klabund, Alfred Kerr, Hans Adler, Franz Hessel, Hermann Hesse und Erich Mühsam. Mit dem Untertitel »Deutsche Chansons« deutete Singer an, daß er damit einer speziellen Form innerhalb der Lyrik wieder Geltung verschaffen wollte, die allein durch die Persönlichkeit des Dichters wirke – elementar, irdisch und erfrischend.

Eine gänzlich andere Zielstellung hatte der *Deutsche Reaktionsalmanach*, erkenntlich schon am Einband. Auf schwarz-weiß-rotem Grund knüpfte eine überdimensionale schwarze Spinne, am Hakenkreuz klebend, ihr Netz. Kurt Tucholsky ist in dreifacher Gestalt vertreten – als Ignaz Wrobel, Kaspar Hauser und Theobald Tiger – mit drei kraftvollen antimilitaristischen Beiträgen. Weitere Mitarbeiter dieses kleinformatigen Büchleins waren Autoren von so unterschiedlichem Profil wie Walter Hasenclever, Alfred Döblin, Armin T. Wegener, Paul Zech, Hellmut von Gerlach und Karl Vetter. Im Anhang des Buches findet der Leser eine dokumentarische, für die Praxis sehr nützliche Zusammenstellung von markanten Zitaten auf die deutsche Reaktion aus den Werken von Herwegh, Heine, Börne, Glaßbrenner und anderen Dichtern des deutschen Freiheitskampfes.

Der Almanach wurde aus aktuellem Anlaß, kurz nach dem Kapp-Putsch, zusammengestellt und herausgegeben, zielte also massiv ins Lager des Gegners, dessen publizistische Wortführer denn auch behaupteten, daß die Mitarbeiter »wohl in der Hauptsache Bolschewisten« seien. Siegfried Jacobsohn setzte darauf in seiner *Weltbühne* die überlegene Replik: »Wenn Sie Freude bereiten und gleichzeitig für die Verbreitung der Wahrheit sorgen wollen, dann verschenken Sie ein Jahr lang zum Geburtstag das kleine Buch.«

Eine nichtgeliebte Liebe

Das Jahr 1920 stellte Tucholsky vor eine schwierige persönliche Entscheidung. Er war mit seiner großen Liebe zu der jungen Deutschbaltin Mary Gerold, mit ihrem Ring, ihren Briefen und Fotos nach Berlin zurückgekommen, in der festen Absicht, sein Versprechen ihr gegenüber einzulösen, sobald er beruflich festen Fuß gefaßt und materiell die Voraussetzungen für eine Ehe geschaffen haben würde. Kommen solle sie erst, schrieb er, wenn er eine fertig eingerichtete Wohnung und eine Haushälterin in weißer Schürze vorweisen könne. Er betonte, er wolle einen »vernünftig geführten Haushalt haben, in dem Ordnung ist und Klarheit und auskömmliche Mittel«.

So gingen vorerst wieder Briefe zwischen Berlin und Riga hin und her. Er schrieb, daß er viel Arbeit habe, gab detailliert Einblick in seine Tätigkeiten, wen er getroffen und gesprochen, wie er über dies und jenes dachte. Sein Tag spielte sich etwa so ab, wie er an Mary minutiös berichtete: Um acht Uhr aufstehen, rasieren, turnen, kalt abwaschen und frühstücken. Dann mit der Elektrischen zum Verlag fahren. Dort bis gegen ein Uhr arbeiten, Zeitung lesen, telefonieren, danach in eine kleine Pension essen gehen. Anschließend nach Hause, um ein Stündchen auszuruhen. Danach begann für ihn die eigentliche Arbeit: lesen, schreiben, so bis gegen sieben Uhr. Nach dem Abendessen, das er in einer anderen Pension einnahm, fuhr er nach Hause, wenn nicht Theater- oder Kinovorstellungen waren, und arbeitete dort für sich. Sein Bekanntenkreis war zwar groß, doch Freunde hatte er eigentlich nur zwei – die Kriegskameraden Erich Danehl und Hans Fritzsch, »Karlchen« und »Jakopp«. Sie wohnten aber weit weg, in Hannover und Hamburg, er sah sie selten. In Berlin war er an den Abenden manchmal zu Gussy Holl eingeladen oder zu Kurt Szafranski. Heiligabend 1919 verbrachte er bei der Familie Jacobsohn, »still, nett und bescheiden«, und Sylvester im kleinen Kreis bei Theodor Wolff. Einerseits war er zufrieden, daß er ausreichend Arbeit hatte, auch interessante, andererseits bedrückte es ihn, daß alles nur für den Tag war. Er hatte einen Namen in Berlin, das wußte er, er hatte auch Erfolg, aber diese Äußerlichkeiten brauche er nicht, schrieb er an Mary Gerold, er mache sich nichts aus Ruhm und diesen Dingen. Er wolle die Stille und in ihr arbeiten und an der Seite jemanden haben, der mit ihm fühle. Das schrieb er ihr zur gleichen Zeit, als er in Berlin wieder häufig mit Else Weil im Theater und im Kabarett zu sehen war.

Die Stille hatte er in Berlin nicht, seine Arbeit war ein Hin und Her, auch spürte er großes Unbehagen an seiner Lebensweise, empfand eine Leere um sich und Sehnsucht nach Wärme, Geborgenheit, Zuneigung. Zwar besuchte ihn gelegentlich sein Bruder Fritz, der sich an der Technischen Hochschule für das Fach Maschinenbau immatrikuliert hatte, auch Ellen telefonierte mit ihm, seine Mutter schickte ihm manchmal einen Sonntagsbraten, was ihm aber gar nicht so recht war.

Im Dezember 1919 glaubte er, seine wirtschaftlichen Verhältnisse so weit abgesichert zu haben, um Mary Gerold nach Berlin kommen zu lassen. Sie war zu dieser Zeit immer noch als Dienstverpflichtete bei einer Militärstelle im Baltikum tätig. Tucholsky wollte, daß sie diese Stellung aufgab.

Mary Gerold kam Mitte Januar 1920 nach Berlin. Sie erhielt von Tucholsky ein herzlich-inniges Begrüßungsgedicht und noch einmal eine zarte poetische Huldigung mit der Überschrift *Erinnerung und Erfüllung*. Sein Leben schien nun eine gute Wende zu nehmen – an der Seite der herbeigesehnten Frau. Aber: Schon nach einer Woche des Wiedersehens klagte er über die ihn nicht zufriedenstellenden Beziehungen. »Es ist irgend etwas wie tot – wie erstorben. Ich empfand es gar nicht, als Du ankamst – heute: mit jedem Tag stärker. Es ist, wie wenn wir einander vorbeilebten.«

Die fast zweijährige Trennung hatte offensichtlich eine Entfremdung zwischen ihnen bewirkt. Sie sahen sich und sprachen sich, Briefe gingen zwischen der Nachodstraße und ihrer Wohnung hin und her, ohne daß sich das Verhältnis wesentlich änderte. Er meinte, es sei etwas, »was vielleicht wirklich in der völligen Verschiedenheit zweier Naturen begründet liegt... Ich bin irgendwie ganz allein – und das geht nicht.« Und noch einmal versuchte er sich verständlich zu machen: »Es ist, wie wenn eine Glaswand zwischen uns ist – und ich kann sie nicht brechen... Was es ist, weiß ich nicht. Ich stehe vor einem Rätsel. Ich sehe hier nun gar keinen Ausweg. Vergessen kann und will ich nicht. Hoffnungen machen auch nicht. Ich muß es – und Dich – gehen lassen.«

Diesen Brief schrieb er am 16. Februar 1920. Zehn Wochen später, am 3. Mai 1920, heiratete er in Berlin Else Weil, seine Claire aus Rheinsberger Tagen. Sie hatte nach zehn Semestern Medizinstudium an der Berliner Universität 1918 bei Professor Bonhoeffer promoviert und war danach als Assistentin in der Charité an der II. Medizinischen Klinik in der Psychiatrie tätig gewesen. Die Anschrift von Dr. med. Else Weil und Kurt Tucholsky lautete jetzt: Berlin-Friedenau, Kaiserallee 79, und Siegfried Jacobsohn beschließt seine Briefe nunmehr mit schöner Regelmäßigkeit: »Küsse für die Süße!«

Während seiner Ehe mit Else Weil brach der Kontakt zu

63

In der Kaiserallee in Berlin-Friedenau wohnte Tucholsky nach seiner Verheiratung mit der Ärztin Else Weil

Mary Gerold, die in Berlin geblieben war, nicht ab. Er schickte ihr gelegentlich Grüße, Rosen zum Geburtstag, Karten fürs Theater und kleine Briefe dazu. Ab Mitte 1922 wurden die Briefe wieder länger. Kurt Tucholsky war sich offensichtlich über seine Gefühle im unklaren, er wußte nicht, ob er sich richtig entschieden hatte. In sein »Blaues Tagebuch«, das er später Mary Gerold schenkte, notierte er im August 1920, vier Monate verheiratet: »Und ich weiß doch heute, daß ich nur ein Mal in meinem Leben geliebt habe... Es zieht. Es zieht zurück.« Sieben Wochen später: »Ich denke, es ist das Schlimmste passiert, was geschehen kann: eine steckengebliebene Liebe. Eine, die nicht zu Ende geliebt ist... Komm wieder!«

Im Verlauf des Jahres 1922 kamen Else und Kurt Tucholsky überein, sich wieder zu trennen. Ende Januar 1923 sah man ihn mit Mary ganz offiziell in Berlin zusammen im Kabarett und im Theater. Ende Februar verbrachte er einen kurzen Urlaub mit ihr im Kurhaus Zippendorf bei Schwerin. Es waren die vielleicht glücklichsten Tage ihres bisherigen Zusammenseins. Er hatte sich, wie es schien, nun endgültig entschieden. »Wir wollen dieses Leben zusammen bis zum Ende gehen.«

Im August 1923 bezog er eine neue Wohnung in der Windscheidstraße 34. Die Trennung von Else Weil war vollzogen, dennoch war er nicht glücklich. Ihn quälte seine materiell miserable Situation, der sich hinschleppende Scheidungsprozeß mit einer Reihe unerfreulicher Begleiterscheinungen und schließlich die berufliche Perspektivlosigkeit. Mary Gerold versuchte immer wieder, ihn aus seiner Resignation und Depression herauszureißen, aber seine Zweifel, die Furcht, mit ihr eine neue Bindung einzugehen, blieben. Aus dieser Stimmung heraus unterzeichnete er manche Briefe selbstironisch mit »Nungo – Lebenserschwerer«, damit anspielend auf die Vorhaltungen Mary Gerolds, sich frei zu machen von den Selbstquälereien, die ihn nur müde und kaputt machen, und daß es auch für sie kein glücklicher Zustand sei, ihn mit so vielen anderen Dingen und Menschen teilen zu müssen, so daß auch sie sich bei ihm zuweilen allein vorkam. Das zu erfahren schmerzte ihn sehr. Er verstand es nicht, warum seinem Glück so viele Probleme im Wege standen. Was hinderte ihn, ja zu sagen zu einem neuen Lebensbeginn mit Mary Gerold? Warum die Zweifel, die Depressionen, die Müdigkeit in ihm? Er versuchte sich und ihr eine Antwort darauf zu geben. »Sehe ich *Seinethalben* müde aus? Ich habe keinen Herbst, keine Wagenfahrt, keine Boote, kein Wasser, kein Meer, keinen Himmel und keinen Schnee. Wovon sollte ich froh aussehen? Und das Herz voller Angst: Ja, *darfst du denn überhaupt* einen anderen Menschen an deinen Jammer ketten, an dieses unerfüllte, halb gescheiterte, kaputtgemachte und deutsche Leben niederster Observanz? Und noch dazu eine, die so viel Wärme und Glätte brauchte, so viel Leichtigkeit und so viel geölte Scharniere! *Das* ist meine Angst. Wäre ich sorglos und unbelastet – Er hätte mich ganz.« Sie solle nun nicht böse sein auf ihn, nicht auf Nungo, sondern auf Land und Zeit. Dieser sei ruhebedürftig »und möchte zu Meli kommen«.

So sahen die persönlichen Sorgen des Mannes aus, der mitten in der Inflation, mitten in der heftigsten politischen Auseinandersetzung mit der zähen Welt von gestern, einem Kampf, dem er alle Kraft hingab, versuchte, sich eine Existenz im gesicherten Zusammenleben mit einer Frau aufzubauen. Die seine mutigen Reden auf den politischen Kundgebungen hörten, seine so streitbaren Artikel lasen, seinen übermütigen Chansons im Kabarett Beifall spendeten – sie alle wußten von seinen Depressionen und Sorgen nichts.

Wie Siegfried Jacobsohn gegenüber angekündigt, kamen ab Spätherbst 1922 nur noch wenige Manuskripte von ihm in die Redaktion, und das, was er schrieb, hatte einen gedämpften Ton. Vom Jahr selbst verabschiedete er sich am 28. Dezember 1922 in der *Weltbühne* mit einem elegischen Gedicht:

So viel Tage zerronnen,
so viel Monate fliehn;
stets etwas Neues begonnen,
dorrt es unter der Sonnen...
Hexenkessel Berlin!

Ich, der Kalendermacher,
blick nachdenklich zurück.
Mal ein Hieb auf den Schacher,
mal auf den Richter ein Lacher –
Aber wo blieb das Glück?

Für Tucholsky war 1922 wie für die meisten Deutschen kein gutes Jahr gewesen. Glück hatte sich schon gar nicht eingestellt, privat nicht und auch sonst nicht. Seine politischen Vorstellungen, die er mit der Unabhängigen Sozialdemokratischen Partei verbunden hatte, waren gescheitert. Er sah in diesen Monaten keine sinnvolle politische Alternative. Zum »Kommunisten umlernen«, wie er sich ausdrückte, wollte er nicht und konnte er nicht. An seinen Grundauffassungen änderte sich dadurch nichts. Daß er sich für eine organisatorisch unabhängige Position entschied, hat sowohl subjektive als auch objektive Gründe. Er scheute einerseits eine feste Bindung zu einer straff geführten, auf Parteidisziplin aufgebauten Organisation, fürchtete um seine Freiheit der Meinungsäußerung und um seine künstlerische Unabhängigkeit. Andererseits mißfiel ihm das damalige Erscheinungsbild der Kommunistischen Partei, die wechselnden Führungen und die scharfen inneren Auseinandersetzungen um den Kurs der Partei.

Die Verhältnisse in Deutschland schätzte er damals dennoch richtig ein. In dem nach dem Rathenaumord erlassenen Republikschutzgesetz sah er von vornherein ein Instrument gegen die Republik, das letztendlich das Großbürgertum und seine politisch rechtsstehenden Stützen in Militär, Justiz und Beamtenapparat begünstigte. So sagte er den Hoffnungen »von gestern«, dem Geist, der verändern helfen wollte, ade:

> Ach, Muse, pack die rote Fahne ein!
> Und roll sie säuberlich zusammen.
> Die alten Ideale tu darein –
> die können keinen mehr entflammen.
> Die Barrikade und der Aufruhrschrei:
> das ist vorbei.
> ...
> Pust, großer Heros, deine Fackel aus!
> Die Zeit braucht keine Helden – nur Beamte.
> Verkriech dich in dein Mietskasernenhaus,
> zu dem dich Gott (und ein Konzern) verdammte.
> In Überlebensgröße schreiten
> hoch über uns die Mittelmäßigkeiten...
> Chronos, zurück! mit deinen Horenschwestern!
> Der Stil von morgen ist der Stil von gestern.
> Adieu, adieu – Geist, Weimar und Idol!
> Lebt wohl! Lebt wohl!

Für einen freien Schriftsteller, der sein Geld erst nach Wochen erhält, nachdem seine Arbeit erschienen ist, hatte das Inflationshonorar keinen Wert und die Arbeit keinen Sinn mehr. Er konnte davon nicht existieren. Bei Tucholsky kam hinzu, daß sein neben der *Weltbühne* wichtigstes Publikationsorgan, die *Freiheit*, mit der Auflösung der USPD im Herbst 1922 ihr Erscheinen einstellte, so daß Einkünfte nicht mehr anfielen. Beendet war seit längerem auch die Mitarbeit im Mosse-Verlag einschließlich *Berliner Volkszeitung*. Lediglich Nelson mit seinen Revuen und die Kabaretts boten ihm jetzt noch kleinere oder größere Nebeneinkünfte. Wollte er also schriftstellerisch weiter tätig sein, dann nur noch im Nebenberuf. Hauptberuflich mußte er sich nach einer neuen Tätigkeit umschauen. In dieser Situation half ihm der Berliner Bankier Hugo Simon, der Tucholsky persönlich sehr schätzte. Beide kannten sich aus der USPD und vom Verlag *Freiheit* her sowie aus der Zusammenarbeit im Bund Neues

Vaterland und verschiedenen anderen Gremien. Simon bot ihm zur Überbrückung eine Stellung in seiner Bank an, zumindest für die Dauer der Inflation. Tucholsky nahm an. Am 1. März 1923 – das Pfund Butter kostete schon an die hunderttausend Mark – begann er seine neue Tätigkeit als »Bankgeselle« in der Mauerstraße.

Das Bankgeschäft Bett, Simon & Co. mit den Gesellschaftern Kasimir Bett, Hugo Simon und Kurt Hutmacher sowie den Teilhabern Dagobert Simon und Donald Flatow war eines der typischen Berliner Geld- und Kreditinstitute für den kaufmännischen Mittelstand. Darüber hinaus wickelte es für sozialdemokratische und pazifistische Organisationen den Geldverkehr ab.

Die »Lehrzeit« in der Bank währte nur wenige Wochen. Nachdem Tucholsky in den einzelnen Abteilungen hospitiert

64

Hugo Simon, Bankier, USPD-Finanzier,
Mäzen und Politiker,
nahm Tucholsky in die Bank
als seinen Privatsekretär

hatte, übernahm er als gelernter Jurist die eigentlich für ihn vorgesehenen Aufgaben als persönlicher Sekretär von Hugo Simon. Mit seinen Kollegen in der Bank kam Kurt Tucholsky gut zurecht. Befreundet war er mit Donald Flatow und Ludwig Lewy, einem Prokuristen der Bank. Sie warben Tucholsky für die Freimaurerloge, was sich für ihn nach seiner Übersiedlung nach Paris als sehr hilfreich erweisen sollte: Mit ihren Empfehlungen wurde er 1925 von der Freimaurer-Großloge Grand Orient de France aufgenommen.

Im Hause Hugo Simons, bei dem Kurt Tucholsky oft eingeladen war, verkehrten prominente Künstler, Wissenschaftler und Politiker, wie die Bildhauerin Renée Sintenis, Geheimrat Dr. Ludwig Justi, Kunstwissenschaftler, Justizrat Werthauer, Rudolf Hilferding, Professor Albert Einstein, Karl und Minna Kautsky und Harry Graf Kessler. An die Zeit in der Bank erinnert heute noch eine kleine, sehr wertvolle Tierplastik von Renée Sintenis, die Tucholsky zu Weihnachten 1923 von Hugo Simon als Geschenk erhielt.

Er war also nun im Bankwesen tätig, gab den Beruf des Journalisten aber nicht völlig auf. 1923 waren es außer der *Weltbühne* drei Zeitungen, für die Tucholsky nebenher schrieb: Das *Prager Tagblatt*, zu dem die Verbindung nie ganz abgerissen war, unterstützte ihn durch den Abdruck einiger Feuilletons und die Zahlung von relativ stabilen Tschechenkronen. Zum *Neuen Wiener Journal* vermittelte Alfred Polgar den Kontakt. Auch diese Honorare in Schillingen waren Tucholsky eine willkommene Hilfe. In Berlin selbst bestand eine Verbindung zum *8-Uhr-Abendblatt*, Berlins meistgelesener, freiverkaufter Abendzeitung. Der Kontakt zu diesem Blatt hatte sich im Sommer 1922 durch die *L'Eclair*-Affäre ergeben. Die wenigen Feuilletons – etwa ein Dutzend –, die er für diese Zeitung schrieb, sind literarisch und thematisch nichts Neues, überwiegend humorvolle Schilderungen des Berliner Alltags und Büromilieus, auch ein paar Erinnerungen sind dabei sowie ein politischer Leitartikel zur Verständigung mit Frankreich.

Vierzehn Tage nachdem Tucholsky in der Bank angefangen hatte, war im *Prager Tagblatt* eine Betrachtung von Ludwig Reve zu lesen, der sich mit der schwierigen Situation der Autoren in Deutschland am Beispiel Tucholskys befaßte

65

Hugo Simons Weihnachtsgeschenk für Tucholsky: eine Tierplastik von Renée Sintenis

und, anspielend auf seine Pseudonyme, den traurigen Tatbestand konstatierte, daß fünf Schriftsteller mit ihrer geistigen Arbeit nicht einmal einen Mann ernähren können, so daß er gezwungen ist, ins Bankfach zu gehen. Der Verfasser des Artikels fürchtete, daß das Beispiel Schule machen könne. Man könne nur hoffen, daß die Schriftsteller nicht der Ehrgeiz packe, Finanzgenies zu werden, daß ihnen vielmehr die Arbeit im Bankbüro Zeit lasse und ihnen Unabhängigkeit sichere, um wieder schreiben zu können. »Und wenn man nach Jahr und Tag sagen wird, was aus den Größen des Berliner Schriftstellertums, das heute verelendet, geworden ist, dann wird es hoffentlich heißen: Sie sind allesamt – durch die Bank – Schriftsteller.«

Im Mai 1923, als der Dollarkurs innerhalb einer Woche um das Doppelte fiel, die Ruhrarbeiter streikten, Hunger und Erwerbslosigkeit zunahmen und das Land in den Abgrund zu rutschen drohte, wandte sich Tucholsky in der *Weltbühne* gegen sinnlose Versuche, die Gegenwart mit ihren krassen Problemen zu ignorieren und die Vorkriegszeit in eine heile, beschauliche Epoche umzulügen. Bei Max Reinhardt spielte man gerade wieder den alten Reißer *Alt-Heidelberg*, als könne man sich damit eine intakte Welt vormachen. »Man fühlt: Im Leben ist das zwar alles dahin, so wollen wir es wenigstens auf den Bühnen, den Ansichtskarten, den Filmen – so wollen wir wenigstens da das alte, geliebte, schlechte Leben vorgetäuscht sehen, und wenn wirs noch so teuer bezahlen müssen ... Alt-Heidelberg, du feine ...!«

Nicht alle Volksschichten dachten wie das Bürgertum. Die Arbeiterklasse, der die schwersten Lasten aufgebürdet waren, wehrte sich mit machtvollen Aktionen. Im Juli kam es in Berlin zu großen Metallarbeiterstreiks, und am 11. August stürzte eine umfassende Generalstreikaktion die Regierung Cuno.

Zu den politischen Kämpfen dieser Monate schwieg Kurt Tucholsky. Nicht nur das. Er ging sogar so weit, den politischen Kritiker Ignaz Wrobel im Juni in der *Weltbühne* feierlich zu beerdigen. Ignaz mußte allerdings die Rede auf seine Beerdigung selbst abfassen und brauchte nunmehr, da er sich und die anderen endlich los war, mit dem Schicksal nicht mehr zu hadern. »Unser Leben währet, wenn es hochkommt, siebenzig Jahre – und was das angeht, so ist ihm immer nach achtzig zumute gewesen. Wir, die wir nacheinander und unbeirrbar an Kaiser und Vaterland, an Sozialistengesetz und Lex Heinze, an Kriegsanleihe und Ruhrabwehrkampf geglaubt haben – siehe, wir stehen da und grüßen dich! Ich spreche für alle, und rufe ich dir ins Grab nach, Ignaz Wrobel: Glückliche Reise!«

Es war eigentlich eine »Nachbeerdigung«, denn Tucholsky hatte sich schon neun Monate zuvor auf seine *Letzte Fahrt* begeben und sich in der *Weltbühne* von seinen Lesern, seinen Freunden, seinen »vielen einzig Geliebten«, wie Walter Mehring spottete, seinen Illusionen und seinem ungeliebten »Deutschland« mit der Geste des Grandseigneurs verabschiedet.

> An meinem Todestag – ich werd ihn nicht erleben –
> da soll es mittags Rote Grütze geben,
> mit einer fetten, weißen Sahneschicht ...
> von wegen: Leibgericht.

Mein Kind, der Ludolf, bohrt sich kleine Dinger
aus seiner Nase – niemand haut ihm auf die Finger.
Er strahlt, als einziger, im Trauerhaus.
Und ich lieg da und denk: »Ach, polk dich aus!«

Dann tragen Männer mich vors Haus hinunter.
Nun faßt der Karlchen die Blondine unter,
die mir zuletzt noch dies und jenes lieh ...
Sie findet: Trauer kleidet sie.

Der Zug ruckt an. Und alle Damen,
die jemals, wenn was fehlte, zu mir kamen:
vollzählig sind sie heut noch einmal da ...
und vorne rollt Papa.

Da fährt die erste, die ich damals ohne
die leiseste Erfahrung küßte – die Matrone
sitzt schlicht im Fond, mit kleinem Trauerhut.
Altmodisch war sie – aber sie war gut.

Und Lotte! Lottchen mit dem kleinen Jungen!
Briefträger jetzt! Wie ist mir der gelungen?
Ich sah ihn nie. Doch wo er immer schritt:
mein Postscheck ging durch sechzehn Jahre mit.

Auf rotem samtnen Kissen, im Spaliere,
da tragen feierlich zwei Reichswehroffiziere
die Orden durch die ganze Stadt,
die mir mein Kaiser einst verliehen hat.

Und hinterm Sarg mit seinen Silberputten,
da schreiten zwoundzwanzig Nutten –
sie schluchzen innig und mit viel System.
Ich war zuletzt als Kunde sehr bequem.

Das Ganze halt! Jetzt wird es dionysisch!
Nun singt ein Chor: Ich lächle metaphysisch.
Wie wird die schwarzgestrichne Kiste groß!
Ich schweige tief.
Und bin mich endlich los.

Als Tucholsky diese selbstironischen Verse im Herbst 1922 zu Papier brachte, war er auf dem Tiefpunkt seines bisherigen Lebens angelangt. Die materiellen Sorgen, das Scheitern seiner politischen und persönlichen Wünsche hatten ihn so getroffen, daß er keinen Ausweg mehr sah und sich mit Selbstmordgedanken trug. An Mary Gerold schrieb er einen Abschiedsbrief, den er dann wieder zurücknahm und zerriß. Als Wrobel neun Monate später seine *Abschiedsrede* bei S.J. drucken ließ, waren die schlimmsten Sorgen vorbei. Seine materielle Lage begann wieder übersichtlich zu werden, und damit gewann er sein inneres Gleichgewicht und seine Aktivität zurück. Während es in der Bank »vorläufig noch so geht«, gab es schon erste Kontakte zum Ullstein-Verlag, auch Siegfried Jacobsohn wollte seinem besten Mitarbeiter beruflich zu einem neuen Anfang verhelfen. Allmählich näherte sich die Inflation ihrem Ende. Am 15. November hatte der Dollar seinen Höchststand von viereinhalb Billionen Mark erreicht. In den Berliner Druckereien, die bislang in drei Schichten Geldscheine im Auftrag der Reichsbank herstellten, wurde nach Einführung der Rentenmark am 16. November wieder einschichtig gearbeitet.

Mit dem ersten »stabilen« Geld unternahm Kurt Tucholsky mit Mary Gerold zu Weihnachten 1923 eine Reise in den Harz. Sie fuhren nach Goslar. Die kleine Geschichte, die er für die *Weltbühne* darüber schrieb, ist eine Weihnachtsgeschichte im Schnee und zugleich ein Röntgenbild von jenem Organismus, der Deutschland hieß. Den Reisebericht nahm er zum Anlaß, sich und den Lesern die Frage zu beantworten, warum er in dem turbulenten Jahr 1923 – es war das Jahr, in dem Hitler den ersten Putschversuch in Bayern unternahm und die Reichswehr das gleiche am 1. Oktober in Küstrin versuchte – als politischer Kommentator der Ereignisse nicht dabei war. »Frau Gräfin«, schreibt er, galant an seine Reisebegleiterin gewandt, »wir fahren jetzt in den zwanzigsten Jahrgang der ›Weltbühne‹ hinein! Zehn Jahre davon bin ich auch dabeigewesen, und es waren nicht meine schlechtesten! Das ist die einzige Stelle in Deutschland, wo man sagen kann, wie einem ums Herz ist, und wo ich immer die Wahrheit sagen durfte: ohne taktische Rücksichten auf Verleger, Inserenten und Leser und ohne jene maßlos törichte Feigheit der großen Presse vor ihrer eigenen ›Kulturmission‹. Komm, schreib an S. J. eine Ansichtskarte und gratuliere ihm: ahnungslos, aber herzlichst!«

Er will wieder dabeisein, und er wird auch wieder dabeisein, aber nicht in Deutschland, nicht jetzt und hier, weil ihm die Zeit dagegen zu sein scheint, weil man »in einem schlecht geheizten Warteraum voll bösartiger Irrer keine lyrischen Gedichte vorliest«.

Kapitel V

ARBEITSORT PARIS

Für deutsch-französische Verständigung

Während der letzten Wochen, die Tucholsky bei der Bank arbeitete, bereitete er seine Reise nach Paris vor. Der Tag der Abfahrt war im Kalender dick eingerahmt. Mit dem Monat März 1924 gab er seine Stellung bei der Bank auf, und im April begann bereits seine neue Tätigkeit für Siegfried Jacobsohn.

Tucholskys Übersiedlung nach Paris fiel in eine Zeit, da sich die Friedensorganisationen und demokratischen Kräfte in Deutschland verstärkt für eine Verständigung mit Frankreich einsetzten. Ein Jahr zuvor, am 11. Januar 1923, war die französische Armee mit fünf Divisionen in das Ruhrgebiet eingerückt. Den Befehl dazu hatte Frankreichs Ministerpräsident der nationalen Rechten, Poincaré, gegeben, dessen Regierung sich von diesem Akt zügigere Reparationszahlungen Deutschlands erhoffte. Das Vorgehen war eindeutig völkerrechtswidrig, wenn auch durch das deutsche Verhalten in der Reparationsfrage provoziert. Es kam zum sogenannten Ruhrkampf mit gewaltsamen Aktionen gegen die französischen Besatzungstruppen. Eine Folge der Ruhrbesetzung war, daß der Nationalismus in Deutschland wieder Hochkonjunktur bekam. Die bis dahin erreichten bescheidenen Fortschritte einer deutsch-französischen Verständigung, für die sich viele Autoren aus dem Umfeld der *Weltbühne* in ihrer Publizistik sowie mit ihrem politischen Engagement in der Deutschen Liga für Menschenrechte eingesetzt hatten, waren wieder in Frage gestellt. Auch die zaghaften Kontakte zu französischen Demokraten schienen gefährdet. Seit 1921 hatte es die ersten gegenseitigen Besuche von Delegationen der beiden Friedensbewegungen gegeben, die sich 1922 mit dem Redneraustausch zu den »Nie-wieder-Krieg«-Veranstaltungen in Berlin und Paris fortsetzten. Es bestanden auch Kontakte zwischen Wissenschaftlern beider Länder, die an der *Deutsch-Französischen Wirtschaftskorrespondenz* mitarbeiteten, die Dr. Robert Kuczynski in Berlin herausgab. Daß die französische Sektion der Liga noch im Januar 1923 damit begann, in ihrem Lande eine Kampagne gegen die Politik Poincarés zu eröffnen, wurde in Deutschland so gut wie nicht zur Kenntnis genommen. Für die deutsche Friedensbewegung war es daher von größtem Interesse, wenn eine der ihr nahestehenden Zeitschriften, wie die *Weltbühne*, einen eigenen Mitarbeiter nach Paris entsandte.

Die *Weltbühne* als maßgebliches Organ der linken Publizistik in Deutschland hatte bereits viel zur Verbreitung eines realistischen Frankreichbildes beigetragen. Während auf Parteitagen der Deutschnationalen und in deren Presse Phrasen verkündet wurden wie: »Nicht eher darf das deutsche Herz ruhen, als bis auf dem Straßburger Münster wieder die deutsche Flagge weht«, verlangte die *Weltbühne* unverzüglich Verständigung mit Frankreich, allerdings »nicht zwischen deutschen und französischen Stinnessen«, sondern zwischen den beiden Völkern. Unter diesem Gedanken stand auch die Artikelserie von Felix Stössinger: *Was ist uns Frankreich?* Auch der von der deutschen und französischen Liga gemeinsam verfaßte Aufruf von Anfang Januar 1922, der sich »an die Demokratien beider Völker« wandte, war in der *Weltbühne* veröffentlicht mit dem Ziel, zur Wiederherstellung normaler Beziehungen beizutragen und den Berichten und Darstellungen der chauvinistischen Presse durch die Verbreitung der wahren Tatsachen über beide Länder entgegenzuwirken. Tucholsky gehörte mit Anatole France und Heinrich Mann zu den ersten Persönlichkeiten, die diesen Aufruf unterzeichneten. Seine politische Mission, als Korrespondent der *Weltbühne* in Frankreich an einer dauerhaften Verständigung der beiden großen Völker mitzuarbeiten, war somit bereits vorformuliert, noch ehe er seinen Arbeitsplatz von Berlin nach Paris verlegte.

Tucholsky schien für diese Vermittlerrolle die ideal geeignete Persönlichkeit. Nicht nur, daß er die Sprache des Landes gut beherrschte, er besaß auch Beobachtungsgabe, Urteilsvermögen und das Fingerspitzengefühl, auf das es ankam. Er würde, das stand fest, den Beiträgen die politisch richtige Akzentuierung, aber auch das Kolorit, die persönliche Note geben. Es kam hinzu, daß er seit 1920 für die Ziele der Liga öffentlich hervorgetreten war, was ihn den Pariser Freunden empfahl und seine Stellung von vornherein erleichterte. Die Entscheidung Jacobsohns, Tucholsky für die Redaktion in Paris arbeiten zu lassen, hatte auf Grund der gleichen Interessen die Unterstützung der Liga und ihrer Gremien, die sich zwar finanziell daran nicht beteiligten, aber mit ihren zahlreichen Verbindungen dienlich sein konnten.

Über Hugo Simon, der gut mit Georg Bernhard, dem Chefredakteur der *Vossischen Zeitung*, bekannt war, dürfte die Verlagsleitung des Ullstein-Konzerns von Jacobsohns Absichten erfahren haben, den Mann mit den vier Pseudonymen als Außenredakteur in Paris zu postieren. Die Interessen ließen sich in diesem Punkt koordinieren. Noch während der Absprachen mit Jacobsohn erhielt Tucholsky von Ullstein das Angebot, von Paris aus für den Verlag zu arbeiten, natürlich mit entsprechend vertraglichen Absicherungen. Daß sich die *Vossische Zeitung* den prominenten Autor zuerst sicherte, versteht sich, zumal der Unterhaltungsteil der *Voss* mit Autoren besetzt war, die vorwiegend der älteren Generation angehörten und keinen allzu lebendigen Ton in das Blatt brachten.

66

Das neue Paßbild für Paris

Monty Jacobs, der Leiter des Feuilletons, war daran interessiert, hier etwas zu verändern.

Beide Angebote eröffneten Tucholsky eine neue berufliche Perspektive. Es entsprach seinen eigenen Absichten, aus dem verschleißenden tagesjournalistischen Arbeitsprozeß, dem er seit Januar 1919 bis Ende 1922 volle vier Jahre ununterbrochen ausgesetzt war, herauszukommen, in der Hoffnung, sich mehr Freiraum für die künftige literarische Produktion schaffen zu können. Es war keine »Flucht nach Paris«, wie es zuweilen in der Tucholsky-Literatur interpretiert wird, sondern die auf mehreren Ebenen sich vorbereitende Einrichtung eines neuen Arbeitsplatzes. Daß er den Wunsch hatte, Berlin zu verlassen, war in Anbetracht seiner gescheiterten ersten Ehe – sie wurde am 14. Februar 1924 geschieden –, seiner materiellen Situation wie auch der politischen Enttäuschung nur allzu verständlich. Er wollte Abstand gewinnen und zur Ruhe kommen. Im übrigen ging es ihm wie Heinrich Mann, der Deutschland und die Deutschen ebenfalls satt hatte und sich mit dem Gedanken trug, nach Brasilien zu gehen. Dies schrieb er 1924 in einem Brief an Tucholsky, dem er den resignativen Nachsatz beifügte: »Man sollte Märchen schreiben.«

Es war nicht das Häuschen an der See, das er sich als Idylle für eine unabhängige Dichterexistenz so oft in Gedanken ausgemalt hatte. Er kam aus der Großstadt in die Großstadt und bezog, als er in Paris eintraf, zunächst ein Hotelzimmer in der Rue de Grammont, das ihm sein hilfreicher Kollege Dr. Stahl vom Pariser Ullstein-Büro hatte reservieren lassen. Für die ersten vier Wochen blieb das seine Unterkunft in der französischen Hauptstadt.

Tucholsky, das erstemal in seinem Leben in Paris, wollte von seiner neuen Umgebung soviel wie möglich kennenlernen. So unternahm er kleine Spaziergänge, machte Orientierungsfahrten mit der Metro, studierte das Straßenleben und konnte feststellen, daß er mit der Sprache zurechtkam. Ansonsten fand er, daß fast alles, was die Berliner über Paris erzählen, »Quatsch« sei. Die ersten Kollegen, mit denen er zusammentraf, waren Hellmut von Gerlach, der sich für die Liga in Paris aufhielt, und Paul Block vom *Berliner Tageblatt*, der sich um den Neuling kümmerte und ihm gute Tips für

Ausflüge und Sehenswürdigkeiten gab. Tucholsky hatte sich fest vorgenommen, nicht in Euphorie zu verfallen, alles sachlich und ruhig auf sich wirken zu lassen, doch als er eines Tages im zauberhaften Licht des Pariser Frühlings über den Jahrmarkt schlenderte, angerührt von Karussellmusik und der Fröhlichkeit der Kinder, war es mit der Contenance vorbei. Ihm kamen die Tränen, er mußte sich das Taschentuch vor die Augen halten. »Hat immer so getan, als ob Sonne blendet – war aber nicht Sonne, war, weil es das alles gibt: weil es auf einmal wieder einen Sinn hat, auf der Welt zu sein – weil einmal wieder Wolke Wolke ist, Stein Stein, Sonne Sonne. Ich bin umhergegangen wie verzaubert.«

Erste Impressionen

Die Sorgen und düsteren Schatten begannen allmählich zu weichen. Er fühlte es, Paris tat seinen Nerven wohl, aus seinen Briefen ist zu spüren, wie glücklich es ihn machte, sein preußisches Kasernenhof-Vaterland hinter sich gelassen zu haben. Auf einer Bank im Park Monceau, in der Sonne träumend, entstand sein erstes Paris-Gedicht für die *Weltbühne*.

Hier ist es hübsch. Hier kann ich ruhig träumen.
Hier bin ich Mensch – und nicht nur Zivilist.
Hier darf ich links gehn. Unter grünen Bäumen
sagt keine Tafel, was verboten ist.

Ein dicker Kullerball liegt auf dem Rasen.
Ein Vogel zupft an einem hellen Blatt.
Ein kleiner Junge gräbt sich in der Nasen
und freut sich, wenn er was gefunden hat.

Es prüfen vier Amerikanerinnen,
ob Cook auch recht hat und hier Bäume stehn.
Paris von außen und Paris von innen:
sie sehen nichts und müssen alles sehn.

Die Kinder lärmen auf den bunten Steinen.
Die Sonne scheint und glitzert auf ein Haus.
Ich sitze still und lasse mich bescheinen
und ruh von meinem Vaterlande aus.

Allein die Tatsache, in Paris zu sein, machte ihn zu einem anderen Menschen, wie er meinte. Er war in dieser Hochstimmung nicht geneigt, wie dann in späteren Jahren, auch Mängel und Unzulänglichkeiten des Gastlands wahrzunehmen. Ihm tat es vorerst wohl, »einmal ja zu sagen«. Die leichte, angenehme Atmosphäre der Stadt faszinierte ihn von der ersten Stunde an. Er konnte die natürliche, charmante Höflichkeit der Bevölkerung, den freundlichen Umgang miteinander nicht genug loben, auch gefiel ihm, daß »niemand sich um niemand kümmerte und alle so tun, als ob sie zu Hause wären«.

Einem der ersten Feuilletons, die er nach Berlin schickte, gab er die Überschrift *Dans la rue*. Spaßige Dinge ereignen sich im Pariser Straßenleben. Vor einer Tür sitzt eine kleine gelbe Katze mit einer Brille auf der Nase; ein Optiker hat sie ihr aufgesetzt, die Leute bleiben stehen und lachen. Die Katze sieht regungslos in die Sonne.

Mindestens genauso stark wie die Stadt und ihre Sehenswürdigkeiten beeindruckten ihn die Menschen und die Atmosphäre. »Die Stadt ist nett, weil die Nation, weil vor allem – und das ist wohl das ganze Geheimnis – der kleine Mann nett und freundlich ist.« Am Franzosen war ihm sympathisch, daß er sich zuallererst als Mensch fühlt und nicht als Teil einer anonymen Kollektivität. Nichts sei falscher und dümmer, meinte er zu dem Klischeebild über Frankreich, als an allen Orten zu Paris »Apachen«, »Dirnen« und dergleichen zu sehen. Das bürgerliche Element herrsche überall vor und sei unverkennbar. Der Schutzmann, das Mädchen mit den langen Stangenbroten und der Arbeiter, der fast gar nicht mehr die traditionellen Samthosen und die rote Leibbinde trägt, seien ganz und gar bürgerlich.

Diese bürgerliche Anständigkeit, die Symptome einer Daseinsfreude und Fröhlichkeit, wie er sie an Deutschland vermißte, registrierte er hier doppelt aufmerksam, hob sie als wohltuend hervor wie die leisen und kultivierten Umgangsformen. An eine Bekannte nach Berlin schrieb er: »Es ist ein Paradies, daß man nicht in Deutschland ist. Über Frankreich läßt sich reden – über diese Tatsache gar nicht. Also das gibt es alles noch! Es gibt Blumen, Katzen, Bücher, Frauen (die mir übrigens nicht gefallen), einen Fluß, ein Museum,

Im Park Monçeau, auf einer Bank in der Sonne, entstand das erste Huldigungsgedicht an Paris

aber ein richtiges, kein Kasten, keine Anschauungskaserne – und Menschen gibt es, richtige Menschen! So dumm das klingt: ich werde richtig noch mal jung.«

Wenn er auch nach einiger Zeit in Paris von den euphorischen Eindrücken der allerersten Stunde wieder abrückte, so fühlte er sich doch unendlich freier als zuvor, ohne Druck und Belastungen, so daß er sagen konnte, schon jetzt klinge ihm meist, was aus Deutschland komme, »wie aus dem Keller«. Paris als Stadt fand er bei weitem schöner als Berlin, besonders eben die Straßen, weil sie nicht nur Straßen, sondern »Aufenthaltsort, Platz des Lebens und Teil des Lebens« sind. Wohin Tucholsky in diesen Tagen auch ging – sein Schritt war leicht, beschwingt, denn mit ihm ging der Pariser Frühling. Er suchte nach dem treffenden Wort, ihn zu beschreiben, sanft sei er nicht und auch nicht weich, »doux« – das französische Wort für »anmutig, liebreich, zart« – sei vielleicht die beste Bezeichnung. Es sei, als ob man auf Samt gehe.

Er betrachtete die Stadt in den ersten Wochen als Flaneur, noch hatte er Zeit, seine Schreibmaschine war noch nicht da, und die Zeit mußte er sich von Berufs wegen für Paris schon nehmen. Daß diese Stadt eine Goldgrube für Feuilletons war, wußte er schon in den ersten acht Tagen, aber nicht Mangel an Stoff würde ihm Kopfzerbrechen machen, sondern etwas anderes. Dieses andere hing mit der deutschen Leserschaft zu Hause zusammen.

Das erste, was man tun müsse, schrieb er an Mary Gerold, sei, mit einem Müllberg von falschen Assoziationen und Vorstellungen aufzuräumen. Haltungen und Meinungen der Durchschnittsdeutschen seien so getrübt von Snobismus, Feindseligkeit, Afferei und der Sucht, »alles im Ausland für den letzten Dreck zu halten oder würdelos davor auf dem Bauch herumzukriechen«, daß es für ihn sehr, sehr schwer sein werde, das Richtige zu treffen. Er gestand: »Ich habe erhebliches Lampenfieber.«

Vorerst gehörte zu seinem Tagespensum die Beschäftigung mit der französischen Sprache. Die wichtigsten Wörterbücher hatte er schon auf die Reise mitgenommen, bevor seine große Bibliothek aus Berlin auf dem Speditionsweg nachkam. Im Regal stand der große »Sachs«, der Dictionnaire

Français-Allemand, daneben das deutsch-französische Wörterbuch, das Encyclopädische Wörterbuch von Sachs-Villatte sowie ein deutsch-französisches Satzlexikon. Das Umgangsfranzösisch des Jahres 1924 war nicht das, was er auf dem Berliner Gymnasium anno 1905 gelernt hatte. Lehrbuch und Leben waren ohnehin zwei verschiedene Dinge. Er mußte sich in der Sprache vervollkommnen, wie sie die Politiker, die Journalisten, die Künstler und die einfachen Leute auf der Straße sprachen. Das Studium der Klassiker blieb davon unberührt. Für diesen Zweck hatte er Studientexte französischer Schriftsteller, wie Maupassant, Zola und Farrère, die er Satz für Satz und Wort für Wort durcharbeitete, so als ginge er noch einmal zur Schule. Jeden Tag mindestens eine Stunde Französisch war das selbstverordnete Pensum, meistens waren es zwei Stunden; daran sollte sich auch in den Pariser Jahren nicht viel ändern. Er erwog sogar, noch einen Französischlehrer zu nehmen. In jedem Brief an Mary Gerold nach Berlin war von zwei Dingen die Rede: von seiner Schreibmaschine, die noch immer nicht da war, und von seinem Sprachpensum. Die Mitteilung darüber las sich so: »Sonst muß Französisch lernen, daß es nur so knackt. Ich kann ja gar nichts. Ist auch ganz ungebildet in französischer Literatur und kann gar nicht mitreden. Ist klein.«

Seiner »lieben Lettin«, wie er Mary nannte, legte er ans Herz, sie solle zu Tante Flora gehen, die in Wilmersdorf wohnt, und ordentlich bei ihr Französisch lernen. Er lobte in diesem Zusammenhang Tantes Aussprache, ihre Klarheit und ihre Fähigkeit, auch französisch zu *denken*, wenn sie sprach. »Fast alles, was sie beibringt, stimmt.« Er konnte es beurteilen, denn auch er zehrte noch von Tantes Zusatzunterricht und wußte zudem recht gut, daß die Sprache für den Alltag wohl leicht zu erlernen ist – in sie wirklich einzudringen aber sehr schwer. Und deshalb die ständig wiederkehrende Ermahnung an die künftige Pariserin und Ehefrau Mary Tucholsky: »Du mußt – genau wie Nungo auch – Französisch lernen.«

Während Tucholsky noch dabei war, sich in sein neues Zuhause einzuleben, kamen bereits die ersten Aufträge aus Berlin. Die deutsche Liga erteilte ihm per Telegramm den Auftrag, Anatole France zum achtzigsten Geburtstag zu gratulieren, was aber nicht möglich war, da der große alte Mann der französischen Literatur, schon sehr krank zu dieser Zeit, sich nicht in Paris aufhielt.

Die ersten Kontakte zur Französischen Liga für Menschenrechte ergaben sich für Tucholsky auf den Teenachmittagen bei Madame Ménard-Dorian, einer reichen Dame, in deren Salon Politiker, Generale, Professoren und Journalisten verkehrten, die sich für die deutsch-französische Verständigung einsetzten. Hier sah er gelegentlich Harry Graf Kessler und Hellmut von Gerlach wieder und lernte die führenden Leute der französischen Liga kennen.

In den ersten Monaten traf er auch des öfteren mit George Grosz zusammen, durch den er ein Stück echtes Paris kennenlernte. Sie gingen gemeinsam in die Zirkusvorstellung zu den berühmten Fratellini-Clowns, machten Studien in kleinen, abgelegenen Kneipen, wo die Einheimischen noch unter sich waren und Paris am pariserischsten, schlenderten über Jahrmärkte und Volksfeste, wie Grosz es liebte, und machten sonntags Ausflüge in die nähere Umgebung. Das Ergebnis gemeinsamer Erlebnisse war bald darauf die von Tucholsky verfaßte Feuilletonskizze *George Grosz in Paris*, die mit hübschen Illustrationen von Grosz in der großformatigen Ullstein-Illustrierten *Die Dame* erschien.

Tucholsky und Grosz empfanden große Sympathie füreinander. Grosz liebte Tucholsky wegen seines Berliner Witzes und fand, daß er nach Glaßbrenner das beste Berlinisch schreibe. Für Tucholsky wiederum war der radikale Zeichner »ein in vielem wirklich neuer Mensch«; er kannte ihn seit etwa fünf Jahren aus der gemeinsamen Arbeit für das Berliner Kabarett »Schall und Rauch« und hatte sich schon 1920 öffentlich für ihn eingesetzt, als die Verbote und Prozesse gegen ihn begannen. Seine Blätter hielt er für »die wohl witzigste und künstlerisch beste Abfertigung des alt- und neupreußischen Militarismus« mit seinen »kommandierenden Rotweingeneralen, Puffleutnants und dem grauenhaften Typ der Freiwilligen Korpshäuptlinge«. Grosz und Tucholsky waren sich auch einig in ihrer Meinung über das verlogene und verbogene Klischeebild des deutschen Kleinbürgers von Paris, und daß man hier unbedingt verändernd wirken müsse.

Ein nachhaltiges Erlebnis für Tucholsky war der Tag, an

dem er mit George Grosz den Maler Jules Pascin im Atelier am Boulevard Montparnasse besuchte. Diesen Maler, von dem George Grosz sagte, daß er seine Blätter »wie mit Schmetterlingsstaub« male, wollte Tucholsky schon seit langem persönlich kennenlernen, nicht nur wegen seiner Zeichnungen, die er vom *Simplicissimus* her kannte. Ein besonders wertvolles Buch, von Pascin illustriert, hatte er einmal Mary Gerold geschenkt. Es waren die *Memoiren des Herrn von Schnabelewopsky* von Heinrich Heine, bei Gurlitt auf Bütten gedruckt, mit eingelegten Seidenblättern für die sehr kostbaren Zeichnungen.

Durch Grosz wurde Tucholsky in Paris auch mit Frans Masereel bekannt, den in seine Arbeit verbissenen, hageren, ernsten Flamen, der hoch oben auf dem Montmartre wohnte und von seinem Arbeitszimmer den weiten Blick hinunter auf Paris hatte. Zur Erinnerung an seinen Besuch erhielt Tucholsky von Masereel ein Buch mit Widmung überreicht: die gerade bei Kurt Wolff in München erschienene Bilderzählung *Die Idee*. Als 1926 *Die Sonne* und das *Stundenbuch* von Masereel erschienen, hat Tucholsky sie in der *Weltbühne* sehr einfühlsam besprochen. Für ihn gehörten sie zu den schönsten Bilderzählungen, die es gab, bekannte er, zumal solches Können mit solcher Gesinnung etwas Seltenes sei.

Daß Tucholsky sich in Paris schnell einleben konnte, dazu verhalf ihm auch Arthur Holitscher, der unzählige Freunde und Bekannte in dieser Stadt hatte. 1924 hielt er sich gerade wieder in Paris auf, um sein neues Buch, den *Narrenführer durch Paris*, abzuschließen.

Holitscher war 1924 bereits ein prominenter Autor des S. Fischer Verlags, hatte viele Länder bereist, während Tucholsky außer Berlin, Stettin, ein bißchen Ostsee und einigen Kriegsschauplätzen von der Welt nichts gesehen hatte. Der zwanzig Jahre ältere Holitscher, Pazifist mit revolutionärem Temperament, der in seinen Reisebüchern die sozialistische Weltveränderung propagierte, war engagiert für die Liga wie auch für die Internationale Arbeiterhilfe tätig. Die beiden hätten in Paris jeden Abend zusammen essen gehen können, Gesprächsstoff gab es dafür mehr als genug. Es gab kaum ein Gebiet der Kunst und der Politik, mit dem Holitscher nicht

68

Frans Masereel.
Tucholsky besuchte ihn in seinem Atelier auf dem Montmartre

in Berührung gekommen wäre und das Tucholsky nicht interessiert hätte. Ohne Zweifel war dieser Mann für Tucholsky ein gewinnbringender, sympathischer Gesprächspartner, und so konnte das Urteil über ihn in den Briefen an Mary Gerold gar nicht anders lauten als: »Ein reizender Kerl. Natürlich, gebildet, klug, kennt halb Europa und sagt gute Sachen.« Manche Impressionen, die Holitscher über das Paris von 1924 in seinem *Narrenführer* schildert, finden sich sehr ähnlich auch in den Feuilletons von Tucholsky wieder – so die Schilderung der Diseuse Yvette Guilbert –, wohl ein Ergebnis gemeinsam verbrachter Abende im Theater oder im Kabarett. Mit Holitscher besuchte er im Mai 1924 auch einmal Chagall.

An freien Abenden, wenn er nicht zu Schaljapin, zu Chevalier oder in die Comédie-Française ging, traf er sich mit dem Musiker Albert Jarosy, den er vom »Gondel«-Kabarett aus Berlin gut kannte. In Jarosys Wohnung stand ihm der Flügel zur Verfügung, er konnte hier seine Chansons vorspielen und mit ihm durchsprechen. So lernte er viel Neues kennen, gewann einen Eindruck von der Künstlerstadt Paris, täuschte sich aber, wenn er glaubte, dem Berliner Betrieb entkommen zu sein. Als sich der Schauspieler Paul Graetz, ein paar Tage auf Parisbesuch, bei ihm meldete, führte er auch ihn ein bißchen herum, doch empfand er den agilen, drahtigen, ständig im Stakkatotempo redenden und urteilenden Paule als zu anstrengend, zu laut und zu sehr Berlin.

Inzwischen war Tucholsky in eine eigene Wohnung umgezogen, die er nach langem Suchen in der Avenue Mozart im Stadtinnern gefunden hatte. Auch die Schreibmaschine war da. Und nun wollte und mußte er richtig anfangen zu arbeiten. »Aber feste!« Er wohnte im vierten Stock, die Zimmer der Wohnung, nach Norden gelegen, hatten keine Sonne. Eine luxuriöse Wilhelmstraßen-Wohnung, sagte er, könne er sich nicht leisten. Irgendwann würde er noch einmal umziehen. Vorläufig aber müsse er hier ausharren, bis er alles vorbereitet habe, damit Mary Gerold zu ihm nach Paris kommen könne. »Dicker, Du sollst nicht mehr lange in Berlin sein.« – »Will lieber mit Melichen zurückgezogen und eben nicht auf großem Fuß leben. Reichen reichts.« – »Und soll zu diesem gehören – denn hat nun langsam erkannt, daß man bloß gut leben kann, wenn man einen hat, für den man lebt.«

Von seiner neuen Wohnung aus durchstreifte er in den Frühjahrs- und Sommermonaten Paris, um die einzelnen Stadtviertel besser kennenzulernen, sah auf Reisen auch etwas von dem Land, in dem mit der Ablösung des Nationalen

Blocks unter Poincaré durch den Sozialisten Herriot auch ein politischer Frühling angebrochen war. Von Politik war aber in diesen ersten Wochen kaum die Rede, lediglich ein Aufsatz, *Paris*, den er mit seinem Namen zeichnete, befaßte sich mit der innenpolitischen Situation des Frühjahrs 1924, bei deren Beurteilung er sich weitgehend auf die Meinung von »Kennern« stützen mußte und auf einige Eindrücke von Wahlversammlungen, die er besucht hatte. Auf die Ursachen des vom Linksblock errungenen Wahlsiegs, zu dem auch die Kommunisten Frankreichs beigetragen hatten, ging er nicht weiter ein. Gewiß hatte er jedoch recht, wenn er meinte, daß das Votum gegen Poincaré, der die kostspielige Besetzung des Ruhrgebiets veranlaßt hatte, nichts mit »besonderer Liebe zu Deutschland« zu tun habe. Vielmehr war es die innenpolitische Krise – die Teuerungswelle, die Inflation und die Steuererhöhungen –, die das Ende des nationalistischen Premiers herbeiführte.

Die Arbeit für Siegfried Jacobsohn

Mit *Parc Monceau* begann im Mai 1924 von Paris aus nach der Pause von 1923 eine neue Phase intensiver Mitarbeit für die *Weltbühne*, sehr zur Freude der Leser, die Wrobel, Panter, Tiger und Hauser im zurückliegenden Jahr, wo außer ein paar Rezensionen so gut wie nichts von ihnen erschienen war, sehr vermißt hatten. Ab Mai 1924 stieg die Produktivität Tucholskys wieder auf die Höhe der ersten Nachkriegsjahre, in denen es Hefte gab, die mitunter zu einem Viertel oder einem Drittel des Umfangs nur aus seinen Arbeiten bestanden. Insgesamt vierundneunzig gezeichnete Beiträge nahm Jacobsohn 1924 von ihm ins Blatt. Im darauffolgenden Jahr waren es rund hundertvierzig. Dazu kam auch jetzt wieder vieles Ungezeichnete, das er in Form von »Antworten« und als »Liebe Weltbühne« – meist kleine Anekdoten und Bonmots – an die Redaktion schickte.

Die Thematik, die er von Paris aus für Jacobsohn bewältigte, blieb wie bisher differenziert und den Pseudonymen angepaßt. Frankreichbetrachtung war nur ein Teil davon, in der Mehrzahl der Beiträge setzte er da fort, wo er um die Jahreswende 1922/23 aufgehört hatte: in der Auseinandersetzung mit der Politik der herrschenden Klasse in Deutschland und den diese Politik begünstigenden Faktoren. Ständig wiederkehrende Themen sind die Rolle der SPD und die nationalistische Haltung breiter Kreise des deutschen Kleinbürgertums. Teilt man die *Weltbühnen*-Arbeiten des Jahres 1924 nach ihrer Thematik auf, so ergibt sich, daß sich nur sechzehn Feuilletons mit Frankreich befassen, während der deutschen Politik und den deutschen Zuständen fast doppelt soviel Aufsätze gewidmet sind. Acht davon behandeln Themen aus der Sicht der Liga für Menschenrechte, sind der Auseinandersetzung mit dem imperialistischen Krieg gewidmet; fünfundzwanzig Feuilletons und Rezensionen beschäftigen sich mit dem Alltag, der Literatur und dem Leben. Tucholsky bestreitet wieder die gesamte Breite der Thematik der *Weltbühne*.

Obwohl er sich über mangelnden Abdruck nicht beklagen konnte, schickte er im November 1924 an Siegfried Jacobsohn eine längere Liste der Arbeiten, die noch in der Redaktion lagerten. Diese Aufstellung gibt einen kleinen Eindruck von seinen Interessengebieten und seiner enormen Arbeitsintensität. Vom Polemiker Wrobel wurden geliefert: *Horizontaler und vertikaler Journalismus, Buch mit Bildern, Der neue Zeitungsstil, Tendenzphotographie, Persönlich, Beisitzer, Eine deutsche Kindheit, Vierzehn Käfige und einer, Hildebrandt, Wahlvergleichung, Schädlichkeit des Zivils* und *Der gefangene General*. Aus der Feder des Plauderers Peter Panter waren nach Berlin gegangen: *Die Reliquie, Windrose, Fledermaus, Lieber Eloesser* und *Nationales*. Theobald Tiger hatte folgende neue Verse gedichtet: *Gebet für die Gefangenen, Träume, Mal singen, Leute, Englische Wahlen, Das Stück Unglück, Gefühle, Nehmen Sie romantisch, Leicht oben drüber hin, Die Pächter* und *Die Ekstatischen*. Kaspar Hauser schließlich hatte eine neue Geschichte eingereicht, *Wendriner erzieht seine Kinder*, die er ebenfalls bald gedruckt sehen wollte.

Neben grundsätzlichen Betrachtungen, meist mit »Wrobel« gezeichnet, die stets ihr Echo fanden, waren es vor allem die mit Tucholskyscher Grazie verfaßten Plaudereien und Lebensbilder, die den Lesern Freude machten. Weil diese Art des Feuilletons nicht dem Aktualitätszwang unterlag, konnte er länger daran feilen, sie »ablagern« lassen, ehe sie in den Umschlag nach Berlin gesteckt wurden. Seit er mit seinem Lachen und seinem bissigen Witz wieder im Heft erschien, nahm die Leserpost an die Redaktion sichtbar zu. In der Gunst der Leser war er der beste Mann der Zeitschrift. Sie sagten *Weltbühne* und meinten Kurt Tucholsky, wie jener Heinrich Gras aus Vallendar am Rhein, der mit seinem Huldigungsgedicht an die Zeitschrift die Meinung vieler *Weltbühnen*-Freunde zum Ausdruck brachte:

Man heißt Dich ein gefährlich Blatt.
Bedient von lauter Juden –
spei'n nach Dir in blinder Wut
die echauffierten Stuten!

Sie zischen, wie der Sklave zischt,
getreten von dem Sieger –
kein Wunder auch – es faucht in Dir
der Panter und der Tiger!

Wenn solches Vieh die Pranken hebt,
gibt's Schrecken ohne Maßen –
In meterlangen Sprüngen saust
die wack're Zunft der – Hasen!

Die Post, die Jacobsohn wöchentlich erhielt und nach Paris weiterschickte, beschäftigte sich zum gut Teil mit Tucholsky. Sie war sein Dialog mit dem Leser. Gefiel ein Artikel besonders, hieß es: »Ihre wahren Worte habe ich gelesen«, oder: »Mögen Sie gesund bleiben, damit man öfter so ein wahres Wort hört.« Ein Berliner Arzt schrieb: »Leider komme ich, wenn ich einen Ihrer trefflichen Artikel gelesen habe, aus Zeitmangel nie dazu, Ihnen meinen Dank und meine Hochachtung auszusprechen«, endlich aber wolle er es tun.

Aus Bonn, wo sich im Löwenburger Hof eine fröhliche Runde versammelt hatte, erreichte S.J. folgende lustige Zuschrift: »Im Kreise ehemaliger Intellektueller ist der Zitaterich ausgebrochen. Keine zehn Schritte, ohne daß irgendeiner etwas von Peter Panter zitiert.« Was man bloß dagegen machen könne, wurde Jacobsohn scherzhaft gefragt. Mancher der Einsender legte seinem Brief ausgeschnittene Arti-

69

70

»Heute sind wir mit dem Dicken den ganzen Tag unterwegs, u.a. auch auf Wohnungssuche.«
Postkarte Mary Tucholskys an ihre Mutter nach Riga

kel oder Meldungen aus der Lokalpresse bei als Beweis dafür, daß Wrobel wieder voll ins Schwarze getroffen hatte.

Unter den Absendern der Briefe waren auch junge Damen, die gern nach Paris wollten und fest damit rechneten, daß »Peter« ihnen eine geeignete Stellung bei einem Zeitungsbüro beschaffen könnte: »Sehr verehrter Herr Doktor, es ist mir ja so wertvoll, daß Sie sich der Sache annehmen.« Was soll er da machen? Fräulein Lore Fuchs aus der Berliner Kleiststraße 13, die den Brief an ihn geschrieben hatte, wartete auf eine Antwort. Er kümmerte sich.

Außer Beschimpfungen, das war Tucholskys Prinzip, erhielt jeder, der ihm schrieb, eine Antwort oder einen persönlichen Rat, wenn er ihn wünschte. Auch Kritisches gab es mitunter. Als er in der *Weltbühne* die Berliner einmal pauschal madig machte, widersprach ein Berliner aus Halberstadt, weil ihm die Verallgemeinerungen »des anerkannten und beliebten Schriftstellers« nicht gefielen und es doch in Wirklichkeit viele geistig interessierte junge Berliner gebe, die nicht sinnlos herumnörgeln und nicht dauernd mit Schlagworten wie »fabelhaft« oder »unerhört« um sich werfen und die Peter Panter so gänzlich ignoriere. »Nichts für ungut, Peter Panter, ich hoffe, Du hast verstanden, was ich Dir beibringen wollte.«

Was auch jetzt, in der neuen Phase von Tucholskys Mitarbeit, nicht ausblieb, waren die gelegentlichen rüden Beschimpfungen. Aus Hamburg wurde der *Weltbühne* empfohlen, sich wegen der Tucholsky- alias Wrobel-Artikel nun »endlich den Sowjetstern zuzulegen«.

Ein Mann wie Tucholsky war für Jacobsohn ein unschätzbarer Gewinn. Es zahlte sich verlegerisch aus, einen so produktiven und populären Autor wie ihn in Paris zu haben, der dort sowohl ruhiger arbeiten als auch sinnvoll für die Interessen des Blattes schreiben konnte. »Tucho«, fair und zurückhaltend, sprach niemals von seinen Verdiensten um das Blatt, er blieb sich bei aller Selbstsicherheit dessen bewußt, daß es schließlich Jacobsohn war, der ihm den Pariser Aufenthalt überhaupt ermöglicht hatte.

In Gegenleistung dafür arbeitete er ununterbrochen und mit äußerster Gewissenhaftigkeit. Er hatte sich vorgenommen, »sehr gute Arbeit für S.J. zu liefern«, und das hieß für ihn Anstrengung bis zum Äußersten. Als er die Kriegsgedenknummer zum 1. August 1924 fertig machte, seinen großen Aufsatz über die Schlachtfelder von Verdun schrieb, die er wenige Tage zuvor besichtigt hatte, saß er sonntags – draußen war ein herrlich blauer Sommerhimmel – zwölf Stunden an der Schreibmaschine, unterbrach nur einmal kurz, um nach unten zu gehen und Obst zu kaufen. Daß dieser Arbeitsstil keine Ausnahme, vielmehr die Regel war, bestätigte seine zweite Frau Mary. Befragt, wie sein Tag in Paris abgelaufen sei, wann er gearbeitet habe und wie sein Arbeitsstil generell gewesen sei, sagte sie: »Tucholsky hat *nur* gearbeitet.«

Tucholsky ging 1924 als fester, nicht als freier Mitarbeiter der *Weltbühne* nach Paris. Mit dem Vertrag, der zwischen ihm und Jacobsohn am 15. Februar 1924 geschlossen wurde, trat er in die Redaktion und in den Verlag der *Weltbühne* ein. So ist es in Paragraph eins formuliert. Der Vertrag läßt erkennen, daß ihm eine sehr große Last zu nicht unbedingt günstigen Bedingungen aufgebürdet worden war. Er hatte wöchentlich mindestens zwei Arbeiten zu liefern und redaktionell tätig zu sein, das heißt, ihm übergebene Manuskripte zu prüfen und zu bearbeiten, Material für die »Antworten« zusammenzustellen, Themen und Artikel anzuregen, neue Mitarbeiter zu gewinnen sowie Jacobsohn bei den laufenden Redaktionsarbeiten zu unterstützen. Mit anderen Worten: All das, was er praktisch seit 1913 als freier Mitarbeiter getan hatte, war jetzt in eine juristisch-vertragliche Form gebracht, die die beiderseitigen Rechte und Pflichten regelte. Tucholsky bekam monatlich ein Honorar von sechshundertfünfzig Mark und vier Wochen Urlaub im Jahr. Weiter übernahm Siegfried Jacobsohn die Verpflichtung, seinen Mitarbeiter mindestens drei Monate im Jahr auf Reisen zu schicken und ihm in dieser Zeit das volle Gehalt auszuzahlen. Tucholsky seinerseits verpflichtete sich, ohne Erlaubnis Jacobsohns an keiner anderen Zeitung oder Zeitschrift mitzuarbeiten. Wurde dies gestattet, so hatte er zehn Prozent seiner Honorare an Siegfried Jacobsohn abzuführen, ebenso den gleichen Anteil bei Einnahmen aus Nachdrucken. »Diese Bestimmung«, so heißt es, »ist für Herrn S. J. möglichst weit auszulegen.« Sie betraf alle Einnahmen, die aus der schriftstellerischen Tätigkeit Tucholskys, einschließlich dramaturgischer, anfielen. Auch die Verträge für Theater, Kabarett und Film bedurften der Genehmigung des Herausgebers.

Tucholsky hatte, wie er sehr wohl wußte, einen beträchtlichen Teil seiner literarischen Freiheit an Siegfried Jacobsohn verkauft; das bestätigt auch der Vertragspassus, wonach der Verlag der *Weltbühne* alle Rechte für Buchausgaben an den Arbeiten Tucholskys beanspruchte und er erst dann darüber verfügen konnte, wenn der Verlag ablehnte. Alles in allem ein für den Verlag günstiger, für den Autor nur bedingt vorteilhafter Vertrag, dessen Vorzug nur darin bestand, daß er ihm einen festen Ertrag aus seiner schriftstellerischen Arbeit garantierte. Daß Tucholsky den Vertrag in dieser Form akzeptierte, spricht sowohl für seinen noblen Charakter wie für seine Treue gegenüber dem Mann, dem er seine schriftstellerische Förderung verdankt, und spricht letztendlich auch für seine innere Verbundenheit mit seinen Lesern und Gesinnungsfreunden, für die er nun seit mehr als zehn Jahren in der Zeitschrift schrieb. An dem Verhältnis zu S.J. veränderte sich nichts, obwohl sich Tucholsky über den vollen Sachverhalt im klaren war. Es blieb die alte freundschaftliche Zuneigung. Es heißt dazu in den Briefen: »S.J. benimmt sich in allen Fragen nett, kameradschaftlich und vernünftig.« Tucholsky wußte aber auch, was er sagte, wenn er feststellte, daß die literarische Bewertung seiner Arbeiten und leider auch ihr pekuniärer Ertrag in gar keinem Verhältnis zu der Intensität stünden, mit der sie angefertigt würden. Die persönlichen Beziehungen zwischen beiden wurden auch dadurch nicht beeinträchtigt, daß Jacobsohn nach Tucholskys eigenen Worten »gesinnungsmäßig« ziemlich weit von ihm weg stand. Er sah in ihm einen Mann mit einer »brav bürgerlichen« Gesinnung, fällte sogar das Urteil: »Von dem Neuen weiß er gar nichts.« Das war ungerecht, wenn man an Jacobsohns enge Verbindungen zu den Repräsentanten der linken Demokraten und zur Liga für Menschenrechte, seine engagierte Hilfe für die politischen Gefangenen in Deutschland und sein Eintreten für eine saubere Berichterstattung in den Anfangsjahren der UdSSR denkt. Der Inhalt der *Weltbühnen*-Hefte deckte jedenfalls eine solche Einschätzung nicht ab; Tucholskys eigene Arbeiten und die einer Reihe anderer Autoren wie Arthur Holitscher, Hellmut von Gerlach, Robert Kuczynski und Alfons Goldschmidt stehen einem solchen Urteil entgegen.

Daß die Zusammenarbeit zwischen beiden auf Grund politischer Meinungsverschiedenheiten gelegentlich doch zu Kontroversen führte, verdeutlicht ein Brief Tucholskys an den Herausgeber vom März 1925, in dem er sich beschwert, daß in einem seiner kritischen Artikel gegen den Chef der Reichswehr General von Seeckt, *Brief an einen bessern Herrn*, nicht abgesprochene Änderungen vorgenommen worden waren. Sein Ton gegenüber Jacobsohn ist freundschaftlich, aber prinzipiell: »Wenn Du nicht meiner Meinung bist, dann sage es doch, Mensch –! Aber daß Du mir ausgerechnet die beiden scharf pessimistischen Stellen wegen Schwarz-Rot-Gold herausstreichst, das ist bitter. Doppelt bitter, weil sie in der Korrektur noch drin waren. Du weißt doch, daß ich mit mir reden lasse und keinen Autorenvogel habe – aber das mußt Du doch nicht machen. Der Artikel ist nicht von mir so, wie er da steht. Wenn Du aus politischen Gründen gestrichen hast, dann gibt er Deine Meinung wieder; wenn Du aus redaktionellen gestrichen hast, gar keine. Streich doch in der Korrektur! Immerhin ist mir das nicht unwichtig, zu wissen, wie *Du* über diese Sachen denkst – schon wegen der nächsten Arbeiten. Du hast das ja auch bei Zeigner und damals bei dem Gedicht Ebert und Schwarz-Rot-Gold geschrieben – und wenn ich auch nicht immer genau Deiner Meinung bin: man kann doch darüber reden. Ich habe mich mit dem offenen Brief so geplackt, zweimal abgeschrieben, und jetzt hackst Du ihm das Herz heraus. Mörder –!«

Wenn es auch in der Bewertung politischer Vorgänge in Deutschland hin und wieder unterschiedliche Standpunkte gab, was aus dem umfangreichen Briefwechsel Jacobsohns mit seinem Pariser Mitarbeiter hervorgeht, so konnte Tucholsky doch in der *Weltbühne* jederzeit sagen, was er wollte und was er für richtig hielt. Beide überlegten sogar, eine neue Monatszeitschrift zu gründen, um der linken Publizistik in Deutschland eine noch größere Tribüne zu schaffen. Ende Februar 1925 ging von Paris aus ein anderthalbseitiges Exposé samt Begleitbrief an Siegfried Jacobsohn ab, wahrscheinlich ein Ergebnis der Gespräche, die sie im Sommer

1924 in Berlin darüber geführt hatten. Tucholsky hatte das Exposé auf Wunsch Jacobsohns und in dessen Namen verfaßt; in dieser Form sollte es den in Aussicht genommenen Geldgebern vorgelegt werden. Gedacht war an eine Monatsschrift für Politik, Geschichte, Wirtschaft und Literatur, die Aufsätze größeren Umfangs, wie sie die *Weltbühne* nicht berücksichtigen konnte, enthalten sollte, und zwar mit stärkerer Orientierung auf dokumentarisch fundierte Darstellung. Im Literaturteil sollten neben der herkömmlichen Rezension neuer Bücher vergessene wichtige Werke nachgedruckt, Neuerscheinungen des Auslands in Übersetzungen vorgestellt, Nachwuchstalente gepflegt sowie Reiseschilderungen und Berichte aus dem Ausland veröffentlicht werden. »Das Blatt«, hieß es im Exposé, »soll sich gleichmäßig von der neuen Magazinseuche und von den Glossenzeitschriften entfernt halten, die heute rasch modern geworden sind und ebenso rasch wieder unmodern werden.«

Also ein seriöses Unternehmen auf Dauer. An interessierten Käufern hätte es nach den bisherigen Erfahrungen mit der *Weltbühne* nicht gefehlt, auch nicht an geeigneten literarischen Mitarbeitern. Das Projekt kam aber nicht zustande. Es war lange Zeit nicht möglich, die notwendigen Mittel zu beschaffen.

Unrealisiert blieb auch ein zweites Projekt, das Tucholsky gern im *Weltbühnen*-Verlag gesehen hätte. Er wollte einen illustrierten *Weltbühnen*-Almanach herausgeben, unterhaltsam gestaltet, mit den Fotografien der einzelnen Mitarbeiter, einer Auslese der von ihnen im Blatt erschienenen Beiträge sowie zwei Aufsätzen von sich und Jacobsohn über den Werdegang der Zeitschrift. Trotz niedriger Honorarforderung Tucholskys – er schlug tausend Mark vor –, hielt Jacobsohn das Projekt für nicht realisierbar. Zu viele seiner Einzeleditionen mit Artikelserien von *Weltbühnen*-Autoren hatten sich als nur schwer absetzbar erwiesen. Er scheute das Risiko, und Kapitalien waren für ihn kurzfristig nicht aufzutreiben. Hinzu kam, daß Jacobsohn, »wahrscheinlich der beste Redakteur, den die deutsche Presse hat«, wie Tucholsky es sah, leider aber eben »kein großer Geschäftsmann« war.

Die finanziellen Schwierigkeiten, in denen sich der Verlag befand, wirkten sich auch auf Tucholsky aus. Es bedrückte und ärgerte ihn sehr, als Jacobsohn ihm 1926 über einen längeren Zeitraum hinweg das monatliche Fixum nicht pünktlich überwies. Nach langem Warten und Zögern schickte er ihm schließlich einen Beschwerdebrief, daß es für ihn als einen im Ausland lebenden Schriftsteller unabdingbar sei, eine gewisse Sicherheit in der Disponierung seiner Einkünfte zu haben und nicht jeden Monat rätseln zu müssen, kommen die sechshundertfünfzig Mark wie abgemacht bis zum Zwanzigsten oder nicht. Natürlich, er weiß schon, daß Jacobsohn rechnen muß, um sich und seine Autoren durchzulavieren, und gewiß »nicht im Golde schwimmt«, bittet aber, auch seine Situation richtig einzuschätzen. Er wehrt sich vor allem gegen die Melodie »Tucho brauchts ja nicht« und »Du wirst selbstverständlich keinen Deut schlechter leben, wenn ich nicht pünktlich bezahle«. Selbst wenn das Argument zuträfe, wäre er nicht einverstanden, denn: »Ich arbeite fast jeden Tag von morgens bis abends, ich gebe mir Mühe, und man kann gewiß nicht mehr Skrupel und Selbsthaß haben als ich. Aber ich verlange von meiner Arbeit, daß sie – bei ihrem Marktwert – mich in die Lage setzt, nicht von einem Pfennig auf den anderen zu hüpfen, es nicht immer als Freudenfest zu begrüßen, wenn ich überhaupt Geld bekomme – dazu arbeite ich nicht.« Augenblicklich habe er alle Nachteile eines freien Mitarbeiters und alle Nachteile eines festen, und genau das habe er nicht gewollt, als er den Vertrag unterzeichnete.

Ungeachtet solcher Reibungen nahm Tucholsky alle Fortschritte in der Entwicklung des »Blättchens« positiv auf, so die Tatsache, daß in den kleinen Verlag, der ein reines Familienunternehmen war, eine neue Mitarbeiterin, das Fräulein Hünicke, für die Buchhaltung eingestellt wurde. Auch freute es ihn, daß der Verlag versuchen wollte, aus den beengten räumlichen Verhältnissen herauszukommen, und daß die Finanzierung des Verlags verstärkt werden sollte. Er seinerseits bemühte sich, dem Herausgeber in jeder Richtung zu helfen, besonders was Ideen und neue Leute betraf. Im Mai 1925, als er sich zu einem kurzen Besuch in Berlin aufhielt, wurde von ihm der neun Jahre jüngere Axel Eggebrecht für die *Weltbühne* gewonnen.

Wie es zu dieser Werbung kam, hat Eggebrecht selbst geschildert. Sie waren abends bei einem Architekten am Lützowplatz zu einer Party, man debattierte, tanzte und trank, wie es bei solchen Zusammenkünften üblich war. Einer der Anwesenden fing an, über die Rolle der Intellektuellen in der Revolution zu schwätzen, und bekam sofort von Tucholsky heftig kontra. Eggebrecht, der schon im Begriff stand zu gehen, blieb aber nun, weil ihn das Thema interessierte. Was Tucholsky allerdings über Karl Radek äußerte, schien ihm nicht zutreffend. Sie kamen miteinander ins Gespräch. Tucholsky wollte wissen, woher er Radek kenne und ob Eggebrecht derjenige sei, der so ausgezeichnete Glossen veröffentlichte. »Warum machen Sie so was nicht mal für uns? Ich rede gleich morgen früh mit S. J., er soll sich mit Ihnen unterhalten. Einverstanden?«

Als Eggebrecht wenige Tage darauf zu Jacobsohn in die Redaktion kam, sagte dieser zu ihm nur: »Tucho findet, daß Sie schreiben können. Das genügt mir.« Diese Zufallsbegegnung mit Tucholsky gab seinem Leben, wie Eggebrecht bekannte, »eine neue Richtung. Diesmal die endgültige.«

Eggebrecht war nur einer aus der stattlichen Phalanx bedeutender Schriftsteller und Publizisten, die Tucholsky im Verlauf der Jahre an die *Weltbühne* holte. Er gewann auch Carl von Ossietzky, der, bereits 1924 von Tucholsky auf Mitarbeit hin angesprochen, nach mancherlei Hin und Her Anfang 1926 seinen Mitarbeitervertrag mit Siegfried Jacobsohn unterzeichnete.

Kaspar Hausers »Wendriner«- und »Nachher«-Geschichten

Was in den Pariser Jahren den Lesern des roten Heftchens besonderes Vergnügen machte, waren die *Wendriners*, die Tucholsky ab Oktober 1924 nach langer Pause wieder erscheinen ließ. Bisher gab es nur einen einzigen *Wendriner*. Bis Oktober des folgenden Jahres waren sechs weitere der insgesamt sechzehn Porträts abgeschlossen. Herr Wendriner geht einkaufen, besucht Paris, erzieht seine Kinder, beerdigt einen, hat Gesellschaft, betrügt seine Frau oder läßt sich die Haare schneiden. Diese Gestalt des geschwätzigen, wichtigtuerischen, alles bemäkelnden und über den eigenen Horizont nicht hinausschauenden Berliners, »nervös und injebildt«, eignete sich vorzüglich, um den Typ des selbstgefälligen Koofmich, des nach oben gelangten Geschäftsmanns, wie er repräsentativ für bestimmte Schichten der mittleren Bourgeoisie war, bis ins Mark hinein zu charakterisieren. Nicht umsonst hat Tucholsky ihm diesen Namen gegeben, der an die Worte »drehen«, »wenden« und »Wind« anklingt. Wendriner ist jederzeit bereit, seine Gesinnung, soweit er überhaupt eine hat, aufzugeben oder sich eine neue zuzulegen, wenn dies für seine Geschäfte opportun erscheint. Das bezeichnet seine innere Fäulnis und seine Gefährlichkeit.

Diesen Typus hat Tucholsky von Jugend auf ausreichend studieren können. Wendriner-Züge waren mehr oder weniger allen Erfolgsmännern des bürgerlichen Lebens eigen, ob sie in Bankbüros, Geschäftshäusern, Kunsthandlungen, Verlagen oder Salons saßen. Ihr Erfolgsrezept hieß gesinnungsmäßig und geschäftlich mit der Zeit gehen. Mit dem Milieu, das Tucholsky beschreibt, war er auf das beste vertraut, bestimmte Redensarten hatten sich ihm so eingeprägt, daß er sie mühelos aus dem Gedächtnis herbeizitieren konnte. Die tiefe Kenntnis der menschlichen Psyche, das Gespür für Komik, Phantasie und Erfindungsgabe taten ein übriges, um die Geschichten lebensnah und witzig formen zu können. Die phonetische und intellektuelle Erfassung und Bloßstellung der Wendriner-Schicht ergibt eine eigenartige Komik. Es ist nicht jene eisige, tötende Kälte, mit der George Grosz seine Figuren zeichnet. Wendriner ist trotz seiner unsympathischen Erscheinung noch immer ein Mensch. Er hat eine Frau und Kinder, aber seine Hauptgedanken gehören der Firma, dem Geschäft, dem Betrieb. Was sich sonst in ihm aufstaut, entlädt sich gelegentlich, wie beim Friseur, in hanebüchen-bornierten Betrachtungen, wie er die Welt sehen möchte: daß, wenn England wegen Indien gegen Rußland geht, Deutschland eben Rußland helfen muß, damit Frankreich die Platze kriegt. »Das ist mal klar. Na und hinterher – da wern wir die Brüder schon einseifen!« Logik hat's nicht, aber es ist Wendrinersches Weltbild: Deutschland voran, und wir kommen schon durch, denn uns kann keener.

Steht Wendriner in Weißensee auf dem Jüdischen Friedhof

– »Ich kann Weißensee schon nicht mehr sehn« –, meditiert er über den Verstorbenen mit der gleichen Unbekümmertheit wie über seinen schon zwölf Jahre alten Zylinder, über momentane geschäftliche Flaute oder seine gelegentliche Schlaflosigkeit, um zu dem Schluß zu gelangen: »Ach, wissen Sie, wenn ich hier draußen bin und so manchmal dran denke in der Nacht, wenn ich nicht schlafen kann – dann sage ich mir immer das eine: Nur lebendig soll man sein!« Wer schließlich Wendriner im Gartenlokal erlebt hat, ohne Punkt und Komma redend und nebenher den zehnjährigen Maxe rumkommandierend, kann sich am Schluß selbst die Antwort geben, wenn der Geplagte seufzt: »Ich frage mich bloß eins: diese Unbeständigkeit, diese Fahrigkeit, diese schlechten Manieren – von wem hat der Junge das?« Kommt Wendriner nach Paris, so spricht er über diese Stadt wie über einen Vorort von Berlin, und ist er im Ostseebad, dann spukt nichts anderes in seinem Kopf wie Aufsichtsratssitzung, Skontosatz, Vorzugsaktien, und selbst die Kurverwaltung wird noch um die Einnahmen beneidet: »Meschugge, sag ich Ihnen.« Der berlinernde Wendriner, immer obenauf und mit dem Mundwerk vorneweg, ist wohl das Produkt dieser Stadt und ihrer spezifischen Atmosphäre, jedoch keine Kritik ausschließlich am jüdischen Geschäftsbürgertum. Daß Tucholsky damit generell eine vorherrschende Schicht in ihrer Denkweise treffen wollte, geht aus seinem Briefwechsel mit Edith Jacobsohn, Siegfried Jacobsohns Frau und Besitzerin des Williams-Verlags, hervor. Bei ihr wollte er 1925 die *Wendriner*-Geschichten als kleinen illustrierten Sammelband herausgeben. Es gab schon Überlegungen, welcher Zeichner dafür in Frage kommen könnte. Die Verlegerin konnte sich aber mit dem Autor nicht einigen. Fritz Wolff lehnte er ab, weil er nur »lustige kleine Puppen« mache, »ich will aber eine große böse haben«. Von George Grosz meinte er, der sei für diesen Fall »nicht liebevoll genug«, denn an den Geschichten sei doch »ein Stück Idylle daran«. Auch den Wendriner, wie ihn Ottomar Starke im Entwurf vorgelegt hatte, will er auf keinen Fall, weil er »viel zu jüdisch aussieht (so sieht Wendriner nicht aus)«. Man müßte seiner Meinung nach »unter allen Umständen Farbe bekennen und einen bestimmten, klar umrissenen Typus zeichnen«. Bedenken, die Edith Jacobsohn

Mary und Kurt Tucholsky 1925
in Le Vésinet vor dem Eingang ihres Hauses

wegen antisemitischer Tendenz der Geschichten gekommen waren, entkräftete er mit folgendem Argument: »Die Hemmungen, die Sie verspüren, verstehe ich durchaus, aber ich glaube, daß man einen solchen Band scharf machen soll oder gar nicht. Zwischen guter Charakterisierung und antisemitischer Streitschrift gibt es noch viele Nuancen!«

Es ist zu bedauern, daß die Ausgabe von zwölf *Wendriners*, soviel hatte er sich vorgestellt, nicht zustande kam und das dazu gedachte Vorwort »Herr Wendriner liest Herrn Wendriner«, der dann zu dem Resultat kommt: »Solch einen Kerl gibt es gar nicht«, ungeschrieben blieb.

Wie viele solcher »Kerle« es auf der Welt gab und daß Wendriner ganz aus dem modernen Leben gegriffen war, machte Tucholsky noch einmal deutlich, als er 1925 den neuen Roman von Sinclair Lewis besprach. Er kommt zu dem Schluß, daß der deutsche Wendriner das Spiegelbild des amerikanischen Babbit ist. »Aber nimmermehr begreift Herr Wendriner, daß auch er ein Babbit ist; daß auch seine Vorstellungen, Gedanken, geläufigen Begriffe so lächerlich wirken können, wenn man sie still und freundlich aufreiht, ohne etwas dazu zu sagen; daß es grade die Dinge sind, die ihm selbstverständlich erscheinen, über die er gar nicht mehr diskutiert und die in ihrer Würde so unbegreiflich albern sind; daß seine Dresdner Bank, sein Opernball, seine Literatur, seine Symphoniekonzerte, seine elektrische Wohnungseinrichtung und seine Geschäfte genau, genau, genau dasselbe Maß an Widersinn und Sinnlosigkeit ergeben, wie es bei Babbit der Fall ist.«

Tucholsky hatte mit Wendriner eine Figur geschaffen, deren Bedeutung für die Literatur von den Zeitgenossen erkannt und anerkannt wurde. Willy Haas, der Herausgeber der *Literarischen Welt*, schrieb, daß Wendriner für ihn und seine Generation »eine unsterbliche Figur« gewesen sei, und er sah darin eine herausragende literarische Leistung seines Schöpfers. »Er konnte etwas, was seit Heinrich Heines erzählender Prosa kein deutscher Satiriker konnte: echte, witzige Gestalten schaffen, die rundum Gestalt waren und in ihrer Art atmeten und lebten.«

Künstlerisch gesehen war Wendriner eine Figur mit Folgen. Er wurde viel zitiert, kopiert und parodiert. Der Zeichner Emil Schilling zum Beispiel machte Bankier Wendriner mit Familie zu einer Witzseite für den *Simplicissimus*, und der sowjetische Schriftsteller Michail Kolzow, in den zwanziger Jahren *Prawda*-Korrespondent in Berlin und ein großer Verehrer Tucholskys, schrieb nach dessen Muster seine *Iwan Wadimowitsch*-Satiren, die er Tucholsky widmete. Sein Bändchen enthält in russisch die Widmung: »Für Kurt Tucholsky als Echo.«

Die *Wendriner*-Geschichten brachten auch viele Nachdrucke ein. Allerdings nicht immer in erwünschten Organen. Im Dezember 1927 erhielt Tucholsky einen Brief aus Breslau, in dem ihn ein aufmerksamer Kollege davon informierte, daß *Die Nachtpost*, ein obskures Lokalblatt, einen *Wendriner* von ihm nachgedruckt habe und daß es sich empfiehlt, wegen eventueller Honorarforderungen gleich auf dem Klageweg vorzugehen, da auf andere Art von diesem Verlag nichts zu bekommen sei. Der Verleger des Blattes saß gerade wegen Erpressung hinter Gittern.

Wendriner war eine Serie, die im wesentlichen zwischen 1924 und 1926 erschien, danach ist eine lange Pause. 1922 tauchte die Figur in der *Weltbühne* zum erstenmal auf. Wendriner führte damals ein geschäftliches Telefongespräch. Man hatte Rathenau ermordet, es war der Tag der Beerdigung, für zehn Minuten ruhte der gesamte Postbetrieb des Reiches. Und Wendriner war wütend: »Solln se sich totschießen oder nicht – aber bis ins Geschäft darf das doch nicht gehn! Mich kann die ganze Republik ...«

Im September 1930, als die NSDAP mit hundertsieben gegenüber bisher zwölf Abgeordneten in den Reichstag einzog, nahm sich Tucholsky das Subjekt und Objekt Wendriner noch einmal vor, nahezu prophetisch in der Satire auf die eingebildete Sicherheit kapitalkräftiger jüdischer Bürger in einem nationalsozialistischen Deutschland. *Herr Wendriner steht unter der Diktatur*: »Na, ich kann nicht klagen. In unsrer Straße herrscht peinliche Ordnung ... wir haben da an der Ecke einen sehr netten SA-Mann, ein sehr netter Kerl. Morgens, wenn ich ins Geschäft gehe, geb ich ihm immer 'ne Zigarette – er grüßt schon immer, wenn er mich kommen sieht; meine Frau grüßt er auch. Was hat man Ihnen? Was sagt Regierer? Sie haben ihm den Hut runtergeschlagen? Wobei? Ja, lieber Freund, da heben Sie doch den Arm hoch! Ich finde, wenn die Fahne nu mal unser Hoheitszeichen ist, muß man sie auch grüßen ... Der H. – wenn er auch aus der Tschechoslowakei ist –, der Mann hat sich doch hier glänzend in die deutsche Psyche eingelebt. Na, jedenfalls herrscht Ordnung ... Sowie Sie Staatsbürger sind und den gelben Schein haben, also Schutzbürger, passiert Ihnen nichts ... darin sind sie konsequent.«

Acht Jahre später zeigten brennende Synagogen den tödlichen Irrtum jener »Wendriners« jüdischer Herkunft, die seit 1919 die Augen vor dem terroristischen Antisemitismus verschlossen, die Warnungen Tucholskys nicht begriffen und nicht ernst genommen hatten.

Mit dem Tag, da Tucholsky nach Paris ging, wußte er, daß er dort mehr Freiraum und innere Ruhe für die literarische Arbeit haben würde und sich seine Tätigkeit keinesfalls im Artikelschreiben erschöpfen durfte. Neben dem politischen Feuilleton und dem Aufsatz zum Tage entstand gegenüber den vergangenen Jahren unvergleichlich mehr künstlerisch geformte Prosa, die in der Schau nach innen, der Nachdenklichkeit und Selbstbetrachtung, einen Zuwachs an gedanklicher Tiefe und philosophischer Fragestellung nach dem Sinn der menschlichen Existenz erkennen ließ.

Fast in jedem Monat fanden die *Weltbühnen*-Leser ab Juli 1925 eines der kleinen metaphysisch grundierten *Nachher*-Gespräche im Heft. Es sind Unterhaltungen in tucholskyschem und in schopenhauerschem Geist, die er und ein anderer Verstorbener im irisierenden Licht der Sphären im Weltenall führen. Sie sitzen auf einer Wolke, lassen die Beine baumeln und sprechen von der Jugend, vom Alter, vom Mysterium der Zeit, von einem Bergungeheuer, das die Erde und die Menschen ewig mit Lachen und Gelächter versorgt, vom männlichen Entzücken an der erotischen Häßlichkeit und von allem, was ihnen das Leben geschenkt hat oder schuldig geblieben ist. Kaspar Hauser, den Schriftsteller, bewegt die Frage nach dem inneren Lebensgesetz des Menschen. Bleibt von seinem irdischen Dasein irgend etwas? Kann er Spuren hinterlassen? Sein Gesprächspartner auf der Wolke ist überzeugt: »Man geht spurlos dahin«, aber Kaspar

Hauser widerspricht: »Man geht nicht spurlos dahin. Ach, denken Sie nicht an Denkmäler – das ist ja lächerlich. Und ich weiß schon, was Sie jetzt sagen wollen: unsterbliche Werke. Ich bitte Sie... Nein, etwas anderes. Ich habe dort etwas gelassen, ja, ich habe dort etwas gelassen.«

»Was?« sagte er, ein wenig ironisch.

»Ich habe den Dingen etwas gelassen«, sagte ich. »Seit jenem Tage, wo ich den greisen Klavierspieler in Paris wiedersah, den mein Vater zwanzig Jahre vorher in Köln gesehen hatte. Er spielte noch dieselben Stücke, der Wandervirtuose – noch genau dieselben. Und da war mir, als grüßte durch ihn mein toter Vater. Auch ich habe den Dingen etwas gesagt. Ich habe an vieles, was längere Dauer hat als ich und Sie, Grüße befestigt. Ich habe hier einen Gruß angeheftet und da einen Kranz, hier einen Fluch und da ein abwehrendes Schweigen ... und als ich das tat, da merkte ich, daß die Dinge schon voll waren von solchen Grüßen Verstorbener. Fast alle hatten sich an die Materie gehalten, hatten Spuren hinterlassen; wenn man vorüberstrich, bat, flehte, beschwor, fluchte und segnete es von diesen Sachen herunter, die die Menschen tot nennen. Ich bin nicht spurlos dahingegangen. Nur –«

»Nur –?« sagte er.

»Nur« – sagte ich. »Die Menschen sind Analphabeten. Sie können es nicht lesen.«

Als Autor bei Ullstein

Als Tucholsky in Paris die Arbeit aufnahm, hatte er für die *Weltbühne* derart viel Stoff, daß er nicht wußte, wo er anfangen sollte, während sich für die *Vossische Zeitung* zunächst keine rechten Ideen einstellen wollten, was ihn unzufrieden und unruhig machte. Den Grund seiner Unsicherheit nannte er nicht, er klagte nur, daß ihm für Ullstein nichts einfalle. Doch am 21. Mai 1924 war er mit seinem ersten Beitrag, einer Betrachtung über die Pariser Revue, im Feuilleton der *Voss* vertreten – ohne besondere redaktionelle Ankündigung. Er gab sein Debüt – wie einst als junger Mann bei der *Schaubühne* – auch dieses Mal wieder mit einem Theater der heiteren Muse. Seine Überlegung war richtig. Die Revue gehörte zu Paris wie die Metro und der Eiffelturm, was konnte es Aktuelleres und Unterhaltenderes für eine Zeitung geben als eine Plauderei über diese von den Franzosen und Fremden so geschätzte Form der abendlichen Unterhaltung mit Ballett, Musik, witziger Conférence und gefälligem Schlagergesang? In den ersten sechs Wochen war Peter Panter so oft im Varieté gewesen, daß er die Vorzüge der kleinen Revuen gegenüber den großen Häusern wie dem Casino de Paris oder den Folies-Bergères zu schätzen wußte, weil sie meist witziger und amüsanter waren und die Chansonniers fast immer gut.

Das Feuilleton *Eine Pariser Revue* für die *Voss* mit ihren siebzigtausend Lesern legte den Grundstein für eine acht Jahre währende Zusammenarbeit mit dem großen jüdischen Verlagshaus Ullstein, das mit seinen rund siebentausendfünfhundert Beschäftigten, zweihundertzwanzig eigenen Korrespondenten, davon fünfunddreißig festangestellten im Ausland, zu einem Presseimperium erster Ordnung aufgestiegen war. Ullstein galt nicht allein als der größte Verlag Deutschlands, sondern als der größte Verlag des europäischen Kontinents überhaupt. Obwohl ein beträchtliches Zuschußunternehmen für den Verlag, war die *Vossische Zeitung*, 1704 gegründet, das Renommierstück des Hauses. Politisch auf dem Kurs des rechten Flügels der Deutschen Demokratischen Partei, trat sie zwar gegen die Wahl Hindenburgs zum Reichspräsidenten auf, berichtete auch ausführlich über den politischen Terror von rechts, betrachtete die sozialen Forderungen der Arbeiter aber ausschließlich vom Standpunkt der Interessen des Kapitals. Damit gab sich Ullstein im Interesse des Geschäfts als über den Parteien stehend, was Chefredakteur Georg Bernhard, Mitglied der Deutschen Demokratischen Partei und einer der profiliertesten Publizisten der Weimarer Republik, in einem seiner Aufsätze so formulierte: »Die besten Voraussetzungen für die Steigerung ihrer Auflagenziffer haben die Zeitungen, deren Inhalt in keine Parteischablone gepreßt ist, also die parteilose Presse.« In diesem Sinne waren die Ullstein-Publikationen – Gesamtauflage jährlich dreihundertfünfzig Millionen bei den Zeitungen und einhundertfünfzehn Millionen bei den Zeitschriften –

72

Georg Bernhard, Chefredakteur der Vossischen Zeitung

durchweg angelegt. An einigen von ihnen hat Tucholsky bis zum Jahr 1931 mehr oder weniger regelmäßig mitgearbeitet.

Wie Georg Bernhard, Professor an der Berliner Handelshochschule und Präsident der Internationalen Journalistenföderation, in seiner Eigenschaft als Chefredakteur Fäden der Politik, Wirtschaft und Publizistik in der Hand hielt, so verfügte auch Monty Jacobs als Leiter des Feuilletons über ein ziemlich unabhängiges Imperium. Zu den Autoren, die er für das Blatt neu heranzog, gehörten außer Tucholsky auch Brecht, Kästner, Wassermann, Bruno Frank und Klaus Mann. Da Tucholsky und Monty Jacobs sich aus ihrer gemeinsamen Zeit im Vorstand des Schutzverbandes Deutscher Schriftsteller kannten, war es ein gutes Arbeiten.

Parallel zur *Vossischen Zeitung* begann 1924 Tucholskys Mitarbeit für die *Berliner Illustrirte*, das große Familienblatt, das 1914 schon über die erste Million seiner Auflage hinaus war. Jährlich lieferte er einige spezielle Gedichte, die, mit anspruchsvollen Illustrationen versehen und groß aufgemacht, oft als ganzseitige Bildgedichte erschienen. Seinen ersten Versuch als Illustrierten-Dichter unternahm Theobald Tiger in der Weihnachtsnummer 1924 mit einem Gedicht, das den Reisetick des Berliners mit wohlwollender Ironie aufs Korn nimmt. Er nannte sein kleines Poem *Luftveränderung*, Walter Trier hat es humorvoll illustriert: »Fahre mit der Eisenbahn, / fahre, Junge, fahre! / Auf dem Deck vom Wasserkahn / wehen deine Haare.«

Für Herrn Wendriner und alle, die einmal reich werden wollen, dachte er sich 1927 das Leben als »Ideal« aus. Es gehörte dazu

> Eine Villa im Grünen mit großer Terrasse,
> vorn die Ostsee, hinten die Friedrichstraße;
> mit schöner Aussicht, ländlich-mondän,
> vom Badezimmer ist die Zugspitze zu sehn –
> aber abends zum Kino hast dus nicht weit.
> Das Ganze schlicht, voller Bescheidenheit.

Die lyrische Produktion Tucholskys hat durch die *Berliner Illustrirte* in künstlerischer Hinsicht keine neuen Anstöße erhalten, wohl aber hat manche Nummer der Zeitschrift einen Farbtupfer bekommen. Gebrauchspoesie im besten Sinne kann man diese Verse nennen, die ein Großstädter für Großstädter schrieb.

Die Entstehungsgeschichte der einzelnen Gedichte war unterschiedlich. In manchen Fällen lag zuerst die Zeichnung vor – ein Trier, ein Koch-Gotha –, die das Thema vorgab, oder die Redaktion hatte ein nicht alltägliches Foto aus dem Angebot einer Bildagentur ausgewählt, manchmal weit weg von seinen Interessen, für das sich Tucholsky etwas Hübsches einfallen lassen mußte. Einmal erhielt er den Auftrag, ein Foto von einer amerikanischen Krokodilfarm zu betexten. Das Bild zeigte einen Mann, der inmitten der Reptilien, auf einem der Tiere sitzend, in einem Buch liest. *Stilles Plätzchen für die Morgenlektüre* heißt dazu das Tiger-Gedicht.

Daß es ihm Kopfzerbrechen bereitet hat, was er von Paris aus Spezielles für die Ullstein-Blätter schreiben sollte, kann man recht gut verstehen, wenn man die einzelnen Jahrgänge der *Dame* durchblättert. Die *Dame* war eine illustrierte Luxuszeitschrift auf schwerem, teurem Kunstdruckpapier, die Beiträge über Mode, Sport, Gesellschaft, Fotografie und Kunst der zwanziger Jahre brachte. Tucholsky versucht in seinen gelegentlichen Plaudereien, etwa einem Dutzend Artikeln, die er über einen Zeitraum von vier Jahren hinweg für diese Zeitschrift lieferte – es war keine sehr intensive Mitarbeit –, den Kreis des Illustrierten-Feuilletons mit Blick auf eine spezielle Leserschicht auszuschreiten, ohne dabei neue Seiten des Genres zu entdecken. Es gibt mitunter scharf belichtete Momentaufnahmen des Lebens, indem er Menschen auf Reisen beobachtet, ihre Gesichter studiert und, indem er Physiognomien erkundet, in soziale Zusammenhänge hineinleuchtet. Seine subtile Kunst der Beobachtung und Beschreibung macht die Beiträge letzten Endes doch zu etwas Besonderem, so, wenn er Künstler wie den französischen Reiseschriftsteller und Diplomaten Paul Morand oder den Zeichner George Grosz in Paris vorstellt, sich über die Frauen lustig macht, die vor dem vollen Kleiderschrank stehen und nichts anzuziehen haben, oder die Berlinerin tagesaktuell über Pariser Modehäuser und Mannequins informiert.

Seine drei Pseudonyme, die er zur Unterhaltung der Damenwelt einspannt – Panter, Tiger und Hauser –, mußten sich in Thema und Ton den Interessen des weiblichen Käuferkreises anpassen, ohne ihren guten Ruf zu diskreditieren. Im großen und ganzen ist es ihnen gelungen. Einige Feuilletons für die *Dame*, wie die kleine Skizze über den französischen Schlager »T'en fais pas – viens à Montparnasse!« – »Mach dir nichts draus – komm nach Montparnasse!« sind so gut geschrieben, daß sie auch in der *Weltbühne* hätten stehen können.

1924 gab der Ullstein-Verlag, dem Trend der Zeit folgend, ein neues Magazin unter dem Namen *Uhu* heraus. Hermann Ullstein als Verleger und die beiden Direktoren der Zeitschriftenabteilung, Korff und Szafranski, waren persönlich mit dem neuen Projekt befaßt, das dem modernen Magazin nach englischem und amerikanischem Muster in Deutschland zum Durchbruch verhelfen sollte. Zu den geistigen Vätern des *Uhu* gehörte auch Tucholsky. Man ließ ihn im Juli 1924 für mehrere Wochen aus Paris nach Berlin kommen mit dem Ersuchen, die Grundkonzeption für das neue Presseerzeugnis mit auszuarbeiten. Während an allen Berliner Litfaßsäulen und Zeitungskiosken die Vorreklame für das neue

Magazin auf Hochtouren lief, saß Tucholsky in der Kochstraße mit einem Stab von Redakteuren zusammen, um die ersten Hefte inhaltlich festzulegen. Ein *Uhu* hatte durchschnittlich hundertzwanzig Seiten, der Bedarf an Gedichten, Kurzgeschichten, Novellen und Reiseberichten war hoch, und wenn sich die neue Zeitschrift durchsetzen wollte, mußten aus allen Bereichen des modernen Lebens – Kunst, Sport, Wissenschaft und Technik – prominente Leute als Mitarbeiter herangezogen werden. Kurz und gut, in den Etagen des Verlags sprach man damals nur noch von dem neuen Unternehmen, Szafranski hieß nur »Herr Uhu«, und Tucholsky mußte in den Redaktionssitzungen die von stundenlangem Nachdenken müde gewordenen Köpfe mit Witzen aufmuntern: »Sitzt vielleicht einer der Herrschaften auf der Pointe?«

Hermann Ullstein war stark interessiert daran, Tucholsky als ständigen Redakteur für die neue Zeitschrift zu gewinnen. Tiger oder Panter als leitender Mitarbeiter des *Uhu*? Sollte er sich nochmals an den Schreibtisch setzen und seine literarischen Ideen dem journalistischen Handwerk opfern? Tucholsky hätte die *Weltbühne*, die bislang seinen Namen als Schriftsteller trug, aufgeben oder seine Mitarbeit einschränken müssen. Er war jedoch Publizist mit ausgeprägt politischen Interessen und wollte sich nicht als *Uhu*-Redakteur verdingen. Außerdem lebte er in Paris und hatte den Vertrag mit Jacobsohn unterzeichnet. Berlin lag hinter ihm, eine Rückkehr in die alten Verhältnisse war undenkbar. So blieb es dabei, daß er seine Beiträge für die Hefte als Mitarbeiter schrieb. Sie erschienen ausschließlich im literarischen Teil des *Uhu*, so wie auch in den folgenden Jahren die Arbeiten von Erich Kästner, Heinrich Mann, Vicki Baum, Stefan Zweig, Hermann Hesse, Bertolt Brecht, Bernard Shaw und vielen anderen Prominenten der Literatur.

Für den *Uhu*, der ein populäres Magazin mit Massenauflage war, zeigte sich Tucholsky von seiner charmanten, humoristischen Seite. Er war sich bewußt und stellte sich darauf ein, daß er für Leser des Zeitalters des Fotoapparates, des Autos, des Boxsports und des Grammophons schrieb, auf alle Fälle für Menschen, die den *Uhu* als gutgelaunten Begleiter für den Alltag schätzten und amüsant unterhalten sein

Werbung für den Uhu, *gezeichnet von Walter Trier für die* Berliner Illustrirte *1925*

wollten. So wählte er vorzugsweise Stoffe aus dem Büro- und Berufsleben, an die er seine Gedanken knüpft – politische Satire ist ausgespart.

Sieben Jahre lang, von Ende 1924 bis zum Jahre 1931, mußte er sich immer wieder eine lustige Geschichte, ein Gedicht, eine Humoreske, eine Plauderei ausdenken. Anregungen dazu gab ihm das Leben in der Großstadt und das, was er auf Reisen beobachtete. Gegenstand der Betrachtungen sind die eigene Schreibmaschine, ein altes Fotoalbum oder der deutsche Bürobetrieb mit seiner festgelegten Hierarchie vom Portier bis hinauf zum Chef. Tucholsky kannte sie alle

74

und skizzierte mit treffenden Strichen ihre Physiognomie. *Bilder aus dem Geschäftsleben* nennt er diese psychologischen und sozialen Röntgenaufnahmen. Zusammen mit der witzigen Porträtgalerie der *Sieben Gespenster* gehören sie zu den besten Geschichten, die von ihm im *Uhu* gedruckt wurden. Von den Gedichten ist vielleicht das schönste, weil voller Leben, *Das Liebespaar am Fenster.*

Dies ist ein Sonntagvormittag;
wir lehnen so zum Spaße
leicht ermüdet zum Fenster hinaus
und sehen auf die Straße.

Die Sonne scheint. Das Leben rinnt.
Ein kleiner Hund, ein dickes Kind...
Wir haben uns gefunden
für Tage, Wochen, Monate
und für Stunden – für Stunden.

Für Tucholsky war das Arrangement mit dem Ullstein-Verlag, der eine schwankende bürgerliche Politik verfolgte, ein Kompromiß. Er hat das von Anfang an gewußt und sich mehrfach dazu geäußert. Als sich im Juli 1924 die ersten Unstimmigkeiten mit der Ullsteinbürokratie ergaben, schrieb er an Mary nach Berlin, daß es für ihn sehr schwer sei; die Politik der *Voss* könne er nicht mitmachen, das, was er da mache, sei ja schon an sich ein dicker Kompromiß. Zwei Jahre später erläuterte er Maximilian Harden, der ihm Vorhaltungen wegen seiner Mitarbeit bei Ullstein machte, ausführlich seine Haltung: »Sonst aber identifizieren Sie mich mit Ullstein... Ich habe bei Ullstein das mir sehr angenehme Gefühl: er kauft eine Ware, niemals hat eine Beeinflussung stattgefunden, niemals hat Bernhard oder irgendein andrer jemals meine Freiheit angetastet, mir je übelgenommen, daß ich an anderer Stelle, wo ich Politik mache, genau das Gegenteil von der Politik der ›Vossischen Zeitung‹ schreibe, in der selten auch nur eine politische Andeutung von mir steht.« Er räumte ein, daß zwischen seinem Kampf und seiner Beteiligung an milden Blättern ein Riß klaffe, aber es bestehe kein Widerspruch zwischen seinem Kampf und dem, was er tue.

Das eigentliche Argument, warum er für die großbürgerliche Presse arbeitete, findet sich in einem Brief an den befreundeten George Grosz, in dem er auf die Gründe eingeht, warum er nicht stärker oder ausschließlich für die Arbeiterpresse tätig sei. Er beklagt die schlechte Bezahlung und sagt, die linken Blätter würden ihre Druckereiarbeiter doch auch nach Tarif entlohnen und das Papier bezahlen, wie es sich gehört. Die Autoren aber nicht. Die unzureichenden Honorare hätten Folgen für den Schriftsteller und die Qualität seiner Arbeit. »Er kann keinen Aufwand machen, sieht nichts von der Welt und bleibt ein ungeladener Revolver, oder er macht – wie ich – einen Zwangskompromiß mit bürgerlichen Blättern, um überhaupt was von der Welt zu sehen.«

Daß die Mitarbeit bei Ullstein seine Haltung in politischen Fragen nicht beeinflußte, belegen die in der *Weltbühne* und im *Anderen Deutschland* erscheinenden Artikel sowie sein öffentliches Auftreten und seine Tätigkeit als Vorstandsmitglied der Deutschen Liga für Menschenrechte.

Obwohl ihm von seiten Georg Bernhards und Monty Jacobs' nie Auflagen gemacht wurden, beide vielmehr interessiert daran waren, von ihm für die *Vossische Zeitung* über die vertraglich vereinbarte Zahl von drei Beiträgen im Monat hinaus Artikel zu erhalten, gab es, kaum daß er angefangen hatte, für den Verlag zu arbeiten, Ärger. In der Leitungsetage der Zeitschriften, wo Korff und Szafranski saßen, echauffierte man sich wegen eines eingestreuten Sätzchens in einem Feuilleton für die *Voss*, das seine gute Stimmung von einem Ausflug ins Grüne wiedergab. Er war mit dem Zug nach Robinson gefahren, einem Ausflugsort bei Paris, wo man auf zwanzig Meter hohen, dichtbelaubten Kastanienbäumen auf kleinen, im Geäst angebrachten Plattformen Kaffee trinken und vergnügt ins Land schauen konnte. Die Fröhlichkeit der Pariser, ihre natürliche, diskrete Art, sich bei Tanz und Grammophonmusik zu vergnügen, hatte ihm gefallen, und er schrieb es ehrlich: so zu Hause habe er sich in Berlin nie gefühlt, er sei »neidisch auf die Heimat der andern«. In Berlin legte man ihm diese Bemerkung als »böse Herausforderung der deutschen Leser in dieser Situation« aus, sah darin so etwas wie einen Affront gegen die Abonnenten.

Das war zwar einige Wochen vor seiner Mitarbeit im Beirat für die *Uhu*-Gründung, die Einladung dazu hatte er aber schon erhalten. Er konnte nicht verstehen, wozu man ihn dann noch holte. »Ich habe mich doch wirklich keinem aufgedrängt. Sie sollen mich doch in Frieden lassen. Und wenn sie nicht auch noch so ein irrsinniges Geld bezahlten! Aber das tun doch Kaufleute schließlich nur, wenns ihnen sehr, sehr ernst ist. Ich verstehe das alles gar nicht.«

Das war tatsächlich schwer zu verstehen. Der Grund war vermutlich, daß man auf der Chefetage des Hauses Ullstein Wert darauf legte, für die *Voss* einen prominenten Schriftsteller seines Ranges als Mitarbeiter zu haben, daran konnte die intrigante Nörgelei einiger Zeitschriftenleute vorläufig nichts ändern.

75

Tucholskys Wohnhaus in Le Vésinet bei Paris

Als sich jedoch die Zusammenarbeit mit dem Zeitschriftenbereich immer weniger erfreulich gestaltete, ungefähr drei Viertel seiner Arbeiten nicht gedruckt wurden und er feststellen mußte, daß nicht sachlich kritisiert, sondern herumgemeckert wurde, sah er sich gezwungen, den Vertrag zu modifizieren. Er informierte Jacobsohn davon, daß aus dem Ullstein-Vertrag die Mitarbeiterverpflichtung für die *Dame* und den *Uhu* herausgenommen worden sei. Für ihn bedeutete das eine Einbuße von zweihundert Mark im Monat, in seinen Augen »kein Pappenstiel«. Befürchtete Rückwirkungen auf den Restvertrag, der ihm fünfhundert Mark Honorar monatlich für die *Voss* garantierte, traten nicht ein. Er blieb für beide Magazine freier Mitarbeiter.

Von Anfang an war es Szafranski, der stellvertretende Leiter des Zeitschriftenverlags, gewesen, der Tucholskys Arbeiten als »zu leicht« einstufte, ohne sich jemals näher dazu zu äußern, so daß Tucholsky sich sehr ärgerte und darin nicht zu Unrecht eine »oberfaule und doppeldeutige Position« erblickte. So blieb die Arbeit für die Ullstein-Zeitschriften auf ein Mindestmaß beschränkt, während sie für die *Vossische* ihre Kontinuität auf Jahre hinaus behalten sollte. Im Durchschnitt waren es jährlich etwa dreißig bis fünfunddreißig Artikel, die hier erschienen.

Der Sommer 1924, von dem er sechs Wochen in Berlin verlebte, brachte allerdings nicht nur Arbeit und Ärger. In diese Zeit fiel ein bedeutsames Ereignis seines Lebens. Er heiratete am 30. August 1924 Mary Gerold, seine geliebte Meli aus Autzer Tagen. Mit ihr kehrte er anschließend nach Paris zurück. Dort bemühte er sich um eine neue Wohnung. Im Juni 1925 war es soweit – das Paar bezog in Le Vésinet bei St. Germain in der Nähe von Paris eine kleinere Villa im Landhausstil. Es gab mehr Sonne und mehr Grün als in der alten Wohnung.

Für Tucholsky, der von Kindheit an hochgradig lärmempfindlich war und Geräusche, die anderen Menschen nichts ausmachen, schon als Schmerz empfand, bot das neue Domizil ideale Voraussetzungen für ruhige, ungestörte Arbeit – bis auch hier die Hunde bellten und ihn aus seinem Paradies vertrieben. Vorläufig aber sagten ihm die Verhältnisse sehr zu. Der »lieben Brotkartenheimat« entfremdete er sich mehr und mehr, gestand er in seinen Briefen an Berliner Bekannte. Sein Wunsch sei, für längere Zeit hier zu leben.

Peter Panter in der »Voss«

Mit dem Absender »Le Vésinet, Avenue des Pages« gingen nun die Briefumschläge mit den Artikeln an die Redaktion der *Voss*, immer ein Packen, wie man es von ihm gewohnt war. Die Themen nahm er nicht nur aus der neuen Erlebniswelt

Frankreich. Von den siebenunddreißig Feuilletons des Jahres 1925 befassen sich vierundzwanzig mit Paris und der französischen Provinz, die anderen sind dem Theater und der Literatur gewidmet. In jeder Nummer findet sich eine andere Betrachtung, alle zusammengenommen ergeben Bilder des Lebens, leicht, wie im Vorübergehn geschaut, den Leser ansprechend durch die Herzlichkeit ihres Verfassers, seinen Charme und seinen Witz, der sich allmählich zum gallischen Esprit mauserte. Die Aufsätze heißen *Dr. Dolittle und seine Tiere, Alte Schauspieler, Anatole France in Pantoffeln*; sie betreffen Bücher, Filme, Menschen und Tiere, das berlinische Modewort knorke und den kleinen griechischen Buchstaben Pi, Mörder vor Gericht, den Schlager von gestern, den legendären Montmartre-Sänger Aristide Bruant, den neuesten Chaplin-Film und die Fratellinis. Mit einer Katzenmutter aus Ostpreußen unterhält er sich über Paris, in einem anderen Feuilleton erinnert er an das Schicksal einer jungen, schönen Tänzerin, die vor vielen Jahren, als man im Theater noch mit offenen Flammen hantierte, mit ihren Röcken dem Feuer zu nahe kam und verbrannte.

Tucholsky ging davon aus, daß sich die Masse der Zeitungsleser fast immer zuerst dem Amüsanten, Bunten und Kurzweiligen zuwendet. Ihnen beantwortete er deshalb auch zuerst die Fragen, die sie interessierten: Wie sind die Pariser Straßen? Wie ißt man im Restaurant? Was bieten die Theater? Wie und wo verbringt der Pariser sein Wochenende? Zuweilen kommt er aber dem Leser auch nachdenklich. Im Juni 1925 stellt er mit einem *Plädoyer gegen die Unsterblichkeit* eine Betrachtung über den Nachruhm des Schriftstellers an, aufschlußreich für seine nüchterne, unpathetische Haltung. Er sagt: »Werke leben. Und zeugen Kinder. Und daß französische Emigranten einmal nach Berlin gekommen sind, zeigt heute noch manch Wohnungsschild, manches Buch, manche Frauengrazie (und der ganze Fontane). Ein Werk tun, die Welt ändern, mit den Beinen auf der Erde stehen und diesseitig sein – das kann eine anonyme Unsterblichkeit ergeben. Aber schiele nicht nach vorn – da ist für dich nichts zu holen. Als vielleicht ein bißchen Denkmalstuck oder eine Doktordissertation. In fünfzig Jahren ist alles vorbei – und spätestens in hundert. Unsterblichkeit …?

Glaubs nicht. Schwör sie ab. Laß sie unsterblich werden, alle miteinander. Für dich gibt es nur ein Wort, wenn du weise bist, es richtig auszusprechen: Heute.«

Zu den verpflichtenden Aufgaben seines »Heute« gehörte, für die Annäherung der beiden Völker und Nationen zu wirken, wie er es schon 1922 im Berliner *8-Uhr-Abendblatt* ausgesprochen hatte: »Durch eine Wolke von Haß, Unverstand, Verachtung und Kabalen sehen wir das Bild Frankreichs nur verschwommen. Frankreich und wir: Es ist an der Zeit, durch sachliche und ruhige Arbeit die Luft zu reinigen.« Das Peter-Panter-Feuilleton in der *Vossischen Zeitung* hat viel zu einem Frankreichbild im Sinne der politischen Zielstellung der für die Verständigung arbeitenden politischen Vereinigungen und Kreise beigetragen, auch wenn Tucholsky sagte, daß in Deutschland die Meinungen eines politischen Schriftstellers – und so sah er sich in Frankreich – bestenfalls gehört, aber selten befolgt würden.

Haßt der Franzose den Deutschen? überschrieb er eine Betrachtung für die *Voss* vom 23. März 1926, in der er aus persönlicher Erfahrung zu dem Urteil kommt, daß er zwar Gleichgültigkeit und Unaufgeklärtheit begegnet sei, aber nicht Haß. Man sollte ihn auch in Deutschland abbauen und die Hände ausstrecken.

Das war der bis dahin wohl politischste Artikel Tucholskys in der *Voss*. Ergänzt wurde er am 17. August 1927 durch den Aufsatz *Was weiß der Franzose vom Deutschen?*, der – einmaliger Ausnahmefall in seiner acht Jahre währenden Mitarbeit für die *Vossische Zeitung* – als Leitartikel der Abendausgabe erschien. Tucholsky setzt sich darin mit den Hindernissen, die der Verständigung im Wege stehen, auseinander. Er findet den Zustand beklagenswert, daß die großen bürgerlichen Blätter Frankreichs so gut wie nichts über Deutschland und die deutsche Politik berichten, daß nur die kleinen, verständigungsorientierten Zeitschriften bleiben, aber was können die schon ausrichten?

Zu seinen Artikeln kamen viele Zuschriften an die Redaktion. Ein Berliner Studienrat bat Tucholsky um Auskunft, ob es stimme, wie in den *Süddeutschen Monatsheften* zu lesen, daß der Deutschenhaß in französischen Schul- und Lesebüchern dominierend sei, und welche Erfahrung Peter Panter diesbe-

76

Nr. 387 B 191 Abend-Ausgabe

Berlin

Mittwoch, 17. August 1927 V

Vossische Zeitung

10 Pfennig

Gegründet 1704

Mit Kurszettel

Berlinische Zeitung von Staats- und gelehrten Sachen

Bezugsbedingungen und Anzeigenpreise, sowie Beilagen, Erscheinungsweise usw. werden im Kopf der Morgen-Ausgabe aufgeführt.

Verlag Ullstein. Chefredakteur: Georg Bernhard. Verantw. Redakteur (m. Ausn. d. Handelsteils): i. V. Dr. Graf Montgelas. Unverl. Manuskripte werden nur zurückgesandt, wenn Porto beiliegt.

Schriftleitung: Berlin SW 68, Kochstraße 22-26

Fernsprech-Zentrale Ullstein, Amt Dönhoff 3600—3645 für den Fernverkehr Amt Dönhoff 3636—3694. Telegramm-Adresse: Ullsteinhaus, Berlin. Postscheckkonto Berlin 650.

Was weiß der Franzose vom Deutschen?

Von

Peter Panter

Es ist hier neulich davon die Rede gewesen, welche gemeinen Hetzbücher gegen Deutschland in Frankreich erschienen, heute noch erscheinen. Die vernünftigen Franzosen beklogen das, und man darf die Wirkung dieser Unsauberkeiten nicht überschätzen. Nun gedeihen aber nationalistische Sumpfblumen am besten auf dem Boden der Ignoranz, und wie sieht der Boden aus?

Wie männiglich bekannt, hat das französische Volk nicht gar so viel Interesse für das, was außerhalb seiner Grenzen vor sich geht; es strebt vielmehr nach seinem Mittelpunkte und nimmt gelassen zur Kenntnis, was „là-bas" geschieht. Das gilt nicht nur für Deutschland — wenn auch die junge Generation Frankreichs wenigstens schon ein bißchen reist, gar so schlimm ist es auch damit nicht — und „là-bas" ist das was die Griechen mit „Barbaren" bezeichnen — übrigens ohne jede böse Nebenbetonung. Was also weiß der Franzose vom Deutschen?

Ich will einmal so fragen: Was kann er eigentlich wissen? Und woher soll er es wissen? Um heute nur eine Seite der Sache anzupacken: aus seinen Zeitungen erfährt er gewißlich nichts.

Die große Pariser Informationspresse mit den Auflagen, die zählen, beschäftigt sich manchmal tagelang mit Deutschland nur in winzigen kleingedruckten Meldungen von Ueberschwemmungen, dreizeiligen Unglücksfällen aller Art, einem Mord und irgendeiner aus dem Zusammenhang gerissenen Depesche vom Zusammentritt des Kabinetts. Selbst einem gelernten Deutschen ist es nicht möglich, sich aus diesen kümmerlichen Meldungen ein Bild zu machen.

Auszunehmen ist hier der „Temps", der brillant informiert wird — (von der Färbung, vom politischen Gehalt dieser Aufsätze sehe ich hier ganz ab). Aber der Rest ist, wenn man von der Tagespolitik absieht, geradezu kläglich zu nennen.

Es ist eine Tragik, daß diese beiden großen Völker Nachbarnschaft, so daß der Deutsche nicht mehr schlechthin der Mann ist, der Sauerkraut frißt (was er übrigens niemals in der Pariser Quantität getan hat). Aber einem Menschen, den man nicht kennt, traut man schnell das Böse zu, schneller als das Gute, und wenn man von den wahrhaft Gebildeten absieht, ist die Kenntnis deutscher Literatur, deutschen Lebens, deutscher Lebensauffassung in Frankreich gering zu nennen.

Ich halte diesen Zustand für gefährlich. Daß Schulaufklärung allein nicht hilft, haben wir 1914 und während der Monate der Kriegspsychose gesehen — daß sie, wahrhaft pazifistisch geführt, doch etwas helfen kann, halte ich für sicher.

Aber meistens gelangt ja vom Innenleben eines Volkes nur das über die Grenze, was die Gerichts-Berichterstatter aufregt — was vor dem Kriege Eulenburg in Frankreich gewesen ist, das war dann Haarmann — und zurzeit ist es außerhalb der Politik gar nichts. Bis ...

Bis jemand die Trompete bläst und tausend Verleumdungen von den Bäumen wehen. Wenn diese Blätter erst einmal auf die Frühstückstische fallen, ist es zu spät.

Man kennt in Frankreich wenig von dem, was in Deutschland vorgeht. Selbst die gut geleitete „Action Française" bringt wenig Gescheites über Deutschland, was sie doch, unbeschadet ihrer Haltung, tun könnte. Käme Reinhardt nach Paris —: er würde sich über die Tiefe des Mißverständnisses wundern, denen er außerhalb der Dinerstunde begegnen würde. Und die kleinen deutschfreundlichen Wochenschriften, die wahrhaft pazifistischen Revuen — sie allein schaffen es nicht. Die große französische Presse telegraphiert. Aber sie berichtet wenig. Und dann wundern sich die deutschen Vertreter bei Handelsverträgen, bei Zusammenkünften, auf Reisen, wenn die Räder nicht ineinandergreifen. Europa —?

Es gibt hüben und drüben viele Leute, die wissen in Tibet und in Japan besser Bescheid als in dem schicksalsvollen Land jenseits des Rheins.

Der Frankreich-Vertrag abgeschlossen

Vollständiges Handelsabkommen auf zwei Jahre

Gegenseitige Meistbegünstigung

Nachrichtendienst der „Vossischen Zeitung"

Ist Paris, 17. August

Die deutsch-französischen Handelsvertrags-Verhandlungen sind heute morgen, nach mannigfachen Perlpetien und Schwierigkeiten um den Enderfolg mehr als einmal in Frage gestellt, zum endgültigen Ab-

Handelsministerien hinausgehenden politischen Klauseln des Abkommens behandelt sind.

Der neue Vertrag, der am 5. September d. J. in Kraft treten soll, läuft bis zum 1. April 1929. Von diesem Zeitpunkt an haben beide Länder ein Kündigungsrecht mit dreimonatiger Frist.

Ein beiderseitiges Kündigungsrecht ist außerdem vorbehalten für den Fall, daß vor dem Ablauf des Vertrages der neue französische Zolltarif vom Parlament verabschiedet und gegenüber

Leitartikel für die deutsch-französische Verständigung – einer der vielen Beiträge Tucholskys in dieser Zeitung

züglich gemacht habe. Tucholsky beantwortete diese Frage öffentlich über die Leserspalte der Zeitung. Er sagte, daß die Jugenderziehung zwar national, aber nicht nationalistisch sei, trotz nationalistischer Tendenzen in manchen Schulbüchern und einer chauvinistischen Grundhaltung des Klerus. Dem guten Willen zur Verständigung jedoch sei er überall begegnet.

Die große Zahl der Briefe, die in der Redaktion eintrafen, sprachen dafür, daß die Leser die Beiträge Peter Panters hoch einschätzten und im Blatt sehen wollten, was für Tucholskys Stellung innerhalb des Ullstein-Verlags nicht ohne Einfluß blieb. Er selbst teilte seine Leserbriefe in zwei Gruppen ein: mitunter nur freundlich, nur verliebt, nur zusagend – oder nur tadelnd, nur beschimpfend, nur säuerlichen Hasses voll. »Wenn sie aber zeugen, daß, weil ich geschrieben habe, etwas Gutes geschehen oder etwas Böses nicht geschehen ist, dann erwacht in mir etwas, was ich die ›sachliche Eitelkeit‹ nennen möchte. Um ihretwillen schreibe ich.«

In der Korrespondententätigkeit für die *Voss* beschränkte sich Tucholsky nicht auf das Feuilleton im engeren Sinne und auch nicht nur auf eigene Beiträge. Er begann schon 1925 damit, Übersetzungen für die Redaktion anzufertigen. Unter den französischen Kollegen hatte er einen, den er besonders schätzte, den Feuilletonisten G. de la Fouchardière, der täglich für das Pariser *Œuvre* eine lustige Geschichte schrieb. Am 9. Juli 1925 erschien in der *Vossischen Zeitung* mit dem Vermerk »Autorisierte Übersetzung von Peter Panter« als erste seiner Nachdichtungen *Der Affe auf dem Laternenpfahl*. Es ist eine affige und zugleich hintersinnige Geschichte von einem Varieté-Schimpansen, der allabendlich im Smoking und Zylinder auf der Bühne seine Nummer »abziehen« muß und eines Tages, aus Heimweh nach der Freiheit, die Vorstellung schmeißt und sich ins Freie begibt. Auf der Straße führt er mit einem Schutzmann, der personifizierten Ordnungsmacht, ein witziges Gespräch über den Nachahmungstrieb, nimmt dem Wachtmeister so ganz leger und nebenbei den Orden ab und hängt ihn hoch an den Laternenpfahl, weil »der doch schließlich auch seine Verdienste um den Staat hat«.

Amüsanten Lesestoff für sich selbst und die Abonnenten seines Blatts erschloß Tucholsky auch aus den Werken der französischen Klassiker. Einige der Aussprüche des jüngeren Dumas, die ihm mit einer bibliographischen Zeitschrift ins Haus kamen, fand er so gut, daß er sie sogleich übersetzte und an die *Voss* nach Berlin schickte – »Die Kette der Ehe ist so schwer, daß sich zwei zusammentun müssen, um sie zu tragen. Manchmal auch drei.« – »Die Männer haben wohl hier und da das Recht, Schlechtes über die Frauen zu sagen. Aber nie über eine.«

Zu den Arbeiten für die *Voss* gehörte neben dem regulären Feuilleton, kleineren Übersetzungen, einem journalistischen Tagebuch *Pariser Tage*, das 1925 in fünf größeren Folgen erschien, auch seine Beteiligung an verschiedenen Umfragen, mit denen sich die Redaktion an prominente Schriftsteller wandte. »Hat Berlin eine Gesellschaft?« lautete 1925 das Thema. Peter Panter antwortete mit Nein. Zum Thema äußerten sich Marie von Bülow, Helene von Nostiz, Ludwig

Fulda, Fedor von Zobeltitz, Katharina von Oheimb und Marie von Bunsen. Inmitten dieser Damen und Herren und deren Cercle, in denen noch Potsdamer Geist lebendig war, nahm sich Peter Panter reichlich fremd aus. Hier gehörte er nicht dazu. Dagegen inspirierte ihn das 1926 gestellte Thema »Sechs Dichter sehen durch die Zeitlupe« zu interessanten Gedanken über die Literatur als »Zeitraffer«. Tucholsky steht hier neben »bekannten deutschen Dichtern«, wie es im Vorspann hieß: Alfred Döblin, Carl Zuckmayer, Herbert Eulenberg und Mechthilde Lichnowsky, in späteren Umfragen neben Heinrich Mann, Jakob Wassermann und Gottfried Benn.

Als die *Voss* sich für ihre Beilage zu Pfingsten 1927 ein heiteres Thema aussuchte, Berlin und die Berliner Mundart betreffend, steuerte Tucholsky ein *Ferngespräch* voll echter Komik bei, ein Kabinettstück des Berliner »Sprechanimus«, wie Fontane das Mundwerk des Berliners bezeichnet hat.

»Emil? Emil – hättste Lust, deine olle Laube jejen einen Rennkahn umzutauschen – det heeßt – den nimmt dir der Mattberch wieda ab, det is bloß die Form wejen. Er nimmt die Laube, und denn jibt er dir den Kahn ... det heeßt: der Kahn jeheert 'n jahnich ... er jibbt 'n bloß so lange aß seinen aus, bis daß er die Forderung beijetriehm hat ... von Hejemann junior! Den kennste doch, wa? Emil? Emil! Wat hältst du von die Sache?«

Diese Geschichte Tucholskys ist in der *Vossischen* auf einer Doppelseite plaziert. Insgesamt sechs Autoren kommen zu Wort, an der Spitze von allen steht Tucholsky, erst nach ihm folgen Hans Brennert, Sling, Georg Hermann, Paul Graetz und Erdmann Graeser. Die vorrangige Plazierung entsprach nicht allein dem Rang Tucholskys als ständigem literarischem Mitarbeiter der *Voss*, es drückte sich darin auch seine anerkannte Bedeutung als Schriftsteller Berlins und des Berlinischen aus.

Eine geplatzte Revue und neue Chansons

Ende Mai 1926 schrieb Tucholsky eines Abends vom Hotel Astoria in Wien in der Kärntnerstraße an seine Frau Mary nach Paris, daß er mit Max Reinhardt über eine Revue verhandelt habe. Alfred Polgar und er sollten gemeinsam ein Stück im Revuestil schreiben, um den Reinhardt-Bühnen den Anschluß an den neuesten Trend zu sichern. Revue – mit Girls, mit Songs oder mit Schlagern – war das Zauberwort der Zeit. Marcellus Schiffer, Friedrich Hollaender und Rudolf Nelson hatten mit dieser leichten, witzigen, von der Musik und dem Chanson getragenen Bühnenform bereits beneidenswerte Erfolge erzielt, so daß sich Berlins prominentester Regisseur zwei gute Namen der Literatur für ein Werk sichern wollte, das Unterhaltung mit künstlerischem Anspruch verbinden, also im Geist der Reinhardtschen Komödie geschrieben sein sollte.

Die Entstehung der Revue ist selbst eine Komödie, deren unfreiwilliger Held Tucholsky wurde. Es fing damit an, daß Polgar ihn zunächst im Stich ließ, weil er noch anderes für Reinhardt zu tun hatte und sich auch nicht gut fühlte. Tucholsky mußte allein anfangen. Er fuhr zum Arbeiten an die Küste in den Badeort Saint-Valéry-en-Caux in der Normandie, um hier, auf historischem Boden, ein amüsantes Stück zur Unterhaltung des Berliner Theaterpublikums zu schreiben. Obwohl kein Szenarium von Polgar kam, begann er mit seinem Teil – den Chansons und Couplets, gedacht als Gesangseinlagen. Seinen beiden Redaktionen hatte er Weisung gegeben, ihn in Ruhe zu lassen. Er mußte Strophen und passende Refrains dichten, Melodieabläufe am Klavier erarbeiten, das szenische Umfeld zu den Liedern skizzieren. Ein guter Stern schien über dem Unternehmen nicht zu stehen. Wenn ihm etwas Gutes einfiel, paßte es nicht in die Revue, und wenn ihm was gelungen erschien, befürchtete er, daß es nicht genommen oder umgemodelt würde, wie das eben beim Theater so ist. Wichtig waren für ihn aber zunächst der Vertrag und der Termin. Mit den Couplets kam er gut voran: »Ich brülle und spiele den ganzen Tag – etwa acht Stunden hintereinander.«

Am Badestrand in der Normandie.
Die Zeitungen sind immer dabei

Ende Juni 1924 waren vierzehn Lieder und sechs Szenen fertig. Das Ganze sollte mit Polgar, der inzwischen nun auch die Arbeit aufgenommen hatte, in Garmisch zu Ende gebracht werden, wohin die beiden Autoren von Fritzi Massary und ihrem Mann Max Pallenberg eingeladen worden waren. Polgar kam, man hörte im Hotel Haus Wittelsbach, wo beide untergebracht waren, die Schreibmaschine klappern, und das Ergebnis war eine ganz akzeptable berlinisch-wienerische Melange, die aber bei Frau Massary zunächst nicht auf Gegenliebe stieß. Als Tucholsky ihr die Couplets am Flügel vortrug, fand sie, es müßte manches frecher sein und stärker literarisch, nicht zu sehr nelsonhaft, aber doch auch wiederum Schlager. Das war mehr als schwierig, denn Fritzi Massary, zu diesem Zeitpunkt über den Zenit ihrer Erfolge und ihrer Jugendschönheit hinaus, erwartete von den beiden Autoren Wunder, die sie beim besten Willen nicht vollbringen konnten.

Nach zehn Tagen angestrengter Arbeit hieß es in Tucholskys Briefen an Mary: »Ich bin alle. Noch nie war ich so müde.« Er klagte, daß er nicht auf Kommando bei Fremden arbeiten könne und überhaupt nicht in Kompagnie. Doch die letzte Zeile der Revue sei geschrieben, und obgleich es anfangs noch nach »Erbbegräbnis« aussah, fand das Stück, als es am letzten Abend im Salon des Künstlerehepaares vorgelesen wurde, wider Erwartung den Zuspruch von Frau Massary. Tucholsky war jedoch realistisch in der Einschätzung des Endprodukts, das er vom Literarischen her als »dünn« bezeichnete, obwohl es gute Texte für Max Pallenberg und Rosa Valetti enthielt und Pallenberg mit den ihm zugedachten Szenen auch sehr einverstanden war. Der Autor blieb bei seiner Meinung, daß ihre Revue keine erstklassige Sache sei, und hoffte, »vielleicht wird es eines Tages eine«.

Außer Ärger, nervlicher Anspannung und gelegentlichen Mißverständnissen hatte die ganze Geschichte nicht viel eingebracht. Tucholsky schwor sich, von jetzt ab nur seine eigenen Sachen zu machen – »nicht mehr die der anderen«. Wie er schon befürchtete, kam die so mühevoll fertiggestellte Revue nie zur Aufführung. Eine Zeitlang zeigte Direktor Saltenburg Interesse daran und wollte die Arbeit an seinem Künstlertheater herausbringen, doch nach einem Jahr sprach niemand mehr davon. Mühe und Aufwand hatten sich für Tucholsky und Polgar nicht gelohnt. Es hätte vielleicht etwas Neuartiges, wirklich Aufsehenerregendes sein müssen wie die Brechtsche Bearbeitung der *Bettleroper*, um damit zum Zuge zu kommen. Die Reinhardt-Bühnen verfolgten das Projekt jedenfalls nicht weiter.

Tucholsky konnte einige Texte aus der Revue zum Abdruck an die *Weltbühne* geben und seine Erfahrungen drei Jahre später zu einer Humoreske, *Die Zeit schreit nach Satire*, verarbeiten, in der er die Wendriners der Varietébranche glossierte.

1929 erinnerte der *Berliner Herold*, eine Boulevardzeitung für die Unterhaltungsbranche, noch einmal an die kleine Revue für Max Pallenberg und die Massary, »die Tucholsky und Polgar mal in Garmisch geschrieben haben« und die bedauerlicherweise nun in den Archiven des Deutschen Theaters schlummere. Ob man nicht daraus mit Modernisierung und für wenig Geld etwas machen könne. »Dies dem lieben Rudolf Nelson als Tip ins Ohr geflüstert.« Das war der endgültig letzte Wiederbelebungsversuch.

Mehr Erfolg als mit diesem Revueprojekt hatte Tucholsky mit neuen Chansons für die mit ihm befreundeten Interpreten. Für sie ging die Arbeit zügig weiter. Jetzt erst, da der Druck von Tagesarbeiten, Premieren und Terminen nicht mehr auf ihm lastete wie in den unmittelbaren Nachkriegsjahren, konnte er für das Chanson richtig arbeiten. Er hatte nun auch nicht mehr sosehr mit Direktoren zu verhandeln, was ihm lieb war, sondern schrieb für die Betreffenden direkt und in persönlichem Kontakt mit ihnen.

In seinem Haus in Le Vésinet hingen im Treppenflur die ihm gewidmeten Fotos von Rosa Valetti, Paul Graetz und Kate Kühl. Sie waren für ihn ein Stück Berlin, das er liebte und nach Paris mitgenommen hatte. Er war kaum angekommen, da schrieb er schon an seine »Kulicke«, wie er Kate Kühl berlinisch-zärtlich nannte: »Kulicke, Sie fehlen mir hier *sehr*. Paris ist eine schöne Stadt – aber *nie* singt hier einer: ›Schiff ahoi!‹ Das hat sich wohl noch nicht rumgesprochen. Wann kommen Sie zu Ihrem alten Tiger.«

Wenige Monate darauf erschien in der *Weltbühne* das neue Chanson *Mal singen, Leute!*, das er für sie geschrieben hatte

Tucholskys Diseuse Rosa Valetti.
Sie war die bedeutendste

und das der Verfahrensweise der französischen Chansonniers recht gibt, daß man Erotik und Politik durchaus amüsant miteinander verknüpfen kann. Das Pariser Klima wirkte sich gut auf Tucholskys Stimmung aus. Wenn er bei dem Komponisten Albert Jarosy am Flügel saß, fielen ihm mitunter gute Chansonideen für seine »Kulicke« ein. Er schwärmte ihr detailliert in Briefen vor, wie gut es sich ausgearbeitet auf der Bühne machen würde, und als sie sich beklagte, daß sie nichts von ihm bekäme, verriet er ihr ein einfaches Mittel: »Bestellen Sie sich welche!« So kam sie zu dem erotischen Song mit der Spitze gegen Stresemann, *Mal singen, Leute!*, das sie in einer Umfrage des *Uhu* als ihr liebstes Lied bezeichnete.

Der Seemann schifft ins Meer hinaus,
ihm ist so leicht zu Sinn.
Marie weint sich die Augen aus –
er segelt rasch dahin.

Das Französische und das Berlinische vertrugen sich auch im Repertoire von Paul Graetz gut, wenn er von Tucholsky – mit Seitenblick auf die ewigen Kümmernisse und Probleme des Lebens – das versöhnlich-witzige Chanson vom Lieben sang.

Warum gehn soviel Ehen auseinander?
Warum, gnä' Frau? Pourquoi? Porque? Why?
Warum vom Freund zur Freundin das Gewander –
Parce que! Because! Pscht! Darum! Weil!
Hast du 'ne Schwarze, bist du scharf auf Blonde,
ist deine dünn, fällst du auf vollschlank rein.
Was kann an einer andern Frau schon anders,
was kann am andern Manne anders sein?
Das ist bei ihr so, ganz wie bei dir so!
Das ist bei ihm so, das ist bei ihr so!
Das ist überall egal!
Das ist international!

Nicht alles, was Tucholsky in Paris an neuen Liedern schuf, war direkt für die Bühne gedacht oder im Auftrag entstanden. Manchmal machte es ihm Spaß, etwas nur für sich zu schreiben, sozusagen am Klavier zu dichten. Auf diese Weise entstanden *Die Igel in der Abendstunde* und der *Stoßseufzer einer Dame in bewegter Nacht* – klassische Beispiele für die Entstehung von Literatur aus dem Geiste des Chansons.

Der französische Einfluß auf das Tucholsky-Chanson ist zu jeder Zeit stark gewesen. In den Pariser Jahren erlangte seine Lyrik durch die Einbeziehung und künstlerisch vielgestaltige Abwandlung des Refrains eine neue Qualität. Die Überschriften allein lassen schon erkennen, daß er von einem bestimmten Liedtyp ausgegangen ist – Schlager, Couplet, Hofsängerlied oder Bänkelballade – und daß die besondere Sprachmelodie eines Liedes bei ihm die eigentliche Seele des Chansons ist.

Die Jahre in Frankreich gaben ihm in reichem Maße Gelegenheit, sich in dieser so populären und doch schwierigen

Kunstform zu schulen. Er hatte noch das Glück, den alten großen Mann des französischen Chansons, den legendären Montmartre-Sänger Aristide Bruant, auf der Bühne zu sehen. Es beeindruckte ihn, zu erleben, wie das Publikum seine Lieder auswendig mitsang und dem Sänger eine Verehrung entgegenbrachte, wie sie sonst nur den Helden der Nation zuteil wird. Anders als in Deutschland lebte hier das Chanson im Volk, und vielleicht war es gerade eine Reverenz an das so stark mit dem Lied lebende Volk der Franzosen, daß Tucholsky einer seiner ersten Parisschilderungen, die er an Siegfried Jacobsohn schickte, die Überschrift *Dans la rue* gab, denselben Titel, den die berühmte Sammlung der Lieder des Aristide Bruant hatte. Anmerkungen zum französischen Schlager und zur Kultur des Chansonvortrages finden sich in fast allen Artikeln, die sich mit der Revue befassen. Sympathisch war Tucholsky, daß der französische Sänger sich nicht in den Vordergrund spielte, erotische Anzüglichkeiten und Gewagtheiten mit Natürlichkeit und Grazie über die Rampe brachte und noch eine Reihe anderer Vorzüge hatte, von denen man in Deutschland nur lernen konnte. In verschiedenen Aufsätzen – wie *Maurice Chevalier, Die kleinen Revuen* und *Coupletvortrag* – hat er im einzelnen dargelegt, was er meint.

Anregungen für Chansons kamen in den Pariser Jahren nicht allein durch Theaterbesuche, Lektüre oder persönliche Kontakte zu Schauspielern und Komponisten, es waren auch Maler und Zeichner, die ihm Sujets vorgaben. Für spezifisch französische Themen kamen entscheidende Anregungen von Toulouse Lautrec und dessen farbig flammenden Plakaten aus dem Milieu des Moulin Rouge. Bei der Rückkehr aus den Pyrenäen nahm er sich Zeit, um sich in der Stadt Albi, dem Geburtsort des Künstlers, die dort ausgestellten Arbeiten des Malers in Ruhe anzusehen. Es waren mehrere Lithographien der Goulue dabei, jener furiosen Tänzerin des Cancan, die das Vergnügungsidol der Epoche war. Das Flair der Pariser Lebewelt, hier war es in zarten Farben der bunten Kreidestifte mit Inbrunst und Ekel zu Papier gebracht. Im *Pyrenäenbuch* sind diese Kunstwerke mit wenigen Sätzen beschrieben. Insbesondere jenes Blatt der Goulue, die ihre Beine so hoch wirft, »daß man ihr in eine Wäscheausstellung sehen kann«,

79

Aristide Bruant,
der Schöpfer des sozialen
Montmartre-Chansons.
Tucholsky sah ihn noch auf der Bühne
und widmete ihm mehrere Aufsätze

prägte sich Tucholsky ein. Die Gefräßige, Hemmungslose, Nimmersatte, wie man den Namen der Goulue verstehen kann, inspirierte ihn zu einem Chanson. Aus einem Musikaliendruck von Offenbachs *Orpheus in der Unterwelt* schnitt er einige Cancan-Takte aus dem Schluß der Ouvertüre aus und klebte sie aufs Manuskript. Der Komponist sollte diese Musik im Refrain berücksichtigen, so lautete der Vermerk. Erst so schien ihm das Chanson von seinem Geist und seinem Flair her vollendet.

Vor langer Zeit
lief ganz Paris
nach Moulin-la-Galette;
Plakat, das schreit,

Reklame blies –
denn dort tanzt' ein Ballett.
Hoppla, hoppla, mit den Beinen – hoppla, hoppla ...
Hoppla, hoppla – mit den Beinen in der Luft!
Und eine war dabei, die hieß La Goulue!
Und wo die war, da weht' Pariser Luft.
Ja, ja – da traten sie zum Cancan an,
und da stand jeder Mann
auf seiner Bank.
So konnt er La Goulue, die Fesche, sehn
und ihre Wäsche sehn,
die ganze Wäsche sehn –
Hallo! Geschrei! Champagner und Gesang!

Kapitel **VI**

WEITER MIT 5 PS

Der 3. Dezember 1926 war ein Unglückstag. Zweimal erschien an der Tür des Hauses Rue Béranger 11 in Fontainebleau, in das Tucholsky kurz zuvor gerade eingezogen war, der Telegrammbote mit einer Hiobsbotschaft. »Jacobsohn Gehirnschlag. Sofort kommen. Hünicke.« Das andere Telegramm, abgesandt von der Liga für Menschenrechte, bestätigte die furchtbare Nachricht: »Siegfried Jacobsohn verstorben.« Es blieb in dieser Situation keine Zeit zum Nachdenken. Ein Telefongespräch mit der Redaktion und der Familie ergab alles Weitere. Er mußte mit seiner Frau Mary sofort nach Berlin fahren, da ihm als vertraglich an die *Weltbühne* gebundenen Mitarbeiter die Pflicht oblag, die Leitung des Blattes zu übernehmen.

Das kam für ihn unerwartet. Jacobsohn war nicht krank gewesen, und die Nachricht traf die Freunde völlig unvorbereitet. Einen Tag zuvor hatte Jacobsohn ihm noch geschrieben, daß sich nun, nach dem Umzug in die neue Grunewald-Wohnung, für ihn und die Redaktion bessere Arbeitsmöglichkeiten ergeben würden und daß auch eine stärkere finanzielle Abstützung der *Weltbühne* in Aussicht genommen sei. Die *Weltbühne* stand jetzt in ihrem zweiundzwanzigsten Jahr und mithin vor einem neuen Abschnitt ihrer Entwicklung, den S. J. nun nicht mehr erleben sollte. Er litt – was nur wenige wußten – an einer leichten Form von Epilepsie, die nicht lebensbedrohend war, fiel aber an jenem Abend während eines Anfalls, im Begriff schlafen zu gehen, unglücklicherweise mit dem Gesicht so auf das Bett, daß er erstickte. Er war, als er starb, fünfundvierzig Jahre alt.

Am Sonntag der Vorweihnachtswoche fand in Berlin die Gedenkfeier statt. Mehr als tausend Menschen waren zum Deutschen Theater gekommen, der klassischen Stätte deutscher Schauspielkunst, um von Siegfried Jacobsohn Abschied zu nehmen. Kurt Tucholsky sprach als letzter den Dank der Freunde, bevor die Gedenkstunde mit der Ouvertüre zu *Figaros Hochzeit* ausklang. Vor ihm hatten Fritz Kortner für das Theater und Ernst Toller für die Kameradschaft der politischen Kämpfer gesprochen. Die offizielle Trauerrede hielt Arthur Eloesser.

Die Nummer 49 der *Weltbühne* war das erste Heft, das am 7. Dezember ohne Siegfried Jacobsohn erschien. Es enthält auf Seite eins den Nachruf, verfaßt von Kurt Tucholsky, jetzt der Herausgeber, der das Versprechen abgibt, die Waffen weiterzuführen und im Sinne von S. J., der in der Politik und in der Kunst keine Furcht gekannt habe, »die Wahrheit zu sagen. Die Wahrheit Mozarts, die Wahrheit Schopenhauers, die Wahrheit Tolstois – inmitten einer Welt von Widersachern: die Wahrheit.«

Nun begann für Tucholsky mit der Arbeit hinter dem Schreibtisch wieder der Berliner »Betrieb«, dem er im Frühjahr 1924 glücklich entkommen war, mit Telefoniererei, Personalfragen, Manuskriptbearbeitung und technischen Obliegenheiten. Seine Fähigkeiten wurden damit nicht überfordert, er kannte die Redaktionspraxis und wußte um das Arbeitspensum, das für das Blatt zu leisten war, kannte die einzelnen Autoren und ihre Qualitäten. Sehr viele, wenn nicht die meisten, hatte er ja selbst als Mitarbeiter herangeholt. Was hatte ihm Jacobsohn nicht alles zum Bearbeiten übertragen. Wer wußte besser als er, nach welcher Konzeption jedes einzelne Heft gebaut und welcher Vorlauf dafür erforderlich war. Seit Jahren hatte er, der Hauptmitarbeiter, einen beträchtlichen Teil dieses Vorlaufs selbst geliefert, und wie oft hatte er in den ersten Nachkriegsjahren auch Korrektur gelesen, war nach Potsdam in die Druckerei gefahren. Die Pflichten dieses Amtes kannte er ganz genau. Aber darum ging es nicht. Sein Problem war die zeitliche Belastung und der hohe organisatorische Aufwand, mit dem er sich konfrontiert sah. Es würde ihm nur wenig Zeit für die literarische Arbeit bleiben. Wer in jenen Dezembertagen an seinen Schreibtisch trat, hatte das Gefühl, vor einem traurigen Menschen zu stehen. Und so lesen sich auch seine Briefe. Sie sind ein einziges Klagelied, daß er es nicht kann, weil er es nicht will und es ihm zuwider ist, in alte Sachen gedrängt zu werden, die er »längst überwunden« hat.

Für seine Haltung glaubte er gute Gründe zu haben, sachliche wie persönliche. Er wollte, und das war die Absicht, als er nach Paris ging, vorwiegend publizistisch und literarisch arbeiten – in einer ruhigen, störungsfreien Atmosphäre, wie sie ihm Berlin nicht bieten konnte. Blieb er hier, so würde er sich wieder voll engagieren, und in diesem Punkt fürchtete er mit Recht um seine Produktion, zumal Deutschland, wie er meinte, kein sehr freundlicher Boden sei. Tucholsky wollte endlich aus dem Tagesjournalismus mit seinen Fesseln heraus, sich größeren literarischen Arbeiten zuwenden und

80

Siegfried Jacobsohn. Aufnahme aus dem letzten Lebensjahr

nicht die Artikel anderer Leute redigieren. Er hatte außerdem einen Vertrag mit Rowohlt geschlossen, für den er einen größeren Sammelband seiner Arbeiten zusammenstellen sollte. Das erforderte Konzentration, innere Ruhe und Zurückgezogenheit.

Hinzu kamen persönliche Gründe, über die Aufzeichnungen von Hans Schönlank Aufschluß geben, die dieser in den sechziger Jahren dem Tucholsky-Archiv zur Verfügung stellte. Schönlank, Redakteur und Buchhändler von Beruf, war 1920 für fast ein Jahr im Verlagsbereich der *Weltbühne* tätig und äußerte sich über die personelle Situation dort folgendermaßen: »Die ›Weltbühne‹ war ihrer inneren Struktur nach (über ihre kulturelle Bedeutung brauche ich hier nichts zu sagen) ein Familienunternehmen, dessen administrative Hauptstütze eine Schwester von S. J. war. Aber auch die Gattin des Herausgebers, eine Brunhilde mit Monokel, war, ohne tätig mitzuarbeiten, nur zu sehr geneigt, auf den Gang der Geschäfte Einfluß zu nehmen und Direktiven zu erteilen. Und dann spukten da noch die Mutter von S. J. und sein Sohn, der ungezogene Peter, herum.«

So gut Tucholsky seit 1913 mit Siegfried Jacobsohn gestanden hatte, so galt dies nicht unbedingt für dessen Familie. Daß die Sympathien hier ungleich verteilt waren, bezeugen auch andere Autoren aus dem Umkreis der Redaktion. Otto Flake, seit den frühen zwanziger Jahren Mitarbeiter der *Weltbühne*, schreibt in seinen Memoiren, daß die Schwester Siegfried Jacobsohns, die er gut kannte, in ihren Reden Tucholsky einen »Konfektionsjuden« nannte. Es ist kaum anzunehmen, daß dies Tucholsky verborgen geblieben sein sollte.

Darüber hinaus hat es ihn persönlich geärgert, daß jeder seiner Vorschläge für ein Buch im Williams-Verlag, Eigner Edith Jacobsohn, stets hinausgezögert und schließlich abgelehnt wurde. Weder erschienen die *Wendriners* noch die kleine Sammlung von ausgewählten »Liebe Weltbühne«-Späßen, die von ihm mit Vorwort auf etwa fünfzig Seiten konzipiert waren. Es war also keine Laune, wenn er für Menschen, die ihn offenkundig nicht mochten, nicht die Arbeit machen und seinen guten Namen geben wollte, denn daß die *Weltbühne* nicht allein das Blatt Siegfried Jacobsohns, sondern auch *sein*

Blatt oder mindestens doch die Leistung beider war, war in Berliner Journalistenkreisen unbestrittene Tatsache.

Tucholsky verhielt sich zunächst abwartend. Daß er damit recht hatte, erwies sich schon wenige Tage nach der Beisetzung Siegfried Jacobsohns. Edith Jacobsohn erwog, die Zeitschrift zu verkaufen, und suchte Interessenten. Nach mehrwöchigem Hin und Her, einer Zeit ohne jede Sicherheit, entschloß sich Jacobsohns Witwe, die Zeitschrift zu behalten. Kurt Tucholsky unterschrieb einen vorläufigen Mitarbeitervertrag, gültig vom 1. Februar bis zum 30. September 1927, der seine Rechte als Herausgeber absicherte. Er hatte nicht den Mut, wie er an seine Frau Mary nach Paris schrieb, nein zu sagen, obwohl er das ja »alles gar nicht will«. Und obgleich ihm viele zurieten, die *Weltbühne* weiterzuführen, so Georg Bernhard, Morus »und die es sonst gut meinen«, blieb er bei seiner Meinung: »Ich kann es nicht!« Überlegungen, es von Paris aus weiterzumachen, gab er bald wieder auf. Die einzige Lösung sah er schließlich darin, in Berlin zu bleiben, die Arbeit also nicht sofort abzugeben, weil sonst, wie er mit Recht befürchtete, »alles kaputtgehen« würde. Ossietzky war als Redakteur noch nicht eingearbeitet. So blieb Tucholsky nichts anderes übrig: Er übernahm für einen Übergangszeitraum von acht Monaten die Zeitschrift als Herausgeber. Schon diese Zeit fiel ihm schwer genug. Wiederholt beklagte er sich über willkürliche Entscheidungen der Verlagseignerin und darüber, daß die Propaganda für die *Weltbühne* sowie Frau Jacobsohns geschäftliche Mitarbeit gleich Null seien.

Als die Redaktion im April 1927 in neue Räume nach der Kantstraße umzog, war Carl von Ossietzky so weit eingearbeitet, daß er vieles übernehmen konnte. Als weitere Stütze stand Tucholsky der einundzwanzigjährige Wolf Zucker zur Seite, der schon unter Jacobsohn in der Redaktion gearbeitet hatte. Wolf Zucker berichtet über seine Zeit mit Tucholsky in einem Brief an Ursula Madrasch von 1978: »Es war sehr anders als mit S. J. Im Gegensatz zu seinem Vorgänger mit dessen fast mönchischer Selbstabschließung war ›Tucho‹ gemütlich und gesellig. Den ganzen Tag über empfing er Besucher, von denen ein großer Teil wenig oder gar nichts mit der Zeitschrift zu tun hatte. Am Morgen gab er mir eine Liste von etwa zwanzig Leuten, mit denen er am Telefon sprechen wollte. Von vielen mußte ich erst über Umwege herausfinden, wo sie zu erreichen waren. Außerdem war Tucholsky dauernd selbst am Telefon mit Menschen, die ihn anriefen.« Ansonsten fand Wolf Zucker seinen neuen Chef viel stärker an tagespolitischen Fragen interessiert als Jacobsohn. Den Arbeitsstil Tucholskys verglich er mit dem eines Auslandskorrespondenten mit vielen Verbindungen sowie ständigen Einladungen zu alten und neuen Freunden. Das Mittagessen ließ er sich von einem nahe gelegenen Restaurant in die Redaktion kommen, wenn er nicht mit Bekannten zum Essen verabredet war.

Daß »Tucho« wieder in Berlin war, hatte sich schnell herumgesprochen. Viele kamen, um ihm guten Tag zu sagen und sich wieder einmal mit ihm zu unterhalten. Auch Hans Reimann, *Weltbühnen*-Autor und Kollege vom Kabarett, machte in jenen Tagen eine Visite in der Redaktion, die er völlig verändert vorfand. »Eine Metamorphose hatte in den vertrauten Räumen stattgefunden, namentlich im wilden Durcheinander von Jacobsohns Klause. Die Regale ausgemistet, Bücher und Zeitschriften sorgfältig geordnet, der Schreibtisch blankgefegt und mit Tabaktopf und Lieblingspfeifen garniert, für jedes Pseudonym eine.« Tucholsky selbst war der alte geblieben. Reimann gibt folgende Beschreibung: »Er hatte dichtes braunes Haar. Er war glatt rasiert. Er war ein stattlicher Mann. In Gesellschaft heiter, angenehm, zurückhaltend, niemals laut. Aus dem Nebenzimmer hörte es sich an, als spräche Victor Auburtin: baritonal, bedächtig, berlinisch. Er konnte albern sein. Er steckte voller Einfälle. Er war fleißig. Er war immer auf der Pirsch. Er war stets wach – ich glaube, auch im Schlaf.«

Er leitete die Redaktion außerordentlich gewissenhaft, das belegen die einzelnen Hefte, und war entschlossen, »langweilige, abstrakte Mitarbeiter« nach und nach »abzuschminken«. Trotz der Unlustgefühle und der Abneigung gegen das Chefredakteursamt freute er sich, wenn eine Nummer besonders »gut und bunt und lebendig« ausgefallen war. Bestehen blieb jedoch die Tatsache, daß das Blatt ihn auffraß, und demzufolge das ständige Klagelied in seinen Briefen, daß seine eigene Produktion darunter leide. Sie ging tatsächlich in

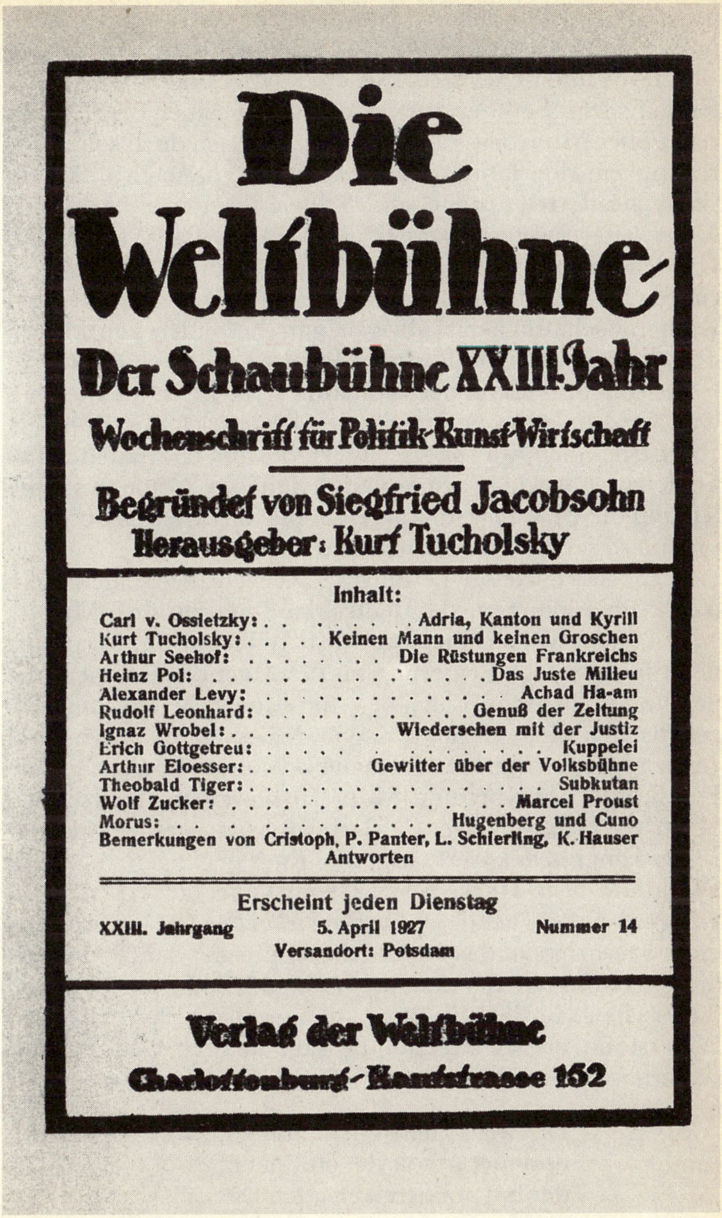

Die Weltbühne

Der Schaubühne XXIII. Jahr

Wochenschrift für Politik · Kunst · Wirtschaft

Begründet von Siegfried Jacobsohn
Herausgeber: Kurt Tucholsky

Inhalt:

Carl v. Ossietzky: . . . . Adria, Kanton und Kyrill
Kurt Tucholsky: . . . . . Keinen Mann und keinen Groschen
Arthur Seehof: . . . . Die Rüstungen Frankreichs
Heinz Pol: . . . . Das Juste Milieu
Alexander Levy: . . . . Achad Ha-am
Rudolf Leonhard: . . . . Genuß der Zeitung
Ignaz Wrobel: . . . . Wiedersehen mit der Justiz
Erich Gottgetreu: . . . . Kuppelei
Arthur Eloesser: . . . . . Gewitter über der Volksbühne
Theobald Tiger: . . . . Subkutan
Wolf Zucker: . . . . Marcel Proust
Morus: . . . . Hugenberg und Cuno
Bemerkungen von Cristoph, P. Panter, L. Schierling, K. Hauser
Antworten

Erscheint jeden Dienstag

XXIII. Jahrgang 5. April 1927 Nummer 14

Versandort: Potsdam

Verlag der Weltbühne

Charlottenburg · Kantstrasse 152

Die Weltbühne, *herausgegeben von Kurt Tucholsky*

diesen Wochen merkbar zurück, auch in der *Voss*, wo er noch immer unter Vertrag stand. Das machte ihn unzufrieden; er war müde und abgearbeitet, leicht reizbar und zum Schimpfen aufgelegt. Sooft er aber in manchem seiner Briefe ungerecht über Mitarbeiter herfällt, läßt er ihnen doch sofort Gerechtigkeit widerfahren, wenn es darum geht, nach außen ein sachliches Urteil abzugeben. »Schwierigkeiten gabs mit den Mitarbeitern wenig«, sagt er in einem Brief an Maximilian Harden im Juni 1927, »ich fand, im Gegenteil, eine gradezu rührende und überall freundliche Hilfsbereitschaft und Kameradschaftlichkeit (übrigens ganz besonders von unserm gemeinsamen Freund Berthold Jacob).«

Als sich im Verlauf des Frühjahrs 1927 herausstellte, daß Carl von Ossietzky bereit war, den Posten des Herausgebers zu übernehmen, war er erleichtert, obwohl er zweifelte, daß Ossietzky über das Format verfüge, diesen Posten auszufüllen und die *Weltbühne*, das »Geschöpf« Siegfried Jacobsohns, in seiner Eigenart zu erhalten und fortzuführen.

Tucholsky hatte die Leitung der Zeitschrift zu einem Zeitpunkt übernommen, da Deutschland gerade drei Monate Mitglied des Völkerbunds war. Mit Wilhelm Marx war eine neue Bürgerblock-Regierung an die Macht gekommen, die das nationalistische Element – die Monarchisten, die militaristischen Geheimbünde sowie den alten Beamten- und Justizapparat – stärkte und keine Garantien für eine soziale Politik bot. Als Kurt und Mary Tucholsky zur Beerdigung Siegfried Jacobsohns nach Berlin fuhren, war gerade der Reichskongreß der Werktätigen zu Ende gegangen, in dessen Präsidium Fritz Heckert und Georg Ledebour saßen. Zum Kongreß hatte Tucholsky für die *Weltbühne* ein scharfes Gedicht geschrieben, das auf die Parteiführung der SPD zielte, die dem Kongreß, der das Ziel verfolgte, die Lasten der kapitalistischen Rationalisierung abzuwehren, hinhaltenden Widerstand entgegensetzte. Er sagt in dem Gedicht, der schlimmste Feind, den der Arbeiter habe, stehe in den eigenen Reihen:

Der weiß nichts mehr von Klassenkampf
und nichts von Revolutionen;
der hat vor Streiken allen Dampf
und Furcht vor blauen Bohnen.

Der will nur in den Reichstag hinein
aus seinen eignen Reihn.

Es sind die in vorangegangenen Gedichten wiederholt attackierten SPD-Radieschen, »außen rot und innen weiß«, deren Funktionäre und Führer er als »Skatbrüder, die den Marx gelesen«, charakterisierte.

Nachdem Tucholsky die Leitung der *Weltbühne* übernommen hatte, gab er Georg Ledebour, dem unabhängigen Sozialisten, Gelegenheit, seine politischen Auffassungen im Blatt darzulegen. An Ledebour schätzte Tucholsky besonders die Gabe des volkstümlichen Redners; diese Seite seiner Persönlichkeit hob er hervor, als er zum fünfundsiebzigsten Geburtstag Ledebours im Februar 1925 ihm ein *Weltbühnen*-Gedicht widmete, das die Zeilen enthält:

In manchem Saal hast Du gestanden
und hast die Leute uffjeklärt;
und unter Bockbierfestjirlanden,
da ham sie alle zugehört.

In manchem Saal, da, wo sie hocken,
da hatten sie zu Dir Vertraun;
und wenn die Brieder wollten bocken,
Du hast sie an die Wand jehaun.

Laß mich es Dir auf hochdeutsch sagen:
Du gingst den graden Weg der Pflicht.
Um fielen die aus alten Tagen –
Du nicht!

Ledebour bedankte sich in einem Brief und schrieb, daß er sich freuen würde, »den Genossen Tucholsky nach seiner Rückkehr in die Philisterhauptstadt Berlin einmal bei uns zu sehen«. Tucholsky folgte der Einladung; er nahm sich die Zeit zu einem Besuch der Ledebours, die in Steglitz am Althoffplatz wohnten.

Das Resultat der Gespräche waren für das Jahr 1927 vier grundsätzliche Beiträge für die *Weltbühne*. Ausführlich hat Ledebour darin die Grundgedanken seiner sozialistischen Überzeugung dargelegt: gemeinsame Aktionen aller Werktätigen gegen die faschistische Gefahr und bedingungsloser

Zusammenschluß zur Abwehr imperialistischer Aktionen. Er erläuterte den Lesern der *Weltbühne* den Kongreß der Werktätigen sowie den Kongreß gegen koloniale Unterdrükkung und Imperialismus, an dem er 1926 gemeinsam mit den Kommunisten Wilhelm Koenen, Willi Münzenberg und Stöcker sowie Vertretern der Friedensbewegung – Albert Einstein, Otto Lehmann-Rußbüldt und Theodor Lessing waren darunter – in Brüssel teilgenommen hatte. In einem weiteren Aufsatz nahm er die Erinnerungen einer russischen Revolutionärin zum Anlaß, vor der Unterschätzung der Gefahr des Faschismus zu warnen. Zur Wiederkehr des Tages der Bewilligung der Kriegskredite durch die deutsche Sozialdemokratie, des 4. August 1914, erinnerte er an die historische Lehre, den Kriegsschürern »entschlossenste Betätigung« entgegenzusetzen.

Die Ledebour-Aufsätze in der *Weltbühne* waren ein wesentlicher Beitrag zur Aktionsgemeinschaft mit der Kommunistischen Partei Deutschlands. Was er schrieb, entsprach auch Tucholskys Überzeugung.

Ein zentrales Thema wurde jetzt in der *Weltbühne* unter Tucholskys Chefredaktion auch die Unterstützung für die Rote Hilfe Deutschlands, deren Organisation er seit 1925 als Mitglied des Kuratoriums für die Kinderheime der Roten Hilfe nahestand, sowie der entschieden geführte Kampf gegen die Klassenjustiz der Weimarer Republik. In fast jedem Heft erschien ein Beitrag dazu, von ihm oder von anderen Autoren verfaßt. Jetzt, da er die Leitung des Heftes hatte, gab er ohne Verzug auch seine Artikelserie *Deutsche Richter* in Satz. Das Manuskript, schon 1926 abgeliefert, lag lange Zeit bei S.J. in der Redaktion, und er hatte wiederholt mahnend deswegen angefragt.

Tucholsky gibt in diesen Aufsätzen eine vernichtende Einschätzung der politischen Strafjustiz in Deutschland, so zwingend und brillant formuliert, daß der Wortführer des radikalen Pazifismus, Kurt Hiller, meinte, »sie allein schon hätten ausgereicht, Tucholsky unsterblich zu machen«. Die Darlegungen stehen unter dem Motto »Kampf gegen die Diktaturjustiz!« und sind die Zusammenfassung der Erkenntnisse Tucholskys, daß die Gerichtsurteile der letzten Jahrzehnte in politischen Prozessen »ausschließlich als Kampfmomente im Streit der Klassengegensätze zu werten« sind, daß das Volk mit dieser im Namen des Volkes ausgeübten Rechtsprechung nichts zu tun hat, daß es sich vielmehr um eine Justiz handelt, »von einer Klasse über unterjochte Klassen ausgeübt«. Die Kaste, der Geist und die Prozeßführung der deutschen Richter seien daher abzulehnen. »Wir haben nichts mit ihnen zu tun. Und wir wollen nichts mit ihnen zu tun haben.« Daß es hier irgendwelche Reformen von oben geben könne, hält er für einen verhängnisvollen Irrtum. Nur eine Gegenwehr im Großen könne es dagegen geben, die wirksam und ernst sei: den Klassenkampf. Für notwendig hält er auch den stärkeren Schutz durch öffentliche Kontrolle, die Öffentlichkeit der Verfahren sowie die gesetzliche Aufhebung der Unabsetzbarkeit der Richter als ersten Schritt einer deutschen Justizreform. Den Arbeiterorganisationen rät er, sich gesinnungstüchtige Juristen aus dem bürgerlichen Lager dienstbar zu machen, um »den Arbeitern wenigstens den allernötigsten Rechtsschutz zu gewähren«.

Es gibt von Tucholsky seit 1925 in der *Weltbühne* eine Reihe von Gedichten, die seine politische Justizkritik von der künstlerischen Seite her abstützen und variieren. Sie heißen: *Prolet vor Gericht, Gut Mord, Nächtliche Unterhaltung, Frage und Antwort, Haben Sie schon mal?* und *Geschworene*. Zum Umfeld der Justizkritik gehören weiterhin eine Reihe von Aktivitäten anderer Art. Im April 1927 richtete er als Herausgeber der *Weltbühne* ein Schreiben an den Botschafter der Vereinigten Staaten gegen die drohende Hinrichtung der beiden Arbeiterführer Sacco und Vanzetti. Im September 1927 – er ist zu diesem Zeitpunkt schon Mitglied des Zentralvorstandes der Roten Hilfe Deutschlands – schrieb er für die *Weltbühne* einen Leitartikel mit der Forderung nach Generalamnestie aller politischen Gefangenen. Im Oktober 1927 propagierte er die Denkschrift der Liga für Menschenrechte, *Acht Jahre politische Justiz*, die er als ein ausgezeichnetes Buch einschätzte, mit dem man sich »noch jahrelang wird beschäftigen müssen – und immer wieder«.

Die Auseinandersetzung mit der Justiz und der Rechtsprechung hat im Werk Tucholskys eine lange Tradition. Der deutsche Richterstand als Produkt preußisch privilegierten Denkens beschäftigte ihn schon als Studenten. Manch treff-

82

Das Kriminalgericht Berlin-Moabit.
Tucholsky berichtete von hier über viele Prozesse für die Weltbühne
und sprach von der »Moabiter Justizfabrik«

liche Satire schrieb er darüber für den *Vorwärts*, wenn er die Korpsstudenten seiner Fakultät, seine am Leben vorbeidozierenden Professoren oder das Paragraphengestrüpp der bestehenden Gesetze und Verordnungen aufs Korn nahm. Die den Staat der Rechten stützende Justiz rückte in den Nachkriegsjahren abermals ins Blickfeld seiner politischen Publizistik, als er zu den Morden an Karl Liebknecht, Rosa Luxemburg, Walther Rathenau, Kurt Eisner, Hans Paasche und anderen Stellung nahm. Zur Generalabrechnung mit der unheilvollen Rolle der Justiz wurde jedoch, bedingt durch die Verschärfung der politischen Kämpfe in Deutschland, erst die Artikelserie von 1926/27. Sie geht in Ton, Argumentation wie in der analytischen Substanz weit über die *Militaria*-Serie von 1919/20 hinaus.

In der Zeit, da Tucholsky alleiniger Herausgeber der Zeitschrift war, versuchte er auch für die *Weltbühne* eine Genehmigung für die Berichterstattung aus dem Reichstag zu erreichen, für eine politische Zeitschrift von diesem Rang eine unabdingbare Forderung. Sein Antrag auf entsprechende

Zulassung wurde jedoch vom sozialdemokratischen Präsidenten des Reichstages Paul Löbe abgewiesen, da, so die Begründung, »wegen des ständig zunehmenden Fremdenverkehrs im Reichstag die Ausstellung weiterer Eintrittskarten aufs äußerste beschränkt werden muß«. Diesen Schriftwechsel, eine unfreiwillige Satire, druckte er kommentarlos ab.

Ende Mai 1927 war für Tucholsky das Interimsamt als Chefredakteur beendet. Er packte seine Koffer, um nach Dänemark zu fahren. Formell war es sein Urlaub, der ihm vertraglich zustand, tatsächlich benötigte er den Juni und Juli, um den Sammelband *Mit 5 PS* fertig zu machen. Auch sonst war für ihn noch einiges aufzuarbeiten. Mit der Übernahme der *Weltbühne* erlitt er einen nicht unbeträchtlichen materiellen Verlust. Bei der *Vossischen Zeitung* war er mit Lieferungen im Rückstand, auch für die *Weltbühne* hatte er weniger als sonst geschrieben, demzufolge reduzierten sich die Nachdrucke und Honorareinnahmen für ihn, und ständig gingen Anfragen nach Hause an seine Frau Mary: »Wie sieht es in der Sparecke aus?«

Mit der Abreise nach dem kleinen Ort Mogenstrup auf Seeland übergab er Ossietzky die Amtsgeschäfte; zwischen ihm und der Verlagsinhaberin war es klar, daß er nicht zurückkommen würde. Nach Auslaufen des Vertrags sollte dann auch der Name Ossietzky zusätzlich auf dem Titelblatt stehen.

Alle Beteiligten einigten sich dahin, daß Tucholskys Vertrag als der eines Mitherausgebers mit allen juristischen Rechten und Pflichten fortbestehen bleibt und damit auch sein Name auf dem Titelblatt der Zeitschrift – in endgültiger Formulierung also:

Die Weltbühne

Begründet von Siegfried Jacobsohn
Unter Mitarbeit von Kurt Tucholsky
Herausgegeben von Carl von Ossietzky

Sein Name stand zu Recht auf dem Titelblatt und sachlich richtig zugeordnet sowohl zu Ossietzky wie auch zu Siegfried Jacobsohn, denn die *Weltbühne* in ihrem politischen und nicht weniger in ihrem literarischen Profil war seit 1919 zum großen Teil *sein* Werk, wenn er diese Leistung auch nie für sich in Anspruch nahm, sich im Gegenteil in seinen öffentlichen Äußerungen bewußt hinter Siegfried Jacobsohn zurückstellte, die eigenen Verdienste am Werden der *Weltbühne* herunterspielend. Edith Jacobsohn war sich jedenfalls bewußt, daß der Name Tucholsky für die Zeitschrift unersetzbar war. Die Höhe der Bezüge wie die freie Wahl des Arbeitsortes wurden nicht zuletzt auch aus diesen Gründen beibehalten.

In den wenigen Monaten, in denen er das Geschick der Zeitschrift in die Hand genommen hatte, bewies er sich – trotz anfänglichen persönlichen Unbehagens – als ein Schriftsteller und Journalist von hoher Vitalität und künstlerischer Ausdruckskraft, dem es darum ging, das Blatt an die politischen Forderungen des Tages heranzuführen. Seine Hefte sind interessant und lebendig konzipiert. Er konnte seinem Nachfolger das Jacobsohnsche Erbe unbeeinträchtigt übergeben, die Leser hatten ihn genauso akzeptiert wie Siegfried Jacobsohn, dem er im Dezember 1926 ein Gedicht der Verehrung und der Liebe widmete:

> Ein jeder von uns war dein lieber Gast,
> der Freude macht.
> Wir trugen alles zu dir hin. Du hast
> so gern gelacht.
>
> Und nie pathetisch. Davon stand nichts drin
> in all der Zeit.
> Du warst Berliner, und du hattest wenig Sinn
> für Feierlichkeit.
> ...
> Du hast ermutigt. Still gepflegt. Gelacht.
> Wenn ich was kann:
> Es ist ja alles nur für dich gemacht.
> So nimm es an.

In den letzten Tagen seiner Redaktionsarbeit ging ein Brief von einem Hamburger Schauspieler, einem aus der Schar der treuen *Weltbühnen*-Leser, namens Alfred Oswald ein, über den er sich gefreut haben dürfte: »Sie sind ein großer Künstler, ein fleißiger an sich und Ihren Aufgaben arbeitender Künstler... Sie haben das Erbe Siegfried Jacobsohns angetreten; ich habe genau den Kurs verfolgt, den die ›Weltbühne‹ seit dem frühen Ableben S. J.s hat, aber Sie haben sich seiner würdig erwiesen.«

Im Ausland, wo man die Dinge vielleicht mit mehr Abstand betrachtete, sah man es ähnlich. Die Schweizer Zeitschrift *Annalen* äußerte sich dazu in ihrer Februarnummer 1927: »Jetzt hat als ebenbürtiger Nachfolger Kurt Tucholsky die Leitung des Organs übernommen, das heute eine politische Macht darstellt... Wie dieser phänomenale Künstler der Verwandlung... von Paris her pausenlos in die Rolle des Erbwalters hinübersprang, war auch für den ferner wohnenden Beobachter ein Schauspiel, das die Empfindungen eines großen Ereignisses weckte.«

Das »Pyrenäenbuch«

Im Januar 1927 gab ein Verlagsbote ein kleines Päckchen in der *Weltbühnen*-Redaktion ab, adressiert an Herrn Doktor Tucholsky. Es waren die lang ersehnten Druckereifahnen seines neuen Buches vom Berliner Verlag Die Schmiede. Seit Wochen schon hatte er darauf gewartet. Eigentlich sollten sie schon im November dasein, Siegfried Jacobsohn wollte sich einen Vorabdruck heraussuchen, hatte schon gemahnt deswegen. In seinem letzten Brief an S. J. bestätigte Tucholsky noch einmal die Abmachung: »Der Schmiede ist ausdrücklich zugesagt, daß bei Dir der Vorabdruck erscheinen wird, benebst einer Selbstkritik.«

Nun lagen die Druckereifahnen vor ihm auf dem Schreibtisch, er konnte mit dem Korrekturlesen beginnen und den Vorabdruck heraussuchen. Drei Monate später hielt er das fertige Buch in der Hand. »Peter Panter. *Ein Pyrenäenbuch*. Mit 33 Abbildungen. Verlag Die Schmiede Berlin 1927« stand auf der ersten Seite, danach folgte eine Widmung, die er auf den Druckfahnen noch eingefügt hatte: »Dem Andenken Siegfried Jacobsohns.«

Während er in den Korrekturbögen blätterte, durchlebte er noch einmal die Stationen seiner Reise, die er im Herbst 1925 mit seiner Frau Mary in die Pyrenäen unternommen hatte, besah sich noch einmal die Fotos von Landschaften,

Kathedralen und baskischen Bauern mit dem Eseltier, die der Verlag zur Illustration beigegeben hatte. Was er in den zwei Monaten erlebt hatte, ist von ihm in Form zwanglos aneinandergefügter Skizzen, Betrachtungen und Impressionen so überaus gewinnend und sachlich erzählt, daß man es als ein originelles und ganz vereinzelt dastehendes Reisebuch empfand. Er hatte den Stierkampf in Bayonne gesehen, mit dem Sterben der Kreatur, die fremde Sprache der Gebirgsbewohner in sich aufgenommen, war unberührt durch Biarritz, den Luxusbadeort der reichen Leute, gegangen, hatte die Basken beim Pelotari-Spiel erlebt, die Schloßgemächer Heinrichs IV. in Pau besichtigt und das Mirakel der Wunderheilungen von Lourdes aus allernächster Nähe auf sich wirken lassen. Ehrlich bekennt er, daß es für ihn nicht einfach gewesen sei, eine ihm fremde Landschaft in sich aufzunehmen, denn »wer dreißig Jahre Asphalt tritt, wer in Steinmauern aufwächst und fast das ganze Jahr nichts andres sieht, für wen es keine Dämmerung gibt, sondern nur dunkel wird, wer nicht angeben kann, was vorigen Montag für Wetter war – für den ist die Natur nicht leicht zu erobern«. Und daher könne er »auch nicht solche Beschreibungen von den Pyrenäen geben, in denen es nur so braust von ungewöhnlichen Adjektiven – denn ich habe das nicht empfunden«. Die Höhepunkte der Reise lagen für ihn oft in kleinen Begebenheiten, der Begegnung mit Menschen und der Freude, in den Bergen zu sein, einmal ohne den Krach der Elektrischen, ohne Zeitungsausrufer und ohne Schutzleute.

Den Plan, die Pyrenäen zu besuchen, faßte Tucholsky schon im Juni 1924, wenige Monate, nachdem er nach Paris übergesiedelt war. Er hoffte, daß sich der Ullstein-Verlag an der Finanzierung der Reise beteiligen würde, sie hatten aber schon genug Korrespondenten auf Reisen und kein Interesse. Er trug die Kosten allein, nahm seinen Urlaub und die mit Jacobsohn vereinbarte jährliche Reisezeit, um das Vorhaben auszuführen. Das Buch zu schreiben war ihm nicht leichtgefallen. Er wisse zu wenig, sagte er, sich im nachhinein entschuldigend, sei auch zu keiner Zeit so unglücklich, zerrissen, ungeklärt und mehr durcheinander gewesen als in diesen Monaten. Er möchte das *Pyrenäenbuch* nicht noch einmal in derselben Verfassung machen, gestand er fünf Jahre später in einem Brief an die Berliner Journalisten Marierose Fuchs.

Dem Leser teilt sich von diesen persönlichen Sorgen nichts mit; das Buch hat eine gleichbleibende Spannung, literarische Qualität und wirkt gerade dadurch interessant, daß es völlig unterschiedliche Formen des Feuilletons mit fließenden stilistischen Übergängen zu einem Ganzen zusammenbindet. Es entstand ein Buch der Impressionen und Reflexionen, das innerhalb der literarischen Reisebücher, denkt man an Alfred Kerr, Egon Erwin Kisch, Arthur Holitscher oder Armin T. Wegener, einen eigenen Platz einnimmt. Das *Pyrenäenbuch* steht jenseits aller wichtigtuerischen, intellektuell-ambitiösen, vorwiegend der Selbstdarstellung dienenden Reisebücher bürgerlicher Modeliteratur, so daß Herwarth Walden im Juni 1927 in seiner Rezension für die *Frankfurter Zeitung* aufatmend feststellte: »Endlich einmal keine Reisebeschreibung.«

Nach fünf Jahren lag damit erstmals wieder ein Buch von ihm vor; das Echo darauf war außerordentlich stark, das Lob zuweilen enthusiastisch. »Tucholskys Fähigkeit, mit wenig Strichen und Schattierungen einen Ausschnitt der Realität zu geben, ist bewunderungswürdig«, fand Hermann Kasack in der *Neuen Rundschau*. Jede Einzelheit werde zum Symptom einer Allgemeinheit, und alles stehe im unmittelbaren Zusammenhang mit der Gegenwart, dem brennenden Heute. »Also genau das Gegenteil von Impressionen, die sich selbst genug sind.« Georg Hermann, der Berlin-Schriftsteller, äußerte in den *Losen Blättern*, einer Beilage der *Dame*, seinen Gefallen an der »hübschen, neuartigen und lesbaren Form«, in der es geschrieben sei. Um Reisebücher dieser Art zu finden, die politisch untermalt, ernst und lustig zugleich, witzig, frech und aggressiv sind, die die Menschlichkeit propagieren und gegen die Mächte – ob sie Staat oder Religion oder sanktionierte Dummheit heißen – Sturm laufen, müsse man schon bis auf Heine zurückgehen.

Jeder der Rezensenten entdeckte andere Vorzüge an Peter Panters neuem Werk, das, was Land und Leute betraf, gut fundiert war. Aber im Grunde war dieses Buch weniger eine Reise durch die Pyrenäen als eine Reise durch sich selbst, wie er sagte. Der stark hervortretende subjektive Zug war gerade das, was man an Tucholskys Buch schätzte. Paul Cohen-Portheim, Autor zeitgenössischer Frankreich-Bücher und kompetent für das Genre, nannte es im *Tage-Buch* »ernst, heiter, malerisch, respektlos, nüchtern, taktvoll, überlegt, impulsiv ... es ist alles, außer langweilig. Es wirkt, als ob es gesprochen wäre, nicht geschrieben.« Das *Spaeth-Magazin* sprach von einer »Reise, die mehr zum Menschen als zur

83

Auf dem Rücken eines Maultieres durch die Pyrenäen

Landschaft will«, und die *Vossische Zeitung* empfahl es ihren Lesern im gleichen Sinne als »das Reisebuch eines Menschenfreundes«. Hellmut von Gerlachs *Welt am Montag* kam zu der treffenden Formulierung: »Peter Panter trägt keine Brille, ich glaube nicht einmal ein Monokel, aber er sieht mehr als wir alle.« Zwei kleinere Kapitel hob der Rezensent Arved Arenstam hervor: wie einer allein im Hotelzimmer sitzt – »niemand hat uns das bisher so geschildert« – und das Wiedersehen mit Paris, »unser aller Heimat«, zu der sich Tucholsky im Schlußkapitel »Dank an Frankreich« überschwenglich bekennt.

Es gab zum *Pyrenäenbuch* auch reservierte Stimmen, die den Autor und sein Buch in zwei Hälften zerlegten: in den politischen Schriftsteller, mit dem man nichts zu tun haben wollte, und den Plauderer, den man akzeptierte. Entsprechend geteilt fiel das Urteil aus. Die von Ernst Heilborn geleitete Zeitschrift *Die Literatur*, die Tucholsky stets reserviert gegenüberstand und ihm auch diesmal nur das Prädikat »Journalist« zubilligte, meinte, er sei ein »Plauderer«, dem man mit herzlichem Vergnügen lausche – wenn er nicht gerade seine »parteipolitische Harfe« schlage. Das Positive: Das ganze Buch sei stark persönlich getönt, alles sei individuell gesehen, aber nie ungenau. Letztlich wird dem Journalisten doch die literarische Leistung eingeräumt, mit der Bemerkung, seit Zola habe niemand ein so plastisches Gemälde von Lourdes geliefert wie er. Völlige Ablehnung, zum Teil mit Hetztiraden, gab es nur von seiten der rechten und der nationalsozialistischen Presse: »Wenn Panter-Tiger jetzt Paris für aller Juden Heimat erklärt, so läßt das wohl darauf schließen, daß Juda plant, die Republik von Rothschilds Gnaden an Stelle Palästinas, das den Juden nicht mehr recht zu gefallen scheint, zum eigentlichen Judenstaat zu machen.« Die klerikale Presse, die auch ihren Standpunkt zu Tucholsky hatte, distanzierte sich, wie vorauszusehen, von den Kapiteln über Lourdes. In der Wiener *Reichspost* finden sich dazu Formulierungen wie »gehässige Aufgeblasenheit« und das »seichte und grobe Geschwätz eines Ignoranten, der keine Ahnung vom Katholizismus hat«. Die Leser aber, denen das Buch in seiner gedanklichen und sprachlichen Substanz etwas bedeutete, wären durchaus bereit gewesen, Herwarth

Waldens Vorschlag zuzustimmen, Tucholskys *Pyrenäenbuch* in den Schulen einzuführen.

Obwohl zu dem Buch zwei Vorabdrucke erschienen – einer in der *Vossischen Zeitung* mit dem Kapitel »Pau« und einer in der *Weltbühne* mit dem Schlußkapitel »Dank an Frankreich« –, dazu eine Anzahl Anzeigen, war Tucholsky mit den Maßnahmen seines Verlags nicht recht zufrieden. Die großartige Aufnahme, die das Buch in der Öffentlichkeit gefunden hatte, drückte sich seiner Meinung nach nicht in den Absatzzahlen aus. So schrieb er einen Brief an den Verlag Die Schmiede, daß sie mehr tun müßten, bekam aber von dort zur Antwort, daß sie den Inhalt seines Beschwerdebriefes in keiner Weise verstünden. Erst nach Übernahme der Verlagsrechte durch Rowohlt wurde das *Pyrenäenbuch* einer breiteren Öffentlichkeit bekannt und konnte sich damit auch für den Autor als ein ehrlich erarbeiteter Erfolg realisieren.

Auf seiner Reise durch die Pyrenäen kam Tucholsky durch die südfranzösische Stadt Oloron und durch diese Stadt zu einem dienstbaren Geist, mit dem ihn merkwürdige Erlebnisse verbanden. Er sah im Schaufenster eines Geschäfts eine Gummifigur zum Aufblasen, wie sie Kinder als Spielzeug mögen, sehr spaßig anzuschauen. Diesen Gummikerl kaufte er und nahm ihn fortan auf allen seinen Reisen mit. Von der Stadt Oloron, sagt er, habe er nicht viel gesehen – »ich blies den ganzen Tag Zippi auf. Er hatte es mir gleich mitgeteilt, daß er Zippi hieße, Glück bringe und von Beruf Reisegott sei.«

Zippi war von hellgelber Farbe, im Gesicht etwas grün, aufgeblasen zeigten seine Züge ein merkwürdig starres, rätselhaftes Lachen; mit seinen kleinen dicken Wurstärmchen und seinem spitzen hohen roten Hut sah er sehr lustig aus. Zippi hielt sich gewöhnlich – ohne Luft – in der Reisetasche auf, die sein Besitzer bei sich hatte. Von Zeit zu Zeit durfte er ins Freie und bekam dann Luft und Leben eingeblasen. Waren junge Damen im Kupee, so hielten sie das mit Zippi »für eine höchst dämliche Art der Anknüpfung«, ältere Damen dagegen reagierten auf den Kleinen mütterlich und wohlwollend.

Zippi sollte Glück bringen, konnte aber nicht verhindern,

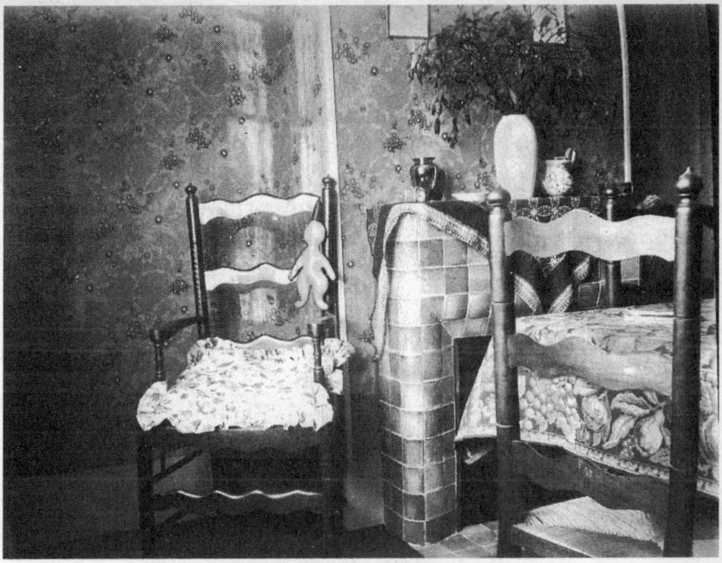

84

Aus den Pyrenäen zurück:
Zippi an der Stuhllehne im Eßzimmer des Hauses Le Vésinet

daß seinem Besitzer bei der Exkursion durch das Gebirge ein Unglück passierte. Tucholsky mißachtete bei der Erkundung einer Felsschlucht in den Pyrenäen die Warnung, nicht ohne Führer weiterzugehen, verlor den Weg und wollte, als es vor- und rückwärts nicht mehr weiterging, einen Abhang nach oben erklettern, kam dabei ins Rutschen und schlitterte zu Tal. »Ich fiel genau auf die Schienbeine, auf alle beide – und am rechten Bein schwoll kindskopfgroß eine Beule auf.« An einer Baumwurzel hatte er sich das Bein verletzt. Er mußte zurück nach Lourdes, wo man ihn im Krankenhaus operierte. Zehn Tage blieb er dort als Patient. Zippi war die ganze Zeit bei ihm. Das ärztliche Personal wunderte sich, und als der Doktor, der ihn behandelte, fragte, was das auf sich habe, bekam er nur die vage Antwort, das sei eben so eine Puppe, na ja, und bedeute weiter nichts.

Wer Zippi war und wie die beiden miteinander standen – auf diese Fragen gibt das Feuilleton *Der Reisegott Zippi* Antwort, das nach der Rückkehr aus den Pyrenäen für die *Vossische Zeitung* entstand, noch bevor sein Buch erschien. Zippi ist das Produkt seiner guten Laune, einer freundlichen Phantasie, die ebenso freundlich auch zum Leser ist. Oder soll man sich Hans Reimanns Meinung anschließen, der Tucholskys jungenhafte Ausgelassenheit »albern« nannte? Jedenfalls war ihm Zippi mehr als nur ein Stück Gummi, ein kleiner lustiger Kamerad, der bei ihm als Hausgötze, ja als Gott angestellt war und mit dem er sich duzte. »Ich sage, wenn ich in eine fremde Stadt komme, so beim Auspacken: ›Na, du – Zippi!‹, und dann grinst er. Merkwürdig, wenn

85

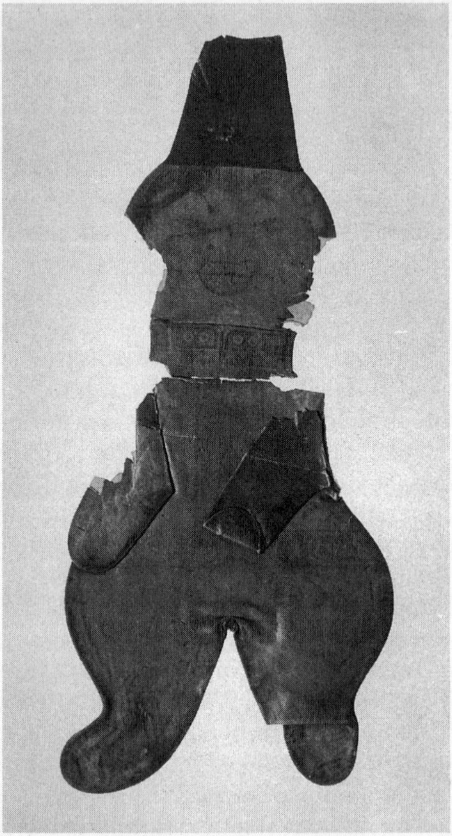

Reisegott Zippi 1990:
Die Luft ist raus, der Gummi mürbe,
aber das Lächeln ist geblieben

man einen Lachenden, wie diesen Zippi, sehr lange ansieht, dann wird das lächelnde Gesicht erst zur Maske, dann zum bemalten Ball, dann unerträglich – und auf einmal ist er ganz ernst. Da gleitet nun alles so an ihm vorüber – unbeweglich bleibt er, wohin lacht der Kerl? Ich bin ihm neidisch – er sieht etwas, was ich nicht weiß.«

Je länger Zippi bei ihm war, um so mehr liebte er ihn. Einmal hatte ihn die Katze erwischt, er mußte seinen Gummigott sehr vorsichtig aus ihren Krallen ziehen. Es ging noch einmal gut, danach gab er besser auf ihn acht. Als er nach Dänemark fuhr, reiste Zippi wieder mit.

Der Kampf geht weiter

Nach einem Jahr Parisaufenthalt hielt er den Zeitpunkt für gekommen, eine Zwischenbilanz zu ziehen. Der Aufsatz *Zwischen zwei Kriegen* entstand. Diesmal ging es ihm weniger um Eindrücke aus dem Alltag in Frankreich, sondern um die Frage, ob und wie weit man in den Friedensbemühungen der deutschen und französischen Liga vorangekommen war. Er bezog sich auf Gespräche mit Persönlichkeiten der französischen Friedensbewegung, mit Journalisten französischer wie deutscher Zeitungen und dem Personenkreis der französischen Sektion der Liga. Bei Madame Ménard-Dorian, der Vorsitzenden der »Ligue des Droits de l'Homme«, trafen sich jede Woche einmal etwa fünfzig bis sechzig Persönlichkeiten aus allen Kreisen der Pariser Gesellschaft, aus deren Gesprächen sich Tucholsky ein reales Bild vom Stand der Friedensbewegung machen konnte. Ohne diesen Meinungsaustausch und ohne diese Kontakte hätte er seine Aufsätze zur aktuellen Politik nicht so fundiert schreiben können. Viele der Gäste achteten ihn und seine Überzeugungen. Man respektierte ihn und hörte ihn an. Er war in den Pariser Jahren ein inoffizieller Botschafter der deutschen Friedenskräfte, den man »wegen seiner Verbindung zu französischen Politikern« schätzte, wie es in den Geheimberichten des Reichskommissariats für die Überwachung der öffentlichen Ordnung aktenkundig gemacht wurde.

Selbstverständlich war es für Tucholsky auch, an den Demonstrationen und öffentlichen Kundgebungen der Liga in Paris teilzunehmen. So marschierte er im November 1924 im Demonstrationszug mit, als die sterblichen Überreste Jean Jaurès', des am 31. Juli 1914, kurz vor Kriegsausbruch, ermordeten französischen Sozialisten, ins Pantheon überführt wurden. Im Mai 1924 hatte er sich an der Kundgebung für Anatole France zu dessen achtzigstem Geburtstag beteiligt. Es war schnell bekannt, daß der korrekt wirkende, sehr gut Französisch sprechende Deutsche bei seinen Vorträgen in kleineren Kreisen ein interessiertes Publikum hatte. Mehr als vierzigmal sprach er vor geladenen Gästen über spezielle, Deutschland betreffende Fragen, stets französisch und natürlich frei. Er war nüchtern in der Einschätzung der Situation, sah keine allzu optimistische Perspektive in den Beziehungen beider Staaten – trotz des Zusammenwirkens der demokratischen Organisationen. Seiner Meinung nach war der Einfluß der Friedenskräfte auf die praktische Politik ungenügend, es müßte weit mehr geschehen. Gespräche und Annäherung bewegten sich nur zwischen gleichgesinnten Gruppen, die zudem noch die eigene Kraft überschätzten. Das Fazit seines *Weltbühnen*-Aufsatzes vom November 1925 lautete: »Wir gehen nicht den Weg des Friedens. Wir stehen da, wo wir im Jahre 1900 gestanden haben. Zwischen zwei Kriegen.« Eine, wie sich dreizehn Jahre später erweisen sollte, durchaus richtige, fast prophetisch zu nennende Voraussage.

Tucholsky kam in der *Weltbühne* mehrmals auf diese Thematik zurück, die ihn brennend beschäftigte. Er warnte davor, die Rolle der Intellektuellen und Künstler zu überschätzen, denn: »Deutsche Intellektuelle in Paris, französische in Berlin... Genau so weit waren wir im Jahre 1912 auch.« Als im Januar 1926 in Paris eine »Deutsche Woche« mit zwei prominenten Gästen, Thomas Mann und Alfred Kerr, stattfand, nahm er das Ereignis zum Anlaß, vor einem Pazifismus allgemeiner Prägung, der nicht ins Volk ginge, nichts nütze und zu nichts verpflichte, zu warnen. Deutsch-französische Annäherung könne auch nicht beinhalten, die deutsche und die französische Lebensauffassung einander anzunähern, was ohnehin schwer, wenn nicht gänzlich unmöglich sei; es handele sich darum, Kriege zu vermeiden, und die würden durch Reden, pazifistische Veranstaltungen, Ehrendoktordiplome oder Entsendung von Deputationen in beide Länder allein nicht vermieden, ohne deren Aktivitäten zu unterschätzen. Er warnt davor, angesichts der hochkapitalistischen Mächte der bürgerlichen Staaten eins nicht zu vergessen: »Diese Wirtschaftsordnung kann keinen Frieden halten, weil sie den Krieg zum Leben braucht, wie ihn die alten Dynastien gebraucht haben. Diesen latenten Kriegszustand bekämpft man nicht, indem man gemeinsam Schmetterlinge sammelt und kunstgewerbliche Gebrauchsgegenstände ausstellt, sondern: indem man die Verursacher und die Ursachen dieser Wirtschaftsunordnung beseitigt«, und zwar, da es in der Geschichte keinen freiwilligen Verzicht von Klassen auf ihre Vorrechte gebe, mit Gewalt. Eine weitere wichtige Erkenntnis fügt er hinzu: »Denn dies ist das Wesen der Revolution: daß die althergebrachten Begriffe eben nicht mehr gelten, daß man eben nicht gerecht ist, daß es eben nicht nach Paragraphen und Verdienst, sondern nach der Notwendigkeit geht, daß jene Ordnung, die sich das nur gebildete Gehirn nicht wegzudenken vermag, erschüttert und eingeschlagen wird. Eine Luftreinigung. In diesem Sinne bin ich für eine deutsch-französische Verständigung.«

Dieser Haltung entsprach auch sein Auftreten als Redner auf den »Nie-wieder-Krieg«-Kundgebungen und bei Veranstaltungen der Liga in den Jahren 1924 bis 1927, wenn er in Berlin war. Er nutzte jede Tribüne, um für eine Annäherung der Völker Deutschlands und Frankreichs einzutreten; er wollte nicht, »daß proletarische Energie« in dummschlauen Kommissionen mit strategischen Winkelzügen versandete. Deshalb begrüßte er 1925 in der *Weltbühne* sehr nachhaltig den von der Internationalen Arbeiterhilfe organisierten Kinderaustausch als den Beginn eines wahren Friedenswerkes, denn hier sei die internationale Solidarität der arbeitenden Klassen zur Wirklichkeit geworden. Er selbst hatte mitgeholfen, das Klima für diese Aktion in Deutschland vorzubereiten.

Als er sich im Juli 1924 in Berlin aufhielt, um für den Ullstein-Verlag den *Uhu* mit aus der Taufe zu heben, sprach er als Mitglied des Aktionskomitees »Nie wieder Krieg« im Saalbau Friedrichshain. Die Kundgebung fand 1924 nicht mehr wie in den vorangegangenen Jahren unter freiem Himmel im Berliner Lustgarten statt, sondern teilte sich auf die Neue Welt in der Hasenheide, die Schultheiß- Brauerei und den Saalbau Friedrichshain. Die großen Säle waren, wie die Zeitungen berichteten, »hoffnungsvoll überfüllt«, dichte Menschentrauben drängten sich vor den Türen, als die Chöre des Berliner Arbeitersängerbundes die Veranstaltung eröffneten. Zur Rezitation gelangte diesmal das von Tucholsky geschriebene Antikriegsgedicht *Gebet nach dem Schlachten*, entstanden unter dem Eindruck der Schlachtfelder von Verdun. Gesprochen wurde es von den Berliner Schauspielern Alfred Beierle, Heinz Hilpert und dem Journalisten Walther Kiaulehn.

Im Saalbau Friedrichshain sprachen der SPD-Reichstagsabgeordnete und langjährige *Weltbühnen*-Autor Heinrich Ströbel, Dr. Walter Schücking vom Deutschen Friedenskartell, Heinrich Teuber-Bochum und Dr. Max Hochdorf. Den Schluß bildete Ignaz Wrobel. Seine kurze und sehr lebhafte Ansprache war nach Meinung des *Montag Morgen* »die wir-

86
87

Mit Robert Kuczynski (links) und General a.D. von Schönaich arbeitete Tucholsky von 1926 bis 1930 im Vorstand der Deutschen Liga für Menschenrechte zusammen

kungsvollste«. Der Redner, direkt aus Paris herübergekommen, habe in eindrucksvollen Worten ein Frankreichbild gezeichnet, von der nicht deutschfeindlichen Einstellung der breiten Volksschichten berichtet und die erschütternden Spuren, die der Krieg in diesem Land hinterlassen habe, geschildert.

Mit seinem Wirken als Publizist, Redner und Funktionär von Friedensorganisationen in Paris und Berlin stand Tucholsky auf der linken Seite des Deutschen Friedenskartells, zu dem auch die Liga für Menschenrechte und der Friedensbund der Kriegsteilnehmer gehörten. Im Sommer 1926 wurde Tucholsky in den aus zehn Personen bestehenden Vorstand der Liga gewählt – zusammen mit Robert Kuczynski, Emil Gumbel, General a.D. von Schoenaich, Otto Lehmann-Rußbüldt, Arthur Holitscher und Graf Wedel. In diesem Gremium war er bis 1930 tätig – für das Reichsinnenministerium und das Reichswehrministerium ein gefährlicher Mann. In den Akten des Reichskommissars für die Überwachung der öffentlichen Ordnung hieß es bereits vor den Wahlen des neuen Vorstands: »Wrobel steht für Aktivierung und Radikalisierung.« Die Behörden ließen ihn beobachten. »Vertrauensleute« meldeten, kam er aus Paris, noch ehe er seinen Fuß auf Berliner Boden gesetzt hatte: »Heute trifft Dr. Tucholsky vom Vorstand der Liga in Berlin ein.« Die Furcht galt einem Mann, der eigentlich nichts anderes wollte als einen stabilen Frieden, der allerdings, wie er wußte, nur durch Veränderungen in dieser Republik zu erreichen war. Deshalb prangerte er auch so unnachsichtig das Verhalten der Führer der SPD an. Mit ihrer Taktik und sogenannten Realpolitik, mit der man in den vergangenen acht Jahren nichts, aber auch gar nichts erreicht habe, der falsch verstandenen Disziplin könne man jetzt nichts mehr anfangen, denn: »Die herrschende Klasse in Deutschland will den Krieg. Sie bereitet ihn vor – alle ihre Anhänger dulden ihn schweigend, wenn er da ist; nehmen sie die östlichen Absatzgebiete aufs Korn, bewilligen den ungeheuerlichen Reichswehretat; lassen die Künder der Wahrheit verhaften. Das muß man erkannt haben, es in voller Schwärze sehen, es aussprechen!« Dagegen bedürfe es keiner »greisenhaften Resolutionen«, sondern »schärfster politischer Resistenz«.

Diese Grundhaltung deckte sich mit den Positionen, wie sie die von Kurt Hiller 1926 gegründete Gruppe Revolutionärer Pazifisten vertrat, deren Exekutive, wie sich die Leitung nannte, Kurt Tucholsky ebenfalls zugehörte. Diese linke Gruppierung, von den Beamten des Reichsinnenministeriums observiert und als »stark pro Rußland« eingestuft, verstand sich als Teil der Liga für Menschenrechte und wollte eine Plattform für »sozialistisch gewillte Zeitgenossen verschiedenster Richtung« zu sachlicher Aussprache und zum gemeinsamen Kampf sein. Dieser Gruppe, die sich mit Entschiedenheit gegen die antisowjetische Propaganda in Deutschland und Europa sowie gegen ein antisowjetisches Bündnis der kapitalistischen Länder wandte, gehörten unter anderen Alfons Goldschmidt, Ernst Toller, Rudolf Leonhard, Karl Schnog, Helene Stöcker, Walter Mehring und bis 1929 auch Erich Weinert an.

1924 und 1925 kam es immer häufiger zu Verboten von Büchern und Theaterstücken linker Autoren. Durch die gerichtliche Beschlagnahme bereits gedruckter Werke gerieten auch Verleger in beträchtliche Schwierigkeiten. Die Verbotsaktionen waren Teil einer Offensive der Justiz gegen alles Linksgerichtete sowie die verfassungsmäßig garantierte Freiheit der Kunst. Rudolf Leonhard, damals Lektor im Verlag Die Schmiede, wandte sich angesichts dieser »alarmierenden« Situation in einem Rundbrief an einige Kollegen, auch an Tucholsky, gemeinsam zu beraten, wie sich die Schriftsteller selbst – außerhalb des ungenügend aktiv werdenden Schutzverbandes – durch engeren Zusammenschluß gegen das Vorgehen der Behörden wirkungsvoller zur Wehr setzen könnten. Tucholsky griff die Anregung Leonhards auf. Er war unter den achtzehn Autoren, die sich Ende November 1925 im Café Alschäfsky in der Ansbacher Straße zusammenfanden, um hier die »Gruppe 25« zu gründen. Zugegen waren bei dieser konstituierenden Zusammenkunft auch Alfred Döblin, Johannes R. Becher, Walter Mehring, Bertolt Brecht und Walter Hasenclever. In den zwei Jahren ihres Bestehens traten der Gruppe, die sich als Teil der »geistesrevolutionären Bewegung unserer Zeit« verstand, weitere Künstler und Schriftsteller bei, darunter George Grosz, Ernst Bloch, Piscator, Paul Westheim und Max Brod. Wenn

Rudolf Leonhard,
Organisator der »Gruppe 25«,
Lektor im Verlag Die Schmiede,
verhalf auch Tucholskys Pyrenäenbuch
zum Druck

Tucholsky in Berlin war, nahm er an den Zusammenkünften teil; alle öffentlichen Erklärungen, Maßnahmen und Protestaktionen der Gruppe gegen die Verfolgung linker Autoren und Künstler durch die Justiz sowie die Bedrohung der Freiheit des geistigen und künstlerischen Schaffens generell hat er uneingeschränkt unterstützt.

Mit der Beteiligung an den Aktionen der Liga für Menschenrechte, der »Nie-wieder-Krieg«-Bewegung, der Gruppe Revolutionärer Pazifisten und der »Gruppe 1925« waren Tucholskys Aktivitäten nicht erschöpft. 1925 nahm er von Paris aus die Mitarbeit an der in Hagen (Westfalen) erscheinenden Wochenzeitung *Das Andere Deutschland* auf. Das Blatt war mit einer Auflagenhöhe von etwa vierzigtausend Exemplaren das offizielle Verständigungs- und Agitationsorgan der Deutschen Liga für Menschenrechte, das sein Programm darin sah, »eine Einheitsfront aller ehrlichen Friedensfreunde, ohne Unterschied der Partei und der Religion, gegen Imperialismus, Chauvinismus und Militarismus zu schaffen« sowie für Wahrheit, Freiheit und Weltfrieden zu wirken. Mit seinen vier Seiten war es keine Konkurrenz zu Hellmut von Gerlachs *Welt am Montag*, noch weniger zur *Weltbühne*. Chefredakteur Fritz Küster bevorzugte mit Rücksicht auf den geringen Umfang des Blattes kurze, kraftvoll formulierte Artikel, knappe Kommentare und für die politische Argumentation speziell zusammengestellte Fakten, die, in Kastenrahmen gesetzt, sofort ins Auge fielen. Die einzelnen Seiten ließen sich, so waren sie von vornherein umbrochen, gut als Wandzeitung verwenden.

Eine Zweigredaktion des *Anderen Deutschland* befand sich in Berlin, hier eine Zeitlang von Fritz Danziger und später von Berthold Jacob geleitet. Die Zeitung erschien jeden Sonnabend in Hagen und Berlin. Zum Mitarbeiterkreis gehörten Heinrich Ströbel, Persius, Pastor Hartmann, Theodor Lessing, Kurt Großmann, Ossietzky, Robert Kuczynski sowie einige andere Aktivisten aus dem Kreis der *Weltbühne* und der linken Friedensorganisationen.

Tucholsky schrieb jedes Jahr etwa vier bis fünf Beiträge für Küster, der Zahl nach nicht allzuviel, vom Inhalt her sind sie aber zu seinen politisch gewichtigen Arbeiten jener Jahre zu rechnen. Beispielsweise ist *Der Graben*, sein künstlerisch bestes Antikriegsgedicht, im *Anderen Deutschland* zuerst veröffentlicht worden.

Die Nummer vom 1. Mai 1926 erschien auf Seite eins mit einem großaufgemachten politischen Artikel von Ignaz Wrobel, der sich unter der alten kämpferischen sozialdemokratischen Losung »Keinen Mann und keinen Groschen!« gegen die Reichswehr und ihren Etat wandte. Wrobel erweist sich ganz als der alte aus den frühen Jahren der *Weltbühne*, vehement in der Attacke, rückhaltlos im Aussprechen von Wahrheiten und Haltungen: »Geht das so weiter, ist uns der Krieg im Osten sicher.« Die von Jahr zu Jahr steigenden Militärausgaben seien »verbrecherischer Wahnsinn«, wenn man bedenkt, daß in Deutschland kein Geld für den Bau von Notwohnungen und für tuberkulose Arbeiterkinder da ist. »Unser

Wille ist klar. Wir wollen keinen Krieg. Wir arbeiten nicht für den Mord. Dieser Reichswehr keinen Mann und keinen Groschen!«

Der mutige Ton gab auch den anderen Artikeln, in denen er mit der deutschnationalen und deutschvölkischen Presse und deren Frankreichhetze ins Gericht ging, Schwung und Feuer. Die witzig sarkastischen Formulierungen und die Art, wie er das Thema anpackte, zeigen einen Meister des journalistischen Metiers, Börne und Heine verwandt. Das politische Echo darauf blieb nicht aus. Mit den schonungslos und radikal formulierten Artikeln im *Anderen Deutschland – Die Herren Helden*, *Wehrmacht und Sozialdemokratie*, *Über den sogenannten Landesverrat* – zog Tucholsky abermals heftigste Angriffe seiner politischen Gegner auf sich.

Als er in der *Menschheit*, einer Beilage des *Anderen Deutschland*, im Zusammenhang mit der Nominierung Hindenburgs für das Amt des Reichspräsidenten warnend schrieb, Hindenburg sei die Republik auf Abruf, Hindenburg bedeute Krieg, gab es in den rechten Blättern lauten, anhaltenden Protest. Zum Sprecher einer bereits bedrohlich angewachsenen Pogromstimmung machte sich das *Göttinger Tageblatt* mit dem Artikel *Haßgesänge eines Ostgaliziers*: »In dieser Weise begeifert der hebräische Schmutzfink mit Tausenden von seinesgleichen unter dem Schutz des Zentrums, der Demokraten und Sozialdemokraten nun schon seit Jahren alles, was dem Deutschen heilig ist. Es hat sich bis auf heute niemand gefunden, der dem Burschen den Davidstern mit der Reitpeitsche ins Gesicht gezeichnet hätte.«

So war es am 25. April 1925 zu lesen, acht Jahre vor der »Nationalen Erhebung« und der Einrichtung der ersten Konzentrationslager. Die Schlagzeilen der nationalistischen Presse hießen 1925: »Jeder nationale Deutsche wählt Hindenburg! Ihn wählen heißt das Vaterland bejahen!« Tucholsky bejahte das Vaterland – aber nicht Hindenburg. Er kämpfte für das andere Deutschland und ging in seiner Überzeugung keinen Schritt zurück. Außerdem konnte er schreiben, worüber er wollte – über Hindenburg, den Justizterror oder den Panzerkreuzer –, sein Name genügte bereits, die Reaktion auf die Beine zu bringen.

Am 5. März 1926 unterzeichnete Tucholsky den Aufruf

der deutschen Intellektuellen für die Enteignung der Fürsten. Als Dichter gab er der großen Volksaktion gegen die Fürstenabfindung seine Stimme. Für die proletarisch-satirische Zeitschrift *Der Knüppel* schrieb er dazu das Gedicht *Wollt ihr die Dummen sein?* mit den mobilisierenden Zeilen: »Fürsten raus –! / Es ist hohe Zeit! / Alle Mann auf Deck! / Zum Volksentscheid –!«

Der erste Sammelband

Begleitet von seinem Gummigott Zippi, reiste Tucholsky 1927 zu einem mehrwöchigen Arbeitsurlaub in den dänischen Sommer hinein, im Koffer seine gesammelten Werke aus Zeitungen und Zeitschriften, um sie aufzukleben und daraus ein Buch zu machen. Auch das Material für die nächsten *Weltbühnen*-Hefte hatte er eingepackt, denn noch hatte Carl von Ossietzky die Redaktion nicht vollständig übernommen, er mußte ihm zuarbeiten. Auf der Reise machte er ein paar Tage in Kopenhagen Station, schickte von hier einige Impressionen an die *Vossische* und die *Weltbühne*, auch einen Brief an Schulfreund Schönlank mit der Bitte, ihm die alten Nummern des *Vorwärts* mit seinen Feuilletons und Gedichten herauszusuchen. Er wollte sie bei der Zusammenstellung des Rowohlt-Bandes mit berücksichtigen. Obwohl sehr frühe Arbeiten, waren es für ihn keine Belanglosigkeiten.

In einem kleinen Häuschen an seinem Urlaubsort Mogenstrup Kro per Lou sichtete und sortierte er nun Tage und Wochen Hunderte von Gedichten, Skizzen, Glossen und Betrachtungen. Eine vergnügliche Beschäftigung, wie man meinen sollte. Nicht für Tucholsky. Und zwar deshalb nicht, weil er der Autor und somit sein kritischster Leser war. Schon zur Zeit ihrer Entstehung für den Druck sorgfältig formuliert und redigiert, wurden die Texte abermals einer strengen Prüfung unterzogen. Er nannte das die Schriftstellerkrankheit, die vom eigenen Gedruckten nichts mehr gelten lassen will und sich schließlich in den Wahn steigert, alles noch besser, noch sauberer, noch kürzer oder überhaupt ganz anders sagen zu müssen. Aber noch aus einem anderen Grund war die Fertigung des Manuskripts kein ungetrübtes Vergnügen für ihn. Es konfrontierte ihn wieder mit den Sorgen und Krisen des eigenen Lebens, die so oder so durch alles, was geschrieben vor ihm lag, hindurchgegangen waren. »Die Zusammenstellung des Buches für Rowohlt ist eine ziemlich traurige Sache«, heißt es in einem Brief an seine Frau Mary. »Man lebt das alles noch einmal durch, und ich erkenne deutlich den Knax, der da anhebt, als nach Vésinet die Reiserei anfing. Da kommt dann nicht mehr viel. Es ist widerlich, ich komme

89

Der erste Rowohlt-Sammelband von 1927.
Die Pseudonyme sind erfolgreich und aktiv

wohl nicht mehr zur Ruhe.« Bald jammerte er, er sei »leer wie ein altes Faß« und er glaube, in ihm sei gar nichts mehr drin, was das Schreiben betrifft, bezeichnete sich als zerrissen, unglücklich und zerfallen mit der ganzen Welt und meint, so könne nichts zustande kommen. Solche Stimmungstiefs gab es bei ihm öfter. Ging er dann jedoch an die produktive Tätigkeit, fand er seine seelische Balance und seine Selbstironie zurück. Dann heißt es in den Briefen: »Ich ordne meinen Nachlaß und arbeite mit Zettelchen und alten Heften und klebe und mache. Es beruhigt sehr.« Wenn er noch mehr wegschmeiße, könne es einigermaßen werden. Nur einen Titel müsse er noch finden. »Was hältst Du von einem Titel ›5 PS‹?«

Mit diesem Titel hatte er die Konzeption des Bandes endgültig gefunden. Die *5 PS* sind eine Autoreise in vierzehn Stationen beziehungsweise Abschnitten, die entsprechende Zwischenüberschriften bekamen. Den *Start* gibt er mit einer Betrachtung seines Werdegangs unter den vier Pseudonymen, und damit beginnt die Fahrt. Unterwegs begegnet ihm *Ein Mann am Wege: Herr Wendriner.* Dieser Abschnitt enthält neun der bis dahin entstandenen *Wendriners*. Sodann geht es in zügiger Fahrt weiter *Über Land* bis zu einem Stopschild: *Straße gesperrt: Militär!* Das ist der Moment, über Verdun, die Haltung zum Krieg und die »Telephon-Generale« nachzudenken. Es gibt noch einmal eine *Kurve*, ein Duell mit der Justiz, dann hat er mit *Zollschranke und Paßkontrolle* die Grenze hinter sich und *Paris und Umgebung* vor sich. An dieser Stelle ist der Band bereits mehr als zur Hälfte gefüllt. Es blieb jetzt nur noch Platz für etwas *Reiselektüre* und Zeit für ein *Picknick*, an dem die Katz aus Insterburg beteiligt ist, mit der er in Paris in den Champs-Élysées das lustig-komische Gespräch im ostpreußischen Dialekt führte. Den Rest der Seiten, soweit sie den Prosateil des Bandes betreffen, geht er *Ein Stückchen zu Fuß*, versunken in Gedanken an Rheinsberg und die alten Jahrgänge der *Weltbühne*. Der literarische Fußweg Peter Panters endet zuletzt an einer *Kirchhofsmauer*. Unter dieser Überschrift plaziert er seinen selbstgedichteten Nachruf *Requiem*, ferner das zu einem Beerdigungsthema gehörende *Brot mit Tränen* sowie etliche seiner *Nachher*-Geschichten.

Knapp fünfzig Seiten blieben insgesamt für Gedichte und Chansons. Er verstreute sie nicht über das ganze Buch, ließ sie vielmehr als Abschnitt zusammen, was unter literarischen Gesichtspunkten auch viel günstiger ist, und gab ihnen als Überschrift den Refrain seines einstigen Kabarettschlagers *Wenn der alte Motor wieder tackt*. Seine besten lyrischen und satirischen Gedichte sind hier erstmals wieder nach den *Frommen Gesängen* von 1919 in Buchform zugänglich – mit der *Sehnsucht nach der Sehnsucht*, seiner Strafpredigt für die »Männer aus Neukölln, die in der Liebe leider nicht wissen, was sie wölln«, sowie den *Ollen Germanen* und den *Feldfrüchten*. Das Gewicht nach dem Schluß hin geben die großen Zeitdichtungen seiner Feder wie *Rote Melodie*, *Gebet nach dem Schlachten* und *Drei Minuten Gehör!*.

Die Korrekturen zu *5 PS* erreichten Tucholsky, als er bereits wieder in Paris am Schreibtisch seiner Wohnung saß. Das fertige Buch lag in der Weihnachtswoche 1927 in den Schaufenstern der Buchläden. Er wußte , daß sein Verleger mit diesem Buch kein Risiko einging, Verkauf und öffentliches Echo waren gut. Emil Ludwig empfahl es den Lesern der *Vossischen Zeitung* in einer betont persönlich gehaltenen Besprechung, in der er Tucholsky mit Polgar verglich, dessen Sammelband *Ich bin Zeuge* ebenfalls gerade bei Rowohlt erschienen war. Verstünde er Literaturgeschichte, sagt Ludwig, so würde er die Linie Andersen – Altenberg – Polgar und die andere: Fontane – Tucholsky zeichnen und den Morgenstern über beiden aufgehen lassen. Wie wenige Bücher gebe es doch auf dem Markt, bei denen einem so freundlich und ernst, so heiter und zum Fürchten zumute werde wie gerade bei Polgar und Tucholsky, und das, weil sie die Zeit, die Welt und das Leben in immer neuen kleinen Bildern fangen und als »echte Dichter« dergleichen immer »in seiner gottgewollten Form finden«. An solchen Formen sei Peter Panter reicher als Polgar, während Polgars Melancholie oft ergreifender sei als Tucholskys Aktivität. Aber Polgars Melodienreichtum ergreife den Leser nicht stärker als Tucholskys Tempo.

Das sind wesentliche und neue Hinweise auf die literarischen Leistungen Tucholskys und die Besonderheiten seines Werkes. Ludwig sieht sie in folgendem: Er habe das alte Berliner Couplet erneuert und den guten Kalisch im Mantel Dantons auftreten lassen, daneben aber den unsterblichen Wendriner, überhaupt vielleicht das Auto-Drama, den Psychomonolog erfunden und würde doch, wenn es losgeht, noch aus jeder Tasche eine neue Form ziehen wie die Kinder, wenn sie zum Sandhaufen gehen. Was ihn, zusammen mit Polgar, aber so hoch über allen sogenannten Dichter-Journalismus stelle, sei »der Lebensernst hinter dem Witz, der Tagesgroll hinter dem Schalk, das reine Deutsch ohne Affensprünge und Pfauenreifen, die Sicherheit des Ichs, das immer nur den Auftakt gibt – das ist vor allem der Reichtum an Talent, der ihnen beiden die größte Wirkung auf die Nation sichern müßte, wenn wir hier nicht unter Akademikern lebten, die eine ordentliche Fabel, sorgsam durchgeführt, die etwas Festes, Ganzes, Dickes sehen wollen, ehe sie Kränze verteilen.«

In der Zusammenstellung, das heißt in der Konzentration auserlesener Stücke aus einem Zeitraum von fünfzehn Jahren, kamen die Vorzüge Tucholskyscher Schreibkunst viel deutlicher zum Ausdruck, als dies beim einzeln abgedruckten Text in der Zeitung oder Zeitschrift der Fall sein konnte. Trotz der Beschränkung, die er sich vom Buchumfang her hatte auferlegen müssen, war es der ganze Tucholsky, der in seinen Gefühlen und Gedanken, Hoffnungen und Enttäuschungen dem Leser gegenübertrat. »Das Werk, wie es da vorfährt, blinkert und funktioniert, als sei es in einer begnadeten Laune hingezaubert«, hieß es im *Hamburger Fremdenblatt*. Das *Berliner Tageblatt* kam zu dem Urteil, so ein Buch wie das von Tucholsky wünschte man sich mehrmals im Jahr, »damit man sieht, wo, wann, wie man lebt«.

Keiner der objektiven Leser und Kritiker blieb von der Lektüre unberührt. Man kenne kein Buch, das den Zeitcharakter des letzten Jahrzehnts besser spiegele, keines, das die äußere und innere Situation des heutigen Menschen in seiner Komik und in seiner Tragik überzeugender vor Augen führe als dieses, meinte die *Neue Rundschau*. Die *Frankfurter Zeitung* schloß sich diesem Urteil an mit den Worten: »Hut ab, weil dieser Mensch so unbeirrbar ehrlich und tapfer ist.« Von »einem ganzen Kerl« verfaßt, meinte die *Wiener Allgemeine Zeitung*, und der *Berliner Börsen-Courier* betonte: »Ein Meisterwerk der Sprache.«

Die ausführlichste Besprechung erhielt Tucholsky von Arthur Holitscher in der *Neuen Bücherschau*, die von »Verve,

Spannkraft und Überzeugungskraft« sprach, die dieser eine auf fünf PS verteile. Tucholsky repräsentiere ein so hohes Maß an Humor, Menschenkenntnis, Menschengläubigkeit, Tüchtigkeit und politischer Zuverlässigkeit, daß es die Erscheinung des Mannes, der dieses Buch verfaßt hat, für etliche Zeit festhalte. Hans Reimann bewunderte in den *Losen Blättern* »die Gebrüder Tucho und ihren Füllhalter aus purem Gold«, mit dem das alles geschrieben sei, »klassisch und streng wie Lessing, als er dem Pastor Goetze eins hinter die Ohren gab. Ach, stehen schöne Sachen in dem Buche! Neidisch möchte man werden. So nobel und geschliffen erzählt – mit größter Kunst aus dem Ärmel geschüttelt. Der Dumme hält es für ›schnoddrig‹.«

Die *5 PS* kündigten sich im Weihnachtsgeschäft 1927 als großer Erfolg an. Das fünfte bis neunte Tausend der zweiten Auflage war schon gedruckt, noch ehe das neue Jahr begonnen hatte. Die ersten Leserbriefe kamen ins Haus, darunter ein Brief, geschrieben im Namen von Mitgliedern der Friedensgesellschaft, von Erwin Kallir aus Düsseldorf: »Lieber Freund Tucholsky! Was Sie uns mit diesen *5 PS* gegeben haben, war mehr als eine Rakete vom Opel. Diese Keulenschläge taten uns gut. Ihr Feuerwerk hat gezündet. Erst jetzt wird uns klar, wie abseits vom Leben wir stehen, wie uns unsere Stellung, der Beruf aufgefressen hat. Trotzdem wir seit Jahren in der Friedensgesellschaft sind, uns jede Woche auf die *Weltbühne* freuen, über den Klassenkampf diskutieren, blieben wir Schöngeister und ließen andere für uns arbeiten. Ihre *5 PS* zeigten uns den richtigen Weg, den wir gehen müssen, wollen wir unser Leben nicht umsonst gelebt haben. Darum Dank für Ihren starken Tobak!«

Eine Umfrage, die die *Neue Bücherschau* zu den *5 PS* bei fünf jungen Arbeitern machte, brachte ein ähnliches Resultat. »Ich schließe mit einem Hoch auf den Verfasser und mit einem Gruß an alle die, welche das Glück haben, dieses Werk zu lesen«, hieß es in der Zuschrift des Landarbeiters Hermann Schäfer aus Rülfenrod. Nur ein einziger der fünf Befragten, Hermann Kürschner, Arbeiter im Sprengstoffwerk Reinsdorf, lehnte Tucholskys Buch – »so 'ne Art soziale Revue« – ab, weil es »nicht für die rationalisierten Proletenköppe« geschrieben sei. In allen fünf Zuschriften wiederholte sich die Klage, das Buch sei zu teuer. Es kostete in Leinen gebunden sieben Mark fünfzig, kartoniert fünf Mark, ein Sechstel dès durchschnittlichen Wochenlohnes eines Arbeiters. Dieser Preis war für viele zu hoch. Ein Leipziger Arbeiter namens Alfred Birkfeld schilderte seine wirtschaftliche Situation und bat ihn persönlich um ein Exemplar, weil ihm das Geld fehlte, um sich ein Buch von Kurt Tucholsky zu kaufen. Er bekam es vom Autor als Geschenk. Damit war das Problem, das in dem Widerspruch zwischen der beabsichtigten Wirkung und der eingeschränkten Kaufmöglichkeit lag, natürlich nicht aus der Welt geschafft. Die Situation änderte sich erst, als Tucholskys Bücher von der Universum-Bücherei des kommunistischen Neuen Deutschen Verlags übernommen wurden und in dieser Ausgabe, in Leinen gebunden, nur noch drei Mark kosteten. Die Korrespondenz mit seinen Lesern, die über die Buchpreise klagten, veranlaßte Tucholsky, in der *Weltbühne* einen Artikel zu veröffentlichen mit der an die Verleger gerichteten Aufforderung: »Macht unsere Bücher billiger!«

Lebenskonflikte

Während Kurt Tucholsky mit Jahresbeginn 1927 in Berlin die Geschicke der *Weltbühne* lenkte, saß Mary Tucholsky in Fontainebleau bei Paris mit einer Katze und einem Dienstmädchen allein zu Hause, ohne einem Beruf nachzugehen, was ihr, die an Arbeit gewöhnt war, als Lösung auf die Dauer nicht gefallen wollte. Sie hatte wohl ihre Besorgungen, erledigte auch Post für Tucholsky, fühlte sich aber in einer ihr fremden Umgebung verlassen, so faszinierend Paris für sie auch war. Sie lebte in einem Land, wo sie weder Freunde noch Familienangehörige hatte. Die Besucher, die in das Haus kamen, waren ausschließlich Bekannte Kurt Tucholskys, Journalisten und Schriftstellerkollegen. Nun, da Tucholsky in Berlin lebte, wurden auch diese spärlichen Besuche noch seltener.

Von Januar bis März 1927 war das Zusammenleben zwischen Kurt und Mary Tucholsky auf Briefe beschränkt. Er wollte nicht, daß sie nach Berlin kam, weil er nicht sagen konnte, ob und wie es in Berlin mit der *Weltbühne* weitergehen würde. Mary Tucholsky hatte größtes Verständnis für alle Probleme, die mit dem Beruf ihres Mannes zusammenhingen, und blieb sich auch jetzt bewußt, daß sie diejenige war, die Rücksicht zu nehmen hatte, die seine Arbeit durch keinerlei Forderungen belasten oder stören durfte. Warum sie aber nicht nach Berlin kommen sollte, das verstand sie nicht. Sie waren übereingekommen, das Landhaus in Fontainebleau wieder aufzugeben und in Paris eine neue, kleinere Wohnung zu mieten. Alles, was damit zusammenhing, sollte sie so regeln, wie es ihr am besten erscheine – »ohne Rücksicht auf mich«. Er hatte in ihre Entscheidungen volles Vertrauen, war sogar froh darüber, daß er sich darum nicht zu kümmern brauchte.

Mary Tucholsky bewährte sich in den schwierigen Monaten der nach Jacobsohns Tod eingetretenen Krise als eine kluge, auf Tucholskys Stimmungen ausgleichend wirkende Partnerin. Ihr gegenüber konnte er rückhaltlos Unsicherheiten und Zweifel aussprechen. Seine Briefe klangen zuweilen fast flehentlich und konfrontierten Mary Tucholsky mit Problemen und Fragen, auf die sie gar keine Antwort geben konnte. »Was soll ich tun? – Sage mir doch um Gottes willen, wie es weitergehen soll.« Er bedachte nicht, daß Mary gerade von *ihm* eine Vorstellung für ihr gemeinsames Leben erwartete.

Dann wieder wehrte er sich gegen die leisen Vorhaltungen, die aus Marys Briefen anklangen, erste Anzeichen, daß diese Ehe nach zwei Jahren bereits Risse zeigte. »Daß Fehler vorgekommen sind, weiß ich – ich weiß auch, viel mehr als ich gesagt habe, wie sehr ich daran schuld bin. Nur: Dritte haben damit überhaupt nichts zu tun, und es ist gar keine Rede davon, zu sagen, daß Du wegen andrer Leute in Berlin beiseite geschoben werden sollst.« Er versichert ihr, wie in so vielen Briefen, abermals: »Nu – hat Ihn sehr lieb und soll auch mal an Ihn denken. Wenn Lehmsstellung hat, dann bestellt bei Storch Kind (mit Saft) und gebärt es, verläßt dann Mutter & Kind und geht mit Adele Sandrock nach Hollywood und schickt 100 M. – Küßt Ihn auf Baltennase und läßt Ihn schön grüßen und ist ein armes Luder und winkt noch schwach mit der Hand.«

Briefe solcher Art offenbarten einen großen Charme und

eine unwiderstehliche, jungenhafte Liebenswürdigkeit in der Selbstbetrachtung seiner schwachen Seiten, im Eingestehen von fehlerhaftem Verhalten, gepaart mit Reue und Zerknirschung und stets auch mit der seit Autzer Tagen nie verstummenden Klage über seine im Grunde bedauernswerte Existenz, daß er, trotz Anstrengungen, nicht vorwärtskomme und daß er sich – stets voll Sehnsucht nach der geliebten Frau – immer allein fühle. Immer allein.

Mary Tucholsky wußte um diese in seinem Charakter liegenden neuralgischen Punkte: die Unruhe, den unvermittelt eintretenden Stimmungswechsel, die zuzeiten permanente Unzufriedenheit und Gereiztheit, seinen Überdruß an einer ehemals geliebten Sache oder auch Person. Tucholsky war rasch entflammbar, begeisterungsfähig und schwärmerisch, in seiner Verliebtheit nicht gewillt, Mängel an einer Person oder einer Sache gelten zu lassen. Ebenso rasch zeigte er sich abgekühlt, eines Zustands oder eines Menschen überdrüssig, verlangte dann Rücksichtnahme um jeden Preis, indem er Müdigkeit und Lethargie vorschützte. In solchen Situationen klagte er über sein vermeintlich leeres Dasein, glaubte, alles in seinem bisherigen Leben falsch gemacht zu haben, und bezeichnete sich als »armes Luder«.

Bei aller Unterschiedlichkeit ihrer Charaktere versuchte Mary Tucholsky für ihn weitgehend Verständnis aufzubringen, übte Toleranz und Nachsicht, war aber zu keiner Konzession in ihrer Rolle als Ehefrau bereit. Die erste bittere, demütigende Enttäuschung erlebte sie schon am 6. Januar 1920, als sie aus dem Baltikum in Berlin ankam und Tucholsky nicht auf dem Bahnhof war, um sie abzuholen. Als sie zu ihm in die Wohnung fuhr, war er gerade im Begriff wegzufahren, wie er ihr sagte. Ihre Unterkunft an ihrem ersten Berlintag nach langen Monaten der Trennung und der ständigen Rufe Tucholskys »Komm her! Komm her!« war irgendeine Pension im kalten Berlin. Das war nun ihr Wiedersehen, auf das sie zwei Jahre in Liebe gewartet hatte. Im Band der Briefe an Mary Tucholsky ist dieses deprimierende Erlebnis vom Januar 1920 überbrückt mit dem Abdruck eines Begrüßungsgedichts *Für Meli*: »Da ist die Stadt. Und da bin ich. Wir warten. / Tritt nur herein / in diesen großen, bunten Zaubergarten – / denn wir sind dein.«

Mary und Kurt Tucholsky
vor ihrer Trennung in Paris

Aus den Briefen, die im ersten Halbjahr 1927 zwischen Paris und Berlin hin und her gingen, läßt sich klar ersehen, daß alles, was das Berufliche und Private betraf, in der Schwebe war. Er hatte in Berlin eine Frau kennengelernt, mit der er sich des öfteren traf. Es war die Journalistin Lisa Matthias, geschiedene Frau des Journalisten und *Weltbühnen*-Autors Leo Matthias, Mutter zweier Kinder. Für Mary Tucholsky bereitete sich eine große Enttäuschung vor.

Lisa Matthias und Kurt Tucholsky waren sich das erstemal auf einem Künstlerball Ende Januar 1927 im Restaurant Schlichter begegnet. Lisa, die mit einigen Freunden daran teilnahm, notierte in ihr Tagebuch: »Die ganze Prominenz war da: Bert Brecht, Toller, Burschell, George Grosz, Herzfelde, Huelsenbeck, Xaver Schaffgotsch usw., u. a. auch der von mir sehr geliebte Peter Panter alias Kurt Tucholsky. Er ist ein reizender Kerl. Furchtbar vergnügt und beinahe zu witzig. Dabei begeisterter Berliner. Er hat einen gut aussehenden Kopf, ist ein bißchen zu dick im ganzen. Er hatte sich in mich verliebt. Ich finde ihn reizend.«

Die Sympathie war gegenseitig, aus der Bekanntschaft wurde eine Beziehung, die mehrere Jahre anhielt. Lisa Matthias ist das »Lottchen« seiner amüsanten Feuilleton-Serie, sie erscheint als »Prinzessin« in *Schloß Gripsholm* und in der kleinen Dichtung *Das Wirtshaus im Spessart.* In der Beredsamkeit wurde sie von keiner Claire übertroffen. Vom Lebensstil her war sie das, was man die emanzipierte Berlinerin der zwanziger Jahre nannte, wirtschaftlich unabhängig und damit vollkommen frei in ihren erotischen Beziehungen. Er nannte sie »Lottchen«, sie ihn »Daddy«. Hasenclever, der ihr nicht gewogen war, schaute mit Antipathie auf »diesen weiblichen Wendriner«, Freund Karlchen dagegen schrieb ihr reizende Briefe.

In Lottchens Sechszimmerwohnung war jede Woche ein großer Treff mit interessanten Leuten, die auch für Tucholsky anregend waren. Zu Lisas Freunden gehörten der Dirigent Erich Kleiber, der Musikkritiker Hans H. Stuckenschmidt und der Schriftsteller Richard Huelsenbeck.

Tucholsky wußte zu dieser Zeit nicht, wie er die Probleme seines privaten Lebens lösen sollte. Vorläufig wollte er nichts zur Veränderung der bestehenden Situation unternehmen, schon gar keine übereilten Schritte, und er bat auch Mary darum, alles in Ruhe zu überlegen. Die Rückkehr nach Paris im Herbst 1927 machte ihm die Situation nicht leichter, zumal noch andere Sorgen hinzukamen. Mit der Redaktion der *Weltbühne* war er unzufrieden. Es gab Klagen. Morus, der führende wirtschaftspolitische Mitarbeiter, war deswegen schon zu ihm nach Dänemark gekommen, um sich mit ihm auszusprechen. Der redaktionelle Arbeitsstil unter Carl von Ossietzky sagte der alten *Weltbühnen*-Mannschaft nicht zu. Wie Eggebrecht, Mehring und Hiller vermißte auch Tucholsky die Inspirationen, die tiefe persönliche Beziehung, wie sie zwischen Jacobsohn und seinen engeren Mitarbeitern bestanden hatte. Das familiäre Klima fehlte und damit ein emotionell belebendes Element der Arbeit. Wie die anderen Autoren, so mußte sich auch Tucholsky mit dem Tatbestand abfinden, daß Carl von Ossietzky ein Mann völlig anderer

»Lottchen«, Lisa Matthias, am Wannsee 1928

Wesensart war, der seine Vorzüge hatte, dessen Stärke aber nicht das Schwungvolle, Ausstrahlende, Mitreißende im Umgang mit Autoren war. Alles war sachlicher, nüchterner geworden.

Eine weitere Belastung kündigte sich an. Die Schmerzen, die Tucholsky seit einiger Zeit in der Stirn- und im Nasenbereich hatte, gingen nicht mehr zurück. Fürs neue Jahr hatte er sich vorgenommen, sich in Berlin gründlich untersuchen zu lassen, vielleicht einen längeren Urlaub zu machen und eine Kur ins Auge zu fassen.

Kapitel **VII**

»ICH WILL WEITERGEHEN«

Wenn Tucholsky nach Berlin fuhr – und solche Reisen machten sich beruflich in gewissem Turnus notwendig –, benutzte er den Schnellzug Paris – Berlin mit Schlafwagen, entweder den Nordexpreß, manchmal auch den Luxuszug Berlin – Paris, der nur erste und zweite Klasse hatte und entsprechend teurer war. Endstation für ihn war in jedem Fall Stadtbahnhof Berlin-Charlottenburg. Hier stieg er aus.

Auch Anfang 1928, der Kalender zeigte den 17. Januar, kam er wieder für einige Tage nach Berlin. Vom Bahnhof nahm er eine Autodroschke und ließ sich in die Haberlandstraße 13 fahren.

Die Fahrt dauerte weniger als eine Viertelstunde. Die Haushaltshilfe, die ihn freundlich willkommen hieß, entschuldigte Frau Matthias, die noch bei Ullstein war, und führte ihn in sein Zimmer, wo schon ein Berg Post von der Redaktion auf ihn wartete.

Es war das Zimmer, in dem Tucholsky genau vor einem Jahr nach einem Ball mit Lisa Matthias zum ersten Male zusammengesessen hatte. In ihrer typisch berlinischen Art zu reden und zu spotten, dabei aber sehr umsichtig in der Fürsorge für »Daddy«, hatte sie das Talent, ihn drückende persönliche Sorgen vergessen zu lassen. Den kleinen Ausflug mit ihr in den Spessart und nach Hamburg im vergangenen Herbst hatte er als wohltuend und anregend empfunden. Er schätzte ihr ausgeglichenes Wesen, ihren schlagfertigen Humor und daß sie lebhaft, resolut und dabei sehr natürlich war. Ihre journalistische Arbeit für Ullstein, ihr Faible fürs Autofahren und für Schlager-Grammophonplatten gaben ihr das Flair einer modernen Frau. Lisa schien nicht mehr auf die »große Liebe« eingestellt, lachte indessen gern, war völlig unsentimental, versiert in der Führung eines Haushalts und erfahren im Umgang mit Männern. Bei »Lottchen« zu wohnen schien Tucholsky für die zwei Wochen, die er in Berlin zu tun hatte, weit angenehmer als in einem langweiligen Hotelzimmer.

Vorgenommen hatte er sich für die kurze Zeit seines Besuchs ziemlich viel. Am folgenden Morgen wollte er zuerst zu Dr. Friedmann, seinem Arzt, gehen, bei dem er sich von Paris aus angemeldet hatte. Mit Frau Jacobsohn war zu sprechen, ebenso mit Ossietzky, dessen Konzeption der letzten *Weltbühnen*-Hefte ihm nicht so recht gefallen hatte. Wichtig war auch ein Gespräch mit Rowohlt, um zu erfahren, wie *5 PS* ging, wann etwa der zweite Sammelband folgen sollte und wie es mit dem Vorschlag stand, noch mal so etwas Ähnliches wie *Rheinsberg* zu schreiben. Er nahm sich vor, diesmal unbedingt mit Rowohlt darüber zu reden.

Was stand noch an? Ein Termin im Hause Ullstein, wo über die weitere Mitarbeit an den Zeitschriften zu beraten war, und zwar mit dem Leiter dieser Abteilung, Korff, und dessen Stellvertreter Szafranski. Wenig angenehm war auch, daß er diesmal mit seiner ersten Frau, Else Weil, reden mußte wegen der monatlichen Unterhaltsbeihilfen. Auch die Tanten wären kurz zu besuchen und eventuell ein Zahnarzt zu konsultieren. Für den Abend hatte er sich vorgenommen, vielleicht in die Scala zu Jack Hylton zu gehen, dessen Gastspiel in der *Vossischen* angezeigt war. Er durfte auch nicht vergessen, an Mary nach Paris zu schreiben – mit einem Hotel als Absender und dem Hinweis, es sei zu teuer und zu abgelegen, er werde nochmals umziehen müssen und erbäte Antwortbriefe via *Weltbühne* wie üblich. Ein volles Programm! Zum Schreiben würde er kaum kommen.

Dr. Friedmann, Frau Jacobsohn, Ossietzky, Rowohlt, Kino, Scala, Ullstein, die Tanten, der Zahnarzt, Jack Hylton ... kaum zu schaffen! Wichtig war erst einmal die Post. Von der *Weltbühne* herübergeschickt, lag sie vor ihm auf dem Tisch. Er hatte sie wegen der Reise nicht nach Paris senden lassen, und so war es ein ganz ansehnlicher Packen geworden: Karten, Streifbandsendungen, Drucksachen, Briefe. Er begann sich eins nach dem anderen vorzunehmen. Als erstes ein kleines Päckchen aus Danzig mit einem Brief und einer hübsch eingewickelten Schachtel.

»Sehr verehrter Herr Tucholsky! Eben sehen wir mit Freude im Kalender ›Das Neue Deutschland‹, daß Sie morgen Geburtstag haben, und nun dürfen wir Ihnen doch in herzlicher Verehrung alles Gute wünschen. Wir erlauben uns, ein Päckchen Marzipan mitzusenden, das Beste an Königsberg und geadelt durch die Sendung des Magistrats zu Hindenburgs Achtzigstem. Mit Dank für alle ›5 PS‹ von

›Rheinsberg‹ bis zur letzten ›Weltbühne‹! – Walter und Hedwig Loose.«

Sein Geburtstag am 9. Januar war in dem Drang, noch Manuskripte für Berlin fertigzumachen, fast untergegangen.

Der nächste Brief: schwungvolle Frauenhandschrift aus München. Eine Leserzuschrift, volle vier Seiten in Reimen, ein weiterer Geburtstagsgruß.

Lieber Peter Panter!
Altbekannter! Vielgenannter!
Nämlich bei uns im Familienkreis,
wo man Chuzpe zu schätzen weiß.
Aber ein Vetter und ich,
wir stritten fürchterlich,
Hauser, wie alt Sie sind.
Nicht mehr ein lallendes Kind,
noch kein zahnloser Greis –
Aber dazwischen – wer weiß?

Den Rest überflog er sicher schmunzelnd. Wieviel Mühe sich doch die Leute gaben, ihm sein Geburtsjahr zu entlokken, obwohl es doch im Kalender der Friedensbewegung veröffentlicht war.

Dann lag da eine Karte, fünffach adressiert an Peter Panter, Ignaz Wrobel, Kaspar Hauser, Theobald Tiger und Kurt Tucholsky. Die Absenderin, Frau Michaelson, *Weltbühnen*-Leserin, sagte ihm zum Geburtstag mit wenigen Zeilen Dank, daß er dem vor einem Jahr verstorbenen Freund Siegfried Jacobsohn »über den Tod hinaus Treue und Gefolgschaft bewahrt« habe. Hatte er das wirklich? Ihn plagten mitunter tiefe Zweifel. Hätte er nicht doch das Redaktionszimmer ganz zu seiner Welt machen sollen? War es richtig, sich für die Ungebundenheit der literarischen Arbeit zu entscheiden?

Der nächste Brief kam aus Berlin-Wilmersdorf. Die gleichmäßig ruhigen Schriftzüge erkannte er sofort als die seines alten Lehrers, der ihn extern auf das Abitur vorbereitet hatte. Studienrat Dr. Willy Krassmöller war ihm über die Jahre ein väterlicher Freund geworden. Schon aus den ersten Zeilen klang die Freude, die er seinem Lehrer mit dem kurz vor Weihnachten übersandten neuen Rowohlt-Band *Mit 5 PS* gemacht hatte. »Die Lektüre Deines neuen Buches beschäftigte mich volle zwei Tage; jetzt ist es in den Händen eines 24jährigen Schülers (Graf Werner von der Schulenburg) von mir, der sich schon seit Jahren für Deine Arbeiten interessiert... Du weißt, lieber Kurt«, so schloß der Brief, »daß ich immer gern etwas von Dir höre. Ich verfolge ja stets Deine Gedanken in der ›Weltbühne‹, aber diese Art der Mitteilung ist nur einseitig, und daher raffe Dich einmal auf, mir zu sagen, wo Du jetzt steckst, das andere werde ich schon besorgen.«

Das nächste Schriftstück war eine offizielle Einladung zur Januartagung des Republikanischen Reichsbundes, Landesverband Nordostdeutschland, dessen Mitglied er seit Gründung war. Leider war der Veranstaltungstermin schon vorbei. Seit er in Paris lebte, hatte er an den Jahresauftaktkundgebungen dieser Vereinigung radikaler bürgerlicher Demokraten nicht mehr teilnehmen können.

Eine etwas dickere Drucksache enthielt eine Broschüre von Otto Lehmann-Rußbüldt, *Der Kampf der Deutschen Liga für Menschenrechte (vormals Bund Neues Vaterland) für den Weltfrieden 1914–1927*. Die Denkschrift dokumentierte die Initiativen der Liga im Kampf gegen die monarchistisch-nationalistische Reaktion, gegen die Judenhetze, für die deutsch-russische und deutsch-polnische Verständigung sowie für die Kontakte zur französischen Friedensbewegung. Auf der ersten Seite der Schrift fand sich eine Widmung an Dr. Robert Kuczynski, einem der Aktivisten der Liga. Ausführlich verzeichnet waren alle Organisationsgremien der Liga, einschließlich Vorstand und Beirat, der Vorstand in folgender Zusammensetzung:

von Aster, Gießen	Lehmann-Rußbüldt, Berlin
Danziger, Berlin	Levinthal, Berlin
Gumbel, Heidelberg	von Schoenaich, Reinfeld
Holitscher, Berlin	Tucholsky, Paris
Kuczynski, Berlin	Graf Wedel, Dresden

Das Blättern in der Broschüre mag ihm seine Verpflichtungen in Erinnerung gebracht haben: Welche Sitzungen und Tagungen waren dieses Jahr vorgesehen? Er mußte unbedingt Kurt Großmann, den Geschäftsführer der Liga, in seinem Büro am Monbijouplatz anrufen und Pariser und Berliner Termine koordinieren!

Was sonst noch vorlag, waren Leserzuschriften: eine Karte aus Elberfeld von drei *Weltbühnen*-Lesern, die ihm ebenfalls herzliche Glückwünsche zu seinem achtunddreißigsten Geburtstag übermittelten und aufmunternd schlossen: »Auf ein neues Kampfjahr!« Ein Brief aus Wien war noch dabei. Einen Moment war er sicher irritiert von der ungewöhnlichen Form des Briefes, zweispaltig angelegt. Die Schreiberin, Karoline Decker aus dem XIX. Wiener Bezirk, wählte diese Form, um sich nach dem Muster Tucholskys vorzustellen als eine Frau, die

Berlin	haßt	und den geistigen Magnetismus Berlins, den Sie mitschaffen,	liebt
die Politik	haßt	und Ihre politische Einstellung	liebt
die Literatur	haßt	und gutes Deutsch	liebt
das süddeutsche Verwesungsprodukt »Talent«	haßt	und wirkliche, ehrliche Begabung	liebt
die Elitemenschen, die sich einer Phrase an den Hals werfen,	haßt	und den Vertilger solcher Menschen	liebt
das Dringende	haßt	und alle, die das Wichtige dem Dringenden vorziehen,	liebt
jeden bleiernen Esel, der sich bitter ernst nimmt,	haßt	und den, der seine Arbeit ernst nimmt und doch amüsant, sogar hinreißend amüsant ist,	liebt

Das war ein Kompliment! Doch seit *Rheinsberg* war er Post von »dschungen Damen« gewöhnt – verwundert mag er allerdings gewesen sein, daß es so schnell ein Leserecho auf sein *Bekenntnis* gab, das die *Vossische Zeitung* ja erst am 1. Januar in ihrer Beilage *Zeitbilder* abgedruckt hatte. Die Redaktion hatte ihn, Roda Roda, Walter Mehring, Mynona, Alfred Polgar, Egon Friedell und einige andere aufgefordert, für die Neujahrsausgabe etwas über sich zu schreiben. Er hatte kurz und originell und für die *Voss* eigentlich recht politisch geantwortet: »Kurt Tucholsky haßt: das Militär, die Vereinsmeierei, Rosenkohl, den Mann, der immer in der Bahn die Zeitung mitliest, Lärm und Geräusch, ›Deutschland‹. Er liebt: Knut Hamsun, jeden tapfern Friedenssoldaten, schön gespitzte Bleistifte, Kampf, die Haarfarbe der Frau, die er gerade liebt, Deutschland.«

Dieser Steckbrief war mit Bild von ihm erschienen, darunter in Versalien sein Name und die vier Pseudonyme. Nun kam aus Wien schon das Echo darauf – aber es würde sicher nicht bei solch liebevoll-freundlichen Zeilen bleiben. Die Unterscheidung zwischen dem einen und dem anderen Deutschland würde seine Feinde wieder mobilisieren, und dann mußte er mit anonymen Zuschriften rechnen, die eine andere Tonart anschlugen, so wie im Januar 1919, als man ihn beschimpfte als »Vaterlandsverräter« und »alter Mistjude«, mit Drohungen, es ihm demnächst »zu besorgen«.

Der Rest der Post betraf Klagen über die unzureichende Förderung des journalistischen Nachwuchses. An der Gleichgültigkeit gegenüber jungen Talenten hatte sich seit den Tagen, da er als junger Mann für den *Vorwärts* tätig war, nichts, aber auch gar nichts geändert. Er hatte darüber einen Artikel in der *Weltbühne* geschrieben und wollte nun mit Ossietzky reden, um das Thema »journalistischer Nachwuchs« noch einmal aufzugreifen. Die Zuschriften von journalistisch begabten jungen Leuten, daß sich um sie niemand kümmere und daß sie viel zu wenig Freunde und Berater unter den Alten hätten, »zu wenige Persönlichkeiten, die sie vom menschlichen und geistigen Standpunkt als Führer anerkennen können«, wie Paul Siegmann aus Neumünster klagte, erinnerten Tucholsky gewiß an die Zeit, als er seine ersten Arbeiten zum *Vorwärts* trug. Zwar hatte man seine Manuskripte dort genommen und abgedruckt, von systematischer, persönlicher Förderung war aber keine Spur. Er konnte die Sorgen dieser Jungen gut verstehen.

Aber, was sollte er alles machen! Seine Kräfte waren nicht

unerschöpfbar, und er mochte sich gesehnt haben, einmal richtig ausruhen zu können von allem, ein einziges Mal, wie schön müßte das sein! An diesem Tag jedenfalls wollte er an niemanden mehr schreiben, mit keinem telefonieren.

Vierzehn anstrengende Tage in Berlin – mit und ohne Lottchen – hatten ihren Anfang genommen, und so turbulent, wie das Jahr 1928 im Januar begann, sollte es auch ablaufen. Auf Anraten seines Arztes Dr. Friedmann entschloß sich Tucholsky, den Februar in Südfrankreich zu verbringen, um seine chronische Hals- und Rachenentzündung, eine Folge seiner Erkältungsanfälligkeit, auszukurieren. An der Riviera in Cap Ferrat/Nice machte er mehrere Wochen Genesungspause. Im März fuhr er zurück nach Paris und von da im Mai wieder nach Berlin. Die beiden folgenden Monate verbrachte er in Dresden, wo er im Sanatorium am Königspark seine Gesundheit zu stabilisieren hoffte. Dort hatte er sich, dem Rat von Freunden folgend, zur Kur angemeldet. Gesund hatte er sich das ganze erste Halbjahr nicht gefühlt, selbst Mitte Mai »pipte« der Hals wieder so stark, daß er auf einer Reise den Arzt aufsuchen mußte. In seinen Briefen ist ständig die Rede davon, daß er sich nicht fühlt. Freundin

92

Tucholsky traf hier im Juni 1928
als Kurgast ein

Lisa Matthias bestätigt seinen labilen Gesundheitszustand. Sie fand ihn bei einem Besuch Mitte Mai in Paris in einer physisch und psychisch schlechten Verfassung vor.

In Dresden konnte man trotz gründlicher Untersuchung nichts finden, es gab keinen Hinweis auf ein organisches Leiden. Die Nerven waren schuld und ein allgemeiner Erschöpfungszustand. Patient im Sanatorium von Dr. Weidner am Königspark zu sein, das hieß für Tucholsky eine strikte Umstellung seiner Lebens- und Ernährungsweise. Eine Abwechslung waren für ihn kleine Ausflüge nach Dresden, über das er höchst lakonisch befindet: »Sehr hübsch – die Leute säcksch, aber die Stadt hat wunderschönes Barock, und stellenweise ist sie großartig.« Von der Liegeterrasse des Sanatoriums aus konnte er von den bewaldeten Loschwitzer Höhen weithin über die Elbe hinweg auf das Panorama der Kunststadt Dresden blicken, wie es Canaletto einst gemalt hatte. An klaren Tagen ging die Fernsicht bis hinauf zu den blauen Höhenzügen des Erzgebirges.

Noch gegen Ende der Kur klagte er in Briefen an seine Frau über Übelkeit, Kopfschmerzen und schlechte Laune. Erst Anfang Juli, offensichtlich mit Blick auf die Abreise, ging es ihm besser, obwohl er seinen nach wie vor labilen Zustand mit den Worten diagnostiziert: »Ist müde und hat Manneskrise.« Er wisse ziemlich genau, was ihm fehle – es sei sehr übel, weil er kein Geld habe, »um zu schweigen und immer zu schweigen«. Wieder einmal hat er das Gefühl, daß es so, wie er lebt, nicht weitergehen kann: ständig liefern müssen, angekettet zu sein an Termine, Verpflichtungen, Verträge, die ihn letzten Endes doch ins Joch zwingen. Aber wie sollte er das jemals ändern?

Das letzte Jahr in Paris

Im Frühjahr 1928 wurden es vier Jahre, daß Tucholsky, von einigen Unterbrechungen abgesehen, in Paris ansässig war. Hier hatte er seine Arbeit getan, als Korrespondent und Betrachter des französischen Lebens Woche für Woche seine Redaktionen mit Artikeln beliefert, anfänglich voller Begeisterung und Bewunderung für das Land und seine Menschen. Überwiegend waren die Jahre in Paris eine Zeit des Lernens und Beobachtens gewesen. Mit der intensiveren Kenntnis des Landes wandelte sich aber seine Betrachtungsweise. Er sah auch die andere Seite Frankreichs, das bürgerliche Staatswesen, das sich ihm als »plutokratische Republik« präsentierte, und die kritische Haltung, die er dazu einnahm, ließ ihn die klassenmäßigen Schichtungen deutlicher empfinden als am Anfang.

Frankreich hatte sich ihm nur allmählich erschlossen; je länger er dort wohnte, um so weniger glaubte er zu wissen. Im Juli 1928 hielt er den Zeitpunkt für gekommen, eine Bilanz seines Frankreichaufenthalts zu ziehen. Er schrieb für die *Vossische Zeitung* den sehr poetischen Aufsatz *Der Ruf auf der Straße*. Lange habe er »nur gesehen«, meinte er darin, aber das Land »nicht verstanden«. Die Rufe der Straßenhändler, die mit ihrem melodischen Singsang morgens beim Rasieren sein Ohr erreichten, die hätte er zwar immer gehört, aber es seien bloße Vokabeln gewesen, nicht mehr. Diese Laute hätten erst nach Jahren für ihn einen Sinn bekommen, und von diesem Moment an habe er das Land eigentlich erst verstanden.

Der Laut als akustisches Zeichen war ihm zur Mitteilung geworden. »Und von mir lösten sich in diesem Augenblick Schleier und Bande, ich hörte und sah, und das Land war auf einmal neu. Ich stand wie auf einem Hügel und sah auf das herab, was ich mir erobert hatte. Es war so mühsam gewesen.« Und nun, nach vier Jahren, sei er noch immer und noch lange nicht am Ende seines Weges.

»Ich stehe nach vier Jahren – auf einer kleinen Anhöhe, hinter mir liegen einige bezwungene Täler, und ich will weitergehen, auf eine weite Wanderung.«

Wegsteine dieser Wanderung sind fast alle Aufsätze, die er 1928 und 1929 noch zur Thematik seines Gastlandes schrieb. Die Zeit der intensiven Auseinandersetzung mit dem Nachbarland war jetzt zwar vorbei, er blieb aber weiter darum bemüht, dem deutschen Leser französisches Wesen verständlich zu machen, wie es nur dem möglich ist, der das, was er schreibt, ganz erfühlt und von innen her versteht. Man kann sagen, daß die Kultur Frankreichs der Schreibkunst Tucholskys in den vier Jahren manchen Impuls verliehen hat, was die clarté, das Klare, den Glanz und die Noblesse betrifft. Es war längst nicht mehr der Berliner »journaliste«, sondern Monsieur Tucholsky, der 1928 zur Versteigerung alten Burgunders nach Beaune fuhr, um den Lesern zu Hause darüber zu berichten, so voller Leben, daß auch sie das Gefühl hatten, dabeizusein. Man sieht in Tucholskys Beschreibung die zufriedenen Händler des Weins jener Landschaft vor sich. Sie versteigern die Fässer, die Kenner kosten und bieten – auch Tucholsky spricht dem Beaujolais zu –, bis eine Grande Réserve des Jahrgangs 1919 erscheint und auch die größten Kenner verstummen läßt. »Das war kein Wein mehr, das war Sonne und der ganze Garten Frankreichs. Dieses Glas wollte getrunken sein.« Was für ein schöner Tag! »Es riecht nach Wein und weingetränktem Holz, die Glatzen glänzen, der freundliche alte Bürgermeister spricht den Käufern ihre Fässer zu, die Schreiber schreiben... Und wieder einmal ist zu sehen, daß Paris nicht Frankreich ist, und seine Fremdenviertel schon gar nicht. In den sanftblauen Spätherbsthimmel klingelt die Turmuhr, ein braunes Licht liegt über diesem Garten Gottes, und wie schön müßte es sein, mit diesem Lande dauernd in Frieden zu leben!«

Seit Juli 1926 regierte in dem Land der guten Weine wiederum Poincaré, ein rechtsstehender Politiker, der von 1922 bis 1924 schon einmal Ministerpräsident gewesen war. Gegen ihn konzentrierten sich die chauvinistischen Parolen und Angriffe der deutschen Nationalisten, die in ihm nur den Exponenten einer deutschfeindlichen Politik sahen. In einem Interview mit Poincaré nach den französischen Nationalratswahlen vom April 1928 warnte Tucholsky davor, in diesem altgedienten französischen Politiker nur den Feind zu sehen; er war vielmehr der Ansicht, die deutsche Politik solle sich bemühen, trotz der nationalistischen Gesinnung Poincarés, Ansätze für eine »gesunde Realpolitik« zu finden, und empfahl: »Man muß mit den Männern rechnen, wie *sie sind,* nicht, wie wir sie uns wünschen.« Es ging ihm mit diesem Aufsatz, *Poincaré spricht,* darum, daß endlich ein Schritt »zur gedeihlichen Zusammenarbeit der beiden benachbarten Völker« getan wird.

So nüchtern, wie Tucholsky die Politik Frankreichs betrachtete, sowohl die von Herriot wie die von Poincaré, sah er

93
94

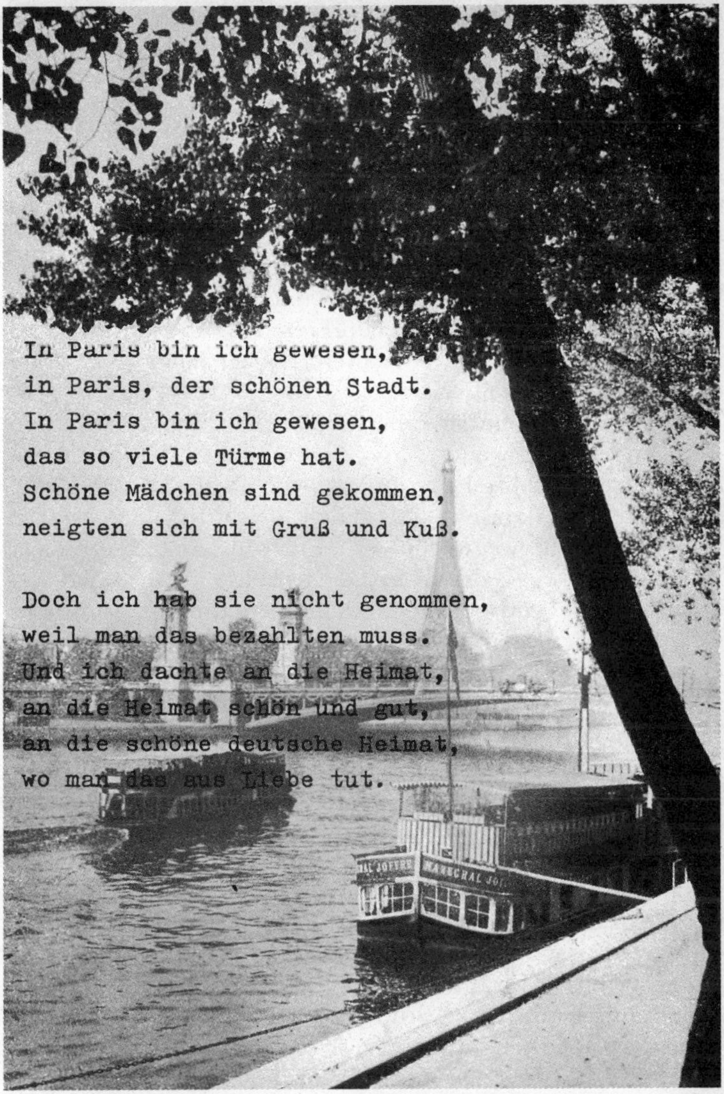

Auf die Melodie der Marseillaise entstand für Kate Kühl ein heiteres Liedchen. Typoskript aus dem Nachlaß

auch die sozialen Strukturen. 1925 schon waren ihm die »spießigen, kleinlichen und pfennigsuchenden Züge« am französischen Bürgertum aufgefallen, auch mißfiel ihm die Unfreundlichkeit der Behörden und die Überheblichkeit im Auftreten der Militärs. Kritisch wurde er jetzt ebenfalls gegen die großen bürgerlichen Tageszeitungen, deren geschmeidig-leichter Stil ihm anfangs so imponiert hatte. Es waren die gleichen Zeitungen, die wesentlichen Anteil am Sturz der linken Regierung Herriot hatten. Mit ihrer latenten Hetze gegen die Kommunisten und ihren von Zeit zu Zeit entfesselten »wilden Wogen von Fremdenhaß«, der sich vornehmlich gegen Deutsche richtete, war er nicht einverstanden und schrieb es auch.

Was Tucholsky in der Einschätzung der inneren Situation des Landes nicht weniger Sorge machte, war die Frage, wie sich Frankreich im Falle einer fortgeschrittenen ökonomischen Krise zu den seit 1926 in der Öffentlichkeit spürbaren faschistischen Bewegungen verhalten würde. 1926 sprach er in der Beurteilung des französischen Faschismus noch von »einer vorwiegend geistigen Sache«, erkannte aber die Gefahr, daß der Bankrott des bürgerlichen Parlamentarismus eine Situation heraufbeschwören könne, die es dem französischen, ja dem Faschismus in Europa leicht mache, »jede gewünschte Popularität zu erringen«.

Die beiden wichtigsten Artikel zu diesem Thema heißen *Faschismus in Frankreich –?* und *Königsmacher in der Bretagne*. Er meinte einerseits, intellektuelles Niveau darin erkennen zu können, wenn solche Gruppierungen wie die Jeunesses Patriotes berechtigte Kritik am Parlamentarismus übten, andererseits erinnerte ihn aber gerade die Radaupraxis der Action Française, der größten Gruppe der faschistischen Bewegung, in ihrer Brutalität und Feigheit an das »Niveau mancher hannoveranischer Studenten« und das Auftreten der deutschen Rechten. Seine vage Hoffnung aus der Sicht von 1925 war, daß der Faschismus »in diesem echt demokratischen Volke hoffentlich keinen Schaden anrichten« werde.

Die kritische Distanz in der Beschäftigung mit der französischen Politik, wie sie im ersten Halbjahr 1927 in Tucholskys Artikeln für die *Weltbühne* und die *Vossische Zeitung* stärker in Erscheinung trat, änderte nichts an seiner Verbundenheit mit den Menschen des Landes und an seiner Haltung gegenüber dem französischen Volk. In seinem Urteil stützte er sich gerade auf die Meinung der »kleinen Leute«, von denen er anerkennend sagte, daß sie in den Fragen der großen Politik einen gesunden Menschenverstand aufwiesen, der ganz erstaunlich sei.

Frankreichs Zukunft und das deutsch-französische Verhältnis bewegten ihn auch in den Jahren noch, als er nicht mehr in Paris wohnte, und zwar weit mehr, als in seinem Werk erkennbar ist. Im Arnold-Zweig-Archiv der Akademie der Künste der DDR ist ein Skript mit Auszügen aus Tucholsky-Briefen an Josef Friedrich Matthes, einen ehemaligen Führer der rheinischen Separatisten, erhalten. Tucholsky kannte Matthes aus Paris und war für ihn öffentlich in der *Weltbühne* eingetreten, als diesem trotz Amnestie der Paß verweigert wurde, während flüchtigen Rechtsextremen die diplomatischen Vertretungen des Reichs stets hilfreich zur Seite standen. Matthes gegenüber teilte Tucholsky im März 1930 angesichts des nationalsozialistischen Vormarsches und der verdeckten Rüstungen seine tiefe Besorgnis hinsichtlich eines Revanchekrieges gegen Frankreich mit: »Sie wollen Frankreich an den Kragen.« Seine Ängste und Befürchtungen, die den Ablauf der kommenden Entwicklung sehr exakt prognostizierten, faßte er in den Worten zusammen: »Ich fürchte für Frankreich, dem ich meine besten Jahre verdanke. Sie wissen, daß ich nichts ›will‹ – ich will nicht einmal jemand denunzieren. Ich will nur meiner ungeheueren Furcht Ausdruck geben, der Furcht, daß sich Frankreich trotz der ›nationalistischen‹ Politik Tardieus wiederum dupieren läßt. Das Deutschland, das heute da ist, ist schon mit Vorsicht zu genießen. Was dann aber kommt, ist tausendmal schlimmer, tausendmal verderblicher für Frankreich, als es der Kaiser jemals gewesen ist. Der war nämlich ein Scharlatan, ein innerlich feiger Mensch, ein Unsicherer. Diese da sind kalt, eiskalt – ganz bewußt –, echte Verbrechernaturen... Sie wollen den Krieg. Mehr: Sie wollen die Auslöschung Frankreichs und die Unterjochung Mitteleuropas. Es wäre schrecklich, wenn Frankreich auf die Losung ›Deutschland, ein Hort gegen den Bolschewismus‹ hereinfiele.«

Ob Matthes diesen Brief französischen Politikern wie Herriot oder Briand, die die Meinung Tucholskys geschätzt haben sollen, vorgelegt hat, wie Tucholsky es ihm freistellte, muß offenbleiben. Seine Warnungen erfüllten nicht ihren Zweck. Hitlers Diplomatie und Propaganda vermochten nach 1933 Frankreichs Politiker lange Zeit wirkungsvoll zu täuschen.

Im letzten Jahr seines Frankreichaufenthaltes begann Tucholsky wieder, sich ein spezielles Arbeitsheft zuzulegen, in das er sprachlich originelle Redensarten und witzige Formulierungen, auch Zitate aus Büchern eintrug, die ihm gefielen und die er vor allem für die Arbeit gebrauchen konnte. Notizhefte solcher Art existierten zwar noch aus seinen Jugendjahren, gut die Hälfte der Seiten darin war leer, er wollte aber etwas Neues beginnen. Er kaufte sich in Paris ein liniertes Diarium für »Unreines«, wie er auf den Deckel schrieb – innen stand dann das Wort »Sudelbuch«, und diese von Lichtenberg übernommene Bezeichnung gab dem Arbeitsheft schließlich den endgültigen Namen. Bemerkenswert an diesem Buch sind die Sprüche, die er auf den Pappdeckelinnenseiten vorn und hinten eintrug. Für ihn sind sie so etwas wie Lebenssprüche gewesen. Vorn stand die französische Redensart »Et après? – Na und?«, von der er in einem *Voss*-Feuilleton

95

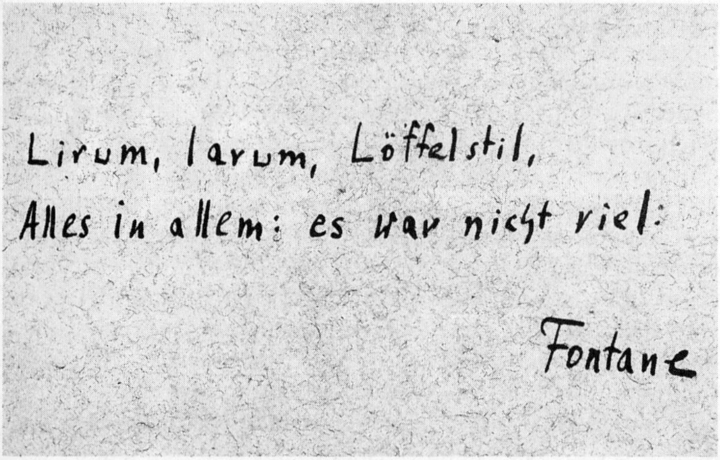

Ein Leitspruch aus dem Sudelbuch

George Courteline, der französische Komödiendichter, gehörte zu Tucholskys Lieblingsautoren

beglückt feststellte, daß es auch der Lieblingsspruch des von ihm so geschätzten französischen Schriftstellers Georges Courteline war. »Nie wird mir einer glauben, daß dieselben Worte, genau dieselben Worte, seit Jahren in meinem Arbeitsbuch stehn, vorn auf der ersten Seite. Ihr ganzes Wesen ist darin, Courteline, genau das, weshalb wir Sie lieben. Es sind nur zwei Worte und eine ganze Welt.«

Eine ganze Welt umfaßte auch der Spruch »Lirum, larum, Löffelstiel. / Alles in allem: es war nicht viel.« Diese beiden Zeilen aus einem Altersgedicht Fontanes, geprägt aus märkisch-preußischer Lebens- und Geisteshaltung, finden sich am Schluß des Sudelbuches, gegenüber der so oft abgebildeten tucholskyschen Treppe aus den drei Worten »Sprechen – Schreiben – Schweigen«, einer Variante des Schopenhauerspruchs »Hören – Sehen – Schweigen«. Immer wieder wird diese »Treppe« als Tucholskys letzte Lebensäußerung interpretiert, was keineswegs zutreffend ist, da er alle diese Sprüche schon hineingemalt hat, bevor er es für seine Bemerkungen benutzte. Man sieht das an der Schrift und der Farbe der Tinte. Erst die letzten Eintragungen des Sudelbuches sind wirklich Gedanken aus den letzten Lebenstagen, die das Thema des Sterbens berühren und, abschiednehmend, seiner zweiten Frau Mary gelten.

Sozusagen von Courteline, Fontane und Schopenhauer eingerahmt, findet sich in dem Notizheft eine Fülle von Bemerkungen, Aussprüchen und komischen Redensarten, wie sie ihm der Alltag und das Leben zutrugen. Daß Tucholsky, wenn er irgendwo eingeladen war, zuweilen ein Notizbuch hervorzog, in das er etwas eintrug, ist von verschiedenen Seiten aus seinem privaten und beruflichen Umkreis bestätigt worden. Wenn der Sprachwitz unmittelbar zu dichten begann oder Leute im Gespräch Bonmots von sich gaben, die Material für ihn waren, hielt er das auf der Stelle, frisch mit der originellen Pointe, fest, zum Beispiel: »Ich will keinen andern. Ich komme ja kaum mit dir aus!« Oder: »Liebst du mich?« – »Ja. Sonst wäre ich viel netter zu dir.« Oder: »Ich hätte mich für ihn zum Eierkuchen rollen lassen.«

In dieser Art sammelte Tucholsky auch Spracheigentümlichkeiten, die auf lustige Weise deutlich machen, wie zum Beispiel die Nordländer, Dänen und Schweden deutsch sprechen – für ihn »lehrreich und bezaubernd falsch«. Es gefiel ihm auch, wie jemand auf einen Kaufmann schimpfte: »Diese vergoldete Laus!« – oder die Wendung »Blasse Hosen vor Angst« – oder wenn eine Achtundneunzigjährige den Ausspruch tat: »Ich glaube, ich werde mal alt!« Für das Sudelbuch geeignet fand er auch Redensarten wie »Struggle for wife«, »Er hat sich eine Niederlage erstritten« oder »Wenn einer schon nicht fromm ist, dann sei er wenigstens skeptisch«.

Warum lacht die Mona Lisa?

Nach seiner Kur in Dresden-Loschwitz fuhr Tucholsky nach Schweden. Er wählte als Sommerdomizil diesmal den Küstenort Kivik, wo er zwei kleine Zimmer in einem Häuschen gemietet hatte. Sechs Wochen Sachsen lagen hinter ihm, er konnte nun wieder die Salzluft seiner geliebten Ostsee atmen. Die Gedanken ans Schreiben schob er noch weit weg, ihm war nach allem anderen, nur nicht nach Arbeit zumute. Schon in seinen Dresdner Briefen sprach er ständig von einem »seelischen Bandwurm«, der ihm zu schaffen mache, von Ermüdung und daß er zu nichts Lust habe. Er hoffte jetzt in der veränderten Umgebung seine innere Ruhe wiederzufinden. Das Meer, die Wälder, die Harmonie der Landschaft hatten ihn immer nach Hause geholt. Er konnte auf ihre Heilkraft vertrauen, schon nach einigen Tagen kamen Verse *Aus der Ferne* an die Redaktion:

> Mein Bett steht auf der menschenleeren Insel,
> und drum herum ein kleines Haus;
> bei mir ist Courteline, ein Seifenpinsel
> und nachts zur Unterhaltung eine Maus.

Er hatte seine Notizen zu einem beabsichtigten »Kolumbus«-Buch mitgenommen, ohne schon zu wissen, wie er dem Stoff beikommen sollte. Für einen parodistischen Roman brauchte er ein Jahr; die Zeit konnte er nicht aufbringen. Die tägliche Brotarbeit hieß *Vossische*, *AIZ* und *Weltbühne* – davon befreite ihn auch in Schweden keiner. Und er fand, daß es das beste wäre, in ein Kloster zu gehen. Aber während er schimpfte, weil Schimpfen nun mal, wie er sagte, eine Lebensnotwendigkeit sei wie Atmen, ging die Klebearbeit an seinem neuen Buch voran. Mit Rowohlt war er im Januar in Berlin übereingekommen, einen zweiten Band zusammenzustellen. Das Buch sollte *Das Lächeln der Mona Lisa* heißen und einen Schutzumschlag von Blix bekommen. »Der hat mal vor dem Kriege eine Mona Lisa hingelegt, daß ihm Mark Twain einen Brief dazu geschrieben hat, ein unglaublich schlampiges Weibsbild, die grient von einem Ohr zum anderen. Man muß lachen, wenn man das Bild nur ansieht.«

Rowohlt war mit dem vorgeschlagenen Titel sehr zufrieden. Als die Auflage von *5 PS* das zehnte Tausend erreichte, gab er den zweiten Band in Druck. Zum Jahresende 1928 lag das neue Buch mit dem Blix-Einband auf dem Tisch des Autors und des Verlags. Knapp dreihundertneunzig Seiten sind es geworden.

Wie und warum Lieschen lächelt und wie das Buch verstanden werden soll, ist leicht melancholisch, doch mit Witz und Laune im Einleitungsgedicht gesagt:

Du bist berühmt wie jener Turm von Pisa,
dein Lächeln gilt für Ironie.
Ja ... warum lacht die Mona Lisa?
Lacht sie über uns, wegen uns, trotz uns, mit uns,
gegen uns – oder wie –?

Du lehrst uns still, was zu geschehn hat.
Weil uns dein Bildnis, Lieschen, zeigt:
Wer viel von dieser Welt gesehn hat –
der lächelt,
legt die Hände auf den Bauch
und schweigt.

Die *Mona Lisa* kann man als den zweiten Band einer kleinen Werkausgabe ansehen, in Format, Umfang und Ausstattung den *5 PS* absolut gleich, nur daß Tucholsky diesmal nicht unter dem Gesichtspunkt eines Reiseführers gliedert, sondern die acht Buchstaben des Namens Mona Lisa benutzt, um daraus Zwischenüberschriften für die einzelnen Abschnitte zu basteln. Und diesen Spaß akzeptiert der Leser gern.

Wie *5 PS* enthält auch der zweite Band Prosa und Lyrik,

vorwiegend aus den letzten Jahren, ergänzt durch einzelne sehr frühe Arbeiten wie die glänzend geschriebene antimilitaristische Glosse aus dem *Vorwärts* von 1914, *Der Sadist der Landwehr*, und den *Brief an den Staatsanwalt* von 1922 aus der *Weltbühne*. Die literarischen Perlen hat er geschickt auf die einzelnen Gruppen aufgeteilt, wo sie gut zur Geltung kommen. Das Literaturkapitel des Bandes zum Beispiel bekam Glanz und Leben durch das großartige Porträt des Humoristen Otto Reutter und die achtzehn Seiten lange temperamentvolle Attacke auf den *Darmstädter Armleuchter* Graf Hermann Keyserling, mit der Tucholsky alle Halb- und Pseudophilosophen des zeitgenössischen Schrifttums, alle Dilettanten der Sprache und des Denkens, dem Gelächter preisgibt.

In einem anderen der acht Abschnitte erzählt er, »an preußischen Kaminen« sitzend, in heiterster Laune das Märchen *Bei Stadtzauberers*, in dem auch Zippi vorkommt. Doch dieser hier ist nicht aus Gummi und zum Aufblasen, sondern »ein kleiner sächsischer Teufel mit einem Holzkopf«, den der Herr Stadtzauberer zur Belustigung der Kinder geschaffen hat und der sich nun, in Smoking und weißem Hemd, allerhand herausnimmt. Er hat einen Tick für Fräuleins und führt den Dienstmädchen gegenüber anzüglich-alberne Reden: »Fräulein, pst! Sie – Fräulein! Es ist die häckschtä Eisenbahn!«

Das kleine, schon im ersten Weltkrieg verfaßte Märchen vom *Stadtzauberer* ist zusammen mit dem Porträt der Frau Zinschmann, der bekannten *Unpolitischen* aus dem Zille-Milieu, dem fröhlichen *Wirtshaus im Spessart* und der Satire über den Berliner Hund, der morgens um acht ins Geschäft geht, eines der amüsantesten Lesestücke des Bandes.

Die Zusammenarbeit mit Rowohlt regelte sich, wie bei den *5 PS*, nach einem zwischen beiden Partnern geschlossenen Verlagsvertrag. Tucholsky verpflichtet sich, das Manuskript bis zum 1. August 1928 druckfertig zu übergeben, und der Verlag Ernst Rowohlt, das Buch zweieinhalb Monate danach in den Handel zu bringen. So geschah es auch. Anfang November 1928 war das Buch da. Der Autor erhielt nach den allgemein geltenden Honorarbestimmungen für jedes verkaufte Exemplar fünfzehn Prozent des Ladenpreises. Dieser war für die Ausgabe kartoniert auf fünf und für die Ausgabe in Leinen gebunden auf sieben Mark fünfzig festgesetzt.

Rowohlt, damals mit Sitz in Berlin, ließ in Wittenberg bei Herrosé & Ziemsen die erste Auflage zu zehntausend Exemplaren drucken, was eine Spitzenauflage bedeutete. Der Autor erhielt bei Erscheinen des Buches das Honorar für jeweils tausend Exemplare vorausbezahlt; waren die ersten tausend verkauft, wurden die nächsten tausend voraushonoriert. Mit Unterzeichnung des Vertrages verpflichtete sich Tucholsky, für sein nächstes Werk, das er in Buchform zu veröffentlichen beabsichtigte, dem Rowohlt-Verlag das Vorkaufsrecht einzuräumen.

Das Echo auf das Buch war, wie erwartet, gut. Die *Neue Leipziger Zeitung* fand den Band »glänzend zusammengestellt und glänzend gemacht«. Das Berliner *8-Uhr-Abendblatt* meinte, der Autor habe »wieder mal ein ganz entzückendes Buch seiner ganz entzückenden Plaudereien gesammelt«, und der Kollege von der *Vossischen* urteilte: »Hier steht ein großer Menschenfreund als Humorist vor uns!«

Die beste Kritik zur *Mona Lisa* veröffentlichte ein Berliner Rezensent, Max Herrmann-Neiße, der kleine, stille, verwachsene Lyriker mit der Liebe zu den rebellischen Naturen. »Es bleibt in Deutschland ein seltener Fall«, schrieb er im Märzheft der *Neuen Bücherschau* 1928, »daß ein Publizist amüsant und radikal zugleich, formal eine Delikatesse und gesinnungshaft ein zuverlässiger Kämpfer ist, daß ein Revolutionär kein karger, puritanisch verbohrter, rachsüchtig hämischer, amusischer Minderwertigkeitskomplex ist, der aus der eigenen (sozialen und leider auch intellektuellen) Armseligkeit eine Tugend, ja eine Forderung an andere macht, sondern ein vielfältiger, farbiger, lustiger, wirklich freier Künstler.« Es sei grundfalsch, wenn man annehme, es ließe sich nur mit dem Dreschflegel in der geballten Faust erfolgreich polemisieren. Max Herrmann-Neiße stellt Tucholsky in die Nähe von Aristophanes und Swift, als Fabulierer vergleicht er ihn mit E. T. A. Hoffmann und Jean Paul. Was ihm am meisten imponiert: »Ganz große literarische Hinrichtung: ›Der Darmstädter Armleuchter‹, von einer Frische, Fröhlichkeit, Grazie, Überlegenheit, die geistigen Fehden in Deutschland sonst fehlt.« Mit dieser Betrachtung war eine dichterische

97

»Lacht sie über uns, wegen uns,
trotz uns, mit uns, gegen uns – oder wie?«

Leistung gewürdigt, die auf klassischen Vorbildern und dem Studium ihrer Werke aufbaute. Es war eine Rezension, die zu den Quellen und dem Wesen der Tucholskyschen Kunstform vordrang.

Es gab noch eine andere bemerkenswerte Rezension, ein Kabinettstück graziöser Ironie, Tucholsky in allem ebenbürtig, die der Schriftsteller Richard Huelsenbeck, zum Kreis um Lisa Matthias gehörend, in Anspielung auf »unsere gemeinsame Freundin Mona Lisa« im Märzheft der *Losen Blätter* veröffentlichte. Wie andere lobte er, daß Tucholskys Sprache mit jedem Buch reifer werde: »Es ist ein großartig geschriebenes Werk. Das beste Deutsch, das ich kenne.« Für des Autors genialste Fähigkeit hielt er das »Entschleiern«: »Sie sind der große Entschleierer des Alltags, lieber Kurt Tucholsky. Das Groteske ist nämlich, daß die Menschen den Alltag, ihren Alltag, pathetisch nehmen. Man sieht in Ihrem Buche mit großer Freude, wie Sie dem Alltagsmenschen die heroische Gewandung abnehmen. Wenn ein Herr Wels oder eine Dame Meier die Kaffeetasse heben, so tun sie das mit einer Weltanschauung. Sie, lieber Herr Tucholsky, nehmen den Leuten die Weltanschauung fort, und eine einfache Kaffeetasse bleibt übrig.« Für Huelsenbeck war es »einfach das beste Buch, das in Deutschland seit langen Jahren geschrieben worden ist«, weil man daraus Deutschland und seinen Alltag kennenlernen könne und »eine Weisheit ergattern, die uns keine Schule vermitteln kann. Nicht einmal die Schule der Darmstädter Weisheit.«

Erstmals gab es bei der *Mona Lisa* auch größeres Echo aus dem Ausland. Besonders Frankreichs Literaturkritiker waren geschmeichelt von der »zweifachen Würdigung französischen Scharfsinns« in Form der beiden Widmungen, die dem Buch voranstehen. Sie galten Courteline und Jules Renard, zwei populären Franzosen. Tucholsky nehme mit seinen Betrachtungen und poetischen Skizzen die »Tradition der kritischen, persönlich gefärbten deutsch-pariserischen Chronik wieder auf, die auf Heinrich Heine und Ludwig Börne zurückgeht; denn Frankreich bewundern heißt in Deutschland sich des Radikalismus rühmen«. Das schrieb der Rezensent des *Candide*, Léandre Vincent, im Juli 1929, der dem Autor auch bescheinigte, daß er »richtig sieht und gut erzählt«, was Paris betrifft. Seine kleinen Bilder vom Montmartre, die Personenstudien und Beschreibungen von Chansonniers seien von lebhafter Darstellungsweise und elegantem Stil, wie er sonst nur noch bei einem unter den deutschen Chronisten, Alfred Polgar, zu finden sei.

In Italien, der Heimat der Mona Lisa, zu der Zeit allerdings ein Mussolinistaat, war das Echo recht reserviert. Die *Italia Letteraria* vom 23. Juni 1929 spricht von einem »Schriftsteller bolschewistischer Orientierung« und einem der »eifrigsten Propheten der Linken«, kann aber nicht umhin, ihm »sprudelnde Aktivität und strömendes Schöpfertum« zuzuerkennen.

Zur Kenntnis genommen wurde die *Mona Lisa* auch von Zeitungen und Literaturzeitschriften in kleineren europäischen Staaten, die sich traditionsgemäß mit deutschsprachiger Literatur beschäftigten. Kopenhagens *Nationaltidende* verlieh ihm das Prädikat »Deutschlands genialster Journalist«, als Dichter am stärksten in dem Monolog vor dem Spiegel. Im Urteil dieser dänischen Zeitung gehört Tucholsky zu den modernen Dichtern, die zur Klarheit über das Leben führen wollen, die erotische und soziale Probleme, die nach dem ersten Weltkrieg in der Literatur in den Vordergrund rückten, einzig und allein unter diesem Gesichtspunkt behandeln.

In Polen waren es 1929 mehrere Zeitungen und Zeitschriften, die in Sammelrezensionen zur neueren deutschen Literatur die *Mona Lisa* vorstellen. »Temperament und beißender Witz. Eine Geisteshaltung, die an Heine erinnert«, so sieht es die Zeitschrift *Swiat* in der Nummer vom 28. September 1929, in der Tucholskys neuer Band zusammen mit Heinrich Manns *Eugenie oder Die Bürgerzeit* besprochen wird. »Seine Feder taucht er in Galle und Vitriol«, hieß es im Mai 1929 in der in Warschau erscheinenden Zeitschrift *Epoka*. Seine Gedichte seien von der Art, daß sie eine Diseuse vom Format einer Yvette Guilbert ins Repertoire nehmen könne. Auch für die *Wiadomości Literackie* war das Französische in Geist und Form das eigentlich Hervorstechende: »Tucholsky kommt in gerader Linie von Heines Feuilletonismus her, dessen bittersüßen Ton wir auf jeder Seite im ›Lächeln der Mona Lisa‹ wiederfinden. Und ebenso wie die Schriften des großen Einsamen sind auch Tucholskys Werke durchdrungen von einer bissigen, schmerzlichen Ironie... Will man die Deutschen von heute kennenlernen, genügt es nicht, Spengler und Keyserling, Thomas Mann und Remarque zu kennen, man muß sich ebenso um Tucholsky bemühen.«

Mit dem letzten Augusttag 1928 war die Zeit an der geliebten Ostsee zu Ende, er packte seine Bücher, Zippi, das Grammophon und die Schreibmaschine wieder zusammen und fuhr zurück nach Hamburg. Mit Karlchen, den er in seinem Buch *Schloß Gripsholm* so sympathisch porträtierte, machte er sich noch einige schöne Tage mit Ausflügen nach Lübeck und ins Holsteinische, ehe er sich wieder auf den Weg nach Berlin begab. Erst im Oktober kehrte er zurück in seine Pariser Wohnung an der Place de Wagram. Aber war hier noch sein Zuhause? Ein dreiviertel Jahr fast war er weg gewesen. Die Eheleute Tucholsky hatten sich seit Januar 1928 immer weniger gesehen, sie führten jeder ein Leben für sich. Während sich Kurt Tucholsky zum Arbeiten in Schweden aufhielt, befand sich Mary Tucholsky auf Urlaubsreise in Italien und war auch wieder allein, als sie zurückkam. Es war ein Leben nach Übereinkunft, die Briefe zwischen beiden gingen dennoch in der gewohnten Herzlichkeit hin und her. In einem seiner Briefe vom September 1928 aus dem Holsteinischen heißt es: »Nu amasier Er sich schön! Warum ist bloß so *früh* nach Paris zurückgegangen!!!??? Weiß doch, daß da niemand ist! Affe. Anbei Korrespondenz... Nu mach gut und grieß schön! Kommt bald angewackelt und nimmt Öhöleben wieder auf.«

Dieses »Öhöleben« brauchte er nicht wiederaufzunehmen. Wenige Wochen nachdem er von seinen Ausflügen mit Karlchen und gemeinsamen Autotouren mit Lottchen in Paris wieder eintraf, war er allein. Mary hatte Ende November die gemeinsame Wohnung verlassen und war nach Berlin zurückgefahren. Hier suchte sie sich eine Wohnung und Arbeit, um sich ihren Lebensunterhalt selbst zu verdienen. Sie fand eine gute, ihr zusagende Stellung in der Lithographischen Anstalt Paul Pittius in der Köpenicker Straße. Als Vertreterin und Prokuristin war sie viel auf Reisen, um die Bestellungen für das große Sortiment der Firma an Schmuck- und Glückwunschkarten aufzunehmen.

Für Tucholsky waren die späten Novembertage des Jahres 1928 sicher eine schwere Zeit. Er hatte diesen Augenblick »herbeigefürchtet«, nun saß er tatsächlich allein in der Wohnung, mit einem Abschiedsbrief in der Hand. Auch seine Bitten, sich die Sache noch einmal zu überlegen, änderten nichts an dem Entschluß Mary Tucholskys. Sie kehrte nicht nach Paris zurück.

In hauswirtschaftlichen Dingen völlig hilflos, telegraphierte er an Lottchen nach Berlin. Lisa Matthias kam. Von der Situation, die sie vorfand, gab sie folgende Schilderung: »In den Zimmern war es hundekalt. Es war einer der kältesten Winter dieser Jahre, und in all dieser Misere hockte ein wie stets um diese Zeit erkälteter Dichter, der nur leise, mit trauerumflorter Stimme, sprach. Ich war im Hause des Gehenkten.«

Lisa Matthias half ihm über die nächsten Tage hinweg, denn seine Arbeit konnte er nicht unterbrechen, Zeitungen warteten auf Manuskripte, Organisationen auf seine schriftliche Meinung, und die Leser wollten Antwort auf ihre Post. Seine Gefühle hatten sich den Forderungen des Tages unterzuordnen.

Die Arbeit für die AIZ

»Was würden Sie tun, wenn Sie die Macht hätten?« Mit dieser Umfrage wandte sich die *Literarische Welt* im November 1928 an verschiedene deutsche Schriftsteller. Die Antwort, die Tucholsky gab, war bemerkenswert für seine Haltung. »Für *wen* habe ich die Macht –? Eine persönliche Diktatur gibt es nicht; sie ist ein Bürgertraum. Hätte ich die Macht mit den kommunistischen Arbeitern und für sie, so scheinen mir dies die Hauptarbeiten einer solchen Regierung zu sein: Sozialisierung der Bergwerke, Sozialisierung der Schwerindustrie, Aufteilung des Großgrundbesitzes, Absetzung der Länderbürokratie, radikale Personalreform in der Justizverwaltung, Personalreform auf Schulen und Universitäten, Abschaffung der Reichswehr, Schaffung eines sittlichen Strafgesetzes an Stelle jenes in Vorbereitung befindlichen kulturfeindlichen Entwurfs, steuerliche Erfassung der Bauern. – Die von mir genannten Ziele, die heute verlacht werden, weil sie die Wahrheiten von morgen sind, lassen sich nicht auf evolutionärem Wege erreichen – nötig wäre dazu eine Revolution, deren Terminologie heute kompromittiert sein mag. Ihre Idee ist unbesiegbar.«

Es waren radikale Forderungen, wie er sie schon in den

Jahren der revolutionären Nachkriegskrise noch als Mitglied der USPD erhoben hatte. Neu war allerdings, daß er jetzt allein in den kommunistischen Arbeitern den Hoffnungsträger für künftige revolutionäre Veränderungen erblickte.

Zur Zeit der Umfrage befaßte er sich in einem Artikel, *Novembersturz*, in Ernst Friedrichs kleiner radikaler Zeitschrift *Die schwarze Fahne* ein weiteres Mal mit den historischen Versäumnissen des Novembers 1918 und nannte die gleichen Maßnahmen, die damals hätten ergriffen werden müssen. Aus der Sicht von 1928 erschienen ihm die Novemberrevolution und ihre Resultate als durchweg ungenügend, ja als »keine Revolution«. Er wollte weiter und forderte: »Die deutsche Revolution steht noch aus. Bereiten wir sie gegen alle jene Parteien vor, die ein wirtschaftliches oder ideologisches Interesse daran haben, sie zu verhindern.«

Seit der Auflösung der USPD hatte er für seine sozialistischen Überzeugungen keine Tribüne mehr gehabt, die sich direkt an proletarische Leserschichten wandte, wie 1920 bis 1922 die *Freiheit* und *Die Freie Welt*.

Der Kontakt, den Tucholsky zu der kleinen unabhängigen sozialistischen Gruppe um Georg Ledebour hatte, bestärkte ihn gleichfalls darin, sich wieder mehr der Arbeiterbewegung zuzuwenden. Für ihn bedurfte es daher keiner langen Überlegungen, der *Arbeiter-Illustrierten-Zeitung*, *AIZ* genannt, seine Mitarbeit zuzusagen, als er von der Redaktion ein entsprechendes Angebot erhielt.

Die *AIZ*, 1924 aus der kleinen Zeitschrift *Sichel und Hammer* hervorgegangen, war rasch zu einer modern gestalteten Illustrierten geworden. Sie erschien in dem der KPD nahestehenden Neuen Deutschen Verlag, der von Willi Münzenberg, dem Generalsekretär der Internationalen Arbeiterhilfe, geleitet wurde. Gegen Ende der zwanziger Jahre hatte diese Illustrierte, die sich als überparteiliche Massenzeitung verstand, eine Auflage von fast einer halben Million erreicht. Ihre große Stärke lag in der politischen Argumentation und Aufklärung mit Hilfe der Fotografie, dem Dokumentarbericht und der Bildreportage. Die Redakteurin Lilly Korpus – die spätere Lilly Becher –, die damals mit Hermann Leupold die *AIZ* machte, mehr Redakteure gab es nicht, hatte den Einfall, gute Einzelaufnahmen, die mehr verlangten als nur

Willi Münzenberg (links),
in dessen Neuen Deutschen Verlag die AIZ erschien.
Am Tisch, rechts von ihm, seine Frau Babette Gross, die Leiterin des Buchverlags, und mit dem Rücken zum Fotografen: Lilly Becher.
Aufnahme 1931

eine Bildunterschrift, durch ein Gedicht in der Aussage zu ergänzen und künstlerisch abzurunden. Es war, wie sich bald herausstellte, eine großartige Idee und in jeder Hinsicht ein Gewinn für die Zeitung.

Tucholsky gab wahrscheinlich Anfang Januar 1928, als er sich einige Tage zur ärztlichen Behandlung in Berlin aufhielt, seine endgültige Zusage für die Mitarbeit. Lilly Becher schickte ihm von da ab regelmäßig Fotos zu, von denen sie meinte, »daß sie ihn zu Gedichten anregen würden«. Immer war auch ein Brief dabei – »Lieber Tucholsky« –, der ihm Anhaltspunkte gab, wie man sich die Umsetzung vorstellte. Lilly Becher lobte viele Jahre später, Tucholsky habe die von ihr gemachten Angaben mit bewundernswertem Einfühlungsvermögen für seine Gedichte benutzt; es sei eine wunderbare Zusammenarbeit gewesen.

Der erste Theobald-Tiger-Beitrag erschien in der *AIZ* am 21. März 1928, in der Nummer, deren aktuelles Fußballer-Titelbild der in Oslo stattfindenden Arbeiterspartakiade galt. Tucholsky war mit seinem Erstling, *Ersatz*, einer Glosse auf den anachronistischen Monarchistenkult der Weimarer Republik – das dazugehörige Foto zeigt den Empfang eines exotischen Potentaten mit militärischem Schnedderengtengteng in Berlin –, noch verhältnismäßig unauffällig in der oberen Hälfte einer Seite abgedruckt. Man konnte diesen Text beim schnellen Blättern leicht übersehen. Die Plazierung änderte sich jedoch rasch. Schon von der nächsten Nummer an waren alle Bildgedichte in den Fortsetzungsroman hineingestellt und fielen damit stärker ins Auge.

1928 war das Jahr, in dem die Bildgedichte der *AIZ* fast ausschließlich von Tucholsky kamen, ja, eigentlich war er es, der diesem neuen Genre den Weg öffnete. Es begann mit *Fragen an eine Arbeiterfrau, Die Leibesfrucht* sowie *Das neue Gefangenenmuseum.* Danach folgten *Das Mädchen aus Samoa, Gesang der englischen Chorknaben, Start, Asyl für Obdachlose* und *Ein Haus unten durch.* Die Verse von Tucholsky waren so gut, daß man in der Redaktion damit ganze Bildseiten gestalten konnte. Am 1. November 1928 verfaßte er den Hauptbeitrag des Heftes, die scharfe politische Satire *Zehn Jahre deutsche Republik.*

> Wir sind eine Republik.
> Mit Hilfe der Sozialdemokraten
> halten wir uns die alten Kommißsoldaten –
> Die Revolution findet wegen schlechten Wetters
> im Saale statt.
> Wohl dem, der solch eine Republike hat!
> Immer herein! Eintrittsgeld nach Belieben!
> Wir haben die Firma gewechselt. Aber der Laden ist der
> alte geblieben.

Mehr als zwei Jahre, von März 1928 bis Mitte 1930 – hat Tucholsky mit der *AIZ* zusammengearbeitet, zunächst von Paris, später von Schweden aus. In diesem Zeitraum entstanden an die fünfzig Gedichte, keineswegs alle politisch, aber durchweg Bilder aus dem Arbeiteralltag, gezeichnet mit viel Wärme und Herzlichkeit – klare, eindeutige Bekenntnisse seiner Sympathie für die Proletarier. Bemerkenswert war, daß er jetzt bedeutend mehr Gedichte mit proletarischer Thematik schrieb als früher, vor allem aber, daß er für das

Gedicht mit Massenwirksamkeit eine gültige künstlerische Form gefunden hatte. Gute Arbeiten sind für die *AIZ* entstanden, alle geradlinig in Ablauf und Gedankenführung, dynamisch im Gefälle der Zeilen, eingängig in der Argumentation und bündig in der Formulierung:

Wohltaten, Mensch, sind nichts als Dampf.
Hol dir dein Recht im Klassenkampf!

Heraus aus den Löchern! Heraus aus dem Schacht:
Euer Glück wird nicht mit Reden gemacht!

Denk an deine Klasse! Und die mach stark!
Für dich der Pfennig! Für dich die Mark!

1929 begann die Redaktion auch von anderen Schriftstellern Bildgedichte zu veröffentlichen. Einige Autoren, wie

99

Lilly Becher 1925.
Sie bestellte bei Tucholsky Artikel
sowie Bildgedichte für die Redaktion

Erich Weinert, Johannes R. Becher und Slang, arbeiteten jetzt regelmäßig mit, andere, wie Erich Kästner, Karl Schnog, Paul Körner-Schrader oder Emil Ginkel, nur gelegentlich. Nach Einschätzung der ehemaligen *AIZ*-Redakteure schrieben nur drei von ihnen die wirkungsvollsten Bildgedichte: Erich Weinert, Slang und Kurt Tucholsky. Oft erhielt Tucholsky Post von Lilly Becher, die ihm schrieb, daß sie wieder viele Leserbriefe bekommen hätten und seine Arbeit »ein Riesenerfolg« gewesen sei.

Unter den Fotos, die Lilly Becher im Sommer 1929 an ihn schickte, war ein Bild, von dem sie wohl nicht ahnen konnte, daß daraus eines seiner besten Gedichte entstehen würde. Das Foto zeigt die ausdrucksvollen Hände einer Arbeiterfrau, aufgenommen im Berliner Wedding. Der Bildausschnitt ist so gewählt, daß noch ein kleines Stück Schürze zu sehen ist, sonst nichts. Es sind *Mutterns Hände*, die »Stulln jeschnitten un Kaffe jekocht, de Milch zujedeckt, Bonbons zujesteckt, die Hemden jezählt und Kartoffeln jeschält« haben und nun alt geworden sind.

Jene Ausgabe der *AIZ*, in der 1929 dieses Gedicht erschien, ist eine historische Nummer geworden. Sehr schnell nahm dieser Text den Weg zur Bühne. Claus Clauberg, ein dem linken Kabarett nahestehender Komponist, vertonte das Gedicht. Claire Waldoff hörte es zum erstenmal in Berlin, von der Schauspielerin Ilse Trautschold vorgetragen, und war so hingerissen davon, daß sie Clauberg um das Chanson für ihr Repertoire bat. *Ihr* Lied ist es dann auch geblieben. Man hörte es auf allen ihren Abenden, im Rundfunk, auf Schallplatte, bei Veranstaltungen der Internationalen Arbeiterhilfe, der Universum Buchgemeinschaft und auf Matineen. Auch andere prominente Künstler von Bühne und Kabarett, wie Paul Graetz, nahmen *Mutterns Hände* in ihr Repertoire auf. Es wurde Tucholskys populärstes Gedicht.

Die *Arbeiter-Illustrierte* mit ihrem in die Millionen gehenden Leserkreis in Deutschland, Österreich, der Tschechoslowakei und der Schweiz hat somit für die Wirksamkeit und Verbreitung der Werke Tucholskys weithin Bedeutung gehabt. Es erschienen hier ja nicht nur ausschließlich Gedichte von ihm. Mehrfach schrieb er im Auftrag der Redaktion Arti-

Erschienen zum zehnjährigen Bestehen der AIZ 1931, mit 23 Gedichten von Tucholsky, herausgegeben von Lilly Korpus (Becher). Umschlagzeichnung Käthe Kollwitz

kel, so über den Wallfahrtsort Lourdes unter der Überschrift *Kintopp, Glaube oder Kurpfuscherei.* Die Redaktion brachte Vorabdrucke aus dem *Deutschland*-Buch und Nachdrucke aus seinen Büchern mit Hinweisen für die Arbeiterbibliotheken. Großen Raum widmete die *AIZ* am 11. November 1929, elf Jahre nach dem Kriegsende, dem Thema Verdun, indem sie Tucholskys Bericht *Vor Verdun*, als Bildreportage groß aufgemacht, über drei Seiten nachdruckte.

Indem er für die große Arbeiterzeitschrift künstlerisch bedeutsame Zeitlyrik schrieb, kamen die prominenten Schauspieler und Kabarettisten Berlins zu neuen Titeln. Paul Graetz zum Beispiel übernahm aus der *AIZ* die *Augen in der Großstadt*, die er auch auf Schallplatte sprach. Ernst Busch erhielt durch die *AIZ* den politischen Song *Bürgerliche Wohltätigkeit*, den Hanns Eisler für ihn vertonte. Rosa Valetti und ihr soziales Chanson *Das Gesetz* wurden in ganz besonderer Weise gewürdigt. Als die *AIZ* ihren Lesern den Text vorstellte, erschien dazu auch ein Foto der Schauspielerin und der Hinweis, daß es sich hier um ein Chanson handele, das Tucholsky eigens für Rosa Valetti geschrieben habe, »eine der wenigen warmherzigen und großen Schauspielerinnen Deutschlands«.

Durch die Mitarbeit an der *AIZ* ergaben sich viele Berührungen zu Arbeiterkabaretts und Spielgruppen, die ohnehin schon von Tucholsky aktuelle Satiren und Sprechgedichte im Programm hatten. Für sie schrieb er um 1930 ein Lied, dem er den Titel *Radieschen* gab. Die zwei Strophen tragen den Vermerk: »Den Agitpropgruppen gewidmet.« Es war eine Variante der bekannten *Feldfrüchte* mit der längst populär gewordenen Pointe »außen rot und innen weiß«. Den Text hat er umgearbeitet, so daß aus dem satirischen *Weltbühnen*-Gedicht von 1926 nunmehr ein Spottlied mit einprägsamem Echoreim geworden ist:

Es stehn in unserm Garten, ja Garten, ja Garten,
der Blumen hundert Arten, ja Arten, ja Arten.
Außen sind sie rot, und innen sind sie weiß!
        Radieschen! Radieschen!
Sie wachsen so gemütlich – ein Groschen ist ihr Preis –
        Radieschen! Radieschen!

Er hat auch versucht, zu dem Lied eine passende Melodie zu finden, zusammen mit dem Text ist sie im Nachlaß erhalten. Bemerkenswert an der von ihm aufgezeichneten Melodie ist, daß er eine musikalische Wendung aus einer Liedkomposition seines Onkels Max übernahm, die dieser einst bei dem führenden Theater- und Musikverlag Bloch Erben in Berlin drucken ließ. Es war ein kleines, gediegen komponiertes, heiteres Salonliedchen. So wurde Justizrat Onkel Max Mitinspirator eines in völlig anderem Sinne heiteren Liedchens seines Neffen Kurt.

Tucholsky lieferte seine Arbeiten für die *AIZ* – der *Radieschen*-Song gehörte dazu – nun seit Jahren schon ausschließlich von Paris, seit 1928 von Schweden oder, wenn er auf Reisen war, von unterwegs. Wie sehr sich seine Leser, speziell die Berliner, ihm dennoch verbunden fühlten, zeigte im März 1929 die Tucholsky-Matinee, die die Universum-Bücherei des Neuen Deutschen Verlags für ihn veranstaltete. Dieser Verlag hatte den beliebten *AIZ*-Autor auch in seiner Universum Buchgemeinschaft herausgebracht. *Mit 5 PS* und *Das Lächeln der Mona Lisa* waren in hohen Auflagen, besonders schön ausgestattet und zu erschwinglichen Preisen erschienen.

Hunderte Berliner strömten am Sonntag, dem 24. März, zum Theater am Nollendorfplatz. Hunderte mußten wieder nach Hause gehen, Parkett und Ränge waren »dreimal überfüllt«, hieß es am nächsten Tag in der *B. Z.* Es gab Beifall und begeisterte Zurufe, als Henri Barbusse, der zum Internationalen Antifaschistenkongreß in Berlin weilte, zur Eröffnung die Bühne betrat, um Tucholsky revolutionäre Grüße der »Internationale des Geistes, die an der Seite des Proletariats für dessen Befreiung kämpft«, zu überbringen, »nicht als Franzose dem Deutschen, sondern als Mensch dem Menschen«.

Nach Barbusse, dessen Rede Leo Lania übersetzte, kam Tucholsky selbst zu Wort, gesprochen und gesungen von seinen geliebten Berliner Schauspielern. *Die Igel in der Abendstunde* gefielen so gut, daß sie wiederholt werden mußten, die *Löcher im Käse* gingen im Lachen unter. Es gab demonstrativen Beifall für die *AIZ*-Gedichte und das Lied vom *Graben.*

Um diese Matinee herum fanden ungezählte andere Ver-

101

Henri Barbusse mit Clara Zetkin.
Er sprach 1929 in Berlin auf dem Internationalen Antifaschistenkongreß und nahm auch an der Matinee für Tucholsky teil

anstaltungen in Berlin statt, die ausschließlich dem Werk Tucholskys galten. Er war der mit Abstand führende zeitgenössische Autor der Sprechbühne geworden. Politische wie künstlerische Ereignisse waren auch die vielbesuchten Tucholsky-Abende, die der ehemalige Schauspieler Ernst Friedrich in dem von ihm aufgebauten und geleiteten Internationalen Antikriegsmuseum in der Parochialstraße gab. Werke von Tucholsky las die Schauspielerin Pauline Nardi bei der Gruppe Revolutionärer Pazifisten; Paul Ehrlich vom »Kabarett der Komiker« nahm sich der *Wendriners* an; Curt Trepte und Ernst Busch galten als die besten politischen Tucholsky-Interpreten, und ständig kamen neue Namen dazu.

Die Zusammenarbeit Tucholskys mit der *AIZ* blieb bis tief in das Jahr 1930 bestehen. Zu Ende ging sie, als er sich in Schweden ganz seinen Buchprojekten und der *Weltbühnen*-Arbeit widmete und seine Krankheit seine Arbeitsfähigkeit zu beeinträchtigen begann. Aber ein wesentlicher Grund, sich von den kommunistischen Verlagen zurückzuziehen, dürfte auch die fortschreitende Dogmatisierung des Marxismus gewesen sein, wie sie in der Agitation und Propaganda der KPD zutage trat. Es gab ab 1929 in seinen Artikeln wiederholt Bemerkungen polemischer Art, mit denen er auf Distanz zur Kommunistischen Partei ging. Ihm schien es an der Zeit, wie er meinte, den »Unentwegten mitzuteilen, daß man den Marxismus nicht wie eine Käseglocke über die Welt stülpen kann. Er deckt sie nicht. Ihr habt aus ihm eine dogmatische Religion gemacht. Wir machen das nicht mit.«

Wohin und wie weiter?

Beim Schreiben satirischer Gedichte, wie sie die *AIZ* laufend veröffentlichte, hielt sich Tucholsky an das bereits 1912 in der *Dresdner Volkszeitung* von ihm selbst formulierte Prinzip, daß Texte nur dann wirkungsvoll sind, wenn sich Schlagworte und Pointen daraus sofort einprägen, so daß man sie auf Anhieb zitieren kann. Bei ihm konnte man das ohne weiteres, die pointierte Formulierung war eine seiner Stärken von jeher. Ansonsten lautete seine ästhetische Regel für die moderne Satire unverändert: »Vorbildlich in der Form, rücksichtslos im Inhalt.«

Für den Wert seiner Gedichte in ihrer Zeit und über ihre Zeit hinaus ist es völlig belanglos, ob man diese Arbeiten als Gebrauchslyrik, politische Tageslyrik, Tendenzpoesie oder Zeitungsdichtung bezeichnet, da für Tucholsky solche »Einordnung« nie eine Bedeutung gehabt hat. Ihm war nicht daran gelegen, Zensuren von den Professoren der Literaturwissenschaft zu erhalten, wie er auch wußte, daß das Universitätskatheder nicht die Instanz sein konnte, ihm die literarische Qualität seiner Arbeit zu bestätigen. Das Leitmotiv seiner Satire und Publizistik hieß nicht Poesie an sich, sondern Leben und Politik. Für ihn zählten einzig und allein Wirkung, Bewegung, Echo, Veränderung. Dieser Auffassung steht nicht entgegen, daß unter den Gedichten für die *AIZ* solche Verse von lyrischer Schönheit sind wie das Großstadt-Gedicht mit den rhythmisierten Zeilen: »Wenn du zur Arbeit gehst / am frühen Morgen, / wenn du am Bahnhof stehst / mit deinen Sorgen: da zeigt die Stadt / dir asphaltglatt / im Menschentrichter / Millionen Gesichter.«

Für seine eigenen Gedichte hat Tucholsky den Begriff Gebrauchslyrik niemals verwendet, er widmete dieser Art Dichtung aber eine ausführliche Betrachtung in der *Weltbühne*, als er 1928 den Gedichtband *Straße frei* von Oskar Kanehl besprach. Dieser Schriftsteller hatte mit seinem Klassenkampfgedicht besonders auf das junge Arbeiterpublikum nachhaltige Wirkung, was er schrieb, war nach Meinung Tucholskys »glasklar in der Diktion und ohne weiteres verständlich. Die Worte sind aus der Zeitung und dem täglichen Leben genommen, prägen sich leicht ein und kommen der Vorstellungswelt des Arbeiters weit entgegen.« Im wesentlichen folgen auch Tucholskys Gedichte, soweit sie proletarisches Milieu betreffen, diesem Grundmuster, wenn man auch den ernsten, romantisch-expressiven Kanehl auf keiner Stufe mit dem satirisch zuschlagenden Tucholsky vergleichen kann. Aus den Darlegungen des Artikels über die Gebrauchslyrik läßt sich aber schlußfolgern, daß Tucholsky nicht nur bei Glaßbrenner, Ludwig Thoma und Alfred Kerr in die Schule gegangen ist, vielmehr auch manches in der Diktion von den »Arbeiterdichtern« übernommen hat, sogar Zitate und Formulierungen. Von Oskar Kanehl beispielsweise trug er damals in sein Sudelbuch den Spruch über Karl Liebknecht ein: »Du lebst. Denn deine Proletarier leben!«

Für Tucholsky war der Aufsatz über Wesen und Wirkung der Gebrauchslyrik eine Gelegenheit, eigene Positionen darzulegen und die Frage zu beantworten, welche Rolle der sympathisierende Schriftsteller in der politischen Bewegung der Arbeiterklasse zu spielen hat. Aus *seiner* Sicht nur die eines Helfers, nichts darüber hinaus. »Die proletarische Bewegung hat keine Zeit und keine Kraft, uns zu hätscheln. Wer ihr dienen will, der soll ihr dienen – aber so wenig er davon große Einkünfte erwarten kann und darf, so wenig hat er für sich eine Stellung zu beanspruchen, die ihn über den Proletarier erhebt, dessen Kamerad er doch gerade sein will. Insbesondere halte ich den helfenden Intellektuellen dieser Gattung nicht für geeignet und legitimiert, den Arbeitern politischer Führer zu sein!« Sein Bekenntnis ist in dem Satz zusammengefaßt: »Ich halte einen Zusammenschluß der radikalen Intellektuellen mit der KPD für einen Segen und ein Glück.« In gleichem Zusammenhang führt er jedoch nachhaltig Klage darüber, daß diese Hilfe vielfach nicht gesehen, nur ungenügend in Anspruch genommen wird und in einzelnen Fällen sogar auf Ablehnung stößt.

Zu solchen Bemerkungen hatte Tucholsky einige Gründe. In der *Roten Fahne* war er am 23. März 1928 zusammen mit Ossietzky als Vertreter »der kleinbürgerlichen Sippe der ›Weltbühnen‹-Zunft« bezeichnet worden. Angriffe gegen ihn wurden laut: »*Für die Arbeiter schreiben?* Die Honorare der proletarischen Zeitungen sind neben denen des Hauses Ullstein nicht konkurrenzfähig. Auch müßte man sich bescheiden: gerade die verschnörkelten Geistreicheleien sind für Proleten keine erbauliche Kost. Was man schreibt – und man schreibt bisweilen hanebüchen ›radikal‹ –, atmet doch immer den eigenen Lebensstil, riecht nach Salon, nach wohltemperiertem Tee und Anzügen auf Maß.«

Im September 1928 erschien abermals ein Angriff auf ihn in der *Roten Fahne* – obwohl Tucholsky nun schon fast ein halbes Jahr mit größtem Erfolg für die *AIZ* tätig war und in zahllosen Versammlungen und proletarischen Veranstaltungen seine Gedichte gesprochen wurden, ohne daß er je einen Pfennig Honorar dafür genommen oder gefordert hätte, wie er auch Verständnis dafür hatte, daß ihm die roten Spieltrupps, die kleinen Zeitschriften der Roten Hilfe Deutschlands und die Bezirkspresse der KPD, die seine Texte nachdruckten, keine Honorare zahlen konnten. Diesmal war es der Komponist Hanns Eisler, der Bruder der aus der KPD ausgeschlossenen linksradikalen ehemaligen Parteivorsitzenden Ruth Fischer, der in der *Roten Fahne* eine Glosse gegen ihn veröffentlichte: *Das Elend des Peter Panter*. Eisler hatte sich darüber geärgert, daß Tucholsky in der *Vossischen Zeitung* ausgerechnet die Hotelspeisekarte zum Thema eines Feuilletons machte, und nahm das zum Anlaß, den »ganzen ›linken‹ bürgerlichen Literaten« die Meinung zu sagen: »Sie tun zwar in diesen verschiedenen linken Wochenschriften furchtbar radikal, schreiben aber zugleich auch die dümmsten Aufsätze in Modemagazinen und plaudern so nett in guten bürgerlichen Zeitungen.«

Was hatte Tucholsky darauf zu erwidern? Sollte er sich verteidigen und weswegen? In der Betrachtung über die Gebrauchslyrik erklärte er öffentlich in der *Weltbühne*: »Ich

102

Im Internationalen Anti-Kriegsmuseum von Ernst Friedrich wurden Tucholsky-Programme gestaltet

kann dieses Spiel nicht mitspielen, das darin besteht, jemandem Vorwürfe zu machen: er schreibe Verse für Proletarier und verdiene sich sein Geld als Regisseur an schlechten bürgerlichen Theatern. Auch die Kommunisten leben in einer kapitalistischen Welt; ein kommunistischer Steward ist sehr wohl denkbar und braucht keine lächerliche Figur zu sein. Ganz abgesehen davon, daß ja die meisten kommunistischen Arbeiter bei einem Kapitalisten arbeiten und durch einen Kapitalisten leben, wird man im allgemeinen diese Konstatierung der Diskrepanz zwischen Leben und Schaffen meist von verkrachten Literaten und nur sehr selten von Proletariern hören. ›Er trägt einen Anzug nach Maß‹ – dieser Vorwurf ist auf keinem proletarischen Gehirn gewachsen, sondern bei schlechten Feuilletonredakteuren, die der kommunistischen Sache mehr schaden als alle Scheidemänner zusammen. Besser ein Anzug nach Maß als eine Gesinnung von der Stange.«

Tucholsky antwortete auf Angriffe noch einmal 1929, diesmal in prinzipieller Form, mit einem Artikel, *Die Rolle des Intellektuellen in der Partei*, den er der KPD-Zeitschrift *Front* als Diskussionsbeitrag zur Verfügung stellte, demselben Organ, in dem kurz davor eine Polemik gegen die deutschen linken Intellektuellen von Hans Conrad erschienen war. Tucholsky bringt darin offen seine Sorgen zur Sprache, bedauert die »versteckte oder offene Feindschaft, der unsereiner in den Arbeiterparteien begegnet«, ein Mißtrauen, das oft jedes Maß übersteige. Er meint: »Wir sind weit voneinander. Wir sollten zueinander« und schließt mit dem Appell, es komme nur auf eins an, *»zu arbeiten für die gemeinsame Sache«*.

Engstirnige Polemiken nennt eine Generation später die *Geschichte der deutschen Arbeiterbewegung* die linkssektiererischen Kampagnen und Anwürfe von damals gegen bürgerlich-demokratische Autoren und Künstler.

Eine Würdigung seiner historischen Leistungen und Verdienste hat wenige Jahre später der Dichter Louis Fürnberg in einem Nachruf in der *Roten Fahne* in Prag vorgenommen. Er sagte, Tucholsky habe sich nie als »proletarischer Schriftsteller« bezeichnet, »mit seinem Geist, seinem Herzen und seinem Leben aber an der Seite der klassenbewußten Arbeiter gestanden«. Sein Bekenntnis zum Proletariat sei »das Produkt intensiven Bemühens, gründlicher Auseinandersetzung, die richtige Summe aus gutem Gefühl und genauester Abwägung« gewesen – »das schönste Zeugnis des edlen Herzens, das ihm innewohnte«.

Will man Tucholskys politische Gesamthaltung charakterisieren, darf man sein Verhältnis zur UdSSR nicht unerwähnt lassen. Für ihn wie für alle links eingestellten Intellektuellen Westeuropas war diese Frage um das Jahr 1930 aktuell geworden. Aus Anlaß der von den bürgerlich-kapitalistischen Mächten geschürten antisowjetischen Politik richtete die *Moskauer Rundschau* 1930 eine Umfrage an namhafte Schriftsteller in Amerika und Westeuropa, wie sie sich im Falle eines Krieges gegen die Sowjetunion verhalten würden. Tucholsky erklärte, er würde schweigen für den Fall, daß es sich um asiatische Konflikte handele, weil er diese Fragen nicht übersehen könne. Handele es sich dagegen um einen europäischen Zusammenschluß von Mächten, so könne seine Stellung nur eindeutig sein: »Für Rußland gegen jene Mächte, auch dann, wenn es sich um Deutschland handelt.«

Die *Linkskurve*, die Zeitschrift des Bundes proletarisch-revolutionärer Schriftsteller Deutschlands, fand die Antwort Tucholskys zu wortreich und war mit ihm nicht einverstanden. Aus dem bürgerlichen Lager tönte es zurück: »Daß er für Rußland und gegen Deutschland ist, weiß man sogar in Deutschland längst.«

In den damaligen Publikationen seiner Antwort war zumeist der letzte Absatz weggelassen, der im Lichte der Geschichte weit vorausblickend war: »Ich hielte einen solchen Krieg, dessen Ausgang nicht gewiß sein dürfte, für eine Katastrophe der internationalen Arbeiterbewegung.«

Bei aller Zustimmung und Unbeirrbarkeit, mit der er das Land Lenins verteidigte, blieb er jedoch Tendenzen im sozialistischen Entwicklungsprozeß gegenüber kritisch eingestellt. Seine Einwände betrafen Erscheinungen der Enge und des Dogmatismus, die ihm nicht gefielen, die Reduzierung menschlicher Verhaltensweisen auf ausschließlich »ökonomische Gründe« sowie die ungenügende Beachtung psychologischer Faktoren, die für ihn, den aufmerksamen Leser der Werke Sigmund Freuds, großen Stellenwert besaßen. Er übersah auch nicht den sich anbahnenden Personenkult. Als er in der *Weltbühne* 1930 die Erinnerungen der Krupskaja an

Lenin würdigte, kam er zu der Feststellung: »Die Tragik, die in dem viel zu frühen Tode Lenins liegt, ist unermeßlich; nach dem Tode Stalins wird man wohl nicht so ein Büchlein erscheinen lassen können.« Zwei Jahre zuvor hatte er im Zusammenhang mit der Weglassung des Namens Trotzki in historischen Darstellungen, insbesondere zur Geschichte der Roten Armee, von »byzantinischer Geschichtsfälschung« gesprochen, die immer ein »böses Ding« sei.

In jenen Jahren, da er sich enger mit der revolutionären Arbeiterbewegung verband und sich mit der Rolle des Intellektuellen auseinandersetzte, überdachte er ebenso kritisch seine eigene Position, die er völlig nüchtern, absolut illusionslos, als »zwischen den Stühlen« sah. Für ihn, der aus dem Bürgertum kam, stellte sich die Frage nach einer geistigen Heimat, einer großen philosophisch-weltanschaulichen Idee, der er sich ohne Vorbehalte und voll bejahend anschließen konnte. Seit etwa 1925, dem Zeitpunkt, da er die Grenzen der Wirkungsmöglichkeiten des Pazifismus einschließlich seines radikalen, revolutionären Flügels erkannte, ebenso die Grenzen der politischen Möglichkeiten der *Weltbühne*, zieht sich, deutlich ablesbar, durch sein gesamtes literarisches und publizistisches Werk ein Selbstklärungsprozeß. Schon in einem *Weltbühnen*-Gedicht von 1925, *Zweifel*, ist die Rede davon, daß unter ihm der Boden schwanke und er auf einem falschen Schiff sitze. Er sah ein Dilemma, dem er aber noch immer eine witzige Pointe abgewinnen kann:

> Aus seiner Zeit kann keiner springen.
> Und wie beneid ich die, die gar nicht ringen –
> Die habens gut.
> Die sind schön dumm.

1929 spürte er, daß die Entwicklung um ihn herum so oder so zu einer Entscheidung drängte, der auch er sich stellen mußte. Für ihn gab es überhaupt keinen Zweifel, daß nur *die* recht haben, die um ihr Recht kämpfen. Das sind die Proletarier. Er bejaht diesen Kampf auch als Klassenkampf, er will ihn unterstützen, ist auch bereit, alles dafür zu geben, nur nicht die eigene Meinung. »Ich bin ein toter Mann, wenn ich nicht frei schreiben kann.« Das Ideal, das er für sich ersehnt, ist eine Utopie: Bindung bei völliger Unabhängigkeit.

Als das *Jahrbuch 1929* des Neuen Deutschen Verlags herauskam – es war eine Anthologie revolutionärer Literatur –, übernahm er den Auftrag, einen »Vorspruch« in Form eines Gedichts zu schreiben. In dem Motto, das er seinem Gedicht voranstellte, ist seine Position noch einmal formuliert:

Für den Arbeiter
mit dem Intellektuellen
gegen den gemeinsamen Feind.

Damit ist endgültig sein Verhältnis zur KPD klargelegt einschließlich der realen Möglichkeiten des Bündnisses zwischen der organisierten Kraft der revolutionären Arbeiterbewegung und den linksbürgerlichen Intellektuellen, denen er zugehört, obwohl ihn zu dieser Zeit von den eigentlichen *Weltbühnen*-Intellektuellen schon vieles trennt.

Das künstlerisch bedeutendste Zeugnis im Prozeß der Selbstbefragung ist 1930 das große *Weltbühnen*-Gedicht *Hej –!*. Im poetischen Bild versucht er sich über seinen weiteren Weg klarzuwerden. Er sieht sich allein auf einem leeren Marktplatz stehen, rings um ihn sind Häuser, alle beflaggt, die Dächer schwarz von Menschen, aus jedem der Häuser dringen Blechmusik, Orgeln, Rufe und Schreien. Arme strekken sich nach ihm aus, und ein einziger machtvoller Ruf steigt auf, der ihm gilt: »Hej!«

Sie schrein:
In die Reihn!
In den Verein!
Sie schrein:
Die Zeit des einzelnen ist vorbei,
das trägt niemand mehr!
Freiwillige Bindung!
Schwächling! schrein sie; Einzelgänger!
  Unentschiedener!
Her zu uns!
Zur Ordnung! Zur Ordnung!

Er will in keines der Häuser eintreten. Nicht in das »katholische Haus«, wo sie »eine Art Wahrheit« austeilen und »Regeln anordnen für alle« – »ein Warenhaus der Metaphysik«; nicht in das »Haus der Nationen«, wo es nur um Kriege, Ge-

Tucholsky 1927.
Sein Bekenntnis ist unverändert:
»Für den Arbeiter –
Mit dem Intellektuellen –
Gegen den gemeinsamen Feind!«

walt, Macht und Mord geht; nicht in das »Haus der feinen Leute«, mit denen ihn nichts verbindet. Es bleibt einzig nur »das russische Haus«, das für ihn in Frage käme. Aber da sind seine Zweifel, ob er reif »für dieses Haus ist«, und sein Tadel gegen »ihre starre Dogmatik, ihren Zeloteneifer, eine neue Kirche zu gründen, ihr scharfer Haß gegen den einzelnen«. Er kann sich noch nicht entscheiden, nicht heute, nicht sofort. Innere Vorbehalte, Scheu vor der Unwiderruflichkeit einer Bindung, seine überkritische Sensibilität und Anspruchshaltung sind stärker als die Argumente des Intellekts. So kann er nur die Noch-nicht-Entschiedenheit seiner Haltung oder die Vorläufigkeit seiner Entscheidung konstatieren:

Bist du stark genug,
mitzuarbeiten am Werk?
Noch nicht –
geh noch nicht hinein.

Das Gedicht spricht für die große Offenheit und Ehrlichkeit, nicht weniger für die innere Stärke Tucholskys, daß er die Problematik seiner Existenz öffentlich zur Sprache bringt, damit bekennend, daß er ein Suchender ist, was soviel heißt, daß er für die Hilfe, die er der Sache der Arbeiterbewegung zu geben bereit ist, auch Hilfe von ihrer Seite erwartet, zumindest Verständnis für seinen Weg, der auf das gleiche Ziel gerichtet ist.

Das Deutschland-Buch – eine abschließende Bilanz

Im März 1929 gab Kurt Tucholsky Paris als Wohnsitz auf und ließ sich in der deutschen Botschaft einen neuen Paß ausstellen. Er faßte den Entschluß, Schweden, das er nun kannte, zum festen Wohn- und Arbeitssitz zu machen. Mit dem Weggang seiner zweiten Frau waren ihm Frankreich und Paris, wo er sich wohl gefühlt hatte, verleidet, außerdem glaubte er sich schon wieder zu sehr einbezogen in den »Betrieb«.

Im April fuhren Tucholsky und Lisa Matthias mit dem Auto nach Schweden, wo sie zunächst ein Häuschen für den

Sommer mieten wollten. In Stockholm engagierten sie einen Dolmetscher, mit dem sie sich auf eine Rundreise begaben, um etwas Geeignetes im Grünen zu finden, möglichst in der Nähe eines Sees. In Schloß Gripsholm am Mälarsee stand eine Wohnung frei, die man ihm anbot, doch um die Schloßgemächer mit ihren riesenhaften Dimensionen einzurichten, hätte Tucholsky ein Fürst sein müssen. Außerdem dachte er wohl mit Grausen an den Lärm der sonntags durch das Schloß ziehenden Besucherscharen und gab die Idee vom Schloßherrendasein sofort wieder auf. Am anderen Ende des Sees, südlich von Mariefred und dem Schloß direkt gegenüber, fanden sie schließlich ein kleines möbliertes Sommerhaus, die Villa Fjälltorp, Besitztum einer Baronin Ehrenvärd, das sich als idealer Aufenthaltsort erweisen sollte – viel Grün, viel Ruhe, der Blick ging über den See auf das mit seinen roten Ziegeln leuchtende Schloß.

Lisa Matthias half eine Haushälterin zu finden, Zenta Bergkvist, die kochte und einkaufte, für fünfzig Kronen im Monat sowie Essen und Unterkunft. Als Dolmetscher half zu Anfang ein Bankier, der am Ort wohnte, dann verständigte sich Tucholsky selbst mit Hilfe eines Wörterbuches, was recht gut ging, wie sich Zenta noch nach Jahrzehnten erinnerte. Nunmehr war alles soweit für »Daddy« geregelt, er konnte arbeiten und »Lottchen« zurückfahren. Im August 1929 mietete Tucholsky die Villa Nedsjölund in Hindås, die er Anfang 1930 bezog. Damit war Schweden endgültig zu seinem neuen Gastland und Wohnsitz geworden.

Ortswechsel – das zeigte Paris 1924 und jetzt auch wieder Schweden – bekam Tucholsky immer gut. Die Heilkräfte des See- und Waldklimas taten ein übriges; angenehm war auch die längere Anwesenheit »Lottchens«, die in den mehr als zwei Jahren ihrer gemeinsamen Bekanntschaft den Eindruck gewonnen hatte, daß sie und »Daddy« in vielem »ganz gut zueinander paßten«.

Das neue Projekt für den Frühsommer 1929 war ein Foto-Text-Band für den Neuen Deutschen Verlag. Die Leiterin der Buchabteilung des Verlags, Babette Gross – die Frau von Willi Münzenberg –, und John Heartfield hatten ihn in Berlin mehrmals aufgesucht, um ihn für das Projekt zu gewinnen, doch erst nach längerer Bedenkzeit sagte er zu. Ernst

Rowohlt versuchte schon einmal, ihn zu einem ähnlichen Projekt zu überreden; er wollte eine politische Reportage über Deutschland geschrieben haben. Tucholsky nahm aber davon Abstand, weil so etwas schwer zu machen sei und Monate dauern würde. Das Buch jetzt war in keinem Fall einfacher, es erforderte sorgfältiges Durchdenken der Grundkonzeption und der literarischen Realisierbarkeit im Detail. Aber Tucholsky war das Angebot schließlich recht, hatte er doch bereits im September 1928, als er schon ein halbes Jahr für die *AIZ* arbeitete, von sich aus Willi Münzenberg aufgesucht, um zu hören, »ob man sich mit den Leuten enger liieren kann«. Wenige Tage danach berichtete er an Mary Tucholsky, er habe Münzenberg gesprochen und ihn gefragt, »ob er mich nicht mehr an seinen sehr großen Betrieb attachieren könne«, und er habe ja gesagt. Zu dieser Zeit liefen bereits die Überlegungen im Neuen Deutschen Verlag, von Rowohlt die beiden Sammelbände Tucholskys für die Universum-Bücherei, den Buchklub der Internationalen Arbeiterhilfe, zu übernehmen.

Das neue Projekt nun sollte sein erstes eigenständiges Werk für diesen Verlag werden. Für Einband, Fotomontagen sowie Text- und Bildanordnung war John Heartfield vorgesehen, der beste Mann der politischen Fotomontage und künstlerisch ein Begriff durch seine Bucheinbände für den Malik-Verlag. Tucholsky beschäftigte sich mit dem Thema der Fotografie seit 1912. Damals sah er im Berliner Gewerkschaftshaus auf einer Ausstellung Fotos von verstümmelten Arbeiterhänden – Betriebsunfälle der Holzarbeiter – und fand, so ein Blatt mit den halbierten Fingern würde »reden« und mehr aufrütteln als Statistiken, Berichte und die aufreizendsten Kommentare. Warum man nicht stärker mit der Fotografie arbeite. »Wir brauchen viel mehr Fotografien. Eine Agitation kann gar nicht schlagfertiger geführt werden. Da gibt es keine Ausreden – so war es, und damit basta.«

Seine Forderung konnte er erstmals in größerem Umfang während seiner Mitarbeit an der USPD-Illustrierten *Freie Welt* umsetzen. In diese Zeit fiel die mit Harry Graf Kessler herausgegebene Schrift *Die Kinderhölle in Berlin*, die sich gleichfalls auf die Beweiskraft des fotografischen Dokuments stützte. Ein Buch in dieser Art für den Münzenberg-Verlag zu machen, war somit auch die logische Weiterführung seiner Arbeit für die *AIZ* und seines in den Organisationen geführten Kampfes, der zur größeren Wirkung einer breiteren Basis bedurfte.

104

In Zusammenarbeit mit John Heartfield entstanden: eine satirische Revue des kapitalistischen Deutschlands in Text und Bild

Die Bedingungen, die er mit Babette Gross und Heartfield ausgehandelt hatte – völlig freie Hand bei der Auswahl der Bilder und der Texte –, beflügelten die Arbeit. Das Buch entstand in höchster Konzentration, er fühlte sich von der Stimmung und Arbeitslust her für das Thema absolut in Form.

Anfang August 1929 lag das fertige Buch vor, klar und hart in der Sprache. Schon vom Titel her, *Deutschland, Deutschland über alles*, eine Satire großen Kalibers. Tucholsky war sich von vornherein darüber klar, daß er mit diesem Buch »viel Staub aufwirbeln würde«.

Entstanden war ein Buch, das, so urteilte Wieland Herzfelde, »die Erbärmlichkeit und Kulturlosigkeit der Deutschland beherrschenden Industriebarone und Krautjunker, seiner Militaristen und chauvinistischen Über-alles-Schreier, die Spießergemütlichkeit, den zynischen Amüsierbetrieb und die Überheblichkeit der ›Untertanen‹ bloßstellte, aber zugleich die Arbeit, das Leid und den Kampf der in Armut und Abhängigkeit gehaltenen Massen würdigte«. Tucholsky verdeutlichte hier noch einmal in Buchform, dokumentarisch und gewollt plakativ, was seit 1919 das Credo seines politischen und sozialen Engagements war und was er im Chanson einmal so formuliert hatte: »Und durch Deutschland geht ein tiefer Riß. / Dafür gibt es keinen Kompromiß!« Kaspar Hausers *Verkehrte Welt* von 1922 hatte mit dem *Deutschland*-Buch im großen Stil ihre Fortsetzung gefunden.

Der Neue Deutsche Verlag disponierte das Buch von vornherein als Großauflage mit fünfzehntausend Exemplaren. Diese waren in wenigen Tagen verkauft, weitere zehntausend mußten sofort nachgedruckt werden. Großartige Unterstützung bei der Werbung gab die *AIZ*, die noch vor Erscheinen Texte mit den Fotomontagen von Heartfield abdruckte. Hatte es in Nummer 36/1929 geheißen: »12 000 Exemplare in 10 Tagen verkauft!«, so erschien wenige Nummern später Pallenberg als Schwejk und meldete mit dem Buch unterm Arm: »30 000 Käufer sind begeistert. Wenn alle kaufen, muß Schwejk auch kaufen.«

Der neue »Tucholsky« war, zeitlich gesehen, ein direkter Nachfolger der *5 PS* und der *Mona Lisa*. Günstig für den Absatz war, daß sich Tucholsky von November bis Dezember auf Tournee befand, mehrere Texte aus dem *Deutschland*-

105

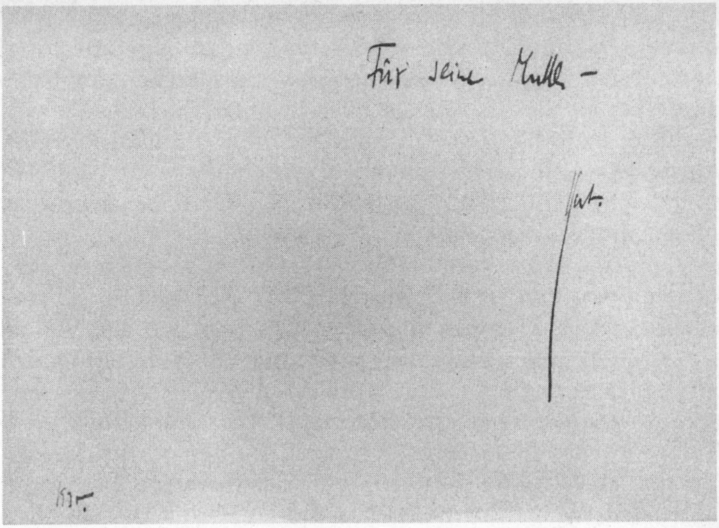

Widmung für die Mutter 1930.
Autograph aus dem »Deutschland«-Buch

Buch im Programm hatte und daß auf der gerade eröffneten Großen Berliner Kunstausstellung zum erstenmal in größerem Umfang Arbeiten von Heartfield zu sehen waren. Das Buch war auf allen Ebenen im Gespräch. Im Kasino bei Ullstein wie im Bekanntenkreis von Lisa Matthias ereiferte man sich darüber, daß Tucholsky sich nun »an die Kommunisten verkauft« habe, wegen des Geldes natürlich. Diesen Tratsch übernahm auch Lisa Matthias, die mit dem ihr eigenen Selbstwertgefühl in ihrem Buch *Ich war Tucholskys Lottchen* ihren Anteil an Tucholskys Werk herausstreicht, ohne zu seiner politischen Tätigkeit auch nur die geringste Beziehung zu haben. Sie behauptete, Tucholsky habe das Buch nur geschrieben, weil ihm ein besonders hohes Honorar in Aussicht gestellt wurde. Die Summe von siebentausendfünfhundert Mark, die sie nennt, entsprach aber bei einer Beteiligung von fünfzehn Prozent und einer Erstauflage von fünfzehntausend Exemplaren durchaus den üblichen Sätzen.

Von all seinen Büchern sollte es das umstrittenste werden. Die Lüge von der Käuflichkeit des Autors war nur eine der zahllosen Verleumdungen, wie sie seit 1919 gegen ihn in

Umlauf waren. Er war das gewohnt und reagierte kühl. Den im rechten Lager stehenden Schreihälsen, die es gerade nötig hatten, das »Verdiener«-Argument vorzuschieben, konterte er, daß er »weder Kaiser der Reserve noch geschlagener General im Ruhestand« sei. Ihm zahle die Republik nichts, er müsse sich sein Geld mit seiner Arbeit verdienen, und er freue sich, wenn er durch seine Arbeit verdiene, denn das mache ihn unabhängig.

Versuche, die Verbreitung des Buches zu verhindern, gab es schon vor der Auslieferung. Der Vorstand des Börsenvereins des Deutschen Buchhandels in Leipzig ließ den Verlag wissen, daß wegen Verächtlichmachung der Nationalhymne »Einspruch« vorliege. Den Streich der Herren vom Börsenverein kommentierte die *Hamburger Volkszeitung* mit dem Satz: »Es gibt leider keine Fotografie vom Vorstand dieses Vereins, sie hätte sonst unbedingt in das Buch von Tucholsky und Heartfield hineingehört.« Der Verkauf des Buches wurde jedoch durch die Blockierung der Verlagsanzeige im Börsenblatt nicht beeinträchtigt. 1930 erschien als dritte Auflage das dreißigste bis fünfzigste Tausend. Die Nachfrage hielt an.

Daß der Börsenverein gegen unerwünschtes Schrifttum eine Zensur auszuüben versuchte, wurde allgemein als Symptom für die in Deutschland herrschenden reaktionären Zustände gewertet und als Bestätigung für die Notwendigkeit des vorliegenden Buches. Wie man außerhalb Deutschlands darüber dachte, verdeutlicht die Meldung einer sozialistischen Prager Zeitung, *Signal*, die am 27. September 1929 schrieb: »Kurt Tucholsky hat in Berlin ein sensationelles Buch veröffentlicht, ›Deutschland, Deutschland über alles‹, eine scharfe Satire auf den reaktionären Geist der deutschen herrschenden Klasse. Der Börsenverein empfahl seinen Mitgliedern, das Buch zu boykottieren. Darüber schreiben die Zeitungen aus fast aller Welt. Die Rückschrittlichkeit der Buchhändler, die hier mechanisch in die Welt des Geistes eingreifen wollen, ist zumindest eine ziemliche Schande.«

Zu seinem Buch und den wütenden Angriffen aus dem Lager der Betroffenen meinte Tucholsky in der *Weltbühne*: »Im übrigen muß der Hieb doch wohl gesessen haben. Der Vorfall bestärkt mich in meiner Haltung: Für die Unterdrückten, gegen die vermufften deutschen Spießer ist jedes Mittel recht, keines zu scharf und alle zu schade. Es wird weitergekämpft.«

Wer so dachte wie er, begrüßte das Buch als »nützlich, abwechslungsreich und unwiderstehlich, wie alles, was gut begründet und glänzend gesagt ist« (*Tribüne*, Breslau); als Buch, »dem wir in Deutschland kein zweites an die Seite zu stellen wüßten« *(Die Neue Generation)*; als einen »Volltreffer ins Gemüt, wo es am vergeßlichsten ist« *(Die literarische Welt)*, und als »Zweitdokument ersten Ranges« (*Die Chronik*, Schweidnitz). Das Zwickauer *Sächsische Volksblatt* war geradezu begeistert: »Das muß man gesehen und gelesen haben! Dann weitergeben, bis es zerfleddert ist, und dann neu anschaffen. Denn dieses Buch ist die schärfste literarisch-optische Waffe im Kampf der Zeit.«

Das Lob ging bis in liberale Kreise des Bürgertums hinein. Eine dieser objektiv urteilenden Stimmen war der Schriftsteller Felix Hollaender, Onkel des Komponisten Friedrich Hollaender, ein beliebter Romanschriftsteller, der vergessen zu haben schien, daß ihn der junge Tucholsky vor dem ersten Weltkrieg in Kerrs Zeitschrift *Pan* einmal arg mit einer Glosse getroffen hatte. »Onkel Felix«, nobel und nicht nachtragend, ließ sich den Blick für literarische Qualität nicht trüben. Er sagte in seiner Rezension für das *8-Uhr-Abendblatt*, daß er das Buch »aufschlußreicher« fände »als eine ganze Kulturgeschichte der Gegenwart«. Für ihn war Tucholsky eine Art Herkules unter den zeitgenössischen Schriftstellern, dessen Kraft er bewunderte: »Sooft ich einen Aufsatz oder ein neues Buch von Tucholsky in die Hände bekomme, erschrecke ich zuerst vor der Fruchtbarkeit dieses Geistes, glaube es nicht fassen zu können, daß allein die physischen Kräfte eines Mannes ausreichen, um eine derartige Summe von Arbeit zu bewältigen. Aber jedesmal werde ich bestochen durch die Sauberkeit des Stils, durch die Fülle der Phantasie und des Einfalls, die alle seine Arbeiten auszeichnen.«

So bejahend und objektiv der Zuspruch all derer, denen das Herz links schlug, so aggressiv war der Widerstand aus dem Lager der Gegner, zu dem sich nunmehr der alte Militarismus und Nationalismus mit dem Nationalsozialismus zusammenschlossen: »Er bekämpft deutsches Wesen und Leben… in der trübsten und infamsten Weise«, hieß es im *Angriff*, dem Blatt von Goebbels. *Der Völkische Beobachter* stand nicht nach: »Dieses Bilderbuch ist eine Tollheit. Eine Ausgeburt unserer Zeit.« Die Berliner *Deutsche Zeitung* spielte das Buch herunter: »Abgestandener Bühnenklatsch«, und die *Dresdner Nachrichten* fühlten sich angegriffen: »Tucholskys frechstes und höhnischstes Buch.« Einige Zeitungen der NSDAP machten sich die massive Kritik am kapitalistischen System demagogisch zunutze, wie die *Nationalsozialistischen Briefe*, die von einer »wirkungsvollen Propaganda gegen Weimar« redeten, oder wie das Blättchen *National-Sozialist*, das dreist erklärte, der Autor würde vor dem neuen Staatsgerichtshof mildernde Umstände »wegen Förderung der NS-Propaganda« kriegen.

Während sozialdemokratische und Gewerkschaftszeitungen wie der *Deutsche Eisenbahner* und die *Leipziger Volkszeitung* den Autor denunzierten, er sei »gehässig«, habe eine »antisozialistische Gesinnung« und habe das Buch »auf Wirkung geschrieben«, gebrauchten manche bürgerlichen Zeitschriften und Blätter, wie das *Tage-Buch* und der *Börsen-Courier* die fast wörtlich übereinstimmende Formulierung, daß Tucholsky »nur Demagogie um der Demagogie willen« treibe. So formulierte es auch Rolf Nürnberg im *Scheinwerfer*, den *Blättern der Städtischen Bühnen Essen*.

Im Chor der Kritiker, denen dieses mit rücksichtsloser Schärfe geschriebene Buch nicht zusagte, war auch der Theaterkritiker Herbert Jhering, langjähriger Mitarbeiter der *Weltbühne*. Im *Börsen-Courier* hielt er dem in Paris und Schweden »bequem« sitzenden »Zeitprediger« und »Kanzelredner« Tucholsky tadelnd vor, daß er über »Zustände und Zusammenhänge« schreibe, die er überhaupt nicht übersehe, und daß er »immer wieder dieselben Aufsätze gegen das Militär, gegen die Justiz, gegen den Spießer« schreibe. Er machte Tucholsky sogar für den immer anmaßenderen Ton und den Hetzjargon der nationalsozialistischen Schreiber in Deutschland mitverantwortlich: »Warum wird auf der anderen Seite zum Sturmangriff geblasen? Warum hält man die Zeit für gekommen? Weil die linke Polemik entscheidende Fehler gemacht hat.« Als einen solchen Fehler betrachtete er das *Deutschland*-Buch.

Nürnberg, Jhering und auch einige andere Publizisten taten so, als habe es seit 1919 nicht ununterbrochen in nationalistischen Blättern, vom *Lokalanzeiger* bis zum *Angriff*, ungezügelte Hetze gegen die Republik, niederträchtige Mordaufrufe gegen bürgerliche und sozialistische Realpolitiker und kommunistische Führer und ununterbrochen geschürten Judenhaß gegeben. In der Abwehr dieser Schlammflut, in der Verteidigung der Republik und im Bekenntnis zur notwendigen Auseinandersetzung der Klassen durch radikale Demokraten wie Tucholsky erblickten sie dagegen eine Vergiftung der »geistigen Atmosphäre«.

Das Kesseltreiben betraf jedoch nicht Tucholsky allein. Auch Walter Mehring, Autor des radikal antikapitalistischen Bühnenstücks *Der Kaufmann von Berlin*, das bei Piscator aufgeführt wurde, bekam nach der Premiere im September 1929 die gleiche Reaktion zu spüren. Das veranlaßte ihn, wieder einmal einen seiner witzig giftelnden Briefe auf den Weg zu bringen: »Lieber Tucho! Sie sind schuld an allem!« Das nämlich hatte man Mehring in der Redaktion des *Berliner Tageblatts* geantwortet, als er sich dort gegen die maßlose Hetze zur Wehr setzen wollte: »Wissense was? – Natürlich finden wir empörend, was so die nationale Presse über Sie schreibt! Aber mit schuld ist ja auch der Herr Tucholsky. Der hat angefangen damit.«

Es war allen voran die *Deutsche Zeitung*, das Sprachrohr der Herren in Zylinder, Stahlhelm und Monokel, die zum Pogrom gegen alle »Kulturbolschewisten«, zu denen auch Tucholsky rechnete, aufrief: »Werft alle auf den Kehrichthaufen. Schleppt sie mit den Karren davon. Macht gute Arbeit! Macht ganze Arbeit!«

Auf die Vorhaltungen Herbert Jherings im *Börsen-Courier* und *Tage-Buch* antwortete Tucholsky in einem sehr persönlich gehaltenen Brief, in dem er den Vorwurf vom »Genießer« entschieden zurückweist und darauf aufmerksam macht, daß er recht oft Gelegenheit gehabt habe, sich in Deutschland umzusehen, auch auf den Gerichten und in den Strafanstalten. Insbesondere gibt er zu bedenken, daß das Risiko eines Zeitungskritikers, eines bloß »Stellungnehmenden«, erheblich kleiner sei »als das eines Schriftstellers, der hart zuschlägt – jenem erwidert höchstens der Gegner mit einem schönen Aufsatz – diesem schlagen sie, wenn sichs macht, die Knochen entzwei«.

Tucholsky war nicht für »allgemeine Beruhigung«, wie sie 1929 mit der nationalen Welle in bestimmten Kreisen der bürgerlichen Intellektuellen als Haltung aufkam und wie er sie aus den Aufsätzen von Jhering herauszulesen meinte. Er *wollte* beunruhigen. Was er aber an Jherings Kritik ganz besonders vermißte, war das »Gefühl für Blut und Tränen«. Er fragte ihn: »Hören Sie nicht den unterirdischen Schrei, der oft keinen künstlerischen Ausdruck findet und den man mit allen raffinierten Mitteln unterdrückt, wo man nur kann?... Immer, wenn ich schreibe, denke ich an das Leid der Anonymen, an den Proletarier, den Angestellten, den Arbeiter, an ein Leid, von dem ich durch Stichproben weiß.« Einen wichtigen Satz setzte er noch hinzu: Lieber wolle er den Vorwurf auf sich sitzenlassen, »künstlerisch nicht befriedigt oder aus Empörung über das Ziel hinausgeschossen zu haben, als ein Indolenter zu sein«.

Eine völlig andere Sicht auf das Buch hat der antifaschistische Schriftsteller Nico Rost, der es im November 1929 für die französische Zeitschrift *Littérature et Photographie* besprach. Er wertete es als »ein sensationelles Buch, genauso wichtig und bedeutend wie die Werke von Remarque, Renn und Glaeser«. Heartfield und Tucholsky brächten in ihrem Buch »eine klare und harte Widerspiegelung all dessen, was sie lieben und hassen, was sie verachten und verteidigen, all dessen, was sie quält, und all dessen, was sie hoffen läßt«. Seit Hölderlin und Heine habe kein Schriftsteller sein Land mit so viel Liebe kritisiert wie Tucholsky.

Eine Eigentümlichkeit des Buches ist noch zu erwähnen, die im Kampf der Meinungen eine Rolle spielte. Es wird von Tucholsky mit einem umfänglichen Hölderlin-Zitat über das Volk der Deutschen eingeleitet und mit seinem eigenen Bekenntnis zu Deutschland abgeschlossen. Diese beiden Textteile heben sich auf Grund ihrer dichterischen Sprache vollkommen vom gesamten übrigen Buchinhalt ab. So kommt es, daß das Buch am Schluß mit dem Gedicht von der *Wohltätigkeit* unmittelbar in den Epilog *Heimat* übergeht, also von agitatorischer Sprache in eine romantisch-poetisch gehaltene Lobpreisung deutscher Landschaft. Anzunehmen, der

106

John Heartfield – weltbekannter Name der politischen Fotomontage

Epilog *Heimat* sei ein Zugeständnis an seine politischen Gegner, für die er seit 1919 weiter nichts war als ein Negierer, ein Nur-Neinsager, ist ein fundamentaler Irrtum. Tucholsky hat seinen Kampf nicht als »Negativer« geführt und dieses Buch nicht aus solcher Haltung heraus geschrieben. Er definiert sein Verhältnis zu Deutschland mit den Worten: »Wir haben das Recht, Deutschland zu hassen – weil wir es lieben«, und postuliert aus dieser Haltung seinen Besitzanspruch auf das Land, das Deutschland heißt. »Man hat uns zu berücksichtigen, wenn man von Deutschland spricht... Deutschland ist ein gespaltenes Land. Ein Teil von ihm sind wir.«

Das durch seine zweihundert Fotos modern und anschaulich wirkende Buch hatte ein ungewöhnlich großes Echo im Ausland; die Zustimmung reichte von der sozialistischen Presse Frankreichs bis zur großbürgerlichen Zeitung der Schweiz. Man akzeptierte, daß hier ein »Kommunist«, so eine Amsterdamer Zeitung, sein Land mit den Augen der benachteiligten Klasse sah, und fand allgemein, in ungarischen Zeitungen genauso wie in der *Times*, daß dieses Werk, das die sozialen und historischen Wurzeln des deutschen Ungeists bloßlegte, angesichts des in eine neue Katastrophe hineinmarschierenden großdeutschen Nationalismus »eine Tat« sei. Die politische Aktualität und den internationalen Rang der Arbeit Tucholskys bestätigte nicht zuletzt die Tatsache, daß sein Buch 1931 in Kiew in ukrainischer Sprache herauskam.

Mit »5 PS« und »Mona Lisa« auf Tournee

1929 bekam Tucholsky von literarischen Gesellschaften, Kunstvereinen und Künstleragenturen wiederholt Angebote, in verschiedenen Städten Deutschlands Vorträge zu halten und aus seinen Werken zu lesen. Man wollte, da von ihm gerade neue Bücher erschienen waren, den Verfasser persönlich kennenlernen, der als Kommunist galt und obendrein als amüsanter, witziger Mann. Tucholsky hatte in der Vergangenheit von solchen Angeboten höchst sparsam Gebrauch gemacht. Im September 1928, er war gerade aus Schweden zurück, sprach er auf Einladung in Köln und Düsseldorf über die deutsch-französischen Beziehungen. Es handelte sich dabei nur um einzelne Veranstaltungen, die große Tournee begann erst im Frühjahr 1929. Sie führte ihn von Berlin aus nach Hamburg und Köln, für November und Dezember standen Frankfurt am Main, Breslau, Leipzig, Dresden, Darmstadt, Wiesbaden, abermals Köln, Mannheim und Hamburg auf dem Programm. Er sprach sowohl über sein Thema Frankreich als auch über die in Deutschland anstehende Strafrechtsreform, meist jedoch las er aus seinen Werken.

Es war jedesmal dasselbe Bild: Ein distinguierter Herr im eleganten blauen Anzug, älter wirkend, als er war, nahm am Tisch Platz, in seinen Bewegungen ruhig und bestimmt. Man hätte ihn für einen Rechtsanwalt oder einen höheren Beamten in Ministeriumsdiensten halten können. Ruhig und sachlich auch seine männlich klingende baritonale Stimme.

Dazu eine klare, überdeutliche und gut nuancierte Aussprache. Mit einem Wort, auch der Enddreißiger in seiner vom Schnitt des Anzugs elegant kaschierten Korpulenz noch immer ein »ganz einheitlicher Mensch«, wie Franz Kafka von ihm gesagt hatte.

Der Kontakt zwischen Podium und Publikum stellte sich schnell her. Die Urteile liefen immer wieder auf dasselbe hinaus: Sprecher von ganz ungewöhnlichem Format. – So plastisch, wie er schreibt, spricht er auch. – Man lachte sehr, und man lernte viel. – Sehr temperamentvoll. – Ein Meister der Vortragstechnik. Besonders gut, wo er berlinisch sein konnte.

Auftakt der Frühjahrstournee waren zwei Lesungen Mitte März in Berlin. Der Bechsteinsaal am Potsdamer Bahnhof war bis auf den letzten Platz gefüllt, die Karten schon lange vorher ausverkauft. Er bekam sehr gute Kritiken, unter anderem von Ludwig Marcuse, auf den die vorgetragenen Kampfverse den stärksten Eindruck machten. »Sie zünden, weil sie treffen; aber sie würden den Zuhörer nicht so mitnehmen, wenn sie rhythmisch nicht so richtig wären.«

Wenn von allen Büchermenschen so viel Leben ausginge wie von Tucholsky, dann brauchte man dem Absatz ihrer Werke »nicht mit lahmen Bücherwochen nachzuhelfen«, fand die *Tilsiter Allgemeine Zeitung*. Für deren Korrespondenten war der Abend in Berlin mehr als eine Lesung. »Es feuerwerkte da ein Stück satirisches Zeittheater vor uns auf, daß der Saal vor Erregung und Laune fieberte und selbst die ›Konkurrenz‹ im Haus, von Alfred Polgar bis zu Roda Roda, stürmisch applaudierte.«

Gesinnung, Stil und Persönlichkeit – das war es, was den Abenden mit Kurt Tucholsky das besondere Fluidum verlieh. Die Prosastücke und Gedichte, die auf dem Programm standen, bewiesen nach Meinung der *Vossischen Zeitung* eine »seltene Mischung von Mut, Weitblick, Können – und jenem Maß von Weltangst, das nötig ist, um aus einem Schriftsteller einen Dichter zu machen«. Die originellste Rezension schrieb Kurt Pinthus. Ihn inspirierten die beiden Berliner Abende zu einer Wendriner-Parodie für das *8-Uhr-Abendblatt*: »Goldrichtig, was der Mann sagt, alles goldrichtig. Stecken Sie sich ruhig 'ne neue an. Dann redt er auch

Poesie. Wissen Sie, was Poesie ist? Mensch, Sie haben ja keinen Zug; blasen Se mal nach außen. So... Also Poesie ist noch kürzer als das andere und reimt sich hinten, hat auch oft 'nen Refrain, wissen Se, wie in der Operette. Kann Ihnen sagen, das schneidt einem durch Mark und Bein, scharf wie ein Tranchiermesser, wenn's vom Schleifen kommt!«

Hans Mayer beschreibt in seinen Erinnerungen, wie er im März 1929 einen Abend in Köln erlebte, wo Tucholsky über die Justiz sprach. In der Bürgergesellschaft habe man den Vortrag dieses ungewöhnlichen Referenten nicht anders behandelt als das Auftreten eines Streichquartetts. »Als es Zeit war, kam das Klingelzeichen. Der Große Saal war dicht gefüllt, man wartete auf den Redner, der aus dem Künstlerzimmer zu treten hatte, dann die steile Treppe, da stand ein Rednerpult mit dem üblichen Glas Wasser. Wenn er oben war, würde es den Begrüßungsapplaus geben wie beim Streichquartett, dann konnte man anfangen.« Es verlief aber etwas anders: »Es öffnete sich die Tür zum Künstlerzimmer. Heraus kam, sehr rasch vorwärts strebend, der untersetzte Mann. Schon vor der Treppe fing er an zu reden, man war verblüfft, wurde plötzlich ganz ruhig, um zu vernehmen, was da hervorgestoßen wurde. Nun die Treppe, jetzt war er oben, an Begrüßungsapplaus war nicht zu denken, man war schon mittendrin. Ich erinnere mich, daß er oben, sozusagen als ersten Satz des eigentlichen Referats, den Satz formulierte: ›Was nun die Justitia betrifft, die mit der Binde vor den Augen, so ist das so...‹.«

Tucholsky hatte auch an diesem Abend kein Manuskript bei sich, er strebte sichtlich weg vom Rednerpult, auch das Glas Wasser blieb, wie sich Hans Mayer erinnerte, unberührt. Er sprach frei und hielt sich an seine eigenen Ratschläge für den guten Redner: »Hauptsätze. Hauptsätze. Klare Disposition im Kopf – möglichst wenig auf dem Papier. Tatsachen, oder Appell an das Gefühl... Ein Redner sei kein Lexikon. Das haben die Leute zu Hause. Der Ton einer einzelnen Sprechstimme ermüdet; sprich nie länger als vierzig Minuten. Suche keine Effekte zu erzielen, die nicht in deinem Wesen liegen.«

Die freie Rede und das »unmittelbar zur Sache kommen« imponierten dem damaligen Studenten Hans Mayer um so mehr, als er die roten Heftchen der *Weltbühne* schon seit der Schulzeit las und in Köln dem Freundeskreis der *Weltbühne* angehörte. Solche losen Vereinigungen, gefördert durch die Berliner Redaktion, gab es in mehreren deutschen Städten. Ihre Mitglieder und Sympathisanten bildeten natürlich das Kernpublikum der Tucholsky-Abende. Es wurden Kundgebungen im Geiste der *Weltbühne*. Daher konnte es nicht ausbleiben, daß diese Vortrags- und Lesereise zu einer scharfen Polarisierung um Tucholskys Person, zu heftigstem Pro und Kontra im Publikum führte. Bezeichnend für die Reaktion von Presse und Publikum war die Tatsache, daß man ihn dort, wo man mit seinen Ansichten übereinstimmte, auch als bedeutenden Schriftsteller würdigte, während die Gegenseite die literarische Leistung vollkommen ignorierte, ihn beschimpfte und bedrohte.

Die *Leipziger Neuesten Nachrichten* schrieben am 1. Dezember 1929 über den Abend im Kaufhaussaal zustimmend: »Ein vorwiegend junges, parteipolitisch angewärmtes Publikum empfängt ihn mit donnerndem Applaus, das Podium wird zur ›Weltbühne‹. Scharfe Pointierung ... vortrefflicher Interpret.« Die *Dresdner Nachrichten* dagegen echauffierten sich: »Und wenn er gar zu den berüchtigten Ausfällen gegen alles Deutsche, gegen die deutsche Familie, die deutsche Frau, den deutschen Soldaten, die deutsche Vergangenheit, die christliche Geistlichkeit, wenn er das alles mit Geifer besudelt, der an Schärfe nicht zu übertreffen ist, dann versteht man schlechterdings nicht, wie sich ein deutsches Publikum derartiges gefallen läßt, ohne zu protestieren.« Der aus Prag stammende Hans Natonek, der führende Kopf des Leipziger linken Feuilletons und *Weltbühnen*-Mitarbeiter, kam hingegen zu dem Urteil: »So wie er das macht, macht das keiner in Deutschland.«

Wie in Sachsen, war es auch in Schlesien. Fand die *Breslauer Zeitung* vom 3. Dezember 1929, er fessele, ergötze und reiße sein Publikum zu stürmischem Beifall hin, so entrüstete sich die *Schlesische Volkszeitung* vier Tage später: »Entgleisungen schlimmster Art, Taktlosigkeit, Provokation, Unverschämtheit ... Übertraf selbst die schlimmsten Erwartungen.« Schrieb der *Frankfurter Generalanzeiger* vom 20. November 1929: »Tucholsky hat vier Namen, noch mehr Charakter. Es war schön, daß er seine Vorlesung mit dem ›Bekenntnis‹ anfing und der Rede über den Krieg«, so giftete die *Volksstimme Frankfurt* in der gleichen Woche: »Nur literarisches Blendwerk ... Kein Tatmensch, nur ein negativer Kritiker.«

In Berlin gingen die Lesungen im März 1929 noch ohne besondere Zwischenfälle über die Bühne. Tucholsky macht sich aber keine Illusionen. Auf seinem Schreibtisch lag noch der Zettel, den man ihm wenige Monate zuvor in Köln vor seinem Auftreten zugestellt hatte, eine anonyme Warnung, er solle sich rechtzeitig durch polizeilichen Schutz sichern, man habe etwas gegen ihn vor. Auch eine andere Zuschrift besaß er noch von seiner ersten Rheinlandtournee, die ihm das Risiko öffentlicher Auftritte bewußt machte. Ein Besucher des Abends, Erich Leysens aus Wesel, drückte ihm seine Hochachtung aus und warnte ihn gleichzeitig. »Wenn Sie den sehr stark nationalistischen, einfältig-starren Revanchegeist, ›Kriegervereinsgeist‹, hier im Westen kennen, so waren Ihre Schilderung, Ihr Bekenntnis und die logischen Forderungen eine Tat.«

Nicht selten gab es bei seinen Lesungen provokatorische Zwischenrufe. Auf Störungen reagierte er zuweilen sehr energisch. Bei einer Lesung in einer Buchhandlung in Frankfurt am Main schrie ein Besucher, Typ Offizier, zum Podium hin: »Das ist ja eine Taktlosigkeit!«, worauf Tucholsky sich erhob, den Zwischenrufer scharf musterte und in den Saal zurückdonnerte: »Wir haben *Sie* während des Krieges lange reden lassen. Jetzt reden *wir*!«

Als er im März 1929 vom Westdeutschen Rundfunk in Köln zu einer Lesung eingeladen wurde, löste das eine Protestaktion der Kölner Deutschnationalen aus. »Mißbrauch des Rundfunks! Ungeheure Brüskierung weitester Kreise der Hörerschaft, einen solchen Mann sprechen zu lassen, dazu noch am Tag des Buches ... Geradezu unglaubliche Verhöhnung und Besudelung des deutschen Heldentums im Weltkriege ... hätte Grund und Ursache genug sein sollen, den Vortrag dieses sattsam bekannten Pazifisten zu verhindern.«

Der Beifall, den Tucholsky trotz massiver Gegenagitation fand, täuschte ihn nicht darüber hinweg, daß die, die ihm zustimmten, nicht die Mehrheit in Deutschland ausmachten.

Er war auch enttäuscht darüber, daß bei seiner Berliner Lesung, so berichtet es der mit ihm befreundete Kunsthistoriker Eduard Plietzsch, keine jungen Menschen aus anderen politischen Lagern den Weg zu ihm gefunden hatten. Das stimmte ihn sehr nachdenklich. Auch sein Publikum sah sich Angriffen ausgesetzt.

In Lokalzeitungen der NSDAP waren verschiedentlich »Warnungen vor Tucholsky« erschienen. Im *Nassauer Beobachter* hieß es: »Das Auftreten dieses widerlichsten Deutschenhetzers und Landesverräters in Wiesbaden ist gerade jetzt nach der Wahl die unverschämteste Provokation der nationalen Wiesbadener Bevölkerung, die sich denken läßt. Es wäre eine dankenswerte Aufgabe, sich die Leute zu merken, die durch den Besuch des Vortrages diesem Juden ihre Sympathie ausdrücken.«

Wegen der zu erwartenden Zwischenfälle wurden in Breslau, Wiesbaden und Hamburg jedesmal verstärkt Polizisten in der Nähe der Veranstaltungsräume postiert.

Während es jedoch auf der bisherigen Tournee nur vereinzelt Störungen wie Pfiffe und Zwischenrufe gegeben hatte, kam es im November 1929 in Wiesbaden zu einem massiven Anschlag. Zwar konnte Tucholsky seinen Vortrag beenden, nachdem das herbeigerufene Überfallkommando die Randalierer entfernt hatte, aber die Rechtspresse, die konservativen Verbände und Organisationen hatten damit endlich ihre Meldung vom »Volkszorn gegen Tucholsky«. Was sie dabei unterschlugen, war die Tatsache, daß die Rotte der Nazis auf der Straße ihre Krawalle fortsetzte, ein vorfahrendes Auto anhielt und einen Mann, von dem sie glaubte, es sei Tucholsky, herauszerrte und auf ihn einschlug. Dem schuldlos verprügelten Dr. Walter B. Meyer schrieb Kurt Tucholsky sofort, als er davon erfuhr, einen Entschuldigungsbrief. Der Vorfall sei ihm sehr unangenehm, weil er für seine Taten gern selber einstehe. Tucholskys Schlußfolgerung daraus war, daß er sein Programm in Breslau, dem nächsten Ort seiner Tournee, verschärfte.

In einigen der bürgerlichen literarischen Gesellschaften, die ihn eingeladen hatten, kam es nach der Lesung zu heftigen Auseinandersetzungen. Vorstandsmitglieder, sofern sie für Tucholsky eintraten, wurden öffentlich angegriffen. In

Wiesbaden war der Druck so stark, daß der Vorstand unter Hans Olden zurücktreten mußte. Die Geschäftsführung ging in die Hände eines gewissen Majors a. D. Dr. Schulz über. Auch in Hamburg sah sich der Kunstverein wegen Tucholsky massiven Angriffen ausgesetzt, wenngleich es hier nicht zu personellen Veränderungen im Vorstand kam. Wortführer der konservativ-nationalistischen Kreise war ein Generalmajor a. D. Freiherr von Ledebur, der sich im *Hamburger Nachrichtenblatt* öffentlich darüber empörte, daß dem »elenden jüdischen Literatentum« von der Hamburger Kunstgesellschaft ein Podium zur Verfügung gestellt worden war, obwohl er, der General, dem Vorstand rechtzeitig die Boehm-Schrift *Die Offiziershetze* von 1922 zugestellt hätte.

Letzter Ort der Tournee war im Dezember 1929 Hamburg. Hier wurde die Lesung im dichtgefüllten großen Saal des Curiohauses trotz kleinerer Zwischenfälle ein Sieg für Tucholsky. Beobachter hatten den Eindruck einer politischen Wahlversammlung – oben der agitatorische Redner, unten die Masse. Eine Radaugruppe versuchte einige Male mit Zwischenrufen und Trillerpfeifen Unruhe zu schaffen, man drehte immer wieder das Licht an und aus, einer warf sogar eine Stinkbombe. Alles vergebens. Das *Hamburger Fremdenblatt* und der *Hamburger Anzeiger* stellten sich voll hinter Tucholsky, den Mann mit den »fünf siegreichen Namen«. Sie schrieben, der Eindruck des Abends sei unbestritten stark gewesen. Tucholsky verfüge über kein mächtiges und eindrucksvolles Organ, doch sein überlegener Geist verleihe jedem seiner Worte Bedeutung. An diesem Abend habe der Dichter über den Polemiker triumphiert. Die Nachrufe auf Sling und Heinrich Zille, das herrliche Spottgedicht *Das Mitglied*, das wunderbar ergreifende Gedicht *Mutterns Hände* und die *Bitte an die Geschworenen* sowie das Kapitel aus dem *Pyrenäenbuch* hätten tiefsten Eindruck hinterlassen.

Kurt Tucholsky mag sich gefreut haben, am Ende seiner Vortragsreise gerade in Hamburg, das er liebte, diese Anerkennung gefunden zu haben. Der Verlauf der Tournee insgesamt aber machte ihm mit erschreckender Deutlichkeit klar, daß in Deutschland die Kräfte der Demokratie auf keinem aussichtsreichen Posten standen. Im Briefwechsel mit Mary Tucholsky finden sich ziemlich resignierende Töne: »Für *wen* ich das eigentlich mache ... das weiß ich nach dieser Reise weniger als je. Es ist trostlos.« Wie bitter diese Erfahrung für ihn war, ist auch dem letzten Brief von 1935 an Arnold Zweig zu entnehmen, in dem er sagt: »Ich weiß es seit 1929 – da habe ich eine Vortragsreise gemacht und ›unsere Leute‹ von Angesicht zu Angesicht gesehen, vor dem Podium, Gegner und Anhänger, und da habe ich es begriffen, und von da ab bin ich immer stiller geworden.«

Und dennoch war nichts umsonst gewesen. Das, was er gelesen und gesprochen hatte, übte auf viele seiner Hörer eine reale Wirkung aus, sein Auftreten nahm Einfluß auf den politischen Differenzierungsprozeß und wurde als Mahnung verstanden. Es bleibt eines seiner Verdienste und spricht für den Bekennermut sowie den kämpferischen Geist des Künstlers Tucholsky, seine Stimme öffentlich und rechtzeitig vor der Deutschland drohenden Gefahr erhoben zu haben.

Mit der Vortragsreise war für Kurt Tucholsky das Jahr 1929, ein nicht minder unruhiges Jahr als das voraufgegangene, zu Ende. Er war froh, nach Lugano zu Lisa Matthias fahren zu können, die für das Jahresende dort gewöhnlich Wohnung nahm, und danach wieder in seine produktive Stille nach Schweden zurückzukehren. Die Zimmer seiner kleinen Villa in Hindås waren in der Zwischenzeit einzugsfertig, die Möbel vom Speicher aus Paris angekommen.

Kapitel VIII

AUF DEM WEG NACH SCHWEDEN

Mit fünf PS weiter für die »Weltbühne«

Tucholsky blieb auch in den Jahren, da er stärker als Buchautor in Erscheinung trat, der *Weltbühne* eng verbunden. Sie war weiterhin die Basis seiner literarischen Arbeit, sein Podium und seine Tribüne, von der er, unterstützt von seinen gut trainierten Pseudonymen, den Vormarsch der Reaktion aufzuhalten versuchte.

Als die *Weltbühne* im Herbst 1930 ihr fünfundzwanzigjähriges Jubiläum feierte, schrieb er als »diensältester« Herausgeber den Erinnerungsartikel. Darin hält er Rückschau auf die vergangenen siebzehn Jahre, in denen er selbst mitgearbeitet hat und von denen er dreizehn lange Jahre Siegfried Jacobsohns erster Gehilfe war. In der Betrachtung der Verdienste der kleinen Wochenschrift, die sich 1918, noch im Kriege, den Namen *Weltbühne* gab – »und ich glaube, daß wir diesen Namen gerechtfertigt haben« –, betont er, daß die *Weltbühne* ein unabhängiges Organ sei und unabhängig bleiben müsse. Noch einmal bekräftigt er zum Schluß des zehnseitigen Artikels Programm und Ziel des Blattes, dessen moralischer Wirkungskreis aus seiner Sicht »erfreulich groß« und dessen merkantiler mit zwölftausend Auflage ständig im Wachsen begriffen sei: »Solange die ›Weltbühne‹ die ›Weltbühne‹ bleibt, solange wird hier gegeben, was wir haben. Und was gegeben wird, soll der guten Sache dienen: dem von keiner Macht zu beeinflussenden Drang, aus Teutschland Deutschland zu machen und zu zeigen, daß es außer Hitler, Hugenberg und dem fischkalten Universitätstypus des Jahres 1930 noch andre Deutsche gibt.«

Tucholskys Beitrag ist ohne Emphase, ohne jede Polemik, ruhig und beinahe ein wenig langatmig geschrieben. Eine Programmerklärung zur gegenwärtigen Politik in Deutschland und den neuen Aufgaben der *Weltbühne* konnte und sollte es schon deshalb nicht werden, weil die Aufgaben für die Zeitschrift die gleichen geblieben waren. Obwohl Funktion und Position der Zeitschrift auch vom Standpunkt ihrer Leserschaft von Tucholsky grundsätzlich richtig interpretiert waren, bleibt die Frage, ob angesichts der ersten Notverordnungen des Kanzlers Brüning, des zunehmenden organisierten Straßenterrors der SA, der den militanten Machtanspruch der Nationalsozialisten signalisierte, und des seit dem 17. Januar über Preußen verhängten Belagerungszustandes – ob angesichts dieser Situation nicht ein Artikel mit stärkerer Orientierung nach vorn erforderlich gewesen wäre. Solche Überlegungen mögen die *Linkskurve* veranlaßt haben, zu dem Tucholsky-Artikel kritisch zu fragen, wo die Perspektiven für die Zukunft seien. Man rügte, daß der Jubiläumsartikel »kein konkretes Ziel« formuliert und »kein Programm« aufgestellt habe.

Forderungen dieser Art ließen Unverständnis gegenüber der Aufgabe erkennen, die sich die Zeitschrift gestellt hatte: als unabhängiges Organ an der Seite der Arbeiterklasse zu wirken. Das hatten Ossietzky und Tucholsky – und damit über Siegfried Jacobsohn hinausgehend – vielfach in ihren Beiträgen dargelegt, dazu bedurfte es zum fünfundzwanzigsten Jubiläum keines festlichen Schwures. Erich Mühsam traf in diesem Punkt den Sachverhalt genauer, als er mit seinem kleinen Glückwunsch der *Weltbühne* seinen Gruß entbot als einer »bürgerlichen Zeitschrift aus revolutionären Bezirken«. Mit Hochachtung gegenüber der »tapferen Zeitschrift« und der »vorbildlichen Leitung von Kurt Tucholsky und Carl von Ossietzky« äußerte sich zum Jubiläum auch die im Neuen Deutschen Verlag Willi Münzenbergs erscheinende Zeitung *Berlin am Montag* in ihrer Ausgabe vom 7. September 1930. »Nicht alles, was sie schreiben, ist richtig, und nicht alles, was richtig ist, schreiben sie. Aber der Geist, der das Ganze beseelt, ist von der Art, daß ihn die Reaktion fürchten und die Revolution loben muß.«

Von einem sehr wichtigen Teil seiner Arbeit für die *Weltbühne* hat Tucholsky in seinem Artikel nicht gesprochen: die Beantwortung der Leser- und Kollegenpost, die neben seinen Autoren- und Herausgeberpflichten ein großes Pensum an zusätzlicher Arbeit bedeutete und ihn seit Jahren viel Zeit kostete – es war seine Verbindung zum Leben, er konnte und wollte sie nicht missen.

Daß der meist ferne Mitherausgeber von den Lesern der *Weltbühne* auch in diesen Jahren nicht als Emigrant oder Fremder empfunden wurde, belegen die Briefe, die in der Redaktion für ihn gesammelt und an seine jeweilige Adresse

»Geben Sie Ihr Bild nicht in die Bücherkataloge. Sie sind rundlich, und wir haben uns Sie immer schlank und sehnig vorgestellt!«
(Eine Dame aus der Provinz an Peter Panter).
Sein Kommentar dazu: »Und das mir!«

nachgeschickt wurden. Es waren Zeugnisse großen Vertrauens zu einem Mann, der sich in seiner Persönlichkeit voll zu erkennen gab. Verbundenheit sprach aus dem Brief eines jungen *Weltbühnen*-Lesers mit Namen Fred Ascher aus Berlin-Wilmersdorf, dem es nach Mühen endlich gelungen war, Journalist zu werden, und der nun »Ihnen, lieber Herr Tucholsky, noch einmal ganz besonders dafür danken möchte, daß Sie mich während der zehn Jahre, in denen ich Ihre Artikel lese, noch nicht ein einziges Mal enttäuscht haben. Und wenn mich jemand fragt, was ich werden will, dann kann ich mit gutem Gewissen antworten: Ich möchte furchtbar gern Tucholsky werden!« Es kam mitunter vor, daß auf Artikel von Tucholsky so viel Post einging, daß die Leser zu Mitautoren des Blattes wurden. Ossietzky konnte 1929 aus den Zuschriften zum Artikel *Provinz* mehrere Seiten für das Heft zusammenstellen – Bestätigungen für den von Tucholsky geforderten Kampf gegen Stahlhelm und Nationalsozialisten, die überall im Reich unter dem Schutz der Gerichte und der Polizei »blühen und gedeihen«. Ewald Bohm aus Schneidemühl machte in anderem Zusammenhang Tucholsky auf eine Dokumentation über sächsische Kinderarbeit aufmerksam, mit dem Erfolg, daß die Redaktion dieses Material anforderte und einige Nummern später abdruckte. Als die *Weltbühne* über das Elend und die Hungerlöhne der Heimarbeiter im Erzgebirge berichtete und ihre Leser dazu aufforderte, die Namen von Ausbeuterfirmen und -fabrikanten zu nennen, weil auch Kampf im kleinen nütze und nichts umsonst getan sei, ging mehr als erwartet Post ein.

Es war so, wie Tucholsky geschrieben hatte – die *Weltbühne* war das Blatt ihrer Leser, von dort kam das Echo, die kritische Meinung, die Bestätigung. Der Anreger Tucholsky war auch der Stolz seiner Leser, nicht zuletzt deshalb, weil die Beantwortung der Post durch ihn sehr sorgfältig und sehr freundschaftlich erfolgte, wie sich auch der Schriftsteller Walter Bauer und der Literaturwissenschaftler Hans Mayer nach Jahrzehnten noch erinnerten.

Im Spätsommer 1929 trat Tucholsky in einen Briefwechsel mit der katholischen Publizistin Marierose Fuchs, der sich über einen Zeitraum von mehr als zwei Jahren zu einem freundschaftlichen Gedankenaustausch entwickelte. Sie hatte in der *Germania*, Zeitung der Zentrumspartei, eine Sammelrezension *Journalistik im Buch* veröffentlicht, darin die Sprachkunst und Vielseitigkeit Tucholskys gelobt, zugleich aber einen »erschreckenden Mangel an Ehrfurcht vor fremder Überzeugung« an ihm beklagt. Das war der Anlaß, warum Tucholsky an sie schrieb. Ausführlich erläuterte er seiner Kontrahentin, daß er stets unterscheide zwischen Kirche »als Hort des Glaubens« und Kirche »als politischer Institution«. Was ihn selbst von jeder Religion grundsätzlich trenne, sei dies: »Die Fronten heißen in dem materialistischen Kampf: Bolschewismus und Kapitalismus. Ja, ich weiß schon ... det Jeistige. Erzählt mir doch nichts: die Leute wollen essen, keine Tuberkulose haben ... liebe Fuchs, ich habe einen Einwand gegen das Christentum: Es hat noch nie etwas geholfen. Wie sieht die Geschichte der christlichen, der allerchristlichsten Staaten aus? Bluttriefend. Also? Also ist es nichts, nützt es nichts, hilft nichts ...« Fair und zugleich konsequent in der Polemik bekräftigt er in diesen Briefen abermals seine Position, die er seit 1911 einnimmt: daß er für eine Änderung der Besitzverhältnisse und ein menschenwürdiges Leben der Arbeitenden eintritt. »Das und nur das ist der Grund meines Kampfes.« Zwar seien die karitativen Anstrengungen katholischer Priester und Laien sehr anerkennenswert, aber an den Verhältnissen würden sie eben nichts ändern.

Dieser Briefwechsel, der von bemerkenswerter Toleranz gegenüber den wirklichen Gläubigen getragen ist, kann nicht, wie es mitunter geschieht, als Annäherung an den Katholizismus interpretiert werden, er ist ganz im Gegenteil Abgrenzung und Positionsbestimmung. Er ist darüber hinaus ein Toleranzbekenntnis gegenüber den »Suchenden in allen Lagern«, zu denen Tucholsky sich selbst rechnet. Der Briefwechsel mit Marierose Fuchs war für ihn ein wichtiger Gedankenaustausch zu weltanschaulichen und philosophischen Fragen, der Spuren in seinem Werk hinterließ.

Die Korrespondenz, die bis auf wenige Seiten nahezu vollständig erhalten ist, erschien 1969 als Sonderpublikation im Rowohlt-Verlag unter dem Titel *Briefe an eine Katholikin*.

Gruß aus Paris

Das Jahr 1930, in dem die *Weltbühne* ihr Jubiläum beging, war auch im persönlichen Leben Tucholskys ein Einschnitt. Am 9. Januar war er vierzig Jahre alt geworden. Etliche Zeitungen in Berlin wie auch in anderen Städten registrierten das freundlich. Es seien richtige »Giburtstagsartikel erschienen wie bei nem Gubilar«, bemerkte er spöttelnd Mary Tucholsky gegenüber, mit der er nach der Trennung brieflich weiter in Verbindung blieb. Am meisten habe er sich über das Geburtstagstelegramm von Walter Hasenclever amüsiert. »Rettet Eure Seele Rückkehrt Paris!« Von mehreren Seiten kamen gleichzeitig mit den Glückwünschen auch neue Einladungen zu Lesungen und Vortragsabenden. Er wollte aber nicht mehr.

Ein Glückwunsch besonderer Art war der großartige, leidenschaftliche Aufsatz, der im März 1930 in der französischen Wochenschrift *Revue d'Allemagne* erschien, verfaßt von dem Literaturkritiker und Publizisten Marcel Belvianes. Dieser versuchte die Besonderheit Tucholskys schon mit der Überschrift zu erfassen, indem er ihn als »Pamphlétaire et humoriste« bezeichnete. Im Pamphletisten würdigte Belvianes zunächst und vor allem den »Mann der Partei«, den Mitherausgeber der *Weltbühne* und Autor des *Deutschland*-Buches, dem es nicht darum gehe, Illusionen zu erwecken, sie vielmehr gründlich zu zerstören, und der daran mitwirken wolle, »die Kraft der Idee des Friedens zu entwickeln, ohne die Gegenkräfte zu unterschätzen«. Der französische Betrachter sieht in ihm zugleich auch den »Humoristen und Poeten – Dichter im rarsten Sinne des Wortes«, in der Sensibilität ebenso ursprünglich wie in der Intelligenz. Selbst seine Prosa entstamme, meint er, letzten Endes seiner »inneren Poesie«. Wie diese Poesie sich eine eigene Form der Mitteilung sucht, macht Belvianes an dem Gedicht *Träumerei auf einem Havelsee* deutlich, das er den französischen Lesern in Übersetzung vorstellt.

Einen speziellen Abschnitt seiner großen, achtzehn Seiten umfassenden Betrachtung widmete Belvianes den Frankreichschilderungen Tucholskys. Er kommt zu dem Urteil, daß Tucholskys Geist, »genährt von Heine und unseren subtilsten Schriftstellern«, das Nachbarland fast immer zu verstehen gewußt habe, und sich das, was er schildere, durch Objektivität auszeichne. Das größte Lob, in bisherigen Artikeln in dieser Deutlichkeit nicht ausgesprochen, ist die Feststellung, daß Tucholsky, um ein Milieu zu beschreiben, »die klaren und lebhaften Farben eines großen Romanciers« besitze und daß er für den französischen Leser »ein Deutscher in der ganzen und achtbarsten Bedeutung des Wortes« sei. Was konnte er sich nach den Jahren in Frankreich Besseres wünschen als dieses Echo aus einem Land, das er liebte? Mit den Grußworten von Henri Barbusse, die dieser im Jahr zuvor in Berlin auf der Matinee der Universum-Bücherei an ihn richtete, war dies die schönste Anerkennung, die er aus dem Kreis der französischen Kameraden für sein völkerverbindendes Wirken erhielt.

Tucholsky bedankte sich »herzlichst und kameradschaftlich« bei Belvianes für den Aufsatz in der *Revue d' Allemagne*, besonders aber für die so einfühlsame Übersetzung seiner Texte. Er hätte nie für möglich gehalten, daß sein Kram auf französisch überhaupt ausdrückbar sei, »und nun gar so etwas wie der Kaufmann im Boot ... also das haben Sie ganz großartig gemacht! Es ist genau, auf die feinste Nuance genau das herausgekommen, was ich gemeint habe.« Der Aufsatz habe ihn »unbändig gefreut. Nicht gelobt zu sein. Aber verstanden zu sein.«

Der Mann vor dem Spiegel

Verschiedene Zeitungen, so auch das Berliner *8-Uhr-Abend-Blatt*, hatten in ihren Geburtstagsartikeln darauf hingewiesen, daß Tucholsky in erfreulich vielerlei Gestalt in Erscheinung trete – als Dichter, Essayist, Journalist, Satiriker und Räsoneur; daß er ein Mann von bewundernswerter Konsequenz sei, in seinen Pseudonymen sich selbst treu geblieben, was gleichbedeutend sei mit »angriffsfroh und jung«.

Aber so zufrieden wie seine Leser mit ihm war Tucholsky mit sich selbst keineswegs. Vierzig Lebensjahre empfand er als eine deutliche Zäsur, sie machte sich schon lange vor dem Geburtstag bemerkbar, wie an den nachdenklichen, philoso-

108

In Paris, an einem Zeitungsstand

phisch grundierten Gedichten und Selbstbetrachtungen zu erkennen war. Nicht, daß er sich von Stimmungen des Zweifels oder der Melancholie von seinen Zielen ablenken ließ, aber Fragen nach dem tieferen Sinn seines Denkens und Tuns kamen ihm. Ab 1928 erschienen in der *Weltbühne* häufiger als in früheren Jahren Selbstporträts, meist in Form von Selbstgesprächen. Die Gedanken kreisen um Zeit und Vergänglichkeit, Einsamkeit und Zweisamkeit, Altern und Tod. Die Überschriften heißen *Der Mann am Spiegel, Berliner Herbst, Oller Mann, Media in vita, Einkehr* und *Dein Lebensgefühl*. Jetzt ist er nicht mehr Theobald Tiger, der die unbeschwert frechen, so glatt dahinfließenden Lieder mit witzig erotischer Pointe dichtet, sondern Kaspar Hauser, der, älter geworden, sich nachdenklich im Spiegel anschaut. Nach außen ist er zufrieden mit sich, fühlt das »gesunde Mark seines Lebens«, der Spiegelmann, der ihm entgegenblickt, zeigt ein glattrasiertes Gesicht; doch er zeigt mehr: »den Schuttplatz deiner Gefühle, zusammengelogen, zusammengelacht, geküßt, geschwiegen, gelitten, geseufzt: zusammengelebt... Mach dein Spiegelgesicht! Was in den letzten Jahren alles gewesen ist, nichts davon ist dir anzusehen. Alles ist dir anzusehen.« Je länger er in den Spiegel schaut, durch sich hindurch, merkt er auf einmal, wie »die glatte Sicherheit seines gebügelten Rocks dahin« und die Angst da ist.

1930 schreibt er abermals ein Gedicht, in dem er sich fragt, wann er sein tiefstes Lebensgefühl gehabt habe. Er sagt, niemals mit einem Freund, nicht mit einer Frau und nicht in der Masse. Immer nur allein. Und jetzt, wo er, vierzig Jahre alt geworden, in der Mitte des Lebens steht, muß er sich eingestehen:

> Verschüttet ist es bei dir.
> Du wolltest leben
> und kamst nicht dazu.
> Du willst leben
> und vergißt es vor lauter Geschäftigkeit.
> Du willst spüren, was in dir ist,
> und hast eifrig zu tun mit dem, was um dich ist –
> verschüttet ist dein Lebensgefühl.

In solchen privaten, sich selbst analysierenden Versen ist er der Dichter der Illusionslosigkeit, des Selbstzweifels und der Unsicherheit. Warum ihn sein Leben mitunter so tief bedrückte, hatte er schon 1925 einmal im Gedicht gesagt, als er in bezug auf sich und seine berufliche Existenz von dem »Gefühl der Popligkeit« sprach und daß es doch einmal auch anders sein müßte.

> Nicht immer nur Tag-für-Tag-Arbeiter,
> ein bißchen mehr, ein bißchen weiter...
> Sein Auskommen haben, jahraus, jahrein...?
> Es ist alles eine Nummer zu klein.
>
> Hunger nach Farben, nach der Welt, die so weit –
> Kurz: das Gefühl der Popligkeit.
> Eine alte, ewig böse Geschichte.
> Aber darüber macht man keine Gedichte.

Die Gedanken konzentrieren sich alle auf die so oder so variierte Frage: Wo ist der Halt, der Ruhepunkt, die ersehnte

Mitte seines Lebens? Er findet es vorerst nur im Gedicht. Solange er die Kraft hat, seine Lebenszweifel im Gedicht zu artikulieren, vermag er sich, indem er schreibt, wenn auch nur für befristete Zeit, von diesen Sorgen zu befreien, die Kräfte und Gegenkräfte seiner Natur in der Balance zu halten.

So ernst und heiter wie der Mensch Kurt Tucholsky, so ist auch das dichterische und publizistische Werk. Es ist kein Widerspruch, daß in seinem Schaffen zur gleichen Zeit und nebeneinander in Anlage, Ton und Stimmungsgehalt so gegensätzliche Arbeiten zu finden sind: Arbeitergedichte für die *AIZ* und Verse auf das Lächeln der Mona Lisa, Attacken auf Deutschlands Militaristen und Richter und verliebte Gesänge ans Grammophon, Spottverse auf Schlagerdichter, Berliner Bälle und den Smokingmann ebenso wie Poeme tiefster Melancholie und Trauer. Aber Tucholsky hat im Grunde keine Zeit, Selbstmitleid zum dominierenden Thema seiner Arbeit werden zu lassen. Er hat eine Schriftstellerfabrik und in Panter, Tiger, Wrobel und Hauser vier Mitarbeiter, die nicht umsonst auf der Welt sein wollen. Sie verlangen von ihm, daß er sich um sie kümmert und sie beschäftigt. Einst von ihm geschaffen aus Notwendigkeit zur Vielfalt und auch aus Spaß an der Verwandlung, wurden sie ihm zur Bestätigung der eigenen Vitalität. War es kein Vergnügen, fünfmal auf der Welt zu sein? Jetzt, da ihm seine Melancholie, seine Depressionen mehr zu schaffen machten als früher, konnten die Pseudonyme ihm helfen, sich nicht zu verlieren, sondern auf dem Posten zu bleiben, auf den ihn die Zeit und die Verhältnisse gestellt hatten. Wenn er also zum Jubiläum seiner Zeitschrift sagte, solange die *Weltbühne* die *Weltbühne* bleibt, wird gegeben, was gegeben werden kann, so war das auch ein für sich persönlich formuliertes Programm. Philosophisch hat er sich dafür mit einem Spruch von Christian Morgenstern gewappnet.

> So schwingst du dich in die obern Regionen –
> mußt aber dennoch hie unten wohnen.
> Ein Vers von Morgenstern tanzt querfeldein:
> »Es zieht einen immer wieder hinein.«

Die Aufgaben eines Schriftstellers an einer politischen Zeitschrift waren im Jahr 1930 in Deutschland nicht kleiner geworden. Die Mannschaft der *Weltbühne* und mit ihr Kurt Tucholsky mußte ihre Kraft verstärkt auf die herannahende Gefahr des Nationalsozialismus richten. Die Gegenwart brauchte seine Aktivität. Aus grübelnder Stimmung riß er sich allemal wieder heraus: »Die Trompeter blasen. Ja doch, ich komme schon.«

Was er in diesen Jahren für die *Weltbühne* schrieb, war nach wie vor der deutschen Politik verhaftet. Zwar besorgte das Aktuelle einschließlich Leitartikel jetzt Carl von Ossietzky, manches Ereignis konnte Tucholsky aus der räumlichen Distanz auch nicht sofort beurteilen, und zu manchem »mochte« er auch nicht schreiben. Er ist der unbeirrbar Streitbare geblieben, das spürten die Nazis und das deutsche Bürgertum, das sich auf dem »Marsch ins Dritte Reich« befand, an seiner in die Offensive gehenden Satire. Auch die deutsche Justiz in ihrem Haß gegen links und ihrem Wohlwollen gegenüber Hakenkreuz und Stahlhelm bekam es zu spüren, daß sich Tucholsky ungebrochen dem Kampf stellte.

Kampf gegen Faschismus

Am 14. September 1930 fanden die Neuwahlen zum Reichstag statt. Der Abend des Wahltags brachte ein alarmierendes Signal: Die NSDAP hatte achtzehn Prozent der abgegebenen Stimmen erhalten. Zur Feier des Wahlsiegs formierten sich SA-Trupps zu Demonstrationszügen durch die westlichen Stadtviertel Berlins. Am Tag der Reichstagseröffnung, am 13. Oktober, kam es zum ersten größeren Judenpogrom in Berlin. In der Leipziger Straße und am Kurfürstendamm zerschlugen nationalsozialistische Randalierer die Schaufensterscheiben jüdischer Geschäfts- und Warenhäuser. Fast täglich meldeten die Zeitungen Überfälle der SA auf Arbeiter, Rotfrontkämpfer und Reichsbannerleute. Offiziell registriert wurden für 1930 und 1931 insgesamt tausendvierhundertachtzig Gewalttaten von SA-Trupps mit zweiundsechzig Toten sowie dreitausendzweihundert Schwer- und Leichtverletzten.

In den ersten Wochen des Jahres 1929 konstituierte sich in Paris unter Leitung von Henri Barbusse ein Initiativkomitee für die Einberufung eines Internationalen Antifaschistenkongresses. Zu den ersten, die den von Barbusse verfaßten Aufruf »An alle Gegner des Faschismus« unterzeichneten, gehörte Kurt Tucholsky. Sein Name findet sich auf der ersten Unterschriftenliste, veröffentlicht im Bulletin des Vorbereitungskomitees am 9. Februar 1929, neben Otto Nuschke, Heinrich Mann, Alfred Kerr, Bernhard Kellermann und zahlreichen anderen. Tucholsky gab seine Unterschrift auch für den Brief, mit dem das deutsche Komitee diesen Aufruf an Persönlichkeiten und Organisationen versandte mit der Bitte um Zustimmung. Für ihn war die von Barbusse angeregte Liga gegen den Faschismus sowie der Antifaschistenkongreß »eine europäische Notwendigkeit«. Die Erklärung, die er am 27. Februar 1929 zum Faschismus abgab – er bezeichnete ihn als »großmäulig, feige und sehr gefährlich« –, war eine Aufforderung zum Handeln: »Gegen den europäischen Faschismus ist anzukämpfen.«

Die Erlebnisse auf seiner Vortragsreise im Frühjahr und Herbst 1929 bestätigten ihn in seinen Erkenntnissen, daß von dieser extremen Richtung eine todbringende Gefahr für die Existenz Deutschlands ausging. Im Frühjahr 1930 schrieb er für die *AIZ* das Gedicht *Deutschland erwache!*, das Warnung und Aktivierung sein sollte: »Sie wollen den Bürgerkrieg entfachen – / (das sollten die Kommunisten mal machen!)«, mit den beschwörenden Refrainzeilen:

> Daß der Nazi dir einen Totenkranz flicht –:
> Deutschland, siehst du das nicht –?
> ...
> Daß der Nazi für die Ausbeuter ficht –:
> Deutschland, hörst du das nicht –?
> ...
> Daß der Nazi dein Todesurteil spricht –:
> Deutschland, fühlst du das nicht –?

Tucholsky setzte gegen die Propagandaschlagworte der zur Macht drängenden NSDAP alle ihm zu Gebote stehenden Mittel der Satire, alle in seinem bisherigen Kampf geschmiedeten literarischen Waffen und Formen ein. Zum erstenmal erschien von ihm im Mai 1930 in der *Weltbühne* eine Antinazisatire größeren Stils, die unter der Überschrift *Das dritte Reich* die Eroberungspläne der Braununiformierten und ihrer Geldgeber aufdeckt:

> Im dritten Reich ist alles eitel Glück.
> Wir holen unsre Brüder uns zurück:
> die Sudetendeutschen und die Saardeutschen
> und die Eupendeutschen und die Dänendeutschen...
> Trutz dieser Welt! Wir pfeifen auf den Frieden.
> Wir brauchen Krieg. Sonst sind wir nichts hienieden.
> Im dritten Reich haben wir gewonnenes Spiel.

Im September 1930 glossierte er treffend die Nazidemagogie mit der Studie *Ein älterer, aber leicht besoffener Herr*. Dieser vom Freibier der Wahlversammlungen angeheiterte selbständige Gemüsehändler schildert naiv mit Berliner Volkswitz, was er in der Versammlung bei den Nazis vernommen hat: »Freiheit und Brot! ham die jesacht. Die Freiheit konnte man jleich mitnehm – det Brot hatten se noch nich da, det kommt erscht, wenn die ihr drittes Reich uffjemacht ham.«

Für die Leser der *Weltbühne* gab Tucholsky, gleichfalls schon 1930, eine klare Orientierung mit dem Artikel *Die deutsche Pest*, in dem er sich mit dem offenen Terror der Nazis und dem Vorgehen der Weimarer Republik gegen links auseinandersetzte. Das Fazit seiner Betrachtung läßt sich mit seinen Worten in fünf Sätzen zusammenfassen: Die Geldgeber dieser Bewegung sind erzkapitalistisch. Von einer revolutionären Idee kann bei den Nazis keine Rede sein. Die Nazis terrorisieren bereits viele Städte, sind legal geduldet, offiziös. Auf den Straßen fließt Blut, von Mordandrohungen ganz zu schweigen. Die Hitlerbanden werden vor Gericht freigesprochen. Strafen sind nur für die Arbeiter. Seine Schlußfolgerung aus alledem: »Hier beginnt die Schuld der Republik: eine Blutschuld.« Dazu führte Tucholsky noch ein psychologisches Argument ins Feld. Begünstigend wirke sich für den Masseneinfluß des Nationalsozialismus aus, daß die Deutschen stets ein Gruppenvolk gewesen seien; wer an diesen »ihren tiefsten Instinkt« appelliere, siege immer. »Uniformen, Kommandos, Antreten, Bewegung in Kolonnen – da sind sie ganz.« Angewidert war er von der erbärmlichen Feigheit der Nazis, die sich nur in der Masse heraustrauten und auch nur, weil sie durch weitgehend offizielle Duldung dazu ermuntert wurden. Das hatte er selbst erlebt, als er auf Tournee war.

Mit dem Monat Juli 1929 hatte die nationalsozialistische Pogromhetze auch gegen ihn massiv eingesetzt. Im Rowohlt-Verlag war Arnolt Bronnens nationalistischer Oberschlesien-Roman *O.S.* erschienen, von Dr. Josef Goebbels im *Angriff* in einer Rezension folgendermaßen gelobt: »Dieses Buch ist für uns alle geschrieben; und es ist einem, wenn man in fieberhafter Spannung die Seiten durchrast, als hätte jeder von uns daran mitgeschrieben.«

Tucholsky distanzierte sich mit einem Artikel in der *Weltbühne* in schärfsten Worten von der faschistischen Gesinnung dieses Buches, das er als »eine im tiefsten gesinnungslose Pfuscherei« und »Verlogenheit« eines »Salonfaschisten« bezeichnete. Eine Woche nachdem dieser Artikel, *Ein besserer Herr*, erschienen war, begann zur Verteidigung des mit Goebbels befreundeten Bronnen und dessen Buches das Trommelfeuer: »Dieser Tucholsky, der, wenn wir nicht irren, der Schwiegersohn des Berliner Bankiers Beth Simon ist und alles Deutsche bespeichelt« – »Rachsucht des Minderwertigen« – »Ausbruch des üblichen Hasses gegen alles, was der Belebung nationalen Gefühls dienlich sein könnte« – »Im Dritten Reich wird es weder eine ›Weltbühne‹ noch einen Juden Tucholsky geben!« Der Dresdener *Freiheitskampf* propagierte offen die Mordhetze: »Leider sind aber die deutschen Männer so dämlich, ein Subjekt wie den schnoddrigen ›Weltbühnen‹- Schreiber unbehelligt herumlaufen zu lassen.« Ein Berliner Naziredner mit Namen Mossakowski rief in Dresden auf einer öffentlichen Versammlung im Januar 1930 dazu auf, man müsse einen solchen Juden wie Tucholsky »einmal auf offener Straße gründlich massieren, daß er wochenlang nicht schreiben kann«, und setzte zynisch hinzu: »Denjenigen Staatsanwalt möchte ich sehen, der gegen uns deshalb vorgehen wollte.«

Tucholsky gab im März 1930 mit dem Gedicht *Jubiläum* eine Antwort darauf:

> Eine verbrüllte, verhetzte Masse,
> mit der ganzen Sehnsucht zur blonden Rasse,

die nun einmal jeden entflammt,
der aus Promenadenmischungen stammt.
Das Gehirne verkleistert im achtzehnten Jahr,
Deutschland im Maul und Schuppen im Haar...
Abschaum der Bürger vom Belt bis zum Rhein –
Und das soll Deutschlands Zukunft sein –?

Die *AIZ* veröffentlichte im September 1930 eine für den politischen Tageskampf hochaktuelle und brillant formulierte Satire, *Aussage eines Nationalsozialisten vor Gericht*, die von der gesamten Arbeiterpresse nachgedruckt und von den proletarischen Sprechbühnen genutzt wurde.

Gestochen...? Wir...? Ich kann mich nicht besinnen.
Mit einem Dolch...? Ich habe nichts bemerkt.
...
Der Kommunist wird feste arretiert.
Wir haben alles sauber einstudiert...
Beweisen Sie uns mal das Gegenteil!
So wahr mir Gott helfe.
Hitler Heil!

Kurz darauf folgten in der *Weltbühne* das Gedicht *An die Republikaner* mit den Zeilen: »Sie schlagen dir den Schädel ein. / Du vertraust auf London und brüllst übern Rhein / die alten Phrasen und Kinderein« – und das schneidend ironische Verspamphlet *Rosen auf den Weg gestreut* mit dem Refrain: »Küßt die Faschisten, wo ihr sie trefft!« Das Gedicht ist Ausdruck der Tucholsky zur Gewißheit gewordenen Erkenntnis, daß Deutschlands Todfeind auf dem Weg zur Macht ist.

Obwohl Tucholsky schon seit Herbst 1930 auf einer schwarzen Liste der Nationalsozialisten stand – mit ihm zusammen Jakob Goldschmidt, Kommerzienrat Manasse, Polizeivizepräsident Weiß, Magnus Hirschfeld und andere bekannte jüdische Persönlichkeiten Berlins –, druckte Ossietzky auf die Gefahr hin, daß ihm ein SA-Sturm den »Laden zerschlägt«, im Februar 1931 ein Gedicht ab, das ein Volltreffer auf den Chefpropagandaredner Dr. Josef Goebbels, Gauleiter der NSDAP von Berlin, war. Die beste Karikatur in der satirischen Tagesdichtung Tucholskys. Arbeitersprache und Berliner Volkswitz gaben dem schmalbrüstigen

109

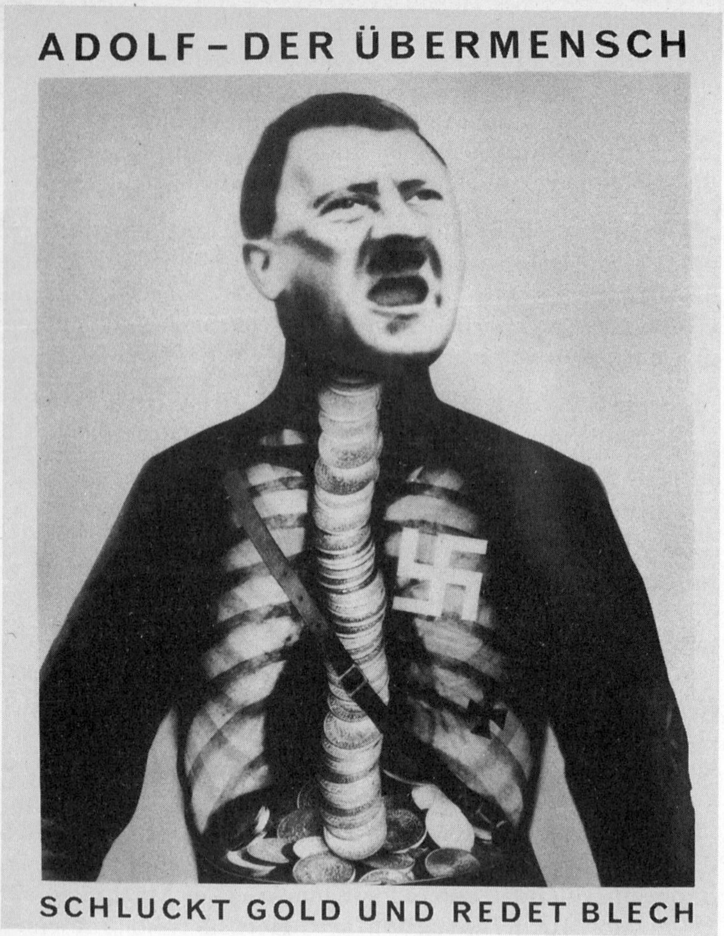

Schluckt Gold und redet Blech.
Fotomontage von John Heartfield (1932)

»germanischen« Hinkefuß eine Abfuhr, die mit den Zeilen endete:

> Du bist mit irgendwat zu kurz gekomm.
> Nu rächste dir, nu lechste los.
> Dir hamm se woll zu früh aus Nest jenomm!
> Du bist keen Heros, det markierste bloß.

Du hast 'n Buckel, Mensch – du bist nich richtig!
Du bist bloß laut – sonst biste jahnich wichtig!
Keen Schütze – een Porzellanzerschmeißer,
keen Führer biste – bloß 'n Reißer,
Josef,
du bist een jroßer Mann –!

»Een arma Lauseknacker, in Sportpalast sowie in deine Presse«, weiter nischt als »eine mächtich jroße Fresse« – das war zuviel für den »Führer des deutschen Berlin«, zu dem er sich ernannt hatte. Im *Angriff*, dem von ihm seit dem 1. November 1930 als Berliner Tageszeitung herausgegebenen Blatt, erschien die Antwort. »Dr. G.« legte sich in rhetorischer Pose die römische Toga des Ehrenmenschen um und fragte, an Tucholsky und »die lieben Juden« gewendet, »die in Deutschland unsere Gastfreundschaft mißbrauchen«, in einem Leitartikelschwulst von hunderteinundsiebzig Druckzeilen, mit dem Finger des Cicero auf den »Verschwörer« deutend: »Wie lange noch, Catilina!« Die Auslassungen von »Joebbels«, der tucholskyschen Dreißig-Zeilen-Satire nicht ebenbürtig, waren die Ankündigung der totalen Ausrottung seiner Gegner. Niemand werde sich dann mehr erfrechen können, »deutsche Politiker«, die bereits die »Wortführer von zehn Millionen der besten Deutschen« seien, zu beleidigen. Seine persönlichen Gegner sieht er in Tucholsky und in der *Weltbühne*, die er als »semitische Nomadenschaft«, »literarischer Unrat«, »jüdische Gazetten« bezeichnet, mit dem Fazit: »Schrammen im Kampf gegen das Judentum für uns nur Ehrennarben«.

Die Verachtung für die »semitische Nomadenschaft« hindert die Hüter der deutschen Rasse und Art nicht daran, aus den »schmutzigen jüdischen Gazetten« Beiträge zu entnehmen und als Eigenbau in Umlauf zu bringen, wie es das Düsseldorfer Naziblatt *Volksparole* praktizierte. Am 27. August 1931 erschien dort das Gedicht *Ortskrankenkasse* von Theobald Tiger, das am 3. Juni in der *Weltbühne* gestanden hatte. Der Verfasser hieß allerdings jetzt »Schloch«, »wahrscheinlich mit Vornamen auch Adolf«, wie Tucholsky in seiner *Weltbühnen*-Glosse dazu bemerkte. Nun wolle er doch einmal sehen, »ob diese deutschen Mannen so viel Ehrlichkeit und

Anständigkeit« besäßen, »zuzugeben, daß sie geklaut haben«.

Ehrlichkeit und Anstand besaßen sie nicht, dafür aber parlamentarische Immunität. Als die *Weltbühne* sich den Spaß machte und beim Amtsgericht Düsseldorf Strafanzeige wegen Plagiats stellte, erhielt sie zur Antwort, daß der Beschuldigte Mitglied des Reichstags sei und daß, da der Reichstag nicht geschlossen, sondern nur vertagt sei, die Einleitung eines Strafverfahrens nicht in Frage kommen könne.

Die Nazibonzen und deren Propagandisten erhielten bei ihren Angriffen auf Tucholsky massive Schützenhilfe von rechts, insbesondere von den Scherl-Blättern, aber auch von sogenannten literaturwissenschaftlichen Größen der nationalsozialistisch-völkischen Bewegung. Einer von ihnen war Dr. Wilhelm Stapel, Herausgeber der Zeitschrift *Deutsches Volkstum*. Er veröffentlichte 1930 eine von der Hugenberg-Presse gelobte antisemitische Schrift gegen deutsche Schriftsteller, die von ihm als »Juden« eingestuft wurden. Die Schrift hieß *Literatenwäsche* und sollte Satire sein. In diesem Machwerk war Tucholsky in einer jämmerlichen Reimerei als Erbfeind »im roten Trotzkirock« verunglimpft, dazu in einer Karikatur von A. Paul Weber als aufgespießte Laus abgebildet. Tucholsky amüsierte sich über diese dilettantische Unbeholfenheit der Satire von rechts und antwortete darauf in der *Vossischen Zeitung* mit dem Artikel *Kabarett zum Hakenkreuz*, in dem er dem Autor, der auf hundertsechsundzwanzig Seiten eine »grenzenlos flache und platte Afterphilosophie« von sich gebe, aber nicht richtig Deutsch könne, die Lektüre von Wustmanns *Sprachdummheiten* empfahl. Ansonsten könne man nach der Lektüre eines solchen Krams nur ein zweisilbiges französisches Wort, das mit M anfange, murmeln und die Akten schließen.

Ende des Jahres 1927 war Kurt Tucholsky bereits von Alfred Rosenberg, dem Ideologen der »nationalsozialistischen Bewegung«, in dessen Buch *Novemberköpfe* steckbrieflich porträtiert worden, zusammen mit Walther Rathenau, Theodor Wolff, Hellmut von Gerlach, Matthias Erzberger, Georg Bernhard und vierundzwanzig anderen »Novemberverbrechern«, damit die SA-Leute wissen sollten, mit wem am Tag der »nationalen Erhebung« Schluß zu machen war.

Der Kampf gegen den Faschismus, wie Tucholsky ihn in der *AIZ*, vor allem aber als *Weltbühnen*-Mann führte, bedeutete für ihn nicht thematische Einengung seiner schriftstellerischen Arbeit. Er schrieb weiterhin Gedichte, Chansons, Feuilletons und Humoresken, wie er sie auch in den Jahren zuvor schon für sein Blatt lieferte. Ein Charakteristikum für seine *Weltbühnen*-Arbeit wurden in diesen Jahren seine Literaturbetrachtungen – teils summarisch als Rubrik »Auf dem Nachttisch«, teils als selbständige Aufsätze. Er besprach darin deutsche, französische, russische und amerikanische Bücher von Journalisten und Schriftstellern, Politikern und Philosophen, öffnete dem Leser die Sicht auf geistig und künstlerisch Wertvolles, hielt auch nicht mit seinem Urteil hinterm Berge, wo es sich um Neuerscheinungen handelte, die der Leser besser im Laden liegen ließ, um Geld und Zeit zu sparen. Ein spezielles Gebiet als Rezensent hatte er nicht und schon gar nicht die Ambitionen eines professionellen Literaturkritikers. Die Erinnerungen der Krupskaja an Lenin interessierten ihn genauso lebhaft wie der Briefwechsel Theodor Fontanes mit Paul Heyse, Emil Ludwigs historische Reportage *Juli 1914* oder Alfred Polgars Auswahlband *Schwarz auf Weiß*. Léon Daudets nationalistische Schriften wie die Erzeugnisse von völkischen »Tintengermanen« wurden kritisch durchgesehen, Larissa Reissners mitreißendes Buch über den Roten Oktober, das mit seinem *Deutschland*-Buch im Programm des Neuen Deutschen Verlages stand, euphorisch gepriesen. Bücher, mit denen er sich beschäftigte, waren ferner die Villon-Nachdichtungen Paul Zechs, das Zille-Buch, die sächsischen Miniaturen Hans Reimanns und die Gedichte des jungen Erich Kästner.

Über Autoren, die ihm nahestanden, schrieb er mit Hochachtung und einer aus dem Herzen kommenden Freundlichkeit, wie manch einer sie bei dem streng urteilenden Tucholsky nicht unbedingt erwartet hätte. Er ist auch in diesen Rezensionen, was er immer für die *Weltbühne* war – Entdekker, Förderer und Anreger im Sinne Siegfried Jacobsohns. Was er schrieb, ist sachlich und frei von Konkurrenzneid. Dafür lassen sich viele Beispiele finden. Als er 1929 den ersten großen Lyrikband Walter Mehrings vorstellte, erwähnte er, daß sie beide einmal zu verschiedenen Zeiten und unabhängig voneinander ein Lied über walzende Tippelkunden geschrieben hätten. »Ich machte einen spaßigen Klamauk; Mehring hat Verse, Rhythmen, Assoziationen gefunden, die alles weit übertreffen, was mir je dazu eingefallen wäre.«

Mit der Zeit wurden die Buchsendungen, die aus Berlin kamen, immer größer und die »Nachttische« immer länger. Rudolf Arnheim, damals Redakteur der *Weltbühne*, mußte ihn mahnen, sich kürzer zu fassen. Wenn er sechs Seiten lieferte, mochte es noch angehen, aber acht Seiten und mehr stellten die kleine Zeitschrift mit ihrem begrenzten Umfang vor Probleme. Man schickte ihm aber aus Berlin viel zuviel Lektüre, der Nachttisch war längst zu klein dafür, neben dem Bett stand schon ein Bücherstapel neben dem andern, aufgebaut aus Zeitromanen, Lyrikbänden, Büchern über die Justiz, die Jesuiten, das deutsche Offizierskorps, über Paris und Berlin. Und was lag einzeln noch überall herum: Eggebrechts Katzenbuch, Neuerscheinungen über den Krieg, die Geschichte der Fotografie, Publikationen über Spionage, den italienischen Faschismus; hier die gesammelten Werke von Sigmund Freud, dort Neues von George Grosz, Knut Hamsun, Kafka, Kisch und Lichtenberg. Was sollte bloß mit diesen Massen Papier werden, wenn er noch einmal umziehen würde? Als Büchernarr wollte er sich auf keinen Fall von diesen Schätzen trennen, denn von Kindheit an waren seine geliebten Bücher um ihn – in den Studentenjahren, im Krieg, in seinen Pariser Wohnungen, in Schweden, und das würde wohl so bleiben bis zum letzten Tage seines Lebens.

Von 1927 bis 1932 übernahm er für die *Weltbühne* das Amt eines ständigen Rezensenten und gab dabei einen Querschnitt durch das politische und geistige Leben der Zeit. Es entstand eine spezielle Form des Tucholsky-Feuilletons, ausschließlich der Betrachtung von Büchern gewidmet, geschrieben mit Liebe und kritischem Verstand und mit viel Kaffee in einer Thermosflasche für die Nacht. Aus gutem Grund hat er die Sammelrezensionen nicht »Auf dem Schreibtisch«, sondern »Auf dem Nachttisch« genannt und sich damit das Recht eingeräumt, nur solche Bücher und Autoren vorzustellen, die ihn persönlich beschäftigten und

Walter Mehring, Dichter, Weltbühnen-*Autor durch Tucholsky, stand mit ihm immer in freundschaftlichem Briefwechsel*

interessierten. Diese kleinen Skizzen stehen der Literatur nahe, nicht der Literaturwissenschaft. Die Betrachtung ist unakademisch, unabhängig im Urteil. Was er schreibt, ist anregend und so formuliert, daß es andere auch im Bett lesen können. In einem Feuilleton, es heißt *Der Fliegengott*, hat er beschrieben, wie er zu seiner »Nachttisch«-Arbeit geht: »Spät, beinah zehn. Um diese Zeit gehen der Herr immer schlafen. Gut, daß das keiner sieht: in der einen Hand den elektrischen Kochtopf, der Kamillentees wegen gebraucht wird, in der andern zwei dicke Bücher, zwecks Bildung, unter dem Arm die Zeitungen, im Schlafrock –: so stehn wir wohl vor der weißen Tür. Nur noch über den Flur ... und dann ins Schlafzimmer.«

Natürlich blieben auch Verrisse nicht aus, und manche hatten sogar Folgen. Einmal kam ein Beschwerdebrief vom S. Fischer Verlag, ein andermal eine Zustellung vom Landgericht München. Im Oktober 1928 nahm er sich in der *Weltbühne* ein bayerisches Geographielehrbuch für höhere Schulen vor, das ihn wegen seiner Aufhetzung zur Revanche so erzürnte, daß er den Bearbeiter und Herausgeber einen »Fälscher und Lügner« und die Darlegungen verdientermaßen »Gewäsch« nannte. Die Justiz konnte einschreiten, da der Betroffene, ein Münchener Oberstudienrat Dr. Wührer, Anzeige gegen ihn erstattete. Tucholskys Zorn war durch den Redaktionsstift nicht gebremst worden und die persönliche Beleidigung zu offensichtlich. Er mußte in einen Vergleich einwilligen, die Kosten des Verfahrens tragen und als Strafe zweitausend Mark an die Jugendfürsorge der Stadt München zahlen. Der Gegenstand der Klage war damit aus der Welt geschafft, nicht aber der Revanchistengeist, der sich in derartigen Schulbüchern breitmachte und dessen Gefährlichkeit Tucholsky nie aus den Augen ließ, denn »so, genau so, ist der Weltkrieg geistig vorbereitet worden«.

Als die Bekanntmachung vom Ausgang des Beleidigungsprozesses im *Deutschen Philologenblatt* erschien, fiel die Rechtspresse von München bis Berlin über Tucholsky und damit über »die Herren Demokraten und Pazifisten« her, was ein weiteres Mal bestätigte, wieviel Umsicht in der Bekämpfung der Reaktion erforderlich war.

111

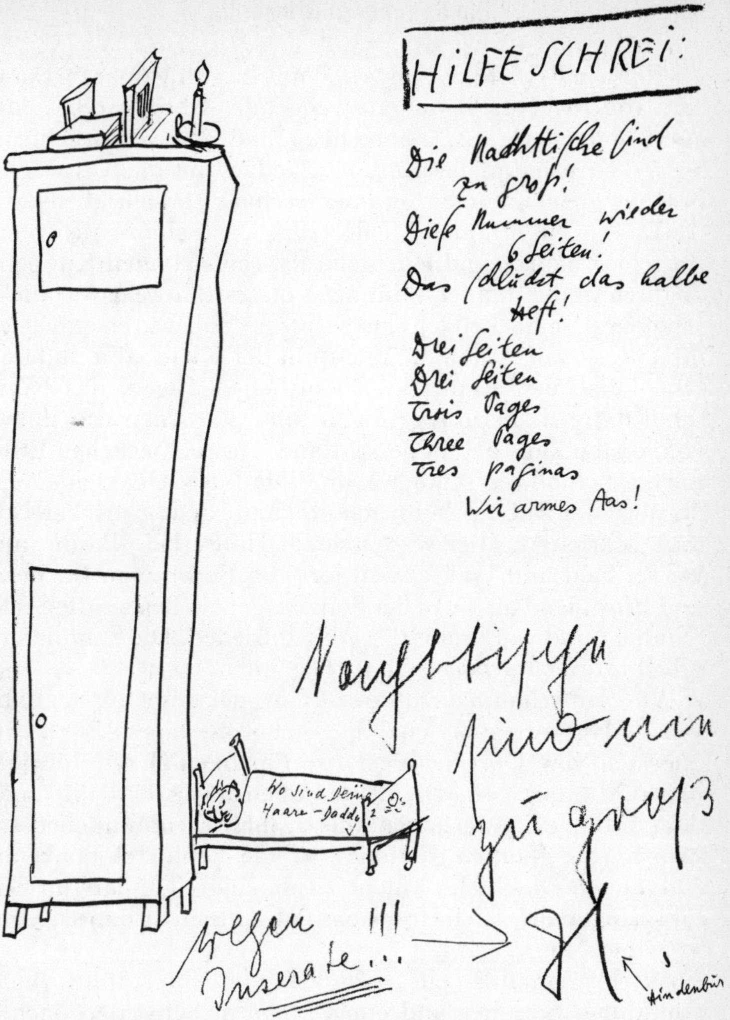

Weltbühnen-*Redakteur Rudolf Arnheimer ermahnte ihn: Kürzer fassen!*

Ein Sommer in Gripsholm

Tucholskys Reise nach Schweden mit Lisa Matthias im Sommer 1929 war nicht nur anstrengende Arbeit, sie brachte auch schöne Urlaubstage und neue Eindrücke. Dazu gehörte Schloß Gripsholm, das ihm so im Gedächtnis blieb, wie er es in seiner gleichnamigen Sommergeschichte beschrieben hat:

»Es war ein strahlend heller Tag. Das Schloß, aus roten Ziegeln erbaut, stand leuchtend da, seine runden Kuppeln knallten in den blauen Himmel – dieses Bauwerk war dick, seigneural, eine bedächtige Festung.« Sie waren am Ziel ihrer Reise angekommen, nicht mit der Kleinbahn und der Hotelkutsche wie einst in Rheinsberger Tagen; das Fährschiff hatte sie herübergebracht, und Schweden war ihnen vom ersten Tage an ein liebes Land. Dieses Fleckchen Erde um das Schloß war schön wie im Bilderbuch. Der kleine Ausflugsort, der zu Gripsholm gehörte, hatte den poetischen Namen Mariefred. Hier waren sie zu Hause bei »Baum und Wiese, Feld und Wald«, weit fort von Berlin, von Büchern und Büro. Und als sie in der Sonne lagen, ließen sie die Seele baumeln und waren mit der Welt zufrieden. Die Sommergeschichte *Schloß Gripsholm* hatte begonnen.

Wie es überhaupt dazu kam, erfährt der Leser aus der fiktiven Verlagskorrespondenz, die Tucholsky seinem Buch vorangestellt hat. Dort heißt es, dem tüchtigen Herrn Rowohlt in den Mund gelegt: »Die Leute wollen neben der Politik und dem Aktuellen etwas haben, was sie ihrer Freundin schenken können. Sie glauben gar nicht, wie das fehlt. Ich denke an eine kleine Geschichte, nicht zu umfangreich, zart im Gefühl, kartoniert, leicht ironisch und mit einem bunten Umschlag.«

An eben genau so ein leichtes, freundlich erzähltes Buch von einem Sommer und einer Liebe in Schweden dachte auch Tucholsky, als er den Vertrag unterschrieb. Was darin so prosaisch formuliert war – »Kleine Geschichte – Umfang ca. 10 Bogen – abzuliefern bis zum 15. Januar 1931« –, hatte dann zweihunderteinundzwanzig Seiten, ein buntes Umschlagbild mit Schloß und See und so viele Bestellungen, daß es die Erstauflage aller seiner Bücher weit in den Schatten stellte. Diesmal hatte Peter Panter den großen Wurf getan: es

112

Ernst Rowohlt, der Verleger, wünschte eine »Kleine Geschichte, zart im Gefühl und leicht ironisch«

war der feuilletonistische Roman à la Tucholsky entstanden, ein Genre, das in der Zeit lag und in ihm einen Meister gefunden hatte.

Er konnte nicht ahnen, wie viele Menschen er damit glücklich machte. Zwei seiner Rezensenten erzählen, wie es ihnen mit dem Buch erging. Der Schriftsteller und Ringelnatz-Biograph Herbert Günther las *Gripsholm* im Krankenhaus nach einer Operation. »Es war die beste Therapie«, schreibt er 1931 in der Zeitschrift *Die Literatur.* Gegen die »olympische Heiterkeit dieses Buches« sei die Melancholie seiner »medizynischen Umgebung« wehrlos gewesen. »Ich las und war gesund. Was kann man Schöneres sagen?«

Ein anderer Verehrer Tucholskys, Walther Victor, saß an seinem Schreibtisch in der Redaktion des *Sächsischen Volksblatts* in Zwickau, als mit der Zehnuhrpost *Schloß Gripsholm* eintraf. Victor blätterte zunächst bis zu der Stelle, wo der

Vorabdruck der *Weltbühne* aufgehört hatte, las sich fest, vergaß, daß es Mittag wurde, daß der Metteur auf ein Manuskript wartete; die Post blieb ungeöffnet, die Zeitungen ungelesen. Als er zu Ende war, telefonierte er sogleich an eine Blumenhandlung, nahm danach Briefpapier und begann: »Und jetzt schreibe ich Ihnen erst, und wenn der ganze Schnee verbrennt. – Lieber Kurt Tucholsky!« Dieser Brief, es war die Rezension, schlug den Bogen noch einmal zurück zu *Rheinsberg*, das dem neuen »Schloßroman« in vielem so ähnlich war, und endete mit einem Lob auf »die alte, die neue, die ewige, unsterbliche Herzlichkeit. Lydia, Prinzessin: was hast du da Wundervolles angerichtet! So federleicht, so apfelfrisch schreiben können, ja... Da sind die Blumen. Auf Wiederlesen, Tucholsky!«

Dieses Lob, mehr oder weniger variiert, zog sich durch die gesamte Kritik, soweit sie sich 1931 objektiv noch für den Künstler Tucholsky erwärmen konnte und ihm das Recht zubilligte, politisch links zu stehen und trotzdem eine Geschichte ganz ohne große Zeitprobleme zu schreiben. Die *BZ am Mittag* pries das Buch als »eine der amüsantesten und märchenhaftesten Liebesgeschichten«; derselben Meinung war das *Prager Tagblatt*, das alle geeigneten Adjektive bemühte, um seinem getreuen Mitarbeiter Komplimente zu machen: »Eine ganz herrliche, schnoddrig-süße, frech-lyrische, stürmisch-zarte Liebesgeschichte.« Das *Berliner Tageblatt*, das schon einen Vorabdruck gebracht hatte, fand, daß die Geschichte ihre besonderen Reize habe, wenn sie auch »nicht so unmittelbar und so unbekümmert« dastehe wie *Rheinsberg*. Die *Dresdner Nachrichten* vom 25. Juni 1931 waren halb zustimmend, halb ablehnend, sie fanden: »Im guten Sinne des Wortes ›zusammengehauen‹.« Diesen Zeitungsausschnitt hat sich Tucholsky aufgehoben und mit Handschrift darauf vermerkt: »Der einzig gescheite Satz, der über das Buch geschrieben ist.« Hatte er so wenig Achtung vor dem eigenen Werk? Das wohl nicht. Gesagt ist damit nur, daß er das Büchlein in kurzer Zeit fertiggestellt hat und ihm im Vergleich zum geringen Zeitaufwand ein in Ton und Atmosphäre in sich stimmiges Werk geglückt war. Sein Vermerk auf dem Manuskript lautet: »Schloß Gripsholm – Die Geschichte eines Sommerurlaubs – angelegt: 1. 10. 30 – erster

Schloß Gripsholm am Mälar-See. Aufnahme 1980

Entwurf beendet: 17.12.30. Abgeschlossen: 31.12.30 – ohne Fahnenkorrekturen.« Es war die Arbeit eines Herbstes. Was ihm dabei soviel Mühe machte, war nicht eigentlich das Schreiben, sondern »wie diesen Ton des wahren Erlebnisses zu finden«. Ob die kleine Romanze nun viel Substanz aufzuweisen hatte oder nicht – darum ging es gar nicht, weil er ein Problembuch weder schreiben wollte noch sollte. Gegenüber Marierose Fuchs, mit der er gelegentlich Gedanken zur schriftstellerischen Arbeit austauschte, äußerte er sich im Juni 1931 zu seinem neuen Buch: »›Gripsholm‹: nein, viel Substanz hat das nicht. Mir scheint es nun ein Hauptvorzug einer Omelette soufflée zu sein, möglichst wenig Substanz zu haben, und Rinderbraten stand nicht auf der Speisekarte. Leichtigkeit, das ist im Deutschen ein Vorwurf für den Autor. Tief... tief mußte sein. Ach, ist das ein verbogenes Land.«

In Frankreich oder Italien hätte er es mit seiner impressionistisch aufgelockerten Schreibweise sicher einfacher gehabt. Einige seiner deutschen Kritiker schienen ihm nicht zu verzeihen, daß er im Jahre 1931 kein anderes Buch vorlegte als die außerhalb der deutschen Gefilde spielende Liebesgeschichte zu zweit und zu dritt oder, anders gesehen, daß neben dem *Deutschland*-Buch gerade solch eine Geschichte stehen mußte. Tucholsky kümmerten solche Meinungen und Vorhaltungen wenig. Für ihn war es wichtig, seinen Weg hin zu größeren literarischen Arbeiten weiterzugehen. *Schloß Gripsholm* war ein vielversprechender neuer Anfang dazu, und somit konnte er zufrieden sein.

Nicht zufrieden hingegen war die Frau, die im Buch als »Prinzessin« so sympathisch dargestellt ist. Sie hieß *nicht* Lydia, sprach kein Plattdeutsch und stammte auch nicht aus Rostock. Es war die Berlinerin Lisa Matthias, die zu dieser Zeit noch immer, wenn auch nicht mehr ungetrübt, die Prinzessinrolle im privaten Leben des Dichters spielte. Mit ihr hatte sich Tucholsky Ende des Jahres 1930 in seinem Haus in Hindås verabredet. »Lottchen« hatte, wie sie schreibt, ihre beiden Kinder aus erster Ehe über Weihnachten zu den Schwiegereltern nach Stockholm gebracht und traf am ersten Weihnachtsfeiertag bei Tucholsky ein. Das erste, was er ihr nach der Ankunft in die Hand drückte, war das fertige Manuskript, das sie schnell lesen sollte, er wollte ihre Meinung hören. »Ich zog mich also ins Wohnzimmer zurück und legte mich auf die breite Couch.« Je mehr sie las, desto mehr ärgerte sie sich, und als sie es zum zweitenmal durch hatte, war sie schlechter Laune. Es gefiel ihr nicht. Sie war enttäuscht, daß *das* das Resultat ihrer mehrjährigen Freundschaft sein sollte – »keine Spur von Zärtlichkeit, keine Liebe«. Trotz ihrer »kühlen Einstellung zu Schloß Gripsholm«, von der Tucholsky »absichtlich wenig Notiz nahm«, sagte er, daß er ihr das Buch widmen wolle. Das war ihr nicht recht. »Wenn mein voller Name in der Widmung vorkam, würde unser Verhältnis – dieses nun schon halb verkümmerte Verhältnis – aller Welt offenbar. Ich hatte daran kein Interesse.« Als Kompromiß schlug sie ihm deshalb vor, die Nummer ihres Autos zu wählen, weil damit »ein pikanter Zug in die beabsichtigte Widmung« käme und nur wenige Leute wissen würden, wer gemeint sei. Auf diese Weise kam die Widmung »Für IA 47 407« in das Buch, mit der die meisten Leser ohne Kenntnis der Hintergründe tatsächlich nichts anzufangen wußten. Jeder konnte sich aber denken, daß sich der Autor einen Spaß mit jemandem gemacht hatte, und warum auch nicht?

Sinn für diesen Spaß mit der Autonummer brachte »Lottchen« noch auf, nicht aber für den Tatbestand, daß Tucholsky »so viele andere Damen« in dem Buch »mit verarbeitet« hatte. Sie konnte sich nur damit trösten, daß sie als »Lydia« einen Teil der Aussprüche und Bonmots zu dem Buch geliefert hatte, »viele kluge Worte, die mir mein Vater eingeschärft und die ich Tucholsky erzählt hatte«. Ansonsten lautete ihr Verdikt: unkünstlerisch, gefühllos, nur ein Aufguß.

Die Wahrheit war, daß sich Lisa Matthias in dem neuen Buch nicht richtig, nicht ausreichend und nicht in der erwarteten Ausschließlichkeit widergespiegelt fand. Da war nun nicht mehr viel zu ändern. Daß Lisa, Jahrgang 1894, in einem Tucholsky-Buch die Nachfolgerin der vor Jugend strahlenden Claire aus den Tagen der Rheinsberger Romanze werden würde, war schon angesichts des fortgeschrittenen Alters aller der an *Gripsholm* beteiligten Personen nicht zu erwarten. Die »Neue« konnte selbst in kopierter Form nicht der Mittelpunkt sein, auch wenn sie ihm alles noch so nett hinstellte und ihm, wie er sagte, alles in einem war: »Geliebte, komische Oper, Mutter und Freund.«

Obgleich das Buch eine beteiligte Person enttäuschte, war es doch keinesfalls das Produkt eines »Phantasielosen«, wie Lisa Matthias behauptete. Und wenn auch »so ziemlich alles an dieser Geschichte erfunden« war, wie Tucholsky sagte, so war doch alles so voller Gegenwart und Leben, so mit der Stimmung der Landschaft im Einklang, daß Touristen, die das Schloß Gripsholm in Schweden besuchen, immer wieder enttäuscht sind und es nicht glauben wollen, wenn der Kastellan ihnen sagt, Tucholsky habe mit der »Prinzessin« nur in einem Häuschen im Ort gegenüber vom See gewohnt und das Schloß genau wie sie nur besichtigt, auch habe weder damals noch später hier ein Kinderheim existiert.

Die Mißhelligkeiten, die sich in den persönlichen Beziehungen zwischen Lisa Matthias und Kurt Tucholsky um die Jahreswende 1930 bereits abzeichneten, hatten auf den Erfolg der kleinen *Gripsholm*-Dichtung keinen Einfluß. Das Buch machte seinen Weg, und das in Konkurrenz zu *Rheinsberg*, das 1931 das hundertste Tausend erreichte. *Gripsholm* hatte sogar einen noch besseren Start als der Tucholsky-Erstling von 1912. Schon nach einem Jahr waren fünfzigtausend Exemplare davon verkauft.

Tucholsky befaßte sich in *Gripsholm* nicht mit Politik, nicht mit Deutschland, niemand mußte sich angegriffen fühlen, und trotzdem wurde er beschimpft. Die Bemerkung des *Hofer Anzeigers*, das Buch sei ein »Courths-Mahler für Gebildete«, war noch das Harmloseste. Für die Blätter der Deutschnationalen, für die er zu den verhaßten Repräsentanten der »Judenrepublik« gehörte, blieb er auch als *Gripsholm*-Autor »Giftnudel, rasender Bolschewik, Bürger- und Kapitalistenfresser«, der sich von seiner besten Seite zu zeigen wünsche, dabei »weiter nichts als hamsunelnde Weisheit und Sexualdiätik« von sich gebe und das mit einer »berlinisch-jüdischen Schnoddrigkeit, wie sie an allen Ecken des Kurfürstendamms« blühe. So die Berliner *Politische Wochenschrift* am 25. Juli 1931.

In den Chor der Kritiker mischte sich noch eine andere Stimme. Hans Wesemann, ein von einem Schweizer Gericht 1935 als Naziagent verurteilter Journalist, lancierte im Juni 1931 einen Artikel gegen Tucholsky in die *Welt am Montag*, den er *Von Rheinsberg bis Schloß Gripsholm oder Der sterbende Schwan* betitelte. Die Denunziation beginnt zunächst literarisch, indem *Gripsholm* als »Spätlingsroman von Theodor Storm« apostrophiert wird, mit dem Tucholsky »Adalbert Stifter vorempfunden« habe. Dann kommt Wesemann zum Kern der Sache: Tucholsky als politischen Autor in Frage zu stellen. Tucholsky habe sich de facto schon als Ausgebürgerter zu betrachten. Die Begründung dafür: »Sie sind immer dabei, aber nicht drin. Die Wahrheit ist, daß Sie ein Emigrant sind!« Zynisch spottet Wesemann, daß Tucholsky »seine Goldfeder gegen die Mottenpulver-Gespenster einer Vergangenheit« schwinge und immer wieder »gegen teutonische Windmühlen anreite«. Ein »Don Quichotte der deutschen Republik« sei er geworden – »einer von den revolutionären Zeilenrittern, die heute noch die radikale Blechtute blasen. Sowieso nicht mehr für lange.«

Mit dem Vorwurf, daß er draußen sei und nicht drin, war er der Fahnenflucht bezichtigt und nicht mehr legitimiert, für, gegen oder sonstwie über Deutschland zu sprechen. Gegen ihn war damit – drei Jahre vor den offiziellen Verlautbarungen der Nazis – die Ausbürgerung ausgesprochen. Was zwei Jahre zuvor Herbert Jhering in seiner Kritik am *Deutschland*-Buch noch mehr oder weniger distinguiert formuliert hatte, daß Tucholsky immer wieder dasselbe schreibe und dabei als »Genießer« im Ausland sitze, artikulierte sich jetzt bei Wesemann deutlicher. Er sollte in aller Öffentlichkeit in einem liberalen demokratischen Blatt unglaubwürdig gemacht und als überflüssig erklärt werden. Was die Nationalsozialisten mit dem Hetzargument vom »Pariser Juden« bezweckten, war eindeutig – ihn diffamieren und feststellen, wer draußen arbeitet und wohnt, sei es als Journalist oder Schriftsteller, hat uns nichts zu sagen. Was Wesemann, der dieser Argumentation folgt, erreichen wollte, war darüber hinaus die Verunsicherung der Mitglieder des Deutschen Friedenskartells, die den hauptsächlichen Bezieherkreis der *Welt am Montag* bildeten und denen suggeriert werden sollte, Tucholsky sähe seinen und ihren Kampf als aussichtslos an und habe sich ins Ausland und in unpolitische feuilletonistische Liebesromane geflüchtet.

Dabei war Tucholsky beileibe nicht der einzige deutsche Schriftsteller, der über Jahre hinweg Aufenthalt im Ausland genommen hatte. Wilhelm Herzog zum Beispiel, leidenschaftlicher Pazifist, nach der Novemberrevolution Herausgeber der Zeitung *Die Republik*, lebte faktisch seit 1920 nicht mehr in Deutschland. Ein anderer bekannter Autor jener Jahre, Richard Katz, Reiseschriftsteller für Ullstein, ging 1926 auf Weltreise und 1930 als Korrespondent nach Ostasien. Das gleiche traf auf Rudolf Pannwitz zu, einen Autor aus dem konservativen Lager, der seit 1921 auf der jugoslawischen Insel Koločep bei Dubrovnik lebte. Gegen keinen von ihnen sind, obwohl auch sie sich publizistisch zu deutschen Themen äußerten, jemals so feindselige Angriffe gerichtet worden wie gegen Tucholsky.

Daß die im Stil eines Agent provocateur von Wesemann vorgebrachten Argumente nicht ohne Wirkung blieben, ließ die kurze und kühl distanzierte Rezension des *Berliner Tageblatts* erkennen, das es für angebracht hielt mitzuteilen, daß Tucholskys Freunde »ziemlich gleichgültig« über die neue Sommergeschichte urteilen würden, es ihm außerdem verübelten, daß er seit Jahren außerhalb des Landes lebt

»und trotzdem von fernem über dies Land herzieht«. Das zielte nicht auf *Gripsholm,* sondern auf den Autor des *Deutschland*-Buches und den politisch engagierten Mitarbeiter der *AIZ*.

Ohne derartige Ressentiments und ohne den Versuch, eine literarische Arbeit aus politischen Absichten zu bagatellisieren, zeigte sich das Echo auf *Gripsholm* im Ausland, für das Tucholsky zur modernen deutschen Literatur gehörte. *Der Bund* in Bern fand freundliche Worte für das »zierliche Buch mit dem reizenden Umschlagbild«. Die Londoner *Times* akzeptierte es als »an amusing, witty story«, lesenswert wegen der heiteren Sorglosigkeit und geistvollen Beschwingtheit. *Books abroad*, eine bekannte englische Bücherrevue, zog zum Vergleich Lawrence Sterne heran und meinte, für viele Deutsche müßte doch das Leben ein klein wenig leichter sein, einen solchen Mann unter sich zu wissen. Bei der in Lwow erscheinenden polnischen Zeitschrift *Chwila* wurde das Buch 1931 von einer Frau, Halina Felkowska, rezensiert. Sie ließ selbst die in dem Buch geschilderte Geschichte von der Errettung eines Kindes aus den Klauen eines weiblichen Pensionatsfeldwebels, oft als sentimental abgewertet, gelten. Auch hier habe der Autor Geschmack bewiesen und die Situation mit glänzendem Humor gerettet. »Und wieviel weise Resignation, geschöpft aus Lebenserfahrung, und vor allem wieviel Lebenslust enthält es!«

Auch skandinavische Zeitungen äußerten sich. *Norrköpings Tidningar* schrieb: »Kurt Tucholsky braucht nicht zu befürchten, daß er für diesen kleinen Roman den Nobelpreis bekommen wird. Aber das ist ja auch nicht nötig. Es gibt ernste Bücher, die weniger Eindruck hinterlassen, und man freut sich, wenigstens einmal in dieser düsteren Zeit auf einen Schriftsteller gestoßen zu sein, der das Dasein heller sieht und so reich an lustigen Einfällen ist wie der Autor von ›Schloß Gripsholm‹.« Betrübt war der Rezensent lediglich, daß eine derartig abscheuliche Schilderung eines Kinderheims keine gute Reklame für Schweden sei, und das könne er »nicht sonderlich anständig von dem Autor finden«. Die dänische Zeitung *Berlingske Tidende* kennzeichnete die Machart des Buches mit dem englischen Wort »clever«. Das Gesamturteil lautete, so abwegig wie erheiternd: »Ein Berliner

Potpourri aus Hamsun, Henri de Régnier, Anatole France und James Joyce.«

Das durchweg positive Auslandsecho ließ hoffen, daß sich ausländische Verlage für den Roman interessierten. Zu Übersetzungen kam es aber nicht, da die Weltwirtschaftskrise die Situation der Verlage infolge rapiden Absatzrückgangs angespannt hatte. Auch der Rowohlt-Verlag war davon betroffen, dennoch schloß er mit Tucholsky am 2. August 1931 einen neuen Vertrag, der einen Roman im Umfang von vierhundertsechzehn Seiten vorsah. Als Buchtitel war genannt *Eine geschiedene Frau*. Erscheinen sollte der Roman spätestens am 1. Februar 1933.

Exposé und Vorarbeiten zu diesem Buch sind verschollen, wobei allerdings zweifelhaft ist, ob Tucholsky infolge seiner fortschreitenden Erkrankung 1932 überhaupt längere Zeit zusammenhängend an diesem Projekt hat arbeiten können. Daß er aber davon schon Vorstellungen hatte, geht aus der Mitteilung an Marierose Fuchs hervor: »Nun kommt ein dikkes – aber ob das tief werden wird? Es wird von Frauen handeln. Man wird ja sehen.« In seiner Korrespondenz mit dem Bruder findet sich die gleiche Bemerkung, daß er ein umfangreiches Buch plane.

Für das neue Buchthema, zu dem wahrscheinlich die Lebensgeschichte seines »Lottchens« das Material geliefert hätte, brauchte ihm hinsichtlich Stoff, Personen und Sprachstil nicht bange zu sein. Nach der Rheinsberger Sprache und deren Erfinderin Claire, dem Missingsch der norddeutschen Lydia wäre jetzt wohl das Berlinische als die adäquate Sprachform für seine Romanfigur an der Reihe gewesen. Wie es hätte klingen können, davon gaben die fünf munteren »Lottchen«-Porträts in der *Vossischen Zeitung* seit 1928 bereits einen Vorgeschmack.

Schluß mit Ullstein und mit »Lottchen«

Die Zeit nach dem Umzug und die darauffolgenden Jahre brachten Tucholsky nicht die ersehnte dauerhafte Ruhe. Das gelang meist nur für einige Monate. Verpflichtungen des Berufs, erforderliche ärztliche Spezialbehandlung wegen seiner chronischen Hals- und Nasenentzündung und Erholungsaufenthalte verlangten immer wieder Reisen und Ortswechsel. In seinem schwedischen Haus in Hindås hielt er sich 1930 nach dem Einzug lediglich vier Monate auf, dann ging es wieder fort. Von Juni bis September fuhr er in die Schweiz zu einem Sanatoriumsaufenthalt nach Somnar bei Luzern, anschließend zur Erholung nach Ascona und Locarno. Im September, auf der Rückreise, blieb er für einige Zeit in Berlin und fuhr erst von hier wieder nach Schweden zurück.

Nicht viel anders sah der Kalender im Jahr darauf aus. Im März 1931, als sein Freund »Jakopp« starb, reiste er zu dessen Beerdigung nach Hamburg, fuhr anschließend nach Berlin weiter und von dort zu Emil Jannings nach Strobl an den Wolfgangsee. Von Österreich ging es im Mai weiter nach Paris. Anschließend unternahm er von Juni bis Oktober eine Reise nach England, halb als Urlaub, halb zur Arbeit, um an einem Filmdrehbuch zu arbeiten. Als das Jahr 1931 zu Ende ging, fuhr er nochmals an die Riviera, in der Hoffnung, seine Stirnhöhlenentzündung ausheilen zu können.

Manchmal begleitete ihn Lottchen auf Reisen, manchmal auch, was erstere verdroß, Charlottchen, eine alte Freundin aus Berliner Tagen. Hin und wieder traf er unterwegs Bekannte, wie Walter Mehring in Paris oder in Brissago am Lago Maggiore Erich Kästner, mit dem er zufällig im gleichen Hotel wohnte. Kästner hat diese Begegnung in einem kleinen Erinnerungsblatt festgehalten. Er nennt »Tucho« einen charmanten Plauderer und erzählt, daß er sich nach dem Abendessen, wenn sie am See entlangspazierten, für ihn an ein in einer Orchestermuschel im Park stehendes verlassenes Klavier setzte, um ihm Chansons vorzusingen, die er für seine Berliner Schauspieler Paul Graetz, Gussy Holl und die Hesterberg geschrieben hatte. »Diese Vortragsabende für einen einzigen Zuhörer, am abendlichen See und wahrhaftig unter Palmen werde ich nie vergessen.«

»Ging es ihm einigermaßen, dann war es auch mit ihm privat auszuhalten«, berichtet Lisa Matthias. »Wenn wir allein und in Ruhe zusammen waren, amüsierten wir uns köstlich miteinander, und da Tucholsky neben seinen literarischen Talenten eine Clownsnatur besaß und ein brillanter Imitator menschlicher Schwächen war, fiel es ihm nicht schwer, mich unter Tränen von neuem zum Lachen zu bringen.« Auf Gesellschaften hingegen, mit Menschen, die ihn nichts angingen, war er zurückhaltend, mehr Zuhörer am Rande. Manches allerdings, was er in seiner ruhigen Art sagte, hat sich denen, die hinhörten, fürs ganze Leben eingeprägt. Die Schauspielerin Elisabeth Sander erinnert sich, daß Tucholsky auf einer Gesellschaft 1929 bei Friedrich Hollaender in Berlin ihr durch zwei Sätze bis heute unauslöschlich in Erinnerung geblieben sei. Der eine: »Über uns, und nicht nur in Deutschland, wird ein Blutbad kommen, das hat die Welt noch nicht gesehn!« Der zweite Satz war: »Der Kommunismus wird später über die ganze Welt gehen, der ist nicht mehr aufzuhalten. Es werden noch Jahre vergehen, aber er wird kommen.«

Im Sommer 1931, er bereitete sich gerade auf seine Englandreise vor, traf in Hindås ein Brief aus Berlin ein. Er enthielt die Kündigung seines Ullstein-Vertrages. Ullstein trennte sich zum 1. Oktober 1931 von seinem prominenten Mitarbeiter, der der *Vossischen Zeitung* und manchem Verlagsmagazin in den acht Jahren literarische und humoristische Glanzlichter aufgesetzt hatte und dessen Popularitätsgrad trotz seiner Sympathien für die Arbeiterbewegung auch bei den Lesern des Verlags noch immer ungebrochen war.

Der »Stunk«, wie er dazu sagte, hatte schon 1928 begonnen, nachdem die ersten *AIZ*-Gedichte von ihm erschienen waren. Er war damals zu einer Besprechung bei Szafranski gewesen, der die *AIZ* vor sich auf dem Tisch liegen hatte und ihm erklärte: »Das kann man nicht. Man kann nicht zu gleicher Zeit den Kapitalismus angreifen und noch dazu so scharf und bedingungslos – und dann Geld von ihm nehmen.« Man wolle ja nicht seine künstlerische Freiheit antasten, das Ganze täte ihm auch leid, weil man ja seine Mitarbeit so schätze und auch weiterhin »recht viele gute Beiträge« von ihm erwarte, aber wie gesagt ...

Das Gespräch war ein deutlicher Warnschuß gewesen. Tucholsky setzte trotzdem die Arbeit für den Neuen Deutschen Verlag, die *AIZ* und die Anthologien des Verlags fort, veröffentlichte das *Deutschland*-Buch sowie seine ersten beiden Sammelbände innerhalb der Universum-Bücherei. Ihm war nach der Szafranski-Unterredung klargeworden: »Wenn ich hier nicht Rückgrat zeige, dann ist es überhaupt aus.«

Bei der *Vossischen* dachte man nicht so scharf über den Dualismus, das wußte er aus persönlichen Gesprächen mit Monty Jacobs, obwohl die *Voss* als das politische Organ des Verlags »am ehesten Grund zum Meckern« gehabt hätte. Aber solange der liberale Georg Bernhard hier Chefredakteur war, hatte Tucholsky nichts zu befürchten. Die Frage war nur, wie sich die Verlagsleitung auf die Dauer dazu stellen würde. »Die ganze Unbarmherzigkeit dieser Institution« war ihm in jenen Tagen zu Bewußtsein gekommen. »Wenn was passiert«, schrieb er an Mary Tucholsky, »läge ich im Ernstfall glatt auf der Straße, daran kann kein Zweifel sein – das war bei Mosse auch so.«

Daß er auch im Ullsteinhaus wieder heftig im Gerede war, als im August 1929 das Buch *Deutschland, Deutschland über alles* erschien, ist bezeugt. Am 30. August 1929 heißt es in einem Brief an Mary, Ullstein betreffend: »Wenn sie glauben, daß ihnen meine Mitarbeit schadet, dann müssen sie das sagen – die Frage meiner künstlerischen Freiheit kann ich nicht einmal diskutieren. Sie fragen mich ja auch nicht, ob mir das gefällt, was neben mir und um mich zu lesen ist.«

Nunmehr, ein Jahr später, war es dahin gekommen, daß Ullstein ihm die Mitarbeit aufkündigte. Anlaß dazu dürfte nicht allein das *Deutschland*-Buch gewesen sein. Der »Zug nach rechts«, von dem Walter Mehring in den Briefen wiederholt gesprochen hatte, war im gesamten bürgerlichen Pressewesen unverkennbar; »nationale Ereignisse« wurden groß aufgemacht, »nationale Literatur und Kunst« auf den Kulturseiten gefeiert. Tucholsky paßte nicht mehr in die Landschaft, in der neben den schwarz-weiß-roten Bannern auch schon einzelne Hakenkreuzfahnen wehten. Man entledigte sich seiner so kaltschnäuzig, wie er vorausgesehen hatte. Der »Rausschmiß« erfolgte ein Jahr nachdem Georg Bernhard nach heftigen persönlichen Kontroversen mit Dr. Franz Ullstein, dem Vorstandsvorsitzenden des Verlagshauses, die Redaktion hatte verlassen müssen.

Der Dank vom Hause Ullstein blieb aus. Noch im Herbst 1928 hatte Tucholsky mitgeholfen, die neue Tageszeitung *Tempo* zu starten. Es war ein Blatt, das in mehreren Ausgaben für den Straßenverkauf gedruckt wurde, stark das Foto einbezog und für den Unterhaltungsteil prominente Autoren zu

Mitarbeitern hatte, unter ihnen Roda Roda, Rudolf Leonhard, Erdmann Graeser und Erika Mann. Gelegentlich erschienen auch kleinere Beiträge von Lisa Matthias.

Tucholsky hatte die Absicht, im *Tempo* unter einem weiblichen Pseudonym eine redende Berlinerin einzuführen, etwa wie die Frau Zinschmann, die er schon 1925 in der humoristischen Berlin-Skizze *Die Unpolitische* in der *Weltbühne* vorstellte. Es wurde aber nichts daraus. In den rund zwanzig Beiträgen, die von ihm 1928 im *Tempo* erschienen, findet sich kein Hinweis darauf, auch später nicht. Die Nachfolgerin der Frau Zinschmann, Statur von der Art der Mutter Wolffen, Mundwerk bestes Zille-Milieu, mußte hinter »Lottchen« zurückstehen.

Für das Feuilleton mit Substanz, wenn man darunter Geist, Witz und geschliffene Form versteht, war und blieb die *Vossische Zeitung* sein eigentliches Blatt. Um es noch deutlicher zu sagen: Durch den Ullstein-Kompromiß, der ihm zuzeiten so arges Kopfzerbrechen machte, ihm Vorwürfe einbrachte und zuletzt die Kündigung, ist über die Jahre ein entscheidender Teil dessen entstanden, was man den heiteren, klassisch-humoristischen Tucholsky nennt. Ohne die *Vossische* gäbe es keine *Löcher im Käse* und kein *Kreuzworträtsel mit Gewalt*, nicht das Ehepaar, das einen Witz erzählt, nicht den Hieb auf den Berliner Literaturbetrieb *Die Zeit schreit nach Satire*, nicht *Das Wirtshaus im Spessart*, nicht den *Fliegengott*, auch nicht den *Erfinder des Reißverschlusses* und nicht ein einziges *Lottchen*. Jedes dieser kleinen Kunstwerke erzählt davon, daß Tucholsky ein Schriftsteller war, der lachen konnte, und das aus einer Herzlichkeit und Weisheit heraus, die seinen Ausspruch bestätigt, daß jeder Humorist ein Philosoph ist.

Dieser Satz stand in seiner Betrachtung zu Stefan von Kotzes *Australische Skizzen*, die er 1918, noch in Rumänien, schrieb und an die *Frankfurter Zeitung* schickte, die sie unter dem Titel *Etwas vom Humor* druckte. Darin zitiert Tucholsky die Schopenhauersche Definition des Humors und leitet aus ihr die philosophische Weltsicht des Humoristen und dessen Künstlertum ab: »Gerade er muß das feinste Gefühl für die Form haben, für die Sprache – und er muß nicht nur fühlen, er muß auch arbeiten können. Daher sind in der Kunst die Humoristen so selten.«

Tucholsky konnte beides – fühlen und arbeiten. Wärme und Güte sind seinen Späßen eigen, alle haben sie eine ursprüngliche, direkte Beziehung zum Leben und so oder so ihre realen Urbilder. Eine Geschichte für sich sind die *Löcher im Käse*. Tucholsky dachte sich diese lustige Familienszene im heißen Juli 1928 an der Küste Schwedens aus, als er in Kivik weilte. An Mary Tucholsky schrieb er, er habe für die *Voss* eine Sache gemacht, von der er sich einrede, »sie müsse das ganz große Glück sein«. Und das war es tatsächlich, wie sich nach Erscheinen der *Voss* herausstellte. Die Redaktion bekam eine Unmenge Briefe, Familienväter, Onkel und Tanten in Deutschland und außerhalb lachten und lachten. Die lächerlichen »Löcher« machten Furore in einem Maße, wie Tucholsky es kaum ahnen konnte, mochten einige Schriftstellerkollegen die Sache auch albern finden und er selbst den Text in den Pointen ein wenig überzogen – was machte es schon. Die Leute waren entzückt von diesem »Peter Panter«, man kannte die Geschichte innerhalb kürzester Zeit in Berlin, Königsberg, Leipzig, Prag, Hamburg, München und sogar auf Korsika, wie aus einem Reisefeuilleton von Alfred Kerr im *Berliner Tageblatt* hervorging. Kerr erzählt darin, wie er im Sommer 1929 auf der Insel landete, mit dem dort diensttuenden Zöllner ins Gespräch kam, der deutsch sprach. »Er schien hell und beweglich, äugte nach Büchern. Ein Liebling dieses Korsen war der Humorist Courteline. Und sonst? Er sagt sofort: ›Wo kommen die Löcher im Käse her‹ von Tucholsky.«

Einmal zur Welt gekommen, multiplizierten sich die *Löcher im Käse* in unvorstellbarer Weise. Peter Panters Feuilleton erschien in den *Breslauer Neuesten Nachrichten*, im *Frankfurter Generalanzeiger*, im *Kölner Tageblatt*, im *Mainzer Anzeiger*, in der *Neuen Leipziger*, in der *Saarbrücker Zeitung* und in vielen anderen großen Tageszeitungen noch. Es gab sogar Streit deswegen. Das *Prager Tagblatt* geriet sich mit der *Bohemia* in die Haare, weil diese es ihr weggeschnappt hatte. Es war, nicht zuletzt durch die zahllosen Nachdrucke, das populärste Tucholsky-Feuilleton der endzwanziger Jahre. Daß der Berliner Komiker Paul Graetz es im Februar 1930 auf Parlophon-Schallplatte sprach, machte den Erfolg komplett. Sogar in der Literatur hat es Spuren hinterlassen. Walter Mehring ließ sich davon zu einer Satire für die *Weltbühne* inspirieren: einem »Protestschreiben« des Fachblatts »Die Molke« gegen das Elaborat des Herrn Tucholsky, welches geeignet sei, die Belange der deutschen Käseindustrie zu schädigen und »das Ansehen der deutschen Familie in einem traurigen Licht« erscheinen zu lassen.

Durch die Kündigung des Ullstein-Vertrags wurde leider auch die *Lottchen*-Serie abgebrochen. Mit »Lottchen« war es Tucholsky geglückt, abermals eine Figur ausschließlich aus der Sprache heraus zu entwickeln, eine seiner großen künstlerischen Stärken. Lottchen ist als Berlinerin »Mutterns Beste«, liebenswert und unlogisch in ihrer Denk- und Redeweise, stets mit dem neuen Kleid befaßt und wie es finanziert werden soll, wie überhaupt ihre Haushaltskasse saniert werden müßte und was »Daddy« dazu beitragen könnte. Mit dem emanzipierten Lottchen gibt es Krach wegen des verflossenen »Seemanns«, dabei kann sie reden wie ein Wörterbuch, und ein Zweistundenfilm ist zu Ende, ehe Lottchen ihre Ausführungen beendet hat.

In Berlin wußte jeder, daß diese amüsanten Redekunststücke Lisa Matthias »auf den Leib geschrieben waren«, was sie selbst nicht ohne Stolz vermerkt. Daß sie für sich in Anspruch nahm, nicht die einzige, aber die bedeutendste Muse des Dichters zwischen 1928 und 1930 gewesen zu sein, wollte sie der Nachwelt auch mit dem Titel ihres Buches, *Ich war Tucholskys Lottchen*, zur Kenntnis bringen. Und was für eine perfekte Person sie war im Vergleich etwa mit den Hauswirtschafterinnen Tucholskys, für die das teure Geld hinausgeworfen wurde, das sagte sie ihm auch: »Wie appetitlich *ich* koche und serviere und abwasche – und man sieht keinen Dreck, und ich bin im Handumdrehen mit der Arbeit und dem Aufräumen fertig! Und ich disponiere, und ich hole ein und koche und schreibe nebenbei Artikel. Und schneide Sonjas Kleider zu und meine auch und fahre Auto und geh zum Arzt mit den Kindern und hole sie ab und schreibe Briefe und lese außerdem.« So schrieb sie im Januar 1929 an Tucholsky, um sich und ihre Leistungen wieder einmal ins rechte Licht zu rücken. So viel heroische Energie mußte ihn zum Lachen bringen; die Humoreske »Lottchen führt einen Haushalt« hätte er sicher noch geschrieben.

Lisa Matthias hat ohne Zweifel Spuren in seinem Werk hinterlassen, genauso wie »Claire«, wie Mary Tucholsky und manche seiner Freundinnen, wobei man immer den Ausspruch Tucholskys vor Augen haben muß: »Erlebnis und Schreiben waren ja – wie immer – zweierlei.«

Anfang 1931 waren die Beziehungen zwischen beiden merklich abgekühlt. Er war in ihren Augen jetzt nicht mehr so »enorm anregend«, nicht mehr der »goldige Frechmops« wie zu Beginn ihrer Freundschaft, und Lottchen war endgültig skeptisch geworden, »was die Fortdauer unseres Verhältnisses betraf«. Ende April 1931 kam es zum endgültigen Bruch mit der »erpresserischen Haushälterin«, wie er sie gelegentlich nannte. Als sie von ihm zuletzt noch einmal nach Paris eingeladen wurde, lehnte sie schriftlich ab, nicht ohne ihn zu mahnen, er möge doch die noch offenen Rechnungen bei Gerson und Israel – zwei renommierten Berliner Geschäftshäusern – bezahlen. Nach Paris käme sie nicht, sie habe dort nichts zu tun, schreibt sie schnippisch. Einkaufen interessiere sie nicht, da sie sich teure Sachen doch nicht kaufen könne. Sie möchte ihn allerdings bitten, ihr anstelle des Pariser Aufenthalts fünfhundert Mark zu geben – »als letzte, endgültige Überweisung« –, und schließt dann ihren Brief wenig freundlich: »Ich wünsche Dir von Herzen *kein* Glück und denke nicht daran, den üblichen weiblich-verlogenen Schmus an meinen Brief zu pappen. Es war alles ein Irrtum – Gott sei Dank ein reparabler.«

Wie anders klangen dagegen die Worte in dem Brief, den er von seinem »Charlottchen« aus Berlin bekam – jener Frau, die ihn von Paris her als »Prince de Wagram« verehrte, als »lieb, nett und warmherzig«, und ihm jetzt schrieb: »Und sagen Sie Ihrer momentanen Frau oder Freundin, Sie seien zwar einer der schwierigsten – aber einer der charmantesten und der entzückendste Mann der Welt – sie solle Sie gut festhalten! Herzlichest Charlottchen.«

114

»Lydia«, genannt die »Prinzessin« –
die Romanze Gripsholm war zu Ende

Die Fäden der Organisationen

Jeden zweiten Sonntag im Monat, wenn er sich nach eigener Darstellung schon des Morgens an den aufgeräumten Schreibtisch setzte, um »Korrespondanx« zu erledigen, hatte er auch Briefe, Einladungen und Materialien zu bearbeiten, die mit seiner Mitgliedschaft in verschiedenen Gremien und Organisationen zusammenhingen. Das waren die Fäden, die ihn mit dem Geschehen in Deutschland verbanden. Auch deshalb war sein Domizil in Schweden nicht der Wohnsitz eines Emigranten, sondern lediglich eine Auslandswohnung. Tucholsky gehörte während seiner schwedischen Jahre weiterhin den Leitungsgremien der Deutschen Liga für Menschenrechte an. Bis 1930 war er Vorstandsmitglied, danach bis zum Verbot 1933 Mitglied des Politischen Beirats der Liga. Der II. Reichskongreß der Roten Hilfe Deutschlands – Erster Vorsitzender dieser großen proletarischen Massenorganisation war damals Wilhelm Pieck – wählte Tucholsky im Mai 1927 in den fünfundzwanzigköpfigen Vorstand. Bis dahin war er nur Mitglied des Kuratoriums der Kinderheime der Roten Hilfe gewesen. Seine Wahl war die Anerkennung seines mutigen und ständigen Einsatzes seit den frühen zwanziger Jahren für die Opfer einer den breiten Volksschichten feindlich gegenüberstehenden Justiz. Auch der III. Reichskongreß vom Oktober 1929 bestätigte ihn als Vorstandsmitglied.

Hielt er sich in Berlin auf, so nahm er auch an den Sitzungen und Tagungen teil, während er sonst das Notwendige von Paris, Hindås oder von unterwegs auf dem Postweg erledigte. Die Protokolle der Liga und der Roten Hilfe waren für

115

Wilhelm Pieck spricht auf der Kundgebung zum III. Reichskongreß der Roten Hilfe Deutschlands in Berlin. Kurt Tucholsky gehörte dem Zentralvorstand dieser proletarischen Massenorganisation seit 1927 an und wurde auf diesem Kongreß wiedergewählt

ihn zu jeder Zeit maßgebliche Arbeitsgrundlage. Er entnahm ihnen Anregungen für Artikel, politische Gedichte und Pamphlete, mit denen er die großen Ziele dieser Organisationen sowohl journalistisch wie auch literarisch-künstlerisch unterstützte. Die Stimme Tucholskys fehlte nie bei den großen Aktionen der Roten Hilfe, immer wieder erinnerte er bis zu dessen Freilassung an den unschuldig eingekerkerten Max Hölz, ebenso an die namenlosen politisch inhaftierten Arbeiter, denen er in einem Gedicht zuruft: »Ein Gruß in die Zellen –! / Wir denken an euch!«

Als 1928 der landesweite Kampf um die Rehabilitierung des unschuldig hingerichteten polnischen Landarbeiters Jakubowski geführt wurde, schrieb er ein leidenschaftliches Anklagegedicht, *Jakubowski*; die *Weltbühne* druckte es, die Schauspielerin Rosa Valetti trug es überall vor. Bedeutende Arbeiten von ihm sind ferner das *Merkblatt für Geschworene* und das Gedicht *Das Gesetz*. 1931, als fast siebentausend Proletarier in Gefängnissen und Zuchthäusern der Weimarer Republik saßen, erhob er gemeinsam mit Albert Einstein, Ludwig Renn und Arthur Holitscher in der illustrierten Zeitschrift der Roten Hilfe Deutschlands, *Tribunal*, seine Stimme gegen dieses »grenzenlose Unrecht, das an hungernden, also revoltierenden Proletariern täglich durch die Justiz verübt wird«, und verlangt eine vollständige Amnestie. »Diese Amnestie ist das mindeste, was ein Volk, zu Goethe aufblickend und dem Reichsgericht untertan, seinem Rechtsbewußtsein schuldet ... Wir erbetteln für die proletarischen Opfer keine Gnade, wir erwarten auch keine Gerechtigkeit. Wir erwarten die Wiedergutmachung eines Unrechts.«

Die Zielstellungen der Liga hat Tucholsky in diesen Jahren selbst mit festgelegt. »Die Arbeit in der Zukunft« lautete das Thema seines Referats auf der Jahresmitgliederversammlung am 15. Mai 1927 in den Räumen der Wilhelmstraße. Die Aufgaben der Liga – Förderung der Verständigung mit den Völkern, Kampf um Abrüstung, Verhinderung einer deutschen Wiederaufrüstung sowie Reform der Justiz und des Strafvollzugs – sind und bleiben in seinem Werk dominierende Themen.

In seiner Haltung war er eindeutig, ohne jeden Kompromiß, setzte sich, wo notwendig, mit abweichenden Meinungen im eigenen Lager auseinander. Als es innerhalb der Liga 1929 zu Diskussionen darüber kam, daß Tucholsky immer nur die Verfehlungen der Justiz in kapitalistischen Ländern anprangere, der Sowjetunion gegenüber aber zurückhaltend sei, griff er diese Diskussion auf, um sich in der *Weltbühne* öffentlich damit auseinanderzusetzen. Das Gedicht ist ein Dialog aus Rede und Gegenrede und heißt *Duett*:

Wenn da irgendwo in Polen
oder mittenmang de Akropolis
jemand Hiebe kriegt auf nackte Sohlen
oder Rhizinus in Litern, bis
er sich nicht mehr muckt und nicht bewegt:
Dann is der Tucholsky mächtich uffjeregt.

Aber wenn in Rußland Leninisten
täglich hundert stellen an die Wand,
und ein jeder, der nicht für die Bolschewisten,
hingeknallt wird in den kühlen Sand,
wenn die janze kultivierte Jeisteswelt nich helfen kann:
Det jeht den Tucholsky janischt an.

Er läßt seinen »Menschenfreund«, dem diese Argumente in den Mund gelegt sind, in dieser Form noch einige Strophen lang weiterreden, um zusammenfassend die Antwort zu geben:

Jeht ma an.
Ick wer Sie mah wat sahrn:
Rußland isn Ding für sich.
Ja, die Leute haben schwer zu trahrn,
ja, det is nich alles sonderlich.
Ja, ick weeß, wat so bekannt is ...
Aba, Menschenskind, det Land is
eene Hoffnung.

Er beendet das mutige und standpunktfeste Gedicht, das sich auch mit Meinungen von Freunden und nahestehenden Mitkämpfern wie Felix Stössinger und Berthold Jacob auseinandersetzte, mit dem Bekenntnis, daß er seinem Gewissen folgen muß:

Erst Jewitter, denn 'n Rejenbogn.
Keener weeß: wat wittn nu zuletzt?
Aba wat wird jejn die jelogn!
Wat wird jejn die jehetzt!

Bei die andern is et ooch beschmissen.
Rußland is 'n Mahnruf ant Jewissen.
Mensch, ick kann nich.
Ja, da is so manches Blut jeflossen.
Mensch, ick kann nich.
Mein Sie, unsre KPD-Jenossen
machen mir det Dingrichs leicht?
Die sind schlimma als der Papst, valleicht.

Doch ick weeß in mein Sinn:
alle Proletarier sehn nach hin.
Anjekläfft, jefürcht, umstellt:
det is ehmt für de janze Welt
– nehm Se mirs nich iebel –:
eene Hoffnung.

Ein Mann, mit dessen politischer Standpunktfestigkeit man zu rechnen hatte, war Tucholsky auch für die Gruppe Revolutionärer Pazifisten, die er 1926 mitbegründet hatte und zu deren Leitung er von Anfang an gehörte. Seine Kontakte zum Neuen Deutschen Verlag dürften mit bewirkt haben, daß Willi Münzenberg als Mitglied des ZK der KPD und Lilly Korpus-Becher, Chefredakteurin der *AIZ*, auf den Veranstaltungen der Gruppe mehrfach Referate hielten. Die Aufrufe der Revolutionären Pazifisten trugen selbstverständlich alle die Unterschrift Tucholskys.

Innerhalb der Gruppe Revolutionärer Pazifisten mußte er sich 1930 mit einem jüngeren Mitglied, dem damaligen Studenten Franz Leschnitzer, Jahrgang 1905, auseinandersetzen. Dieser hatte auf einer Veranstaltung des Bundes proletarisch-revolutionärer Schriftsteller in Berlin Alfred Kerr, Erich Maria Remarque sowie Hellmut von Gerlach angegriffen. Kurt Tucholsky warf er vor, im Dezember 1918 Karl Liebknecht verunglimpft zu haben. Das betreffende Theobald-Tiger-*Julklapp*-Gedicht aus dem *Ulk* enthielt die vier Zeilen: »Karl Liebknecht, wie bist du rein und fanatisch,/ auf die Dauer wirkst du doch unsympathisch;/ du bestärkst den Radau, treibst der Rechten die Mühlen –/ ich glaube, du sitzt grade zwischen zwei Stühlen.« Diese Abgrenzung nach links entsprach dem, was das Mossehaus damals von ihm erwartete, es entsprach aber auch seinen eigenen Vorstellungen in jenen Wochen. Inzwischen waren zwölf Jahre vergangen, die Sache war Geschichte, Tucholsky hatte seine Ansichten längst korrigiert, war in Wort und Tat zum Mitkämpfer geworden. Die Gruppe Revolutionärer Pazifisten stellte sich daher auch hinter ihn, verurteilte das wenig sinnvolle Verhalten Leschnitzers und trennte sich von ihm, nachdem er seine Polemik öffentlich weiterbetrieb. Zum Gegenstand des Vorwurfs bemerkte der Vorstand, daß die Reimerei aus dem *Ulk* aus der Sicht von 1930 zwar »unerfreulich, aber nicht böswillig« sei.

Die Leschnitzer-Attacke bedeutete eine Schwächung der linken Kräfte, weil sie der Gegenseite Argumente lieferte. Selbst das sozialdemokratische *Freie Wort* freute sich über den Angriff auf »den Tucho, der in der AIZ des Herrn Münzenberg den Mund immer so voll nimmt«. Für das Goebbels-Blatt *Angriff* war der Vorfall ein willkommener Anlaß zur hämischen Kommentierung: »Hebräer unter sich und über sich.« Journalisten, die die Sache richtig einschätzten, gingen über die Unerfreulichkeit des Vorfalls hinweg, so wie der Redakteur der Mannheimer *Volksstimme*, der nach dem Ausschluß Franz Leschnitzers schrieb: »Und nun glaube ich, braucht uns nichts mehr daran zu hindern, daß wir uns an der unvergleichlichen geistvollen Satire Theobald Tigers, Kaspar Hausers usw. wieder von Herzen freuen und uns von ihm den Blick schärfen lassen für den Kampf gegen die Reaktion, den wir durchzufechten haben.«

Der Gruppe Revolutionärer Pazifisten hat Tucholsky bis zu dem Tag angehört, da der Vorsitzende, Kurt Hiller, verhaftet und ins KZ verschleppt wurde und viele andere fluchtartig Deutschland verließen.

Anders als bei der Liga und den Revolutionären Pazifisten war die Situation beim Schutzverband deutscher Schriftsteller. Am 16. August 1931 veröffentlichte die *Weltbühne* eine »Erklärung«, in der Kurt Tucholsky seinen Austritt aus diesem Verband bekanntgab. Der Anlaß, dieser Organisation, zu deren Vorstand er Anfang der zwanziger Jahre selbst gehört hatte, die Mitgliedschaft aufzukündigen, war die vom Schutzverband abgegebene Erklärung, worin Verständnis für die Notverordnungsmaßnahmen der Regierung und die Angriffe auf die Pressefreiheit geäußert wurde. Tucholskys Austritt war eine Antwort auf die Wohlverhaltenspolitik der Verbandsleitung, die die Opposition durch Ausschlüsse abzublocken versuchte. Tucholsky sah keinen Sinn mehr darin, eine Mitgliedschaft, die fragwürdig geworden war, aufrechtzuerhalten, denn er lehnte eine nur ökonomische, scheingewerkschaftliche Vertretung durch den SDS und dessen opportunistisches Verhalten gegenüber der bürgerlich-reaktionären Diktatur in dieser Spätphase der Weimarer Republik ab. Seine Austrittserklärung war eine Form des Protestes, so wie er sich schon einmal angesichts zunehmender Bedrohung der schriftstellerischen Freiheit durch Justiz und Staatsorgane von der inaktiven Haltung des Verbandes distanziert hatte, indem er Mitte der zwanziger Jahre der von Rudolf Leonhard organisierten »Gruppe 1925« beitrat.

In England entsteht ein Film

Im Mai 1931 packte Tucholsky wieder einmal die Koffer, um sich auf Reisen zu begeben. Der Roman *Schloß Gripsholm* war erschienen, auf den Lorbeeren konnte und durfte er sich nicht allzu lange ausruhen. Für den Arbeitsurlaub wählte er diesmal Südengland. In Ashford, in der Grafschaft Kent, mietete er ein kleines Häuschen, um dort den Sommer zu verbringen. Zuerst sollte ein Filmmanuskript entstehen, danach, im September, wollte Walter Hasenclever kommen, um mit ihm gemeinsam die Arbeit am *Kolumbus* aufzunehmen. Die äußeren Bedingungen seines Domizils sagten ihm zu: »Man kann hier himmlisch arbeiten, Klavier und alles ganz richtig und ganz totenstill.«

In den Tagen, da er in Dover an Land ging, brachte die Berliner Filmfachpresse die Meldung, daß Peter Panter das Manuskript eines G. W.-Pabst-Films der Nero-Filmgesellschaft schreiben würde. Eine kleine Sensation war das schon, denn Tucholsky hatte für den Film bisher niemals etwas geschrieben, ganz im Gegenteil die Filmbranche recht bissig mit mancher Glosse bedacht.

Der Kontakt zur Filmbranche ergab sich wahrscheinlich aus seinen freundschaftlichen Beziehungen zu Emil Jannings und dessen Frau, der einstigen Diseuse Gussy Holl, die ihm zu einem Projekt in dieser Richtung zuredeten. Als er in England bereits daran arbeitete, schrieb ihm Jannings, den Tucholsky vor der Abreise besucht hatte: »Mit großer Freude vernahm ich, daß Du das Filmmanuskript schreibst, und ich schließe Dich in Gedanken als alten Kintoppbruder in meine Arme. Auch hier hast Du immer gemeckert und gesagt, daß Du so etwas nicht kannst, und ich bin sicher, daß es Dir doch gelungen ist.« Von Tucholskys Fähigkeiten überzeugt, suggerierte er ihm noch eine weitere Idee: »Ich verhandle mit Nero-Film wegen meiner Rasputin-Idee, wenn Du glaubst, daß Dir dazu etwas einfällt, schreibe mir darüber, vielleicht können wir dann ein Ding zusammen drehen.« Im August hakte »Aemil« in einem Brief nach England nochmals nach: »Dein Chef, Herr Nebenzahl (Nero-Film), kommt auch in diesen Tagen, soll ich mit ihm wegen Dir für Rasputin sprechen?«

Das Filmdrehbuch, das in Ashford entstand, war nach Tucholskys brieflicher Beschreibung kein Drehbuch im eigentlichen Sinne, sondern mehr »eine Szenenkette, im Präsens erzählt«, mit der er sich an den Filmablauf heranschrieb. Das Thema war vorgegeben, aber schwierig umzusetzen. Es handelte sich um einen zeitgenössischen Stoff aus dem Varietémilieu, der als Komödie unter dem Titel *Seifenblasen* in die Kinos kommen sollte. Die Idee dazu stammte von dem Regisseur G. W. Pabst.

Ein Filmlustspiel zu schreiben konnte nur in das Ressort des gutgelaunten, erzählfreudigen Peter Panter fallen, der sich seiner Aufgabe auch mit viel Phantasie und Witz entledigte. *Seifenblasen* ist die harmlos-verrückte Geschichte um ein junges, attraktives Mädchen mit Namen Barbara, das als Nummerngirl beim Varieté auf die Idee kommt, als Damenimitator sein großes Glück zu machen, und das nunmehr in neuer Verkleidung als »Herr Paulus« der vielumschwärmte Star der Damenwelt wird, was die komischsten Situationen heraufbeschwört. Liebschaften und Freundschaften gehen auseinander, entstehen über ein Fünfeck neu, zum Schluß sind die Beziehungen derart verwickelt, daß statt *eines* Pärchens plötzlich fünf Personen zum intimen Wochenende in einem Hotel zusammentreffen, wobei sich die Komödie mit dem Finden der richtigen Paare zwangsläufig im Happyend auflöst.

Die Hauptheldin des Films, Barbara, ist eine echte Kästner-Figur, den hübschen Fräuleins aus *Herz auf Taille* verwandt, die leben wollen und Geld verdienen müssen. Die einen »hämmern auf die Schreibmaschinen« – »das ist genau, als spielten wir Klavier« –, die anderen werfen im Chor der Girls die Beine in die Luft – »Wir können nur in Reih und Glied« –, und glücklich sind sie alle nicht. Tucholskys Filmstory hat ebenfalls großstädtisches Milieu mit Arbeitslosigkeit und Weltwirtschaftskrise zum Hintergrund. Die *Seifenblasen* sind somit ein in die sorglose Welt des Kinos getauchtes Thema aus dem grauen Alltag. Hinter den vielen amüsanten Gags und Späßen und den dazugedichteten Chansons steht der sorgenvolle Existenzkampf derer, die sich so oder so durchbringen müssen und das wahre Glück mit dem Happyend nur abends im Kino erleben.

Seifenblasen ist ein Titel, der sich lediglich aus der Rahmenhandlung ergibt. Ehe der Film beginnt, sieht man Kinder, die mit Puppen spielen, die Ähnlichkeit mit den handelnden Personen haben. Am Ende des Films kommen diese Kinder wieder ins Bild, lassen die Puppen gelangweilt liegen, um ein neues Spiel – Seifenblasen – zu beginnen. Mit diesem Regieeinfall Tucholskys ist der Grundgedanke seiner filmischen Verwandlungs- und Verkleidungskomödie ausgedrückt: Alles ist nur ein Spiel. Man soll seine Freude daran haben und, wenn es vorbei ist, nicht traurig sein, daß alles nur ein Spiel war, weil Glück eben nur von kurzer Dauer sein kann. In diesem Sinne war *Rheinsberg* ein Spiel und auch *Gripsholm*. Fröhliche, unbeschwerte Maskerade sollte auch dieser Film sein.

Das Manuskript umfaßte vierundsechzig Schreibmaschinenseiten. Ob es zu ersten Dreharbeiten gekommen ist, können heute auch filmwissenschaftliche Einrichtungen nicht mehr ermitteln. Ein Tucholsky-Film war 1932 für jede Filmgesellschaft ein schon nicht mehr kalkulierbares Risiko, selbst wenn der Stoff noch so vielversprechend war. Worüber in den Archiven dagegen Angaben nachzuweisen sind, ist, daß 1932 nach dem Text *Wo kommen die Löcher im Käse her?* ein Kurzfilm entstand, produziert von Fanal-Film unter der Regie von Erich Waschnek. Die Hauptperson darin war Tobby, »Seine Majestät das Kind«, gespielt von dem aus dem Kästner-Film *Emil und die Detektive* bekannten Jungendarsteller Hans-Albrecht Löhr, der komischerweise seinen eigenen Film nicht sehen durfte, weil der Hauptfilm dazu nicht jugendfrei war. Tucholsky bekam im Herbst 1932 aus Berlin-Steglitz folgenden Brief des kleinen Hauptdarstellers:

»Lieber Herr Tucholsky, ist das nun nicht eine Gemeinheit. Jetzt wollte ich heute mit Mummi und Ruth ins U.T. Kurfürstendamm gehen, und nun ists für Kinder verboten trotzdem ein Kulturfilm läuft: ›Wie kommen die Löcher in den Käse‹. Das hat nämlich der Pottir gesagt er meint daß ist ein Kulturfilm.

Ich hätte Sie doch so gern gesehen denn eigentlich ist doch der Film von Ihnen und außerdem spiele ich den Tobby. Ist daß nicht ulkik? Nun hätte ich sie so gern gesehen und gehört wie Sie ihn finden und was Lottchen dazu sagt. Und nun ist es nichts. Bitte schreiben Sie mir doch wie ich Ihnen gefallen habe. Ich habe mich so gefreut, das ich gerade in einen Film von Ihnen mitspielen konnte. Wenn ich nähmlich Mummi frage wie ich gespielt habe sagt sie sicher blöde. Nun möchte ich gerne von Ihnen die Wahrheit wissen. Viele Grüße. Hans-Albrecht Löhr.«

Fast am Schluß seines literarischen Weges kam Tucholsky somit zum Film, mit dem er als Berliner Junge aufgewachsen war und den er seit den Tagen der *Schaubühne* feuilletonistisch begleitet, als Kunstform aber bis dahin nicht recht ernst genommen hatte. Einer seiner großen Irrtümer, wie er später einräumte. Lange Zeit war er der Meinung, daß der Film kein Ausdrucksmittel dichterischer Mitteilung sein könne, und meinte spottend, daß der einzige Vorteil, den die Dichtkunst bisher vom Tonfilm gehabt habe, die Honorare seien. Seine Einstellung wandelte sich aber, als Mitte der zwanziger Jahre die neuen russischen Filme nach Deutschland kamen, als die Prometheus-Filmgesellschaft die Werke von Pudowkin und Eisenstein vorstellte und Alfred Kerr seine hymnische Schrift *Der Russenfilm* veröffentlichte. Jetzt betrachtete Tucholsky das Medium Film mit anderen Augen. »Man muß schon die russischen Filme sehen, die mit elementarer Kraft über uns gekommen sind, um den Pulsschlag von Zeit und Zukunft zu spüren«, räumte er ein.

Ein bemerkenswertes Ereignis war, daß er im Januar 1928 bei der Gründung des Volksfilmverbandes in den Vorstand berufen wurde, gemeinsam mit Erwin Piscator, Heinrich Mann, John Heartfield, Asta Nielsen, Alfred Kerr, Käthe Kollwitz und anderen Persönlichkeiten des kulturellen Lebens. Dem Wirken dieses Verbandes, der in Berlin schon nach kurzer Zeit sechstausend Mitglieder hatte, war es zu danken, daß künstlerisch wertvolle Filme, vor allem aus den Ateliers der Sowjetunion, in Deutschland bekannt wurden.

In England blieb Tucholsky 1931 nicht so lange, wie er eigentlich vorhatte. Das englische Wetter mit wochenlangem Regen bekam seinem empfindlichen Hals nicht recht. Die *Seifenblasen* konnte er noch abschließen, als aber im September Walter Hasenclever eintraf, war er krank. Er hatte wieder einmal Mandelentzündung, was ihn seiner Umgebung gegenüber ziemlich unleidlich machte. »Tucholsky ist nicht hochzukriegen, sein Hals verdoft ihn«, berichtete Hasenclever an den Verleger Kurt Wolff. Sie konnten aber so weit arbeiten, daß »ein ganz lustiges und ausführliches Exposé« entstand, und beschlossen dann, den Stoff in Hindås, wo es für alle billiger war, zu Ende zu bringen.

Wenn es ihm auf den Britischen Inseln trotz Anwesenheit der »Gräfin« – so nannte er seine französische Freundin Jean de Montaignac – im großen und ganzen auch nicht gefiel und er sich anschließend die Mandeln herausnehmen lassen mußte, sind doch neben Drehbuch und *Kolumbus*-Exposé auch ein paar Feuilletons herausgekommen – neben den zwei Flaschen mit Whisky und Gin, die er zusammen kaufen mußte, »weil sie immer zusammen waren«. Inspirierende Erlebnisse vermittelten ihm gelegentlich die Londoner Kinos, die ihn einen Blick in die Werkstatt Lehárs tun ließen, was ihn veranlaßte, in einem Feuilleton spöttelnd über die Popularität der Operette nachzudenken: »Lehár, mein Lieber, wie lieb ich dich!« In dem *Tagebuch einer Abneigung* beschrieb er für die Leser der *Weltbühne*, wie wenig ihm das Vereinigte Königreich zusagte, obwohl er im Anblick der Londoner Herrengeschäfte mit den hochwertigen Waren »von der Tabakspfeife bis zur Krawatte, von den Lederkoffern bis zu den Hemden« dem Kaufrausch erlegen sei.

Am 3. Oktober 1931 hat Tucholsky England laut Paßeintragung via Dover und Calais wieder verlassen. Es ging über Frankreich und Paris zurück nach Schweden.

Literarische Ernte

Die Jahre ab 1928 waren im Leben Tucholskys Jahre, in denen er auf der Höhe seines literarischen Schaffens stand. In den drei Jahren nach Paris hatte er trotz weiterlaufender Herausgeberverpflichtungen gegenüber der *Weltbühne*, trotz persönlicher Krisen, Herumreiserei und fortschreitender Erkrankung des Hals- und Nasenraumes intensiv literarisch gearbeitet. Das Erreichte, auf das er zurückblicken konnte, war beachtlich, sein Name präsent in den Buchhandlungen, in Rundfunksendungen und auf den Kabarettbühnen. Es gab Schallplatten mit seinen Chansons, in Veranstaltungen wurden seine Verse rezitiert, Zeitungen in ganz Deutschland druckten ihn nach, selbst im Münchner *Simplicissimus* erschienen gelegentlich wieder Gedichte und Satiren von ihm, nachdem über Peter Scher der Kontakt neu geknüpft worden war. Es befanden sich zu diesem Zeitpunkt insgesamt sechs Bücher von ihm in ständig neuen Auflagen auf dem Markt. *Mit 5 PS* lag im fünfundzwanzigsten Tausend, *Das Lächeln der Mona Lisa* im sechsundzwanzigsten Tausend vor, und der dritte Sammelband, *Lerne lachen, ohne zu weinen*, wurde gerade mit zehntausend Exemplaren ausgeliefert. Das *Deutschland*-Buch hatte das vierzigste Tausend erreicht. Das *Pyrenäenbuch*, von Rowohlt aus der Hinterlassenschaft des Verlages Die Schmiede übernommen, wurde 1930 neu herausgebracht. Von seinem jüngsten Buch, *Schloß Gripsholm*, waren fünfzigtausend erschienen. Für sein ältestes, *Rheinsberg*, hatte er soeben zum Erscheinen des einhundertsten Tausends ein Einleitungsgedicht für die Jubiläumsausgabe verfaßt:

Natürlich kommt das nie mehr wieder.
 Allein: es war einmal.
Ich war ein Star und pfiff die bunten Lieder;
ich war Johann, der muntre Seifensieder –
 und Claire war real.

Tucholskys Name stand am Ende der zwanziger Jahre für die menschliche und kämpferische Komponente in der deutschen Literatur mit an erster Stelle. Das machte ihn unverzichtbar für Herausgeber von Anthologien, die einen Querschnitt durch die zeitgenössische deutsche Literatur geben wollten. Arbeiten »Tuchos« finden sich zwischen 1928 und 1931 ausnahmslos in allen bedeutenden Sammelwerken dieser Art. Dazu gehören das zweibändige Werk des Williams-Verlags, *Jugend der Welt*, herausgegeben von Rudolf Arnheim und Edith Schiffer, Herbert Günthers literarisch anspruchsvoller Sammelband *Hier schreibt Berlin* wie das vom Neuen Deutschen Verlag gedruckte Bändchen *Rote Signale*, eine Sammlung von *AIZ*-Gedichten. Im *Volksbuch 1930*, einer Publikation gegen den Krieg, steht er neben Becher, Kisch und Brecht. Auch an dem Humoristen Tucholsky konnte man nicht vorbeigehen. In dem von Kurt Goldstein 1929 zusammengestellten Humorband *Das lustige Buch* findet man ihn neben Ringelnatz, Sling, Oskar Maria Graf und Soschtschenko, und in dem Hausbuch *Humor um uns*, zu dem Roda Roda die Einleitung schrieb, fehlt Tucholskys Name ebenfalls nicht. In der Reihe der zeitgenössischen Anthologien wären noch zu erwähnen *Das lustige Salzerbuch*, zusammengestellt von dem prominenten Vortragskünstler Marcell Salzer, die Anthologien *Berliner Gedichte* und *Um uns die Stadt* sowie die vielen Almanache, Jahrbücher und dergleichen Publikationen, für die Tucholsky teilweise originale Beiträge verfaßte.

Immer wieder kamen Anfragen mit der Bitte um Texte oder Nachdruckerlaubnis. Weinert plante eine Anthologie und bat brieflich um Vorschläge dafür. Im Januar 1931 wandten sich Erika und Klaus Mann aus Villefranche-sur-Mer an der Riviera an ihn mit der Bitte um einen bestimmten *Weltbühnen*-Aufsatz, da sie Peter Panter in einem kleinen Reiseführer, den sie schrieben, zu Wort kommen lassen wollten.

Wenn es die Sache verdiente, fand sich Tucholsky auch dazu bereit, mit seinem Namen Publikationen in besonderer Weise zu fördern. So gab er den Aufzeichnungen des ehemaligen roten Matrosen Hans Beckers, *Wie ich zum Tode verurteilt wurde,* 1929 erschienen, ein Vorwort bei. Es wurde ein mit großer Emphase vorgetragenes Plädoyer für die Wahrheit, wie sie Beckers, der zusammen mit Reichpietsch und Köbes zum Tode verurteilt war, als einziger jedoch begnadigt wurde, in seinem erzählenden Bericht zu Protokoll gab.

Einen starken Anteil am literarischen Schaffen Tucholskys hat in den endzwanziger Jahren noch immer seine Chansonproduktion. In einem seiner Briefe aus Kivik heißt es einmal gegenüber Mary Tucholsky, es würden so viel Aufträge kommen, »wie kein gescheiter Mensch zusammenschreiben« könne. Bei ihm bestellte Claire Waldoff, die von ihm einen *Berliner Margueritenkranz* – Text und Musik von Theobald Tiger – bekam. Trude Hesterberg, die *Die Herren Männer* und *Das Leibregiment* von ihm im Repertoire hatte und seine Chansons kultiviert und elegant vortrug, so wie er es sich vorstellte, erhielt eine Zusage für ein Tango-Lied mit damenhaftem Schmiß. Manches in diesem Genre schuf er nur sich selbst zum Vergnügen, hat es dann und wann im kleinsten Kreis am Klavier vorgetragen, aber nicht drucken lassen. Der *Stoßseufzer einer Dame in bewegter Nacht* ist so ein Lied, es endet mit dem lustigen Refrain: »Sind das meine Beine / oder sind das deine Beine / oder sind das unsre Beine oder wie? / Mensch, schlaf bloß nicht – schlaf bloß nicht – in Kompagnie.«

Im November 1931 erschien von Tucholsky bei Rowohlt noch einmal ein Sammelband. Es war der nunmehr dritte und letzte, der unter dem Titel *Lerne lachen, ohne zu weinen* sein jüngstes feuilletonistisches und lyrisches Werk zusammenfaßte. Die *Literarische Welt* hatte ihm schon 1930 das Prädikat eines »großen humoristischen Dichters« verliehen. Diese literarische Einschätzung deckte sich mit der Marcel Belvianes in dessen Tucholsky-Studie. In den nachfolgenden Rezensionen wurde dieses Urteil bestätigt. Es war wieder Max Herrmann-Neiße, der Tucholskys Band vom Dichterischen her würdigte und seinen Humor als ein »trotz Enttäuschung,

Wut und Wunden bewahrtes Lebensreservoir« bezeichnete. Seine Bücher seien erfüllt »von jenem aufsässigen Lachen, das um das Tragische des Daseins und um des Abgrunds Tiefen« wisse, von »jenem heilsamen Spott, der die Menschen versteht und liebt«.

Der Berlin-Schriftsteller Georg Hermann prägte in seiner Buchbesprechung für die *Vossische Zeitung* zur Kennzeichnung seiner Arbeiten den Begriff »Tucholskyaden«. Es sei das höchste Lob, das man literarisch vergeben könne, weil es etwas bezeichne, »das es vorher nicht gegeben hat und das mit dem Verfasser steht und fällt«. Was Walter Mehring einmal die »Sprachgebärde« bei Tucholsky genannt hat, die Fähigkeit, jeden Jargon zu erfassen, umschreibt Georg Hermann mit den Worten: »Dieses unerhörte Ohr für Sprachnuancen, für die plastische Ausdruckskraft der Dialekte, dieses Fingerspitzengefühl für die deutsche Sprache.«

Eine Anerkennung besonderer Art, nicht öffentlich zwar, bekam er von Hermann Hesse. Dieser, eine Institution unter den deutschsprachigen Autoren, schrieb ihm 1932 einen Brief, nachdem er vom Rowohlt-Verlag den neuen Band *Lerne lachen* zugeschickt erhalten hatte. Hesse erinnerte sich daran, daß Tucholsky ihm vor beinah zwanzig Jahren »ein kleines hübsches Buch«, es war *Rheinsberg*, geschickt habe, mit ein paar Zeilen dazu. Durch die Stürme und Auflösungen, die sein Leben und seine Haushalte seither durchgemacht und seine Büchersammlung dezimiert hätten, sei ihm das Büchlein samt Begleitbrief geblieben. Er habe nun Buch und Brief wieder angesehen, hätte gern auch die kleine Dichtung wieder gelesen, aber durch sein Augenleiden sei sein Leben und sein Lesen sehr eingeschränkt. Er wisse aber vom Hörensagen, daß Tucholsky inzwischen »in der Presse produktiv und erfolgreich gewesen« sei. Er selbst habe die Zeitungen aus Deutschland nach dem Kriege wohl verfolgt, »aber da las ich keine Feuilletons. So kam es, daß ich Gesinnung, Art und Kunst Ihrer Aufsätze erst jetzt kennengelernt habe durch das Buch ›Lerne lachen‹, das Rowohlt mir schickte und das ich zuerst, weil der Titel mir gemacht vorkam, nicht lesen wollte. Ich habe jetzt das meiste darin gelesen und mich sehr darüber gefreut. Gefreut hat mich, daß einer mehr in diesem trüben Deutschland da ist, dessen Denk-

Der Autor und sein neues Buch von 1931

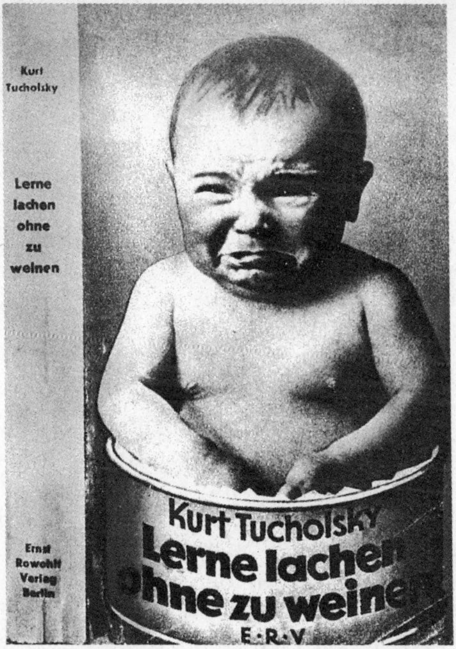

art und literarisch-soziale Moral mir nahesteht und lieb ist. Nicht minder gefreut hat es mich, daß ein Nicht-Bücherschreiber, ein Mann der Presse, diese gewissenhaften, klaren, guten Sätze schreibt und diese Formulierungen findet, die man heut als beinah undeutsch empfindet, weil vernünftiges Durchdenken einer Sache bei uns fast ebenso selten geworden ist wie der Sinn und das Gewissen für die eigene Sprache. Ich weiß nicht, ob irgendein andres Volk so säuisch mit seiner Sprache umgeht wie unsres. Dieser Gruß will und erwartet nichts von Ihnen, er erwartet auch nicht, daß Sie etwas von meinen neueren Büchern kennen, obwohl es mir lieb wäre, wenn Sie wenigstens vom ›Steppenwolf‹ wüßten. Er erwartet auch keine Antwort. Sie sind beschäftigter als ich, meine Art von Arbeit und Lebensdiät steht unter strengem Gesetz, erlaubt mir aber den Luxus, je und je nach einer guten Lektüre dem Autor einen solchen Gruß zu senden. Mit guten Wünschen grüßt Sie Ihr Hermann Hesse.«

Sorgen um die »Weltbühne«

Mit dem Jahr 1931 begann die Situation für die *Weltbühne* zusehends schwieriger zu werden. Carl von Ossietzky, der seit vier Jahren die Geschäfte besorgte und erstmals in der Geschichte der Zeitschrift zugleich ihr ständiger Kolumnist war, mußte das Blatt ständig an drohenden Prozessen vorbeisteuern. Seit 1929 schon schwebte gegen die *Weltbühne* ein Verfahren wegen Landesverrats. Grund dafür war ein Artikel von Walter Kreiser über die verschleierte Aufrüstung, speziell der verbotenen Luftwaffe. Die Lage für die Redaktion war so, daß sich Ossietzky im Herbst 1930 entschloß, den Mitherausgeber Kurt Tucholsky in Schweden zu besuchen, um mit ihm persönlich zu erörtern, was auf dem Postwege bereits nicht mehr anzuraten war. Sie besprachen die einzuschlagende Taktik des Blattes und erwogen den Plan, die Redaktion der *Weltbühne* bei weiterer Zuspitzung der Lage ins Ausland, eventuell nach Skandinavien, zu verlegen. Ossietzky ließ seine Frau in Berlin wissen, daß er mit Tucholsky »viel Wichtiges« zu besprechen habe und deswegen noch einige Tage länger bleiben müsse.

Die Gespräche in Hindås vollzogen sich vor dem Hintergrund bereits seit 1928 laufender interministerieller Erörterungen zwischen Innen-, Reichswehr- und Justizministerium, wie man die Pressefreiheit weiter einschränken und gegen sogenannte Staatsverleumdung strafrechtlich vorgehen könne. Im November 1931 war es soweit. Im Prozeß gegen die *Weltbühne* wurde vom Reichsgericht in Leipzig das Urteil verkündet: anderthalb Jahre Gefängnis für Ossietzky und für Kreiser. Es ergab sich die für Ossietzky »ungeheuerliche Tatsache«, daß ein Deutscher, der sich für die Respektierung des Versailler Friedensvertrages einsetzte, als Landesverräter abgeurteilt wurde. Er, der dafür kämpfte, die Weimarer Republik vor dem Untergang zu bewahren, war nun das politische Opfer dieser Republik. Tucholsky nannte es die »Quittung der Generale«.

Das Urteil gegen Ossietzky war ein alarmierendes Signal. Es vertiefte Tucholskys Skepsis, daß es möglich sein würde, den Sieg der deutschen Reaktion aufzuhalten. Die einzige Gegenkraft, diese Entwicklung zu verhindern, wären Aktionen einer geeinten Arbeiterbewegung gewesen. Aber diese gab es nicht. »Den Versuch, die KPD und die SPD im Hinblick auf die Faschisten zusammenzukriegen, halte ich für aussichtslos«, schrieb er schon im Januar 1931 an seinen Bruder. Aus diesem Grunde fürchtete er auch um den Fortbestand der *Weltbühne*. Selbst wenn er nach Berlin käme, vertraute er dem Bruder an, würde er ja auch nichts ausrichten. »Mein Weg führte unbedingt in das Liebknechtschicksal... Schlügen sie mich heute tot: was wäre dann? Dann kriegte ich einen Nekrolog, und den kann ich mir auch alleine schreiben. Es lohnt nicht.«

Zum erstenmal war aus seinen Briefen zu erkennen, wie müde er war. Es käme nichts mehr dabei heraus, an der *Weltbühne* in der alten Weise wie bisher weiterzuschreiben. Im Augenblick sah das nach Resignation aus, aber er gab das Schreiben deshalb nicht auf. Zunächst wollte er sich erst einmal etwas anderes vornehmen. Auch das sagte er dem Bruder klipp und klar. Er sei »Schriftsteller – kein Parteiführer«. Er wollte an ein neues dickes Buch herangehen. Gemeint war das Buch *Eine geschiedene Frau*, worüber er mit Rowohlt gerade einen Vertrag abgeschlossen hatte.

Kapitel IX

EIN HEIMATLOSER

»Kolumbus« und »Casanova« – Stücke ohne Perspektive

Januar 1932. Hindås lag tief verschneit. In dem von Tucholsky bewohnten Haus hatten er und Walter Hasenclever die Endredaktion der »Gomödje von den Golumbuss« abgeschlossen. Gemeinsam feierten sie am 9. Januar Tucholskys zweiundvierzigsten Geburtstag und fuhren anschließend nach Kopenhagen, wo sie den Berliner Revuekönig Eric Charell zu treffen hofften, der sich für den *Kolumbus* interessierte und davon gesprochen hatte, daß sich vielleicht eine Koproduktion Berlin–New York zustande bringen ließe. Fast frohgestimmt hört sich ein Brief aus j'enen Tagen an den »geliebten Beuh« Rudolf Leonhard an, bei dem sich Tucholsky für die Geburtstagsglückwünsche bedankt und an die Sache mit dem Wein erinnert, den Leonhard ihm schicken wollte. Tucholsky möchte fünfzig Flaschen guten Burgunder, der sich als Tischwein eignet, und nochmals zwanzig Flaschen Burgunder bester Qualität, »der Papa und Mama sagen kann«. Von dem soll Leonhard saufen, bis er umfällt, »und dann schicke ich einen Tschekk. Und dann schickt ihr ab.«

Tucholsky hatte gute Laune, das Bühnenstück war fertig, das Arbeiten mit Walter Hasenclever hatte ihm Spaß gemacht. Sie verstanden sich gut. »Er ist wirklich ein netter und anständiger Mann, ich habe ihn sehr gern. Und hat ehm Humor, Mensch, det is so selten. Die andern nehmen sich alle so ernst.«

Hasenclever und Tucholsky gaben ihrem Stück, das sie in England begonnen und in Hindås zu Ende gebracht hatten, den Titel *Christoph Kolumbus oder Die Entdeckung Amerikas*. Beide – Hasenclever noch mehr als Tucholsky – waren davon überzeugt, daß sie mit ihrem Theaterspaß einen guten Start auf der Bühne haben würden, sei es in Berlin bei Hilpert oder anderswo. »Ich glaube, die Sache wird sehr lustig, unpolitisch und trotzdem frech«, so schwärmte Hasenclever in seinen Briefen an den befreundeten Verleger Kurt Wolff schon von dem Stück, als sie noch an den letzten Szenen schrieben.

Hasenclever begab sich nach Abschluß der Arbeit unverzüglich nach Berlin, um das Geschäftliche zu regeln. Es bestand ein Vertrag mit dem Bühnenverlag Felix Bloch Erben, der sich bereit erklärt hatte, das Stück zu einer Tantiemengarantie von zweitausendfünfhundert Mark pro Autor in sein Vertriebsprogramm aufzunehmen. Die erste Bühne, die sich für den *Kolumbus* interessierte, war das Leipziger Schauspielhaus. Hier wurde die Komödie am 24. September 1932 uraufgeführt.

Kolumbus ist Zeitkritik, in Form eines Spiels vorgeführt, in das Strukturen und Figuren der Konversationskomödie Pariser Art eingeflossen sind. Es geht um friedfertige Völker und kriegerische Eroberer, um Intrige, Geschäft, Geld und Macht. Als Gegenspieler des Kolumbus agiert Herr Wendriner, hier Vendrino genannt, eine kleine shakespearsche Gestalt im Gewand einer »großen« Zeit, die keine Ideale, nur Geschäfte kennt. Die Kritik der Autoren am bürgerlichen Staatswesen, an der Verdienermoral, dem Opportunismus der Kirche im Verhalten zum Staat und zum Krieg und an der Rolle der Mächtigen ist in leichtfüßiger Spielweise dargeboten. Es war ein Versuch, den Geist Courtelines und seiner witzig-bissigen Bühnenstücke für das deutsche Theater umzusetzen. Für das Stück textete und komponierte Tucholsky eigens einige Lieder solo zur Gitarre und für den Chorgesang der Matrosen, die vom Bloch-Verlag auch angenommen wurden. Es hieß im Programmheft: »Matrosenlieder: Kurt Tucholsky«. Er kommentierte das seiner Schweizer Freundin Hedwig Müller gegenüber eine Woche vor der Uraufführung: »Ich platze vor Stolz. Nicht, weil der Kolumbus aufgeführt wird. Aber daß die Musik zu den in ihm vorkommenden Liedern aufgeführt wird ... eine Musik, die ich persönlich hinkomponiert habe ... also das erfüllt mich mit bodenlosem Stolzä ... Hurra.«

Hasenclever und Tucholsky waren sich von vornherein einig, daß sie sich, was Besetzung und Inszenierung betraf, nicht kümmern und auch bei der Premiere nicht zugegen sein wollten. Ihre Haltung war: »Ohne uns.« Trotzdem gab Tucholsky, weil er wußte, wieviel Schindluder mit dem Begriff Humor getrieben wurde und welche Schwierigkeiten gerade Regisseure in Deutschland mit Boulevardkomödien dieses Stils hatten, dem Schauspielhaus Leipzig folgenden Hinweis zur Beachtung, der sich natürlich nicht nur auf die Ausstattung beziehen sollte: »Ich halte es für ganz und gar

Walter Hasenclever zu Besuch bei Tucholsky in Paris 1926.
Sie waren und blieben gute Freunde

unrichtig, humoristische Stoffe stets auch in der Ausstattung von vornherein als ›humoristisch‹, also als nicht ernsthaft zu charakterisieren. Diese zwei Humore heben sich leicht auf; auch wird ein solches Stück sehr leicht zum Bierulk degradiert. Der leichte und satirische Stil des ›Kolumbus‹ liegt in der Gesamtauffassung, es ist nicht nötig, ihn anders auszustatten als jedes andere Stück auch, also normal, einfach, ohne Prunk, aber ja nicht betont naiv.«

Ob es so geschah, konnten nur das Publikum und die Kritik beurteilen. Tucholsky ließ sich von seiner Frau Mary, die mit dem befreundeten Paul Graetz zur Premiere nach Leipzig gefahren war, von dem Abend berichten. Es gab Beifall, kaum Zwischenrufe, den Leipzigern gefiel die Inszenierung. Trotzdem sah sich die Direktion gezwungen, das Stück nach zwei Aufführungen abzusetzen, so stark war bereits der politische Boykott von rechts. Das Theater, es war eine große private Bühne unter dem Direktor Otto Werther, wollte dem vorbeugen und hatte aus Vorsicht schon vorher beim Bloch-Verlag angefragt, wie sich die beiden Herren dazu stellen würden, wenn man »bis zur Aufführung den Namen Panter (Tucholsky) herauslassen« würde? Ihre Begründung: »Wir werden heute schon von bestimmter Seite angegriffen, weil wir mit einem Hasenclever und Panter (Tucholsky) die Spielzeit eröffnen. Nun sind wir durchaus nicht ängstlich und treten für das Stück gegen jedermann ein, weil wir es als Kunstwerk beurteilen... Rein praktisch gesehen würden wir es aufs tiefste bedauern, wenn der Sache aus anderen Gründen Schaden entstünde.«

Die Befürchtungen erwiesen sich als gerechtfertigt. Für die rechtsgerichteten Blätter wie die *Leipziger Tageszeitung* waren die beiden Autoren unerwünscht. Alle Gestalten ihrer »Kolumbiade« hätten sie – »darin sind die Juden immer groß – zu tölpelhaften Operettenfiguren« umgebogen und aus Kolumbus, »dem willensstarken Manne«, zuletzt »eine spaßige Silhouette« geschnippelt. *Der deutsche Staat* stimmte in den Antisemitismus ein und bezeichnete die Komödie als den Deutschen »wesensfremd (jüdisch)«. Die *Leipziger Allgemeine Zeitung* warf den beiden Autoren mangelnde Ernsthaftigkeit vor und Inkompetenz: »Diese angebliche Komödie entpuppte sich als skrupelloser kabarettistischer Bierulk über

Szenenfoto von der Premiere des Kolumbus
am Leipziger Schauspielhaus 1932

das Thema Kolumbus. Die Geschichte der Entdeckung Amerikas dient den Verfassern nur dazu, satirische Randglossen zur Gegenwart loszulassen. Keine Spur von Versuch einer weltgeschichtlichen Satire von Format!« Die *Sächsische Volkszeitung* entrüstete sich, »zu welch höchst widerlich duftendem Brei die ernste Historie hier ausgekocht wird... Goethe hat für diese ›Poetenkreise‹ umsonst gelebt.«

Theaterkritik unter rassistischen Gesichtspunkten hatte bereits vor der Machtergreifung Hitlers in bürgerlichen Zeitungen begonnen. Die liberale Presse dagegen ließ das Stück gelten. Das *Theater-Tageblatt* vom 27. September 1932 meinte, man müsse schon »gänzlich humorlos« sein, um Anstoß zu nehmen, zumal die Angriffe auf Staat und Kirche »in eine entzückend naive Form gekleidet« seien. Leipzigs tonangebender Literaturprofessor Georg Witkowski, der in der Premiere saß, zeigte sich ebenfalls tolerant. Warum solle man der Kolumbuslegende nicht satirisch zu Leibe gehen, meinte er in der Zeitschrift *Die Literatur*. Wie »zwei bekannte, wohlerfahrne Autoren« hier die eigne Zeit aufs Korn nähmen –

»Königin Isabella als begehrliches Weibchen, geistliche und weltliche Kamarilla als gewissenlose Ausbeuter und Schieber, Matrosen nach Ringelnatz, Wilde als ideale Pazifisten, Amerika, Gottes Land, mit dem Schlußeffekt der Wolkenkratzer« –, damit könne man schon einverstanden sein – wenn es nur nicht »so lustlos, so nackt aufgetischt würde«.

»Ja, der ›Kolumbus‹ ... also sie werden ihn nicht ›scharf‹ genug und nicht ›tief‹ genug finden«, prophezeite Tucholsky zwei Tage vor der Premiere in einem Brief an Hedwig Müller. Tatsächlich, waren die Rezensenten schon wohlwollend, setzten sie den Maßstab viel zu hoch an, wie das Berliner *12-Uhr-Blatt*, das bedauernd meinte: »Wahrlich kein Shaw, sondern eine Schau«, oder der *New York Herald* vom 30. Oktober 1932, der konstatierte: »Es wird in dieser Komödie sehr viel geschoben – Skat gespielt und räsoniert. Damit allein wurde Amerika nicht entdeckt. Und damit allein ist auch eine Komödie nicht zu bestreiten ... Sozusagen: Hasenclever und Peter Panter spielen auf dem Sarge des Kolumbus Skat. Schade, daß sie den fehlenden dritten Mann nicht gefunden haben.« Der bekannte Publizist Pem befand mehr tadelnd als lobend: »Das ist der Einbruch Wendriners, der bekannten Tucholsky-Gestalt, in die Historie und des Feuilletons in die Dramatik.« Das traf haargenau zu, aber was sollte daran für die Bühne Nachteiliges sein?

Zu den Kritikern, die sich zur Geisteshaltung der beiden Autoren bekannten und dem Stück auch in seiner Spezifik gerecht wurden, gehörten Kurt Pinthus und Hermann Sinsheimer. Mit kritischen Einschränkungen fand Sinsheimer im *Berliner Tageblatt*, was übrig bliebe, sei »freilich noch immer bunt und witzig und unterhaltend genug«. Die Aufführung wertete er als »einen großen Lacherfolg«. Pinthus gab den Hinweis, daß eine so »lustige, leichte, lockere, manchmal bittere Revue« sich vielleicht besser auf einer kleineren Bühne mache. Damit war für künftige Inszenierungen ein richtiger Hinweis gegeben, insofern, als dem *Kolumbus*-Stück, zwar als Komödie tituliert, seinem feuilletonistischen, kabarettistischen Geist nach und auch, weil es im Wortspiel stärker war als in der Fabel, die kleine Spielstätte angemessener war.

Das Interesse an dem Stück ging rasch unter. Zu einer Berliner Aufführung, die Sinsheimer und Pinthus empfohlen hatten, kam es nicht mehr. Die Erwartungen, die die beiden Autoren an ihr Bühnenstück geknüpft hatten, wurden zu Wasser.

Auch ein anderes von ihm ausgearbeitetes Exposé, *Etzliche Gedanken, den Herrn Casanova betreffend*, konnte Tucholsky getrost in der Schublade lassen. Dieses Projekt wollten sich beide im Anschluß an den *Kolumbus* vornehmen. Wahrscheinlich hat Tucholsky seinen Entwurf im Original noch an Hasenclever abgeschickt, denn in seinem schwedischen Nachlaß fand sich nur noch der Durchschlag davon. Die Sache war so gedacht, daß jeder das Literaturstudium zunächst einmal für sich allein aufnehmen sollte, dann wollten sie gemeinsam mit dem Schreiben beginnen und in etwa zwei Monaten fertig sein. Auf den neun Seiten seines Exposés hat er schon einige Ideen zum Inhalt des Stückes skizziert. Neben Casanova kommt ein Mann vor, »ein kleiner, trockner Pedant, mit einem Zöpfchen, ein Kalkulator, Registrator, so etwas. Der schreibt die wüstesten Pornographien – er selbst lebt ganz brav und bieder. Er ernährt sich von diesen Schweinereien, geht abends in die Kneipe und faßt nie ein Weib an, ist streng moralisch«, während natürlich Casanova ...

Das Stück sollte mit einer Rahmenhandlung in der Gegenwart anfangen, ehe Casanova im Kostüm seiner Zeit auftritt, und in der Gegenwart wieder enden – »etwa mit der Sehnsucht der Frau: Ja, damals ... Aber das ist schief; Casanovas hat es immer gegeben und wird es immer geben. Sie sind an keine Zeit gebunden.« Ihre Überlegungen hätten Tucholsky und Hasenclever vielleicht in Frankreich oder in Schweden in Form eines amüsanten Stückes zu Ende gebracht. Als man real damit hätte beginnen können, Tucholsky wollte vorher noch den Rowohlt-Roman *Eine geschiedene Frau* schreiben, gab es für diese beiden deutschen Schriftsteller keine Bühne in Deutschland mehr. *Kolumbus* wie *Casanova* waren Stücke ohne Zukunft.

Viel Zeit zum Nachdenken, wie es mit Stück und Exposé weitergehen sollte, verblieb Tucholsky nicht. Die Verpflichtungen gegenüber der *Weltbühne* konfrontierten ihn mit den Forderungen des Tages, das hieß Manuskripte von anderen, wenn sie wichtig waren, durchzusehen und eigene Beiträge zu liefern. Die Arbeit für die roten Hefte war aber nicht einfacher geworden. Die Notverordnungspolitik des Kabinetts Brüning, die sich gegen die revolutionäre und linksdemokratische Presse richtete, hatte das publizistische Klima in Deutschland stark verändert. Politisch unbequeme und unerwünschte Druckschriften wurden verboten. Tucholsky hatte mit Rücksicht auf die veränderte Situation Ossietzky schon zugestanden, seine Beiträge genau durchzulesen und, falls erforderlich, entschärfend zu redigieren. Aktuelle Politik war für ihn aus der Ferne sowieso nicht zu machen, aber das war ja seine Absicht ohnehin nicht mehr. Bruder Fritz hatte er seine Gründe dafür ausführlich dargelegt. An die Schriftstellerin Annette Kolb schrieb er im Februar 1932 sinngemäß dasselbe: »Meine Liebe, es ist ziemlich aussichtslos. Wenn ich an Deutschland denke, bin ich zwar nicht um den Schlaf gebracht, aber es freut einen nicht mehr.«

Trotz solcher Äußerungen waren es im ersten Halbjahr 1932 noch immer über ein halbes Hundert Beiträge, die von ihm in der *Weltbühne* erschienen. Soweit sie die Politik berührten – und das war nach wie vor die Mehrzahl seiner Artikel, Glossen und Gedichte –, setzte er sich mit den Parolen, der Brutalität und dem geistigen Zuschnitt der Führer des Nationalismus und der militanten Reaktion auseinander. Im März korrespondierte er mit Ossietzky über sein Vorhaben, fürs Heft einen Aufsatz gegen Hitler zu schreiben. Etwa zur gleichen Zeit, als die Ullstein-Zeitschrift *Der Querschnitt* bei Arnolt Bronnen eine Hitler-Biographie bestellte, entstand Tucholskys fulminante Satire *Hitler und Goethe – ein Schulaufsatz*. Tucholsky löste damit ein Versprechen ein, das er im Mai 1932 in seinem Bekenntnisartikel *Für Carl v. Ossietzky* abgegeben hatte, als er feststellte, daß es gerade die »auslachenden« Artikel gewesen seien, die »den faschistischen Gegner bis aufs Blut gereizt« haben, woraus er die Position ableitete: »Im geistigen Kampf werden sie auch weiterhin so erledigt werden, wie sie das verdienen.«

Was sich aus dem schon oft parodierten Aufsatzthema des bürgerlichen deutschen Gymnasiums noch immer an Satire und aktuellen Bezügen herausholen ließ, zeigte Kaspar Hauser nun mit seinem Schulaufsatz *Hitler und Goethe*. Wie hier der nationalistische Ungeist der deutschen Schulstube, faschistisches Gedankengut und der Propagandarummel der NSDAP acht Monate vor der Machtübernahme treffsicher und überlegen ins Bild gebracht sind, hat das Format klassischer Satire. »Hitler zerfällt in 3 Teile: in einen legalen, in einen wirklichen und in Goebbels, welcher bei ihm die Stelle u. a. des Mundes vertritt.« Einen Vergleich zwischen Goethe und Hitler herzustellen ist möglich. »Beide haben in Weimar gewohnt, beide sind Schriftsteller, und beide sind sehr um das deutsche Volk besorgt, um welches uns die andern Völker so beneiden.« Doch ist »Hitler viel größer als von Goethe – Hitler ist überhaupt der allergrößte Deutsche«. Beleg: »Goethe als solcher ist hinreichend durch seine Werke belegt, Hitler als solcher aber schafft uns Brot und Freiheit, während Goethe höchstens lyrische Gedichte gemacht hat, die wir als Hitlerjugend ablehnen, während Hitler eine Millionenpartei ist. Als Beleg dient ferner, daß Goethe kein nordischer Mensch war, sondern egal nach Italien fuhr und seine Devisen ins Ausland verschob. Hitler aber bezieht überhaupt kein Einkommen, sondern die Industrie setzt dauernd zu.« Damit war bewiesen, »daß zwischen Hitler und Goethe ein Vergleich sehr zu Ungunsten des letzteren ausfällt, welcher keine Millionenpartei ist. Daher machen wir Goethe nicht mit. Seine letzten Worte waren mehr Licht, aber das bestimmen wir! Ob einer größer war von Schiller oder Goethe, wird nur Hitler entscheiden, und das deutsche Volk kann froh sein, daß es nicht zwei solcher Kerle hat! Deutschlanderwachejudaverreckehitlerwirdreichspräsidentdasbestimmenwir!«

Tucholsky hatte sich schon 1919 die Frage gestellt: »Was darf die Satire?« und darauf die Antwort gegeben: »Alles!« Die Frage war jetzt anders zu stellen: Was *kann* Satire? In welcher Richtung läßt sie sich noch einsetzen, und was richtet sie aus? Er sagt in einem seiner »Weltbühnen-Schnipsel«

vom 8. März 1932 folgendes: »Satire hat eine Grenze nach oben: Buddha entzieht sich ihr. Satire hat auch eine Grenze nach unten. In Deutschland etwa die herrschenden faschistischen Mächte. Es lohnt nicht – so tief kann man nicht schießen.« Aber mit der Schulaufsatzgroteske war es dennoch gelungen, den gefährlichen Irrationalismus des Nationalsozialismus im Zerrspiegel der Satire erkennbar zu machen und das Thema künstlerisch zu bewältigen. Gegen Hitler und seine Leute sei »jedes Mittel gut genug«, wie er 1932 in seinem *Röhm*-Artikel sagte, denn »wer so schonungslos mit andern umgeht, hat keinen Anspruch auf Schonung – immer gib ihm!«. Und er gab es der Naziprominenz fünffach – als Theobald Tiger, als Peter Panter, als Kaspar Hauser, Ignaz Wrobel und Kurt Tucholsky.

Aufschlußreich für Tucholskys poetisches Verfahren ist, daß er 1932 wieder verstärkt auf die Liedform zurückgreift, mit der er sich schon 1919 in seinem ersten Lyrikbändchen *Fromme Gesänge* als »wildes Tigertier« ausgewiesen hatte und als Meister der Parodie, insbesondere im virtuosen Umgang mit vaterländischen Schulbuchtexten und volkstümlichem Liedgut. Anregung für eine Antinazisatire gab ihm zum Beispiel Matthisons *Lied aus der Ferne*, eine Dichtung aus dem Jahre 1794, als Schubert-Lied und Glanzstück des bürgerlichen Salons ihm seit frühester Jugend vertraut. Mit Sicherheit war es bei seinen Tanten, bei Onkel Max oder seinem Vater unter den Klaviernoten zu finden. Was er dann unter Verwendung originaler Teile zu einem neuen Lied umdichtete, heißt: *Altes Lied 1794*. Das *Völkische Lautenlied*, eine im Nachlaß aufgefundene Satire auf die marschierende Hitlerjugend, verfährt in gleicher Weise:

Es klappt mit Lyrik und Verdauung,
und unser Fähnlein flattert frech ...
Vorn trag ich eine Weltanschauung
und hinten einen Napf aus Blech.

Zum Brüllen sind wir auserkoren.
Als Schreichor ist auf uns Verlaß.
Dem Hitler haben wirs geschworen,
wir wissen leider bloß nicht was.

Und der Mohn, und der Mohn blüht so rot!
Schlagt die Juden tot!

Sämtliche Satiren zum Thema Faschismus, Hitler, NSDAP und deren Umfeld sind von Tucholsky sprachlich ausgefeilt und mit höchster Sorgfalt gearbeitet, so, wie er es von den Autoren der Satire stets gefordert hat. Er sagte zwar einmal, sich vergleichend mit Walter Mehring, daß ihm dessen »tödlich pfeifende Ironie« nicht zur Verfügung stehe; selbstironisch setzte er hinzu, daß sie in seinem »Fett« nicht wohne. Was er aber in der ständigen politischen Auseinandersetzung mit den faschistischen Mächten zu geben imstande war, gab er. Und es war nicht wenig. Es war so gut und eine so scharfe Munition, daß Kurt Hiller, Zeitgenosse und *Weltbühnen*-Kollege, der sich 1968 in einem Fernsehinterview mit dem Tucholsky-Herausgeber Fritz J. Raddatz zu diesem Punkt äußerte, zu der Einschätzung kam, Tucholsky sei von allen Autoren jener Jahre »die gewaltigste publizistische Kraft contra Hitler« gewesen, »kampftüchtig und ausdrucksgenial«.

Das Jahr 1932 war für die Redaktion und ihre Mitarbeiter ein schweres Jahr. Ossietzky mußte im Mai die gegen ihn im *Weltbühnen*-Prozeß verhängte achtzehnmonatige Gefängnishaft antreten. Tucholsky schrieb aus diesem Anlaß noch einmal einen Artikel, in dem er das Urteil »ein schweres Unrecht« und »eine Schande« nannte, einzig und allein vollstreckt, »weil sich die Regierung an der ›Weltbühne‹ rächen will, rächen für alles, was hier seit Jahren gestanden hat«. Tucholsky stellte sich in seinem Artikel – es war sein letzter großer mit seinem Namen gezeichneter Beitrag für die *Weltbühne* – hinter Ossietzky, den Freund, den »so unpathetischen und stillen Kameraden«, der seit Mai 1927, über fünf Jahre hinweg, zuverlässig die aktuelle Arbeit geleistet hatte, der als standhafter Mann, in Übereinstimmung mit Tucholsky, die Verbindung zur Arbeiterklasse gesucht hatte und zuletzt unter Tucholskys Beifall für die Reichspräsidentenkandidatur Thälmanns eingetreten war: »Bravo und bravo und nochmals bravo zu Ihrer Haltung.«

Das Bekenntnis zu Ossietzky, von Tucholsky immer wieder dokumentiert, wird dadurch nicht beeinträchtigt, wenn man feststellt, daß es in der Zusammenarbeit der beiden für die *Weltbühne* verantwortlichen Herausgeber gelegentlich auch Mißverständnisse und Verärgerungen gab. Sie resultierten aus der unterschiedlichen Mentalität der beiden Männer und der an sich schon erschwerenden Tatsache, daß nur einer der beiden Herausgeber am Ort der Redaktion tätig war. Außerdem fiel es Tucholsky schwer, sich auf den Arbeitsstil Ossietzkys einzustellen. Kam es einmal zu Verärgerungen und sah Tucholsky, daß seine Bemerkungen in Briefen oder am Rand von Manuskripten von Ossietzky als Vorwurf oder gar Kritik am Blatt empfunden wurden, fand er sich sofort zum Einlenken bereit. »Lieber Oss, Hünicke schreibt mir, Sie wären unzufrieden, daß ich dem Karsch politische Direktiven gebe. Ich hätte es nun lieber gesehen, wenn Sie mir das direkt geschrieben hätten – stehen wir so miteinander, daß wir einen Umweg brauchen? Ich stehe zu Ihnen bestimmt nicht so. Zur Sache selbst: Ich bin gern bereit, das anders zu machen ... Hat es schon mal einen Knatsch gegeben? Es wird auch keinen geben.« Andererseits entschuldigte sich Ossietzky, wenn Tucholsky wichtige Aufsätze nicht zur Durchsicht vorgelegt worden waren. Im November 1932 bestätigte er ausdrücklich in einem Brief, daß Tucholskys »Recht, von zu druckenden Artikeln Kenntnis zu nehmen, nicht bestreitbar« sei, und bittet im nachhinein um Verständnis, weil er in zwei Fällen anders gehandelt hatte.

Die kameradschaftliche Zuneigung Tucholskys blieb bei Ossietzky nicht ohne Echo. Als er seine Haft antreten mußte, bat er den immer geradeheraus redenden und schreibenden Tucholsky, »die schwierige Übergangszeit durch eine möglichst produktive Kritik« zu unterstützen und mit einer »gewissen Nachsicht« zu urteilen, obwohl er wußte, wie schwer gerade das dem impulsiven und obendrein kranken Tucholsky fallen würde, dem es zu dieser Zeit »säuisch geht«. Wie Tucholsky, der Achtung und Respekt vor dem Mann empfand, der »für alle seine Mitarbeiter« ins Gefängnis ging, so hatte auch Ossietzky Verständnis für den da draußen, dem nach eigenem Eingeständnis »die Polemik und die Satire fast eingefroren« waren. Von dem Freund verabschiedete sich Ossietzky am 8. Mai 1932 mit den Worten: »Wir hätten uns in diesem Augenblick bändevoll zu sagen. Was soll es? Sie haben eine deutliche Vorstellung von dem, was mir bevorsteht. Und ich weiß sehr gut, warum Sie sich jetzt in sich selbst zurückgezogen haben, warum Sie diesen Bogen um die traute Heimat machen. Nur einen Wunsch aus heißem Herzen: verkrampfen Sie sich nicht, machen Sie aus Ihrem Leben keine Peter-Schlemihl-Geschichte!«

Im Gegensatz zu bisherigen Interpretationen, daß zwischen Ossietzky und Tucholsky eine unüberwindliche Abneigung bestanden hätte, belegt der Briefverkehr dieser Wochen das von beiden Männern empfundene Zusammengehörigkeitsgefühl, vielleicht mehr noch Vertrautheit und eine Freundschaft, die sich über die Jahre hinweg allmählich aufbaute. An dem Tage jedenfalls, da sich die Gefängnistore hinter Ossietzky schlossen, erschien Tucholsky seine gelegentliche Unzufriedenheit mit notwendigen Entscheidungen Ossietzkys belanglos. Jetzt ging es um andere, wesentlichere Dinge. Als Ossietzky ihn aus der Haft bat, seiner Frau und dem tüchtigen Wolf Zucker, der sich mit anderen »ungeheuer« für die Sache eingesetzt hatte, »ein paar freundliche Zeilen« zukommen zu lassen, ging Tucholsky sofort daran, diese Bitte zu erfüllen.

Diese kleinen Hilfen waren die letzten Verpflichtungen, denen er nachzukommen vermochte. Er litt unter diesem Urteil mit, mehr, als seine Briefe erkennen lassen. Von Monat zu Monat wurde seine Mitarbeit aus objektiven und subjektiven Gründen immer weniger. Offene politische Polemik konnte er nicht führen, ohne dem inhaftierten Ossietzky und der *Weltbühne* zu schaden und die Behörden herauszufordern. Eine für ihn deprimierende Situation. Selbst Ossietzky in seiner mißlichen Lage spürte das und versuchte aus dem Gefängnis heraus ihm über seine krisenhafte Verfassung hinwegzuhelfen. »Ich bin traurig, daß es mit Ihrer Produktivität nicht gut steht. Wollen Sie nicht mehr Literarisches schreiben wie den Lichtenberg, der mir sehr gefallen hat?«

Für den 1. Juli 1932, Ossietzky befand sich gerade sechs Wochen in Tegel im Gefängnis, war ein neuer *Weltbühnen*-Prozeß anberaumt. Angeklagt war wiederum Ossietzky als presserechtlich Verantwortlicher, diesmal wegen einer politischen Glosse von Tucholsky. Im Falle Tucholskys hatte die

Staatsanwaltschaft darauf verzichtet, Anklage zu erheben, da er sich, wie es im amtlichen Protokoll wörtlich hieß, »ständig in Rußland« aufhalte. Es ging um den Artikel *Der bewachte Kriegsschauplatz*, gezeichnet mit Ignaz Wrobel, erschienen am 4. August 1931, in dem der Satz enthalten war: »Soldaten sind Mörder.« Mit dieser Formulierung bezog sich Tucholsky auf die Botschaft des Papstes »An die kriegführenden Völker und ihre Oberhäupter« vom 28. Juni 1915, in der gesagt war: »Der Krieg ist eine grauenhafte Schlächterei.« Der Wortlaut dieses Dokuments wurde im Zusammenhang mit dem *Bewachten Kriegsschauplatz* von der *Weltbühne* zum erstenmal in korrekter und sprachlich nicht gemilderter Fassung veröffentlicht.

Die Reichswehrführung drängte auf einen Prozeß gegen die *Weltbühne* wegen Beleidigung der Soldatenehre. Auf ihr Ersuchen hin leitete die Berliner Staatsanwaltschaft das Ermittlungsverfahren gegen Ossietzky ein. Tucholsky stand damit vor der Frage, ob er zu diesem Prozeß nach Berlin fahren sollte. Käme er, würde er in das Verfahren einbezogen werden, käme er nicht, wäre nach geltenden rechtlichen Grundsätzen im Falle einer Verurteilung auch keine höhere Bestrafung Ossietzkys zu erwarten gewesen. Blieb also der moralische Aspekt, dem im Gefängnis sitzenden Redakteur der *Weltbühne* durch seine Teilnahme am Prozeß moralisch den Rücken zu stärken. Ossietzky und er waren sich einig, daß es nicht sinnvoll wäre, nach Berlin zu kommen, während einige aus dem Kreis der *Weltbühne* meinten, Tucholsky sei doch unbedingt verpflichtet dazu. Ihm machte dieses moralische Argument schwer zu schaffen. An Mary Tucholsky, die er konsultierte, schrieb er, auf sein Verhältnis zu Ossietzky, Edith Jacobsohn und den Verlag bezogen: »Unter uns ist intern also alles in Ordnung. *Nach außen* bleibt ein Erdenrest zu tragen peinlich. Es hat so etwas von Desertion, Ausland, im Stich lassen, der Kamerad Oss im Gefängnis, denn sie werden ihn nicht einmal zu Festung begnadigen – ein Grund mehr für mich, nicht zu kommen, denn sie werden, haben sie mich einmal, mir alle nur erdenklichen Geschichten machen.«

Seine Frau wie auch Freund Erich Danehl, zu dieser Zeit sozialdemokratischer Polizeipräsident von Harburg-Wilhelmsburg, »winken ab«. Nach ihrer Einschätzung war sein Leben in Gefahr. Auch andere von ihm Befragte schlossen das nicht aus. Emil Rabold von der *Welt am Montag* und Ernst Toller dagegen waren unbedingt für sein Kommen. Toller schrieb ihm, wenn man gegen ihn vorginge, würde das »ein internationaler Skandal«, und er leitete aus dieser Erwartung die Forderung ab: »Sie müssen kommen!« Ein Argument, das aber Tucholsky, der Toller als einzigen für überhaupt befugt hielt, ihn zu kritisieren, nicht überzeugte. Er schätzte die Situation weniger dramatisch ein. Der »Skandal« sei in vierzehn Tagen vergessen, die Sache selbst »auch viel zu geringfügig«, womit er dann auch recht behielt. Er war zu sehr Realist, um in einer aussichtslosen Sache den Helden zu spielen.

Was den Vorwurf der Feigheit betraf: Wer 1919 vor den Pistolen der Baltikumer seinen Platz auf der Rednertribüne nicht verlassen hatte, wer so oft bedroht worden war für sein politisches Bekenntnis wie Tucholsky, brauchte diesen Vorwurf nicht zu akzeptieren. Außerdem zeigte sich binnen kurzem, wie hellsichtig und absolut realistisch seine gegenüber Mary Tucholsky geäußerte Befürchtung gewesen war, daß sie ihm den Paß wegnehmen würden, bis das Verfahren durch alle Instanzen durch sei. Noch vor der Eröffnung des Prozesses erließ das Kabinett Papen eine Verfügung, wonach die »Erteilung eines Reisepasses versagt werden kann, wenn Tatsachen die Annahme rechtfertigen, daß der Paß in den Händen des Inhabers die äußere oder innere Sicherheit oder sonstige Belange des Reiches oder eines deutschen Landes gefährdet«.

Was Tucholsky ebenfalls vermutete, aber nicht wissen konnte: Im Reichsinnenministerium existierte seit 1928 nach den geheimen Kabinettsabsprachen zwischen Reichswehr-, Justiz- und Innenministerium unter anderem auch eine Akte Tucholsky, in der alles belastende Material gegen ihn gesammelt wurde. Man benutzte vorgedruckte Meldungszettel, die die beauftragten Überwacher an den leitenden Beamten ausgefüllt weiterzuleiten hatten. »Es wird hingewiesen auf den Aufsatz – die Schrift – das Buch.« Zwei solche ausgefüllte Formulare »zu Tucholski« aus den Aktenbeständen sind noch erhalten. Das eine betrifft die Rezension

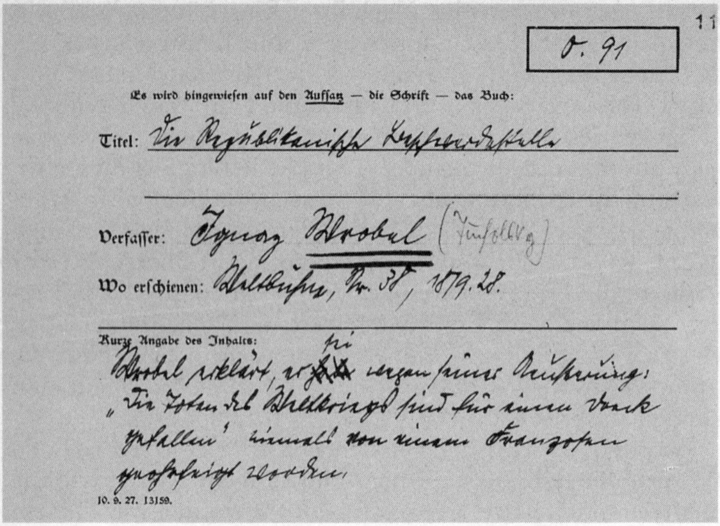

11

O. 91

Es wird hingewiesen auf den Aufsatz — die Schrift — das Buch:

Titel: Die Republikanische Beschwerdestelle

Verfasser: Ignaz Wrobel (Tucholsky)

Wo erschienen: Weltbühne, Nr. 38, 18.9.28.

Kurze Angabe des Inhalts:

Wrobel erklärt, er sei wegen seiner Äußerung: „Die Toten des Weltkriegs sind für einen Dreck gefallen' einmal von einem Franzosen geohrfeigt worden.

10. 9. 27. 13159.

Aus den Akten des Reichsinnenministeriums

des Hans-Grimm-Buches *Volk ohne Raum*, das andere *Die Republikanische Beschwerdestelle*, beides *Weltbühnen*-Aufsätze von 1928. Auch Zeitungsausschnitte über seine Tätigkeit wurden von den entsprechenden Stellen zusammengetragen. Material gegen ihn hätte jederzeit zur Verfügung gestanden.

Daß Tucholsky nicht nach Berlin kam, hat ihn vor einer schwierigen Lage bewahrt. Im übrigen kam es so, wie er vorausgesehen hatte, der Prozeß, zu dem Ossietzky aus der Haftanstalt Tegel vorgeführt wurde, fand eine nur mäßige Presse; Wirtschaftskrise und soziale Not, der tägliche Straßenterror der SA und die Politik der Notverordnungen ließen das Interesse der Öffentlichkeit an diesen Vorgängen erlahmen.

Der Prozeß endete mit Freispruch. Auch die Revision des Staatsanwalts wurde einige Wochen später gerichtlich verworfen. Zu erdrückend waren die vorgelegten Dokumentationen, wonach die Tötung von Menschen im Kriege üblicherweise als Mord bezeichnet wird. Die *Weltbühne* legte dafür Beweise aus den Schriften Friedrichs des Großen vor, die *Welt am Morgen* führte Gerhart Hauptmanns *Vor Sonnenuntergang* ins Feld, worin es heißt, daß es verkehrt sei, den Mord im

Frieden zu bestrafen und im Kriege zu belohnen. Rechtsanwalt Rudolf Olden ergänzte diese unanfechtbaren Zitate vor Gericht mit weiteren Textstellen aus den Werken von Kant, Voltaire, Goethe, Herder, Raabe und Kaiser Friedrich III., wonach für Soldaten Bezeichnungen wie Henker, Mörder oder Schlächter üblich waren, ohne daß deswegen Staatsanwälte jemals Strafantrag gestellt hätten. In seiner Rede bekannte sich Ossietzky mutig zu dem Artikel wie zu dem Verfasser, den er 1919, wie er sagte, in Berlin in einem Kreis kennengelernt habe, aus dem die alljährlich im August stattfindenden »Nie-wieder-Krieg«-Demonstrationen hervorgegangen seien. Niemals habe er lieber vor Gericht gestanden als gerade wegen dieses Artikels, der ganz seiner Meinung entspreche.

Die Anklage wegen vorgeblicher Beleidigung der deutschen Soldatenehre mußte fallengelassen werden. Freigesprochen konnte Ossietzky nach Tegel zurückkehren. Der Justiz war es mit diesem Prozeß nicht gelungen, der *Weltbühne* einen weiteren Schlag zuzufügen und des verhaßten Tucholsky habhaft zu werden.

Als der Prozeß zu Ende ging, war bereits ein neues Verfahren eingeleitet. Anlaß war diesmal das Engagement Tucholskys für die politischen Gefangenen und seine Arbeit für die Rote Hilfe. Etwa siebentausend Menschen, unter ihnen Sozialdemokraten, Kommunisten, Pazifisten, Reichsbannerleute, Rotfrontkämpfer und Jugendfunktionäre, saßen zu diesem Zeitpunkt im Gefängnis. Für sie hatte sich Tucholsky, wie seine Veröffentlichungen in der *AIZ* und in der *Weltbühne*, seine Reden, Artikel und Bücher belegen, immer eingesetzt. Über seinem Schreibtisch hing seit Pariser Tagen ein Bild. Drei Häftlinge waren darauf zu sehen, und darunter stand: »Wir erwarten, daß ihr für uns kämpft, wie wir für euch gekämpft haben.« Von diesem Bild und dem Gefängnisbrief eines Arbeiters ging er aus, als er im Dezember 1931 einen von ihm namentlich gezeichneten Aufruf zur Unterstützung der Roten Hilfe für eingekerkerte Arbeiter an Ossietzky schickte. Sein Appell war einfach und geradlinig formuliert. Er sagte: »Reich sind wir alle zusammen nicht. Aber hier zehn Mark und da zehn Mark, es summiert sich. Und es macht die besten Vorkämpfer unsrer Sache stark. Die Geber sind in Freiheit. Wie lange noch, hat der Arbeiter gefragt. Er hat ganz recht: wie lange noch? ... Man kann für etwas geben. Man kann aber auch gegen etwas geben. Gebt bitte Mann für Mann und Frau für Frau ein paar Mark gegen diese Richter und für unsre Gesinnungsfreunde!«

Die Staatsanwaltschaft ließ daraufhin Ossietzky polizeilich vernehmen, mit der Begründung, daß der Spendenaufruf »einen Verstoß gegen die Bundesratsverordnung, betreffend Sammlungen zu Wohlfahrtszwecken« enthalte. Ossietzky machte dagegen geltend, daß ihm eine solche Verordnung nicht bekannt sei und daß derartige Aufrufe seit Jahren in der *Weltbühne* wie auch in anderen Zeitungen und Zeitschriften erschienen seien, und zwar unbeanstandet. Das Verfahren mußte eingestellt werden. Das zusammengetragene Material und der beanstandete Fakt waren zu geringfügig, um daraus eine substantielle Anklage zu konstruieren. Wie im vorangegangenen Prozeß war auch diesmal von der Polizeibehörde die Vernehmung des Autors Tucholsky, »da abwesend«, von vornherein ausgeklammert.

Als sich im November 1932 die Akten über die Berufung wegen des Antikriegsartikels Tucholskys schlossen, waren auch die Unterlagen zum Strafverfahren wegen des Spendenaufrufs schon dem Gerichtsarchiv übergeben. Der Mann aber, dessen Haltung diese Aktivitäten der Justiz ausgelöst hatte, war als Publizist bereits verstummt. Im Mai und Juni 1932 gab er seine letzten Beiträge an die *Weltbühne*.

Darunter waren auffällig viele »Schnipsel«, ein längerer Aufsatz über den Berufsstand der Redakteure und zwei Gedichte für Paul Graetz, der in seinem besten Berlinisch darüber meditiert,wie es ist, *Wenn eena dot ist* und *Wenn eena jeborn wird*. Und dazwischen steht Tucholsky mit dem Monolog über sein *Heute zwischen Gestern und Morgen*, der mit der Erkenntnis schließt: »Du mußt es tragen: ungesichertes Leben.«

Tucholsky führte in Schweden ein kleines ledergebundenes braunes Notizbuch mit Goldprägung, eine Arbeitskladde, in die er eintrug, was er wann unter welchem Verfassernamen an die Redaktion nach Berlin geschickt hatte. Er beendete es im Juni, die Juliseite ist bereits durchgestrichen, ebenso die Augustseite, auf der nur das Wort »Urlaub« steht. Quer über die Septemberseite hat er mit lila Füllfederhalter geschrieben: »Das hat sich zerschlagen.« Seine Misere, sein politischer Mißerfolg, wie er es ansah, hatten seine schöpferische Kraft gebrochen. Für ihn war es zu Ende. Im Briefwechsel mit Mary Tucholsky hieß es schon am 1. Mai 1932: »Wird auch in politicis sehr abblasen – das Spiel dürfte aus sein.«

Anfang März 1932, nach Abschluß des *Kolumbus*, bereitete sich Tucholsky auf eine längere Reise nach dem Süden vor. Mit Hasenclever war verabredet, daß sie sich im Frühjahr bei ihm in Le Lavandou in Südfrankreich wiedersehen wollten. Hasenclevers Freunde, Kurt Wolff, Reinhold Schairer und Rudolf Leonhard, kamen ebenfalls zu diesem Treffen, und zur Erinnerung machten sie einige Fotos vom gemütlichen Picknick als Tischrunde im Freien. Tucholsky, in Begleitung seiner französischen Freundin Jean de Montaignac, war zu dieser Zeit, wie die Fotografien erkennen lassen, schon ein kranker Mann, dessen Schmerzen und Sorgen sich deutlich in seinem Gesicht abzeichneten. Seit längerem schon quälten ihn ständig wiederkehrende Beschwerden im Hals- und Nasenbereich, die seine Arbeitsfähigkeit immer mehr reduzierten. Er fühlte sich müde, hatte Druckgefühl im Kopf, zuweilen waren Geruchs- und Geschmackssinn stark beeinträchtigt oder gar aufgehoben. Die Ärzte griffen zu den üblichen Behandlungsmethoden. Die Schwefelbäder in Südfrankreich, die Entfernung der Mandeln und sonstiges Herumdoktern an ihm vermochten zwar für gewisse Zeit Linderung zu bringen, die Ursachen der Beschwerden aber nicht zu beseitigen. Im Spätsommer 1932 setzten ihm die Schmerzen so heftig zu, daß ihm nur noch die Operation als Ausweg blieb. Der Wiener Spezialist, zu dem er sich begab, glaubte helfen zu können. Tucholsky hoffte es auch. Während in Leipzig der *Kolumbus* aufgeführt wurde, ließ er sich in Wien operieren. Aus dem Sanatorium schrieb er über die ersten Ergebnisse der Behandlung an seine Züricher Freundin Dr. med. Hedwig Müller, die er im Sommer 1932 kennengelernt hatte: »Es geht soso. Die Nase ist viel besser, wenn auch noch nicht gut.« Alles Weitere mußte er abwarten.

Obwohl ihm wenig zum Arbeiten zumute war, hatte er einige Wochen zuvor noch den Leitartikel für die erste Nummer der *Wiener Weltbühne* schreiben müssen. Edith Jacobsohn hatte das Ablegerunternehmen für Österreich gemeinsam mit ihrem Wiener Geschäftspartner Dr. Hans Heller und dem österreichischen Journalisten Willi Schlamm vorbereitet. Als einem der beiden Herausgeber, dessen Name jetzt auch auf dem Einband der *Wiener Weltbühne* stand, fiel Tucholsky die Aufgabe zu, das erste Heft zu eröffnen. Er tat es mit dem Artikel: *Berliner in Österreich? Nein: Sozialisten bei Sozialisten!* Tucholsky erläuterte darin, daß es mit der Wiener Ausgabe darum gehe, die »Reichweite« der Berliner Wochenschrift zu vergrößern und »fremde Bundesgenossen zu unterstützen«, indem sich die »Anhänger des internationalen Sozialismus gegen die Internationale der Rüstungsindustrie« zusammenschließen. Die *Wiener Weltbühne* sollte ein Beitrag zu dieser gegenseitigen Unterstützung und Annäherung sein, denn jede Mietwohnung sei, so argumentierte er, »der Bestandteil eines Hauses – jedes europäische Land ein Bestandteil Europas. Wer sich abschließt, ist ein Dummkopf und ein Friedensstörer.« Der Artikel endet mit dem Bekenntnis: »Da für uns die Interessen der arbeitenden Klassen an erster und die Staatsinteressen an zweiter Stelle stehen, so arbeiten wir auch in Österreich. Wir haben denselben Feind. Wir wollen ihn vereint schlagen.«

Es war sein letzter großer politischer Aufsatz. Er bestätigte noch einmal seine ungebrochene Parteinahme für den Kampf der arbeitenden Klassen und sein Bekenntnis zu den Idealen des Friedens.

Viel Zeit wird er während seiner Behandlung im Sanatorium nicht gehabt haben, um sich um den »Ableger« zu kümmern. Das wenige, was er zu Gesicht bekam, schien ihn nicht recht befriedigt zu haben, auch räumte er dem Blatt keine allzu großen Chancen ein, wie aus einer Briefbemerkung gegenüber Hedwig Müller hervorgeht. Was sein persönliches Befinden betraf, so heißt es in den Briefen im August und September 1932 lapidar: »Ich habe nicht zu viel abgenommen. Nur ehmt ... mit der Produktion ist es gar nichts ... Die Maschine steht.«

Für seine Freunde und Kollegen aber blieb der angeschla-

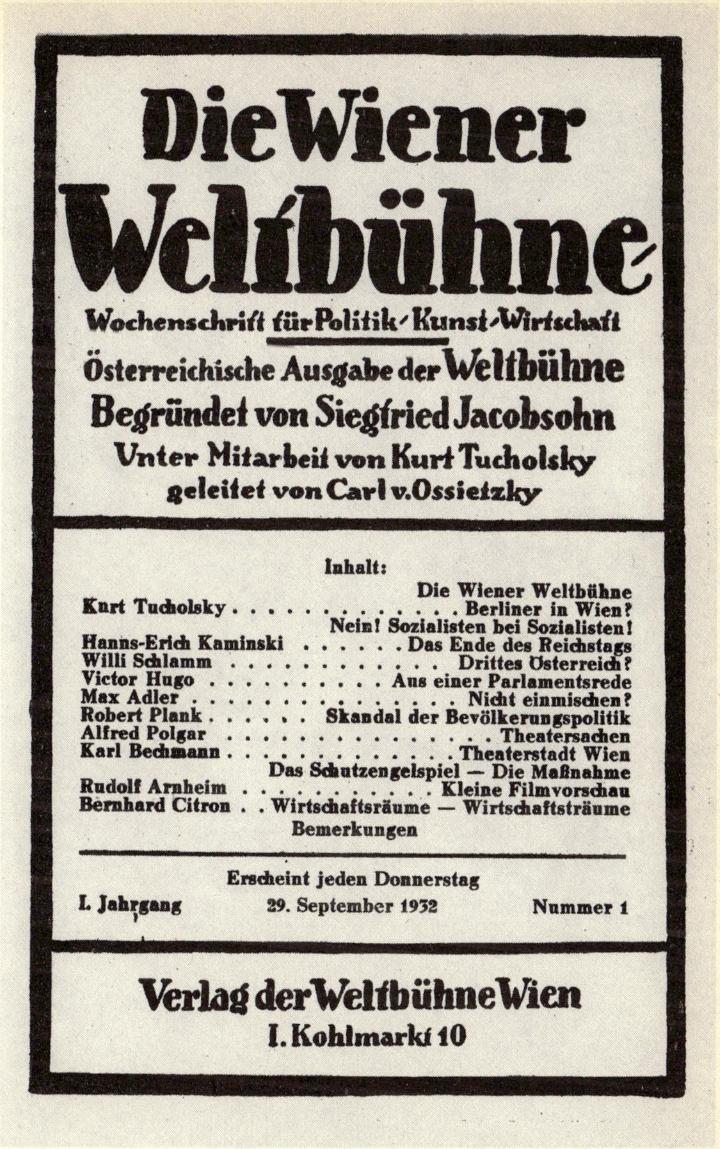

Die Wiener Weltbühne

Wochenschrift für Politik · Kunst · Wirtschaft

Österreichische Ausgabe der Weltbühne

Begründet von Siegfried Jacobsohn

Unter Mitarbeit von Kurt Tucholsky

geleitet von Carl v. Ossietzky

Inhalt:

Die Wiener Weltbühne
Kurt Tucholsky . . . . Berliner in Wien?
Nein! Sozialisten bei Sozialisten!
Hanns-Erich Kaminski . . . . . . Das Ende des Reichstags
Willi Schlamm . . . . Drittes Österreich?
Victor Hugo . . . . Aus einer Parlamentsrede
Max Adler . . . . Nicht einmischen?
Robert Plank . . . . . . Skandal der Bevölkerungspolitik
Alfred Polgar . . . . Theatersachen
Karl Bechmann . . . . Theaterstadt Wien
Das Schutzengelspiel — Die Maßnahme
Rudolf Arnheim . . . . Kleine Filmvorschau
Bernhard Citron . . Wirtschaftsräume — Wirtschaftsträume
Bemerkungen

Erscheint jeden Donnerstag

I. Jahrgang — 29. September 1932 — Nummer 1

Verlag der Weltbühne Wien
I. Kohlmarkt 10

Die erste Nummer der Wiener Weltbühne *von 1932*
mit Tucholskys Leitartikel, einem Bekenntnis
zu den Idealen des Sozialismus und zum Frieden

Auf Wanderung mit »Karlchen«, dem Freund.
1932 sahen sie sich in Wien zum letzten Mal

gene Mann ein interessierter Korrespondenz- und Gesprächspartner. Als im September Freund Karlchen kurz auf Besuch zu ihm ins Sanatorium kam, freute er sich, mit ihm über die realen Verhältnisse in Deutschland reden zu können. Informationen und Einschätzungen von Augenzeugen waren ihm jetzt wichtig. Politik stand nach wie vor im Mittelpunkt seines Denkens. Trotz Operation und Krankheit kümmerte er sich um die Arbeit der *Weltbühne*, gab Anregungen und schrieb Briefe. An Walter Mehring wandte er sich mit der Überlegung, man müßte doch etwas gegen Hanns Heinz Ewers und dessen *Horst-Wessel*-Roman in der *Weltbühne* bringen, ob er das nicht machen könne. Mehring sagte zu, sich »das Rieselfeld« vorzunehmen, sobald die *Weltbühne* von seinen Manuskripten, die in der Redaktion noch lagerten, wieder etwas gedruckt habe, schließlich habe er beim Kommiß Schlimmeres machen müssen, als sich Latrinen vorzunehmen.

Als *Weltbühnen*-Institution, die er noch immer war, wurde Tucholsky hin und wieder auch in literarischen Fragen um Beistand ersucht. Sehr kollegial half er im Juli 1932 der jungen Schriftstellerin Irmgard Keun aus einer unangenehmen Situation heraus. Sie hatte sich wegen ihres Buches *Das kunstseidene Mädchen* gegen einen ihr mit Recht gemachten Plagiatsvorwurf zu verantworten und wandte sich in ihrer Not an Tucholsky. Dieser las ihr kameradschaftlich die Leviten, daß man so etwas – sich in Ton und Technik an andere Autoren anzulehnen, hier an Robert Neumanns *Karriere* – nicht machen dürfe, zumal sie dies auch gar nicht nötig hätte, schrieb schließlich an Robert Neumann und arrangierte zwischen beiden einen Vergleich.

In Zürich bei Nuuna

Direkt im Anschluß an Südfrankreich begann mit dem Sommer 1932 Tucholskys längster, fast vierzehn Monate währender Aufenthalt in der Schweiz. Hier hatte er in den ersten Wochen Dr. Hedwig Müller kennengelernt, Ärztin für innere Medizin und Kinderkrankheiten, die ihm bis zu seinem Tode eine verständnisvolle, in Liebe und Achtung verbundene

Partnerin war. Ab Ende November 1932 war Tucholsky polizeilich in ihrer Wohnung, Zürich, Florhofgasse 1, gemeldet, es ist aber anzunehmen, daß er sich schon vorher hier aufgehalten hat. Von dieser Frau, die Tucholsky zärtlich »Nuuna« nannte, gibt der Züricher Dozent und Tucholsky-Forscher Gustav Huonker, Mitherausgeber der *Briefe an Nuuna*, folgendes Bild: zwei Jahre jünger als Tucholsky, passionierte Alpinistin, Reiterin und vorzügliche Pianistin. Tochter eines Fabrikanten. Engagierte Sozialistin, dazu eine gebildete, modern denkende und künstlerisch vielseitig interessierte Frau von einer für ihre Zeit bemerkenswerten Vorurteilslosigkeit.

Als Tucholsky in der Schweiz war, hielt er sich auch einige Zeit im Tessin auf dem Landsitz des Ehepaars Rosenbaum-Ducommun auf. Dr. Wladimir Rosenbaum war ein weithin bekannter Schweizer Strafverteidiger, seine Frau, Aline Ducommun de Valangin, hatte einen Namen als Musikerin, Psychologin und Schriftstellerin; zeit ihres Lebens war sie den Künstlern und den schönen Künsten zugetan. Das Haus der Rosenbaums wurde für viele antifaschistische Schriftsteller, die besonders nach dem Reichstagsbrand in die Schweiz kamen, zu einem Ort der Zuflucht und zu einer geistigen Heimat. Der italienische Antifaschist Ignazio Silone fand hier ebenso Aufnahme wie Ernst Toller oder Hans Marchwitza. Die Rosenbaums führten auch in Zürich ein gastliches Haus, und hier, in der Stadelhofer Straße, war Tucholsky oft anzutreffen. An den gemütvollen, leicht verstimmbaren Berliner erinnerte sich Aline Valangin noch fünfzig Jahre später sehr genau. »Mit der Zeit erschien er jeden Abend bei uns und blieb sitzen, fast hingelegt in der Ecke eines monumentalen, besonders weich gepolsterten Diwans, um zu plaudern. Er bat, es möge jemand bei ihm bleiben, über jede vernünftige Zeit hinaus, oft bis in den blassen Morgen hinein. Und er sprach und trank guten Whisky dazu, nicht etwa übermäßig, gar nicht, aber doch unentwegt, was ihn bei Stimmung hielt. Sonst sackte er leicht ab und wurde mißmutig.«

Daß Tucholsky auf Grund seiner Krankheit zeitweilig Anzeichen von Erschöpfung, Reizbarkeit und Apathie erkennen ließ, hieß nicht, daß er sich zu einem Bitterling oder unleidigen Neurastheniker gewandelt hätte, der nur noch mit Trauermiene umherlief. Wer sich »über eine verdammte Müh-

Die Ärztin Dr. Hedwig Müller,
vom Tucholsky »Nuuna« genannt.
Sie war in Zürich sein »Zuhause«

sal«, so wie er über seine Beschwerden, noch lustig machen konnte, der hatte Humor und noch immer Lebensreserven. Diese strahlten aus, in Briefen wie in Gesprächen. Die Schweizer Journalistin Inga Junghanns, die sich im April 1932 mit ihm unterhielt, schilderte ihn in einem Kurzporträt für die *Neue Zürcher Zeitung* als einen »wirklich witzigen Mann«, zu dem der »Mythos vom melancholischen Humoristen« nicht zu passen scheine, dessen Rede zwar »scharf gesalzen« sei, dessen Züge aber »das Gegenteil von boshaft, ja geradezu gütig« seien. Sie porträtierte den auch von ihren Landsleuten geliebten und gelesenen deutschen Schriftsteller als »geistreichen, einfallsreichen Menschen, fern von Autoreneitelkeit«, mit dem man sich gern unterhalte. »Es fallen ihm leicht Perlen aus dem Mund, und er sucht sie nachher nicht mühselig wieder zusammen, läßt sie getrost davonkollern, es kommen ihm schon andere ... Und wer das Lächeln lernen will, der lese ihn.« Dieses Bild ergänzt Hedwig Müllers Schwester Elisabeth in einem kleinen Erinnerungsartikel über »den Freund, der über ein Jahr lang bei uns gewohnt hatte«: »Sicher hatte er, wie jeder von uns, und ganz besonders jeder Emigrant, seine guten und minder guten Tage, aber er war entschieden kein armes Nervenbündel, das mit Stirnhöhlenkatarrh im Café Odeon saß und dichtete.« Dieses Milieu habe ihn überhaupt nicht interessiert.

Als im Juni 1932 die »Truppe 31« unter Gustav von Wangenheim mit der Zeitrevue *Die Mausefalle* in Zürich gastierte, ließ Tucholsky es sich nicht nehmen, die Vorstellung zu besuchen. In der Spielpause erschien er in Begleitung von Aline Valangin in der Garderobe, um die Berliner herzlich zu begrüßen. Die Frau des Rechtsanwalts Rosenbaum lud die Truppe ein, nach der Aufführung Gast in ihrer Villa zu sein, was mit Freuden angenommen wurde. Der Schauspieler Curt Trepte, Hauptdarsteller der Revue, erinnerte sich an diesen Abend. »Als wir die Räume betraten, stand Tucho an der Tür, nahm mich sofort zur Seite und sagte mir das Schönste über meine Darstellung der Zentralfigur des Angestellten Fleißig, das ich mir wünschen konnte: ›Was Sie gespielt haben, war nicht irgendein Herr, das war *der deutsche Angestellte* in allen seinen Zügen. – Sagen Sie, wo nehmen Sie eigentlich Ihre dumpfen Töne her?‹ Nie war mir bewußt, daß ich ›dumpfe‹ Töne hatte. ›Wissen Sie, von Ihnen möchte ich einmal den Wozzeck sehen.‹« Das war mehr als Aufmerksamkeit. Mit der Erwähnung dieser Rolle hatte er an einen Lebenswunsch des Curt Trepte gerührt, was diesen tief beeindruckte. »Die Begegnung mit Tucholsky ist mir unvergeßlich geblieben. Er war eine souveräne, ruhige und bescheidene Persönlichkeit mit tiefblickenden dunklen und gütigen Augen. In der Unterhaltung im Kreise der Anwesenden hörte er aufmerksam zu.«

Gegen Ende des Jahres ließ Tucholsky operative Eingriffe im Nasenraum, am Siebbein und an der Keilbeinhöhle vornehmen, die aber auch nur zeitweilige Besserung brachten. Er litt unter seiner Krankheit, und der Gedanke, daß er vielleicht niemals mehr davon freikommen würde, bedrückte ihn. Es ist kaum anzunehmen, daß er an dem Roman für Rowohlt hat arbeiten können, der am 1. Dezember 1932 Termin gehabt hätte. Auch für die *Weltbühne* entstand nichts mehr. Daß Walter Mehring, der seine Post oft mit einer aufmundernden Zeichnung oder Karikatur versah, diesmal auf Redaktionskopfbogen der *Weltbühne* einen selbstgezeichneten »Dringenden Neujahrswunsch für 1933 an Peter Panter« schickte: eine Schreibmaschine mit eingespanntem Bogen und zwei Händen davor, änderte an der Situation nichts. Als letzte Arbeit Tucholskys entstand ein rührender kleiner Brief über den Laden eines alten Fräuleins in Zürich und deren originelle Schaufensterreklame, den er nach Berlin schickte. Diese Zuschrift unter »Liebe Weltbühne« erschien am 17. Januar 1933 im Heft, unterzeichnet mit »Dein treuer, aber noch nicht gesunder Peter Panter«. Das war die letzte Information, daß er noch immer krank sei – aber es war zugleich der endgültige Abschied von seinen Lesern.

In Zürich, hauptpostlagernd, kam auch Post von Ossietzky an. Einige Tage bevor er aus der Haft entlassen wurde, machte er Tucholsky den Vorschlag, sich mit ihm irgendwo zu treffen, wenn dieser wieder »gen Norden fährt«. Vorläufig hatte Tucholsky jedoch nicht die Absicht, die Schweiz zu verlassen, zumal er sich dem strengen winterlichen Klima in Schweden nach den Operationen nicht aussetzen wollte und zum anderen, weil die Nachrichten, die aus dem Reich kamen, sehr beunruhigend waren. Am 19. November 1932 wurde Hitler von Hindenburg empfangen. Die Führung der Sozialdemokratischen Partei war nach wie vor nicht bereit, mit der KPD Gespräche über eine gemeinsame antifaschistische Einheitsfront aufzunehmen. Einziger Lichtblick war im Dezember die Amnestie für politische Gefangene, die Ossietzky aus der Haftanstalt Tegel befreite. Damit hatte die *Weltbühne* wieder ihren Leiter.

Tucholsky las täglich die schweizerischen, französischen und deutschen Zeitungen, meist im Lesesaal der Museumsgesellschaft, um sich über das Geschehen in Deutschland auf dem laufenden zu halten. Die Schlagzeilen jener Wochen: »Treffen Hitlers mit Wirtschaftsführern« – »Rücktritt der Regierung des Generals Schleicher« – »Beauftragung Hitlers mit der Regierungsbildung«.

Die ersten Emigranten trafen in Zürich ein. Mit dem

Reichstagsbrand am 27. Februar setzte der große Flüchtlingsstrom ein. Dazu Tag für Tag neue Hiobsbotschaften: Carl von Ossietzky und Kurt Hiller verhaftet. Hellmut von Gerlach nach Frankreich geflohen. Walter Mehring in Berlin aus der Wohnung seiner Mutter knapp der Verhaftung entkommen. *Weltbühne* verboten. Die letzte ausgelieferte Nummer trug das Datum vom 7. März 1933. Die nächste Nummer, bereits gedruckt, konnte nicht mehr erscheinen. Die Geschichte der Zeitschrift, die Tucholsky seit 1913 mitgeschrieben hatte und auf deren Titelblatt seit 1927 sein Name stand, war damit zu Ende.

Tucholsky machte sich in jenen Tagen große Sorgen um seine Frau Mary, die in Berlin-Wilmersdorf in der sogenannten Künstlerkolonie am Laubenheimer Platz wohnte. Auf dieses Viertel erfolgte am 15. März 1933 der Überfall eines Polizeigroßkommandos. Über dreihundertfünfzig Mann, verstärkt durch SA, umstellten und durchsuchten die Häuserblocks, um die »Führer der Kommune« zu verhaften. Über die Aktion, die früh am Morgen begann und über fünf Stunden dauerte, berichtete der *Völkische Beobachter* am nächsten Tag: »Die meisten dieser Bewohner sind jüdische Literaten und Salonbolschewisten. Von hier aus wurden die Fäden nach dem Karl-Liebknecht-Haus gesponnen, und von hier aus ergingen die Blutbefehle zu vielen Mordaktionen der Unterwelt Berlins.« Bedauern müsse man, daß »der üble Jude Weinert« nicht gefaßt werden konnte. »Zur Zeit wird gerade die Wohnung des ›Zivilisationsliteraten‹ und Brunnenvergifters Tucholsky in Augenschein genommen.«

Mary Tucholsky hat Freunden und Bekannten, auch den Besuchern ihres Archivs in Rottach-Egern, oft erzählt, was an jenem Tag geschah. Am Morgen des 16. März wurde sie von ihrer Aufwartefrau im Büro ihrer Druckerei angerufen. Durchs Telefon kam eine aufgeregt flüsternde Stimme: »Polizei. Vierzehn Mann in der Wohnung. Kommen Sie sofort!« Sie nahm ein Auto und fuhr los. Der ganze Wohnblock war abgeriegelt. Durch Kontrollposten hindurch, die immer wieder ihre Tasche durchsuchten und den Ausweis kontrollierten, gelangte sie zu ihrem Haus, Laubenheimer Straße 3. Sie sah den Lastwagen, auf dem verhaftete Männer standen, und andere Lastwagen mit den aus den Wohnungen ausgeräumten Büchern, Akten, Arbeitsmaterialien und sonstigen Sachen. »Eine Frau aus meinem Haus, die mich hatte kommen sehen, sagte warnend zu mir: ›Gehen Sie nicht nach oben. Sie werden verhaftet! Die Wohnung soll versiegelt werden! Sie haben alles mitgenommen!«

Mary Tucholsky stieg trotzdem die Treppe hinauf und schloß ihre Wohnung auf. In den Räumen war alles durchwühlt, der Inhalt von Schubfächern und die Bücher aus den Regalen lagen auf dem Fußboden. Einen großen Teil davon hatten sie mitgenommen. Sie öffnete den Kleiderschrank und sah, daß die Wäschestücke, die sie am Abend zuvor wie von ungefähr in den Schrank geworfen hatte, noch genauso dalagen. Das war das Versteck für die zu kleinen Bündeln geschnürten Briefe Tucholskys und für ihre Tagebücher. Alles

124

Bruder Fritz,
geboren am 8. Mai 1896 in Stettin,
emigrierte 1933 nach Prag
und ging von dort in die USA.
Er kam bei einem Autounfall 1936 ums Leben

war unberührt. Die Nazis hatten zuerst die Couch umgedreht und die Spannfedern abgesucht, wo Mary Tucholsky die Briefe am Abend zuvor mühselig versteckt, dann aber wieder hervorgeholt hatte. Um ein Haar wären diese Lebenszeugnisse für immer verloren gewesen.

Da sie durch ihren Namen belastet war, kam Kurt Tucholsky mit ihr überein, den Schritt der Scheidung, den sie seit 1930 in ihren Briefen wiederholt erörtert hatten, nunmehr zu vollziehen. Walter Hasenclever schrieb er: »Die Sache ist selbstverständlich in aller Freundschaft vor sich gegangen. Sie ist ein tadelloser und anständiger Mensch, ich tue da mein Möglichstes.« Zu dieser Zeit war sein Bruder Fritz schon im Begriff, Berlin zu verlassen. Er gehörte zu den ersten Angestellten, die von der Verwaltung der Reichshauptstadt gefeuert wurden – und zwar wegen seines Bruders. Fritz Tucholsky war seit einigen Jahren im Messe- und Fremdenverkehrsamt tätig, in einer Stellung, die er mit Hilfe seines Bruders über Karl Vetter, den damaligen Leiter des Amts, erhalten hatte. Prag war für Fritz die erste Station der Emigration. Kurt blieb mit ihm brieflich ständig in Verbindung und bat, ihn wegen der Adresse auf dem laufenden zu halten und jede Arbeit anzunehmen, weil er ihn finanziell nicht über Wasser halten könne. »Papa hat sich das wohl mit uns allen dreien anders vorgestellt, aber wir werden ihm das dann später im Himmel (Abteilung T) erklären. Machs gut!«

Von den Briefen, die eingingen, brachte keiner eine gute Nachricht. Walter Mehring meldete sich wieder aus Paris, er machte sich Sorgen um Ossietzky, auch um seine Mutter in Berlin. »Lieber Meister, ich hätte längst geschrieben, wären nicht sehr schwere Wochen für mich gewesen. Und sind es noch. Vom Früh-Morgen bis Mitternacht belagern geflüchtete Intellektuelle mein Hotel; man muß denen aus dem Gröbsten heraushelfen in einer Stadt, die ihnen nicht die mindeste Verständigungsmöglichkeit bietet.«

Auch Edith Jacobsohn war aus Deutschland entkommen, Tucholsky traf sie in Zürich wieder. Zu einer Mitarbeit an der nunmehr in *Neue Weltbühne* umbenannten *Wiener Weltbühne* fühlte er sich jedoch nicht in der Lage. Was seine Einstellung zur Redaktion generell betrifft, so geben seine Briefe aus dem Jahr 1933 an Heinz Pol, einen ehemaligen Ullstein-Redakteur, Walter Hasenclever, Bruder Fritz und andere hinreichend Auskunft. Zunächst hielt er es für einen Fehler, daß die *Weltbühne* ihren alten Namen nicht beibehalten hatte. Eine »Erzdummheit« war es auch in seinen Augen, daß sich das »Blättchen« nicht mit dem *Aufruf*, dem Mitteilungsorgan der Liga für Menschenrechte, vereinigte, was ohne Zweifel die Positionen einer Emigrations-*Weltbühne* gestärkt hätte. Die inhaltliche Entwicklung der *Neuen Weltbühne* verfolgte er sehr aufmerksam. Sein Kommentar dazu: Er sähe lieber mehr Fakten über den Naziterror und die Aktionen des Systems als Artikel, wie man sie auch in der internationalen Presse finden könne: »Man will nicht 60 Rappen ausgeben, um zu erfahren, was die ›Times‹ gesagt haben.« Dazu kam, daß er die Glossenform der *Neuen Weltbühne*, die jetzt in Prag erschien, für überholt und unwirksam hielt. Er wünschte andere Beiträge, verwies auf Leopold Schwarzschilds *Neues Tage-Buch* und die *Tat* und meinte, notwendig seien gutfundierte Aufsätze, »*gearbeitet*, nicht bloß im Affekt hingenuddelt. *Das* will man heute lesen.« An einzelnen Nummern lobte er die Leitartikel sowie Aufsätze Trotzkis gegen den Faschismus, obwohl diese seiner Meinung nach nicht ins Blättchen gehörten, weil sie schon durch die Weltpresse gegangen waren.

Fast in jedem seiner Briefe kam er auf das Schicksal Ossietzkys zu sprechen, dieses »in der Zivilcourage unübertroffenen Mannes«, dessen Entscheidung, nicht zu emigrieren, er jedoch nach wie vor nicht verstehen konnte. Er hielt sein Opfer für sinnlos. Gleichzeitig beschäftigten ihn Gedanken, wie die publizistische Arbeit in der Emigration aussehen sollte. Es gelte vor allem Klärung zu schaffen über die Ursachen der Niederlage. Weil er keine Möglichkeit einer Einflußnahme auf Deutschland mehr sah, hielt er auch eine Mitarbeit an deutschen Emigrationsorganen – im Gegensatz zu vielen anderen deutschen Schriftstellern und Publizisten – für zwecklos. Er argumentierte im April 1933 Hasenclever gegenüber: »Daß unsere Welt in Deutschland zu existieren aufgehört hat, brauche ich Ihnen wohl nicht zu sagen. ... Man muß die Lage so sehn, wie sie ist: unsere Sache hat verloren. Dann hat man als anständiger Mann abzutreten.«

Und an anderer Stelle: »Eine publizistische Wirkung auf einen ganzen Volkskörper in Deutschland haben wir nicht mehr.« Diese Erklärungen klingen alle sehr apodiktisch und endgültig, sie waren es aber nicht. Er dachte gleichzeitig über Möglichkeiten nach, an französischen Zeitungen mitzuarbeiten, allerdings nur dann, wenn man ihm erlaube, »mit voller Schärfe alles zu sagen«. Diese Überlegung schränkte er sofort wieder ein, indem er sagte, man könne eigentlich gar nicht schreiben, »wo man nur noch verachtet«. Und so plante er, wie er Hasenclever wissen ließ, der ihm in diesen ersten Wochen materielle Hilfe anbot, »zunächst gar nichts«, setzte aber dazu: »Gäbe es irgendwo eine Gruppe *junger* Menschen, die antifaschistisch sind, so wollte ich wohl mittun. Aber mit der alten Equipe – niemals.« Dagegen erwog er, wenn es gesundheitlich wieder besser mit ihm stehe, »ein Buch hinzumalen« und sich seinen politischen Ärger von der Seele zu schreiben. Er dachte wohl auch an eine Internkritik in der Auseinandersetzung mit dem eigenen Lager. Vorläufig war es aber nichts damit. Seine einzigen Aktivitäten, zu denen seine Kraft reichte, waren die Briefe an den kleinen Kreis von Menschen, die ihm nahestanden.

Am 26. April 1933 erschien die Berliner *Nachtausgabe* mit einer Liste der unerwünschten, für die Verbrennung bestimmten Bücher, auf der auch sein Name stand – zusammen mit Henri Barbusse, Arthur Holitscher, Walter Hasenclever, Heinrich Mann, Egon Erwin Kisch und vielen anderen bedeutenden Schriftstellern und Wissenschaftlern. Vierzehn Tage später, in der Nacht des 10. Mai, brannten in Berlin und auf den öffentlichen Plätzen der deutschen Universitätsstädte die Scheiterhaufen.

In Berlin stand die Bücherverbrennung unter Leitung von Gauleiter Dr. Goebbels. Der Feuerspruch, mit dem Tucholskys Bücher in die Flammen geworfen wurden, hallte weithin über jenen Platz, über den er als Berliner Student so oft gegangen war: »*Gegen* Frechheit und Anmaßung. *Für* Achtung und Ehrfurcht vor dem unsterblichen deutschen Volksgeist.«

Der nationalsozialistische Studentenbund gab schon vor der Bücherverbrennung Parolen zur Aktion »Wider den undeutschen Geist« aus, in denen er alle Universitäten aufforderte, sich »zur deutschen Hochschule« zu bekennen und zu diesem Zeichen einen Schandpfahl aufzurichten, an den die Erzeugnisse derer genagelt werden sollten, »die nicht unseres Geistes sind: Für die ›Weltbühne‹ dürften zweizöllige Nägel geeignet sein. Für Herrn Stefan Zweig könnten Reißzwekken genügen. Ebenso für Herrn Ludwig und ähnliche Cohns. Für Herrn Tucholsky wären Vierzöller zu empfehlen.« Abermals sechs Tage später druckte das *Börsenblatt für den deutschen Buchhandel* eine Liste der Autoren ab, von denen sämtliche Bibliotheken und Buchläden zu reinigen waren. Auch hier fehlte der Name Tucholsky nicht.

Tucholsky las die Berichte und Verlautbarungen ohne Emotionen, wie es aus seinen Briefen hervorgeht. Daß seine existentielle Vernichtung einsetzen würde, sobald die Nazis an die Macht gelangt waren, wußte er. So überraschte ihn auch nicht die Mitteilung Rowohlts, daß seine Bücher auch nicht mehr ins Ausland verkauft werden könnten. Tantiemen waren nicht mehr zu erwarten. Als Ernst Rowohlt im Juni 1933 nach Zürich kam, erklärte er sich entgegenkommender Weise bereit, die Verträge zu lösen, damit Tucholsky eventuell darüber verfügen konnte, falls er einen ausländischen Verlag fand. Sie dachten an eine Trennung für ein oder zwei Jahre – aber es wurde ein Abschied für immer.

Als Schriftsteller hatte Tucholsky seit Januar 1933 keine Einkünfte mehr. Sein Berliner Konto bei Bett, Simon & Co. war seit März, seit er auf den Fahndungslisten der Politischen Polizei stand, ohnehin beschlagnahmt. Die Bank selbst befand sich in Liquidation. Hugo Simon war es geglückt, seinen Häschern nach Paris zu entkommen. Nennenswerte Summen hatte Tucholsky auf dem Konto ohnehin nicht mehr. Die Vorschüsse auf den Roman *Eine geschiedene Frau* – monatlich eintausendfünfhundert Mark – und die Verlagstantiemen waren von Rowohlt nach Schweden und in die Schweiz transferiert worden. Dorthin sollten auch, wie ein Zusatz zum Vertrag mit dem Theaterverlag Felix Bloch Erben lautete, die Aufführungstantiemen für *Kolumbus* überwiesen werden. Das Konto bei der Schweizer Kreditanstalt Zürich war jedoch nicht übermäßig mit Rücklagen ausgestattet. Die Übersiedlung nach Schweden, Arbeitsausfall und die sehr hohen Kur- und Krankenhauskosten hatten Tucholskys Einkünfte fast aufgebraucht.

Für sich persönlich traf er nach den Januartagen 1933 eine Reihe von Vorsichtsmaßnahmen. Er überlegte genau, wann und wohin er das Haus Florhofgasse 1 verließ, und steckte, wenn er wegging, eine kleinkalibrige Pistole ein. Er war sich über die Gefährlichkeit des nationalsozialistischen Gegners im klaren. Er traf sich nur mit Personen, die er kannte und von deren antifaschistischer Gesinnung er absolut überzeugt war. In dieser Beziehung konnte er Bruder Fritz, der ihn vor Spitzeln warnte, beruhigen. Es sei schon früher nicht leicht gewesen, an ihn heranzukommen, »jetzt aber beinah unmöglich«. Die Begegnungen, die er in den ersten Wochen und Monaten in Zürich hatte, waren alle nur kurz. Er traf Alfred Kerr und Hellmut von Gerlach, aus Paris kam Walter Mehring herüber, gelegentlich sprach er Edith Jacobsohn. In einer alten Züricher Weinstube verbrachte er einen Abend mit Gustav von Wangenheim und dessen Frau Inge.

Aus den Gesprächen mit Emigranten und den Spalten der Presse erfuhr er nicht nur, wie sich die neuen Herren etablierten, sondern auch, wer aus seinem früheren Bekanntenkreis umgeschwenkt war. Am 4. April 1933 veröffentlichte Karl Vetter, mit dem ihn über viele Jahre hinweg engste persönliche Beziehungen verbanden, im *Berliner Tageblatt* unter der Überschrift »Klarheit« einen Artikel, in dem er sich – seit dem Reichstagsbrand und den Massenverhaftungen war kaum ein Monat vergangen – zu den »schicksalsgewaltigen Ereignissen dieser Tage« bekannte. Im Ullsteinhaus kümmerte sich Kurt Szafranski darum, daß in den bereits ausgedruckten Kalendarien aller Druck-Erzeugnisse des Verlags mit Gummistempel per Hand der 5. März als Wahltermin nachgetragen wurde: »Wir gehen wählen.« Herbert Jhering, der Tucholsky noch vor drei Jahren vorgeworfen hatte, sein Kampf gegen den zunehmenden Terror von rechts sei eine »Polemik ohne Risiko« gegen »Zustände und Zusammenhänge, die er nicht übersieht«, etablierte sich als Theaterkritiker beim *Berliner Tageblatt*, dessen »Arisierung« schon begonnen hatte, als Nachfolger Alfred Kerrs, der, wegen seiner antifaschistischen Haltung zur Emigration gezwungen, im Februar 1933 Deutschland verlassen hatte. Hans Reimann, den Tucholsky einst an die *Weltbühne* geholt hatte, bemühte seinen sächsischen Humor, um im Kabarett und in den Unterhaltungsspalten der Zeitungen »mit der neuen Zeit« mitzugehen. Solche Charakterlosigkeiten im Verhalten verletzten Tucholsky tief und trafen ihn stärker als der jahrzehntelang ertragene Haß der alten Feinde, von denen er nichts anderes erwarten konnte. Seine Reaktion auf die Terrornachrichten, die aus Deutschland kamen, war, daß er keine deutsche Zeitung und keine deutschen Waren mehr kaufte und es kategorisch ablehnte, mit irgendwelchen »Boches« überhaupt zu sprechen. Das sage er auch »ganz offen und mit Rücksichtslosigkeit in jedem Milieu«. Walter Hasenclever gegenüber erklärte er: »Mit genau derselben Unerbittlichkeit, mit genau derselben Kraft und Stärke, mit der man in Deutschland unsere gemeinsamen Freunde drillt, einsperrt, erniedrigt, sie das Horst-Wessel-Gebrüll singen läßt, plagt und verhungern läßt – mit genau derselben ruhigen Unerbittlichkeit lehne ich es ab, mit irgendeinem Deutschen am Tisch zu sitzen, der mir nicht ganz hasenrein ist. Da kann er nun heißen, wie er mag.« Von dieser Haltung ist er in den letzten Jahren seines Lebens nicht abgewichen. In ein Gästebuch in der Schweiz trug er schon 1933 den Satz ein: »Deutschland –? Schweigen und vorübergehen.«

Was aber würde mit dem Freund und Kampfgefährten Ossietzky geschehen, der sich in den Händen der Nazis befand? »Mensch, Mensch – der Oss! Ich denke immerzu daran.« Es sollte sein Gedanke bleiben bis zum letzten Tag seines Lebens. Zunächst beteiligte er sich von der Schweiz aus an der Unterstützungsaktion für dessen Familie. Am 18. Juni 1933 konnte er Hasenclever berichten: »Es ist mir gelungen, für das Kind Ossens eine Freistelle zu bekommen; wir wollen sehn, ob es gelingt, es herauszubekommen.« Im Juli bat er den Schweizer Theologen und Pazifisten Dr. Leonhard Ragaz, einen Mann mit vielen Verbindungen, den er in Zürich kennengelernt hatte, um einige einflußreiche englische Adressen, über die er etwas für die Freilassung Ossietzkys unternehmen wollte.

Am 25. August 1933 – Tucholsky hielt sich noch immer bei Nuuna in der Schweiz auf – veröffentlichte der *Deutsche Reichsanzeiger* die erste Ausbürgerungsliste. Dreiunddreißig Namen standen darauf und der seine. Ausgebürgert mit ihm wurden Wilhelm Pieck, Friedrich Heckert, Max Hölz, Heinrich Mann, Alfred Kerr, Ernst Toller, Willi Münzenberg und sechsundzwanzig weitere Personen. Aus dem Umfeld der *Weltbühne* waren es nicht weniger als acht, darunter Emil Gumbel und Berthold Jacob sowie die Anwälte Dr. Apfel und Dr. Werthauer. Tucholsky sei stolz darauf gewesen, daß sein Name in der allerersten Gruppe der Ausgebürgerten gestanden habe, erinnerte sich Gertrud-Elisabeth Müller-Dunant, die Schwester Nuunas, die in einem kleinen Artikel in der Schweizer Zeitschrift *Nebelspalter* 1968 über jenes Ereignis vom August 1933 berichtete: »Wir feierten ganz groß und mit viel Wein den Tag, da ihm die deutsche Staatszugehörigkeit entzogen wurde.«

Die Aberkennung der deutschen Staatsbürgerschaft hieß für Tucholsky, in absehbarer Zeit nach Schweden zurückzukehren, um dort die schwedische Staatsbürgerschaft oder einen Paß für sogenannte Staatenlose zu erwerben, denn sein Paß, ausgestellt am 14. Januar 1929 von der deutschen Botschaft in Paris, lief im Januar 1934 ab. Diese Sache, das sah er voraus, würde viel Laufereien und einen Aufwand an Schreibereien, Anträgen, Behördenwegen und Anwaltskonsultationen erfordern.

Anfang September 1933 verließ er Zürich und fuhr über Paris zurück nach Schweden. Im Hause Nuunas wurde es nun wieder stiller. Sosehr ihn die Krankheit und die politischen Vorgänge auch bedrückten, sie hatten doch viel zusammen gelacht und sich wunderbar verstanden. »Ob er erzählte – und der Himmel weiß, daß es einen besseren Raconteur nicht geben konnte«, schreibt Nuunas Schwester, »ob er flink und ›maschinengenäht‹ Klavier spielte, ob er am Flügel spitze Chansons zu den Tagesfragen sang, Chansons, die er mühelos aus dem Ärmel schüttelte, oder ob er am Tisch mit Donnerstimme rief: ›Brot! Sofort!‹ und sich dann, nachdem wir ihm mit zitternder Hand das Verlangte gereicht hatten, einen imaginären Feldwebelschnurrbart strich und dazu halblaut und selbstzufrieden bemerkte: ›Na. Man *ist* doch wer!‹ – man war am laufenden Band fasziniert, und vor allem lachte man, bis man ganz aufgeweicht war.«

In Zürich bei Nuuna hat Tucholsky, wie es scheint, die in menschlicher Hinsicht harmonischsten und glücklichsten

Monate seiner letzten Lebensjahre verbracht. Bei ihr fand er so etwas wie ein Zuhause. Nuuna, in ihrer Toleranz und gütigen Fürsorge, wie sie nur ein liebender Mensch aufzubringen vermag, war für ihn eine Stütze und ein Kraftreservoir, wie auch Gertrude Meyer, seine Freundin in Schweden. Über die Schweiz selbst hat Tucholsky weniger freundliche Urteile abgegeben, obwohl sich die Behörden ihm gegenüber korrekt verhielten, auch als sie ihn nach dem Januar 1933 polizeilich diskret überwachten. Ihm mißfiel die bürokratische, abweisende Art, mit Emigranten umzugehen. In seinen Briefen finden sich Formulierungen wie »unangenehme Leute – ein Hotelvolk. Sie sind nicht für Hitler – aber es sind Emmenthaler Faschisten.« Im Zug, der ihn von Zürich nach Paris brachte, freute er sich um so mehr über einen Schweizer, der im Gespräch die Bemerkung über Deutschland machte: »Da will ich Ihne nur segge, das isch a Sauland!«

Tucholsky ließ Menschen in der Schweiz zurück, von denen er wußte, daß er sich in allen Situationen seines Lebens auf sie verlassen konnte. Von jetzt ab wurde für ihn die Post sein wichtigster Kontakt zur Außenwelt und zur lebenserhaltenden Kommunikation. Der gesamte Briefverkehr ging über Nuuna in der Schweiz. Von Zürich wurden die Briefe weitergeschickt an zwei schwedische Deckadressen. Die eine war Gertrude Meyer, die andere deren Mutter, beide in Hindås ansässig. Da die Post über das Deutsche Reich lief, mußte mit Kontrollen gerechnet werden. Deshalb hatten Nuuna und Tucholsky für das Adressieren der Briefe wie für die Mitteilungen, die beigelegt werden sollten, einen Nummerncode vereinbart; jeder Brief sollte außerdem numeriert werden, um kontrollieren zu können, ob die Korrespondenz lückenlos war.

Von Paris, wo Tucholsky zwei Wochen Station machte, ließ er sich wieder bezaubern, was seinen Briefen an Nuuna einen optimistischen, harmonisch gestimmten Ton gab. Paris sei für ihn die Stadt, in der man jedes Jahr drei Monate leben möchte, schwärmte er, wo man auch allein nicht einsam sei. Hier fühle man sich so bestätigt in allem: »richtige Menschen« – »Schaufenster« – »eine Auswahl und eine Fülle« – »Schade, daß ich nie mehr Geld verdienen werde.« Selbst der Schriftstellerruhm holte ihn ein. In den Buchhandlungen wurden noch Restbestände seines *Deutschland*-Buchs verkauft; ein junger Mann aus dem Hotelbüro legte ihm ein Exemplar von *Rheinsberg* vor mit der Bitte, es zu signieren.

Entgegen seinen ständig wiederholten Beteuerungen, daß ihn nichts mehr interessiere und er niemanden sehen und sprechen wolle, beteiligte er sich mit Hellmut von Gerlach an der großen Protestkundgebung der Französischen Liga für Menschenrechte gegen den Reichstagsbrandprozeß. Gemeinsam mit Hunderten von französischen Bürgern und deutschen Emigranten stimmt er in der Salle Wagram für die Protestresolution. Nuuna berichtete er, daß er auch »mit den Leuten vom ›Braunbuch‹ gesprochen« habe. Gemeint war der Verlag, den Willi Münzenberg im französischen Exil unter dem Namen »Éditions du Carrefour« gegründet hatte. Das *Braunbuch*, eine politische Dokumentation über den Reichstagsbrand und den Hitlerterror, schätzte er als großen Erfolg ein, sagte aber auch völlig desillusioniert, daß er sich von der Tätigkeit der Emigranten keinerlei Wirkung verspreche. Bei Münzenberg war auch die Frage im Gespräch, ob man dem *Deutschland*-Buch, von dem noch immer Exemplare vertrieben wurden, nicht einen zweiten Band folgen lassen könnte. Die Frage blieb offen. Sein Kommentar dazu, Nuuna gegenüber, lautete lediglich: »Hm.«

Wieder in Schweden

Im Oktober 1933 war Tucholsky nach anderthalb Jahren Abwesenheit wieder an seinem schwedischen Wohnort, der nun zu seinem Exilaufenthalt geworden war. Das Niederschmetternde: Er kehrte zurück, genauso krank, wie er weggefahren war, Behandlungen und Kuren hatten im Grunde nichts genutzt. So wurden seine Briefe von jetzt an immer mehr zu Krankheitsprotokollen. Auch materiell sah er unlösbare Probleme auf sich zukommen. Die Reisen, die Arzt- und Behandlungskosten, der Unterhalt seines Hausstandes mit Dienstmädchen, Telefon, Miete und Steuern hatten fast sein gesamtes Vermögen aufgezehrt, so daß er sich im November 1933 – in Anbetracht des Wegfalls aller Einnahmen – gezwungen sah, seine Lebensversicherung bei der Basler Lebensversicherungsgesellschaft in Höhe von fünfzigtausend Mark aufzulösen. Den Rückkaufwert von zwölftausend Schweizer Franken ließ er sich von seinem Züricher Konto Anfang 1934 nach Schweden überweisen.

In Hindås begann für ihn wieder der Alltag. Gymnastik am Morgen, Spaziergang am Nachmittag, Erledigung der Post, lesen bis tief in die Nacht hinein. Das Hausmädchen Zenta Bergkvist, das die Wirtschaft führte, sagte, daß sie am Abend, wenn sie in der Küche mit allem fertig war, für ihn noch etwas zu essen für die Nacht zubereiten mußte und daß eine große Thermosflasche mit starkem Kaffee die Hauptsache dabei war. Aus der Beschäftigung mit den Büchern entstanden aber nun keine Betrachtungen »Auf dem Nachttisch« mehr. Alle Gedanken und Emotionen, die einmal der Impetus für künstlerische Gestaltung oder publizistische Stellungnahme, für ein Gedicht oder eine Satire gewesen waren, flossen jetzt ein in seine Korrespondenz. Der Brief blieb bis zum letzten Tag seines Lebens die einzige Form der Mitteilung, ausschließlich privat, nicht für die Öffentlichkeit gedacht. Das Publizieren seiner Meinungen und Erkenntnisse hatte er aufgegeben. Der Lebensinhalt war in Frage gestellt, und eine Folge davon war, daß Depressionen und in deren Gefolge die Krankheit immer mehr von ihm Besitz ergriffen. Seit seiner Rückkehr nach Schweden beklagte er das ihm aussichtslos erscheinende Dilemma seiner Existenz. »Ich werde wohl nicht mehr.«

Die Zeit, die er jetzt noch zum Arbeiten aufbringen konnte, widmete er hauptsächlich seinen Literatur- und Sprachstudien. Zu seiner Lektüre gehörten Tolstoi und Homer, er beschäftigte sich weiter mit Französisch und nahm intensiv Sprachunterricht für das Schwedische auf, da die Kenntnis der Landessprache für die Einbürgerung wichtig war. Sein Befinden war ständig schwankend, es kamen Tage, an denen es ihm halbwegs gut ging, die Pfeife schmeckte wieder, er konnte beruflich etwas arbeiten, aber wozu und für wen? Verdienstaussichten sah er keine, und »im Dreck quälen« mochte er sich nicht.

Auch im Privaten sah er keine Lösung, die die Verhältnisse für ihn wesentlich ändern würden. Heiraten wollte er nicht noch einmal. Bei einer Ehe mit Hedwig Müller und einem

Umzug nach Zürich befürchtete er, in die Hände der Deutschen zu fallen, da er nicht glaubte, daß diese im Kriegsfall die Neutralität der Schweiz respektieren würden. Deshalb riet er auch Hedwig Müller ab, ein Haus in Graubünden zu kaufen, wie sie beabsichtigte, weil man in einer Zeit, da alles bedenklich wackle, nicht bauen solle. »Könnten wir unsern werten Lehmsabend hier beschließen... dann sagte ich, kaufe hier – aber so kann ich das nicht sagen. Aber Graubünden? Mir schmeckt das alles nicht.« Als mit dem November wieder die dunklen, melancholischen Tage kamen und seine Briefe abermals Zeichen der Verzagtheit erkennen ließen, mußte er Nuuna versprechen, »keine Torheiten zu machen«, bevor sie nicht bei ihm in Hindås war, er antwortete ihr aber, daß er nicht wisse, ob er »das lange mitmachen werde«.

Genauso quälend wie sein eigener Zustand war für ihn das Schicksal Ossietzkys, ständig dachte er darüber nach, wie er helfen könnte. Da er sicher war, mit einer Aktion unter seinem eigenen Namen nichts ausrichten zu können, bemühte er sich, andere dafür zu mobilisieren. Nachdem Nuuna im

125

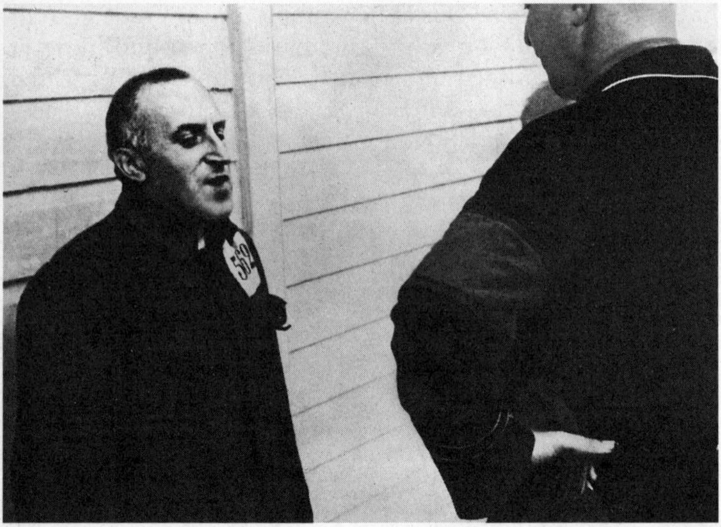

Carl von Ossietzky, der Freund und Mitkämpfer, im Konzentrationslager. Tucholsky unternahm vielfältige Aktivitäten zu seiner Befreiung

Januar 1934 von ihrem Besuch in Hindås wieder in die Schweiz zurückgereist war, richtete er am 6. Februar einen Brief an Sir Henry Wickham Steed, den früheren Chefredakteur der *Times*, Gegner des Nationalsozialismus, der für Ossietzky wiederholt öffentlich eingetreten war. Tucholsky dankte ihm dafür und schrieb: »Auf Anraten meiner politischen Freunde und meinem eigenen Instinkt folgend, habe ich öffentlich nichts für C. v. O. gesagt – wahrscheinlich hätten ihm seine Wärter den Artikel zu fressen gegeben. Ich habe also geschwiegen, so schwer mir das gefallen ist. Einsprüche von Pazifisten oder von Radikalen werden keinen Erfolg haben. Bei der Unterstützung aber, die die Politik Hitlers durch McDonald findet, wiegt die englische Stimme in Deutschland schwer. Wird von London aus gedrückt, so kann es sein, daß sie ihn herauslassen.«

Am 1. März 1934 schickt Tucholsky abermals zwei Briefe zur Freilassung Ossietzkys nach London ab. Er wandte sich diesmal an die Redaktion des *New Statesman and Nation* und an Lady Asquith, die Tochter des liberalen britischen Politikers Herbert Henry Asquith, die in britischen intellektuellen Kreisen eine einflußreiche Position einnahm. »Ich bitte Sie und Ihre Landsleute auf das herzlichste: Treten Sie für diesen Mann, für seine Befreiung ein. (Er ist übrigens oder war mit einer Engländerin verheiratet.) Verhelfen Sie diesem tapfern Kämpfer zur Freiheit. Er hat an Europa geglaubt. Soll er für nichts gekämpft haben –?«

Ende Juni 1934 erhielt er aus Moskau von Michail Koltzov eine Einladung zum 1. Unionskongreß der Schriftsteller. Er sah für sich keine Möglichkeit, dieser Einladung zu folgen, bat die Kongreßleitung aber, etwas für Ossietzky zu unternehmen: »Sie wissen, daß eine Unterstützung dieses tapfern Mannes gut und wichtig ist, weil sie gegen eine Klasse und ihre Exponenten gerichtet ist, die der schlimmste Feind der Sowjetunion ist. Bitte gedenken Sie auf diesem Kongreß Carl von Ossietzkys!«

In seinen Briefen an Hasenclever, Nuuna und Bruder Fritz sprach er in jenen Wochen wiederholt davon – und dieser Hintergrund darf bei der Ablehnung der Einladung Koltzovs nicht außer acht gelassen werden –, daß er die Politik der UdSSR gegenüber Deutschland nach Hitlers Machtergreifung, das heißt das Fortbestehen der diplomatischen und wirtschaftlichen Beziehungen, nicht verstehen und billigen könne, weil das seiner Ansicht nach auf Kosten der deutschen Arbeiter ginge. Er begann den Blick für das real Machbare zu verlieren. Auch zu anderen Fragen der Politik, die *nicht* oder *nicht mehr* mit seinen Auffassungen übereinstimmten, äußerte er sich oft in Tönen tiefster Verbitterung und des Zorns. Er war unzufrieden, daß er – auf dem Felde der Politik ein geschlagener Mann – ohnmächtig, einflußlos zusehen mußte, wie die Dinge ihren Lauf nahmen. Er schleuderte Flüche gegen die bürgerlichen Demokratien – »faul und schwach bis ins Mark« –, empörte sich gegen bestimmte Kreise des Bürgertums und das Gerede vom »starken Mann«, womit sie ihre Geschäfte meinten – »Das Herz sitzt rechts, weil da der Safe steht« –, und war aufgebracht, daß die jüdischen Bürger in Deutschland als Masse und Gruppe keine Reaktion angesichts der ihnen drohenden Gefahren erkennen ließen. »Warum sagen nicht die ältesten Rabbiner: ›Wir fordern jeden anständigen Juden auf, auszuwandern! Wer nach dem 1. Januar 1935 noch in Deutschland ist, ist kein anständiger Jude – den verdienen die Deutschen, wir andern gehen in Massen, als Demonstration, zum Protest heraus!«

1934 macht sich zur Behandlung seines Leidens nochmals ein Kuraufenthalt in Frankreich erforderlich. Er beabsichtigte bei dieser Gelegenheit auch Nuuna in Zürich zu besuchen. Sein Antrag auf Einbürgerung, den er am 22. Januar 1934 bei den schwedischen Behörden gestellt hatte, war abgelehnt worden. Der Exilant und nunmehr Staatenlose mußte sich daher um die Bewilligung eines schwedischen Fremdenpasses bemühen. Antrag und Begründung wurden mit einem Anwalt gemeinsam aufgesetzt. Dem Antrag fügte er bei: Lebenslauf, Referenzen, Kontoauszüge, seine Militärpapiere, den Mietvertrag für das Haus in Hindås sowie das Scheidungsurteil seiner zweiten Ehe. Danach begannen die Ermittlungen der Behörden. Schließlich erhielt er den Paß, allerdings mit der Auflage, sich jeder propagandistischen, das hieß politischen Tätigkeit zu enthalten. Arbeitsaufnahme war nicht erlaubt. Der sogenannte Främlingspass, ein Paß für Staatenlose, ausgestellt auf drei Monate, galt zunächst nicht für die Wiedereinreise. Erst nachdem er über sein Göteborger Anwaltsbüro erneut vorstellig wurde, erhielt er das Rückreisevisum und die Verlängerung auf sechs Monate. Das hieß, daß er jedes halbe Jahr einen Antrag auf Verlängerung des Passes zu stellen hatte – Laufereien, Komplikationen, bürokratische Behinderungen, wie er sie befürchtet hatte.

Die Bearbeitungsunterlagen der schwedischen Behörden waren eine geradezu erschreckende Bestätigung für das Walten jenes institutionalisierten Beamtengeistes, den Tucholsky stets bekämpft hatte und den er in seiner jetzigen Situation besonders bedrückend empfand. Der für Hindås zuständige Beamte vermerkte auf den Akten, daß der Aufenthalt des Gesuchstellers »hierzulande nicht wünschenswert« sei, die Kreisverwaltung jedoch gegen eine Bewilligung nichts einwenden wolle. Obwohl auch der mit der Überprüfung der Person Tucholskys beauftragte Beamte in seinem Bericht schrieb, daß Tucholsky »ein respektabler Mann« zu sein scheine, verhielten sich die höheren Instanzen dem deutschen Antifaschisten gegenüber mißtrauisch. Die Akten tragen den Vermerk: »Ist er Jude? – Hat er Verbindungen mit Kommunisten hier im Lande? Oder in Rußland?«

Mit dem Fremdenpaß, den er am 3. März 1934 erhielt, konnte er noch lange nicht reisen. Jetzt kamen die ermüdenden Anträge und Wege, um für Belgien ein Transitvisum und für Frankreich einen befristeten Aufenthalt zu erwirken. Er mußte als Antragsteller die Konsulate der Länder in Stockholm aufsuchen und war immer wieder dem Warten, den Fragen und dem Mißtrauen ausgesetzt. »Du weißt ja, was hier los ist«, schrieb er an Nuuna, »dieses bedrückende Gefühl der Rechtlosigkeit, der Ausnahmestellung, diese Solidarität der Bürokratien.«

Mitte Mai konnte er die Reise nach Südfrankreich in den savoyischen Schwefelkurort Challes-les-Eaux antreten. Ein paar Tage hielt er sich in Paris auf, die Stadt vermochte aber diesmal keinen Reiz auf ihn auszuüben. Er schimpfte nur, daß alles ermüdend sei und ihn nichts mehr freue, eine Folge der für ihn deprimierenden Tatsache, daß seine langjährige Pariser Freundin Jean de Montaignac sich mit einem Schweizer liiert hatte. Wenn die »Gräfin«, wie er sie nannte, für eine

126

Kurt Tucholsky mit seiner langjährigen Pariser Freundin, Jean de Montaignac (erste von rechts) zu Besuch bei Walter Hasenclever in Le Lavandou, Südfrankreich. Vorn links: Kurt Wolff; zweiter von rechts: Rudolf Leonhard

Heirat auch nie in Frage gekommen wäre, wie er Nuuna gegenüber darlegte, schon weil sie »keine Hausfrauenqualitäten und so« aufwies, so liege doch etwas in ihrer Natur, wovon er »ganz hingerissen« sei. Er bezeichnete es als das »Genie der französischen Rasse«. Nun, da diese amitié amoureuse passé war, betrübte es ihn. Er sagte, es sei »dieser kleine Tod«, den man als Mann erleide, wenn einem eine Frau entgleite. In Anbetracht dieser Stimmung hatte er kein Verlangen, sich in Paris mit Bekannten zu treffen, und mied so gut wie alle Kontakte. Nur Walter Mehring hätte er gern wiedergesehen. Er begab sich auch zu dessen Hotel, hinterließ aber an der Rezeption nur einen Zettel. »Ich habe heute eine Stunde vor Ihrem Hotel gestanden und mich nicht hineingetraut. Ein krankes Tier verkriecht sich. Tucholsky.«

Ehe er Paris verließ, hatte er noch ein Gespräch mit der Redaktion des *Ordre Nouveau*, einer seit 1933 erscheinenden unabhängigen Zeitschrift, die er interessiert verfolgte und deren kritische Position in der Betrachtung von Politik und Gesellschaft ihn eine Zeitlang mit dem Gedanken spielen ließ, durch eine engere Bindung »im Französischen vielleicht eine zweite Heimat zu finden«. Daß allerdings von hier auch Fäden zur konservativen Richtung der Action française liefen, schränkte seine Sympathie wieder ein. »Mir sind diese jungen Monarchisten sehr fatal.« So ist es 1934 über einen unverbindlichen Kontakt nicht hinausgekommen. Ein knappes Jahr später sah er, daß es mit der Hoffnung, die er auf den »O. N.« gesetzt hatte, nichts war. »Schade.«

Von Paris aus fuhr Tucholsky kurz nach Pfingsten in den Schwefelkurort Challes-les-Eaux, den er sehr lobte, wenn er auch nicht damit rechnete, daß seiner Krankheit abgeholfen würde. In der freien Zeit, während er im Grand Hotel du Château wohnte, las er viel, meist französische Autoren, oder beschäftigte sich mit Sprachstudien, arbeitete französische Stillehren durch, repetierte seine Kenntnisse in der Grammatik und im Wortschatz. Für vierzehn Tage besuchte er auf der Rückreise noch einmal Hedwig Müller in Zürich, wollte aber auch hier niemanden sehen, selbst den Verleger Oprecht nicht, der den Wunsch geäußert hatte, mit ihm etwas zu besprechen. Anfang Juli 1934 kehrte er nach Hindås zurück. Es war seine letzte Auslandsreise.

Für den Sommer des Jahres siedelte er nach Lysekil an die Westküste Schwedens über, wo ihm das Klima besser bekam. Hier verbrachte er erst einige Wochen mit Gertrude Meyer, danach mit Hedwig Müller, die ebenfalls einige Sommerwochen an der See sein wollte. Quartier bezog er in einem Bauernhaus. Das Dienstmädchen Rytt hatte er mitgebracht, die für alle kochte und das Hauswirtschaftliche übernahm, was den Urlaub, wie er glaubte, für alle billiger machte.

Seine einzige, man kann sagen, Hauptbeschäftigung war nach wie vor das Bücher- und Zeitunglesen. An Hasenclever schrieb er, daß er sich mit Geschichte, Philosophie und Soziologie befasse. Er fand viele Anregungen bei dem französischen katholischen Schriftsteller Charles Péguy, den er auch Nuuna zur Lektüre empfahl. In seinen Briefen hieß es, seit Schopenhauer habe er »solch ein literarisches Erlebnis nicht mehr gehabt«. Seinen Enthusiasmus für die Prosa dieses modernen Franzosen teilte er auch Hasenclever mit. Zu Nuuna meinte er außerdem: »In unserm Alter kann eine leise theoretische Fortbildung nicht schaden... Sonst bleibt man in einem öden und unfruchtbaren Geschimpfe stecken.« Auf der anderen Seite klagte er, unzufrieden mit sich und wie stets untertreibend: »Bei mir ist alles nur Dilettanterei, heute ist es Péguy, und morgen wird es jemand anders sein. Nichts sitzt, nichts ist festgefügt, alles lofft auseinander.«

Es gibt aus der Zeit des Sommers 1934 fast keinen Brief, in dem er nicht – wie bisher schon – seine Befürchtungen vor einem neuen Krieg ausspricht. Im Hinblick auf Nazideutschland heißt es am 10. Juli an Nuuna: »In der Politik zählt nur der Erfolg. Das bedeutet dann in fünf Jahren etwa irgendeinen Krieg, denn zu etwas anderm brauchen die das Geld nicht.« Er befürchtete den problemlosen Anschluß Österreichs und die Unterstützung der westeuropäischen Staaten für Deutschland, um den Krieg nach dem Osten vorzubereiten. »Wenn es gegen Rußland geht, sind sich die Schweine einig.« Solche Gedanken sind nicht neu bei ihm. Schon 1925 schrieb er klarsichtig in einem *Weltbühnen*-Aufsatz, daß die deutsche Reaktion ihre »Neuordnung« Europas in Etappen vollziehen werde, beginnend mit dem Anschluß Österreichs, fortgesetzt über die Angliederung der Tschechoslowakei und weitergeführt mit der Überrennung Polens.

An seiner ablehnenden Haltung zur Mitarbeit an der Publizistik der deutschen Emigration hielt er auch im Jahr 1934 fest. Er führte prinzipielle Argumente dafür ins Feld: Hitler *sei* Deutschland; man könne wohl für eine Majorität kämpfen, die von einer tyrannischen Minorität unterdrückt werde. Man könne aber einem Volk nicht das Gegenteil von dem predigen, was es in seiner Mehrheit wolle. Er sah keinen Sinn mehr in einem Kampf, der ohne Leser und ohne Kampftribüne geführt würde. Schon Ende Januar 1934 schrieb er an Dr. Emil Oprecht, einen namhaften Züricher Verleger von Exilliteratur, der daran interessiert war, die noch vorrätigen Tucholsky-Bücher aus den Beständen des Rowohlt-Verlags aufzukaufen, daß sein »Interesse, in deutscher Sprache herauszukommen, gleich Null« sei. Vielmehr sei ihm daran gelegen, daß Ernst Rowohlt, wenn die Bestände verkauft seien, ihm die Rechte zurückgebe. Im September versuchte es Oprecht noch einmal. Er würde es begrüßen, schrieb er, wenn Tucholsky sich dazu entschließen könne, »doch jetzt einmal zum Problem ›Deutschland‹ das Wort zu ergreifen. Wir werden uns außerordentlich freuen, wenn es möglich wäre, Sie aus Ihrer Lethargie herauszureißen. Denn gerade in dieser Zeit, wo das Dritte Reich doch in den letzten Zügen liegt, sind Wortführer wie Sie unbedingt nötig.« Tucholsky ging nicht darauf ein, er verwies auf seinen Gesundheitszustand und wiederholte, was er bereits im Januar gesagt hatte: »Mein Wunsch, Deutschland und seine Entwicklung zu beeinflussen, ist gleich Null.« Außerdem war er absolut nicht davon überzeugt, daß Nazideutschland bald vor dem Zusammenbruch stünde.

Anders reagierte er auf einen Brief des befreundeten Roda Roda, der mit einem Schweizer Verleger eine Buchgemeinschaft ins Leben rufen wollte und im Oktober 1934 bei ihm anfragte, ob er sein *Pyrenäenbuch* zur Verfügung stellen würde. Tucholsky antwortete zustimmend: »Dein Plan, Dein Wagemut und Deine Frische sind gleich bewundernswert. Ich will gern mittun.« Tucholsky sollte neben Dostojewski, Karl Philipp Moritz, Raucat, Roda Roda und Uli Becher stehen. Das Vorhaben zerschlug sich aber aus finanziellen

Gründen und auch weil Rowohlt einwandte, Tucholsky sei nicht berechtigt, sein *Pyrenäenbuch* ohne Zustimmung des Verlages für diese Bücherreihe freizugeben.

Einige von Tucholskys Arbeiten sind dennoch ohne sein Zutun nach 1933 in verschiedenen Verlagen erschienen. Der Verlag der Buchfreunde »Solidariteit« in Hilversum nahm sein *Lied der Steinklopfer* in holländischer Übersetzung in eine Anthologie internationaler antifaschistischer Autoren auf. Hier stand Tucholsky neben Albert Einstein, Emil Ginkel, Karel Čapek, Maxim Gorki und Upton Sinclair. Eine andere Publikation mit zeitgenössischer Songlyrik aus dem gleichen Verlag stellte für die Leser in den Niederlanden einige seiner bekanntesten Gedichte in Übersetzung vor: *Mutterns Hände*, *Was kosten die Soldaten*, *Der Graben*, *An das Publikum* und *Fragen an eine Arbeiterfrau*. Auch auf der Bühne kam er zu Wort. In den Wiener Kabaretts wurden seine Chansons vorgetragen. In den deutschsprachigen Gebieten Böhmens zog ein kleiner Arbeiterspieltrupp mit einem Handwagen von Ort zu Ort. Sein Leiter, der Dichter Louis Fürnberg, hatte zu jeder Zeit »Tucholskys« mit im Programm.

Im Januar 1935 waren es fünf Jahre, daß Tucholsky in Schweden wohnte. Er hatte das sehr schöne, geräumige Haus in der Absicht bezogen, sich ständig in Schweden niederzulassen. Auf diese Tatsache wies er nachdrücklich hin, als er seinen Antrag auf Erlangung der schwedischen Staatsbürgerschaft stellte. In dem beigefügten Lebenslauf hielt er fest, daß Hindås seit Januar 1930 sein fester Wohnsitz sei, wo er seinen gesamten Hausstand und seine Bibliothek habe.

Als Ossietzky ihn im Herbst 1930 besuchte, war er von der idyllischen Lage des Hauses und der »ganz und gar einsam« gelegenen Gemeinde sehr beeindruckt. »Die Tiroler Dörfer sind ein Jahrmarkt neben dieser Stille. Aber das Land ist schön.« Die Villa »Nedsjölund«, von ihm auf unbegrenzte Zeit gemietet, lag am Rande eines hohen, dichten Tannenwaldes mit Ausblick auf einen großen See. Tucholsky hatte aus seinem Arbeitszimmer einen weiten, offenen Blick aufs Wasser. Kein Lärm störte ihn. Standen die Fenster offen, war sein Zimmer erfüllt vom Duft der Tannen und dem Geruch des Wassers. Fotos, die von seinem Arbeitszimmer erhalten

127

Die Villa »Nedsjölund«. Tucholskys Haus in Hindås bei Göteborg. Aufnahme 1976

sind, zeigen, daß rings an den Wänden hohe Bücherregale standen. Rund fünftausend Bücher umfaßte seine Bibliothek. Vor dem Schreibtisch, ein Möbelstück von individueller, sehr eleganter Note, ein solider Stuhl mit hoher Rückenlehne; auf dem Schreibtisch die Maschine mit den Arbeitsutensilien, die stets akkurat an ihrem Platz zu sein hatten. So war er es von Jugend auf gewohnt, so liebte er es.

Zu seinem Haus gehörte ein ausgedehnter parkartiger Garten. Daß das Anwesen am Rande der Ortschaft lag und es keine direkten Nachbarn gab, war ein Vorteil. Günstig war ferner, daß Göteborg nur dreißig Kilometer von Hindås entfernt und die Großstadt somit leicht erreichbar, aber zugleich auch weit genug weg war.

Der endgültige Einzug in Hindås im Februar 1930 hatte sich unauffällig, um nicht zu sagen in aller Stille, vollzogen. Tucholsky ließ zunächst umfangreiche Renovierungsarbeiten vornehmen, für die Einrichtung bezog er Möbel und Hausrat von verschiedenen Göteborger Firmen. Auch ein Klavier gehörte wieder dazu. Eine von den Töchtern des Postmeisters im Ort, Inga Melin, die deutsch sprach, half

Tucholsky anfangs, mit den Handwerkern und dem Einkaufen in Göteborg zurechtzukommen und sich in Schweden einzuleben. Durch sie lernte Tucholsky die ebenfalls am Ort wohnende Gertrude Meyer kennen, eine deutschsprechende Schwedin aus wohlhabender jüdischer Familie, die zur Vertrauten seiner letzten Jahre in Schweden wurde. Ungewöhnlich erschien den Einwohnern des Ortes, daß ein einzelner Herr in einem so großen Hause wohnte. Wer er war, ob er Familie hatte und womit er sich beschäftigte, wußte niemand zu sagen. Man hielt ihn für einen Komponisten, weil aus der weißen Villa bei offenem Fenster des öfteren Klavierspiel zu hören war.

Beim Umzug von Läggesta nach Hindås nahm Tucholsky seine schwedische Hauswirtschafterin Zenta Bergkvist mit, eine treue Seele, die neben ihrer Arbeit in Haus und Küche auch die Postwege erledigte. Die Post, die sie wegzubringen hatte, sei mitunter so viel gewesen, daß sie nicht gewußt hätte, wie sie das alles mit einemmal fortschaffen sollte. Zenta Bergkvist schildert Tucholsky aus ihren Erinnerungen als einen sehr zuvorkommenden, stets freundlichen und großzügigen Menschen. Selbstverständlich lief ihr Gehalt weiter, als er sich über ein Jahr in der Schweiz bei Nuuna aufhielt. Niemals habe er Unzufriedenheit mit ihrer Arbeit geäußert, und auch nachdem sie geheiratet hätte und von Hindås weggezogen sei, hätte er zu Weihnachten immer einen Gruß und eine kleine Aufmerksamkeit geschickt. Nach ihr kam das Dienstmädchen Rytt ins Haus.

Als Einwohner von Hindås lebte Tucholsky zurückgezogen. Er unterhielt so gut wie keine Kontakte zur Ortsbevölkerung, wenn man von dem in der weiteren Nachbarschaft wohnenden Taxichauffeur und den Leuten, die ihm im Garten halfen, seine Garderobe instand hielten oder dies und jenes im Haus reparierten, absah. Zenta faßte es in dem Satz zusammen: »Kurt Tucholsky hade inget umgänge med ortsbefolkningen, utso isolerade sig nästan fullständist.« – »Kurt Tucholsky hatte keinen Umgang mit der Ortsbevölkerung, sondern isolierte sich fast vollständig.« Mit Rücksicht auf seine persönliche Sicherheit hielt sich Tucholsky völlig im Hintergrund. Selbst die Zeitungen abonnierte er unter dem Namen seiner Hauswirtschafterin.

In den ersten Jahren kamen noch relativ oft Freunde von ihm zu Besuch in das Haus am See. Sie blieben meist eine Woche oder auch länger. Die Haushälterin konnte sich erinnern, daß Lisa Matthias und Carl von Ossietzky Gäste von Tucholsky waren, einmal sei eine Schauspielerin gekommen, hochelegant und so auffallend schön, daß man im Ort darüber sprach. Nach 1932, als er sich regelmäßig längere Zeit auf Reisen außerhalb Schwedens aufhielt, wurden die Besuche immer seltener. Zuletzt waren nur noch die zwei Fröken, wie er sie nannte – Gertrude Meyer und das Dienstmädchen Rytt – um ihn.

128

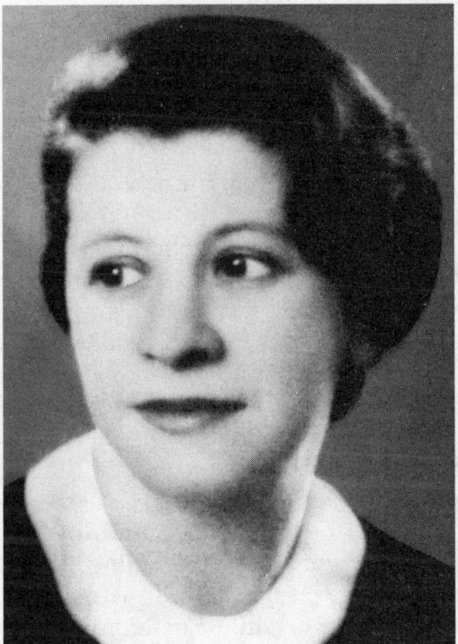

Gertrude Meyer,
Tochter einer wohlhabenden
jüdischen Kaufmannsfamilie,
1897 in Göteborg geboren.
Aufnahme aus der Zeit,
als sie Tucholsky 1929
in Hindås kennenlernte

129

Gertrude Meyer, sieben Jahre jünger als Tucholsky, lernte ihn kennen, als sie über Inga Melin erfuhr, daß ein Deutscher zugezogen sei, der jemanden suche, der Schwedischunterricht erteilen, möglichst auch Klavier spielen und Noten schreiben könne. So kam es zu der Begegnung zwischen dem deutschen Schriftsteller, der sich von den Großstädten in die Stille zurückgezogen hatte, und der Schwedin, die Berlin gut kannte, die *Weltbühne* las und sich mit der deutschen Kultur verbunden fühlte. Ab 1930 arbeitete sie für Tucholsky als dessen schwedische Sekretärin, wie sie in den behördlichen Schriftstücken offiziell genannt wurde. Gertrude Meyer las für ihn die schwedischen Zeitungen und übersetzte daraus. Diese Tätigkeit war keine feste Anstellung. Sie tat es, weil es ihr Spaß machte und weil sie den Mann Tucholsky liebte. Sie kannte seine Bücher und schilderte ihn als einen interessanten, anziehenden Mann von »kolossalem Charme«. Es gab viele Übereinstimmungen in ihren Interessen, was die Politik, die Literatur und die Kunst betraf. Im Verkehr mit den schwedischen Behörden, auch den Göteborger Rechtsanwälten, die die Schriftstücke für die Einbürgerungsanträge aufsetzten, war sie eine unentbehrliche Beraterin. Es war ein glücklicher Umstand, daß Tucholsky hier im Norden eine Frau traf, die so großes Verständnis für ihn aufbrachte.

Über Gertrude Meyer, die er in seinen Briefen »Fröken« – »Fräulein«, gelegentlich auch »Tydde« nennt, erschloß sich für ihn viel vom Land und vom Leben in Schweden, dessen Bevölkerung er anfangs wohltuend freundlich, hilfsbereit und zurückhaltend, später aber nicht mehr so sympathisch empfand. Die Einflüsse der Nationalsozialisten waren auch in Schweden zu spüren. Selbst jüdische Kreise ließen oft genug wenig oder gar kein Verständnis für die durch die Nationalsozialisten verfolgten deutschen Juden erkennen. Gertrude Meyer, selbst einer jüdischen Familie entstammend, war sich in ihrer politischen Haltung mit Tucholsky völlig einig. Sie half ihm, die kurzzeitige Bewachung des Hauses durch schwedische Polizisten zu sichern, nachdem in der Nähe des Grundstücks verdächtige Gestalten bemerkt worden waren. Das war etwa zur selben Zeit, als der Hochschullehrer und Publizist Theodor Lessing Ende August 1933 von Naziagenten in der Tschechoslowakei überfallen und niedergeschossen wurde. Tucholsky beschaffte sich jetzt zur Selbstverteidigung einen neuen, großkalibrigen Revolver, einen Colt, der im Zimmer in erreichbarer Nähe in einem Pistolenhalter aufbewahrt wurde.

In diesem fünften Winter in Schweden hatte Tucholsky immer heftiger an seiner Krankheit zu leiden. Schon im Oktober, nachdem er von der See zurück war, begann sich sein Zustand zu verschlimmern. Kein Geruch, kein Geschmack mehr, Druck im Kopf, dazu Müdigkeit, Apathie, Depression. Er konnte nicht schlafen, nichts mehr arbeiten und entschloß sich, nachdem die bisherigen Eingriffe nichts geholfen hatten, im Göteborger Krankenhaus eine größere Operation vornehmen zu lassen. Da sich am Krankheitsbild seit zwei Jahren nichts geändert hatte, konnte der Arzt für nichts garantieren, wollte ihm aber nur dann Kosten berechnen, wenn der Geruchssinn wiederkäme. Bei der ersten Operation stellte sich heraus, daß zwischen Stirnbein und Siebbein alles verklebt und verwachsen war. In den folgenden Wochen mußte er weitere vier Operationen über sich ergehen lassen, alle mit sehr schmerzhaften Nachbehandlungen. Obwohl die Röntgenaufnahmen nichts erkennen ließen, hatte Tucholsky darauf gedrängt, diesmal radikal vorzugehen.

Zimmer in Hindås.
Der letzte Lebenstag war ein Arbeitstag

Von den Operationen schrieb er Nuuna erst, nachdem alles hinter ihm lag und er den Erfolg einschätzen konnte. Er fühlte sich jetzt durch einen fachmedizinischen Aufsatz, den ihm sein Arzt gegeben hatte, in seiner Auffassung bestätigt, daß es zwischen Nase und Gesamtorganismus eines Menschen über ein kompliziertes nervliches Zusammenspiel einen direkten Zusammenhang gibt, was jedoch die Ärzte, die er im Laufe der Jahre konsultiert hatte, für seinen Fall nicht gelten lassen wollten. Auch Nuuna hielt an der Diagnose fest, daß seine Beschwerden letzten Endes psychischer Natur seien, obwohl Tucholsky völlig anderer Meinung war.

Im Anschluß an die Krankenhausbehandlung hielt er sich in Begleitung von Gertrude Meyer von Juli bis September in Visby auf Gotland auf. Er setzte auf die heilende Wirkung der salzhaltigen Seeluft große Hoffnung; Klima und Landschaft sagten ihm hier noch mehr zu als in Hindås. Er kam an und fand schon den ersten Tag »wunderschön«. Ob das nun Einbildung war oder nicht – diese Landschaft im Norden war eben seine. Hier sagte alles ja zu ihm. Seiner Züricher Freundin gegenüber räumte er ein, daß er sich mit dem Norden vielleicht etwas lächerlich mache, daß sich aber über dieses Heimatgefühl nicht diskutieren lasse. Und wenn sich herausstellen sollte, daß die Seeluft seiner Nase half, erwog er, Hindås aufzugeben und gänzlich an die Ostküste Schwedens überzusiedeln.

Aber die Freude über Landschaft und Gesundheitsfortschritte hielt nicht lange an. Es stellten sich jetzt Beschwerden im Bauchbereich ein; er wußte nicht, was es war, hatte Angst, daß etwas Neues auf ihn zukommen könnte und war tief verunsichert.

Die Q-Tagebücher und letzte Briefe

Unverändert depressiv wirkten auch die politischen Ereignisse auf seine Psyche, obwohl er aus Selbstschutz ständig beteuerte, daß ihn das Ganze nichts mehr anginge. Er sah seine schlimmsten Befürchtungen bestätigt, seine Resignation geradezu legitimiert. In der Abstimmung an der Saar entschieden sich am 13. Januar 1935 neunzig Prozent der Wahlberechtigten für den Anschluß an das Hitlerreich. Er sah voraus, daß die Vorbereitung der Olympischen Spiele für 1936 eine weitere Stärkung des internationalen Ansehens der Naziregierung bringen würde.

Daß sich durch die Operationen eine gewisse Besserung ergeben hatte, half ihm nicht über die Lebenskrise, in der er sich seit 1932, als er öffentlich zu wirken aufhörte, befand. Er wußte ziemlich genau, wie es um ihn stand, und machte in den Briefen an seine Schweizer Freundin keinen Hehl dar-

131

aus. Daß er jemals noch etwas Großes, Belangvolles würde schreiben können, glaubte er nicht mehr. Er arbeitete zwar für sich weiter, las und lernte die Sprache des Landes, fühlte aber tief innen die Zwecklosigkeit allen Tuns.

Briefpartnerin Nuuna reagierte auf den hoffnungslos gewordenen hilfesuchenden Freund mit größter Feinfühligkeit und einer Therapie des aufmunternden Zuspruchs. Ob er sich nicht nach einer kleinen regelmäßigen Beschäftigung umsehen wolle, vielleicht in einer Buchhandlung oder in einem Verlag, was ihm über die Phase bis zur endgültigen Einbürgerung hinweghelfen und ihm generell einen neuen Impuls geben könne. Mehrfach erfolgten von ihrer Seite auch Einladungen, ganz zu ihr nach Zürich zu kommen. »Wir sind in einem Alter, wo schließlich ein paar nette Jahre schon allerlei sind. Eine Garantie für die Zukunft hat niemand, und aus Angst vor einer unangenehmen Entwicklung in der Zukunft etwas zu unterlassen, was einen freuen könnte, bringt einen um alles. Ich würde nichts sagen, wenn wir aktiv für oder gegen etwas wären. Aber schimpfen und nichts tun?«

Tucholsky argumentierte ebenso taktvoll und ehrlich immer wieder dagegen. Ja, natürlich könne er einen Buchladen aufmachen oder so etwas, er könne auch recht und schlecht Bücher verkaufen, wenn auch unlustig und mit halber Kraft. Für ihn handele es sich aber darum, wieder *richtig* arbeiten zu können, über wirtschaftliche Unabhängigkeit, vollkommene Bewegungsfreiheit und eine intakte Gesundheit zu verfügen. Mit ihm sei es aber so, daß er gar nicht lebe. Von diesem Grundgefühl vermöge ihn nichts abzubringen. Ob er nun in Schweden sitze und Sprachen lerne oder in Zürich Bücher verkaufe, es ändere ja nichts. Bei allem Grund zum Klagen gab es doch zwischendurch immer wieder Momente, die sein heiteres Naturell, seine Neigung zu Spott und Spaß durchscheinen ließen, Phasen der Ausgeglichenheit, in denen er einräumte, daß die Welt so negativ, wie er sie ausmale, nicht sei, sie stelle sich nur *für ihn* so dar. In solchen Momenten ruhiger, realistischer Selbsteinschätzung entschuldigte er sich bei Nuuna für seine Schimpfereien und bat sie um Verständnis.

Unabhängig von seinem Befinden, blieb sein Interesse am Verlauf der Ereignisse hellwach, ob er das nun zugab oder leugnete. Nuuna schickte mit der Post regelmäßig Zeitungsartikel, um ihm wichtige Nachrichten zugänglich zu machen. Er selbst versuchte sich so umfassend wie möglich zu informieren, hauptsächlich aus der französischen, schwedischen und schweizerischen Presse.

Die Briefe an Nuuna waren mit der Zeit regelrechte Kommentare geworden. Um das Persönliche nicht mit zuviel anderem zu belasten, legte er mit Ende des Sommers 1934 für die Schweizer Freundin gesonderte Mitteilungen, sogenannte Q-Tagebücher, bei. Die Bezeichnung Q sollte weiter nichts besagen als »Ich quatsche«.

Daß Tucholsky 1934 und auch 1935 ohne weiteres fundierte Aufsätze hätte schreiben können, belegen sowohl die Briefe wie die Q-Tagebücher, die man als gedankliches Rohmaterial zu Essays oder Artikeln betrachten kann, zumal sie sich unverändert mit all den politischen, literarischen, philosophischen und sozialen Fragen befassen, die ihn immer bewegt haben. So gesehen sind diese Briefbeilagen die stenografisch verkürzte Weiterführung seiner früheren publizistischen Tätigkeit, nunmehr aber ausschließlich für den privaten Hausbedarf. Darin liegt ihre Stärke und zugleich auch ihre Schwäche. Nuuna gegenüber betonte er mehrfach den privaten Charakter dieser Urteile und Notizen und sprach es klar aus, daß ihm keiner »einen größeren Tort antun« könne, als diese Briefbeilagen zu veröffentlichen. »Nicht nur, weil sie stilistisch nicht bearbeitet sind, sondern weil sie einen ganz falschen Eindruck geben.« Vorausgesetzt, man akzeptiert sein eigenes relativierendes Urteil wie auch seinen Hinweis, daß man sich das Geschriebene immer »mit dem Müdigkeits- und Krankheitskoeffizienten multiplizieren« müsse, vorausgesetzt ferner, man ist sich als Leser der Einseitigkeit, Ungerechtigkeit, ja Widersprüchlichkeit so mancher dieser Bemerkungen bewußt, so ist doch der objektive Wert seiner Tagebuchnotizen davon nicht in Frage gestellt. Es sind »Lebenssplitter«, die einen Einblick in die physisch und psychisch bedrängte Situation wie auch die verunsicherte Gedankenwelt Tucholskys ermöglichen.

In Veröffentlichungen werden gelegentlich Zitate aus diesen Schweden-Tagebüchern und Briefen gegen das Werk Tucholskys gestellt, um Haltungsveränderungen daraus abzuleiten. Was jedoch Tucholskys Überzeugungen, seine Haltung zur Arbeiterklasse, seinen konsequenten Antifaschismus und seinen Haß gegen den Nationalsozialismus betraf, so ist davon nichts zurückgenommen. Zur UdSSR und zum Kommunismus grundsätzlich ist sein Verhältnis in dem

Satz zusammengefaßt: »Ich bin Anti-Anti-Bolschewist. Aber ich bin kein Bolschewist.« Auch hierin ist – trotz Ablehnung Stalins und dessen Einfluß auf die Komintern und obwohl für ihn deshalb »der Kommunismus in Europa tot ist« – keine Änderung seiner Haltung gegenüber früher erkennbar. Insgesamt aber hält er die deutsche Linke für zersplittert, zerschlagen und besiegt. Gleiches betrifft seine Einstellung zur Emigration. Für Nuuna klebt er in eines der Q-Tagebücher einen *Weltbühnen*-Aufsatz von sich ein, geschrieben 1925, womit er verdeutlichen wollte, was er damals an der italienischen antifaschistischen Emigration als so mangelhaft empfand: daß sie nicht wie Lenin und die revolutionären russischen Kommunisten ein glasklares Programm zum Sturz der alten Kräfte ausarbeitete. In diesen Forderungen nach radikaler Selbstkritik – seit 1933 von ihm ständig wiederholt, und er schließt sich darin voll ein.

In den Briefen und Beilagen an Nuuna kam er auch immer wieder auf philosophische Probleme zurück, wie sie ihn schon als Studenten und später als Schriftsteller unter dem Einfluß Siegfried Jacobsohns bewegten. Er las in Schweden wieder viel Schopenhauer, zu seiner Beschäftigung gehörten aber auch Veröffentlichungen über den Buddhismus sowie die Bücher des dänischen Religionsphilosophen Kierkegaard. Um Mißdeutungen zuvorzukommen, wies er darauf hin, ihn habe »keine Sehnsucht nach Weihrauch befallen«, es sei ihm vielmehr darum zu tun, »Klarheit« zu gewinnen, »soweit es die gibt«. Er ist in diesen Monaten weder Religionsanhänger noch Kierkegaard-Jünger geworden, sosehr er sich auch, wie immer in seinem Leben, wenn ihm neue Gedankengänge imponierten, zuweilen über die Maßen enthusiastisch äußerte.

Er las auch viel deutsche Literatur, erwähnt sind bei ihm Kleist, Ringelnatz, Droste-Hülshoff mit ihrer Erzählung *Die Judenbuche*. Nuuna empfahl er, Fontane zu lesen, vor allem dessen *Kinderjahre*; aus seiner Bibliothek schenkte er ihr Dichtungen von Christian Wagner mit Widmung. Auf seinem Nachttisch lag ständig eine Goethe-Ausgabe des Insel-Verlags, zwei kleine Bände lyrischer und epischer Dichtung.

Schmerzlicher als in früheren Jahren empfand er jetzt die eigene Unzulänglichkeit, die nicht existierende Chance, sich zu binden oder zu einem festen Weltbild zu finden. »Immer zu suchen ist nicht schön. Man möchte auch mal nach Hause.« Er ersehnte eine geistige Heimat, fühlte aber, daß dieses Glück für ihn unerreichbar war. Walter Hasenclever und seinem Bruder Fritz gestand er 1935 mehrmals in seinen Briefen, womit er »fertig« sei. Er meinte Deutschland, die deutsche Linke und die Politik Stalins. Tucholsky begann an allem zu zweifeln, der Weg nach einem Zuhause blieb ihm versperrt. Ungeachtet seiner latenten Depressionen und der Neigung zum Meditieren fand er jedoch sofort in die Realität zurück, wenn ihn Probleme des Tages berührten, die seine Solidarität erforderten. Als im Sommer 1935 Berthold Jacob durch den Agenten Wesemann – derselbe, der 1931 die Attacken gegen Tucholsky führte – auf deutsches Reichsgebiet gelockt wurde, wo ihn die Gestapo verhaftete, wandte er sich an den Schweizer Bundesrat um Hilfe für den Entführten. Obwohl er dem Bundesrat soviel Energie nicht zutraute, gelang es doch auf Grund der Schweizer Proteste, die Rückführung Berthold Jacobs sowie die Verurteilung des Agenten vor einem Schweizer Gericht durchzusetzen. Erneut erhob er seine Stimme auch für Ossietzky.

Im Juni 1935 richtete er einen Brief an den Friedensnobelpreisträger Norman Angell, den weltweit bekannten Autor des Buches *Die große Illusion*, das er als Student begeistert gelesen hatte, und ersuchte ihn, sich dafür einzusetzen, daß Ossietzky den Friedensnobelpreis erhalte. »Er hat durch seine Besonnenheit, durch seine Tapferkeit, durch sein Wissen uns alle begeistert; wir haben auf ihn gesehen, und er hat uns eine Fahne vorangetragen, mit der er in einen Kampf mit geistigen Waffen zog – gegen andere, die andere Waffen in den Händen hatten.«

Die Aktivitäten Tucholskys hielten immer nur eine kurze Zeit an, so wie sie aufloderten, erloschen sie auch wieder. Diesem labilen Hin und Her hatte er immer weniger an innerer Kraft entgegenzusetzen.

Nach Rückkehr von der Insel Gotland Ende September 1935 hatten sich sein Allgemeinbefinden und seine Lebensstimmung wieder rapide verschlechtert. Mitte Oktober begab sich Tucholsky abermals nach Göteborg ins Krankenhaus, um sich wegen Bauchbeschwerden, über die er schon seit Monaten klagte, untersuchen zu lassen. Die Ärzte konnten nichts finden. Er blieb zweieinhalb Wochen im Sahlgrenska, dem Allgemeinen Krankenhaus von Göteborg, mit der klinischen Diagnose »Bauchschmerzen (Beobachtungsfall) und Psychoneurose«. »Mit mir ist nicht viel los, ich fühle mich nicht sehr gut, und ich habe das bis zum Sterben satt, alles miteinander«, schrieb er resignierend unter dem 25. November an Nuuna. Fünf Tage später erhielt er über seinen Göteborger Anwalt die Nachricht, daß sein erneutes Einbürgerungsgesuch von den Behörden abgelehnt worden war. Das bedeutete weitere sieben Jahre ungewisse Wartezeit. Warten worauf? Seine materiellen Mittel waren erschöpft. Von Nuuna hatte er bereits Geld leihen müssen. Er trug sich jetzt mit dem Gedanken, den aufwendigen Haushalt in Hindås aufzulösen und an die schwedische Ostküste überzusiedeln. Einen Teil seiner Möbel wollte er verkaufen, dafür zwei Zimmer bei einem Bauern beziehen. Doch Interessenten für seine Möbel fanden sich nicht auf die Schnelle. So blieb alles, wie es war. Es kam keine Bewegung mehr in sein Leben.

Die Tage des November, im Zyklus des Jahres ein Ruhepunkt, aber auch im biologischen Rhythmus des Menschen eine Zeit der Einkehr und der Selbstbesinnung, wurden die bis dahin wohl schwersten Tage im Leben Tucholskys. Er schrieb zu diesem Zeitpunkt einen letzten Brief an Mary Tucholsky, um »Ihm zum Abschied die Hand zu geben und Ihn um Verzeihung zu bitten für das, was Ihm einmal angetan hat ... jetzt sind es beinah auf den Tag sieben Jahre, daß weggegangen ist, nein, daß hat weggehn lassen – und nun stürzen die Erinnerungen nur so herunter, alle zusammen. Ich weiß, was ich in Ihm und an Ihm beklage: unser ungelebtes Leben. ... Wenn Liebe das ist, was einen ganz und gar umkehrt, was jede Faser verrückt, so kann man das hier und da empfinden. Wenn aber zur echten Liebe dazu kommen muß, daß die *währt*, daß sie immer wieder kommt, immer und immer wieder –: dann hat nur ein Mal in seinem Leben geliebt. Ihn.« Zu dem Zeitpunkt, da diese Zeilen geschrieben wurden, gab es für ihn schon kein Zurück mehr. Er sah sein Leben in allem als gescheitert an, konnte und wollte Mary Tucholsky nicht in sein »Elend« zurückrufen.

Mary Tucholsky erhielt diesen Brief, der im Original undatiert ist, mehrfach aber unter dem Datum vom 19. Dezember veröffentlicht wurde, erst nach seinem Tode, überbracht von Hedwig Müller.

Am 30. November 1935, es war der Tag, an dem er von der Ablehnung seines zweiten Einbürgerungsgesuchs Kenntnis bekam, setzte er sein Testament in letztgültiger Form auf. Darin bestimmte er: »Als Erben meines Vermögens setze ich meine zweite, von mir geschiedene Frau Mary, geb. Gerold, ein.« In sein Sudelbuch mit der von ihm skizzierten Treppe »Sprechen – Schreiben – Schweigen« trug er ein: »Wenn ich jetzt sterben müßte, würde ich sagen: ›Das war alles?‹ – Und: ›Ich habe es nicht so richtig verstanden.‹ Und: ›Es war ein bißchen laut.‹«

Am 11. Dezember 1935 gab er in völlig depressiver Stimmung einen Bericht an Nuuna: »Es ist so, daß ich down bin, daß mir alles gleichgültig ist.« Selbst den Brief, den er in jenen Tagen von Arnold Zweig erhalten hatte, mochte er zunächst nicht beantworten. Es käme sowieso nichts dabei heraus. Zweig würde ihn gar nicht verstehen. Arnold Zweig, der nicht zu seinem engeren Bekanntenkreis gehörte und mit dem es in der Vergangenheit auch politisch und künstlerisch wenig Berührungspunkte gab, hatte ihm aus Haifa einen Brief geschrieben, um Kontakt mit ihm herzustellen. Er gibt zunächst einen kleinen Bericht über seine Arbeit, erwähnt, daß jetzt sein Roman *Erziehung vor Verdun* erschienen sei, daß er in Frankreich das Buch *Bilanz der deutschen Judenheit* 1933 geschrieben und einen Band älterer Novellen von sich zusammengestellt habe. Tucholsky macht er Komplimente über dessen literarische Arbeit, nennt ihn einen »kleinen Propheten« und meint schließlich, Tucholsky könne, »soweit ein Schriftsteller mit sich zufrieden sein darf«, mit sich zufrieden sein.

Dieser Brief ist im Ton allzu abgeklärt, zu wenig auf die physisch und psychisch bedrängte Lebenssituation Tucholskys abgestimmt, als daß dieser die Aufforderung zu einem Gedankenaustausch hätte gelassen annehmen können. Offensichtlich herausgefordert hatte ihn der Satz, daß Arnold Zweig sich als Jude »einem geschlagenen, aber nicht besiegten Heere« zugehörig fühle. Für Tucholsky war es unverständlich, wie angesichts der soeben auf dem Nürnberger Parteitag der NSDAP verkündeten Rassengesetze so optimi-

132

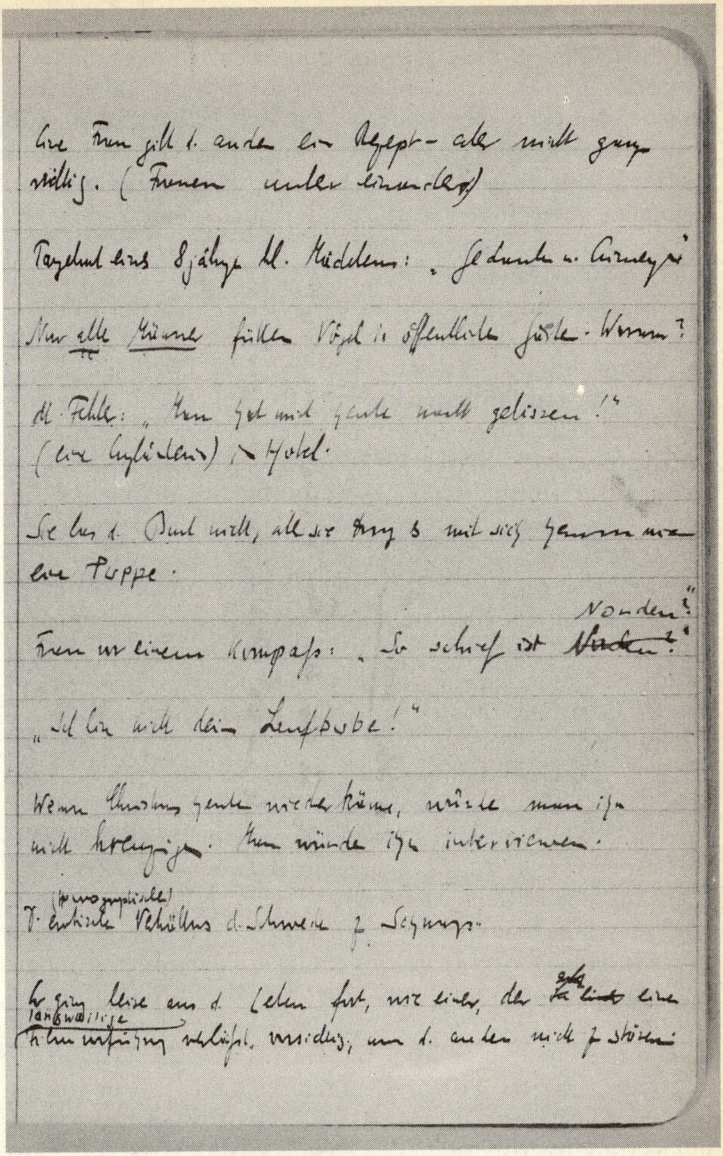

Seite aus dem Sudelbuch *mit der Eintragung (unten):*
»Er ging leise aus dem Leben fort, wie einer, der eine langweilige Filmvorführung verläßt, vorsichtig, um die andern nicht zu stören.«

stisch gedacht werden konnte. Er zählte sich, ganz im Gegenteil, durchaus zu den Besiegten und forderte angesichts dieser politischen Realitäten schonungslos und radikal »Selbsteinkehr, Umkehr, Abrechnung mit sich selbst: Man muß ganz von vorn anfangen ... ganz von vorn. Wir werden das nicht erleben. Es gehört dazu, was die meisten Emigranten übersehen, eine Jugendkraft, die wir nicht mehr haben. Es werden neue, nach uns, kommen. – So aber geht es nicht. Das Spiel ist aus.« Auch Arnold Zweig hält er das große historische Beispiel entgegen: »Sehn Sie sich Lenin in der Emigration an: Stahl und die äußerste Gedankenreinheit. Und die da? Schmuddelei. Doitsche Kultur. Das Weltgewissen ... Gute Nacht.« Außerdem widerspricht Tucholsky in dem Antwortbrief an Zweig der in Kreisen der Emigration verbreiteten Illusion, das Nazisystem bräche schon bald zusammen. »Ich glaube übrigens an die Stabilität des deutschen Regimes – es wird von der ganzen Welt unterstützt, denn es geht gegen die Arbeiter.«

Es ist ein langer, sehr zorniger, sehr prinzipieller Brief geworden, mehr eine Stellungnahme zu Fragen, die er aus dem Brief Arnold Zweigs herauslas. Tucholsky begründete Zweig auch, wie einige Tage zuvor seinem Bruder Fritz, warum er mit der Gesinnung vieler deutscher Juden nichts zu tun haben möchte.

Der Brief an Arnold Zweig vom 15. Dezember 1935 ist keineswegs das erste Dokument, das die Problematik des Judentums in Deutschland berührt und Tucholskys Haltung in dieser Frage erkennen läßt. In einem *Weltbühnen*-Aufsatz, der 1930 aus dem Briefwechsel mit Marierose Fuchs entstand, sagte er schon einmal »ein notwendiges Wort über die deutschen Juden«, wobei er besonders das sogenannte nationale Denken beklagte, das vor allem in den wohlhabenden Schichten des jüdischen Bürgertums anzutreffen war. Das gleiche hatte er schon 1912 im *Vorwärts* in einer Glosse, *Die patriotische Synagoge*, kritisiert, indem er mehr Würde der jüdischen Bürger gegenüber den in Deutschland Herrschenden verlangte. In einem Brief vom 4. Mai 1929 an Hans Reichmann, Mitarbeiter des Central-Vereins deutscher Staatsbürger jüdischen Glaubens, betonte er abermals, daß ihn »die Frage des Judentums niemals sehr bewegt« habe, weil »die Grenzlinien ganz anders laufen.« Dem jüdischen Berliner Kaufmann Alfred Herz hatte er in gleicher Sache eine Woche zuvor seinen Standpunkt dargelegt, daß es *über* den Gruppen Christen und Juden bedeutend wichtigere Kollektivitäten gebe; daß eine der stärksten Grenzen »zwischen Ausbeutern und Ausgebeuteten – quer durch alle Religionen und die Rassen« gehe und daß seine Arbeit den »Wehrlosen« gelte, »unbekümmert darum, was die Juden oder sonst eine Rasse dazu sagen«. Er sah sich, solange er politisch und publizistisch in der Öffentlichkeit wirkte, als radikaler linker deutscher Demokrat, verbunden den arbeitenden Schichten, nie als Angehöriger einer Rasse oder Religionsgemeinschaft und hat, trotz seiner 1914 vollzogenen formellen Trennung von der jüdischen Gemeinschaft – in dem Brief an Arnold Zweig nennt er irrtümlich das Jahr 1911 – mit der deutschen Reaktion stets auch deren latenten Antisemitismus bekämpft. Das Volk Israel, aus dem er hervorgegangen, hat er niemals herabgesetzt. Er sah im Juden »die Zirbeldrüse im Völkerorganismus«. Niemand wisse, wozu sie eigentlich da sei, aber herausschneiden könne man sie nicht.

In Anbetracht der Neigung Zweigs zum öffentlichen Disput in solchen Fragen hatte Tucholsky in seinem Antwortbrief besorgt, aber deutlich den Empfänger gebeten, dies nicht in Zusammenhang mit seinem Namen zu tun. Die Bitte lautete: »Ich glaube Sie als Schriftsteller zu kennen – es ist möglich, daß Sie sich hiermit auseinandersetzen. (Es wäre mir in einem solchen Falle lieb, *sehr lieb*, wenn Sie meinen Namen fortließen; ich will nicht einmal als Diskussionsbasis über deutsche Dinge dastehn – vorbei, vorbei.)« Eine Bitte, die bedauerlicherweise der Empfänger gegenüber dem Toten nicht respektierte. Die Bedenken des Redakteurs der *Neuen Weltbühne* Hermann Budzislawski gegen eine Veröffentlichung des Tucholsky-Briefes – »jetzt würden wir, bei der unvorsichtigen privaten Schreibweise Tucholskys, mit solcher Offenheit vielleicht den Feinden Material liefern« – erwiesen sich als nur zu berechtigt. Wovor er Zweig brieflich gewarnt hatte, trat ein, nachdem der Brief, obendrein noch mit Streichungen, veröffentlicht war. Aus der *Neuen Weltbühne* gelangte er schließlich in verzerrter Fassung in die Nazipresse, benutzt als antisemitisches Propagandamaterial.

133

Im Dezember trat ein Ereignis ein, das Tucholskys verschüttet geglaubtes kämpferisches Temperament noch einmal hell aufflackern ließ. Der norwegische Schriftsteller Knut Hamsun, von ihm seit Jugendtagen als literarisches Idol bewundert, war zum Parteigänger des Nationalsozialismus geworden und hatte im Zusammenhang mit der Nobelpreiskampagne perfide Angriffe gegen Ossietzky gerichtet. Tucholsky fühlte sich durch Hamsun zur Aktivität herausgefordert wie in keiner Sache der letzten Monate. Über Nuuna schickte er sogleich einen Brief an die Redaktion der Basler *Nationalzeitung*. Wenn sie positiv antworten, wollte er »zuschlagen, daß die Funken stieben«. In gleicher Sache wandte er sich unter dem 17. Dezember 1935 an das *Arbeiderbladet* in Oslo. Nuuna gegenüber äußerte er sich am gleichen Tag: »Hoffentlich lassen sie mich heran. Diesmal kann ich das Maul nicht halten.« Entschlossenheit spricht auch aus seinem Brief

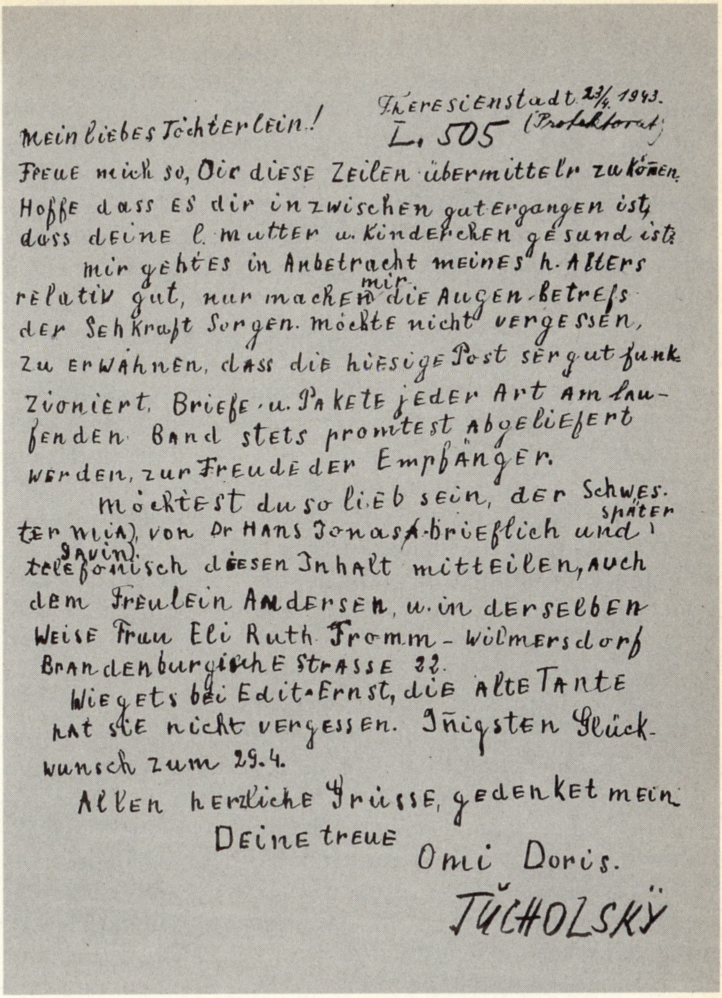

Theresienstadt 23/4. 1943.
L. 505 (Protektorat)

Mein liebes Töchterlein!

Freue mich so, Dir diese Zeilen übermitteln zu können. Hoffe dass es dir inzwischen gut ergangen ist, dass deine l. Mutter u. Kinderchen gesund ist.

mir gehtes in Anbetracht meines h. Alters relativ gut, nur machen mir die Augen betreffs der Sehkraft Sorgen. möchte nicht vergessen, zu erwähnen, dass die hiesige Post sergut funkzioniert. Briefe u. Pakete jeder Art am laufenden Band stets promtest abgeliefert werden, zur Freude der Empfänger.

möchtest du so lieb sein, der Schwester Mia), von Dr Hans Jonas (später Javin) brieflich und telefonisch diesen Inhalt mitteilen, auch dem Freulein Andersen, u. in derselben Weise Frau Eli Ruth Fromm – Wilmersdorf Brandenburgische Strasse 22.

Wiegets bei Edit Ernst, die alte Tante hat sie nicht vergessen. Innigsten Glückwunsch zum 29.4.

Allen herzliche Grüsse, gedenket mein

Deine treue

Omi Doris.

TUCHOLSKY

Doris Tucholsky – letzter Brief von ihr (von fremder Hand geschrieben, an Gertrud Riesch, die Frau seines Bruders Fritz) aus dem KZ Theresienstadt, in dem sie 1943 umgebracht wurde an den Norwegischen Studentenbund. Er schrieb ihn am 20. Dezember 1935, am letzten Tag seines Lebens.

Der Brief umfaßt zwei Schreibmaschinenseiten mit Angabe von Ort und Datum: »Hindås Schweden 20-12-35«. Es war ein Freitag. Der schwedische Abreißkalender an der Wand seines Arbeitszimmers zeigte das gleiche Datum: »Fredag 20 December (Israel) 1935.« Tucholskys letzte Lebensäußerung war somit ein Dokument intakt gebliebener aufrechter Gesinnung und kämpferischer Haltung zur Verteidigung eines »aufrechten Mannes«. Der Brief, vom Umfang her fast schon eine fertige Artikelkonzeption, läßt erkennen, wie Tucholsky mit Hamsun, der ihn tief enttäuscht hatte und dessen Bild er jetzt von der Wand nahm, grundsätzlich abzurechnen gedachte. Material dafür hatte er sich bereits kommen lassen und durchgearbeitet. Nichts deutete an diesem Freitag darauf hin, daß er einige Stunden später die tödlich wirkenden Medikamente oder das Gift zu sich nehmen würde. Was war das auslösende Ereignis, der unmittelbare Anlaß, der ihn nahezu übergangslos den Schritt von der Aktivität zur totalen Gleichgültigkeit gegenüber dem Leben vollziehen ließ? Eine Frage, die offenbleibt, um so mehr, als auch die Briefe der Tage vorher eine relativ stabile Verfassung und eine aktive Haltung erkennen lassen.

Gertrude Meyer, die ihre täglichen Besuche sonst schon mittags zu machen pflegte, ging am 21. Dezember erst gegen sechzehn Uhr zu ihm ins Haus und fand einen Bewußtlosen vor. Im Taxi brachte man ihn nach Göteborg. Rettungsmaßnahmen im Sahlgrenska-Krankenhaus blieben erfolglos. Aus den schwedischen Krankenhausunterlagen geht eindeutig hervor, daß Tucholsky am 21. Dezember 1935 in die Medizinische Klinik eingeliefert wurde, wo er am gleichen Tag, kurz vor zweiundzwanzig Uhr, verstarb. Die Angaben zur klinischen Diagnose, »Intoxicatio (Veronal)«, sind mit Fragezeichen versehen. Gertrude Meyer, die am Abend zuvor bei ihm war, gab den Ärzten die Auskunft: »Gestern abend deprimiert. Seiner Krankheit müde und überdrüssig.«

Laut Aussage von Gertrude Meyer soll auf seinem Nachttisch ein Zettel gelegen haben, in französisch: »Laß mich in Frieden sterben.« Es gibt ihn nicht mehr. Auch Abschiedsbriefe sollen vorhanden gewesen sein, darunter an Gertrude

Meyer und Hedwig Müller. Gustav Huonker, der Herausgeber der *Briefe aus dem Schweigen*, schreibt dazu, daß sich unter den Papieren Hedwig Müllers nichts dergleichen befunden habe, daß vielmehr das letzte Q-Tagebuch vom 19. Dezember – sieben Seiten lang – einen aktiven Impetus hat.

Gertrude Meyer hat, wie sie sagte, ihren Brief vernichtet. Eine Reihe merkwürdiger Umstände bleiben, wenn man in Betracht zieht, daß Tucholsky ein Mann von großer Charakterstärke und hohem persönlichem Mut war. Warum schrieb er kein Wort des Abschieds an seinen Bruder Fritz, für den er ein Leben lang gesorgt und sich verantwortlich gefühlt hatte? Warum nichts an Walter Hasenclever, zu dem eine enge menschliche Bindung entstanden war und dessen Besuch er im Februar erwartete? Paul Graetz, der für ihn immer ein Stück »Heimat Berlin« gewesen ist, erhielt in der gleichen Woche einen Brief von ihm. Kein Wort des Abschieds darin. Bei Nuuna traf noch nach dem Tode Tucholskys das Weihnachtsgeschenk ein, eine kleine bunte Ziege aus Holz mit einem beiliegenden humorigen Zettel: »Die Ziege der Ziege.« Warum schickte er das ab?

Fragen, auf die es keine Antworten gibt. Sie sind wahrscheinlich mit die Ursache dafür, daß schwedische Antifaschisten gegenüber dem langjährigen Korrespondenten der Zeitung *Neues Deutschland* in Schweden, Jochen Reinert, andeuteten, sie wären der Überzeugung, der Dichter sei einem Mordanschlag nationalsozialistischer Agenten zum Opfer gefallen. Eine Ansicht, die auch Walter Mehring unter Berufung auf Freunde in der Emigration, die Verbindung zu Schweden hatten, gegenüber der Autorin dieses Buches vertrat. Beweise für diese Mordthese konnten allerdings bislang nicht erbracht werden.

Die Zimmer seiner Villa standen seit dem Spätnachmittag des 21. Dezember 1935 leer. Gertrude Meyer blieb in den nächsten Tagen und Wochen das Schwierige und Belastende zu tun: die Totenmaske abnehmen zu lassen, amtliche Protokolle zu unterzeichnen, Briefe an den Bruder und einige Freunde zu schreiben, Nuuna in Zürich zu benachrichtigen und mit Hilfe des Notars den Hausstand aufzulösen. Eine Woche nach seinem Tode, es war abermals ein Freitag, trafen sich einige Nachbarn und Bekannte, sieben oder acht Personen, zu einer kleinen Gedenkfeier für Kurt Tucholsky. Ein Pfarrer hielt eine kurze Rede, danach erfolgte die Einäscherung.

Gertrude Meyer erhielt von den Freunden, denen sie vom Tode Tucholskys Nachricht gegeben hatte, Briefe voller Trauer und Bestürzung, aber auch der Liebe und Verehrung. Roda Roda, dem der Dichter zum Freund geworden war, bat aus Budapest um ein Andenken, sei es ein Bleistift oder eine Fotografie. Für ihn war »einer der besten Menschen Europas dahingegangen«. Paul Graetz, in New York zu Filmaufnahmen, schrieb aus seinem Hotel Mayflower: »Ich kann es nicht fassen. Erst gestern kam ein Brief von ihm an!« Walter Hasenclevers Brief wird zu einem Nachruf: »Ein großer und klarer Geist auf dieser Erde ist nicht mehr. Ein mutiger Mann, ein liebenswerter Mensch ist vorausgegangen, in des Wortes wahrer Bedeutung. An diesem trüben Londoner Regentag sehe ich erschüttert nach Göteborg, wo Sie ihn heute nachmittag zur letzten Ruhe bringen werden. Ich habe ihn tief und aufrichtig geliebt. Und er wird unverlierbar in meiner Nähe bleiben ... Wir werden heute abend eine Totenfeier halten. Wir wollen eine Flasche Burgunder, den Wein, den er am meisten geliebt hat, zu seinem Gedächtnis trinken und am Kamin sitzen. Dann wollen wir eine schöne Seite aus seinen Büchern lesen und einen seiner wunderbaren Briefe. So werden wir ihn begraben ...«

Trauer bei den Freunden, Trauer bei Bruder Fritz und Schwester Ellen, die die Mutter in Berlin benachrichtigte.

Die Frau in Hindås erfüllte seinen letzten Wunsch: Unter einer schwedischen Eiche und unter einem Steinblock, ohne Blumen und Bepflanzung, wurde er zur letzten Ruhe gebettet. Von ihrem kleinen Vermögen kaufte sie in Mariefred eine Grabstätte auf »ewige Zeiten«. Am letzten Julitag des Jahres 1936 wurde hier die Urne mit der Asche Kurt Tucholskys beigesetzt.

Sein Grab befindet sich auf jenem Friedhof, den er in seinem Buch *Schloß Gripsholm* beschrieben hat – in der Landschaft seines geliebten Nordens, die ihm die Erinnerungen an die glücklicheren Tage seiner Kindheit bewahren sollte und in der er Stille zur Arbeit und seinen Lebensfrieden zu finden gehofft hatte.

Die Grabstätte in Mariefred

ANHANG

Editorische Notiz

Mit diesem Buch werden einige für die Biographie Tucholskys wichtige Lebensdaten und Angaben in Übereinstimmung mit den vorliegenden Dokumenten gegenüber bisherigen Publikationen kommentarlos berichtigt (Geburtsjahr der Mutter, Geburtsjahr des Bruders, Austritt Tucholskys aus dem Judentum, Tag der Promotion, das Einlieferungsdatum ins Göteborger Krankenhaus u. ä.).

Unerklärlich bleibt, warum das betont politische Hervortreten Tucholskys in der »Nie-wieder-Krieg«-Bewegung, der Deutschen Liga für Menschenrechte, der Roten Hilfe Deutschlands und den zentralen Leitungsgremien dieser Organisationen bislang in biographischen Angaben und Werkbetrachtungen keine Berücksichtigung fand und warum die persönlichen Unterlagen dazu, einschließlich der Korrespondenz, nicht mehr vorhanden sind.

Eine Reihe der in dieser Biographie zitierten Texte Tucholskys sind in den vorliegenden Werkausgaben nicht enthalten.

Dank

Dieses Buch verdankt seine Entstehung der großzügigen Unterstützung durch Mary Gerold-Tucholsky, die die Studien und Recherchen der Autorin über einen Zeitraum von zwei Jahrzehnten intensiv förderte, Fotos und Kopien zur Verfügung stellte sowie mit Informationen und Auskünften half. Der Dank gilt ebenfalls dem Deutschen Literaturarchiv Marbach, insbesondere Antje Bonitz, der Leiterin des Tucholsky-Archivs. Folgende Archive ermittelten zu Sachvorgängen und gewährten Einblick in spezielle Aktenbestände: Staatliches Zentralarchiv Potsdam; Institut für Marxismus-Leninismus, Berlin; Zentrales Staatsarchiv Merseburg; Landesarchiv Berlin (West); Arnold-Zweig-Archiv und Johannes-R.-Becher-Archiv der Akademie der Künste der DDR, Berlin; Akademie der Künste Berlin (West), Kurt-Tucholsky-Sammlung; Archiv der Humboldt-Universität Berlin.

Die Autorin dankt Beate Schmeichel-Falkenberg, Jochen Reinert und Dietger Pforte für Informationen und Konsultationen zur Darstellung der letzten Lebensjahre Kurt Tucholskys; Brigitte Rothert für Auskünfte zur Familie Kurt Tucholskys; Rudolf Arnheim für Mitteilungen zur Arbeit Tucholskys an der *Weltbühne*; Ursula Madrasch-Groschopp für Auskünfte über Personen zu dem Umkreis der *Weltbühne*; Curt Trepte für die zur Verfügung gestellten persönlichen Erinnerungen an Kurt Tucholsky; Christian Velder für Auskünfte zur Geschichte des Französischen Gymnasiums und seiner Archivbestände. Posthum gilt der Dank für Auskünfte Walter Mehring, Trude Hesterberg und Lilly Becher.

Zu Dank verpflichtet ist die Autorin ebenfalls der Jüdischen Gemeinde Berlin, insbesondere Dr. Hermann Simon; ferner Christian Fiebig von der Staatsbibliothek Berlin; Werner Müller, Berlin; Bruno Brandl, Berlin; sowie Heide Kobert vom S. Fischer Verlag, Frankfurt am Main.

Last not least dankt die Autorin dem Verlag der Nation für seine vielfältige Unterstützung und die freundschaftliche Zusammenarbeit sowie ihrer Lektorin Ingeborg Harnisch für wertvolle Hinweise in allen Etappen der Arbeit an diesem Buch.

Die Werke

Einzelausgaben 1912–1932

Kurt Tucholsky: Rheinsberg. Ein Bilderbuch für Verliebte. Bilder von Kurt Szafranski. Axel Juncker Verlag, Berlin-Charlottenburg 1912.

Ignaz Wrobel: Der Zeitsparer. Grotesken. Reuss und Pollack Verlag, Berlin 1914.

Theobald Tiger: Fromme Gesänge. Mit einer Vorrede von Ignaz Wrobel. Felix Lehmann Verlag, Berlin-Charlottenburg 1919.

Peter Panter: Träumereien an preußischen Kaminen. Felix Lehmann Verlag, Berlin-Charlottenburg 1920.

Kaspar Hauser: Die verkehrte Welt, in Knüttelversen dargestellt. Mit Illustrationen von Karl Holtz. Vereinigung Internationaler Verlags-Anstalten, Berlin 1922.

Peter Panter: Ein Pyrenäenbuch. Mit 33 Abbildungen. Verlag Die Schmiede, Berlin 1927.

Kurt Tucholsky: Mit 5 PS. Rowohlt Verlag, Berlin 1928.

Kurt Tucholsky: Deutschland, Deutschland über alles. Ein Bilderbuch von Kurt Tucholsky und vielen Fotografen. Montiert von John Heartfield. Neuer Deutscher Verlag, Berlin 1929.

Kurt Tucholsky: Das Lächeln der Mona Lisa. Rowohlt Verlag, Berlin 1929.

Kurt Tucholsky: Lerne lachen, ohne zu weinen. Rowohlt Verlag, Berlin 1931.

Kurt Tucholsky: Schloß Gripsholm. Rowohlt Verlag, Berlin 1931.

Kurt Tucholsky: Christoph Kolumbus oder Die Entdeckung Amerikas. Uraufführung Leipziger Schauspielhaus. 1932.

Weitere Werk- und Einzelausgaben

(Auswahl)

Tucholsky, Kurt: Gesammelte Werke in 10 Bänden. Herausgegeben von Mary Gerold-Tucholsky und Fritz J. Raddatz. Rowohlt Taschenbuch Verlag GmbH, Reinbek bei Hamburg 1975.

Tucholsky, Kurt: Deutsches Tempo. Gesammelte Werke. Ergänzungsband 1911–1932. Herausgegeben von Mary Gerold-Tucholsky und Fritz J. Raddatz. Rowohlt Verlag GmbH, Reinbek bei Hamburg 1985.

Tucholsky, Kurt: Ausgewählte Werke in 6 Bänden. Herausgegeben Bd. 1 bis 5 von Fritz J. Raddatz, Bd. 6 von Roland Links. Verlag Volk und Welt, Berlin 1956–63.

Tucholsky, Kurt: Ausgewählte Werke in 6 Bänden. Herausgegeben von Roland Links unter Mitarbeit von Christa Links. Verlag Volk und Welt, Berlin 1972–76.

Tucholsky, Kurt: Gruß nach vorn. Eine Auswahl aus seinen Schriften und Gedichten. Herausgegeben von Erich Kästner. Rowohlt Verlag, Berlin 1948.

Tucholsky, Kurt: Ausgewählte Briefe 1913–1935. Herausgegeben von Mary Gerold-Tucholsky und Fritz J. Raddatz. Rowohlt Verlag GmbH, Reinbek bei Hamburg 1962.

Tucholsky, Kurt: Briefe an eine Katholikin. 1929–1931. Rowohlt Verlag GmbH, Reinbek bei Hamburg 1969.

Tucholsky, Kurt: Nachher. Georg Büchner Verlag, Darmstadt o. J.

Tucholsky, Kurt: Edition Text + Kritik. Heft 29. Richard Boorberg Verlag, München 1971.

Tucholsky, Kurt: Briefe aus dem Schweigen. 1932–1935. Briefe an Nuuna. Herausgegeben von Mary Gerold-Tucholsky und Gustav Huonker. Rowohlt Verlag, Reinbek bei Hamburg 1977.

Tucholsky, Kurt: Die Q-Tagebücher. 1934–1935. Herausgegeben von Mary Tucholsky und Gustav Huonker. Rowohlt Verlag, Reinbek bei Hamburg 1978.

Tucholsky, Kurt: Unser ungelebtes Leben. Briefe an Mary. Herausgegeben von Fritz J. Raddatz. Rowohlt Verlag, Reinbek bei Hamburg 1982.

Tucholsky, Kurt: Gedichte. Herausgegeben von Mary Gerold-Tucholsky. Rowohlt Verlag, Reinbek bei Hamburg 1983.

Tucholsky, Kurt: Briefe. Auswahl 1913 bis 1935. Herausgegeben von Roland Links. Mit einem Nachwort und Register des Herausgebers. Verlag Volk und Welt, Berlin 1983.

Tucholsky, Kurt/Hasenclever, Walter: Christoph Kolumbus oder Die Entdeckung Amerikas. Verlag Das Arsenal, Berlin 1985.

Pforte, Dietger (Hrsg.): Farbige weithin sichtbare Signalzeichen. Der Briefwechsel zwischen Carl von Ossietzky und Kurt Tucholsky aus dem Jahr 1932. Akademie der Künste, Berlin (West) 1985.
Deutschland? Schweigen und vorübergehen. Kurt Tucholsky in der Emigration. 1929–1935. Ausstellungskatalog der Akademie der Künste, Berlin (West) 1986.

Literaturverzeichnis

Austermann, Anton: Kurt Tucholsky. Der Journalist und sein Publikum. Piper Verlag, München – Zürich 1985.

Beckers, Hans: Wie ich zum Tode verurteilt wurde. Mit einem Vorwort von Kurt Tucholsky. Fischer Taschenbuch Verlag, Frankfurt am Main 1986.

Belvianes, Marcel: Kurt Tucholsky – pamphlétaire et humoriste. In: Revue d'Allemagne. Éditions Emile-Paul Frères, Paris, Mars 1930.

Bemmann, Helga: Berliner Musenkinder-Memoiren. Eine heitere Chronik von 1900–1930; Musikverlag Lied der Zeit, Berlin 1981.

Bemmann, Helga: Humor auf Taille. Erich Kästner, Leben und Werk. Verlag der Nation, Berlin 1983.

Berlin–Provinz. Literarische Kontroversen um 1930. Bearbeitet von Jochen Meyer. Marbacher Magazin 35. Marbach 1985.

Boehm, G. A.: Die Offiziershetze als politisches Kampfmittel und Kulturerscheinung. J. J. Lehmanns Verlag, München 1922.

Böhme, Franz/Erk, Ludwig: Deutscher Liederhort. Auswahl der vorzüglicheren Deutschen Volkslieder. Breitkopf und Härtel, Leipzig 1893.

Boveri, Margret: Wir lügen alle. Eine Hauptstadtzeitung unter Hitler. Walter Verlag, Olten, Freiburg i. Br. 1965.

Brod, Max (Hrsg.): Arkadia. Ein Jahrbuch für Dichtkunst. Kurt Wolff Verlag, Leipzig 1913.

Brod, Max: Streitbares Leben. Autobiographie. Kindler Verlag, München 1960.

Courteline, Georges: Alltagskomödien. Georg Müller Verlag, München 1912.

Curtius, Ernst Robert: Französischer Geist im neuen Europa. Deutsche Verlagsanstalt, Stuttgart – Berlin 1925.

Doerfel, Marianne: Kurt Tucholsky als Politiker. Dissertation Berlin 1971.

Eggebrecht, Axel: Der halbe Weg. Zwischenbilanz einer Epoche. Rowohlt Taschenbuch Verlag, Reinbek bei Hamburg 1975.

Enseling, Alf: Die Weltbühne. Organ der Intellektuellen Linken. Dissertation. Münster/Westf. 1962.

Erdmann, Gustav: Familie Tucholsky in Greifswald. In: Norddeutsche Zeitung, Rostock, 19. Juli 1968.

Flake, Otto: Es wird Abend. Bericht aus einem langen Leben. Mit einem Nachwort von Peter de Mendelssohn. Fischer Taschenbuch Verlag, Frankfurt am Main 1980.

Friedrich, Ernst/Oschilewski, G. Walther: Vom Friedens-Museum zur Hitlerkaserne. Libertad Verlag, Berlin 1978.

Fricke, Dieter (Hrsg.): Deutsche Demokraten. Die nichtproletarischen demokratischen Kräfte in der deutschen Geschichte, 1830 bis 1945. VEB Deutscher Verlag der Wissenschaften, Berlin 1982.

Gerlach, Hellmut von: Von Rechts nach Links. Mit einer Einleitung und einem Epilog von Emil Ludwig. Fischer Taschenbuch Verlag, Frankfurt am Main 1987.

Greuner, Ruth: »Ich bekenne mich ...« Sonderheft der Weltbühne, Berlin 1988.

Gross, Babette: Willi Münzenberg. Eine politische Biographie mit einem Vorwort von Arthur Koestler. Deutsche Verlagsanstalt, Stuttgart 1965.

Grosz, George: Ein kleines Ja und ein großes Nein. Sein Leben, von ihm selbst erzählt. Rowohlt Taschenbuch Verlag, Reinbek bei Hamburg 1974.

Goder-Stark, Petra: Das Kurt-Tucholsky-Archiv. Ein Bericht. Deutsches Literaturarchiv. Verzeichnisse, Berichte, Informationen. Deutsche Schillergesellschaft e. V., Marbach am Neckar 1978.

Gumbel, Emil Julius: Vier Jahre politischer Mord und Denkschrift des Reichsjustizministers zu Vier Jahre politischer Mord. Verlag Das Wunderhorn, Heidelberg 1976.

Gumbel, Emil Julius: Verschwörer. Zur Geschichte und Soziologie der deutschen nationalistischen Geheimbünde 1918–1924. Fischer Taschenbuch Verlag, Frankfurt am Main 1984.

Hiller, Kurt: Leben gegen die Zeit. Erinnerungen. Rowohlt Verlag, Reinbek bei Hamburg 1969.

Hiller, Kurt: Politische Publizistik von 1918–1933. Verlag Das Wunderhorn, Heidelberg 1982.

Holitscher, Arthur: Lebensgeschichte eines Rebellen. S. Fischer Verlag, Berlin 1927.

Holitscher, Arthur: Der Narrenführer durch Paris und London. Mit Holzschnitten von Frans Masereel. Fischer Taschenbuch Verlag, Frankfurt am Main 1986.

Kafka, Franz: Tagebücher 1910–1923. Herausgegeben von Max Brod. Fischer Taschenbuch Verlag, Frankfurt am Main 1983.

Katz, Otto (Hrsg.): Volksbuch 1930. Neuer Deutscher Verlag, Berlin 1929.

Kessler, Harry Graf: Gesammelte Schriften in drei Bänden. Herausgegeben von Cornelia Blasberg und Gerhard Schuster. Fischer Taschenbuch Verlag, Frankfurt am Main 1988.

Kessler, Harry Graf: Tagebuch eines Weltmannes. Marbacher Katalog 43. Herausgegeben von Ulrich Ott. Marbach 1988.

König, Günter: Der Kampf der Roten Hilfe Deutschlands gegen die Klassenjustiz der Weimarer Republik und für die Freilassung der proletarisch-politischen Gefangenen in der Periode der Weltwirtschaftskrise 1929–1932. Dissertation. Leipzig 1967.

Korpus, Lilly (Hrsg.): Rote Signale. Gedichte und Lieder. Neuer Deutscher Verlag, Berlin 1931.

Krause, Hartfried: USPD. Zur Geschichte der Unabhängigen Sozialdemokratischen Partei Deutschlands. Europäische Verlagsanstalt, Frankfurt am Main 1975.
Kuczynski, Jürgen: René Kuczynski. Ein fortschrittlicher Wissenschaftler in der ersten Hälfte des 20. Jahrhunderts. Aufbau-Verlag, Berlin 1958.
Lange, Annemarie: Berlin in der Weimarer Republik. Dietz Verlag, Berlin 1987.
Lenz, Max: Geschichte der Königlichen Friedrich-Wilhelm-Universität. Waisenhaus-Druck, Halle 1910.
Madrasch-Groschopp, Ursula: Die Weltbühne. Porträt einer Zeitschrift. Buchverlag Der Morgen, Berlin 1983.
Marcuse, Ludwig: Heinrich Heine. Melancholiker, Streiter in Marx, Epikureer. Diogenes Verlag, Zürich 1980.
Matthias, Lisa: Ich war Tucholskys Lottchen. Text und Bilder aus dem Kintopp meines Lebens. Marion von Schröder Verlag, Hamburg 1962.
Mayer, Hans: Ein Deutscher auf Widerruf. Erinnerungen. Suhrkamp Verlag, Frankfurt am Main 1982.
Mehring, Walter: Kurt Tucholsky. Ein Radiovortrag. Herausgegeben und mit einem Nachwort von Dietger Pforte. Friedenauer Presse, Berlin 1985.
Mörchen, Helmut: Kurt Tucholsky als Theater- und Filmautor. In: Wirkendes Wort, Nr. 2/1981.
Nolte, Ernst: Der Faschismus in seiner Epoche. Action française. Italienischer Faschismus. Nationalsozialismus. Piper Verlag, München–Zürich 1984.
Ossietzky, Carl von: Rechenschaft. Publizistik aus den Jahren von 1913 bis 1933. Fischer Taschenbuch Verlag, Frankfurt am Main 1984.
Petersen, Klaus: Die »Gruppe 1925«. Geschichte und Soziologie einer Schriftstellervereinigung. Carl Winter Universitätsverlag, Heidelberg 1981.
Prescher, Hans: Dr. Kurt Tucholskys publizistischer Kampf in den Jahren 1919–1932. Dissertation. München 1956.
Raddatz, Fritz J.: Tucholsky. Eine Bildbiographie. Kindler Verlag, München 1961.
Reinert, Jochen: Briefe geben tiefere Einblicke in Tucholskys letzte Lebensjahre. In: Neues Deutschland vom 31. 1./1. 2. 1981.
Ritter, Gerhard A./Miller, Susanne (Hrsg.): Die Deutsche Revolution 1918–1919. Dokumente. Fischer Taschenbuch Verlag, Frankfurt am Main 1981.
Rosenberg, Alfred: Dreißig Novemberköpfe. Franz Eher Nachf., München 1927.
Ruge, Wolfgang: Weimar – Republik auf Zeit. VEB Deutscher Verlag der Wissenschaften, Berlin 1969.

Schall und Rauch. Reprint einer Programmzeitschriftenfolge des gleichnamigen Max-Reinhardt-Kabaretts in Berlin. Herausgegeben von Kurt Wafner. Buchverlag Der Morgen, Berlin 1985.
Schmeichel-Falkenberg, Beate: Kurt Tucholskys letzte Tage. Zur Korrektur einiger biographischer Daten. In: Neue Zürcher Zeitung vom 22. Dezember 1986.
Schmeichel-Falkenberg, Beate: Kurt Tucholskys letzte Tage in Schweden, 1929–1935. In: Exil. Forschung, Erkenntnisse, Ergebnisse. Nr. 1, 1988.
Schopenhauer, Arthur: Werke in zehn Bänden. Diogenes Verlag, Zürich 1977.
Schopenhauer, Arthur: Aphorismen zur Lebensweisheit. Nachwort von Egon Friedell. Diogenes Verlag, Zürich 1987.
Schulz, Klaus-Peter: Kurt Tucholsky in Selbstzeugnissen und Bilddokumenten. Rowohlt Taschenbuch Verlag, Reinbek bei Hamburg 1959.
Soldenhoff, Richard von (Hrsg.): Kurt Tucholsky. Ein Lebensbild. Quadriga Verlag, Berlin 1985.
Stettin als Handels- und Industrieplatz. Herausgegeben vom Magistrat der Stadt Stettin. Stettin 1906.
Suhr, Elke: Zwei Wege, ein Ziel. Tucholsky, Ossietzky und Die Weltbühne. Weismann Verlag, Frauenbuchverlag, München 1986.
Ullstein, Heinz: Spielplatz meines Lebens. Erinnerungen. Kindler Verlag, München 1961.
Velder, Christian: 300 Jahre Französisches Gymnasium Berlin. Nicolaische Verlagsbuchhandlung, Berlin 1989.
Walter, Hans-Albert: Deutsche Exilliteratur 1933–1950. Bd. 1, 2 und 7. Luchterhand Verlag, Darmstadt und Neuwied 1972.
Wangenheim, Inge von: Mein Haus Vaterland. Erinnerungen einer jungen Frau. Verlag Bruno Henschel und Sohn, Berlin 1950.
Willmann, Heinz: Geschichte der Arbeiter-Illustrierten-Zeitung, 1921 bis 1938. Dietz Verlag, Berlin 1974.
Wolff, Kurt: Briefwechsel eines Verlegers, 1911–1963. Herausgegeben von Bernhard Zeller und Ellen Otten. Fischer Taschenbuch Verlag, Frankfurt am Main 1980.
Wolff, Theodor: Tagebücher 1914–1919. Teil 1 und 2. H. Boldt Verlag, Boppard am Rhein 1984.
Zwerenz, Gerhard: Kurt Tucholsky. Biographie eines guten Deutschen. Bertelsmann Verlag, München 1979.

Für die Arbeit an diesem Buch wurden weiterhin folgende Zeitungen, Zeitschriften und Mitteilungsblätter benutzt:

Vorwärts, Jgg. 1912–1914; Die Schaubühne, Jgg. 1912–1918; Die Weltbühne, Jgg. 1918–1933; Pan, Jgg. 1912–1914; Simplicissimus, Jgg.

1913, 1914, 1927 und 1928; März, Jgg. 1912 und 1913; Der Flieger, Jgg. 1917 und 1918; Ulk, Jgg. 1919–1920; Pieron, Jg. 1920; Berliner Volkszeitung, Jgg. 1919–1923; Freiheit, Jgg. 1920–1922; Freie Welt, Jg. 1920; Berliner Tageblatt, Jgg. 1918–1920; Nie wieder Krieg, 1921; Welt am Montag, Jgg. 1919–1922; Das Andere Deutschland, Jgg. 1926–1928; Vossische Zeitung, Jgg. 1924–1931; Berliner Illustrirte Zeitung, Jgg. 1924–1928; Die Dame, Jgg. 1924–1928; Uhu, Jgg. 1924–1929; Tempo, Jgg. 1928–1930; Arbeiter-Illustrierte-Zeitung, Jgg. 1928–1930; Einzelnummern der Zeitschriften der Roten Hilfe Deutschlands aus den Jahren 1927 bis 1931 (Der Rote Helfer, Tribunal, Kerkerstimme).

Weitere im Text erwähnte Zeitschriften und Zeitungen wurden nach Ausschnitten in den Konvoluten des Kurt-Tucholsky-Archivs zitiert.

Personenverzeichnis

Adler, Hans 247 f.
Alexander, Richard 94, 108
Altenberg, Peter 88, 357
Andersen, Hans Christian 357
Angell, Norman 556
Anschütz, Prof. 64
Apfel, Alfred 235
Arenstam, Arved 341
Arnheim, Rudolf 454, 487
Ascher, Fred 438
Asquith, Lady 537
Asquith, Herbert Henry 537
Aster, von 372
Auburtin, Victor 159, 182, 185, 328

Bab, Julius 85, 86, 89
Ballin, Albert 109
Bang, Hermann 145
Barbusse, Henri 155, 401 f., 441, 445, 528
Baron, Erich 194
Bauer, Walter 438
Bauer, Max 231
Baum, Vicki 300
Bebel, August 114, 238
Becher, Johannes R. 350, 398, 487
Becher, Lilly (siehe Korpus, Lilly)
Becher, Uli 543
Beckers, Hans 488
Beierle, Alfred 348
Belvianes, Marcel 440 f., 488
Bendow, Wilhelm 213
Benn, Gottfried 311
Bergvist, Zenta 413, 535, 546
Bernhard, Georg 197, 234, 267, 297, 303 f., 452, 470
Bett, Kasimir 255
Bierbaum, Otto Julius 208
Blaich, Hans Erich 68, 76 ff., 85, 95, 108, 129 ff., 157, 164 ff., 181, 207
Blei, Franz 71, 75
Block, Paul 268
Bode, Wolfgang 130, 136, 139
Boehm-Tettelbach, G. A. 231 ff.
Bonhoeffer, Prof. Karl 150, 250
Bonn, Ferdinand 104
Börne, Ludwig 158, 248, 353, 390
Brecht, Bertolt 297, 300, 315, 350, 363, 487
Brennert, Hans 311
Briand, Aristide 381
Brod, Max 32, 74 ff., 84, 88, 350
Bronnen, Arnolt 448 f., 504
Bruant, Aristide 307, 318
Brüning, Heinrich 504
Büchner, Georg 90 f.
Budzislawski, Hermann 561
Bülow, Maria von 310
Bunsen, Maria von 311
Burschell, Friedrich 363
Busch, Ernst 402

Čapek, Karel 544
Cassirer, Paul 71
Charell, Eric 497
Chevalier, Maurice 277, 318
Clauberg, Claus 398
Cohen-Portheim, Paul 340
Cohn, Alfons Fedor 201
Conrad, Hans 407
Courteline, Georges 155, 383 ff., 389, 472, 498

Danehl, Erich (genannt Karlchen) 140 f., 146, 155, 158, 249, 364, 392, 510, 519
Danziger, Fritz 352, 372
Daudet, Leon 453
Dehmel, Richard 136
Delbrück, Hans 170
Döblin, Alfred 248, 311, 350
Durieux, Tilla 93

Ebert, Friedrich 171, 285
Ebinger, Blandine 214
Eckhardt, Kurt 231
Edschmid, Kasimir 232
Eggebrecht, Axel 287f., 364, 454
Ehrensvärd, Freiherr von 413
Ehrhardt, Hermann 221
Ehrlich, Paul 402
Einstein, Albert 170, 234, 332, 477, 544
Einstein, Carl 256
Eisenstein, Sergej 484
Eisler, Hanns 400, 405
Eisner, Kurt 221, 227, 334
Eloesser, Arthur 279, 323
Engel, Fritz 172, 178, 185
Erdmann, Prof. 111
Erlholz, Käthe 215
Erzberger, Matthias 222, 452
Eulenberg, Herbert 135, 311
Eulenburg, Philipp Fürst 66
Ewers, Hanns Heinz 519

Farrère, Claude 273
Felkowska, Halina 466
Fischer, Ruth 405
Flake, Otto 326
Flatow, Donald 255
Fontane, Theodor 11, 46, 81, 182ff., 206, 307, 357, 383, 453, 555
Fouchardiere, G. de la 310
France, Anatole 266, 273, 346, 467
Frank, Bruno 297
Franke (Pfarrer) 240
Frankfurther, Kitty 76, 94, 149
Freud, Sigmund 454
Freymuth (Kammergerichtsrat) 236
Friedell, Egon 374
Friedlaender, Martin 95
Friedmann, Dr. 369f., 375
Friedrich, Ernst 393, 402
Fritsch, Hans (genannt Jakopp) 155, 249, 468
Fuchs, Eduard 68
Fuchs, Lore 282
Fuchs, Marierose 339, 439f., 461, 467, 560
Fulda, Ludwig 311
Fürnberg, Louis 407, 544
Fürstenberg, Carl 15f., 25ff., 109, 197
Fürstenberg, Hans 35
Fürstner, Adolph 216

Gerlach, Hellmut von 34, 170, 234, 235, 248, 268, 274, 285, 341, 352, 452, 479, 524, 530, 534
Gerold, Mary (siehe Tucholsky, Mary)
Geßler, Otto 233
Giampietro, Josef 104
Ginkel, Emil 398, 544
Glaeser, Ernst 422
Glaßbrenner, Adolf 15, 31, 136, 176, 206, 248, 274, 404
Goebbels, Josef 420, 448ff., 480, 528
Goldschmidt, Alfons 224, 285, 350
Goldschmidt, Elias 54
Goldschmidt, Jacob 449
Goldstein, Kurt 487
Gorki, Maxim 49, 544
Gothe, Rudolf 196
Goulue, La 318ff.
Graeser, Erdmann 311, 471
Graetz, Paul 210ff., 277, 311, 315ff., 398f., 468, 472, 500, 514, 565f.
Graf, Oskar Maria 487
Gras, Heinrich 280
Grimm, Hans 512
Gross, Babette 413, 416
Großmann, Kurt 352, 372

Großmann (Senatspräsident) 238
Grosz, George 210, 274f., 290, 299, 303, 363, 454
Grünbaum, Fritz 209
Gruner, Wilhelm L. 125
Guilbert, Yvette 277, 391
Gulbransson, Olaf 109, 201
Gumbel, Emil J. 234, 236, 349, 372, 532
Günther, Herbert 459, 487

Haas, Willy 292
Hamsun, Knut 50, 86, 454, 467, 562f.
Harden, Maximilian 66, 170, 232, 308, 330
Hardt, Ludwig 75
Hartmann (Oberleutnant) 136
Hartmann (Pastor) 352
Hasenclever, Walter 232, 248, 350, 364, 440, 481, 485, 497ff., 500, 515, 531, 537, 542, 556, 565f.
Hauff, Wilhelm 24
Hauptmann, Gerhart 50, 512
Heartfield, John 210, 413ff., 422, 485
Heckert, Fritz 330, 532
Heidborn (Generalmajor) 125, 176
Heilborn, Ernst 341
Heimann, Moritz 75
Heine, Heinrich 24, 158, 173, 248, 275, 292, 339, 353, 390f., 422, 440
Heller, Hans 516
Hermann, Georg 311, 339, 489
Herriot, Edouard 278, 378
Herrmann-Neiße, Max 92, 388
Herrnfeld, Gebrüder 88
Herwegh, Georg 173, 248
Herz, Alfred 561
Herzfelde, Wieland 363, 416
Herzog, Wilhelm 465
Hesse, Hermann 78, 109, 136, 247, 300, 489f.
Hessel, Franz 247
Hesterberg, Trude 210f., 212f., 468, 488
Heymann, Werner Richard 212, 216
Heyse, Paul 453
Hildenbrand, Karl 238
Hilferding, Rudolf 196, 234, 256
Hiller, Kurt 234, 331, 350, 364, 480, 507, 524
Hilpert, Heinz 348
Hindenburg, Paul von 122, 296, 353f., 523
Hirschfeld, Magnus 449
Hitler, Adolf 435, 501, 504ff., 523f., 543
Hochdorf, Max 348
Hochstetter, Gustav 139
Hodann, Max 240
Hoffmann, E. T. A. 246, 388
Hölderlin, Friedrich 422
Holitscher, Arthur 224, 234, 243, 275f., 285, 339, 349, 358, 372, 477, 528
Holl, Gussy 209ff., 249, 468, 482
Hollaender, Felix 72, 419
Hollaender, Friedrich 210ff., 216, 312, 419, 469
Holtz, Karl 199ff.
Holz, Arno 38, 89f.
Hölz, Max 477, 532
Huelsenbeck, Richard 363f., 390
Hugenberg, Alfred 435
Hünicke, Hedwig 287, 508
Huonker, Gustav 520, 565
Hutmacher, Kurt 255
Hylton, Jack 370

Ibsen, Henrik 50, 92

Jacob, Berthold 240, 330, 352, 478, 532, 556

Jacob, Heinrich Eduard 75
Jacobs, Monty 135, 268, 297, 304; 470
Jacobsohn, Edith (geb. Schiffer) 290f., 326f., 370f., 487, 510, 516, 526, 530
Jacobsohn, Peter 326
Jacobsohn, Siegfried 33, 78, 88ff., 94ff., 131, 147ff., 162ff., 205, 216ff., 227ff., 234, 248, 253, 260, 265f., 278ff., 318, 323ff., 364, 371, 435f., 436, 453, 555
Jagow, Traugott von 67, 71
Jakubowski, Josef 477
Jannings, Emil 468, 482
Janowitz, Franz 75
Jarosy, Albert 277, 316
Jaurés, Jean 346
Jhering, Herbert 244, 420ff., 465, 530
Joyce, James 467
Juncker, Axel 73f., 84f., 87, 246
Junghanns, Inga 521
Justi, Ludwig 256

Kafka, Franz 73ff., 425, 454
Kalisch, David 357
Kallir, Erwin 359
Kanehl, Oskar 404
Karfiol, Louis 103
Karsch, Walther 508
Kasack, Hermann 339
Kästner, Erich 297, 300, 398, 453, 468, 483
Katz, Richard 465
Kautsky, Karl 256
Kautsky, Minna 256
Kellermann, Bernhard 446
Kerr, Alfred 67ff., 71ff., 136, 153, 247, 339, 346, 404, 446, 472, 479, 484, 530f.
Kessler, Harry Graf 170, 197, 234, 239, 256, 274, 414
Keun, Irmgard 519
Keyserling, Eduard Graf von 391
Keyserling, Hermann Graf von 387
Kiaulehn, Walther 348
Kierkegaard, Sören 555
Kipling, Rudyard 36, 49
Kisch, Egon Erwin 339, 454, 487, 528
Klabund (eigtl. Alfred Henschke) 247
Kleist, Heinrich von 75, 136, 555
Koch-Gotha, Fritz 298
Koenen, Wilhelm 332
Kohler (Redakteur) 238
Kolb, Annette 504
Kollwitz, Käthe 109, 485
Koltzow, Michail 293, 537
Kopisch, August 136, 206
Korff, Kurt 214, 299, 304, 370
Körner-Schrader, Paul 398
Korpus, Lilly 398, 479
Kortner, Fritz 323
Kotze, Stefan von 471
Krain, Willibald 173
Krassmöller, Willi 45ff., 62, 108, 371
Kraus, Karl 150, 153, 182
Kreiser, Walter 492
Krupskaja, N. K. 408, 453
Kuczynski, Robert René 234, 265, 285, 349, 352, 372
Kühl, Kate 210, 213, 315f.
Künstler, Franz 203
Kürschner, Hermann 359
Küster, Fritz 352
Kuttner, Erich 236

Landauer, Gustav 222
Langen, Albert 78, 244
Lania, Leo 401
Lasker-Schüler, Else 84
Lautensack, Heinrich 75
Ledebour, Georg 186, 193, 203, 330ff., 394

Ledebour, Freiherr von 430
Lehar, Franz 485
Lehmann, Felix 205 f., 208, 244
Lehmann, Prof. 110
Lehmann-Rußbüldt, Otto 234, 332, 349, 372 f.
Leiser, Theodor 205
Lemmer, Ernst 240
Leni, Paul 216
Lenin, W. I. 409, 453, 555, 560
Leonhard, Rudolf 350, 471, 481, 497, 515
Leschnitzer, Franz 241, 479 f.
Lessing, Theodor 332, 352, 549
Leupold, Hermann 394
Leuß, Hans 114
Levinthal 372
Lewinsohn, Richard 235
Lewis, Sinclair 292
Lewy, Ludwig 256
Leysen, Erich 428
Lichnowsky, Mechthilde Fürstin 311
Lichtenberg, Georg Christoph 382, 454
Lichtenstein, Alfred 247
Liebermann, Max 239
Liebknecht, Karl 67, 69 f., 129, 172, 204, 218, 222, 238, 334, 404, 479
Liebknecht, Wilhelm 114
Liliencron, Detlev von 136
Lissauer, Ernst 153
Littke-Carlsen 33
Löbe, Paul 239, 335
Löhr, Albrecht 484
Löns, Hermann 47, 155
Loose, Hedwig 371
Loose, Walter 371
Ludendorff, Erich 186, 194, 212, 221, 233
Ludwig, Emil 357, 453, 529
Lukaschek, Hans 202
Lunkebein (Unteroffizier) 135, 146
Luxemburg, Rosa 114, 187, 218, 222, 238, 334

Madrasch, Ursula 327
Maenz, Änne 213
Manasse (Kommerzienrat) 449
Mann, Erika 471, 487
Mann, Heinrich 50, 71, 81, 144, 195, 234, 266 f., 268, 300, 311, 391, 446, 485, 528, 532
Mann, Klaus 297, 487
Mann, Thomas 109, 183, 346, 391
Marx, Erich 191
Marx, Wilhelm 330
Masereel, Frans 275 f.
Massary, Fritzi 159, 208, 314 f.
Matthes, Josef Friedrich 381
Matthias, Leo 363
Matthias, Lisa (gen. Lottchen) 363 ff., 369 ff., 375, 390 ff., 393, 412 ff., 417, 431, 458, 462 ff., 468 f., 471, 473 f., 547
Maupassant, Guy de 273
May, Hans 216
Mayer, Hans 426 f., 438
Mehring, Franz 68, 109, 185
Mehring, Sigmar 172
Mehring, Walter 99, 210, 350, 364, 374, 421, 453, 468, 470, 473, 489, 507, 519, 523 ff., 526, 530, 541, 565
Mell, Max 75
Mellin, Inga 545 ff.
Ménard-Dorian, Aline 274, 345
Mendelssohn, Franz von 197
Messel, Alfred 26
Meßter, Oskar 50
Meyer, Gertrude (gen. Tydde) 533, 542, 546 ff., 564 ff.
Meyer, Hermann 114
Meyer, Walter B. 429

Meyer, Willi 191, 234f., 239
Meyrink, Gustav 68, 109, 232
Michaelson 371
Milch, Erhard 134, 136
Monteignac, Jean de (gen. Gräfin) 485, 515, 539
Morand, Paul 299
Morgenstern, Christian 88, 95, 155, 444
Mörike, Eduard 136
Moritz, Karl Philipp 543
Morus (eigtl. Richard Lewinsohn) 364
Mosse, Rudolf 169f., 178, 185
Mühlen-Schulte, Georg 173, 201
Mühsam, Erich 68, 88, 227f., 247, 436
Müller, Hedwig (gen. Nuuna) 498, 502, 515ff., 535f., 537ff., 558f., 562, 565
Müller-Dunant, Gertrud-Elisabeth 522, 533
Münzenberg, Willi 332, 394, 413f., 436, 479f., 532, 534
Mynona (eigtl. Salomo Friedlaender) 106, 151, 374

Nardi, Pauline 402
Natonek, Hans 427
Nebenzahl (Filmproduzent) 482
Négrel, Robert 214
Nelson, Rudolf 208, 213ff., 254, 312, 315
Nernst, Walter 59
Neumann, Robert 519
Nielsen, Asta 485
Noske, Gustav 190f., 228
Nostiz, Helene von 310
Nürnberg, Rolf 420f.
Nuschke, Otto 170, 185, 188, 234, 239, 446

Oestreich, Paul 240
Offenbach, Jacques 319
Olden, Hans 430
Olden, Rudolf 513
Olprecht, Emil 541, 543
Orlik, Emil 48, 109
Ossietzky, Carl von 186f., 191, 230, 234, 239f., 288, 327, 330, 352, 354, 364, 370f., 405, 436f., 445, 449, 492, 504, 507ff., 531, 536f., 544ff., 556ff.
Oswald, Alfred 336
Oswald, Richard 209
Owlglass, Dr. (siehe Blaich, Hans Erich)

Paasche, Hans 222, 225f., 334
Pabst, G. W. 481f.
Pallenberg, Max 159, 314, 416
Pannwitz, Rudolf 465
Papen, Franz von 511
Pascin, Jules 275
Paul, Jean 388
Péguy, Charles 542f.
PEM (eigtl. Paul Erich Markus) 502
Penck, Prof. 111
Persins, Lothar 220, 352
Pfemfert, Franz 94, 111, 532
Pieck, Wilhelm 476
Pilot, Hans 201
Pinner, Ludwig 125
Pinthus, Kurt 88, 425, 502
Piscator, Erwin 350, 421, 485
Pittius, Paul 392
Planck, Max 55
Plietzsch, Eduard 429
Poincaré, Raymond 265f., 278, 378f.
Pol, Heinz 527
Polgar, Alfred 89, 182, 256, 312ff., 357, 374, 390, 425, 453
Pudowkin, Wsewolod 485

Raabe, Wilhelm 513
Rabold, Emil 511

Raddatz, Fritz J. 507
Radek, Karl 288
Ragaz, Leonhard 531
Rathenau, Emil 26
Rathenau, Walther 26, 222, 239, 253, 293, 334, 452
Raucat, Thomas 543
Régnier, Henri de 467
Reichmann, Hans 560
Reimann, Hans 173, 213, 328, 359, 453, 530
Reinert, Jochen 565
Reinhardt, Max 258, 312
Reinhardt, Walther 228
Reissner, Larissa 453
Remarque, Erich Maria 391, 422, 479
Renard, Jules 389
Renn, Ludwig 422, 477
Reutter, Otto 33, 387
Reve, Ludwig 256
Riess, Kurt 30
Rilke, Rainer Maria 84, 109
Ringelnatz, Joachim (eigtl. Hans Bötticher) 487, 502, 555
Roda Roda, Alexander (eigtl. Sandór Friedrich Rosenfeld) 109, 173, 374, 425, 471, 487, 543, 566
Roer, Emanuel 39
Rosenbaum, Aline 520, 522
Rosenbaum, Wladimir 520
Rosenberg, Alfred 452
Rosenhöft, Wilhelm 238
Rost, Nico 422
Rowohlt, Ernst 88, 326, 342, 355, 370f., 386f., 414, 458, 486, 489, 529, 543
Rytt, Dienstmädchen 542, 546

Saltenburg, Heinz 314
Salzer, Marcel 487
Sander, Elisabeth 469
Schäeffers, Willi 214
Schäfer, Hermann 359
Schäfer, Wilhelm 109
Schairer, Reinhold 515
Schaffgotsch, Xaver 363
Scheidemann, Philipp 171, 179
Scher, Peter 486
Schickele, René 71, 84, 90
Schiffer, Edith (siehe Jacobsohn, Edith)
Schiffer, Eugen 179
Schiffer, Marcellus 312
Schilling, Emil 293
Schlamm, Willi 516
Schleicher, Kurt von 523
Schmoller, Gustav 59f.
Schnog, Karl 350, 398
Schoenaich, Paul von 221, 234, 349, 372
Schönlank, Hans 30, 70, 89, 119f., 326, 354
Schopenhauer, Arthur 157ff., 324, 384, 542, 555
Schücking, Walther 239f., 348
Schulenburg, Graf Werner von der 372
Schulz (Major a. D.) 430
Schulz, Wilhelm 201
Seeckt, Hans von 285
Severing, Carl 239
Shaw, Bernard 300
Siegerist, Walter 187f.
Siegmann, Paul 374
Siemsen, Hans 93
Simon, Dagobert 255
Simon, Hugo 194, 197, 234, 254ff., 267, 529
Sinclair, Upton 544
Singer, Eric 247f.
Sinsheimer, Hermann 502
Sintenis, Renée 256
Sklarz, Gebrüder 178f.
Slang (eigtl. Fritz Hampel) 398
Sling (eigtl. Paul Schlesinger) 311, 430, 487

Sombart, Werner 59
Sostschenko, Michail 487
Speier, Willy 75
Spengler, Oswald 391
Spethmann, Dr. 111
Spoliansky, Mischa 212, 216
Stahl, Fritz 185, 268
Stalin, J. W. 555
Stampfer, Friedrich 239
Stapel, Wilhelm 452
Starke, Ottomar 290
Steed, Henry Wickham 537
Steidl, Robert 208
Steiner, Jo 201
Sterne, Lawrence 466
Stifter, Adalbert 464
Stöcker, Helene 350
Stöcker, Lydia 240
Stöcker, Walter 332
Storm, Theodor 136, 155, 464
Stössinger, Felix 193, 197, 200, 240, 266, 478
Stresemann, Gustav 316
Strindberg, August 44, 50
Ströbel, Heinrich 193, 234, 240, 348, 352
Stuckenschmidt, Hans H. 364
Suttner, Bertha von 24
Swift, Jonathan 388
Szafranski, Kurt 73f., 78, 82, 86f., 94ff., 104, 108f., 201, 249, 299f., 304, 306, 370, 469, 530

Tardieu, André 381
Tauber-Bochum, Heinrich 348
Tergit, Gabriele 86
Thälmann, Ernst 507
Thoma, Ludwig 50, 68, 71, 73, 78, 153, 404
Togliatti, Palmiro 571
Toller, Ernst 228, 323, 350, 363, 511f., 520, 532
Tolstoi, Leo 155, 324, 535
Toulouse-Lautrec, Henri de 318
Tranner-Kleemann, Alf 103
Trautschold, Ilse 398
Trepte, Curt 402, 522
Trier, Walter 201, 298
Troll, Trude 214
Trotzki, Lew Dawidowitsch 409
Tucholski, Alexander (Bruder der Mutter) 52
Tucholski, Georg (Bruder der Mutter) 51, 53, 107
Tucholski, Max (Bruder der Mutter) 28f., 34, 50ff., 107, 111, 401, 506
Tucholski, Paul (Bruder der Mutter) 53
Tucholski, Rosalie (Großmutter) 54
Tucholski, Salomon (Großvater) 13, 54
Tucholski, Sigmund (Bruder der Mutter) 53
Tucholsky, Agnes (Schwester des Vaters) 11, 52
Tucholsky, Alexander (Vater) 11ff., 28, 41ff., 52, 506
Tucholsky, Berta (Schwester des Vaters) 11, 52ff., 107
Tucholsky, Doris (Mutter) 11ff., 25, 34, 41, 43f., 50ff., 94, 249, 566
Tucholsky, Ellen (Schwester, verh. Milo) 21, 24, 41, 45, 107, 123, 126, 249, 566
Tucholsky, Else (geb. Weil, gen. Pimbusch) 76, 81ff., 92ff., 150, 165, 208, 250f., 370
Tucholsky, Flora (Schwester des Vaters) 11, 32, 51ff., 273
Tucholsky, Fritz (Bruder) 21, 24f., 41, 126, 158, 493, 504, 526f., 530, 537, 556, 560, 565f.
Tucholsky, Louis (Bruder des Vaters) 11, 52, 54
Tucholsky, Mary (geb. Gerold)

42, 141 ff., 150, 155 ff., 177, 246, 248 ff., 272 ff., 306, 312, 323, 330, 335, 337, 355, 360 ff., 370, 384, 392 f., 393, 414, 430, 440, 470 ff., 488, 500, 509, 511, 515, 524 ff., 557 f.
Tucholsky, Neumann (Großvater) 11 ff.
Twain, Mark 386
Twardowski, Hans Heinrich von 173

Uhland, Ludwig 173
Ullstein, Heinz 62, 81, 94 f., 108
Ullstein, Hermann 299 f.

Valetti, Rosa 210 ff., 315, 400, 477
Veidt, Conrad 209
Vetter, Karl 191, 234 f., 248, 526, 530
Victor, Walther 459
Vincent, Léandre 390
Vogel, Kurt Otto Burchard 187
Volkmann-Leander, Richard von 24

Wagner, Adolph 59 f.
Wagner, Richard 92
Walden, Herwarth 339, 342
Waldoff, Claire 92, 108, 159, 208, 398, 488
Wallenberg, Ernst 135
Walser, Robert 71, 75
Wangenheim, Gustav von 210, 522, 530
Wangenheim, Inge von 530
Waschnek, Erich 484
Wassermann, Jakob 311, 297
Weber, Max 170
Weber, Paul A. 452
Wedekind, Frank 50, 71, 78, 244, 247
Wedel, Botho Graf 349, 372
Wegener, Armin T. 248, 339
Weidner, Eugen Dr. med. 375
Weil, Else (siehe Tucholsky, Else)
Weinert, Erich 350, 398, 487, 524
Weiß, Bernhard 449
Werfel, Franz 73, 84
Werthauer, Dr. 229, 256, 532
Werther, Otto 500
Wesemann, Hans 464 f., 556
Wessel, Horst 519
Westheim, Paul 350
Wied, Gustav 84
Wilhelm II. 153, 178
Wilke, Erich 201
Wilke, Hermann 173
Witkowski, Georg 501
Wolfenstein, Alfred 75
Wolff, Fritz 173, 176, 201, 290
Wolff, Kurt 74, 108 f., 275, 485, 497, 515
Wolff, Theodor 148 ff., 169, 179 ff., 249, 452
Wolfsohn, J. 223
Wührer (Oberstudienrat) 456

Zech, Paul 90, 248, 453
Zeigner, Erich 285
Zille, Heinrich 47, 149, 201, 430
Zimmermann (Hauptmann) 134
Zola, Émile 273, 331 f., 523
Zucker, Wolf 327 f., 509
Zuckmayer, Carl 311
Zweig, Arnold 135, 431, 558 ff.,
Zweig, Stefan 300, 529

Abbildungsnachweis

Deutsches Literaturarchiv Marbach: Nr. 1, 2, 3, 5, 7, 8, 9, 10, 11, 16, 17, 18, 19, 20, 22, 23, 26, 28, 30, 31, 32, 33, 34, 35, 36, 37, 38, 40, 41, 43, 47, 50, 51, 52, 53, 54, 59, 64, 65, 66, 68, 69, 70, 71, 75, 77, 80, 81, 83, 84, 85, 88, 89, 90, 93, 94, 95, 97, 103, 107, 108, 112, 116, 117, 118, 119, 122, 124, 126, 130, 131, 132.
Landesbildstelle Berlin: Nr. 13, 25, 39, 45, 48, 60, 61, 72, 82, 125.
Friedrich Schiller-Universität Jena / Archiv: Nr. 24.
Humboldt-Universität Berlin / Universitätsarchiv: Nr. 14.
Amerika Gedenkbibliothek Berlin: Nr. 63.
Akademie der Künste Berlin: Nr. 98, 99, 111, 134.
Deutsche Bücherei Leipzig: Nr. 121.
Archiv Helga Bemmann: Nr. 4, 15, 21, 27, 42, 44, 46, 49, 55, 56, 57, 58, 62, 67, 73, 74, 76, 78, 79, 86, 87, 91, 92, 96, 101, 102, 106, 110, 114, 115, 120.
Familienbesitz Brigitte Rothert, Berlin: Nr. 12, 29, 105, 133.
Jochen Reinert, Berlin: Nr. 113, 127, 135.
Dietger Pforte, Berlin: Nr. 128, 129.

Bitte beachten Sie
die folgende Seite

Helga
Bemmann

Erich Kästner

Ullstein Buch 35391

Biographie

Seine Werke kennt jedes Kind: *Emil und die Detektive, Das doppelte Lottchen, Pünktchen und Anton.* Doch wer war dieser Erich Kästner, der so viele unvergängliche Werke schuf? Ein weltbekannter Kinderbuchautor, ein Gebrauchslyriker, ein Unterhaltungsschriftsteller, ein Bürgerschreck oder ein erschrockener Bürger? Mit Akribie und erzählerischer Leichtigkeit zeichnet Helga Bemmann das wechselvolle Leben des berühmten Schriftstellers nach, zeigt dem Leser einen Menschen mit all seinen Widersprüchen und veranschaulicht, wie aus dem Musterschüler ein Erfolgsautor wurde.